EUTÍFRON
APOLOGIA DE SÓCRATES
CRÍTON

DE PLATÃO

Coleção Textos

Dirigida por:

João Alexandre Barbosa (1937-2006)
Roberto Romano (1946-2021)
Trajano Vieira
João Roberto Faria
J. Guinsburg (1921-2018)

Equipe de realização – Supervisão textual: Luiz Henrique Soares e Elen Durando;
Preparação de texto: Adriano C.A. e Sousa; Revisão: Marcio Honorio de Godoy;
Ilustração: Sergio Kon; Projeto de capa: Adriana Garcia; Produção: Ricardo W. Neves
e Sergio Kon.

EUTÍFRON
APOLOGIA DE SÓCRATES
CRÍTON

DE PLATÃO

DANIEL ROSSI NUNES LOPES
ORGANIZAÇÃO E INTRODUÇÃO

EUTÍFRON
FRANCISCO DE ASSIS NOGUEIRA BARROS
TRADUÇÃO E NOTAS

APOLOGIA DE SÓCRATES ▪ CRÍTON
DANIEL ROSSI NUNES LOPES
TRADUÇÃO E NOTAS

EDIÇÃO BILÍNGUE

Athenian Legal Procedures, by Nicolas Denyer © Cambridge University Press.
Reproduzido com licenciamento por meio do PLSclear.

Esta publicação contou com o apoio da Fapesp (processo n. 2021/04252-0),
por meio do programa "Auxílio a Pesquisa – Publicações".
As opiniões, hipóteses e conclusões ou recomendações expressas
neste material são de responsabilidade dos autores
e não necessariamente refletem a visão da Fapesp.

Em respeito ao meio ambiente, as folhas deste livro
foram produzidas com fibras obtidas de árvores de florestas
plantadas, com origem certificada e outras fontes controladas

CIP-Brasil. Catalogação na Publicação
Sindicato Nacional dos Editores de Livros, RJ

P774e

Platão
    Eutífron, Apologia de Sócrates, Críton / de Platão ; organização
e introdução Daniel Rossi Nunes Lopes ; tradução e notas Francisco
de Assis Nogueira Barros [Eutífron] , tradução e notas Daniel Rossi
Nunes Lopes [Apologia de Sócrates e Críton]. - 1. ed. - São Paulo :
Perspectiva : Fapesp, 2022.
    400 p. ; 21 cm. (Textos ; 19 - IV)

    "Edição bilíngue"
    Inclui bibliografia
    ISBN 978-65-5505-134-6

    1. Filosofia antiga. 2. Sócrates. I. Lopes, Daniel Rossi Nunes.
II. Barros, Francisco de Assis Nogueira. III. Título. IV. Série.
22-81589   CDD: 184
                                            CDU: 1(38)

Gabriela Faray Ferreira Lopes - Bibliotecária - CRB-7/6643
04/12/2022   08/12/2022

1ª edição

Direitos reservados em língua portuguesa a

EDITORA PERSPECTIVA LTDA.

Praça Dom José Gaspar, 134, cj. 111
01047-912 São Paulo SP Brasil
Tel.: (11) 3885-8388
www.editoraperspectiva.com.br

2025

SUMÁRIO

Cronologia.. 7

Apresentação... 11

INTRODUÇÃO

Introdução Geral... 17

"Eutífron".. 39

"Apologia de Sócrates"................................... 59

"Críton".. 123

Procedimentos Legais em Atenas – *Nicholas Denyer* 151

DIÁLOGOS

Eutífron/Εὐθύφρων...................................... 165

Apologia de Sócrates/Ἀπολογία Σωκράτους............. 215

Críton/Κρίτων... 317

Bibliografia 363

ANEXOS

Xenofonte – *Apologia de Sócrates*.......................... 375

Mapa da Grécia 393

Agradecimentos.. 397

CRONOLOGIA

431	Início da Guerra do Peloponeso.
428/427	Nascimento: Arístocles (provavelmente seu nome verdadeiro) receberá o apelido de Platão, por causa do tamanho de seu corpo (*platos* em grego significa extensão; cf. Diógenes Laércio, 3.4); uma segunda interpretação refere o termo ao tamanho da testa; e uma terceira, à extensão do estilo (cf. Diógenes Laércio, 3.4); a família é da alta aristocracia ateniense: a mãe, Perictione, é prima de Crítias, um dos Trinta Tiranos, irmã de Cármides (a quem Platão dedicou um diálogo homônimo); o pai, Áriston, pertencia a uma estirpe que se vangloriava de ter entre seus antepassados Codro, antigo rei de Atenas (cf. Diógenes Laércio, 3.1); Platão tem três irmãos: Adimanto, Glauco (personagens da *República*) e Potone, mãe de Espeusipo (o qual sucederá a Platão na direção da Academia); educação nobre: retórica, ginástica, pintura, poesia lírica e trágica (cf. Diógenes Laércio, 3.4-5); teria sido discípulo de Crátilo (cf. Diógenes Laércio, 3.5-6; Aristóteles, *Metafísica*, 987 a32).
413	Derrota na Sicília da expedição ateniense promovida por Alcibíades.
409-407	Período da efebia: Platão teria participado de três campanhas militares, em Tanagra, Corinto e Délio. Nesta última,

8 EUTÍFRON, APOLOGIA DE SÓCRATES E CRÍTON, DE PLATÃO

ter-se-ia distinguido por seu valor (cf. Aristóxeno, fr. 51 Wehril = Diógenes Laércio, 3.8).

408-407 Aos vinte anos conhece Sócrates, torna-se seu discípulo (cf. Diógenes Laércio, 3.6), tendo se dedicado antes a atividades poéticas e frequentado as lições de Crátilo, um discípulo de Heráclito.

405 Atenas perde sua frota no conflito com Esparta.

404 Sítio e capitulação de Atenas; condições para paz impostas por Esparta, sendo estabelecida hegemonia espartana; oligarquia em Atenas, os Trinta Tiranos, de que participa Crítias, tio de Platão; este o convida a participar da vida política, mas Platão se decepciona.

403-402 Com o fim da Guerra do Peloponeso, Atenas fica empobrecida; Crítias morre em batalha e cai o governo dos Trinta Tiranos.

399 Sócrates é condenado à morte, em grande parte pelos democratas que, em 401, haviam retomado o poder.

399-390 A condenação de Sócrates leva Platão a afastar-se da vida política, indo para Mégara com alguns socráticos (cf. Diógenes Laércio, 3.6), possivelmente para resguardar-se de perseguições; permanece lá por pouco tempo, depois parte para uma longa viagem, quando provavelmente conhece o matemático Teodoro de Cirene e o pitagórico Arquitas de Tarento; visita Creta, Egito e outros países (cf. Diógenes Laércio, 3.6); volta para Atenas a fim de cumprir obrigações militares; participou talvez, em 394, da batalha de Corinto, na qual Esparta e seus aliados derrotaram os atenienses e tebanos.

390-385 Data provável de composição dos diálogos *Apologia de Sócrates, Criton, Hípias Menor, Hípias Maior, Íon, Laques, Cármides, Eutífron, Lísis, Alcibíades I, Alcibíades II* (discutível), *Protágoras, Górgias, Menêxeno,* Livro I da *República* (ou *Trasímaco*).

388 Primeira viagem ao sul da Itália; encontro com o pitagórico Arquitas de Tarento – filósofo, matemático e político; vai a Siracusa com o intuito de convencer Dioniso I a pôr em prática seus ideais filosófico-políticos (cf. *Carta VII*, 326d-327b); estabelece amizade com Dion, parente do tirano; Dioniso

CRONOLOGIA SUCINTA 9

ter-se-ia irritado com Platão e vendido o filósofo como escravo em Egina, onde o socrático Aniceris de Cirene o teria comprado e libertado (cf. Diógenes Laércio, 3.18-21: informações de natureza anedótica reportadas por Diógenes Laércio; Platão não menciona esse episódio na *Carta vii*).

387 Volta para Atenas; adquire um ginásio e um parque dedicado a Academo e funda aí uma escola que, por causa do nome do herói, recebe o nome de Academia. Platão a teria instituído em contraposição à escola de Isócrates em Atenas por volta de 391 a.c., cujo ensinamento primordial era a técnica retórica.

385-367 Data provável da composição dos diálogos *Clitofonte* (discutível), *Mênon, Fédon, Eutidemo, Banquete*, Livros ii-x da *República, Crátilo, Fedro*. Início provável da composição dos diálogos *Teeteto* e *Parmênides*.

377 Paz geral entre Atenas e Esparta.

369 Luta permanente pela hegemonia; aumento do emprego de mercenários; separação entre a cidadania civil e a militar.

367-366 Segunda viagem ao sul da Itália; Dioniso ii, que sucedera seu pai em Siracusa, poderia ser levado a realizar o projeto político do filósofo, ao ver de Dion; mas a relação entre o tirano e seu tio é marcada por divergências e litígios; Dioniso ii então o exila, mas mantém Platão como amigo e conselheiro; desfrutando dessa amizade, Platão tenta reconciliar Dion com o tirano, na esperança de realizar em Siracusa seu projeto filosófico-político (cf. *Carta vii*, 327b-330c).

365 Dioniso ii se envolve numa guerra e Platão é obrigado a voltar a Atenas; Dioniso ii promete a Platão que, com o fim da guerra, ele o convidaria novamente a retornar a Siracusa junto a Dion; ao retornar a Atenas, Platão retoma as atividades na Academia; Aristóteles na Academia.

365-361 Data provável da composição dos diálogos *Teeteto, Parmênides e Sofista*. Início provável da composição dos diálogos *Político* e *Filebo*.

361-360 Terceira viagem ao sul da Itália; Platão deixa-se convencer por Dioniso ii a aceitar um novo convite e retorna a Siracusa, mas sem a participação de Dion; as relações entre o tirano e o filósofo ficam logo estremecidas, quando Dioniso ii se mostra irredutível em sua inimizade e hostilidade contra Dion, de quem Platão era amigo; Platão é feito prisioneiro e tem a sua vida ameaçada, mas é salvo por interseção de Arquitas de Tarento, o qual mantinha boas relações com o tirano (cf. *Carta VII*, 337e-350b); parte de Siracusa.

360 Em seu retorno a Atenas, Platão passa por Olímpia e encontra Dion, que preparava uma expedição contra Dioniso II; o filósofo procura conciliar o conflito; retorna a Atenas.

360-347 Data provável da composição dos diálogos *Político, Filebo, Timeu, Crítias* e *Leis*.

357 Dion toma o poder em Siracusa.

353 Dion é assassinado por uma conspiração chefiada por Calipo, discípulo de Platão.

346-347 Morte de Platão com cerca de oitenta anos; estava redigindo as *Leis*, que restaram inacabadas: sua divisão em doze livros e publicação teriam sido obra de Felipe de Opunte, o qual, por sua vez, teria escrito e incluído como 13º Livro o diálogo *Epínomis;* sucessão na Academia: Espeusipo, Xenócrates, Pólemon, Crantor e Crates.

346 Paz de Filócrates entre Macedônia e Atenas.

343-342 Divisão política em Atenas entre Isócrates, que apoia Filipe na sua proposta de unir a Grécia contra os persas, e Demóstenes, que põe em primeiro plano a luta contra Filipe.

340 Formação da liga helênica contra Filipe.

336 Morre Filipe II da Macedônia; ascensão de seu filho, Alexandre, o Grande, ao trono.

323 Morte de Alexandre, o Grande.

APRESENTAÇÃO

Esta edição compreende: 1. a tradução do texto grego original para o português dos diálogos *Eutífron, Apologia de Sócrates* e *Críton* de Platão; 2. uma introdução geral à obra de Platão, acompanhada de uma apresentação de cada um dos três diálogos com o intuito de situar o leitor nas principais discussões suscitadas por eles com base numa seleção bibliográfica pertinente e atualizada; e 3. notas de rodapé à tradução com informações básicas relevantes para elucidar pontos específicos dos diálogos. Como nos demais volumes da coleção "Textos" da Perspectiva, a finalidade é oferecer ao público um livro que não se limite apenas a uma tradução atualizada destas obras seminais de Platão, mas também um material de apoio, presente na introdução e nas notas, que oriente o leitor iniciante e o mais versado nas encruzilhadas e diversas camadas do texto platônico. O princípio básico que regeu todo o trabalho de tradução foi aliar o rigor filosófico necessário para verter apropriadamente o texto de Platão com um olhar atento à naturalidade das soluções em português, objetivando uma leitura fluente, clara e agradável. A função das notas de rodapé, que acompanham o trabalho de

12 EUTÍFRON, APOLOGIA DE SÓCRATES E CRÍTON, DE PLATÃO

tradução, é salientar e discutir pontualmente diferentes aspectos, sejam eles filosóficos, históricos, literários ou linguísticos, com o intuito de elucidar o leitor sobre informações que não se encontram na superfície do texto, mas que auxiliam a sua compreensão. Para tal fim, foram de grande valia as edições comentadas, especialmente as de John Burnet, James Adam, Emile De Strycker e Simon R. Slings, e Nicholas Denyer[1], além da seleção da bibliografia crítica que aborda, sob diferentes ângulos e recortes, estas três obras do filósofo.

O volume conta com a participação do trabalho de tradução e notas do diálogo *Eutífron* realizado por Francisco de Assis Nogueira Barros, durante sua pesquisa de mestrado sob minha orientação, no período de fevereiro de 2011 a fevereiro de 2014, junto ao Programa de Pós-graduação em Letras Clássicas da Faculdade de Letras, Filosofia e Ciências Humanas (FFLCH) da Universidade de São Paulo (USP). A pesquisa foi fomentada por uma bolsa da Coordenação de Aperfeiçoamento de Pessoal de Nível Superior (Capes), a quem agradecemos oportunamente, no contexto que antecedeu aos cortes significativos no financiamento à pesquisa no Brasil, afetando, sobretudo, a área de humanidades. A introdução, bem como as traduções e notas da *Apologia de Sócrates* e do *Críton* são de minha autoria[2]. "Procedimentos Legais em Atenas", de Nicholas Denyer (Universidade de Cambridge, Inglaterra), consiste em excerto do texto introdutório à mais recente edição comentada das *Apologias* de Platão e Xenofonte. Nosso intuito, ao incluí-lo, é oferecer ao leitor uma visão geral do mecanismo de funcionamento dos tribunais atenienses, a fim de compreendermos as particularidades da argumentação de Platão, especialmente na *Apologia*.

---

1. Ver J. Adam, *Platonis Apologia Socratis*; idem, *Platonis Crito*; idem, *Platonis Euthyphro*; J. Burnet, *Plato's Euthyphro, Apology of Socrates and Crito*; E. De Strycker e S.R. Slings, *Plato's Apology of Socrates*; N. Denyer, *Plato: The Apology of Socrates and Xenophon: The Apology of Socrates*.

2. As traduções das passagens de outros diálogos de Platão e de outros autores gregos, citadas ao longo do livro, são todas de minha autoria. As edições modernas dos textos gregos utilizadas nessas traduções estão elencadas na primeira seção da Bibliografia.

Por fim, esta edição bilíngue do *Eutífron*, *Apologia de Sócrates* e *Críton* de Platão adota como texto base a edição do texto grego realizada por E.A. Duke, W.F. Hicken, W.S.M. Nicoll, D.B. Robinson e J.C.G. Strachan[3], que vem estampada na página à esquerda, acompanhada da tradução do trecho correspondente na página à direita. Que em breve possamos enriquecer a coleção "Textos" com novos volumes de Platão!

Daniel R.N. Lopes

---

3. Ver *Platonis opera, t. 1.*

À memória de Jacó Guinsburg.

INTRODUÇÃO

Uma chave para o caráter de Sócrates se nos oferece naquele maravilhoso fenômeno que é designado como o "daimon de Sócrates". Em situações especiais, quando sua descomunal inteligência começava a vacilar, conseguia ele um firme apoio, graças a uma voz divina que se manifestava em tais momentos. Essa voz, quando vem, sempre dissuade. A sabedoria instintiva mostra-se, nessa natureza tão inteiramente anormal, apenas para contrapor-se, aqui e ali, ao conhecer consciente, obstando-o. Enquanto, em todas as pessoas produtivas, o instinto é justamente a força afirmativa-criativa, e a consciência se conduz de maneira crítica e dissuadora, em Sócrates é o instinto que se converte em crítico, a consciência em criador – uma verdadeira monstruosidade per defectum!

F. NIETZSCHE,
O Nascimento da Tragédia,
trad. J. Guinsburg

INTRODUÇÃO GERAL

A *Primeira Tetralogia do "Corpus Platonicum"*

Eutífron, *Apologia de Sócrates*, *Críton* e *Fédon* – este último ausente nesta edição – compõem a primeira das nove tetralogias dos diálogos platônicos. Esse modo de divisão remonta ao início do período imperial romano, ao trabalho de edição de Trasilo de Alexandria (século I a.C. a I d.C.)[1]. O arranjo em tetralogias, segundo Trasilo, adviria do próprio Platão, que estaria emulando os poetas trágicos: nos grandes festivais atenienses do século V a.C., cada autor apresentava um conjunto de três tragédias e um drama satírico, o que se denominava então tetralogia. Ainda que essa afirmação de Trasilo não possa ser atestada pela escassez de informações que possuímos sobre as condições de composição e publicação da obra de Platão, o arranjo em tetralogias tem uma fortuna particular na sua transmissão, a ponto de ser adotada na principal edição moderna dos

---

1. Segundo o testemunho de Diógenes Laércio, *Vidas e Doutrinas dos Filósofos Ilustres*, 3.56-61.

18 EUTÍFRON, APOLOGIA DE SÓCRATES E CRÍTON: INTRODUÇÃO

diálogos platônicos, a da coleção Oxford Classical Texts, em cinco volumes[2].

No caso da primeira tetralogia, Trasilo afirma que há um tema comum que subjaz aos quatros diálogos, e que o intuito de Platão era apresentar "que tipo de vida seria a do filósofo" (Diógenes Laércio 3.57). De fato, os quatro diálogos estão interconectados, do ponto de vista dramático, pelo episódio do processo judiciário que condenou Sócrates à morte na primavera de 399 a.C., quando o filósofo tinha setenta anos de idade (469-399 a.C.), e Platão aproximadamente vinte e cinco (424/3-348/7 a.C.)[3]. O *Eutífron* se inicia com o encontro casual entre a personagem que dá nome ao diálogo e Sócrates, que se dirigia ao arconte-rei para responder à denúncia (*graphē*) registrada por Meleto, com a colaboração de Anito e Lícon[4]. Os termos da denúncia, em sua versão mais completa, encontram-se em Favorino (séculos I-II a.C.), também reportada por Diógenes Laércio (2.40):

Esta é a acusação e a declaração jurada de Meleto de Pito, filho de Meleto, contra Sócrates de Alopeque, filho de Sofronisco: Sócrates comete injustiça por não reconhecer os deuses reconhecidos pela cidade, e por introduzir outras novas entidades divinas. Ele também comete injustiça por corromper a juventude. Pena de morte.[5]

---

2. *Platonis opera*, edição que está passando por processo de atualização. Por ora, foram publicados o v. 1 e uma edição em separado da *República*. Sobre a história do arranjo interno da obra platônica, ver T. Irwin, The Platonic Corpus, em G. Fine (ed.), *The Oxford Handbook of Plato*, p. 68-70.

3. De acordo com a datação proposta por D. Nails, *The People of Plato*, p. 243-247.

4. Em linhas gerais, as "denúncias" (*graphai*) eram processos impetrados por particulares, porém no interesse e em nome da cidade, ao passo que as "queixas" (*dikai*) eram processos de caráter privado, que envolviam conflitos de interesses particulares. A opção por "denúncia" (*graphē*) e "queixa" (*dikē*) é uma escolha dos tradutores desta edição a fim de marcar tão somente essa distinção técnica no vocabulário judiciário ateniense, cientes de que em português não há termos absolutamente equivalentes do ponto de vista semântico. Sobre o funcionamento dos tribunais atenienses, ver infra "Procedimentos Legais em Atenas".

5. A versão reportada por Xenofonte (*Memoráveis*, 1.1.1) é semelhante à de Favorino no que diz respeito à ordem das duas imputações contra Sócrates. Já em Platão (*Apologia*, 24b-c), a ordem se encontra invertida; como veremos na introdução à *Apologia*, essa peculiaridade não é fortuita, pois a inculpação de corrupção da juventude é tratada por Platão como a mais grave e relevante, de modo a ocupar a maior parte de sua argumentação contra os acusadores. Na versão de Favorino, por sua vez, podemos ler adicionalmente o preâmbulo formal e a proposição da pena pela acusação.

INTRODUÇÃO GERAL   19

Ἡ δ' ἀντωμοσία τῆς δίκης τοῦτον εἶχε τὸν τρόπον· ἀνακεῖται γὰρ ἔτι καὶ νῦν, φησὶ Φαβωρῖνος (*FHG* III. 578), ἐν τῷ Μητρῴῳ "τάδε ἐγράψατο καὶ ἀντωμόσατο Μέλητος Μελήτου Πιτθεὺς Σωκράτει Σωφρονίσκου Ἀλωπεκῆθεν· ἀδικεῖ Σωκράτης, οὓς μὲν ἡ πόλις νομίζει θεοὺς οὐ νομίζων, ἕτερα δὲ καινὰ δαιμόνια εἰσηγούμενος· ἀδικεῖ δὲ καὶ τοὺς νέους διαφθείρων. τίμημα θάνατος".

Na sequência do *Eutífron*, vem a *Apologia de Sócrates*, que se divide em três discursos: a. a defesa propriamente dita (*apologia*, em grego, é o termo técnico para o discurso de defesa, assim como *katēgoria* o é da acusação, 17a-35d); b. a proposição de uma pena alternativa por Sócrates, conforme o procedimento legal ateniense (chamado de *antitimēsis*, 35e-38b)[6]; c. e as considerações finais de Sócrates ao corpo de juízes, depois de decretada a pena capital (38c-42a). Diferentemente da maior parte da obra platônica, a *Apologia* não é um diálogo, e sim um discurso contínuo conforme a prática oratória dos tribunais atenienses, embora haja a inserção de um longo interrogatório de Meleto conduzido por Sócrates (24c-28a), que não encontra paralelo nos textos supérstites dos oradores atenienses tais como Lísias, Andocides, Demóstenes, Dinarco e Iseu. O *Críton* se passa na prisão em que Sócrates ficou encarcerado por aproximadamente trinta dias, aguardando o retorno da embarcação ateniense vinda de Delos; a sua iminente chegada ao porto de Atenas anunciava então o dia em que o filósofo deveria beber, enfim, a cicuta. O *Fédon*, por sua vez, retrata as últimas horas de vida de Sócrates e sua derradeira conversa com seu círculo de amigos a respeito, sobretudo, da *imortalidade da alma*, culminando com a narração de sua morte.

Não é apenas do ponto de vista dramático que esses quatro diálogos se conectam; há também uma relação mais estreita sob o ponto de vista do conteúdo filosófico, ainda que em medidas diferentes entre eles. O juízo de Trasilo, de que o intuito de Platão nessa tetralogia é apresentar "que tipo de vida seria a do

6. Ver infra "Procedimentos Legais em Atenas".

filósofo" (D.L. 3.57), diz algo fundamental sobre o aspecto moral que perpassa as quatro obras: a construção do *ēthos* de Sócrates como a personificação da excelência humana, um indivíduo que devotou sua vida ao exercício da filosofia tal como concebida e delineada, sobretudo, na *Apologia*, e que, perante a morte, comporta-se de maneira sóbria e serena, comparável à postura de Aquiles, o maior de todos os heróis da *Ilíada* de Homero (ver 28b-d). As palavras finais do *Fédon*, na voz da personagem que dá nome ao diálogo, representa paradigmaticamente esse aspecto laudatório, por assim dizer, da primeira tetralogia:

Esta foi a morte, Equécrates, de nosso amigo Sócrates, o homem que, diríamos nós, foi, dentre os que outrora conhecemos, o melhor e, especialmente, o mais sábio e o mais justo. (118a15-17)

῞Ηδε ἡ τελευτή, ὦ ᾿Εχέκρατες, τοῦ ἑταίρου ἡμῖν ἐγένετο, ἀνδρός, ὡς ἡμεῖς φαῖμεν ἄν, τῶν τότε ὧν ἐπειράθημεν ἀρίστου καὶ ἄλλως φρονιμωτάτου καὶ δικαιοτάτου.

Além desse aspecto mais geral concernente à caracterização de Sócrates, é possível traçar também uma conexão temática entre os quatro diálogos. A denúncia contra ele era, por um lado, de *corrupção da juventude*, e, por outro, de inovação em matéria religiosa, que podemos resumir aqui como uma acusação de *impiedade* (será tratada doravante nesses termos para fins didáticos). Pois bem, o diálogo *Eutífron* versará justamente sobre a definição do que é o piedoso e, por conseguinte, do que é o ímpio. E essa discussão junto a Eutífron, que, na condição de adivinho (3c), se apresenta como conhecedor de tal assunto, tem uma finalidade prática: definir de modo satisfatório o que é o piedoso e o que é o ímpio é condição necessária para saber, no caso de Eutífron, se o processo de homicídio movido por ele contra o próprio pai é ou não é uma ação piedosa e, por conseguinte, justa (4e); e no caso de Sócrates, para poder avaliar se a acusação de impiedade movida por Meleto tem algum fundamento objetivo, e, caso tenha, para poder justificar sua suposta inovação em matéria religiosa como fruto de sua ignorância no assunto e, portanto, como resultado de uma ação involuntária (12e, 16a). Embora Sócrates e Eutífron não cheguem a uma conclusão positiva – ou seja, não logrem obter uma definição satisfatória para a piedade e a impiedade –, ambos saem dali ao menos cientes de que uma boa definição requer a satisfação de alguns critérios, como o de universalidade e o de unidade, aos quais não foram capazes de atender.

Na *Apologia*, como não poderia ser diferente, Sócrates buscará *refutar* essas duas ordens de acusação de Meleto; ainda que a corrupção da juventude tome a maior parte da argumentação de Sócrates, o oráculo de Delfos ocupa um lugar central no corpo de sua argumentação. Ao revelar o que Querefonte havia ouvido da sacerdotisa de Apolo – o que sugere que a audiência desconhecia esse episódio –, Sócrates passa a descrever então a sua íntima relação com o deus. Inicialmente, seu intuito era refutar o oráculo (21c), pois estava seguro de que existiam indivíduos mais sábios do que ele, uma vez que reconhecia nada saber. A compreensão do sentido da palavra oracular se dá logo depois de sua experiência com o primeiro tipo de pretenso sábio, o político: ao examiná-lo e interrogá-lo sobre o que professava conhecer, Sócrates compreendeu que era mais sábio do que este e os demais homens justamente porque reconhecia sua própria ignorância, ao passo que os pretensos sábios presumiam conhecer o que não conheciam (21d).

Seria essa a sabedoria propriamente humana, em contraste com a onisciência divina. A partir daí, Sócrates se converte em protetor de Apolo e sua missão passa a ser não mais refutar o oráculo, mas mostrar quão irrefutável ele é (22a). Portanto, ao identificar sua dedicação à filosofia com o "serviço ao deus" (διὰ τὴν τοῦ θεοῦ λατρείαν, 23c1; τὴν ἐμὴν τῷ θεῷ ὑπηρεσίαν, 30a7), Sócrates busca reverter, em seu âmago, a acusação de impiedade: ele não apenas reconhece os deuses reconhecidos pela cidade, como devotou sua vida a fazer valer a palavra de Apolo.

A conexão temática da *Apologia* com o *Eutífron* é, pois, muito clara. No entanto, ela não se limita apenas às especulações sobre a noção de impiedade. A missão filosófica de Sócrates a serviço de Apolo, tal como descrita na *Apologia* (21b-24b), consiste justamente em colocar à prova aqueles indivíduos que tinham a reputação de sábios em algum campo do conhecimento e/ou presumiam sê-lo. As três classes mencionadas são a dos políticos, a dos poetas e a dos artesãos; mas Sócrates nos permite inferir que essa sua experiência é geral, estendendo-se portanto a todo e qualquer pretenso sábio com quem teve a oportunidade de dialogar. Nesse sentido, o caso de Eutífron poderia ser visto, *grosso modo*, como mais um episódio particular do exercício socrático de exame, investigação e verificação das condições reais de seu interlocutor relativamente à sua pretensão de sabedoria. E como dito na *Apologia*, o resultado era sempre negativo, o que de fato ocorre no *Eutífron*: embora professasse um conhecimento rigoroso em matéria religiosa (4e-5a), é incapaz de oferecer a Sócrates uma definição satisfatória do que é o piedoso e do que é o ímpio, o que seria índice de sua ignorância.

O *Críton* é como que uma sequência natural da *Apologia* não apenas pelo caráter complementar da construção do *ēthos* de Sócrates como a personificação da excelência humana, mas também pelas várias referências a passagens específicas da *Apologia*. Esse breve diálogo versa sobre a tentativa de Críton de persuadir Sócrates a fugir ilegalmente da prisão para evitar a morte, e a subsequente argumentação do filósofo para justificar sua resignação ante a pena capital imposta a ele pelo tribunal e sua obediência às leis da cidade. Vários aspectos salientes na *Apologia* reaparecem em sua discussão com seu amigo Críton, como, por exemplo: seu desprezo pela opinião da massa e pelo valor atribuído à reputação aos olhos dela; seu absoluto compromisso com o respeito à justiça, às leis e à própria cidade; sua recusa a apelos de ordem sentimental contra os ditames da razão; e sua postura serena e resignada perante a iminente morte.

Por fim, o *Fédon*, o mais extenso e, filosoficamente, o mais complexo diálogo da tetralogia, tem como tema a imortalidade da alma, retomando, em certa medida, pontos da especulação de Sócrates sobre a vida *post mortem* na *Apologia*. Em sua defesa, o tema aparece pela primeira vez quando Sócrates, usando o artifício da *pergunta retórica*, indaga a si mesmo: "você não tem vergonha, Sócrates, de se envolver com uma ocupação tal que o põe agora em risco de morte?" (28b3-5). Seu desprezo para com o risco de morte, evidenciado concretamente em suas ações nas batalhas de Délio, Potideia e Anfípolis deriva justamente de sua sabedoria, a sabedoria propriamente humana: ele não pode temer aquilo que desconhece, e a morte é uma daquelas coisas que não sabemos com segurança se consiste em uma coisa boa ou má para os homens; a maioria das pessoas a temem precisamente por suporem saber o que de fato não conhecem (28d-29b). No entanto, essa postura "cética", por assim dizer, de Sócrates com relação à morte não é a única especulação do filósofo sobre o assunto; no final da *Apologia*, no terceiro e último discurso, ele retoma o tema, porém sob perspectiva diversa: Sócrates revela certo otimismo na esperança de que a morte, em última instância, venha a ser um bem para os homens. Pois de duas uma: "ou nada há e o morto não tem qualquer sensação, ou há, como se diz por aí, uma transformação e transmigração da alma daqui para outro lugar" (40c6-10). Ao explorar a segunda hipótese, Sócrates recupera o imaginário e as crenças sobre a vida *post mortem* no Hades presente seja nos poemas homéricos, seja nos mistérios eleusinos e nos mistérios órficos, bastante populares em Atenas em sua época. Sócrates imagina, então, como seria seu encontro com figuras como Homero, Orfeu e Museu, e com heróis como Odisseu e Ájax, e quão afortunada seria sua vida nessas condições, podendo dar continuidade ao seu modo de vida filosófico interpelando-os e investigando-os, agora, porém, no mundo dos mortos. Embora Sócrates não se mostre abertamente adepto a esse tipo de crença, o fato é que ela pressupõe certa concepção de imortalidade da alma, justamente o tema filosófico do diálogo *Fédon*, inexplorado teoricamente, entretanto, na *Apologia*.

EUTÍFRON, APOLOGIA DE SÓCRATES E CRÍTON: INTRODUÇÃO

A continuidade dramática e os pontos de contato de natureza temática entre os quatro diálogos da primeira tetralogia não encobrem, todavia, as suas diferenças, tampouco implicam uma relação cronológica no que diz respeito à sua composição. No caso do *Fédon*, diferentemente de sua postura mais "cética" na *Apologia*, Sócrates se mostra convicto da imortalidade da alma e, por conseguinte, de uma vida *post mortem*, inclusive no que diz respeito ao imaginário religioso sobre o Hades. *Grosso modo*, o diálogo busca conferir um fundamento teórico para esse tipo de crença, apresentando quatro provas que buscam demonstrar a imortalidade da alma: o argumento cíclico (70c-72d), o da reminiscência (72e-77a), o da afinidade (78b-80b) e o último argumento (96a-107b). Com forte influência de outras vertentes de pensamento grego, especialmente do pitagorismo e do orfismo (como a própria ideia de imortalidade da alma, a teoria da reminiscência e da metempsicose, a transmigração da alma, e o dualismo entre alma imortal e corpo mortal)[7], o Sócrates do *Fédon* é o porta-voz do que é considerado pela crítica contemporânea as teorias propriamente platônicas, a saber, a teoria das formas ou ideias (de natureza transcendente, e não imanente), a concepção de dialética como o método apropriado para a investigação filosófica e a própria concepção de alma imortal. Portanto, aquela *sabedoria humana* atribuída a Sócrates na *Apologia* (21d) – a saber, o reconhecimento de sua própria ignorância e a não presunção de saber –, dá lugar no *Fédon* a um Sócrates muito mais propositivo, porta-voz de argumentos complexos que visam fundamentar teorias metafísicas e epistemológicas em sua busca incessante pela verdade, ainda que certas características de seu procedimento investigativo descrito na *Apologia* se conservem,

---

7. Os mistérios órficos eram rituais dos quais Orfeu era considerado o autor ou fundador, e se baseavam no mito de Dioniso Zagreu. Os princípios teóricos fundamentais do orfismo são: o dualismo entre alma imortal e corpo mortal, o pecado primordial, o ciclo de transmigrações, a liberação da alma e sua salvação final (A. Bernabé, *Platão e o Orfismo*, p. 25). Os mistérios eleusinos se baseavam no mito de Deméter, Perséfone e Hades cantado no *Hino a Deméter* atribuído a Homero, e que prometiam uma vida melhor após a morte para os iniciados. Vale ressaltar que os mistérios eleusinos eram o mais famoso ritual religioso secreto da Grécia, entre os séculos VI a.C. e IV d.C.

INTRODUÇÃO GERAL   25

como sua preferência pelo modelo dialógico, o recurso a argumentos indutivos (por exemplo, *Fédon*, 71b-c), o interesse especial por questões de natureza ético-política, dentre outros.

No caso do *Eutífron*, embora se possa reconhecê-lo, em linhas gerais, como uma instância particular da missão de Sócrates descrita na *Apologia* – a saber, seu compromisso com Apolo de colocar à prova todo e qualquer pretenso sábio para ratificar a veracidade do oráculo, segundo o qual ninguém era mais sábio do que ele –, o diálogo, do ponto de vista filosófico, não se limita à mera refutação do interlocutor a fim de fazê-lo ver que, na verdade, não conhecia o que supunha saber (no caso específico, a piedade e a impiedade). O *Eutífron* tem como fio condutor da discussão a busca para responder à questão "o que é o piedoso e o ímpio?" (5d7) colocada por Sócrates a seu interlocutor, e partilha de uma característica comum a outros diálogos platônicos, os chamados "diálogos de definição" – a saber, o *Laques* ("o que é a coragem?"), o *Cármides* ("o que é a temperança?"), o Livro I da *República* ("o que é a justiça?"), o *Hípias Maior* ("o que é o belo?"), o *Mênon* ("o que é a virtude?") e o *Lísis* ("o que é o amigo?"), ainda que em parte deles a investigação filosófica não se restrinja apenas à busca por definições, havendo outras questões e/ou preocupações concorrentes (como no caso do *Mênon*, em que a questão inicial é saber se a virtude pode ser ensinada ou não)[8]. A busca por definições para as virtudes particulares e para a virtude como um todo é o que conecta esses diálogos; na *Apologia*, em contrapartida, não há qualquer alusão a esse tipo específico de investigação filosófica, tampouco à sua associação com a prática do *elenchos*, a refutação socrática. Ademais, no *Eutífron*, Sócrates apresenta certa concepção de forma (*eidos*) ou ideia (*idea*) que está presente nas coisas particulares de mesma natureza, com base em que denominamos todas elas por um mesmo nome (5c-d; 6d-e)[9]. Os estudiosos disputam se aqui já

8. Para uma visão mais detalhada sobre os diálogos de definição, ver R.M. Dancy, Definições Platônicas e Formas, em H. Benson (org.), *Platão*.
9. Comparar, por exemplo, com *Fédon*, 65d11-e5.

26 EUTÍFRON, APOLOGIA DE SÓCRATES E CRÍTON: INTRODUÇÃO

encontramos, ainda que incipiente, a teoria das formas que será desenvolvida em diálogos como *Fédon, Banquete, República* e *Fedro*, ou se consiste tão somente na postulação de um universal, sem o caráter transcendente das formas, que será crucial na metafísica platônica nos diálogos supracitados[10].

A Primeira Tetralogia e a Cronologia dos Diálogos Platônicos

Essas diferenças substanciais do ponto de vista doutrinal nos remete ao segundo ponto referido acima, ao problema da cronologia dos diálogos platônicos. Os quatro diálogos da primeira tetralogia – *Eutífron, Apologia, Críton* e *Fédon* – foram compostos consecutivamente? Pertencem a uma mesma fase do pensamento platônico, segundo uma perspectiva desenvolvimentista? Esse campo de investigação é muito especulativo, na medida em que não temos informações históricas suficientes para saber, com alguma segurança, as condições de composição e circulação da obra de Platão, tampouco em que medida os diálogos foram submetidos a revisões ao longo de sua carreira[11]. A única

10. Para uma interpretação de *eidos* e *idea* em sentido fraco, ou seja, designando genericamente as características e/ou qualidades comuns partilhadas por entes particulares (a noção basilar de *universal*), ver W. Lutoslawski, *The Origin and Growth of Plato's Logic*; C. Ritter, *Platon, sein Leben, seine Schriften, seine Lehre*; U. von Wilamowitz-Moellendorff, *Platon: Platon: sein Leben und seine Werke* (apud M. Casaglia, *Platone: Eutifrone*); W. Guthrie, *A History of Greek Philosophy, v. 4*. Para uma interpretação de *eidos* e *idea* em sentido forte, ou seja, designando a forma ou ideia enquanto propriedade e/ou entidade transcendente, ver A.E. Taylor, *Plato, the Man and His Work*; P. Shorey, *What Plato Said*; D. Ross *Plato's Theory of Ideas* (apud M. Casaglia, op. cit., p. 29). Sobre a semântica dos termos *eidos* e *idea* nos diálogos platônicos, ver L.-A. Dorion, *Platon: Lachès, Euthyphron*, p. 208-213.

11. Embora não seja passível de confirmação, Dioniso de Halicarnasso (século I a.C.), em seu ensaio *Sobre a Composição Literária* (25), diz que Platão continuou a "mexer" em seus diálogos até o fim da vida, e cita a anedota segundo a qual, depois de sua morte, encontrou-se uma tábua de cera com vários arranjos diferentes para o começo da *República* ("Desci ontem ao Pireu na companhia de Glauco, filho de Áriston", I 327a1-2). No entanto, o testemunho de Dioniso sugere antes alterações estilísticas do que mudanças relevantes no conteúdo filosófico dos diálogos, uma vez que ele usa metáforas para ilustrar esse procedimento de Platão, a saber, "pentear", "encaracolar" e "entrelaçar" os diálogos (T. Irwin, op. cit., p. 66n13). Anedota sobre a *República* similar a essa também aparece em Diógenes Laércio (*Vidas e Doutrinas dos* ►

INTRODUÇÃO GERAL

informação confiável que temos é o que nos reporta Aristóteles na *Política*: o diálogo *Leis* foi escrito depois da *República* (II.6 1264b26-27)[12].

Para os fins desta introdução, basta-nos uma visão bem geral de como os estudiosos, do século XIX para cá, se dividiram a respeito dessa questão e, por conseguinte, da interpretação geral da obra platônica. Há basicamente duas grandes vertentes: a *unitarista*, segundo a qual os vários diálogos foram compostos a partir de um único ponto de vista, de modo que sua diversidade deve ser explicada em termos literários e/ou pedagógicos, e não como mudanças substanciais no pensamento do autor (nesse caso, o problema da cronologia, da ordem de composição dos diálogos, torna-se secundário, ou mesmo irrelevante)[13]; e a *desenvolvimentista*, segundo a qual Platão mudou seu pensamento ao longo de sua vida, e a diversidade dos diálogos reflete diferentes estágios de desenvolvimento de sua filosofia (nesse caso, a cronologia dos diálogos assume um papel importante no estabelecimento dessa linha evolutiva)[14].

A proposta desenvolvimentista, que mais obtve sucesso desde o final do século XIX até hoje, superando em muito a unitarista, é aquela que divide o pensamento platônico em três fases: os primeiros diálogos ou de juventude (também chamados de "socráticos"); os diálogos intermediários ou de maturidade; e os

▷ *Filósofos Ilustres*, 3.37). Sobre possíveis evidências textuais de revisões feitas por Platão, ver T. Irwin, op. cit., p. 75-77.

12. Uma evidência textual de que as *Leis* é uma obra tardia de Platão é a referência a uma batalha em 638a-b, datada comumente em 356 a.C. (portanto, nove anos antes de sua morte). Dentre os testemunhos tardios, Plutarco afirma que Platão escreveu essa obra já idoso (*Sobre Ísis e Osíris*, 370e-f), ao passo que Diógenes Laércio sugere que ela não estava totalmente acabada na ocasião de sua morte (*Vidas e Doutrinas dos Filósofos Ilustres*, 3.37). No parágrafo seguinte, todavia, Diógenes reporta que o *Fedro* foi o primeiro diálogo escrito pelo filósofo, o que faz de seu testemunho pouco confiável (R. Kraut, Introduction to the Study of Plato, em R. Kraut [ed.], *The Cambridge Companion to Plato*, p. 35n17).

13. Para uma leitura contemporânea de viés unitarista, ver C. Rowe, Interpretando Platão, em H. Benson (org.), *Platão*; e idem, *Plato and the Art of Philosophical Writing*.

14. Para uma visão geral sobre as interpretações *unitarista* e *desenvolvimentista*, ver W. Guthrie, *A History of Greek Philosophy*, v. 4, p. 67-70; C. Kahn, *Plato and the Socratic Dialogue*, p. 38-48; R. Kraut, op. cit.

28   EUTÍFRON, APOLOGIA DE SÓCRATES E CRÍTON: INTRODUÇÃO

diálogos tardios[15]. Basicamente, o critério de distinção entre o primeiro e o segundo grupos é a presença ou não da teoria das formas, que será o núcleo metafísico do pensamento platônico nos diálogos intermediários[16]. Sendo assim, os primeiros diálogos, em que a teoria das formas se encontra ausente, seriam fruto ainda da forte influência de Sócrates sobre Platão, cujas características seriam, dentre outras: i. o interesse exclusivo por questões de ordem ético-política; ii. o exercício de investigação e refutação (referido pela crítica como *elenchos*) das posições e proposições sustentadas por seus interlocutores; e iii; o interesse pela busca por definições de propriedades morais (virtude, justiça, coragem, temperança, piedade, amizade, beleza)[17]. Do ponto de vista teórico, Sócrates evidencia uma série de convicções morais nesse primeiro grupo de diálogos, que coexistem com a sua célebre profissão de ignorância, delineada sobretudo na *Apologia*, a começar pelos chamados paradoxos *moral* e *prudencial*: respectivamente, que ninguém comete um mal de modo voluntário, e que ninguém age contrariamente ao que considera melhor para si[18]. Além disso, sustenta: que o bem para o homem consiste na virtude moral, e não na saúde, no poder, na fama ou na riqueza (*Górgias*), de modo que se deve cuidar antes da alma do que do corpo (*Apologia*, *Eutidemo*); que a virtude moral consiste no conhecimento do que é o bem e o mal (*Laques*, *Protágoras*), de modo que sua aquisição requer um exame bem-sucedido do que são as virtudes particulares

15. A visão *desenvolvimentista* padrão pode ser resumida da seguinte forma, conforme T. Irwin, op. cit., p. 78: "Platão começou concordando com Sócrates, e então foi desenvolvendo gradualmente sua distintiva, e em alguns aspectos não socrática, perspectiva filosófica. Sua perspectiva se torna não socrática, na medida em que ele expande seu interesse filosófico para além da preocupação primária de Sócrates com questões éticas, e rejeita algumas proposições socráticas centrais mesmo no interior da ética." Para uma crítica à visão desenvolvimentista tradicional, ver C. Rowe, Interpretando Platão, op. cit.

16. Ver, por exemplo, C. Rowe, Interpretando Platão, op. cit., p. 30.

17. Para uma breve sinopse da visão tradicional sobre as principais características dos "primeiros diálogos" de Platão, ver R. Kraut, The Examined Life, em S. Ahbel-Rappe; R. Kamtekar (eds.), *A Companion to Socrates*, p. 232-233.

18. T.C. Brickhouse; N.D. Smith, Os Paradoxos Socráticos, em H. Benson (ed.), *Platão*, p. 248; e idem, *Socratic Moral Psychology*, p. 63.

INTRODUÇÃO GERAL 29

(*Eutífron*); que cometer injustiça não é apenas mais vergonhoso, como também pior do que sofrê-la (*Apologia, Górgias*); que todos os indivíduos desejam o bem para si, e tudo mais é escolhido em vista dele (*Górgias, Mênon*); que a felicidade é o fim de toda ação humana (*Eutidemo*); e que a virtude é condição necessária e suficiente para ela (*Cármides, Eutidemo*)[19]. Todas essas posições, de uma forma ou de outra, seriam expressões da concepção moral fundamentalmente intelectualista de Sócrates nos "primeiros diálogos" de Platão.

Nos diálogos intermediários, por sua vez, encontramos o desenvolvimento das principais teorias que convencionalmente são consideradas "platônicas" no sentido próprio do termo, e não mais de influência "socrática" – o que não implica necessariamente a recusa absoluta das posições atribuíveis a Sócrates, como veremos logo abaixo a respeito do "intelectualismo socrático". A teoria das formas ou ideias, a teoria da reminiscência, a divisão entre o mundo inteligível e o mundo sensível, a defesa da imortalidade da alma e a busca para oferecer-lhe uma fundamentação racional, a teoria da tripartição da alma, a definição de dialética como o método apropriado para a investigação filosófica são algumas das inovações que encontramos nesse segundo grupo de diálogos, muitas vezes consideradas o cerne da filosofia platônica. Ainda assim, Sócrates continua a desempenhar a função de protagonista e porta-voz dessas teorias propriamente platônicas[20].

19. Para outras convicções morais de Sócrates nos diálogos platônicos, ver M. Forster, Socrates' Profession of Ignorance, *Oxford Studies in Ancient Philosophy*, v. 32, p. 4.

20. C. Kahn, em *Plato and the Socratic Dialogue*, argumenta a favor da rejeição da distinção entre os primeiros diálogos e os intermediários, observando que eles fazem parte de um projeto literário único, e que as diferenças entre eles não dizem respeito a estágios diferentes do pensamento de Platão, mas a momentos diferentes de exposição. Nesse sentido, os "primeiros diálogos" deveriam ser lidos *prolepticamente*, como preparativo para a apresentação de suas principais doutrinas colocadas à luz, sobretudo na *República*. Sua posição idiossincrática não implica, todavia, uma defesa cega da unidade do pensamento platônico, mas apenas uma integração do primeiro grupo de diálogo aos intermediários, sem negar ainda que haja diferenças significativas entre eles. Contudo, recentemente, em seu livro sobre os diálogos tardios de Platão, Kahn reavalia sua visão "unitarista" e propõe revisar o projeto filosófico de Platão nesse período: "Portanto, a visão que previamente eu descrevi como unitária pode, talvez, ser mais acuradamente ▶

EUTÍFRON, APOLOGIA DE SÓCRATES E CRÍTON: INTRODUÇÃO

A delimitação do grupo dos diálogos tardios conta com um forte apoio dos estudos estilométricos iniciados no final do século XIX, que partem do pressuposto de que as *Leis* foram, se não a última, uma obra de velhice de Platão, como referido acima; com isso, estabelece-se um parâmetro para avaliar em que medida os demais se diálogos se aproximam ou se distanciam dessa obra sob vários aspectos estilísticos[21]. Ainda que muitos estudiosos questionem o alcance desse tipo de estudo como instrumento para estabelecer uma linha cronológica dos diálogos, sem levar em conta a prioridade do conteúdo filosófico e as estratégias pedagógicas e/ou as diferentes opções de Platão para a exposição de seu pensamento, o fato é que vários estudos estilométricos, com metodologias diversas e levados a cabo por diferentes especialistas, concordam em que *Crítias*, *Filebo*, *Leis*, *Político*, *Sofista* e *Timeu* formam um grupo coeso (listados aqui em ordem alfabética)[22]. Em geral, nesses diálogos, Sócrates ou está ausente ou não atua mais com o protagonismo que desempenhava nos dois primeiros grupos de diálogos, com exceção do *Filebo*. Do ponto de vista filosófico, há mudanças bastante significativas no cerne do pensamento metafísico de Platão, com a teoria das formas sendo reconsiderada e reformulada com base em especulações ontológicas que prescindem daquele arcabouço órfico-pitagórico tão proeminente em diálogos como *Fédon*, *República* e *Fedro*,

▷ formulada como o trabalho progressivo de uma base teórica daquilo que foi, no princípio, uma concepção essencialmente prática: o ideal de virtude modelada na figura de Sócrates" (*Plato and the Post-Socratic Dialogue*, p. xiv). Kahn passa a distinguir, então, três fases, que corresponderia, *grosso modo*, ao conjunto dos primeiros diálogos e dos intermediários, segundo a visão descrita acima: 1. fase inicial, pré-metafísica (*Apologia*, *Críton*, *Górgias*, *Íon* e *Hípias Menor*); 2. a teoria implícita das essências nos diálogos de definição (*Laques*, *Cármides*, *Eutífron* e *Mênon*); 3. a explícita teoria das formas (*Crátilo*, *Banquete*, *Fédon*, *República* e *Fedro*). Ver ibidem, p. xiii.

21. Para um retrospecto dos principais estudos estilométricos da segunda metade do século XIX até o final do século XX, bem como para um balanço sobre seus limites e alcances, ver L. Brandwood, Stylometry and Chronology, em R. Kraut (ed.), *The Cambridge Companion to Plato*.

22. Ibidem, p. 113; R. Kraut, Introduction to the Study of Plato, op. cit., p. 15. Para uma visão crítica sobre os alcances da estilometria para definir a cronologia dos diálogos, ver C. Kahn, *Plato and the Socratic Dialogue*, p. 42-47; R. Lopes, Ordenação dos Diálogos, em G. Cornelli; R. Lopes, (orgs.), *Platão*.

INTRODUÇÃO GERAL 31

embora isso não implique uma rejeição completa dessa teoria (sobretudo no caso do *Timeu*)[23]. Do ponto de vista literário, há claramente uma perda do brilho dramático dos diálogos anteriores, com menos ênfase em caracterização de personagens e elementos de cena, com um estilo menos "poético" e/ou "retórico", por assim dizer, e o desenvolvimento de uma argumentação mais complexa e intrincada, talvez voltada para "uma audiência mais estritamente profissional"[24].

Tudo isso é, no entanto, ainda assim, especulativo, e todas as assunções expostas acima são objeto de controvérsia, para as quais há outras interpretações alternativas com argumentos igualmente plausíveis. As principais divergências, ao longo das décadas, entre os inúmeros estudiosos adeptos a essa visão desenvolvimentista concernem, sobretudo, à compreensão do grau de ruptura efetiva de uma fase a outra: se uma fase implica a superação completa da anterior, como se Platão tivesse, de fato, mudado de posição sobre pontos cruciais de seu pensamento; ou se, entre uma fase e outra, há certa continuidade de pensamento, com revisões, aprimoramentos e desdobramentos de alguns pontos doutrinais, que careciam, em alguma medida, de maior fundamentação teórica, sem que isso implique, contudo, uma unidade de pensamento em sentido forte.

---

23. C. Kahn, *Plato and the Post-Socratic Dialogue*, p. xi-xii: "A esse eclipse de Sócrates como uma personalidade corresponde um novo, mais problemático tratamento da teoria das formas, a doutrina filosófica central dos diálogos precedentes. Começamos com a crítica radical a essa doutrina no *Parmênides* (ecoada por um lembrete de problemas similares no *Filebo*), então uma recusa sistemática de qualquer referência a essa teoria no *Teeteto*, seguida por sua reaparição no *Sofista* e no *Filebo*, com uma reformulação final, em grande escala, no *Timeu*." Essa proposta de interpretação de Kahn parte de uma série de pressupostos que, confrontados com outras visões concorrentes, são objeto de controvérsia entre os estudiosos, como a suposição de uma determinada ordem de exposição entre esses diálogos no que concerne à teoria das formas, e a inclusão do *Teeteto* e do *Parmênides* como pertencentes ao grupo de diálogos tardios, contrariamente ao que apontam os estudos estilométricos. Para um outro possível arranjo dos diálogos tardios, ver, por exemplo, T. Irwin, op. cit., p. 79. Sobre as particularidades do *Teeteto*, ver D. Sedley, *The Midwife of Platonism*, p. 1-3.

24. Ibidem, p. xi. Para um resumo dos diferentes critérios utilizados para estabelecer a ordem cronológica dos diálogos platônicos, ver T. Irwin, op. cit., p. 77-78.

32   EUTÍFRON, APOLOGIA DE SÓCRATES E CRÍTON: INTRODUÇÃO

Tomemos como exemplo o chamado "intelectualismo socrático" dos primeiros diálogos de Platão, que Aristóteles irá atribuir ao próprio Sócrates[25]. Segundo tal visão, ninguém age contrariamente ao conhecimento ou à crença do que é melhor para si[26]. Decorre-se disso que todos os desejos se ajustam automaticamente às opiniões do agente sobre o que é melhor para si, de modo a haver apenas desejos racionais[27]. O erro moral, por conseguinte, seria resultado tão somente da ignorância do agente relativamente ao que é melhor para si nas circunstâncias em que se deve agir. Isso exclui a possibilidade de que um determinado apetite por um tipo de comida, por exemplo, seja independente o suficiente para se opor ao que a razão determina como o melhor a se fazer naquela circunstância (nesse caso, não satisfazer tal apetite), a ponto inclusive de se sobrepor a ela e fazer com que o agente aja contrariamente ao que ele julga ser o melhor para si naquele momento (no caso, não comê-la). O fenômeno moral do conflito entre razão e apetites, que será denominado por Aristóteles no Livro VII da *Ética Nicomaqueia* de *akrasia* (geralmente traduzido por "incontinência" ou "fraqueza da vontade")[28], é recusado pela perspectiva

25. Ver Aristóteles, *Ética Nicomaqueia*, VII 1145b21-27; *Ética Eudêmia*, I 126b3-10.

26. T.C. Brickhouse; N.D. Smith, Os Paradoxos Socráticos, op. cit., p. 248; idem, *Socratic Moral Psychology*, p. 63.

27. Esta é a visão tradicional do "intelectualismo socrático", representada, por exemplo, por T. Penner (Socrates and the Early Dialogues, em R. Kraut [ed.], *The Cambridge Companion to Plato*, p. 128). Sobre a relação entre razão e afecções (isto é, apetites e emoções) conforme a interpretação alternativa do "intelectualismo socrático", segundo a qual os desejos não racionais desempenham uma determinada função causal na formação das crenças sobre o que é bom para o agente, ver T.C. Brickhouse; N.D. Smith, Os Paradoxos Socráticos, op. cit.; idem, *Socratic Moral Psychology*, p. 78-81, 104-105; G. Carone, Calculating Machines or Leaky Jars?, *Oxford Studies in Ancient Philosophy*, n. 26.

28. A primeira descrição desse fenômeno encontra-se no *Protágoras* de Platão:

SÓCRATES: [...] A opinião da maioria sobre o conhecimento é mais ou menos a seguinte: que ele não é forte, nem hegemônico, nem soberano. Tampouco ela pensa que é a mesma coisa que comanda o homem, mas que frequentemente, mesmo em posse do conhecimento, não é o conhecimento quem o comanda, porém alguma outra coisa, ora a ira, ora o prazer, ora a dor, às vezes o amor, muitas vezes o medo. Ela praticamente considera o conhecimento como se fosse um escravo, arrastado por aí por tudo o mais. (352b3-c2)

Embora aqui Sócrates se refira exclusivamente ao "conhecimento" (*epistēmē*), mais adiante na discussão com Protágoras, ao rejeitar *akrasia* e reduzi-la à mera ignorância ▶

INTRODUÇÃO GERAL · 33

do intelectualismo socrático, e de modo explícito no diálogo *Protágoras* (356c-357e).

No entanto, com o desenvolvimento da teoria da tripartição da alma e, por conseguinte, de uma concepção mais complexa das causas da motivação humana nos diálogos intermediários, Platão passa a reconhecer a possibilidade do fenômeno da *akrasia*, já que a alma é constituída de elementos distintos, que se opõem uns aos outros provocando conflitos internos ao agente – a saber, a "parte racional" (*to logistikon*), a "parte irascível" (*to thumoeides*), e a "parte apetitiva" (*to epithumētikon*). O Livro IV da *República*, com importantes contribuições teóricas dos Livros VIII e IX, é o lugar paradigmático em que essa nova perspectiva sobre psicologia moral é exposta em detalhes. Pois bem, a questão é: como entender esse avanço teórico? Ele implica a negação da visão intelectualista dos primeiros diálogos? Ou ainda é possível reconciliar, de algum modo, as duas posições? Parte dos estudiosos entende que se trata de uma superação de fato da posição socrática, uma vez que, nessa perspectiva intelectualista, os elementos irracionais têm pouca ou mesmo nenhuma função explicativa para o fenômeno moral, o que Platão irá rejeitar claramente no Livro IV. Ao passo que outra parte ainda vê a posição socrática resguardada, ainda que adaptada e reconfigurada, na caracterização do filósofo, do indivíduo virtuoso por excelência, que, por possuir a virtude da sabedoria, detém todas as demais, de modo que seus apetites e suas emoções se encontram em um arranjo harmônico com a razão, excluindo assim a possibilidade de ações *acráticas* (IV 443c-444a).

A segunda ordem de divergência no interior da visão desenvolvimentista concerne à classificação de certos diálogos, por

▷ sobre o que é melhor para si, ele generaliza o fenômeno, estendendo-o também para o domínio da "opinião" (*doxa*):

Portanto – disse eu – se o aprazível é bom, ninguém, *sabendo ou presumindo* que há outras coisas a seu alcance melhores do que aquelas que põe em prática, realiza-as mesmo assim, quando lhe é possível realizar as que são melhores. Tampouco 'ser vencido por si mesmo' é outra coisa senão ignorância, e 'ser superior a si mesmo', sabedoria. Todos anuíram. (358b6-c3; grifo meu.)

vezes concebidos como de transição. Tomemos como exemplo o *Mênon* e o *Parmênides*. No primeiro, Sócrates, para responder ao paradoxo de Mênon (como procurar o que ignoramos? E se o encontrarmos, como poderemos reconhecê-lo? ver 80d-81b), propõe que a busca e o saber não são outra coisa senão "reminiscência" (*anamnēsis*) daquilo que a alma aprendeu antes de encarnar em um corpo. Para comprovar essa teoria empiricamente, Sócrates submete o escravo de Mênon a um interrogatório sobre uma questão de geometria, fazendo com que ele chegue positivamente à conclusão sobre uma matéria que desconhecia por completo, prova essa do que seria tal conhecimento inato (81e-85b). Embora não haja uma menção explícita de que tais objetos rememorados em vida pela alma sejam as formas, como sucederá no *Banquete*, no *Fédon*, no *Fedro* e na *República*, é evidente que a teoria da reminiscência aponta para ela e traz consigo a pressuposição de que a alma é imortal, ponto doutrinário que será crucial para o pensamento metafísico platônico do período intermediário. Por outro lado, ele partilha da característica comum ao sub-grupo dos primeiros diálogos chamados "de definição" (no caso, a pergunta é "o que é a virtude?"): para saber como a virtude pode ser adquirida, se por ensino ou por exercício, ou se ela é antes dada por natureza ou depende de alguma outra causa, Sócrates explicita a necessidade de se saber antes o que é a virtude (a chamada "prioridade da definição")[29]. As duas tentativas de definição propostas por Mênon falham, de modo que a primeira parte do diálogo termina em aporia (70a-79e), outro aspecto comum aos "diálogos de definição". Portanto, a questão é: o *Mênon* deve ser classificado no grupo dos primeiros diálogos ou no dos intermediários? Como todo aspecto controverso do pensamento platônico, há defensores dessas duas alternativas, a depender do peso que se dá aos elementos comuns e/ou díspares quando comparado

---

29. Sobre o assunto, ver R. Bett, Socratic Ignorance, D.R. Morrison (ed.), *The Cambridge Companion to Socrates*, p. 223-224; R.M. Dancy, Definições Platônicas e Formas, op. cit.; C. Kahn, *Plato and the Socratic Dialogue*, p. 148-182.

INTRODUÇÃO GERAL

aos demais diálogos, e do modo como são concebidas as estratégias de Platão para a exposição de seu pensamento filosófico[30]. A via intermediária seria concebê-lo como um diálogo de transição para a fase intermediária[31].

No caso do *Parmênides*, o problema se torna bem mais complexo, pois na primeira parte do diálogo encontramos uma forte objeção à teoria das formas, que para muitos intérpretes é, em última instância, decisiva e insuperável, uma vez que o próprio Platão jamais apresentou, de modo explícito, um contra-argumento a ela no próprio *Parmênides* ou em alguma outra obra. Trata-se do chamado "argumento do terceiro homem" (131e-132b), conforme a alcunha de Aristóteles[32]. Sendo assim, para muitos o *Parmênides* marca o fim do período intermediário, abrindo espaço para a revisão, o aprimoramento e novos desdobramentos de sua teoria metafísica por excelência, representada paradigmaticamente pelos Livros v-vii da *República*, como sucederá nos diálogos tardios (*Timeu, Crítias, Sofista, Político, Filebo* e *Leis*). O obstáculo para essa interpretação, porém, é que os estudos estilométricos, como referido acima, não apontam para a sua classificação no grupo dos diálogos tardios, mas no período próximo à composição da *República* e dos demais

30. D. Sedley; A. Long, *Plato: Meno and Phaedo*, p. xi: "No entanto, na seção central do diálogo, um novo estilo radical do discurso platônico emerge. É aqui que Sócrates desvela a teoria da reminiscência, e inclusive se propõe a provar sua verdade por meio do questionamento de um escravo de modo a revelar sua compreensão inata de geometria. Esse é o ponto preciso no *corpus Platonicum* em que, de acordo com a visão comum, o pensamento do período intermediário pela primeira vez se coloca."

31. R. Kraut, Introduction to the Study of Plato, op. cit., p. 6.

32. Ver *Refutações Sofísticas*, 179a3; *Metafísica*, I.9 990b17; VII.13 1039a2-3. O argumento do terceiro homem seria, em linhas gerais, o seguinte: tomemos um grupo de coisas particulares que qualificamos como "grandes"; todas elas são qualificadas como grandes porque participam da forma da grandeza, que é única (digamos, FG1); mas como FG1 é distinta das coisas particulares ditas "grandes", se colocarmos juntas FG1 e as coisas particulares ditas "grandes", será necessária a postulação de uma nova forma de grandeza (digamos, FG2), em virtude da qual essas coisas particulares ditas "grandes" e FG1 são grandes; e como FG2 é distinta tanto de FG1 quanto das coisas particulares ditas "grandes", será necessária a postulação de uma nova forma de grandeza (digamos, FG3), em virtude da qual tanto essas coisas particulares ditas "grandes" quanto FG1 e FG2 são grandes; e assim *ad infinitum*. Deve haver, portanto, uma infinidade de formas da grandeza, e não uma única só, como postulava a teoria das formas.

36 EUTÍFRON, APOLOGIA DE SÓCRATES E CRÍTON: INTRODUÇÃO

diálogos do período intermediário. Portanto, o problema é semelhante ao do *Mênon*, como exposto acima; a via intermediária seria concebê-lo como uma obra de transição entre as duas últimas fases do pensamento platônico[33].

Enfim, no que concerne à primeira tetralogia, a *Apologia* e o *Críton* pertenceriam consensualmente ao grupo dos primeiros diálogos, ao passo que o *Fédon*, ao dos intermediários. Há pouca ou nenhuma controvérsia quanto a isso, quando consideramos exclusivamente a perspectiva desenvolvimentista sobre o pensamento platônico[34]. Já o *Eutífron* é geralmente classificado pelos intérpretes no grupo dos primeiros diálogos, mais especificamente no sub-grupo dos de definição. Todavia, justamente por apresentar, ainda que de maneira incipiente, certa concepção de forma ou ideia (5c-d; 6d-e), a depender da ênfase teórica dada a essas duas passagens, há quem o conceba como um diálogo de transição do primeiro grupo para o dos intermediários[35].

Como foi salientado acima, todo esse quadro de interpretação geral da obra platônica é, em última instância, especulativo e parcial, e reflete antes uma tendência geral dos intérpretes, desde o final do século XIX até hoje, do que um consenso entre eles, sobretudo quando alguns diálogos, e os problemas hermenêuticos inerentes a eles, são analisados com mais acuidade,

---

33. Sobre o problema da classificação do *Parmênides* e um resumo das alternativas de interpretação para os problemas filosóficos decorrentes do argumento do terceiro homem, ver R. Kraut, Introduction to the Study of Plato, op. cit., 16-20.

34. Para um debate mais aprofundado a respeito da datação da *Apologia*, ver E. De Strycker; S.R. Slings, *Plato's Apology of Socrates*, p. 16-21.

35. Um exemplo desse tipo de perspectiva são as considerações iniciais do tradutor italiano: "Ponto de convergência, portanto, entre a influência dos ensinamentos de Sócrates e a emergência de novas perspectivas cognitivas, o diálogo é constituído de uma conjunção de teorias socráticas e platônicas, em um equilíbrio temático no qual nem sempre foi fácil distinguir nitidamente as concepções do 'mestre' das do 'discípulo', mas que exatamente por isso representa um documento emblemático da profunda unidade espiritual entre os dois pensadores" (M. Casaglia, op. cit., p. 5). Por sua vez, ao integrar os "primeiros diálogos" ao grupo dos "intermediários" considerando-os um projeto filosófico unificado, com etapas progressivas de ingressão do leitor no cerne do pensamento platônico (ver supra p. 29n20), Kahn considera o *Eutífron* um dos sete *threshold dialogues* (diálogos limítrofes), cuja característica comum seria "apresentar e elaborar temas que se encontram reunidos nos livros centrais da *República*, onde *tekhnē* se torna *dialektikē*, a arte magistral do rei-filósofo" (C. Kahn, *Plato and the Socratic Dialogue*, p. 148).

INTRODUÇÃO GERAL 37

à luz não apenas de evidências provenientes dos estudos esti-lométricos, mas também de uma exegese filosófica atenta às questões teóricas relevantes para a compreensão da obra em si e de sua relação com os demais diálogos. Além disso, não sabe-mos se Platão reviu toda sua obra e em que medida isso teria se dado, o que torna ainda mais obscuro todo esse empenho de compreender sua extensa obra *diacronicamente*[36].

Feitas tais ponderações, vejamos de maneira sinóptica a divi-são geral da obra platônica em três grupos segundo a perspectiva desenvolvimentista, que não pretende ser definitiva, evidente-mente, mas apenas ilustrativa:

G1	*Alcibíades I**, *Apologia*, *Cármides*, *Críton*, *Eutidemo*, *Eutífron*, *Górgias*, *Hípias Maior**, *Hípias Menor*, *Íon*, *Laques*, *Lísis*, *Menêxeno*, *Protá-goras* (em ordem alfabética)
G1/2	*Mênon*, *República I* (em ordem alfabética)
G2	*Banquete*, *Crátilo*, *Fédon*, *Fedro*, *República II-X* (em ordem alfabética)
G2/3	*Parmênides*, *Teeteto* (em ordem alfabética)
G3	*Crítias*, *Filebo*, *Leis*, *Político*, *Sofista*, *Timeu* (em ordem alfabética)

G1:	primeiros diálogos
G2:	diálogos intermediários
G3:	diálogos tardios

G1/2:	diálogos que aparecem ora em G1 ora em G2, a depender do intérprete
G2/3:	diálogos que aparecem ora em G2 ora em G3, a depender do intérprete

* Diálogos cuja autoria de Platão é suspeita, de modo que podem não figurar em certas listas[37].

Passemos agora em revista os três diálogos que compõem esta edição – *Eutífron, Apologia de Sócrates* e *Críton* –, levando em consideração a sua estrutura e os principais temas e problemas filosóficos suscitados por eles.

36. Um exemplo da dificuldade de concatenar todos esses vetores para determi-nar a cronologia de uma obra platônica encontra-se na pesquisa de Ritter (século XIX) a respeito do Livro I da *República*. Ver a descrição de L. Brandwood, Stylometry and Chronology, op. cit., p. 96-97.

37. Sobre alguns diálogos em específico, ver também as considerações de T. Irwin, op. cit., p. 80-81.

"EUTÍFRON"

Como vimos na "Introdução Geral", um dos temas mais debatidos pela literatura secundária de viés desenvolvimentista sobre o *Eutífron* é sua posição relativamente ao grupo dos "primeiros diálogos" e ao dos "intermediários", para o qual diferentes interpretações são oferecidas, ora enfatizando os elementos comuns aos do primeiro grupo, ora aos do segundo grupo, ora buscando uma conciliação entre eles (posição intermediária). Em relação ao conteúdo filosófico, o *Eutífron* é visto em geral como um diálogo-chave para o desenvolvimento de certa teoria da definição em Platão a partir da questão "O que é x?", recorrente também em outros diálogos, como mencionado anteriormente, cuja função seria auxiliar na busca pela compreensão da essência (*ousia*) de propriedades morais[1]. Além disso, o *Eutífron* é o lugar privilegiado no *corpus Platonicum* onde se discute a piedade (*hosiotēs*). No *Protágoras*, ela aparece elencada junto à sabedoria, coragem, temperança e justiça, mas acaba por desaparecer do rol de virtudes morais conhecidas posteriormente como as "virtudes cardinais

---

1. Ver, por exemplo, R.M. Dancy, *Definições Platônicas e Formas*, op. cit.; C. Kahn, *Plato and the Socratic Dialogue*, p. 148-182.

40 EUTÍFRON, APOLOGIA DE SÓCRATES E CRÍTON: INTRODUÇÃO

platônicas", sobretudo em razão do Livro IV da *República* – ali, Platão propõe definições para as quatro virtudes supracitadas, seja sob o ponto de vista da cidade, seja do indivíduo, desconsiderando, no entanto, a piedade. Nesse sentido, é provável que no *Eutífron* encontremos a resposta velada de Platão para essa sua posição teórica excludente, quando Sócrates propõe à personagem epônima, de maneira assertiva, que a piedade é tão somente uma parte da justiça, a saber, aquela que concerne ao "cuidado com os deuses" (τὸ περὶ τὴν τῶν θεῶν θεραπείαν, 12e7-8)[2]. Sendo assim, ainda que o diálogo seja aporético e não logre oferecer uma definição satisfatória da virtude em questão, ao menos a subsunção da piedade à justiça constitui um aspecto positivo do diálogo, extremamente relevante para o desenvolvimento da filosofia moral de Platão. Quanto à atitude de Platão para com a religião tradicional grega representada aqui pela personagem Eutífron, a refutação da definição de piedade como "o que é caro aos deuses" (*to theophiles*, 6e-11b) pode ser vista como um ponto de inflexão no sentido de emancipar a investigação filosófica sobre questões morais dos parâmetros oferecidos pela concepção religiosa de mundo, que vemos representada na obra dos grandes poetas como Homero e Hesíodo[3]. Nesse sentido, o *Eutífron* aponta para a crítica e a recusa à poesia e ao seu conteúdo moral e religioso, que será perseguida por Platão nos Livros II e III da *República*.

Comecemos, então, com uma visão sinóptica da estrutura do diálogo. Utilizarei a numeração abaixo ao longo do texto para fins didáticos:

1. Prólogo (2a-5d)
   1.1. A denúncia (*graphē*) contra Sócrates (2a-3e)
   1.2. O caso de Eutífron (3e-4e)
   1.3. Sócrates como discípulo de Eutífron (4e-5d)
   1.4. O pré-requisito de toda definição: a forma (*eidos*) ou ideia (*idea*) da piedade (5d)

2. Ver, por exemplo, M. Zingano, Virtude e Saber em Sócrates, *Estudos de Ética Antiga*.
3. Ver, por exemplo, D. Gallop, *Plato: Defence of Socrates, Euthyphro, Crito*, p. xii-xvi.

EUTÍFRON

41

2. Primeira definição (5d-6e): piedade consiste em processar a quem comete injustiça
3. Segunda definição (6e-11b)
   3.1. Primeira formulação (6e-8b): o piedoso é o que é caro aos deuses
   3.2. Segunda formulação (8b-9e): o piedoso é o que todos os deuses amam
   3.3. Refutação (9e-11b)
4. Interlúdio (11b-e)
5. Terceira definição (11e-14a)
   5.1. O gênero da piedade: a justiça (11e-12d)
   5.2. A diferença (12d-14a)
      5.2.1. Primeira formulação: a piedade é o cuidado com os deuses (12d-13d)
      5.2.2. Segunda formulação: a piedade é o serviço aos deuses (13d-14a)
6. Quarta definição (14a-15c): a piedade é o conhecimento das súplicas e das ofertas aos deuses
7. Epílogo (15c-16a)[4]

[1] Como mencionado na "Introdução Geral", o diálogo se inicia com o encontro casual entre Eutífron e Sócrates. Sócrates se dirigia ao arconte-rei para responder à denúncia (*graphē*) contra ele registrada por Meleto, com a colaboração de Anito e Lícon[5], quando encontrou Eutífron, que se dirigia ao mesmo

---

4. Segundo a divisão de L.-A. Dorion, op. cit., p. 192.

5. Sobre essa audiência preliminar com o arconte-rei, um dos magistrados atenienses, D. Nails diz o seguinte: "A audiência preliminar designava o recebimento oficial do caso pelo arconte-rei, que, no cargo por um ano, presidiria posteriormente o exame prejulgamento e o próprio julgamento. Meleto declarou ou entregou sua denúncia, e Sócrates respondeu entrando com sua alegação. O arconte-rei estava autorizado a recusar o caso de Meleto com base em procedimentos técnicos, redirecioná-lo a um árbitro ou aceitá-lo. Se Sócrates apresentasse uma objeção substantiva, questionasse a admissibilidade da denúncia em relação à legislação existente, ele teria o direito, nesse estágio preliminar, de entrar com uma contra-ação (*paragraphē*), que teria sido ouvida primeiro – mas ele não o fez" (The Trial and Death of Socrates, em S. Ahbel-Rappe; R. Kamtekar [eds.], *A Companion to Socrates*, p. 10).

42 EUTÍFRON, APOLOGIA DE SÓCRATES E CRÍTON: INTRODUÇÃO

magistrado para impetrar uma queixa (*dikē*) contra seu próprio pai por homicídio[6]. A distinção básica entre esses dois tipos de processos, conforme o procedimento legal ateniense, é que a denúncia (*graphē*) concerne a uma acusação impetrada por um particular contra outrem, porém no interesse da cidade; ou seja, concerne àqueles casos em que o ato injusto imputado ao acusado implica, em alguma medida, prejuízo não apenas para o denunciante, mas para toda a coletividade. Esse caráter da denúncia contra Sócrates se esclarecerá justamente na *Apologia*, quando o filósofo objetará às acusações de corrupção da juventude e impiedade. A queixa (*dikē*), por outro lado, concerne às acusações de caráter privado, que envolvem os interesses particulares das duas partes em litígio[7]. O caso de Eutífron, no entanto, é peculiar justamente pelo fato de o acusado ser o seu próprio pai, o que não era uma prática judiciária comum, e, para alguns estudiosos do diálogo, até mesmo um procedimento ilegal[8]; pelo contrário, segundo o diagnóstico do diálogo *Górgias*, o que se via nos tribunais atenienses era o oposto: familiares empregando todos os meios para impedir que seus entes queridos fossem condenados a pagar a justa pena, a despeito de terem cometido alguma injustiça e merecérem punição (480b-e).

As circunstâncias do homicídio imputado por Eutífron a seu pai torna o caso ainda mais idiossincrático: na verdade, a vítima era um empregado de seu pai, que foi atirado em um fosso em

6. Como observa D. Gallop: "um ataque contra o próprio pai era, segundo as normas ordinárias gregas, um paradigma de conduta ímpia. Isso faz com que a tentativa inicial de Eutífron de explicar a piedade citando sua própria ação pareça artificial. Tem-se duvidado, além disso, se um crime cometido na ilha de Naxos (4c) poderia ser apresentado a um tribunal em Atenas em data tão tardia como 399 a.C. Atenas perdera sua jurisdição sobre essa ilha quando a Guerra do Peloponeso terminou em 404 a.C. Se tal caso algum dia chegou a ser apresentado ao tribunal, parece plausível que Platão o tenha justaposto ao julgamento de Sócrates e o adaptado de outras formas, a fim de conformá-lo aos propósitos de sua ficção filosófica" (op. cit., p. ix).

7. Ver infra "Procedimentos Legais em Atenas".

8. Sobre os aspectos legais envolvidos na "queixa" (*dikē*) de Eutífron contra o pai, bem como sobre o debate de sua viabilidade jurídica, ver L.-A. Dorion, op. cit., p. 201-208.

virtude de um homicídio cometido contra um de seus servos. O pai de Eutífron o deixou lá, preso no fosso, enquanto buscava informações sobre qual procedimento adotar junto ao *exegeta*, autoridade competente em dar instruções legais para esse tipo de situação. Nesse ínterim, o homicida acabou por morrer de fome e frio. É nessa narrativa que aparece a primeira menção ao que virá a ser o tópico teórico do diálogo – a piedade e a impiedade:

EUTÍFRON: [...] É por isto que estão indignados o meu pai e os demais familiares: porque, em favor de um assassino, processo meu pai por homicídio, sem que ele o tivesse matado, segundo a alegação deles; e mesmo se realmente o tivesse matado, sendo a vítima um assassino, eles alegam que eu não deveria me preocupar com alguém dessa espécie – pois é ímpio o filho processar o pai por homicídio –, manifestando um conhecimento defeituoso, Sócrates, de como se posiciona a divindade a respeito do *piedoso* e do *ímpio*. (4d5-e3; grifo meu)

Visto que Eutífron se apresenta como um adivinho (*mantis*), Sócrates infere que seu interlocutor possui certa sabedoria (3c9, d6), precisamente aquela que o distingue dos homens comuns e lhe confere uma relação especial para com os deuses, os quais lhe concederiam o poder de prever o futuro (conforme a crença popular e religiosa da época). E essa sabedoria concerne justamente ao âmbito prático referente à sua ação atual: a piedade e a impiedade. Portanto, a expectativa inicial de Sócrates é que Eutífron possa lhe apresentar uma definição do que é o piedoso e do que é o ímpio, com base na qual se justificaria sua ação contra o pai e o preveniria de uma eventual ação injusta contra ele. Concomitantemente, se Eutífron lhe ensinasse sobre essa matéria (desconsiderando aqui o viés irônico da fala do filósofo), também Sócrates poderia ser beneficiado em sua defesa contra a denúncia de Meleto, pois lhe forneceria uma base teórica suficiente para verificar se a imputação de impiedade contra ele tinha, de fato, algum fundamento objetivo (5a-b). Sócrates se coloca, então, como discípulo de Eutífron (*mathētēs*, 5a4), adulando-o a fim de conduzi-lo a uma investigação de orientação

44 EUTÍFRON, APOLOGIA DE SÓCRATES E CRÍTON: INTRODUÇÃO

filosófica sobre a matéria de seu suposto conhecimento: a piedade e a impiedade.

Na própria formulação da pergunta de Sócrates, podemos inferir três condições para uma boa definição: unidade, identidade e universalidade.

> SÓCRATES: [...] Mas agora, por Zeus, diga-me o que há pouco sustentava conhecer claramente: que tipo de coisa você afirma ser o religioso e o irreligioso, tanto em relação ao homicídio quanto em relação às demais coisas? O piedoso em si é igual a si mesmo em toda ação, enquanto o ímpio, por sua vez, o contrário de todo piedoso, não é? E tudo aquilo que vier a ser ímpio é semelhante a si mesmo e tem uma única ideia concernente à impiedade, não é?
>
> EUTÍFRON: Sem sombra de dúvida, Sócrates. (5c8-d6)

O que Sócrates busca é uma definição que possa valer para todos os casos particulares de mesma natureza (universalidade), a delimitação daquela *propriedade comum* (Platão usa aqui o termo *idea*) a todos eles (identidade) que nos possibilita identificá-los como instâncias particulares de uma única e mesma coisa (unidade). Mais adiante no diálogo, fica claro que Platão entende ideia (*idea*), ou forma (*eidos*), como a essência (*ousia*) dessa coisa, e que a pergunta "o que é a piedade?" busca precisamente dizer aquilo que ela é em sua natureza (11a6-8)[9]. [2] A primeira tentativa de definição proposta por Eutífron, contudo, vai na direção contrária, visto que ele busca definir uma propriedade genérica com base num tipo de ação particular, justamente aquela em questão: piedade é processar a quem comete injustiça, ao passo que impiedade é não processá-lo[10]. Ao conceder que há outras ações diferentes dessa que são igualmente piedosas, Eutífron admite a insuficiência de sua primeira

9. Sobre a semântica dos termos *eidos* e *idea*, que pertencem ao vocabulário corrente da língua grega, e que em Platão passam a adquirir um sentido técnico no desenvolvimento de seu pensamento metafísico, ver L.-A. Dorion, op. cit., p. 208-213.

10. O mesmo tipo de resposta dada pelos interlocutores de Sócrates nos "diálogos de definição", quando confrontados com a mesma pergunta "O que é x?" (ver *Hípias Maior*, 287e; *Laques*, 190e; *Cármides*, 159b; *República*, I 331b).

tentativa de definição, uma vez que ela não satisfaz as três condições assinaladas acima. Sócrates, então, reformula a questão:

SÓCRATES: Então, você está lembrado de que não era isso que eu solicitava a você, ensinar-me uma ou duas coisas piedosas dentre inúmeras outras, mas precisamente aquela forma pela qual todas as coisas piedosas são piedosas? Pois você me disse, suponho eu, que por uma única ideia as coisas ímpias são ímpias, e as coisas piedosas são piedosas. Ou não se lembra?

EUTÍFRON: Claro.

SÓCRATES: Ensine-me, então, qual é precisamente essa ideia, para que, observando-a e utilizando-a como paradigma, eu possa dizer que é piedoso o que você ou qualquer outra pessoa fizer conforme esse padrão, e caso contrário, dizer que não é. (6d9-e8)

[3] Ao reformular a pergunta, Sócrates estipula uma quarta condição para uma boa definição: a de *causalidade*. Em outras palavras, a forma (*eidos*) ou ideia (*idea*) expressa pela definição explica *por que* uma determinada coisa tem aquela propriedade; uma vez definida, seria com base nela que poderíamos afirmar, por exemplo, que a ação de Eutífron ao acusar o pai por homicídio é piedosa, e não ímpia (ou o contrário) – o que Platão chama aqui de *paradeigma* (6e6), "paradigma" ou "modelo", que servirá como critério de determinação de juízos de valor relativamente a ações no âmbito da piedade. [3.1] Diante do esclarecimento de Sócrates, Eutífron propõe uma segunda definição, de caráter mais genérico: "piedoso é o que é caro aos deuses, enquanto o que não lhes é caro é ímpio" (6e10-11). Aparentemente, a proposta de Eutífron atende às condições estipuladas por Sócrates: é genérica o suficiente para poder ter um valor universal, sua forma ou ideia é única e pode ser identificada em várias coisas e/ou ações particulares (inúmeras coisas são caras aos deuses, como preces, sacrifícios, ações justas etc.), além de ter um valor causal (uma coisa é pia *porque* é cara aos deuses[11]). A objeção

---

11. Digo aqui "aparentemente", pois Sócrates mostrará que essa proposição é falsa, como veremos logo a seguir.

46 EUTÍFRON, APOLOGIA DE SÓCRATES E CRÍTON: INTRODUÇÃO

de Sócrates concernirá, no entanto, à parte da definição referente "aos deuses". Como se trata de uma religião politeísta, e na mitologia grega há inúmeros episódios de dissensão entre os deuses (basta ver, por exemplo, como eles se dividem na *Ilíada*, com Hera, Atena e Posêidon favorecendo os gregos, e Afrodite, Apolo e Ares, os troianos), pode ser o caso que uma mesma coisa seja cara a um deus, mas não a outro, sendo portanto piedosa e ímpia ao mesmo tempo: pode ser o caso que acusar o pai por homicídio seja caro a Zeus, que castigou o próprio pai, mas não a Crono e Urano, que foram castigados pelo próprio filho (8b)[12]. E o âmbito de divergência entre os deuses concerne justamente ao que é bom e mau, belo e vergonhoso, justo e injusto, ou seja, a juízos de valor referentes ao âmbito prático, às ações humanas:

SÓCRATES: Então, cada um deles não ama as coisas que considera belas, boas e justas, e odeia as contrárias a elas?

EUTÍFRON: Seguramente.

SÓCRATES: E as mesmas coisas, como você afirma, uns consideram justas, ao passo que outros, injustas, e ao discordar a respeito delas, lutam e até guerreiam entre si; não é assim?

EUTÍFRON: É assim.

SÓCRATES: Portanto, as mesmas coisas, como parece, são odiadas e amadas pelos deuses, as quais seriam tanto odiosas quanto caras aos deuses.

EUTÍFRON: É o que parece.

12. Como salienta M. McPherran (Socratic Religion, em D.R. Morrison [ed.], *The Cambridge Companion to Socrates*, p. 117), "ao pressupor sem restrição, em sua busca por definição, que a definição de piedade deve valer para todas as ações pias – e dada a sua aparente rejeição da inimizade e violência divinas (6a-d, 7b-9c) –, Sócrates está comprometido com as seguintes proposições: que (i) há apenas um único cânone moral universal para todos os seres, sejam eles deuses ou seres humanos, de modo que se deve rejeitar a tradição de um duplo padrão divino de moralidade (ver, por exemplo, *República*, 378b). O exame de Sócrates também sugere que (ii) seus deuses são perfeitamente justos e bons, e que (iii) eles não experimentam desacordos morais entre si". Se tais proposições revelam, em alguma medida, certa concepção religiosa em que Sócrates acredita, ele poderia ser visto então como uma espécie de reformador em matéria religiosa, ao menos do ponto de vista do senso comum, e, por conseguinte, suscetível a uma imputação tal como aquela sustentada por Meleto em sua denúncia: que Sócrates não reconhecia os deuses reconhecidos pela cidade, e inovava em matéria religiosa. Para uma visão geral sobre a religiosidade na perspectiva socrática, bem como seus pontos comuns e divergentes para com a religião tradicional grega, ver M. McPherran, Socratic Religion, op. cit.; T.C. Brickhouse; N.D. Smith, *Plato's Socrates*, p. 179-189.

SÓCRATES: Portanto, Eutífron, por esse raciocínio, as mesmas coisas seriam tanto piedosas quanto ímpias.
EUTÍFRON: É provável. (7e6-8a6)

A objeção de Sócrates é suficientemente clara aqui, mas nessa passagem há um ponto teórico importante, que vale a pena sublinhar: no primeiro momento, a redução do que é bom e belo ao que é justo, e do que é mau e vergonhoso ao que é injusto; e, no segundo, a identificação entre o justo e o piedoso, de um lado, e entre o injusto e o ímpio, de outro. A relação entre justiça e piedade será esclarecida adiante, no exame da quarta definição proposta por Eutífron (11e-12d), quando a piedade será concebida como *parte* da justiça, e não mais como idêntica a ela. A consequência é que a justiça englobará a piedade, mas não o contrário; em outras palavras, toda ação piedosa é justa, mas nem toda ação justa será piedosa, somente aquelas concernentes ao cuidado com os deuses. Retomaremos esse ponto no momento oportuno. Outro aspecto importante a ser observado aqui é a crítica implícita de Platão à religião tradicional grega e, por conseguinte, aos poetas que a consagraram, especialmente Homero e Hesíodo. Certo desgosto evidenciado por Sócrates pelos episódios mitológicos (6a), como as violências infligidas entre si pelas sucessivas gerações de deuses (como, por exemplo, a castração de Urano pelo filho Cronos), já indicava essa inadequação dos princípios da religião grega para fundamentar e orientar a discussão teórica sobre a virtude da piedade. Nesse sentido, o *Eutífron* se comunica diretamente com a crítica explícita de Platão à poesia canônica e à religião tradicional grega presente nos Livros II e III da *República*, quando busca refundar as bases da educação grega em vista da formação moral e intelectual dos guardiães da cidade ideal fundada no discurso por Sócrates e seus interlocutores.

[3.2] Pois bem, diante da incapacidade de Eutífron de refutar tal objeção, o próprio Sócrates propõe uma correção na definição anteriormente proposta: "o que *todos* os deuses odeiam é ímpio, e o que *todos* amam é piedoso, ao passo que aquilo que uns amam e outros odeiam, não é nem uma coisa nem outra, ou ambas" (9d2-5; grifo meu)[13]. [3.3] A refutação de Sócrates dessa reformulação (9e-11b) talvez seja o argumento mais difícil de se compreender no *Eutífron*, tendo em vista as distinções lógicas bem sutis, por vezes até obscuras. Resumidamente, Sócrates buscará desfazer a relação de identidade entre o *definiendum* ("o piedoso", *to hosion*) e o *definiens* ("caro aos deuses", *to theophiles*), de modo a invalidar a segunda definição (ou seja, "o piedoso" não é "o que é caro aos deuses"). A chave do argumento de Sócrates está na variação da relação causal entre os elementos da proposição e ele faz isso da seguinte maneira:

(P1) O piedoso (*to hosion*) é amado pelos deuses por ser piedoso, e não o contrário – a saber, o piedoso é piedoso por ser amado pelos deuses. (10e2-4)

(P2) "O que é caro aos deuses" (*to theophiles*), por sua vez, é caro aos deuses por ser amado pelos deuses, e não o contrário – a saber, o que é caro aos deuses é amado pelos deuses por ser caro aos deuses[14]. (10e6-8)

(C1) Portanto, o piedoso (*to hosion*) e "o que é caro aos deuses" (*to theophiles*) não são a mesma coisa. (10d12-14)

Essa conclusão é confirmada por Sócrates, ao propor um raciocínio hipotético ((R1) e (R2) abaixo) baseado na proposição de identidade entre o piedoso (*to hosion*) e "o que é caro aos deuses" (*to theophiles*, P3 = ¬ (C1)), uma vez que dele se gerariam duas inferências falsas ((C2) e (C3) abaixo, 10e10-11a6). Eis a sua estrutura:

13. C. Kahn (*Plato and the Socratic Dialogue*, p. 174-175) entende que essa reformulação da definição de Eutífron satisfaz o critério *extensional* (uma ação é pia se e somente se é cara a *todos* os deuses), mas não o *intensional*, na medida em que seu conteúdo não revela a "essência" (*ousia*, 11a8) da virtude em questão, mas tão somente um "atributo" (*pathos ti*, 11a8).

14. Essa proposição (P2) é obtida mediante um argumento *indutivo*: assim como o que é carregado é carregado *por ser carregado*, e o que é visto é visto *por ser visto*, o que é "caro aos deuses" (*to theophiles*) é caro aos deuses *por ser amado pelos deuses* (10a-d). Todavia, isso não se aplica ao caso de "o piedoso" (*to hosion*): o piedoso é piedoso não *por ser caro aos deuses*; pelo contrário, o piedoso é caro aos deuses *por ser piedoso* (P1). Portanto, "o piedoso" (*to hosion*) e o que é "caro aos deuses" (*to theophiles*) não são a mesma coisa.

EUTÍFRON 49

(R1) Se o piedoso (*to hosion*) é amado por ser piedoso (P1), e se o piedoso (*to hosion*) é o mesmo que "ser caro aos deuses" (*to theophiles*, P3), então basta substituir os termos da condicional para obter a seguinte proposição: "o que é caro aos deuses" (*to theophiles*) é amado por ser caro aos deuses (C2). Todavia, esse não é o caso, pois "o que é caro aos deuses" (*to theophiles*) é caro aos deuses por ser amado pelos deuses (P2).

(R2) Se "o que é caro aos deuses" (*to theophiles*) é caro aos deuses por ser amado pelos deuses (P2), e se o piedoso (*to hosion*) é o mesmo que "ser caro aos deuses" (*to theophiles*, P3), então basta substituir os termos da condicional para obter a seguinte proposição: o piedoso (*to hosion*) é piedoso por ser amado por eles (C3). Todavia, esse não é o caso, pois o piedoso (*to hosion*) é amado pelos deuses por ser piedoso (P1).

Assim, a conclusão final do argumento de Sócrates pode ser elucidada da seguinte maneira, inserindo os referentes implícitos: "Pois um [o que é caro aos deuses], porque é amado pelos deuses [P2], é um tipo de coisa a ser amado pelos deuses, enquanto o outro [o piedoso], por ser um tipo de coisa a ser amado [justamente por ser piedoso] [P1], é amado pelos deuses" (11a4-6). Portanto, o piedoso (*to hosion*) e "o que é caro aos deuses" (*to theophiles*) não são a mesma coisa (C1), pois são duas coisas de naturezas diferentes, como atesta a inversão na ordem da relação causal entre os membros da proposição[15]. O máximo que Eutífron consegue revelar a Sócrates nessa segunda tentativa de definição é que "caro aos deuses" (*to theophiles*) é um "atributo" (*pathos ti*) do que é piedoso, mas não a sua "essência" (*ousia*, ver 11a5-b1) – justamente o que uma boa definição deve mostrar. Em outras palavras, todas as ações piedosas são certamente amadas pelos deuses, mas isso não explica *por que* elas são piedosas (pelo contrário, é sua natureza piedosa que explica por que tais ações são caras aos deuses), não explicita a natureza mesma da piedade

15. Para uma análise detalhada do argumento de Sócrates, ver L.-A. Dorion, op. cit., p. 323-334.

50   EUTÍFRON, APOLOGIA DE SÓCRATES E CRÍTON: INTRODUÇÃO

com base na qual podemos reconhecer suas instâncias particulares, conforme as exigências para uma definição satisfatória que pudemos inferir na discussão anterior[16].

A dificuldade de acompanhar a linha de raciocínio de Sócrates se reflete na própria reação de Eutífron. Muitas vezes, nós, leitores, compartilhamos da mesma condição aporética dos interlocutores de Sócrates, em ocasiões como esta aqui do *Eutífron*:

> EUTÍFRON: Sócrates, eu não tenho como lhe dizer o que penso; pois, de um modo ou de outro, o que estabelecemos fica sempre rondando em nossa volta e nunca se dispõe a permanecer onde o fixamos." (11b6-8)

[4] O interlúdio (11b-11e) funciona como uma espécie de pausa não apenas para o interlocutor de Sócrates, mas também para nós, leitores, a fim de que possamos recuperar o fôlego e, se for o caso, revisar a árida argumentação anterior para compreendê-la adequadamente e verificar sua consistência[17]. Eutífron, embaraçado com as reviravoltas do argumento, compara Sócrates com a figura mítica de Dédalo: assim como as estátuas de madeira

---

16. Essa seção do *Eutífron* [3] (6e-11b) não é apenas importante para a teoria da definição, por assim dizer, no pensamento platônico; suas consequências teóricas para o desenvolvimento da filosofia moral no que diz respeito à sua emancipação da concepção religiosa tradicional, que vemos representada na poesia e nas demais artes, são significativas, como bem observa D. Gallop (op. cit., p. xii): "Se esse argumento é correto, várias consequências importantes se seguem. Será equivocado sustentar que um código moral requer um legislador divino, cujas ordens se encontram consagradas nesse código. Normas éticas não derivam de uma autoridade religiosa. Tentativas de justificar ou condenar moralmente uma ação particular, com o fundamento de que ela obedece ou desobedece uma lei ou ordem divina, são mal concebidas. Apelos à vontade divina para provar que tipos controversos de ação são certos ou errados são igualmente equivocados. Uma vez que o conteúdo da vontade divina é, no mínimo, tão problemático quanto as próprias questões morais, não se pode confiar nela para resolver tais assuntos. De maneira ainda mais ampla, poderíamos acrescentar, questões morais não podem ser resolvidas apelando às atitudes de algum ser ou grupo de seres, seja ele divino ou humano." Sobre o tema, ver também M. Burnyeat, The Impiety of Socrates, em T.C. Brickhouse; N.D. Smith (eds.), *The Trial and Execution of Socrates*, p. 141; L.-A. Dorion, op. cit., p. 217-219; M. McPherran, Socratic Religion, op. cit., p. 117.

17. Como salienta L.-A. Dorion, op. cit., p. 219, "esse gênero de interlúdio se segue a investigações infrutíferas e precede imediatamente os desenvolvimentos que virão a ser fecundos em relação à questão que se esforçam para resolver", como sucede nos diálogos *Fédon* (77a-78b; 84b-85b; 88c-91c; 102a-b), *Fedro* (234c-237a; 241d-243e) e *Protágoras* (347a-348d).

confeccionadas por ele podiam se mover de maneira extraordinária, quando se esperaria sua necessária imobilidade, os argumentos conduzidos por Sócrates estão sempre em movimento e nunca encontram um ponto fixo, quando se esperaria da suposta sabedoria de Eutífron em matéria religiosa alguma fixidez – seu fracasso, portanto, em oferecer uma definição satisfatória do que são o piedoso e o ímpio é índice de que sua sabedoria, na verdade, consiste tão somente numa presunção de saber.

[5] Ao retomar o problema inicial, contudo, Sócrates desloca a discussão para a relação entre justiça e piedade, cuja identidade havia sido presumida anteriormente (7e-8a), como mencionado acima. [5.1] E diferentemente das situações anteriores, agora é Sócrates quem propõe a tese segundo a qual "todo o piedoso é justo, enquanto nem todo o justo é piedoso, sendo piedoso apenas parte dele, enquanto a outra parte seria outra coisa" (11e7-12a2), requerendo de Eutífron apenas a sua anuência. Em outras palavras, a piedade, e por conseguinte a religião, passa a ser concebida como apenas uma parte do campo moral, aquela que diz respeito especificamente aos cuidados e deveres dos homens para com as divindades. Essa mudança na atitude de Sócrates na discussão é filosoficamente relevante, uma vez que a piedade, além do *Eutífron*, aparece apenas no *Protágoras* como tópico de discussão teórica junto às demais virtudes morais, e depois não irá fazer parte do elenco das chamadas "virtudes cardinais platônicas" (sabedoria, temperança, justiça e coragem)[18]. O fato de a piedade não ser considerada no Livro IV da *República*, por exemplo, quando as quatro demais virtudes são analisadas e definidas segundo o indivíduo e a cidade, é um indício significativo disso.

Mesmo no *Protágoras* é curioso o fato de que as cinco virtudes morais sejam discriminadas na discussão sobre a unidade

---

18. Evidentemente, a relação entre piedade e justiça é referida em várias outras ocasiões nos diálogos platônicos, mas sem o tratamento sistemático que vemos no *Eutífron* e no primeiro argumento do *Protágoras* sobre a unidade das virtudes (330b-332a): ver, por exemplo, *Teeteto*, 176a-b; *Laques*, 199d; *Críton* 54b; *Górgias*, 507a-b; *República*, II 368b, X 625b; *Político*, 301d; *Leis*, II 663b-d, XII 959b-c (L.-A. Dorion, op. cit., p. 226n117).

das virtudes, e que a relação entre justiça e piedade seja o tópico do primeiro argumento de Sócrates na discussão com Protágoras (330b-331b), mas na conclusão do diálogo sejam mencionadas apenas a sabedoria, a temperança, a justiça e a coragem, sendo a piedade deixada de lado sem alguma justificativa aparente (361b). A própria conclusão do primeiro argumento não é peremptória, mas apresenta antes duas alternativas, que expressam, por sua vez, duas concepções distintas sobre a relação entre justiça e piedade (ou seja, semelhança ou identidade): "justiça e piedade são a mesma coisa ou coisas muitíssimo semelhantes, e, sobretudo, a justiça é como a piedade e a piedade, como a justiça" (331b4-6). Diferentemente do que é proposto por Sócrates no *Eutífron*, portanto, todas as ações justas seriam pias, e vice-versa; ou, se não todas, a maioria delas. Ademais, Protágoras não aceita as inferências de Sócrates, e contesta o valor semântico da expressão "x é como y", que, segundo ele, pode designar inclusive uma semelhança ínfima entre duas coisas muito diferentes entre si, de modo que o grau de semelhança entre as duas virtudes fica sem uma delimitação clara nesse ponto da discussão. A conclusão em aberto desse argumento e a ausência da piedade no elenco das virtudes no final do *Protágoras* podem ser interpretadas como uma indicação tácita de Platão de que o problema da relação entre justiça e piedade requer um tratamento à parte, e pode ser o caso que o *Eutífron* se preste justamente a esse fim. Pois, embora o diálogo tenha um final aporético quanto à definição de piedade, a qual o interlocutor de Sócrates não é capaz de elucidar, a premissa de que a piedade é uma parte da justiça, precisamente aquela que diz respeito ao "cuidado com os deuses" (τὸ περὶ τὴν τῶν θεῶν θεραπείαν, 12e7-8), é admitida pelo interlocutor e não é contestada posteriormente. O problema que culminará com a refutação dessa terceira definição, como veremos adiante, irá concernir à noção de "cuidado" (*therapeia*) quando aplicada aos deuses, e não à proposição de que a piedade é parte da justiça. Portanto, uma interpretação possível, levando em consideração o conjunto dos diálogos platônicos, é que a piedade deixa de aparecer no elenco das virtudes morais em Platão, especialmente no Livro IV da *República*, porque ali já está pressuposta sua subsunção à justiça, estabelecida aqui no *Eutífron*. Nessa perspectiva, no tratamento da justiça na *República* estaria implicada a piedade, portanto[19].

[5.2.1] Seja como for, partindo da premissa de que a piedade é uma parte da justiça, precisamente aquela concernente ao "cuidado com os deuses", Sócrates buscará mostrar a Eutífron que tampouco essa terceira definição é satisfatória por meio de um argumento indutivo, agora comparando o "cuidado com os deuses" com outros tipos de "cuidado", realizados por outras artes como a equitação e a caça. Nesses casos, o "cuidado" dispensado pelo equitador e pelo caçador visa ao benefício dos cavalos e dos cães, respectivamente, ao passo que o cuidado dispensado pelo piedoso não poderia visar ao benefício ou ao aprimoramento dos deuses (13c). Embora não haja uma explicitação do motivo, subentende-se aqui no argumento que os deuses são superiores aos homens e seres perfeitos, de modo que falar em benefício ou aprimoramento não faria qualquer sentido. [5.2.2] Isso leva a uma reformulação da terceira definição proposta por Eutífron: ela consiste em "um serviço aos deuses" (ὑπηρετική τις ἄν, ὡς ἔοικεν, εἴη θεοῖς, 13d8)[20], conforme os escravos servem a seus senhores. Recorrendo mais uma vez a um argumento indutivo, Sócrates busca elucidar a que fim visa essa "arte de servir aos deuses": assim como a arte de servir aos médicos visa à promoção da saúde, e a

---

19. Sobre o tema, ver M. Zingano, op. cit. Para uma seleção bibliográfica de estudos que defendem que a tese da piedade enquanto parte da justiça proposta por Sócrates no *Eutífron* é a posição de Platão sobre o tema, ver L.-A. Dorion, op. cit., p. 223n108; para uma seleção bibliográfica de estudos que defendem a tese contrária, ver ibidem, p. 227n121.

20. Como salienta J. Burnet (*Plato's Euthyphro, Apology of Socrates and Crito*, p. 136), o substantivo implícito no sintagma ὑπηρετική τις θεοῖς não é "cuidado" (*therapeia*), mas "arte" (*tekhnē*), pois, para superar a objeção anterior de Sócrates, quando os deuses são comparados a animais, Eutífron busca esclarecer o sentido em que ele entende esse "cuidado" que os homens têm para com os deuses: "cuidado" no sentido de uma "arte de servir" a outrem, que visa a realização de alguma obra. Por exemplo: a farmacologia é uma arte que serve aos médicos, cujo fim é a produção de saúde; da mesma forma, a piedade é uma arte de servir aos deuses, cujo fim cabe a Eutífron determinar.

EUTÍFRON, APOLOGIA DE SÓCRATES E CRÍTON: INTRODUÇÃO

arte do construtor de casas, à produção de casas, a "arte de servir aos deuses" deve visar, por conseguinte, à produção de alguma obra, a que Eutífron responde de maneira imprecisa e vaga: a produção de "inúmeras belas obras" (Πολλὰ καὶ καλά, 13e13).

[6] A produção de "inúmeras belas obras" não pode ser a diferença específica na definição de piedade, pois inúmeras outras atividades também produzem "belas obras", como a arte do comando militar (isto é, a vitória na guerra) e a agricultura (isto é, o alimento da terra). Ao invés de precisar qual seria a principal realização promovida pela piedade, conforme a analogia com outras artes[21], Eutífron propõe uma outra definição, a quarta e última do diálogo, que Sócrates entenderá como "o conhecimento das súplicas e das ofertas aos deuses" (Ἐπιστήμη ἄρα αἰτήσεως καὶ δόσεως θεοῖς ὁσιότης ἂν εἴη ἐκ τούτου τοῦ λόγου, 14d1-2). Nesse sentido, a piedade seria uma arte na medida em que envolve não simplesmente súplicas e ofertas aos deuses, mas súplicas e ofertas *corretas* aos deuses[22]. A piedade como uma forma de *conhecimento* poderia, em alguma medida, se aproximar de uma posição atribuível ao Sócrates "histórico", conforme o testemunho de Aristóteles[23], se considerássemos que aqui no *Eutífron* Platão está ainda operando na perspectiva do chamado "intelectualismo socrático". Pois a redução das virtudes morais a um tipo de conhecimento acontece em outros diálogos, como no *Protágoras*, por exemplo, em que a coragem

21. Gallop (op. cit., p. xiv) entende que a resposta não dada por Eutífron, mas supostamente esperada por Sócrates, seria "o desenvolvimento da virtude moral em si mesmo e nos demais indivíduos" – ou seja, precisamente a noção de *piedade* reivindicada por Sócrates na *Apologia*, quando argumenta que sua vida devotada à filosofia, ao exame crítico de si e das demais pessoas, consistia, em última instância, num "serviço" a Apolo (*huperēsia*, termo correlato ao usado aqui no *Eutífron*), cujo benefício seria fazer com que seus concidadãos voltassem seus cuidados para a alma e a virtude, e não para o corpo, a riqueza e a fama (ver 21e-22a, 23a-c, 30a-b). Leitura semelhante é defendida por L.-A. Dorion (op. cit., p. 228-231), segundo a qual a concepção de *piedade* que se pode inferir da *Apologia* (especialmente em 23b e 30a), a partir da proposição da terceira definição do *Eutífron* (11e-14a), seria "colocar-se a serviço dos deuses com o fim de realizar o bem dos homens" (p. 230). Para uma seleção bibliográfica de estudos que defendem a tese contrária, ver M. McPherran, Socratic Religion, op. cit., p. 118n14.

22. I. Walker, *Plato: Euthyphro*, p. 12.

23. Ver Aristóteles, *Ética Nicomaqueia*, VII 1145b21-27; *Ética Eudêmia*, I 126b3-10.

é definida como "a sabedoria relativa às coisas temíveis e não temíveis" (360d4-5). Nesse sentido, a quarta definição do *Eutífron* poderia, a princípio, se enquadrar nesse modelo de definição encontrado no *Protágoras*, em que as demais virtudes são subsumidas à sabedoria (sinônimo aqui de "conhecimento"): x é a sabedoria relativa a y, em que x é a virtude moral particular, e y a delimitação de seu âmbito prático (nesse caso, a piedade é a sabedoria relativa a súplicas e ofertas aos deuses).

Todavia, não é isso o que acontece no *Eutífron*; pelo contrário, Sócrates não manifesta qualquer grau de satisfação com a resposta de seu interlocutor, e a refutação dessa quarta definição culminará com o retorno à segunda definição, já demonstrada insuficiente. O argumento de Sócrates é basicamente este (14d-15c):

(P1) As súplicas dizem respeito às coisas de que os homens necessitam da parte dos deuses.

(P2) As ofertas consistem na retribuição das coisas de que os deuses necessitam da parte dos homens.

(P3) A piedade, portanto, seria certa arte comercial entre deuses e homens.

(P4) Nesse comércio, os homens recebem todo tipo de benesse da parte dos deuses, ao passo que os deuses recebem dos homens honra (*timē*), privilégio (*geras*) e gratificação (*kharis*).

(P5) Se é grato (*kekharismenon*) aos deuses, o piedoso é "o que é dileto aos deuses" (*to tois theois philon*).

(P6) Mas "o que é dileto aos deuses" (*to tois theois philon*) é o mesmo que "o que é caro aos deuses" (*to theophiles*).

(P7) E "o que é caro aos deuses" (*to theophiles*) se mostrou diferente do que é o piedoso (*to hosion*, ver 10d-11b).

(P8) Por conseguinte, a piedade não é o conhecimento das súplicas e das ofertas aos deuses.

[7] A discussão termina, portanto, em um círculo vicioso, retrocedendo a um ponto da discussão que já havia sido demonstrado inconsistente. Como diz Sócrates: "desde o princípio, portanto,

56   EUTÍFRON, APOLOGIA DE SÓCRATES E CRÍTON: INTRODUÇÃO

devemos examinar novamente o que é o piedoso" (15c11-12), marcando assim o fim *aporético* do diálogo, característica comum dos "diálogos de definição", como já referido na "Introdução Geral". Mas há uma mensagem final do diálogo, que fica nas entrelinhas da ironia de Sócrates com relação à suposta sabedoria de Eutífron:

sócrates: [...] Mas não me desonre, e, prestando a máxima atenção de todas as formas possíveis, diga-me agora a verdade! Pois você a conhece, se é que alguém além de você a conhece, e não deve partir, tal como Proteu[24], antes que me responda. Pois, se não soubesse com clareza o que é o piedoso e o ímpio, você, possivelmente, não teria tentado acusar seu pai idoso por homicídio em defesa de um empregado, teria, porém, temido aos deuses por correr o risco de não estar fazendo algo correto perante eles, e teria se envergonhado perante os homens. Mas, na verdade, bem sei que você julga conhecer com clareza o que é o piedoso e o que não é. Diga-me, então, excelente Eutífron! Não me esconda as suas considerações sobre isso!

eutífron: Em outra ocasião, Sócrates, pois agora tenho pressa; chegou a minha hora de partir. (15d1-e4)

Embora do ponto de vista teórico o diálogo não nos ofereça uma definição satisfatória de piedade, a *aporia* pode ter uma consequência prática na ação iminente de Eutífron, conforme espera Sócrates: é uma admoestação para que seu interlocutor não se precipite em acusar o pai por homicídio, uma vez que seu suposto conhecimento sobre o que é o piedoso e o que é o ímpio se mostrou, no mínimo, insuficiente[25]. Na ausência desse conhecimento, Eutífron pode estar prestes a incorrer em um ato ímpio e, por conseguinte, injusto, agravado ainda pelas circunstâncias, por se tratar do seu próprio pai. O caso de Eutífron é um exemplo paradigmático de como o reconhecimento da própria ignorância – a sabedoria humana como defenderá Sócrates na *Apologia*, como veremos na introdução a essa obra – tem

24. Ver infra p. 210n29.
25. Para um sumário dos aspectos positivos do *Eutífron*, ver W. Guthrie, op. cit., p. 122-124. Sobre a relevância do *Eutífron* para o desenvolvimento de certa teoria da definição em Platão, ver C. Kahn, *Plato and the Socratic Dialogue*, p. 170-182.

consequências práticas benéficas para o indivíduo, desde que ele assim o compreenda e abandone a sua presunção de saber[26]. Para onde, afinal, foi Eutífron? Diretamente para o arconte-rei impetrar a queixa contra o pai? Ou, atordoado pela experiência do escrutínio socrático, para algum outro lugar, a fim de reavaliar sua decisão e deliberar melhor, questionando sua convicção de estar agindo de modo piedoso e justo ao acusar o próprio pai? Como não poderia ser diferente, a mestria de Platão como escritor nos deixa essa dúvida sem uma resposta inequívoca.

26. R. Kraut, The Examined Life, op. cit., p. 233-234: "Eutífron é um claro exemplo de alguém que vive uma vida sem submetê-la a exame (ainda que ele se considere um conhecedor de questões relativas à piedade), e o diálogo que leva o seu nome revela quão graves são as consequências de sua negligência com relação a assuntos filosóficos. É quase certo que sua vida religiosa irá de mal a pior, a menos que ele tenha a grande sorte de fazer suposições acuradas durante a sua vida acerca do que são seus deveres religiosos. Se, como parece plausível, lhe é ímpio acusar seu próprio pai de homicídio nesse caso, então ele já está cometendo um erro terrível, sem reconhecer que ele o está cometendo."

"APOLOGIA DE SÓCRATES"

A construção do *ēthos* de Sócrates na *Apologia* certamente é a imagem mais icônica do filósofo não apenas no *corpus Platonicum*, mas também em toda a literatura supérstite em que sua figura aparece representada ou referida. Aqui encontramos a imagem de um indivíduo que devotou sua vida à filosofia, à busca incessante pelo conhecimento, uma vida regida de maneira incondicional pelos princípios da justiça e da retidão moral, mesmo que esse comportamento pudesse lhe implicar risco de morte – o que acabou de fato se consumando, com sua condenação à pena capital em 399 a.C. Encontramos ainda nesse discurso o que veio a se tornar quase que proverbial a respeito de Sócrates nos diálogos platônicos: sua profissão de ignorância (o bordão "só sei que nada sei")[1], o episódio do oráculo de Delfos ("ninguém é mais sábio do que Sócrates"), sua relação idiossincrática com a entidade divina (*to daimonion*), que se lhe manifesta internamente, e a descrição de seu procedimento investigativo voltado para o exame das opiniões de seus

---

1. Sobre o quanto é inadequado e impreciso o bordão "só sei que nada sei", ver *infra* p. 237n33.

60 EUTÍFRON, APOLOGIA DE SÓCRATES E CRÍTON: INTRODUÇÃO

interlocutores, sobretudo aqueles com reputação e/ou presunção de sabedoria em algum campo do conhecimento humano (comumente referido pela literatura secundária como *elenchos*, a "refutação" socrática).

Além desses aspectos mais salientes, a *Apologia* aborda vários outros temas que são cruciais não apenas para a construção do *ēthos* de Sócrates, como também para a própria concepção de filosofia no seio do pensamento platônico, tais como: a oposição entre Sócrates e os sofistas; a prática do diálogo como meio para a investigação filosófica; o interesse exclusivo de Sócrates por questões de natureza ético-política em contraste com os filósofos da natureza; sua aversão à vida política da democracia ateniense; sua relação conflituosa com a massa e a cidade, ilustrada sobretudo pela metáfora da "mutuca" (30e); sua exortação ao "cuidado da alma" e à virtude moral, e não ao cuidado do corpo e dos supostos bens externos a ele associados; sua impassibilidade perante a morte com base em preceitos racionais, dentre outros. Tudo isso nos indica que a *Apologia* não se restringe apenas à defesa de Sócrates, em sentido estrito, contra a denúncia (*graphē*) impetrada por Meleto, mas se presta igualmente a Platão para a construção da figura de Sócrates como o filósofo por excelência e para uma exortação à própria filosofia – seja de Sócrates ao corpo de juízes e à audiência, seja de Platão aos seus leitores.

Todavia, a versão de Platão sobre a defesa de Sócrates em 399 a.C. não foi a única a ser composta e a circular em Atenas nos primeiros anos do século IV a.C. (aproximadamente entre 395 e 375 a.C.)[2]. Além da *Apologia* de Xenofonte[3], que nos foi integralmente preservada, temos notícias de uma versão redigida por Teodectes de Fasélis[4], e outra pelo renomado orador

---

2. E.R. Dodds, *Plato: Gorgias*, p. 28-29; E. De Strycker; S.R. Slings, op. cit., p. 4-5; L. Rossetti, *O Diálogo Socrático*, p. 46.

3. Sobre as semelhanças e as diferenças entre as *Apologias* de Platão e Xenofonte, ver D.M. Johnson, Xenophon's *Apology* and *Memorabilia*, em M.A. Flower, *The Cambridge Companion to Xenophon*.

4. Teodectes teria sido discípulo tanto de Platão quanto de Isócrates, tendo participado dos exercícios retóricos conduzido por Aristóteles quando ainda estava na Academia (E. De Strycker; S.R. Slings, op. cit., p. 4).

APOLOGIA DE SÓCRATES   61

ateniense Lísias, que, segundo testemunhos antigos[5], fora oferecida a Sócrates para a ocasião de sua defesa, mas rejeitada
por ele por ser antes retórica do que filosófica. Se levarmos em
consideração o que diz Xenofonte no início de sua *Apologia*[6], é
plausível supor a existência de várias outras versões da defesa de
Sócrates em circulação em Atenas naquela época, poucos anos
depois de sua morte. Um verdadeiro fenômeno literário, assim
como foi o advento de um novo gênero, os "discursos socráticos" (*Sōkratikoi logoi*), conforme a alcunha de Aristóteles na
Poética[7]. No entanto, paralelamente a essas diferentes versões
de teor laudatório da figura de Sócrates, circulava também uma
Acusação Contra Sócrates (*katēgoria Sōkratous*), redigida por
Polícrates segundo o testemunho de Isócrates (*Busíris*, 4), cujo
teor conhecemos apenas parcialmente[8]. Consistiria num discurso supostamente proferido por Anito na época do processo,
um dos coacusadores (*sunkatēgoroi*) da denúncia impetrada por
Meleto, em que inculpava Sócrates, dentre outras coisas, "de
incitar os jovens a desprezar as leis de Atenas e à violência a fim
de implodi-las, de ter tido Crítias e Alcibíades como discípulos,
os quais cometeram os piores crimes contra a comunidade civil
ateniense, de debilitar o respeito dos jovens pelos pais e pelos
valores tradicionais de sua classe"[9]. O ambiente polêmico que
cercou Sócrates durante a sua vida, admirado por várias pessoas, mas igualmente odiado por muitos, como depreendemos
da própria argumentação de Platão na *Apologia*, se estende aos

5. Cícero, *De Oratore*, 1.54.231; Diógenes Laércio, *Vidas e Doutrinas dos Filósofos Ilustres*, 2.40.

6. Xenofonte, *Apologia de Sócrates*, 1: "De Sócrates, parece-me digno de ser especial-mente recordado como deliberou sobre sua defesa e o termo de sua vida, uma vez con-vocado ao tribunal. *Outras pessoas já escreveram sobre isso, e todas elas abordaram a sua altivez*, motivo pelo qual é evidente que Sócrates, de fato, assim discursou." (Grifo meu.)

7. Aristóteles, *Poética*, 1447b9-13: "Não possuímos uma denominação comum para os mimos de Sófron e Xenarco e para os discursos socráticos [*Sōkratikoi logoi*], tam-pouco quando a imitação é feita mediante trímetros, versos elegíacos ou outros versos semelhantes."

8. A partir dos contra-argumentos de Xenofonte nas *Memoráveis* (1.1-2), e da *Apo-logia de Sócrates* de Libânio vários séculos mais tarde (E.R. Dodds, op. cit., p. 28). Sobre Polícrates, ver N. Livingstone, *A Commentary on Isocrates' Busiris*, p. 28-40.

9. E. De Strycker; S.R. Slings, op. cit., p. 5.

62 EUTÍFRON, APOLOGIA DE SÓCRATES E CRÍTON: INTRODUÇÃO

anos que se seguiram à sua morte com o advento dessas versões escritas de sua defesa e das acusações sofridas por ele[10].

A *Apologia* consiste, portanto, na defesa de Sócrates segundo a versão de Platão contra a denúncia (*graphē*) de Meleto, Anito e Lícon de corrupção da juventude e de impiedade[11], julgamento esse que aconteceu na primavera de 399 a.C. e que acabou por condenar o filósofo à morte. Analisando mais acuradamente, a obra consiste em três discursos: a. a defesa (em grego, *apologia*) propriamente dita (17a-35d); b. a proposição de uma pena alternativa por Sócrates, conforme o procedimento legal ateniense (*antitimēsis*, 35e-38b)[12]; e c. as considerações finais de Sócrates ao corpo de juízes, depois de decretada a pena de morte (38c-42a). Eis a estrutura formal da *Apologia*:

1º Discurso: A Defesa de Sócrates (*Apologia*, 17a1-35d9)
   1.1 Proêmio (17a1-18a6)
   1.2. Proposição (18a7-19a7): as duas classes de acusadores
   1.3. Refutação
      1.3.1. Contra os antigos acusadores (19a8-24b2)
      1.3.2. Contra os atuais acusadores (24b3-28b2)
         (a) Corrupção da juventude (24b3-26b4)
         (b) Impiedade (24b4-28b2)
   1.4. Digressão: a missão divina de Sócrates (28b3-34b5)
      1.4.1. Primeira objeção: o modo de vida de Sócrates é perigoso (28b3-31c3)

---

10. Sobre as diferentes versões da *Apologia* e sobre o *Acusação Contra Sócrates* de Polícrates, De Strycker e Slings dizem o seguinte: "É nesse mesmo contexto polêmico que as inúmeras *Apologias de Sócrates* foram publicadas. Uma vez que cada autor escreveu segundo a sua própria concepção do tipo de homem que Sócrates fora e dos efeitos benéficos ou nocivos de suas ideias, elas dificilmente poderiam ter como intuito uma reprodução exata dos discursos seja de Anito seja de Sócrates. Tampouco o público teria a expectativa de que essas obras se mantivessem próximas das palavras atuais que haviam sido proferidas no tribunal em 399 a.C." (op. cit., p. 5). Sobre a gênese dos "discursos socráticos" (*Sōkratikoi logoi*) enquanto fenômeno literário, ver L. Rossetti, *O Diálogo Socrático*, p. 17-47.

11. O acusador formal da "denúncia" (*graphē*) contra Sócrates foi Meleto (em grego, *katēgoros*), ao passo que Anito e Lícon foram seus colaboradores, em grego, *sunkatēgoroi* (coacusadores). Sobre o mecanismo de funcionamento dos tribunais atenienses, ver infra "Procedimentos Legais em Atenas".

12. Ver infra "Procedimentos Legais em Atenas".

APOLOGIA DE SÓCRATES 63

1.4.2. Segunda objeção: Sócrates deveria participar da
vida política de Atenas (31c4-34b5)
1.5. Epílogo (34b6-35d9)

2º Discurso: A Proposta de Pena de Sócrates (*Antitimēsis*, 35e1-
38b10)
2.1. Introdução (35e1-36b2)
2.2. Primeira proposta: conforme o mérito (36b3-37a1)
2.3. Segunda proposta: conforme o que é plausível (37a2-38b10)

3º Discurso: Depois da Sentença (38c1-42a5)
3.1. Aos membros do júri que votaram pela sua condenação
à morte (38c1-39d10)
3.2. Aos membros do júri que votaram pela sua absolvição
(39e1-42a5)[13]

Passemos então a um breve comentário sobre o primeiro discurso, para depois analisarmos como Sócrates reage à condenação em seu segundo discurso, e à confirmação da pena capital
em suas considerações finais. Utilizarei a numeração acima para
fins didáticos.

1º Discurso:
A Defesa de Sócrates (Apologia, *17a1-35d9*)

Grosso modo, a argumentação de Sócrates em sua defesa pode ser
dividida basicamente em duas grandes partes, conforme exposto
na [1.3] *proposição*[14]: [1.3.1] a refutação contra as calúnias por ele
sofridas de seus antigos acusadores, representadas paradigmaticamente em sua caricatura cômica na peça *As Nuvens* de Aristófanes

13. Baseada em J. Burnet, op. cit.; E. De Strycker; S.R. Slings, op. cit.; D. Gallop, op. cit.
14. "Proposição" (no léxico retórico grego, *prothesis*) consiste no resumo da causa
que será desenvolvida pelo orador, expondo assim o estado da questão (H. Lausberg,
Manual de Retórica Literaria, v. 1, p. 260). Sobre o tratamento da *prothesis* nos tratados retóricos antigos, ver Aristóteles, *Retórica*, I 1414a31-37, 1414b7-9; Anaxímenes de
Lâmpsaco, *Retórica a Alexandre*, 29.1-3. Para uma discussão mais aprofundada sobre
o tema, ver E. De Strycker; S.R. Slings, op. cit., p. 41-47.

64 EUTÍFRON, APOLOGIA DE SÓCRATES E CRÍTON: INTRODUÇÃO

(423 a.C.); e [1.3.2] a refutação contra as acusações formais de Meleto – isto é, corrupção da juventude e impiedade –, que nada mais seriam do que consequências diretas e ponto culminante desse movimento difamatório sofrido pelo filósofo havia décadas. Após a refutação das duas classes de acusadores, Sócrates passa então a [1.4.] uma espécie de digressão em que responde a supostas objeções formuladas por ele próprio a respeito dos princípios éticos subjacentes à sua vida devotada à filosofia, a partir do que emerge o *ēthos* de um indivíduo absolutamente idôneo, dedicado à promoção da virtude de seus concidadãos e da própria cidade de Atenas. O cerne do discurso é precedido por [1.1] um proêmio e finalizado com [1.5] um epílogo, como é de praxe nos discursos judiciários atenienses, sendo ambos marcados por reflexões *metarretóricas*, em que Sócrates busca se distanciar do procedimento oratório convencional, seja sob o ponto de vista da elocução, do tipo de linguagem empregada em tal contexto discursivo, seja sob o ponto de vista das estratégias de persuasão. A argumentação de Sócrates se apoia em um apelo indelével à verdade sobre sua vida e ocupação em Atenas, rejeitando os argumentos falaciosos de seus acusadores e o recurso a apelos emocionais a fim de convencer a qualquer preço os juízes de sua inocência.

[1.2] Ao distinguir duas ordens de acusadores e estabelecer uma relação causal entre elas, Platão atribui grande importância à representação da figura de Sócrates na comédia *As Nuvens* de Aristófanes (423 a.C.) para a formação de certa reputação negativa adquirida pelo filósofo ao longo da vida. Não que Aristófanes tenha sido o criador dessa reputação; sua peça teria sido antes o catalisador de uma imagem difundida de Sócrates que sintetizava vários elementos de diferentes classes de pensadores àquela época (18c-d). Por um acaso histórico afortunado, a comédia *As Nuvens* chegou até nós preservada, pelo menos a sua segunda versão[15].

15. A versão supérstite da peça consiste numa segunda versão, visto que Aristófanes alude na *parábase* (v. 520-525) à sua derrota no festival, o que indica que pelo menos esses versos foram inseridos posteriormente à sua apresentação nas Dionísias Urbanas. Sobre o problema relativo às duas versões da peça, ver K.J. Dover, *Aristophanes' Clouds*, p. lxxx-xcviii. A *parábase* é uma parte integrante das peças da Comédia Antiga em que ▶

APOLOGIA DE SÓCRATES 65

Trata-se da imagem de Sócrates mais antiga que temos na literatura grega, precedendo em quase um quarto de século ao advento do novo gênero literário "discursos socráticos" (*Sōkratikoi logoi*), como referido acima. Portanto, uma leitura dessa comédia nos ajuda a compreender não apenas os motivos pelos quais Platão atribui tamanha relevância a Aristófanes para a difamação de Sócrates, como também as consequências ético-políticas derivadas disso, diretamente associadas, segundo Platão, à denúncia de Meleto e à ulterior condenação do filósofo à morte.

[1.3.1] Em linhas gerais, as duas facetas dessa caracterização cômica de Sócrates salientadas por Platão na *Apologia* são as de "filósofo da natureza" e "sofista"[16] (19b-c): de um lado, Sócrates investigaria os fenômenos naturais e ensinaria tal matéria a seus discípulos, cuja implicação seria a descrença nas divindades gregas tradicionais, tendo em vista a dessacralização da natureza decorrente desse tipo de investigação científica[17]; e, de outro, ensinaria a seus discípulos a "tornar forte o discurso fraco", o que os tornaria aptos a empregar as técnicas de persuasão, especialmente no âmbito judiciário, para fins moralmente censuráveis[18]. Segundo Platão, seriam essas, em última instância, as duas causas da acusação de que Sócrates corrompia a juventude (23c-d). Essas duas facetas da personagem Sócrates na comédia *As Nuvens* aparecem, por exemplo, nestes dois trechos do prólogo da peça, em que o pai, Estrepsíades, busca convencer o filho, Fidípides, a entrar no "pensatório" de Sócrates

▷ o líder do coro, o corifeu, se dirige diretamente à plateia em nome do poeta, trazendo censuras e conselhos à cidade, bem como elogios ao próprio poeta, tendo em vista o ambiente competitivo dos festivais dramáticos (Dionísias Urbanas e Leneias). Para uma definição completa de *parábase*, ver A. Duarte, *O Dono da Voz e a Voz do Dono*, p. 31-39.

16. Já tratei desse mesmo assunto no estudo introdutório do livro *Protágoras de Platão*, p. 25-44, publicado por esta mesma casa editorial. Retomo e desenvolvo aqui argumentos discutidos ali. Para uma visão geral sobre o problema a respeito da noção de sofista, bem como da distinção entre Sócrates e os sofistas, ver P. Woodruff, Socrates Among the Sophists, em S. Ahbel-Rappe; R. Kamtekar (eds.), *A Companion to Socrates*.

17. Ver, por exemplo, Aristófanes, *As Nuvens*, v. 365-374; Platão, *Apologia*, 26c-e (sobre Anaxágoras); Xenofonte, *Banquete* 6.6-8.

18. Ver, por exemplo, Aristófanes, *As Nuvens*, v. 925-938; 1036-1045; 1067-1083.

para encontrar um meio de se safar das dívidas contraídas por causa da prodigalidade do filho:

ESTREPSÍADES: Olhe lá!
Vê aquela portinhola e aquele barraco?
FIDÍPIDES: Vejo. E o que é aquilo mesmo, pai?
ESTREPSÍADES: Aquilo é o pensatório de almas sábias.
Ali moram homens que tentam convencer
que o céu é um forno que nos
circunda, e que nós somos os carvões.
Se lhes der dinheiro, eles o ensinam a vencer
o debate em defesa de causas justas e injustas. (v. 91-99)

Στ. δεῦρό νυν ἀπόβλεπε.
ὁρᾷς τὸ θύριον τοῦτο καὶ τοἰκίδιον;
Φε. ὁρῶ. τί οὖν τοῦτ᾽ ἐστὶν ἐτεόν, ὦ πάτερ;
Στ. ψυχῶν σοφῶν τοῦτ᾽ ἐστὶ φροντιστήριον.
ἐνταῦθ᾽ ἐνοικοῦσ᾽ ἄνδρες οἳ τὸν οὐρανὸν
λέγοντες ἀναπείθουσιν ὡς ἔστιν πνιγεύς,
κἄστιν περὶ ἡμᾶς οὗτος, ἡμεῖς δ᾽ ἄνθρακες.
οὗτοι διδάσκουσ᾽, ἀργύριον ἤν τις διδῷ,
λέγοντα νικᾶν καὶ δίκαια κἄδικα.

ESTREPSÍADES: Dizem que eles têm dois discursos,
o forte, seja ele qual for, e o fraco.
Um desses discursos, o fraco, dizem eles,
vence em defesa das causas mais injustas.
Se você então aprendesse o discurso injusto,
dessas dívidas que hoje tenho por sua causa
nada pagaria, nem mesmo um óbolo. (v. 112-118)

Στ. εἶναι παρ᾽ αὐτοῖς φασὶν ἄμφω τὼ λόγω,
τὸν κρείττον᾽, ὅστις ἐστί, καὶ τὸν ἥττονα.
τούτοιν τὸν ἕτερον τοῖν λόγοιν, τὸν ἥττονα,
νικᾶν λέγοντά φασι τἀδικώτερα.
ἢν οὖν μάθῃς μοι τὸν ἄδικον τοῦτον λόγον,
ἃ νῦν ὀφείλω διὰ σέ, τούτων τῶν χρεῶν
οὐκ ἂν ἀποδοίην οὐδ᾽ ἂν ὀβολὸν οὐδενί.

O interesse pelos estudos sobre os fenômenos naturais e o ensino da retórica voltada para o âmbito judiciário, portanto, são dois

APOLOGIA DE SÓCRATES 67

elementos proeminentes da caracterização de Sócrates na comédia *As Nuvens* de Aristófanes[19]. Na *Apologia*, em contrapartida, Platão construirá uma imagem de Sócrates diametralmente oposta à sua caricatura cômica: o exercício filosófico de Sócrates não visa a investigação da natureza, mas o exame crítico daqueles indivíduos que eram reputados sábios na cidade em diversas especialidades[20]; Sócrates nunca se propôs a ensinar algo a alguém, visto que sua sabedoria consistia precisamente em reconhecer que nada sabia (21d-e; 23a-b), como será explicitado adiante; e nunca professou ser mestre (*didaskalos*) de algum indivíduo mediante pagamento como faziam os sofistas, porém jamais impedia que as pessoas o escutassem e participassem de suas conversas (33a-b).

19. W. Prior, O Problema Socrático, em H.H. Benson (org.)., *Platão*, p. 41: "Por outro lado, a peça *As Nuvens* nos dá informação importante sobre Sócrates. Ela nos diz que ele era uma figura pública em Atenas e que Aristófanes pensou que o público não seria capaz de diferenciar as ideias dele das dos sofistas e dos filósofos da natureza, com os quais estava, na visão do público, associado. Caso se deva dar crédito neste ponto à *Apologia* de Platão, isso se mostra verdadeiro. Platão faz Sócrates citar esta peça na *Apologia* (18d1-2, 19c2-5) como uma das principais fontes de preconceito contra ele. Aos olhos de Platão, a peça *As Nuvens* é, se não um retrato acurado de Sócrates, uma fonte importante para a compreensão popular de Sócrates na parte final do século v." Todavia, a caracterização da figura de Sócrates em Aristófanes é mais complexa do que assinala Prior, visto que no "pensatório" eram cultivadas outras áreas do conhecimento além da retórica (isto é, domínio da sofística, v. 94-99; 112-118) e das teorias físicas (isto é, filosofia natural, v. 94-99; 223-234; 263-266; 366-374). Seriam elas: 1. biologia (v. 155-168); 2. geologia (v. 187-191); 3. astronomia (v. 169-173; 200-217); 4. geometria (v. 200-217); 5. geografia (v. 200-217); 6. métrica (v. 636-638); 7. gramática (*orthoepeia*, v. 660-693). Nesse sentido, Sócrates é retratado, em linhas gerais, como uma figura híbrida que representaria o "pensador" ou "intelectual" por excelência. Sobre a complexidade da caracterização de Sócrates em *As Nuvens* de Arisfófanes, ver D. Clay, The Origins of the Socratic Dialogue, em P.W. Waerdt, (ed.). *The Socratic Movement*; D. Konstan, Socrates in Aristophanes' *Clouds*, em D.R. Morrison (ed.), *The Cambridge Companion to Socrates*; P. Woodruff, Socrates Among the Sophists, op. cit., p. 37.

20. Algumas das teorias físicas vigentes no interior do "pensatório" em *As Nuvens* são geralmente identificadas com as de Diógenes de Apolônia, como a ideia de que o ar é o princípio de todas as coisas, e com as de Hipo de Élide, como a suposição de que o céu é uma "tampa" (K.J. Dover, op. cit., p. xxxvi). Embora Platão argumente na *Apologia* que Sócrates jamais se envolveu com esse tipo de especulação sobre a natureza, a suposta biografia de Sócrates referida no *Fédon* faz menção, contudo, a um período inicial de sua formação intelectual dedicado a esse tipo de investigação, porém logo abandonado por ele (96a-c). A tradição doxográfica posterior também se refere a esse período da vida de Sócrates supostamente dedicado à filosofia natural, antes de voltar sua atenção para as questões éticas, como vemos em Diógenes Laércio, *Vidas e Doutrinas dos Filósofos Ilustres*, 1.13-14, 2.19.

68 EUTÍFRON, APOLOGIA DE SÓCRATES E CRÍTON: INTRODUÇÃO

Essa resposta direta de Platão a Aristófanes, como indicam as referências explícitas à peça do comediógrafo (18b-d; 19b-c; 23d), cumpre uma função bem definida em sua argumentação na *Apologia*: ela consiste, talvez, no primeiro esforço de Platão em construir a figura de Sócrates em oposição à figura do sofista, se admitirmos que a *Apologia* tenha sido composta no início de sua carreira, como parece ser consenso hoje entre a maioria dos estudiosos da obra do filósofo, ainda que não seja possível precisar a data de sua composição[21]. Nessa seção do discurso [1.3.1], os sofistas são apresentados como estrangeiros, provenientes de diferentes partes do mundo helênico, que se dirigem a Atenas para oferecer aos jovens de famílias ricas um novo modelo de educação, cujo fim é torná-los excelentes na virtude que concerne aos homens (isto é, a virtude política ou cívica, *politikē aretē*) em troca de uma determinada remuneração (19d-20c)[22]. Sócrates, em contrapartida, é ateniense, não exige remuneração para o exercício de sua investigação filosófica e não se propõe a educar ninguém. O vínculo entre a educação sofística e "tornar forte o discurso fraco" (18c1; 19c1; 23d7), sugerido mas não esclarecido diretamente por Platão nessa passagem da *Apologia*, se explica pelo fato de que a virtude política ou cívica no contexto de uma cidade democrática requer, em alguma medida, competência em oratória pública. Uma vez que as decisões relativas ao bem-comum e ao futuro da cidade ocorriam no contexto das assembleias democráticas, a contribuição de um cidadão para as ações de interesse coletivo deveria se dar por meio do discurso público, e os sofistas se proporiam justamente a ensinar, dentre outras coisas, essa competência oratória necessária para o sucesso na vida pública[23]. Em outras

21. C. Kahn, *Plato and the Socratic Dialogue*, p. 46; R. Kraut, Introduction to the Study of Plato, op. cit., p. 5. Sobre uma discussão mais aprofundada a respeito da datação da *Apologia*, ver E. De Strycker; S.R. Slings, op. cit., p. 16-21.

22. Ver também Platão, *Górgias* 519c-d; *Mênon* 95b-c; *República* vi 492a-493d; Isócrates, *Contra os Sofistas* 5-6.

23. Se levarmos em consideração o que Aristóteles afirma na *Retórica* (ii, 1402a17-28), a expressão formular "tornar forte o discurso fraco", referida tanto em *As Nuvens* (v. 112-115) quanto na *Apologia* (18c1; 19c1; 23d7), não indicaria apenas o interesse que os chamados sofistas tinham pelo ensino da retórica, mas teria um referente mais preciso: ▶

APOLOGIA DE SÓCRATES 69

palavras, a virtude política ou cívica, na perspectiva do pensamento democrático no qual operavam os sofistas, compreendia certa destreza oratória, aludida aqui pela expressão idiomática "tornar forte o discurso fraco"[24].

Se Sócrates não é um sofista nem um filósofo da natureza como julga a maioria das pessoas e como vemos retratado na comédia de Aristófanes, o que ele é então? Qual é afinal a sua verdadeira ocupação, que acabou dando azo a essa reputação tão negativa contra a qual Platão irá argumentar na *Apologia*? É essa pergunta retórica (20c) que dá ensejo a Sócrates apresentar o que seriam as causas reais das calúnias que pesam contra ele. A partir desse momento, Platão passa a delinear o tipo peculiar de investigação filosófica empreendida por Sócrates em oposição ao ofício dos sofistas e aos filósofos da natureza, bem como suas motivações e aspirações ao devotar sua vida a essa ocupação singular, buscando desconstruir assim sua caricatura cômica e sua má fama aos olhos do senso comum. E é nesse contexto argumentativo que encontramos o célebre episódio do oráculo de Delfos transmitido a Sócrates, segundo a *Apologia*, pelo seu amigo Querefonte, já morto na ocasião do processo. Segundo sua narração, Querefonte questionou certa vez a Pítia, a sacerdotisa do deus Apolo em Delfos, se havia alguém mais sábio do que Sócrates, e sua resposta foi que não havia ninguém mais sábio do que ele (21a). Visto

▷ Protágoras, o mais ilustre sofista, personagem central do diálogo platônico que leva seu nome. Se essa associação direta é possível de ser estabelecida com base no testemunho de Aristóteles, então Aristófanes estaria atribuindo à personagem cômica de Sócrates em *As Nuvens* o que seria da competência de uma figura em particular: Protágoras. Sobre a relação entre sofística e retórica, ver D.R.N. Lopes, Sofística e Retórica no *Górgias* de Platão, *Araucaria*, ano 2, n. 44.

24. Vale frisar também que a identificação de Sócrates com os sofistas podia, em alguma medida, corroborar a imputação de *impiedade*, se levarmos em consideração a perspectiva crítica desses pensadores com relação à concepção de mundo religiosa: Protágoras negava a possibilidade do conhecimento seguro acerca da existência dos deuses (DK 80 B4); Pródico argumentava que nos primórdios o homem adquiriu seus deuses ao deificar entes naturais e os inventores das artes (DK 84 B5 + PHerc. 1428 fr. 19); uma personagem numa peça de Crítias declarava que os deuses eram uma invenção de um "sábio legislador" que almejava desencorajar crimes e ofensas cometidos em segredo (DK 88 B25 = TrGF 1.43 Critias F19) (R. Parker, The Trial of Socrates, em T.C. Brickhouse; N.D. Smith [eds.], *The Trial and Execution of Socrates*, p. 153).

70 EUTÍFRON, APOLOGIA DE SÓCRATES E CRÍTON: INTRODUÇÃO

que Sócrates reconhecia que nada sabia, que o deus não poderia estar mentindo, e que havia aparentemente inúmeras pessoas mais sábias do que ele em diferentes áreas do conhecimento humano, Sócrates ficou por certo tempo em aporia sobre o real sentido da palavra oracular. Para desvendá-lo, ele passa então a examinar aqueles indivíduos que tinham a reputação de sábios e/ou que presumiam ser sábios a fim de averiguar se de fato eles o eram.

O vocabulário que Platão usa para descrever essa ocupação de Sócrates é crucial para compreendermos a própria concepção de filosofia que emerge paulatinamente da *Apologia*: investigar (ἐπὶ ζήτησιν, 21b8; ζητοῦντι, 22a4; ζητῶ, 23b5), examinar (διασκοπῶν, 21c3; σκοπῶν, 21c4), dialogar (διαλεγόμενος, 21c5), indagar (διηρώτων, 22b4), inquirir (ἐρευνῶ, 23b5), refutar (ἐξελέγξω, 23a5) denotam o procedimento discursivo habitual de Sócrates, que se opõe, por exemplo, ao discurso contínuo próprio do contexto retórico ao qual pertence, em última instância, a *Apologia* (isto é, discurso judiciário[25]), como referido em sua reflexão metarretórica no proêmio [1.1] (17c-d). Em linhas gerais, podemos descrever a atividade filosófica de Sócrates como o exame crítico das opiniões de um determinado interlocutor mediante perguntas e respostas, cabendo a Sócrates a condução do diálogo, e ao interlocutor, o assentimento ou não às premissas do argumento, que levam a uma determinada conclusão (em geral, revelando uma contradição na gama de opiniões sustentadas por tal interlocutor). Na literatura secundária sobre a filosofia platônica, emprega-se convencionalmente o termo grego *elenchos* (refutação) para designar esse procedimento refutativo de Sócrates esboçado aqui na *Apologia*[26]. Podemos vê-lo

---

25. De acordo com a distinção canônica dos três gêneros do discurso retórico, como vemos na *Retórica* de Aristóteles: "Em número, as espécies da retórica são três, e o mesmo tanto resulta ser também os ouvintes dos discursos. O discurso se constitui de três coisas, daquele que fala, daquilo a respeito do que se fala, e daquele a quem se fala, e o fim é em vista deste (refiro-me ao ouvinte). O ouvinte é necessariamente espectador ou juiz, e juiz de eventos passados ou futuros. O juiz de eventos futuros é o membro da Assembleia, o de eventos passados, o juiz dos tribunais, e quem observa o poder de quem fala é o espectador. Por conseguinte, é necessário que haja três gêneros de discurso retórico: o deliberativo, o judiciário e o epidítico." (1.3 1358a36-b8)

26. Ver p. 222n8.

APOLOGIA DE SÓCRATES 71

em ato, em diferentes circunstâncias particulares, nos "primeiros diálogos" de Platão, como mencionado acima, na "Introdução Geral"; contudo, na própria *Apologia*, Platão nos dá uma breve amostra desse proceder dialógico tipicamente socrático, quando ele passa a inquirir diretamente Meleto a respeito dos termos da imputação de impiedade e corrupção da juventude, como veremos na seção seguinte [1.3.2].

Platão seleciona três classes de indivíduos supostamente detentores de algum saber (políticos, poetas e artesãos) para descrever a operação ininterrupta de Sócrates de colocá-los à prova a fim de compreender o que Apolo afinal queria dizer (21b-22e). O sentido oculto da palavra oracular se desvela quando Sócrates constata que tais indivíduos eram sábios apenas na aparência, porém, quando colocados devidamente à prova, mostravam-se ignorantes com relação àquela matéria que presumiam conhecer e sobre a qual repousava a reputação de sabedoria que detinham. E essa constatação valeria para todos os casos em que Sócrates teve a ocasião de avaliar as reais condições de algum indivíduo reputado como sábio. É nesta seção da *Apologia* [1.3.1], portanto, que encontramos a célebre profissão de ignorância de Sócrates:

Afastando-me dali, refletia então comigo mesmo: "mais sábio do que este homem eu sou; é provável que nem ele nem eu conheça alguma coisa bela e boa, no entanto ele presume saber algo, embora não o saiba, ao passo que eu, justamente porque não sei, tampouco presumo saber. É plausível, portanto, que ao menos em alguma coisa, ainda que ínfima, seja eu mais sábio do que ele: o que eu não sei, tampouco presumo sabê-lo". Daí, volvia-me para outro indivíduo que parecia ser sábio e eu tinha a mesma impressão. (21d2-9)

O reconhecimento da própria ignorância é o que Sócrates considera ser "a sabedoria humana" (20d8), em oposição à verdadeira sabedoria, que caberia apenas ao deus (23b)[27]. Isso não

---

27. Para um debate sobre a noção de ignorância socrática na *Apologia* e em outros diálogos platônicos, bem como sobre a compatibilidade entre a profissão de ignorância e certo "conhecimento moral" apregoado por Sócrates, ver R. Bett, Socratic Ignorance, op. cit.; G. Fine, Does Socrates Claim to Know that He Knows Nothing?, *Oxford Studies in Ancient Philosophy*, v. 35. Para uma interpretação sobre o fundamento religioso da ignorância socrática, ver M. Forster, Socrates' Profession of Ignorance, *Oxford Studies* ▶

72   EUTÍFRON, APOLOGIA DE SÓCRATES E CRÍTON: INTRODUÇÃO

implica que Sócrates não reconheça a existência de saberes positivos possíveis de serem adquiridos pelos homens: esse é o caso
dos artesãos, que possuem determinado conhecimento relativamente ao domínio técnico específico de seu ofício, mas que,
da mesma maneira que políticos e poetas, pretendem conhecer
outros assuntos que transcendem a esfera de sua competência
técnica particular, presumindo saber portanto aquilo que desconhecem[28]. A consequência dessa operação ininterrupta de
Sócrates, sujeitando todo e qualquer pretenso sábio a um exame
crítico, é o ódio não só daqueles que são submetidos ao *elenchos*,
mas também das pessoas que porventura estivessem presentes
naquelas circunstâncias (21e, 23a) – já que o exercício investigativo de Sócrates era em certo sentido público, "junto às bancas
da ágora [...] ou em qualquer outro lugar" (17c9-10), ainda que
se estabelecesse mediante o diálogo entre dois interlocutores e
prescindisse de uma mediação ou arbitragem externa[29].

Sob o ponto de vista da estratégia retórica adotada por Sócrates, vale a pena notar que o episódio do oráculo de Delfos, seja
ele verídico ou fictício[30], desempenha uma função crucial na
reversão dos termos da acusação de Meleto. Sócrates é acusado
de corrupção da juventude e de impiedade, mais especificamente,

▷ *in Ancient Philosophy*, v. 32. Sobre o sentido do verbo *eidenai* (saber, conhecer) nesta
passagem da *Apologia* citada acima (21d), ver infra p. 237n33.

28. Sócrates não é explícito nessa passagem (22d) em relação a que ele entende por
"assuntos de grandíssima importância" (τὰ μέγιστα, 22d7) que os artesãos presumi-
riam conhecer. Podemos inferir, entretanto, que sejam assuntos relativos aos interesses
comuns da cidade – ou seja, o domínio da *arte política* –, uma vez que, sendo Atenas
uma democracia, todos os cidadãos livres, a despeito de suas profissões, poderiam participar diretamente das deliberações sobre os interesses da cidade (ver Platão, *Laques*,
197e; *Górgias*, 484c; *Protágoras*, 319b-d).

29. Os diálogos *Protágoras* e *Górgias* são exemplos de como a presença de uma
audiência que assiste ao debate entre Sócrates e seu interlocutor desempenha uma função
relevante no comportamento de ambas as partes e no próprio andamento da discussão.

30. Em geral, os estudiosos da *Apologia* assumem como "histórico" o episódio do
oráculo de Delfos, como, por exemplo, E. De Strycker; S.R. Slings (op. cit., p. 74-82).
No entanto, há quem defenda que tal episódio contenha todas as características de um
"mito" e tenha uma função tão somente retórica no contexto argumentativo da *Apologia*, como, por exemplo, L.-A. Dorion (The Delphic Oracle on Socrates' Wisdom,
em C. Collobert; P. Destrée; F. Gonzalez [eds.], *Plato and Myth*). Esse questionamento
quanto à historicidade do episódio encontra respaldo na própria Antiguidade, com
Ateneu (século II-III d.C., *Banquete dos Sofistas*, 5.60).

APOLOGIA DE SÓCRATES 73

de inovar em matéria religiosa ("Sócrates, afirmam eles, comete injustiça por corromper os jovens e por não reconhecer os deuses reconhecidos pela cidade, e sim outras novas entidades divinas", 24b8-c1). Pois bem, ao longo dessa seção [1.3.1], Sócrates não apenas revela sua crença inabalável em Apolo, uma das divindades olímpicas da religião tradicional grega, como converte paulatinamente sua atividade filosófica em uma missão a serviço desse deus ("durante a investigação em nome do deus", 22a4-5; "em nome do oráculo", 22e1-2; "segundo o deus", 23b5; "em socorro ao deus", 23b7; "por conta do serviço ao deus", 23c1). É como se a finalidade do exercício filosófico de Sócrates fosse, em última instância, fazer valer a palavra oracular revelada por Apolo, e isso seria exigido dele em toda em qualquer ocasião em que se deparasse com algum pretenso sábio que, ao menos potencialmente, poderia colocar em xeque a revelação divina trazida por Querefonte. Nesse sentido, de ímpio e inovador em matéria religiosa, conforme os termos da denúncia, Sócrates passa a ser representado como um indivíduo devoto de Apolo, para quem a própria concepção de filosofia se confunde com certa missão de natureza religiosa. Imagem muito diferente daquele Sócrates na comédia *As Nuvens* de Aristófanes, dedicado a especulações sobre a natureza e a composição material do universo, que reverencia novas divindades – as Nuvens, o Ar, o Éter (v. 263-266) – e que afirma peremptoriamente que Zeus, o deus soberano do Olimpo, não existe (v. 367)[31].

Este é, portanto, um dos fatores, segundo Platão na *Apologia*, que explicaria a má reputação de Sócrates adquirida ao longo da vida: o ódio e o ressentimento daqueles indivíduos cuja ignorância é desnudada por seu escrutínio, colocando em xeque assim a reputação sobre a qual repousava seu poder (sobretudo no caso da classe dos políticos), ódio e ressentimento esses compartilhados eventualmente por aqueles que observavam Sócrates em

---

31. No v. 830 de *As Nuvens*, Sócrates é chamado de "Mélio" por Estrepsíades, uma alusão direta a Diágoras de Melos, célebre por sua impiedade (ver Lísias, *Contra Andocides*, 17) e, na tradição posterior, por seu ateísmo (K.J. Dover, op. cit., p. 200-201).

ação nessas ocasiões. O segundo fator que contribuiria para o mesmo fim é o fenômeno dos imitadores de Sócrates, aqueles jovens que acompanhavam o filósofo por conta própria, membros das famílias mais ricas e com tempo livre à sua disposição (23c). A acusação de corrupção da juventude, portanto, se explicaria por essa influência e sedução de Sócrates sobre os mais jovens, que passavam a imitar seu procedimento investigativo, submetendo a exame crítico aqueles mesmos pretensos sábios, vítimas de Sócrates. Na descrição de Platão, trata-se da mesma classe de jovens à qual recorriam os sofistas (19e-20c), o que justificaria, ao menos em parte, por que Sócrates era confundido, aos olhos do senso comum, com essa classe de educadores profissionais. Outra razão dessa confusão alegada na *Apologia* é que as pessoas supunham, de modo equivocado, que Sócrates conhecia positivamente aquelas matérias sobre as quais ele refutava alguém (23a), desconhecendo e/ou desconsiderando a profissão de ignorância reiterada pelo filósofo em cada ocasião. Acusações como aquelas vistas na comédia de Aristófanes – que Sócrates investigava "as coisas subterrâneas e celestes", tornava "forte o discurso fraco", e ensinava essas mesmas matérias a outras pessoas (18b-c, 19c, 23d) – são justificadas por Sócrates como reação intempestiva desses indivíduos cuja reputação de sabedoria é colocada em xeque por ele e seus imitadores, ignorantes da natureza peculiar de sua investigação filosófica e dos benefícios conferidos por ela (23d-e), elucidados agora na *Apologia*. A denúncia de Meleto com o suporte de Anito e Lícon, nesse sentido, nada mais seria do que consequência direta dessa difamação sofrida por Sócrates ao longo da vida (24a). Termina assim o argumento de Sócrates contra os seus "antigos acusadores", como anunciado na *proposição* [1.2].

A próxima seção do discurso [1.3.2] (24b3-28b2) concerne à argumentação de Sócrates contra os acusadores atuais e consiste numa inquirição direta de Meleto pelo filósofo. É somente agora que Platão apresenta, de maneira mais ou menos formal, os termos da denúncia (*graphē*) propriamente dita impetrada pelos acusadores:

APOLOGIA DE SÓCRATES   75

Pois bem, a respeito das acusações dos meus primeiros acusadores, espero
que essa defesa seja suficiente. De Meleto, um homem bom e patriota
(como ele próprio afirma), e dos ulteriores acusadores, vou tentar me
defender agora. Como se trata de outros acusadores, tomemos uma vez
mais a declaração jurada deles. Ei-la em linhas gerais: Sócrates, afirmam
eles, comete injustiça por corromper os jovens e por não reconhecer os
deuses reconhecidos pela cidade, e sim outras novas entidades divinas.
Tal é o libelo; examinemos, então, cada uma de suas partes. (24b3-c3)

O primeiro ponto digno de nota diz respeito à própria formulação da denúncia, pois a versão que seria mais próxima à original encontra-se em Favorino (séculos I-II d.C.), reportada
por Diógenes Laércio, a qual conserva seu preâmbulo formal:

Esta é a acusação e a declaração jurada de Meleto de Pito, filho de Meleto,
contra Sócrates de Alopeque, filho de Sofronisco: Sócrates comete injustiça por não reconhecer os deuses reconhecidos pela cidade, e por introduzir outras novas entidades divinas. Ele também comete injustiça por
corromper a juventude. Pena de morte.[32]

Como referido na "Introdução Geral" acima, a versão de Favorino é semelhante à reportada por Xenofonte (*Memoráveis*, 1.1.1)
no que diz respeito à ordem das duas imputações contra Sócrates. Já em Platão (*Apologia*, 24b-c), a ordem se encontra invertida. Isso faz uma diferença significativa, pois, na versão de
Favorino e Xenofonte, a imputação principal seria a de impiedade, ao passo que a secundária, a de corrupção da juventude.
Na argumentação de Platão na *Apologia,* em contrapartida, é a
corrupção da juventude que orienta a maior parte do discurso
de Sócrates, como se fosse de fato essa a única acusação digna de
atenção e refutação (ver Platão, *Eutífron*, 2c), ao passo que a de
impiedade é tratada secundariamente – ainda que, num determinado momento do discurso, seja considerada como causa da
imputação de corrupção, como analisaremos a seguir (26b)[33].
Quanto à imputação de corrupção da juventude, a passagem do

32. Diógenes Laércio, *Vidas e Doutrinas dos Filósofos Ilustres*, 2.40.
33. J. Burnet, op. cit., p. 181-182; E. De Strycker; S.R. Slings, op. cit., p. 83.

76   EUTÍFRON, APOLOGIA DE SÓCRATES E CRÍTON: INTRODUÇÃO

orador Ésquines concernente às leis de Sólon, Drácon e outros antigos legisladores atenienses a respeito da moderação (*sōphrosunē*) nas diferentes fases da formação do cidadão parece indicar que, do ponto de vista legal, era factível:

Em primeiro lugar, legislaram a respeito da moderação de nossas crianças, e expuseram de modo expresso as atividades às quais deveria se dedicar a criança livre, e como deveria ser criada; em segundo lugar, a respeito dos adolescentes, e em terceiro lugar, a respeito das demais idades sucessivamente; e não apenas a respeito dos particulares, mas também dos oradores.[34]

De Strycker e Slings, no entanto, consideram improvável que corrupção da juventude pudesse constituir um delito legal em sentido estrito, consistindo antes numa ofensa moral. Tanto é que, na versão transmitida por Favorino, ela aparece como uma imputação complementar ("ele *também* comete injustiça", ἀδικεῖ δὲ καὶ), sendo a de impiedade o motivo principal da denúncia (*graphē*) de Meleto. Segundo os estudiosos,

ao incluir um segundo delito, o acusador poderia lançar suspeitas sobre o réu e incitar a antipatia dos membros do júri contra ele. Os juízes atenienses estavam propensos a decidir um caso atendo-se mais a uma avaliação geral sobre o caráter moral do indivíduo do que a uma compreensão bem informada dos argumentos legais. Possíveis hesitações em fazer isso poderiam ser dissipadas se a ofensa moral tivesse sido explicitamente mencionada no indiciamento; nesse caso, uma discussão sobre o comportamento geral do réu não poderia ser considerada "irrelevante para o caso"[35].

O segundo ponto a ressaltar diz respeito ao aspecto formal dessa seção [1.3.2]: trata-se da inserção de um diálogo com as características típicas dos "primeiros diálogos" de Platão, em um discurso contínuo próprio da retórica (mais especificamente, da retórica judiciária). Do ponto de vista do gênero de discurso, portanto, seria uma espécie de "contaminação" do gênero dialógico no registro formal do discurso retórico. Isso de certa

34. *Contra Timarco*, 7.
35. E. De Strycker; S.R. Slings, op. cit., p. 90-91.

APOLOGIA DE SÓCRATES 77

forma já havia sido preanunciado por Sócrates no proêmio [1.1], quando pedia que a audiência fosse complacente caso ele recorresse ao tipo de discurso que habitualmente empregava na ágora e nos demais lugares em Atenas (17c-d). Embora esse tipo de procedimento fosse permitido nos tribunais atenienses (ver *Apologia*, 25d3; Demóstenes, *Contra Estéfano*, 10), é pouco provável que um interrogatório de tamanha extensão acontecesse[36]. Como afirma Aristóteles na *Retórica*: "não se pode formular muitas questões, por causa da fraqueza do ouvinte" (οὐ γὰρ οἷόν τε πολλὰ ἐρωτᾶν, διὰ τὴν ἀσθένειαν τοῦ ἀκροατοῦ, III 1419a17-19). Nos poucos exemplos supérstites da oratória grega, o interrogatório é bastante exíguo, de três a cinco perguntas, todas elas concernentes a questões de fato (ver Lísias, *Contra Eratóstenes*, 25; Andocides, *Sobre os Mistérios*, 14; Iseu, *Sobre a Herança de Hagnias*, 5; Dinarco, *Contra Demóstenes*, 83)[37], ao passo que, no discurso *Contra Agorato* de Lísias, há apenas duas indicações de interrogatório (30 e 32), de modo que não podemos saber ao certo de sua extensão na situação concreta do julgamento.

Há intérpretes, em contrapartida, como Mary McCabe[38], que consideram tratar-se de uma interlocução fictícia em que Sócrates assume as duas vozes, tal como sucede em várias ocasiões dos chamados "primeiros diálogos" de Platão, e em especial no *Críton* (diálogo com as *Leis*, 50a-54d) e no *Protágoras* (diálogo com "a maioria dos homens", *hoi polloi*, 353c-357e). A despeito desse ponto controverso, é por meio do interrogatório de Meleto que Sócrates atacará, de maneira direta, as duas ordens de acusação: sobre corrupção da juventude (24b-26b) e sobre impiedade (26b-28b). Como observam De Strycker e Slings: "o que era apenas um recurso secundário para outros litigantes [como nos exemplos que temos provenientes da oratória ática] e totalmente integrado a seus argumentos, é, na defesa de Sócrates, não apenas a principal, mas a

---

36. N. Denyer, *Plato: The Apology of Socrates and Xenophon, The Apology of Socrates*, p. 12.
37. E. De Strycker; S.R. Slings, op. cit., p. 102.
38. M. McCabe, A Forma e os Diálogos Platônicos, em H.H. Benson (org.), *Platão*, p. 56.

78   EUTÍFRON, APOLOGIA DE SÓCRATES E CRÍTON: INTRODUÇÃO

única técnica que ele usa contra Meleto"[39]. E o fim a que visa a inquirição de Meleto parece se coadunar com o que diz Aristóteles na *Retórica* sobre essa técnica: ela é recomendável, dentre outras situações, quando um interrogador puder evidenciar, mediante esse expediente, que o argumento de seu adversário é contraditório ou paradoxal (III.18 1418b40-1419b2).

A estratégia retórica escolhida por Sócrates no interrogatório é a desqualificação do acusador, revertendo os termos da inculpação contra o próprio Meleto ("afirmo que quem comete injustiça é Meleto", 24c5): no que diz respeito à corrupção da juventude, ao invés de refutar diretamente os argumentos do discurso da acusação, Sócrates buscará mostrar aos juízes e à audiência que Meleto jamais se preocupou com assuntos relativos à educação dos jovens (24c), não estando, portanto, na condição de julgar tais questões e acusar os outros de alguma ofensa nesse âmbito. De fato, ao argumentar contra seus antigos acusadores na seção [1.3.1], como analisamos acima, Sócrates tentou provar a improcedência desse tipo de imputação decorrente de sua má reputação adquirida ao longo da vida, alegando que tal acusação decorria de uma compreensão equivocada da natureza de sua atividade filosófica, motivada pelo ódio e pelo ressentimento daquelas pessoas que se sentiam ofendidas uma vez submetidas ao seu exame crítico e/ou ao de seus imitadores. Em contrapartida, ao passar a refutar os argumentos da acusação formal de Meleto, dos acusadores atuais nesta seção [1.3.2], ele não os ataca diretamente; aliás, há pouquíssimas referências na *Apologia* aos supostos argumentos empregados pela acusação nas circunstâncias atuais do julgamento que o vitimou à morte[40]. Ao

---

39. E. De Strycker; S.R.Slings, op. cit., p. 103.

40. Há apenas duas menções diretas aos supostos argumentos empregados no discurso de acusação: 1. no *proêmio* [1.1], Sócrates diz que seus acusadores haviam alertado os juízes sobre a habilidade retórica de Sócrates a fim de não serem ludibriados; e 2. na *digressão* [1.4], ele se refere a um dilema formulado por Anito aos juízes: ou Sócrates não devia ser processado, ou, uma vez processado, a única via possível era condená-lo à pena capital. A estratégia de Platão ao redigir a *Apologia* é interpretada da seguinte maneira por D. Gallop (op. cit., p. xviii): "As imputações de Meleto de ateísmo e inovação religiosa são respondidas superficialmente porque elas próprias eram superficiais, ►

APOLOGIA DE SÓCRATES 79

invés disso, Sócrates buscará evidenciar que Meleto se equivoca em duas questões fundamentais relativas ao tema da acusação (corrupção da juventude): 1. sobre quem de fato torna os jovens melhores (24c-25c); e 2. sobre a possibilidade de corrompê-los de modo voluntário (25c-26a).

Em relação ao primeiro ponto, Sócrates recorre a um argumento indutivo, recurso bastante empregado pela personagem nos "primeiros diálogos" de Platão[41], para fazer com que Meleto concorde em que todos os homens – juízes, membros daquela audiência presentes no julgamento, membros do Conselho e da Assembleia – estão aptos a tornar melhores os jovens, com uma única exceção: Sócrates. Para refutá-lo, o filósofo simplesmente estabelece uma analogia entre o âmbito moral e o das competências técnicas (em outras palavras, uma analogia entre virtude e arte, muito recorrente também nos "primeiros diálogos") para colocar sob suspeita a posição de seu adversário: nas artes, apenas um único ou alguns poucos indivíduos estão aptos a tornar melhores os objetos sob seus cuidados, ao passo que as demais pessoas os corrompem por carecerem de competência técnica (como no caso dos cavalos, apenas os equitadores estão aptos a aprimorá-los mediante sua arte); no âmbito da virtude que é própria do homem (a virtude cívica ou política, *politikē aretē*, como Sócrates havia referido na seção [1.3.1], ver 20b), em contrapartida, a maioria estaria em condições de aprimorar

▷ uma mera fachada para ocultar os verdadeiros motivos do processo. Sócrates desvelou esses motivos na importante seção precedente, onde ele rebate seus 'antigos acusadores.'"

41. A "indução" (*epagōgē*) é definida da seguinte maneira por Aristóteles nos *Tópicos*: "Depois dessas distinções, é preciso divisar quantas são as espécies de argumentos dialéticos. Há a indução e o silogismo, e o que é silogismo já foi dito previamente. Indução é o método que parte dos particulares para o universal, como neste exemplo: se o piloto perito é o mais apto, e assim também o auriga, o perito em cada coisa será em todos os casos o melhor. E a indução é mais persuasiva e mais clara, mais apreensível pela sensação e comum à maioria dos homens, ao passo que o silogismo é mais imponente e mais efetivo contra os contraditores." (I, 105a10-19) Na *Metafísica*, Aristóteles considera o emprego desse tipo de argumento como atribuível ao Sócrates "histórico": "São duas coisas que poderiam ser atribuídas de maneira justa a Sócrates: os argumentos indutivos e a definição universal, pois ambos concernem ao princípio do conhecimento – Sócrates, contudo, não considerava os universais como existindo separadamente, tampouco as definições." (XIII 1078b27-31)

os jovens, ao passo que apenas um indivíduo, Sócrates, os corromperia. O filósofo conclui o argumento como se apenas essa oposição entre virtude e arte aplicada ao caso da corrupção da juventude fosse suficiente para refutar o adversário e evidenciar sua negligência para com assuntos relativos ao tema da acusação: "Com efeito, Meleto, você evidencia de maneira suficiente que jamais se importou com os jovens, e revela de maneira clara que descura de si mesmo, visto que nada do que concerne à minha vinda aqui hoje é de seu interesse." (25c1-4)

Muito se discute na literatura secundária sobre os méritos do argumento de Sócrates, se ele é ou não suficiente para refutar a posição adversária, se ele tem ou não alguma eficácia quanto à persuasão dos juízes, se de fato Sócrates tem alguma preocupação efetiva com o seu sucesso ou insucesso nesse julgamento, ou se sua intenção primeira consiste antes em tomar a oportunidade do discurso público para exortar as pessoas à virtude e à filosofia como o único caminho viável para uma vida feliz, como ele costuma fazer em toda e qualquer ocasião em que dialoga com alguém. Seja como for, o fato é que caberia aos juízes e à audiência (e, por extensão, a nós, leitores) completar a inferência esperada por Sócrates com base na analogia sugerida – ou seja, que assim como no caso das artes, também no âmbito *moral* haveria apenas um ou alguns poucos indivíduos aptos a promover a virtude dos jovens, ao passo que a maioria das pessoas os corrompe por carecer, é o que se infere, de certo conhecimento para tal fim[42]; e que, portanto, Meleto não sabe o que está dizendo e não tem a qualificação necessária para poder acusar Sócrates de ser corruptor da juventude. Se é esse o argumento pretendido por Sócrates, mesmo que ele seja eficaz para desqualificar o adversário, ele

42. Essa mesma analogia entre arte e virtude já havia aparecido na seção [1.3.1], no diálogo fictício entre Cálias e Sócrates a respeito da educação dos jovens (20a-c). Observe que ali Sócrates fala de "conhecimento" da virtude humana, da virtude cívica ou política: "Quem conhece esta virtude, a virtude humana e cívica? Pois suponho que você já tenha examinado o assunto, já que possui filhos." (20b4-6) Como sabemos, atribui-se a Sócrates uma concepção intelectualista sobre a virtude moral, segundo a qual o conhecimento é condição suficiente para a virtude. Sobre o tema, ver supra "Introdução Geral".

APOLOGIA DE SÓCRATES

não é contudo suficiente para provar que ele é um desses poucos indivíduos capazes de tornar os jovens melhores; pois, mesmo aceitando a validade da analogia entre arte e virtude pretendida aqui, pode-se considerar que, se de fato há apenas alguns poucos indivíduos nessa condição, certamente Sócrates não seria um deles por tais ou tais motivos. O argumento de Sócrates, portanto, não seria suficiente, como ele pretende que seja, para provar sua inocência contra a imputação de corrupção da juventude, seja lá quais tenham sido os argumentos de Meleto, Anito e Lícon usados no discurso da acusação. O contexto retórico, todavia, autoriza Sócrates a adotar esse tipo de estratégia, voltada precipuamente para desacreditar o adversário.

Na sequência, Sócrates passa a tratar do problema do erro voluntário em relação à acusação de corrupção da juventude (25c-26a). Para expor o desconhecimento de Meleto sobre a matéria em questão, Sócrates faz com que Meleto assinta, no primeiro momento, nas seguintes premissas:

(P1) Os cidadãos nocivos promovem sempre um mal aos que estão mais próximos deles, ao passo que os bons, um bem.

(P2) Ninguém prefere ser prejudicado a ser beneficiado pelas pessoas de seu convívio.

(P3) Sócrates corrompe os jovens e os torna piores voluntariamente.

Para mostrar que a premissa (P3) não se coaduna com as demais, e que portanto, se Meleto aceita (P1) e (P2) deve rejeitar (P3), ou vice-versa, Sócrates recorre ao seguinte raciocínio, sem contudo interpelar diretamente o adversário:

(R1) Quem corrompe alguém de seu convívio e o torna vil corre o risco de sofrer um mal por parte dele.

(R2) Sócrates corrompe os jovens e os torna piores voluntariamente.

(R3) Portanto, Sócrates corre o risco voluntariamente de sofrer um mal por parte de quem corrompeu.

A premissa subentendida neste argumento, para entendermos o dilema que Sócrates apresenta a seguir, é que ninguém comete ou adquire um mal voluntariamente, o chamado "paradoxo moral" socrático, já implícito de certa forma acima em (P2)[43]. Sendo assim, a objeção de Sócrates a Meleto seria:

(O1) Mas ninguém comete ou adquire um mal voluntariamente.

(O2) De modo que, ou (a) Sócrates não corrompe os jovens, ou (b) se corrompe, o faz involuntariamente.

Se (a), então o filósofo é inocente e deve ser absolvido; se (b), então ele deveria ser instruído, e não punido, pois, segundo Sócrates, "a lei não exige que se convoque alguém aqui em virtude de erros dessa natureza, mas que o detenham em particular para ensiná-lo e admoestá-lo; pois é evidente que, se eu vier a me instruir, deixarei de fazer o que estou fazendo involuntariamente" (26a2-5). O dilema formulado por Sócrates tem como fim, portanto, revelar uma inconsistência na acusação de Meleto, desqualificando-a com base na explicitação de uma contradição nas premissas assentidas por ele (P1, P2, P3) que fundamentariam tal acusação, como elucidado acima.

A transição para o debate sobre a imputação de impiedade contra Sócrates se dá mediante uma conexão causal entre os dois termos da denúncia de Meleto:

– Pois bem, ó atenienses, o que há pouco eu dizia está agora evidente: Meleto jamais teve qualquer interesse por tais assuntos, por mínimo que seja. Diga-nos, porém, como eu corrompo os mais jovens a seu ver, Meleto? É óbvio que, segundo a denúncia registrada contra mim, ao ensiná-los a não reconhecer os deuses que a cidade reconhece, e sim outras novas entidades divinas, não é? Você não afirma que eu os corrompo por ensiná-los?
– E afirmo isso com absoluta convicção. (26a9-b7)

Em suma, Sócrates corrompe *porque* inova em matéria religiosa ensinando-a aos jovens. A estratégia de Sócrates nessa

---

43. Sobre os paradoxos moral e prudencial, ver T.C. Brickhouse; N.D. Smith, Os Paradoxos Socráticos, op. cit., p. 248; idem, *Socratic Moral Psychology*, p. 63.

APOLOGIA DE SÓCRATES   83

seção do discurso (26c-28b) é levar Meleto a se contradizer, evidenciando assim, mais uma vez, seu desconhecimento do assunto sobre o qual versa a denúncia. O que vemos aqui é um raciocínio lógico com as características principais do procedimento refutativo (*elenchos*) adotado por Sócrates nos "primeiros diálogos" de Platão. Partindo dos termos da denúncia – ou seja, que o filósofo "não reconhece os deuses reconhecidos pela cidade, e sim outras novas entidades divinas (*ta daimonia*)" (24b9-c1) –, Sócrates exige de Meleto esclarecimento sobre o sentido subjacente a tal inculpação, na forma de um problema (26c): se (a) ele reconhece certos deuses, embora não aqueles reconhecidos pela cidade, ou se (b) não reconhece deuses em absoluto, ou seja, uma acusação de ateísmo. Por sua vez, Meleto afirma de maneira surpreendente e inesperada que Sócrates é um ateu ("É isto o que estou afirmando: que você não reconhece deuses em absoluto", 26c8), o que parece entrar em conflito com os próprios termos da denúncia, que dizia expressamente que Sócrates ao menos "reconhecia outras novas entidades divinas (*ta daimonia*)". Por que motivo Meleto, ao ser interrogado por Sócrates, passa a acusá-lo de ateísmo, não fica claro no contexto argumentativo da *Apologia*[44], tampouco parece uma mudança de posição verossímil por parte da acusação (será que no processo histórico Meleto se contradisse de maneira tão ingênua e

---

44. E. De Strycker; S.R. Slings (op. cit., p. 119-121) consideram que a acusação de impiedade feita por Meleto dependia em grande medida da difamação promovida pelos antigos acusadores, que identificavam Sócrates com os filósofos da natureza e os sofistas. Dessa forma, não seria tão surpreendente assim a imputação de ateísmo nesse contexto da inquirição, uma vez que o senso comum julgava que tais pensadores não reverenciavam os deuses e os costumes religiosos tradicionais, como seria o caso de Anaxágoras, referido expressamente por Sócrates nessa passagem da *Apologia* (26d). Sabemos por testemunhos posteriores, como Plutarco (século I-II d.C.), que Anaxágoras fora acusado de impiedade com base no decreto de Diopites, que interditava, no interesse da cidade, "aqueles que não reconheciam as divindades ou ensinavam discursos sobre os fenômenos celestes" (τοὺς τὰ θεῖα μὴ νομίζοντας ἢ λόγους περὶ τῶν μεταρσίων διδάσκοντας, *Péricles*, 32.2). No entanto, não é possível precisar a data do processo, mas certamente antes da morte de Péricles, em 429 a.C. Meleto, portanto, estaria se equivocando ao confundir o caso peculiar de Sócrates com o precedente de Anaxágoras. Sobre os supostos processos impetrados contra poetas e pensadores (Diágoras de Melos, Anaxágoras, Diógenes de Apolônia, Protágoras, Aspásia) antes do de Sócrates, ver R. Parker, The Trial of Socrates, op. cit., p. 151.

EUTÍFRON, APOLOGIA DE SÓCRATES E CRÍTON: INTRODUÇÃO

flagrante como quer Platão na *Apologia*, de modo que ele estaria nos reportando o que de fato aconteceu naquele julgamento em 399 a.C.? Nunca saberemos). De qualquer modo, o fato é que, ao menos na *Apologia*, Meleto passa a acusar Sócrates de ateísmo durante o julgamento, e é com base nessa proposição (vou chamá-la de [T] para fins didáticos) que o filósofo irá levar seu adversário a se contradizer.

A estrutura do raciocínio conduzido por Sócrates mediante o assentimento de Meleto em suas premissas é a seguinte:

(P1) Se alguém reconhece entidades divinas (*ta daimonia*), ele reconhece necessariamente divindades (*daimones*) – premissa obtida com base em um argumento indutivo: se alguém reconhece coisas relativas a cavalos, ele reconhece necessariamente cavalos; se alguém reconhece coisas relativas à arte de tocar aulo, ele reconhece necessariamente tocadores de aulo, e assim por diante.

(P2) Se Sócrates reconhece entidades divinas (*ta daimonia*), ele reconhece necessariamente divindades (*daimones*).

(P3) Divindades (*daimones*) são deuses ou filhos de deuses.

(P4) Portanto, Sócrates reconhece deuses.

A conclusão do silogismo (P4) contradiz, então, o que Meleto havia acabado de admitir ("É isto o que estou afirmando: que você não reconhece deuses em absoluto", 26c8), de modo que ele estaria inculpando Sócrates de reconhecer e não reconhecer os deuses ao mesmo tempo. Essa flagrante contradição a que Meleto é conduzido tem como fim, mais uma vez, desqualificar o acusador e a própria imputação de impiedade, já que seria auto-contraditória tal como elucidada no interrogatório. No entanto, apenas uma análise da estrutura lógica do argumento não é suficiente para captar a estratégia retórica adotada por Sócrates a fim de constranger e desabonar seu acusador. Ao longo dessa passagem (26c-28b), Sócrates se refere reiteradamente ao

APOLOGIA DE SÓCRATES   85

comportamento e ao temperamento de Meleto em reação à sua inquirição, chamando a atenção para o seu silêncio (27b8, c10) e a sua relutância em responder as perguntas (27c4-5), de modo a construir na mente do leitor aquela atmosfera própria de um tribunal de justiça. Certo sarcasmo e ironia dão cores ao modo como Sócrates interpela seu oponente, qualificando-o de insolente (*hubristēs*, 6e8), intemperante (*akolastos*, 26e8), indigno de fé (*apistos*, 26e6), e reduzindo sua denúncia a uma brincadeira juvenil com assuntos extremamente sérios (27a).

Ao terminar a interlocução direta com Meleto, Sócrates conclui o seguinte: "Pois bem, ó atenienses, que eu não cometo injustiça segundo a denúncia de Meleto, creio que quanto a isso não precise de uma defesa mais longa; esses argumentos já são *suficientes*" (28a3-5; grifo meu). Mas até que ponto os dois argumentos de Sócrates contra o seu oponente são suficientes para botar por terra as duas ordens de acusação presentes na denúncia (corrupção da juventude e impiedade) e provar sua inocência? Sócrates acabou de evidenciar uma contradição na posição de Meleto, de modo que não fica claro qual é exatamente a imputação pretendida pela acusação: se Sócrates não reconhece deuses em absoluto (ateísmo), como assumido pelo adversário durante o julgamento, ou se ele reconhece certos deuses, embora não aqueles reconhecidos pela cidade, como expresso nos termos da denúncia. No início da discussão sobre esse tema (26b), como mencionado acima, Sócrates estabelecera uma conexão causal entre os dois termos da denúncia: ele corrompe *porque* inova em matéria religiosa ensinando-a aos jovens. A questão é: se Sócrates conseguiu evidenciar uma incoerência na posição de Meleto em relação à acusação de impiedade, isso seria suficiente, como ele parece pretender aqui (28a), para refutar a acusação de corrupção da juventude e, por conseguinte, a denúncia como um todo? Ou tal assunção de Sócrates repousaria antes numa falácia[45]? Se Sócrates corrompe porque inova em matéria religiosa

---

45. Na terminologia lógica, a falácia consistiria na "negação do antecedente", cuja estrutura lógica é a seguinte: ▶

ensinando-a aos jovens, e se ficou manifesto que a acusação não prova de maneira suficiente que Sócrates inova em matéria religiosa ensinando-a aos jovens, é possível concluir daí que Sócrates não corrompe a juventude? Só se concedermos a Sócrates que não há outras causas possíveis para a corrupção dos jovens além do ensino de matéria religiosa ímpia.

Todavia, como vimos na análise da seção [1.3.1], quando ele buscava refutar os "antigos acusadores", uma das inculpações era que Sócrates ensinava "tornar forte o discurso fraco" (18c, 19c, 23d), como vemos na comédia *As Nuvens* de Aristófanes. Essa expressão se refere ao ensino do que virá a ser chamado de retórica, de técnicas de persuasão sobretudo para seu uso em causas judiciárias. Nas passagens da comédia aristofânica que citamos acima (v. 91-99, 112-118), o problema ético envolvido nesse tipo de ensino, atribuído pelo poeta à sua personagem Sócrates, torna-se evidente: Estrepsíades, que queria encontrar uma saída para se safar de suas dívidas sem ter que pagá-las conforme o justo, entende que "tornar forte o discurso fraco" é o mesmo que "tornar justo o discurso injusto", no sentido de que a arte persuasiva que ele pretendia aprender junto a Sócrates e seus discípulos poderia lhe ensinar as técnicas argumentativas necessárias para persuadir os juízes de que ele não deveria pagar as dívidas a seus credores – portanto, convertendo a sua causa injusta em justa, a despeito de seu endividamento. O problema

> Se P → Q
> ¬ P
> Logo, ¬ Q

Aplicado ao argumento da *Apologia* em questão, ficaria assim:

Se Sócrates inova em matéria religiosa ensinando-a aos jovens, então ele corrompe os jovens;
Sócrates não inova em matéria religiosa ensinando-a aos jovens;
Logo, Sócrates não corrompe os jovens.

O argumento consistira numa falácia, uma vez que haveria outras causas para a corrupção dos jovens imputáveis a Sócrates além da matéria religiosa, como, por exemplo, o ensino de retórica a ele atribuído pelos "antigos acusadores", como elucidarei adiante. Em outros termos, inovação em matéria religiosa e seu ensino a outras pessoas são *condição suficiente* para corromper os jovens, mas não *necessária*, pois há outras causas possíveis de corrupção da juventude imputáveis a Sócrates.

do uso da retórica para fins moralmente censuráveis é um tema central no diálogo *Górgias*, justamente quando Platão irá tratar da retórica como pretensa "arte da persuasão". Num discurso da personagem que dá nome ao diálogo, apresentada por Platão como rétor (*rhētōr*, designando aqui tanto orador quanto mestre de retórica), em que elogia o poder de tal arte e sua superioridade sobre as demais, esse problema ético envolvido na prática oratória é apresentado de maneira bastante clara (a citação é longa, porém bastante elucidativa):

GÓRGIAS: [...] Todavia, Sócrates, deve-se usar a retórica como toda e qualquer forma de luta. Não se deve, decerto, usar a luta contra todos os homens: porque se aprendeu o pugilato, o pancrácio ou o combate armado, a ponto de ser superior tanto aos amigos quanto aos inimigos em força, não é simplesmente por esse motivo que se deve bater, ferir ou matar os amigos. Nem, por Zeus, se alguém, por frequentar o ginásio, tiver uma boa compleição física e tornar-se pugilista, e depois bater no pai ou na mãe ou em qualquer outro parente ou amigo, não é por esse motivo que se deve odiar ou expulsar da cidade seu treinador ou quem lhe ensinou o combate armado. Pois eles lhe transmitiram o uso justo dessas coisas contra inimigos e pessoas injustas para se defender, e não para atacar, ao passo que seus transgressores usam a força e a arte incorretamente. Assim, ignóbeis não são os mestres, tampouco culpada e ignóbil é a arte por tal motivo, mas as pessoas que não a usam corretamente, como presumo. O mesmo argumento também vale para a retórica: o rétor é capaz de falar contra todos e a respeito de tudo, de modo a ser mais persuasivo em meio à multidão, em suma, acerca do que quiser; mas nem mesmo por esse motivo ele deve furtar a reputação dos médicos – pois seria capaz de fazê-lo – nem a de qualquer outro artífice, mas usar a retórica de forma justa, como no caso da luta. E se alguém, julgo eu, tornar-se rétor e cometer, posteriormente, alguma injustiça por meio desse poder e dessa arte, não se deve odiar e expulsar da cidade quem os ensinou. Pois este último lhe transmitiu o uso com justiça, enquanto o primeiro usa-os em sentido contrário. Assim, é justo odiar, expulsar ou matar quem os usou incorretamente, e não quem os ensinou. (456c6-457c3)

Sendo assim, se levarmos em consideração o que foi dito na seção [1.3.1] da *Apologia*, quando Sócrates busca refutar seus

88   EUTÍFRON, APOLOGIA DE SÓCRATES E CRÍTON: INTRODUÇÃO

"antigos acusadores", ele não poderia considerar como suficientes os argumentos empregados contra Meleto nessa seção [1.3.2], uma vez que Sócrates poderia ser acusado de corromper os jovens mediante o ensino de outras matérias, como, por exemplo, retórica (a conexão entre corrupção da juventude e "tornar forte o discurso fraco" é feita por Platão de maneira direta em 23d). Se essa ponderação é razoável, a pretensão de Sócrates de ter refutado de maneira suficiente Meleto repousaria sobre uma falácia, como exposto acima[46]. Daí se seguem aquelas questões debatidas na literatura secundária sobre a *Apologia*: será que Sócrates de fato presume que seus argumentos contra Meleto durante o interrogatório são mesmo suficientes para refutar os termos da acusação e provar sua inocência? Será que Sócrates, ao se apresentar no tribunal, tinha alguma esperança real de convencer os juízes de sua inocência, mesmo ciente das limitações impostas pelo contexto retórico do tribunal (ver 19a; 24a; 37a) e da força das difamações que pesavam contra ele havia muito tempo? Ou, como aventado acima, sua intenção primordial seria antes tomar a oportunidade do discurso público para exortar as pessoas à virtude e à filosofia como o único caminho

---

46. Outro ponto a ser observado é que esse argumento não prova que Sócrates, embora reconheça a existência dos deuses, reconhece os deuses, no sentido de reverenciá-los apropriadamente, conforme as práticas religiosas habituais partilhadas pelos cidadãos pios. Essa ambiguidade reside na própria formulação dos termos da denúncia, explorada por Sócrates nessa seção do discurso (26c-28b): o verbo grego *nomizein*, traduzido aqui por "reconhecer", admite como complemento tanto um substantivo na função de objeto direto ("não reconhecer *os deuses*", 24b9-c1), quanto uma oração reduzida de infinito ("não reconhecer *haver* deuses", ou seja, "não reconhecer a *existência* de deuses", 26c2). Como nesse tipo de construção em grego o verbo da oração infinitiva pode ser elíptico, Sócrates passa a questionar os termos da denúncia ("não reconhecer os deuses", 24b9-c1) como se o verbo grego *einai* ("ser", "estar", "haver") estivesse implícito ("não reconhecer a *existência* de deuses", 26c2). Portanto, provar a crença na existência de deuses não implica necessariamente que Sócrates os reconhece do ponto de vista da observância das práticas religiosas habituais, o que poderia ainda ser objeto de acusação por parte de Meleto. Vale ressaltar que, na religião grega, a noção de um indivíduo "pio" ou "reverente" (em grego, *hosios* ou *eusebēs*) não era concebida primariamente em termos de crença, mas antes de observância aos costumes e ritos ancestrais, especialmente os sacrifícios e as preces (M. McPherran, Socratic Religion, op. cit., p. 112). Essa insuficiência de argumento de Sócrates pode ser explicada pela própria estratégia adotada por ele, nessa seção da *Apologia* [1.3.2], de desqualificar o acusador, ao invés de refutar os argumentos da acusação propriamente dita.

APOLOGIA DE SÓCRATES 89

viável para uma vida feliz, como fazia em toda e qualquer circunstância? São questões que dão margem para interpretações as mais diversas, que deixaremos em aberto aqui.

Após concluir a inquirição de Meleto [1.3.2], acreditando ter refutado de maneira suficiente a acusação e provado sua inocência, Sócrates retoma então o relato de sua missão filosófica a serviço de Apolo, descrita parcialmente na seção [1.3.1]. Se o enfoque de sua narrativa anterior residia no *aspecto negativo* de sua investigação filosófica, no exercício da refutação (*elenchos*) dos pretensos sábios a fim de fazer valer a palavra oracular (isto é, que não havia ninguém mais sábio do que Sócrates), o que vemos nessa digressão [1.4] é um relato sobre os *aspectos positivos* de sua atividade filosófica e uma exortação à filosofia e à vida regida pelos princípios éticos da justiça e da correção moral que só a filosofia poderia propiciar às pessoas[47]. Nesse sentido, essas duas seções da *Apologia* ([1.3.1] e [1.4]) são complementares, retratando os aspectos negativo (refutação) e positivo (exortação) da investigação filosófica e do modo de vida de Sócrates[48].

A digressão [1.4] pode ser dividida em duas partes, cada qual contendo uma objeção formulada pelo próprio Sócrates para que então a refutasse: [1.4.1] a primeira concerne aos riscos aos quais Sócrates é exposto em virtude de seu modo de vida idiossincrático (28b3-31c3), ao passo que a segunda [1.4.2]

---

47. Como já salientado previamente, *elenchos* (refutação) é o termo empregado em geral pela crítica contemporânea para designar o método argumentativo de Sócrates nos chamados "primeiros diálogos" de Platão. No entanto, 1. a *refutação* é apenas uma das funções do método socrático. Além dela, 2. há a função *epistêmica*, que concerne à busca pelo conhecimento, usualmente associada à busca pelas definições das virtudes a partir da questão "o que é *x*?". E, por fim, 3. a função *protréptica*, que visa conduzir o interlocutor à posição moral defendida por Sócrates (R. Cain, *The Socratic Method*, p. 3). Vale ressaltar que as três funções não implicam necessariamente três tipos de diálogos diferentes; pelo contrário, tais funções tendem a se encontrar sobrepostas, a depender do contexto argumentativo e dramático em que o diálogo procede: por exemplo, a busca por definições das virtudes particulares procede mediante refutações das tentativas malogradas de defini-las pelos interlocutores de Sócrates (ex. *Eutífron, Laques* e *Cármides*); e as refutações de certas teses morais contrárias às convicções de Sócrates visam concomitantemente persuadir seus interlocutores da coerência e superioridade das posições morais socráticas e exortá-las à vida orientada para a filosofia (ex. *Górgias* e *Protágoras*).

48. E. De Strycker; S.R. Slings, op. cit., p. 7.

90   EUTÍFRON, APOLOGIA DE SÓCRATES E CRÍTON: INTRODUÇÃO

diz respeito à alienação de Sócrates da vida política democrática de Atenas (31c4-34b5). Ao responder à primeira objeção, a imagem que depreendemos de Sócrates é a do homem mais pio que Atenas já viu, e ao responder à segunda, a do homem cuja influência é extremamente benéfica para os jovens e para a própria cidade – em outras palavras, a digressão [1.4] oferece ao leitor a reversão dos termos da acusação de impiedade e corrupção da juventude, consistindo assim na defesa propriamente dita de Platão em nome e em memória de Sócrates.

Comecemos com a primeira objeção [1.4.1], apresentada mediante uma pergunta retórica[49]: "Alguém poderia, talvez, me indagar: 'você não tem vergonha, Sócrates, de se envolver com uma ocupação tal que o põe agora em risco de morte?'" (28b3-5). Para respondê-la, Sócrates estabelece um dos princípios éticos que justificaria sua conduta não apenas no passado, nas suas atuações na Guerra do Peloponeso (nas batalhas em Potideia, Anfípolis e Délio; ver 28e), como também no próprio julgamento: sua impassibilidade perante o risco iminente de morte. Contrariamente ao que acredita a maioria das pessoas, mais importante e valioso do que a própria vida são a justiça e a retidão moral, de modo que se, numa situação extrema, um indivíduo for constrangido a decidir entre uma vida injusta e vergonhosa, e uma morte justa e honrosa, ele deverá optar pela segunda via. É nesse passo da *Apologia* que encontramos a célebre identificação entre a condição de Sócrates no tribunal e a do herói Aquiles na *Ilíada* de Homero, quando opta por matar Heitor mesmo ciente de que aquela ação lhe implicaria a morte, como revelado pela sua mãe, a deusa Tétis (28c-d)[50]. O ponto realçado por Platão com essa analogia é que tanto o herói máximo da *Ilíada* quanto o filósofo por excelência em seus diálogos encaram a morte como um evento menos

---

49. Esse tipo de artifício, as perguntas retóricas (nos tratados retóricos antigos, denominado de *eperōtēsis* e/ou *hupophora*), é bastante comum na oratória grega, e tem como função tornar o discurso mais elevado e persuasivo, além de efetivo e impulsivo, segundo Pseudo-Longino (*Sobre o Sublime*, 18).

50. Sobre o episódio na *Ilíada* de Homero, ver infra p. 264n78.

APOLOGIA DE SÓCRATES 91

importante e valioso do que a correção de suas ações, sobretudo em circunstâncias extremas, quando a sua própria vida está em jogo.

Para fundamentar sua conduta indiferente à morte, Sócrates recorre mais uma vez à concepção de sabedoria humana, ao reconhecimento da própria ignorância, estabelecendo uma ligação direta com a narrativa de sua missão filosófica na seção [1.3.1], como analisamos anteriormente: supor que a morte é um mal é o mesmo que presumir saber o que se desconhece, pois ninguém sabe com segurança se a morte é um bem ou um mal para os homens. Temer a morte, portanto, é visto por Sócrates como pretensão à sabedoria, como "a ignorância mais deplorável" (29b1-2); o que se deve temer é aquilo que reconhecemos ser de fato mal e vergonhoso para os homens – a saber, "cometer injustiça e desobedecer ao seu superior, seja ele deus ou homem" (29b6-7)[51]. Sendo assim, se ele sucumbisse ao temor da morte tal como a maioria das pessoas, e recorresse a todos os meios possíveis para tentar salvar sua vida em detrimento dos princípios éticos da justiça e da retidão moral, estaria agindo contrariamente ao que lhe fora prescrito pelo deus de Delfos e abandonando assim a sua missão filosófica, visto que Apolo estaria se servindo dele como o paradigma da sabedoria humana (23a-b). Do ponto de vista retórico, ao justificar sua impassibilidade perante a morte como uma ação não apenas justa, mas também pia, como uma reverência à profecia de Apolo, Sócrates busca reverter a imputação de impiedade de seus acusadores, sejam eles antigos ou contemporâneos: aquilo a que visa a imputação de impiedade de seus acusadores (ou seja, a sua prática filosófica) é justamente a expressão máxima de sua piedade e obediência ao deus. Seu compromisso

---

51. D. Gallop (op. cit., p. xxi) observa corretamente que essa convicção de Sócrates de que a injustiça e a desobediência ao superior são de fato males para os homens não é justificada na trilogia *Eutífron-Apologia-Críton*. Ela consiste, portanto, numa espécie de axioma moral assumido como verdade por Sócrates, que só será justificado e fundamentado teoricamente por Platão no desenvolvimento de sua filosofia moral, especialmente no *Górgias* e na *República*.

inegociável com a missão filosófica a serviço de Apolo é reiterada numa situação hipotética aventada por Sócrates, em que lhe seria concedida a absolvição no processo em curso, contanto que ele abandonasse a filosofia e seu modo peculiar de vida. Sócrates rejeita tal oferta hipotética da seguinte forma (a citação é apenas uma parte de um longo período, o mais extenso da *Apologia*):

Atenienses, eu agradeço a vocês e os estimo, mas vou obedecer antes ao deus que a vocês. Enquanto estiver respirando e vivo, jamais deixarei de filosofar, de *exortá-los* e de mostrar, sempre que encontrar algum de vocês, aquilo que costumo dizer: "excelentíssimo homem, você, que é ateniense, oriundo da mais importante e bem reputada cidade em sabedoria e força, não se envergonha de cuidar da aquisição ao máximo de dinheiro, reputação e honra, ao passo que da inteligência e da verdade, da busca por melhorar ao máximo sua alma não cuida nem se ocupa?" E se algum de vocês me contestar e disser que está cuidando disso, não vou absolvê-lo de pronto nem ir embora, mas vou *inquiri-lo, examiná-lo e refutá-lo*; e se ele me parecer desprovido de virtude, ainda que afirme o contrário, vou censurá-lo por dar pouquíssimo valor a coisas de extrema valia, e muitíssimo valor a coisas de pouca monta. (29d2-30a2; grifo meu)

Dois pontos merecem a nossa atenção aqui. Primeiro, a referência explícita aos dois aspectos complementares do exercício filosófico de Sócrates junto às demais pessoas: o aspecto negativo, do exame crítico de colocar à prova as convicções de seus interlocutores a fim de verificar sua consistência interna, da refutação e da subsequente censura daqueles que se mostrarem falíveis; e o aspecto positivo, da exortação a uma vida submetida continuamente ao exame crítico, à valorização daquilo que de fato é benéfico aos homens (inteligência, virtude), e não dos bens aparentes (dinheiro, reputação, honra). Aqui encontramos, portanto, uma concepção moral crucial associada a Sócrates não apenas nos diálogos platônicos, como também no pensamento de outros discípulos do filósofo (Xenofonte, Antístenes, Aristipo, Ésquines): a exortação ao *cuidado de si*, que em Platão é o mesmo que o "cuidado da alma" (*epimeleia tēs*

APOLOGIA DE SÓCRATES 93

psukhēs; ver *Apologia*, 30a-b), a busca pela autonomia e integridade racional[52]. Isso implica um conflito profundo com a visão moral partilhada pela maioria das pessoas: enquanto Sócrates sobrepõe a alma e os bens associados a ela (virtude, inteligência, verdade) ao corpo e aos aparentes bens associados a ele (riqueza, dinheiro, reputação, honra), a massa sobrevaloriza os segundos em detrimento dos primeiros. E essa relação conflituosa entre a concepção moral de Sócrates e a da maioria dos homens explica tanto os motivos pelos quais Sócrates está sendo julgado e condenado pela cidade (já que se trata de uma *graphē*, de uma denúncia, em que o acusador discursaria em nome do interesse da coletividade) quanto as motivações que o levaram a passar a sua vida dedicado a despertar nas pessoas o senso crítico a fim de reverter os polos dessa escala de valor (em última instância, alma *vs.* corpo).

Isso remete ao próximo argumento desenvolvido por Sócrates (30c-31c), cujo ponto alto é a notória metáfora da mutuca (*muōps*, 30e5), em resposta à segunda objeção hipotética aventada por ele – a saber, que Sócrates deveria ter tomado parte na política, e não se alienado dela (31c-34b). Num discurso marcado pelo autoelogio e tom altivo, o filósofo passa a tratar de sua missão filosófica como uma dádiva de Apolo à cidade (30d8), como se ele tivesse sido enviado pelo deus a Atenas para beneficiá-la e fazê-la ver o que de fato é de seu interesse. De modo que uma eventual condenação à morte no julgamento em curso implicaria um prejuízo antes para a cidade do que para Sócrates, visto que, para ele, a morte não poderia afetar sua integridade moral, ao passo

---

52. A. Long, The Socratic Legacy, K. Algra et al., *The Cambridge History of Hellenistic Philosophy*, p. 622-623: "O que distingue essas interpretações uma da outra [isto é, Antístenes e os cínicos, de um lado, e Aristipo e os cirenaicos, de outro] é a ênfase exagerada de certos traços de Sócrates em detrimento de outros. Aquilo em que as interpretações estão de acordo, assim como estão de acordo com Xenofonte e Platão, é que um modo de vida socrático é aquele em que um indivíduo é autossuficiente ao máximo, com o controle de sua própria vida, e que usa a razão como o instrumento para satisfazer as condições para a felicidade." Sobre Ésquines e o cuidado de si (*epimeleia heautou*), ver K. Döring, The Students of Socrates, em D.R. Morrison, *The Cambridge Companion to Socrates*, p. 27-33.

que, para a cidade, seria improvável que outro indivíduo com os mesmos atributos do filósofo viesse a substituí-lo nessa sua missão de reverter os valores morais da massa a fim de beneficiá-la:

> Com efeito, se me condenarem à morte, não vão encontrar um outro indivíduo assim – ainda que seja ridículo dizer isto – totalmente atrelado à cidade pelo deus, tal como a um cavalo grande e nobre que, em virtude de sua grandeza, é muito moroso e precisa de uma mutuca para se despertar. É assim, a meu ver, que o deus me atou à cidade, eu que não abdico de despertar, persuadir e censurar cada um de vocês, sentando-me a seu lado em toda parte o dia inteiro. Outro indivíduo desse jaez, então, não há de lhes aparecer tão facilmente, ó homens, e se acreditarem em mim, irão me poupar. No entanto, afligidos como quem desperta ainda aturdido pelo sono, vocês poderiam, talvez, fustigar-me e, acreditando em Anito, condenar-me sem hesitação à morte, de modo que passariam o resto da vida dormindo, a menos que o deus, diligente com vocês, enviasse-lhes outrem. (30e1-31a8)

A célebre metáfora congrega em si elementos de caracterização de Sócrates e da cidade e seus habitantes já retratados anteriormente na *Apologia*: 1. "totalmente atrelado à cidade pelo deus" conota o cerne do argumento de Sócrates na seção [1.3.1], ou seja, a dedicação indelével à sua missão filosófica cujo fim é, em última instância, beneficiar as outras pessoas e a cidade; 2. "tal como a um cavalo grande e nobre" recupera a qualificação anterior de Atenas como "a mais importante e bem reputada cidade em sabedoria e força" (29d8); 3. "é muito moroso e precisa de uma mutuca para se despertar" conota a condição de profunda ignorância da massa a respeito dos assuntos de maior importância para os homens (*ta megista*, 22d7), que precisa de alguém como Sócrates para que lhe desperte o senso crítico e a razão a fim de passar a considerar o que é de fato de seu interesse, e não o que é apenas acessório e aparentemente útil; 4. "afligidos como quem desperta ainda aturdido pelo sono" conota o despertar da razão daqueles que se submetem ao *elenchos* quando tomam ciência da própria ignorância, experiência essa cujos efeitos são dolorosos, especialmente para aqueles que

APOLOGIA DE SÓCRATES 95

não compreendem adequadamente os benefícios que tal exame pode trazer em vista do cuidado da alma, passando então a odiar Sócrates (como vimos na seção [1.3.1])[53]; 5. "vocês poderiam, talvez, fustigar-me e, acreditando em Anito, condenar-me sem hesitação à morte" já traz consigo a explicitação do sentido da imagem do cavalo que tenta afugentar a mutuca que o atormenta, figurando a função do próprio julgamento como meio para se libertar da conduta inoportuna de Sócrates na cidade (pelo menos na perspectiva de seus detratores); e 6. "de modo que passariam o resto da vida dormindo" reforça a imagem do "sono da razão" da massa e da cidade, ignorantes daquilo que de fato é de seu interesse, e recalcitrantes diante das reiteradas tentativas de Sócrates para despertá-las e beneficiá-las.

Essa descrição metafórica da relação conflituosa entre o filósofo e a cidade suscita um problema que será o tema do argumento seguinte [1.4.2]: se Sócrates busca beneficiar em última instância a cidade, a ponto de negligenciar as suas próprias coisas no âmbito particular em vista desse fim mais nobre, por que ele age então em privado, dialogando e investigando individualmente as pessoas que cruzam seu caminho? Por que não optou por agir no âmbito das instituições públicas, participando ativamente da vida política, especialmente no contexto de uma cidade democrática como Atenas, onde qualquer cidadão livre poderia contribuir para as deliberações sobre o futuro da cidade nas assembleias populares? O que pode parecer paradoxal – fazer política em privado, como defende Sócrates aqui sua atuação na cidade – é explicado por duas razões bastante distintas (31c-32a): uma de ordem religiosa, a manifestação idiossincrática da entidade divina (*to daimonion*) que impede Sócrates

53. A justificação da função positiva da refutação (*elenchos*) aparece, por exemplo, no diálogo *Górgias*:
SÓCRATES: [...] Mas que tipo de homem sou eu? Aquele que se compraz em ser refutado quando não digo a verdade, e se compraz em refutar quando alguém não diz a verdade, e deveras aquele que não menos se compraz em ser refutado do que refutar; pois considero ser refutado precisamente um bem maior, tanto quanto se livrar do maior mal é um bem maior do que livrar alguém dele. Pois não há para o homem, julgo eu, tamanho mal quanto a opinião falsa sobre o assunto de nossa discussão. (458a2-b1)

96 EUTÍFRON, APOLOGIA DE SÓCRATES E CRÍTON: INTRODUÇÃO

de se envolver com a política ateniense, uma vez que ela só se lhe manifesta quando ele está prestes a cometer algum erro[54]; e outra de natureza ético-política, a convicção inabalável de Sócrates de que, caso tivesse se envolvido diretamente com as ações da cidade, o regime democrático de Atenas o teria impedido de agir em nome do interesse comum e o teria condenado há muito tempo à morte: "para quem realmente luta pelo justo é inevitável agir em privado, e não em público, caso pretenda se manter são e salvo por pouco tempo que seja" (32a1-3).

A visão negativa de que a democracia é uma constituição política falha, em que os princípios de justiça e legalidade não são amiúde observados pela turba que se congrega nas assembleias populares para deliberar e decidir sobre os rumos da cidade, é um dos aspectos do pensamento político de Platão mais controversos aos olhos do pensamento político moderno, em que a democracia, ainda que imperfeita em vários aspectos (sobretudo no que diz respeito à realização do ideal de *igualdade*), se apresenta como a melhor alternativa possível para se opor e evitar regimes autocráticos e autoritários[55]. A despeito das enormes diferenças

54. Embora muito se fale na literatura secundária sobre o *daimōn* de Sócrates, na *Apologia*, Platão não usa, contudo, a forma substantiva (*daimōn*), mas antes o adjetivo neutro singular substantivado (*to daimonion*), que optei por traduzir como "entidade divina". A forma neutra confere ao termo um sentido mais abstrato do que concreto, o que me parece significativamente importante para a compreensão dessa relação idiossincrática de Sócrates com o seu *daimonion*. O *daimōn* é uma noção muito complexa da religião grega, pois ela não é unívoca (ver infra p. 248n57). No caso de Sócrates, o que é peculiar não é que o seu *daimonion* tenha o acompanhado ao longo de sua vida, pois cada indivíduo também seria acompanhado por um *daimōn*, que representaria, nessa visão religiosa de mundo, o destino de cada um tecido pelas Moiras. O que é peculiar é antes o fato de essa entidade se manifestar diretamente a ele, conforme essa descrição da *Apologia*. Nesse sentido, a opção por Platão empregar o termo neutro (*to daimonion*) de certa forma captaria essa idiossincrasia do caso de Sócrates. Para uma caracterização geral do *daimonion* de Sócrates em Platão e Xenofonte, ver M. McPherran, Socratic Religion, op. cit., p. 122-127; A. Long, How Does Socrates' Divine Sign Communicate with Him?, em S. Ahbel-Rappe; R. Kamtekar (eds.), *A Companion to Socrates*.

55. Karl Popper, em *The Open Society and its Enemies*, escrito durante a Segunda Guerra Mundial e publicado em 1945, é indubitavelmente a expressão máxima da rejeição a esse aspecto do pensamento político de Platão, associando seu projeto político, sobretudo aquele delineado na *República*, às ideologias totalitárias do século xx. Se os argumentos de Popper têm pertinência ou não enquanto crítica à filosofia política platônica, isso é um outro debate e transcende o escopo desta introdução.

APOLOGIA DE SÓCRATES 97

entre a democracia ateniense e os regimes democráticos modernos, entre a *pólis* antiga e a estrutura do Estado moderno, o fato é que Platão se apresenta como um crítico feroz da constituição de Atenas – conformada após a expulsão dos tiranos, filhos de Psístrato, na última década do século VI a.C. –, julgando-a menos imperfeita apenas do que a tirania, como lemos nos Livros VIII e IX da *República*. No contexto da *Apologia*, entretanto, não podemos deixar de levar em conta que a democracia é o regime que está, em última instância, vitimando Sócrates de maneira injusta à morte (pelo menos, na visão de Platão), precisamente porque justiça e legalidade não são os princípios que regeriam a política ateniense no seio de suas principais instituições (Conselho, Assembleia e tribunais)[56].

Para provar esse ponto, Platão recorre à "biografia" de Sócrates, a duas ações pregressas do filósofo (32a-e), quando se viu ocasionalmente envolvido na política ateniense por constrição do próprio sistema, e não por vontade própria: quando desempenhou a função de prítane (cuja escolha se dava por sorteio), e quando foi convocado compulsoriamente para uma missão pelo governo autocrático dos Trinta, conhecido também como "Trinta Tiranos", que sucedeu à derrocada da democracia por imposição de Esparta após sua vitória na Guerra do Peloponeso em 404 a.C., mas que acabou não durando nem um ano (em 403 a.C. a democracia foi restaurada, sendo Sócrates condenado à morte quatro anos depois, em 399 a.C.). Os detalhes históricos dessas duas ações se encontram nas notas da tradução[57]. Para os

56. A opinião mais difundida entre os estudiosos da *Apologia* sobre o aspecto político envolvido na denúncia de Meleto, representado sobretudo por Anito, um líder democrático após a restauração do regime em 403 a.C. (ver infra p. 220n4), é que Sócrates era simpatizante dos oligarcas. Essa passagem da *Apologia*, em especial, é usada como evidência dessa tendência antidemocrática de Sócrates, corroborada pela sua relação íntima com figuras proeminentes da oligarquia ateniense, entre eles Cármides e Crítias, membros do governo atroz dos Trinta em 404-403 a.C. Para uma interpretação sobre Sócrates como crítico não só da democracia, mas também da facção oligárquica da política ateniense, ver T.C. Brickhouse; N.D. Smith, *Plato's Socrates*, p. 155-175. Para uma sinopse do contexto político ateniense na época do julgamento de Sócrates, ver D. Nails, The Trial and Death of Socrates, op. cit., p. 7.

57. Ver infra p. 266n82.

98 EUTÍFRON, APOLOGIA DE SÓCRATES E CRÍTON: INTRODUÇÃO

fins desta introdução, contudo, basta salientar que nessas duas ocasiões Platão retrata as ações de Sócrates como orientadas pelo mesmo princípio ético que norteava suas ações no âmbito privado: confrontando as injustiças e ilegalidades pretendidas pelo povo e pelos Trinta, Sócrates preferiu colocar sua vida em risco a ser conivente com elas – ou seja, o mesmo princípio que justifica sua impassibilidade perante o risco de ser condenado à pena capital (28b-30b), conforme exposto acima. Como sintetiza Sócrates:

não me importa a morte – que não sejam rudes minhas palavras! – nem o que quer que seja; o que absolutamente me importa, contudo, é não cometer qualquer ato injusto ou ímpio. (321d1-4)

O ponto crucial dessa seção, portanto, é a tensão insuperável e a conciliação infactível entre uma vida dedicada à filosofia, tal como concebida por Sócrates, e a vida política da cidade, ao menos no caso de uma cidade democrática como Atenas. A recusa do filósofo em participar da vida pública, como vemos justificada aqui na *Apologia*, está diretamente associada a certa visão corrente a respeito de figuras como Sócrates: indivíduos que vivem alienados do mundo em que as pessoas ordinárias vivem, tanto em suas relações públicas quanto nas privadas. Essa visão aparece representada paradigmaticamente na anedota sobre Tales de Mileto (±624-546 a.C.) a que se refere Platão no *Teeteto* (174a). Segundo a versão reportada por Diógenes Laércio em sua obra (*Vidas e Doutrinas dos Filósofos Ilustres*, sécs. II-III d.C.):

Dizem que Tales, sendo levado para fora de casa por uma velha para contemplar os astros, caiu num buraco e que a velha, estando ele a se queixar, perguntou-lhe o seguinte: "você, Tales, não sendo capaz de ver as coisas a seus pés, julga conhecer as coisas celestes?" (1.34)

Embora Tales se enquadre na classe dos filósofos da natureza da qual Platão busca dissociar Sócrates na *Apologia*, como vimos na seção [1.3.1], o fato é que noções como "filósofo da natureza", "filosofia", "retórica", "sofista" e assim por diante ainda não constituíam categorias semanticamente bem delimitadas no contexto do final do século V e início do século IV a.C., muito menos ainda na visão do senso comum. Nesse sentido, a anedota de Tales se aplicaria muito bem ao caso idiossincrático de Sócrates. No *Górgias* de Platão, por sua vez, a invectiva de Cálicles contra Sócrates recupera o sentido essencial de tal anedota, representando o que seria certa visão pejorativa sobre o modo de vida do filósofo em Atenas, e associando-se diretamente ao teor das calúnias rechaçadas por ele aqui na *Apologia*:

CÁLICLES: [...] Essa, então, é a mesma experiência que tenho com os filósofos. Pois quando a observo em um garoto novo, aprecio a filosofia; ela me parece conveniente, e considero livre esse homem, enquanto o avesso à filosofia, um homem despojado de sua liberdade, que jamais dignar-se-á de um feito belo ou nobre. Quando vejo, porém, um homem já velho mas ainda dedicado à filosofia e dela não liberto, ele me parece carecer de umas pancadas, Sócrates. Como há pouco dizia, acontece que esse homem, mesmo dotado de ótima natureza, tornar-se-á efeminado e fugirá do centro da cidade e das ágoras, onde, segundo o poeta, os homens se tornam distintos. Ele passará o resto da vida escondido a murmurar coisas pelos cantos junto a três ou quatro jovens, sem jamais proferir algo livre, valoroso e suficiente [...]. (485c2-e2)

A conexão entre o *Górgias* e a *Apologia* é sugerida textualmente por Platão, quando a mesma personagem Cálicles adverte Sócrates dos riscos que corria em Atenas, ao se dedicar excessivamente à filosofia e negligenciar as atividades necessárias que o preparariam para a vida pública, vaticinando o futuro do filósofo: "se hoje alguém capturasse você, ou qualquer outro homem da sua estirpe, e o encarcerasse sob a alegação de que cometeu injustiça, ainda que não a tenha cometido, você sabe que não teria o que fazer consigo mesmo, mas ficaria turvado e boquiaberto sem ter o que dizer; quando chegasse ao tribunal, diante de um acusador extremamente mísero e desprezível, você morreria, caso ele quisesse lhe estipular a pena de morte" (486b7-c4). Como vemos, o fundamento da invectiva de Cálicles é esse suposto abismo entre a vida dedicada à filosofia e a vida política de Atenas, justamente o ponto controverso de sua

100 EUTÍFRON, APOLOGIA DE SÓCRATES E CRÍTON: INTRODUÇÃO

atividade que Sócrates está buscando elucidar aqui na *Apologia*. A resposta direta de Sócrates a Cálicles aparece no final do *Górgias*, quando irá afirmar que, com exceção a alguns poucos indivíduos, ele é o único homem verdadeiramente político, na medida em que todas as suas ações e todos os seus discursos estão voltados para a promoção do bem supremo, para tornar melhores ao máximo seus concidadãos – ainda que suas ações se deem em contextos privados –, e não para simplesmente comprazê-los, como fazem geralmente os políticos na democracia ateniense (521d-522a). Essa tentativa de desconstruir a imagem do filósofo como um indivíduo *apolítico*, como vemos tanto na *Apologia* quanto no *Górgias*, prepara o terreno para o desenvolvimento da teoria política platônica da *República*, em que o(s) filósofo(s) é(são) constrangido(s) a assumir o poder na constituição da cidade ideal, a *Calípolis*, rompendo definitivamente assim essa barreira imposta pelas deficiências do regime democrático ateniense, segundo Platão[58].

Essa breve digressão pelo *Górgias* ajuda-nos a compreender em que sentido o exercício filosófico de Sócrates na cidade é *político*: se o fim da arte política é promover a virtude nos cidadãos, tornando-os melhores no que diz respeito àquilo que de fato é de seu interesse (ou seja, os bens relativos à alma), e se a finalidade do exame crítico a que Sócrates submete seus interlocutores é beneficiá-los, fazendo-os ver os limites de seu conhecimento e exortando-os à busca da verdade e ao cuidado da alma, então a ação de Sócrates tem um efeito político, ainda que realizada em âmbito privado. Essa descrição da função política da missão filosófica de Sócrates responde diretamente à acusação de corrupção da juventude que, segundo a *Apologia*, advém da falsa associação do filósofo com os sofistas e encontra sua expressão legal na denúncia de Meleto. Esse ponto é retomado por ele na sequência do discurso:

58. Para uma leitura sobre a relação entre a figura do filósofo e a política em Platão, a partir da anedota de Tales no *Teeteto*, ver P.B. Lima, *Platão: Uma Poética Para a Filosofia*.

Eu nunca fui mestre de quem quer que seja. Se alguém, jovem ou velho, almeja ouvir-me quando falo ou faço as minhas coisas, jamais o proíbo; e tampouco dialogo em troca de dinheiro, como se sem dinheiro não dialogasse, mas me prontifico a ser interrogado indiscriminadamente pelo rico e pelo pobre, mesmo se quiserem, respondendo às minhas perguntas, ouvir o que tenho para lhes dizer. E, a despeito de este indivíduo se tornar ou não um homem bom, não seria justo que eu carregasse a culpa relativa a matérias que jamais prometi ensinar e jamais ensinei a alguém. Se alguém afirma que certa vez aprendeu ou ouviu de mim, em privado, alguma coisa que não tenham aprendido ou ouvido todos os demais, estejam seguros de que não está dizendo a verdade! (33a5-b8)

Ao invés de corruptor da juventude, Sócrates é apresentado por Platão antes como um benfeitor, não apenas dos jovens mas também de quem quer que se dispusesse a se submeter a seu escrutínio. Como prova disso, Sócrates recorre aos membros da audiência que acompanharam o filósofo em sua missão em algum momento da vida, ou algum parente de pessoas que tiveram essa mesma experiência, a fim de testemunharem a veracidade de seu relato (33d-34b). Como observam De Strycker e Slings, "essa é a resposta mais direta de Sócrates ao segundo ponto da acusação de Meleto, isto é, que ele é corruptor da juventude"[59]. Como vimos na análise da seção [1.3.2], a estratégia de Sócrates na inquirição de Meleto era desqualificar o acusador, e no que concernia a tal imputação, o seu propósito era evidenciar aos juízes que Meleto jamais se preocupara com questões relativas à educação e ao aprimoramento moral dos jovens. Na digressão [1.4], em contrapartida, Sócrates vai direto ao ponto e solicita aos membros da audiência que se manifestem caso tenham algum evento a apontar em que ele teria corrompido a própria pessoa ou algum parente seu, uma vez que Meleto não apresentara nenhuma vítima de Sócrates que pudesse testemunhar a favor de sua imputação de corrupção da juventude – pelo menos, segundo Platão ("ao menos um deles Meleto devia ter apresentado como testemunha em seu discurso", 34a4-5).

59. E. De Strycker; S.R. Slings, op. cit., p. 173.

102   EUTÍFRON, APOLOGIA DE SÓCRATES E CRÍTON: INTRODUÇÃO

É nessa ocasião que Platão faz menção à sua própria presença no julgamento, acompanhado ali pelo seu irmão mais velho, Adimanto (34a). É curioso o fato de que, em toda a sua obra, Platão mencione nominalmente a si mesmo apenas três vezes: duas vezes na *Apologia* (34a2; 37b7), e uma no *Fédon*, justificando sua ausência por motivo de doença no momento em que Sócrates toma a cicuta (59b). A menção à sua própria presença no tribunal teria, em princípio, a função de conferir a seu "relato" certa autoridade, visto ter testemunhado todo o processo. No entanto, mesmo se Platão esteve de fato ali presente, isso não implica que o texto que ora lemos seja uma reprodução *ipsis litteris* do que teria sido a defesa do filósofo; pelo contrário, tanto a *Apologia* quanto os demais diálogos de Platão em que Sócrates aparece como personagem são frutos do trabalho filosófico e literário de Platão, e quando falamos de Sócrates nos diálogos, é preciso ter mente que se trata do Sócrates platônico, assim como no caso da figura de Sócrates na comédia *As Nuvens*, de Aristófanes (423 a.C.), e na obra de Xenofonte[60]. Outro fator que corrobora esse ponto é a circulação de outras versões da *Apologia* no primeiro quarto do século IV a.C., como referido acima, indicando que as versões concorrentes apresentavam cada qual sua visão do que fora a defesa de Sócrates, bem como de quem era Sócrates.

A despeito da questão do "fundo histórico" subjacente à versão platônica, que é secundária para os propósitos desta introdução, o que é no mínimo curioso nessa passagem da *Apologia* (33b-34b) é a segurança e a confiança demonstradas por Sócrates ao desafiar Meleto e a audiência a apontarem algum indivíduo que tenha sido prejudicado pelo seu convívio, que tenha se tornado um cidadão pior depois de ter se dedicado à filosofia. Pois certamente era de conhecimento público a relação que

---

60. A respeito da atualização do debate sobre Sócrates "histórico", ver L.-A. Dorion, The Rise and Fall of the Socratic Problem, em D.R. Morrison, *The Cambridge Companion to Socrates*; sobre a intenção filosófica, e não histórica, de Platão ao redigir a *Apologia*, ver E. De Strycker; S.R. Slings, op. cit., p. 1-8.

APOLOGIA DE SÓCRATES 103

Sócrates mantivera no passado especialmente com duas figuras muito conhecidas na cidade, Crítias e Alcibíades, os quais, embora já mortos na ocasião do julgamento, poderiam facilmente vir à memória dos juízes e da audiência naquele instante em razão do teor da pergunta. O próprio Sócrates faz aparentemente uma alusão a essa suposta relação com Crítias e Alcibíades, embora não os nomeie: "jamais fui condescendente com quem tivesse atentado contra o justo, nem mesmo com aqueles que meus caluniadores dizem ser meus discípulos" (33a3-5). Um bom exemplo de como a relação de Sócrates com essas duas figuras perdurou no imaginário ateniense é a referência do orador Ésquines a Sócrates como o sofista que havia educado Crítias, em um discurso proferido em 345 a.C. (portanto, quase meio século após a sua morte)[61]. O fato de Ésquines se referir ao filósofo como sofista dá uma indicação clara de que esse movimento de distinção entre a figura de Sócrates e a do sofista, como vemos aqui na *Apologia* e em outros diálogos platônicos, estava longe de ser um ponto pacífico, seja antes ou depois da morte do filósofo em 399 a.C.[62]

61. Ésquines, *Contra Timarco*, 173: "Vocês, atenienses, condenaram à morte Sócrates, o sofista, porque ficou evidente que ele havia educado Crítias, um dos Trinta que destituíram a democracia [...]." Em um fragmento supérstite de uma comédia anônima, preservado por Alcifronte (*Epístola* IV, 37.4-7), Sócrates é referido expressamente como educador de Crítias (G. Giannantoni, *Socratis et Socraticorum reliquiae, v. 1*, p. 6):

> E você acha que o sofista se difere de uma cortesã?
> ....
> Não é pior o modo como educamos os jovens.
> Confronte, meu caro, Aspásia e Sócrates!
> Dela, você verá Péricles como discípulo,
> ao passo que dele, verá Crítias.

> οἴει δὲ διαφέρειν ἑταίρας σοφιστήν;
> ....
> παιδεύομεν δὲ οὐ χεῖρον ἡμεῖς τοὺς νέους.
> σύγκρινον, ὦ' τάν, Ἀσπασίαν καὶ Σωκράτην·
> τῆς μὲν γὰρ ὄψει Περικλέα, Κριτίαν δὲ τοῦ
> ἑτέρου μαθητήν.

62. Isócrates, no *Busíris*, dirige-se a Polícrates, seu interlocutor nesse discurso fictício, contestando o que este disse em sua *Acusação Contra Sócrates*, discurso que circulou em Atenas no início do século IV a.C. (ver "Introdução Geral"): "Ao tentar acusar Sócrates, você afirmou que Alcibíades fora seu discípulo como se quisesse elogiá-lo. Ninguém entende que Alcibíades era educado por Sócrates, mas que ele se distinguiu em muito ▶

104 / EUTÍFRON, APOLOGIA DE SÓCRATES E CRÍTON: INTRODUÇÃO

Quando nos atentamos para a sorte de Crítias e Alcibíades na política ateniense, torna-se ainda mais curioso esse expediente retórico adotado por Sócrates nessa passagem da *Apologia* (32b-34b). Crítias (≥460-403 a.C.), que era um dos primos da mãe de Platão (seu pai Calescro era irmão do avô materno de Platão), foi o líder dos Trinta que comandaram Atenas em 404-403 a.C.; ele levou à morte 1.500 cidadãos sem julgamento (Isócrates, *Areopagítico*, 67), além de Terâmenes, um membro dos Trinta, que não compactuava com suas atitudes extremas. Foi morto pelas forças democráticas do Pireu (Xenofonte, *Helênicas* 2.4.19). Crítias aparece como personagem em dois diálogos platônicos, o *Cármides* e o *Protágoras*.

Alcibíades (451-404 a.C.), por sua vez, teve uma participação importante e conturbada enquanto general militar na *Guerra do Peloponeso* entre Atenas e Esparta e seus respectivos aliados (431-404 a.C.). Segundo o relato do historiador ateniense Tucídides, Alcibíades foi acusado de ter participado da ação sacrílega que mutilou as hermas de mármore em Atenas (*História da Guerra do Peloponeso*, 6.28-29), pouco antes da partida da expedição naval contra a Sicília em 415 a.C. Como ele já se encontrava na ilha, foi expedida uma nau para buscá-lo e trazê-lo de volta a Atenas para que ele pudesse se defender de tal acusação (6.53). Mas ele conseguiu fugir durante a viagem (6.61) e acabou se exilando em Esparta, passando a colaborar com os que outrora eram seus inimigos (6.88). Posteriormente, em 411 a.C., foi chamado de volta do exílio pelos atenienses para comandar as tropas na ilha de Samos (8.81-82) e, em seguida, aceito novamente em Atenas (8.97). O relato de sua morte em 404 a.C., todavia, se

▷ dos demais helenos, todos estariam de acordo" (§5). J. Burnet (op. cit., p. 218) recorre a essa passagem do *Busíris* para confirmar o que é dito por Platão nesta passagem da *Apologia*: "Isso também concorda com o relato de Platão sobre a questão, e especialmente com o discurso que ele coloca na boca do próprio Alcibíades no *Banquete* (217a-ss.). Alcibíades era apenas um garoto, não mais do que quinze anos de idade, quando tentou conquistar a afeição de Sócrates, e, embora Platão represente Sócrates como alguém que tinha uma forte admiração por ele quando cresceu, ele nunca representa Alcibíades de algum modo como seu discípulo, ou mesmo como um membro de seu círculo íntimo. O mesmo se aplica a Crítias."

APOLOGIA DE SÓCRATES 105

encontra numa obra tardia de Plutarco (século I d.C.) dedicada à sua figura: Alcibíades teria sido assassinado na Frígia, onde se encontrava sob a proteção do sátrapa Farnábazo, por ordem do lacedemônio Lisandro que havia instituído em Atenas, depois da derrota da cidade frente a Esparta, o governo dos Trinta, cujo líder era justamente Crítias (*Alcibíades,* 38-39). A despeito de todo o problema ético-político em torno da figura de Alcibíades, ele aparece como personagem em vários diálogos platônicos (*Protágoras, Banquete, Alcibíades Primeiro* e *Segundo*), referido comumente como amante de Sócrates[63], o que revela pouca ou mesmo nenhuma preocupação do autor em ocultar a relação íntima entre as duas figuras antes de Alcibíades entrar na vida política de Atenas.

Já Xenofonte, em contrapartida, dedica parte do Livro I das *Memoráveis* (cap. 2) a debater a polêmica relação de Sócrates com Crítias e Alcibíades. Segundo o autor, o acusador, não nomeado por ele[64], teria explorado justamente esse ponto controverso em sua argumentação que imputava ao filósofo corrupção da juventude:

63. Ver Platão, *Protágoras,* 309a-b, 316a; *Górgias,* 481d; *Banquete,* 213c-d, 214c-d, 216e-219e, 222c-d.

64. Embora Xenofonte se refira aparentemente ao acusador atual do processo contra Sócrates, a literatura crítica sobre as *Memoráveis* considerava, em linhas gerais, que o debate de Xenofonte não seria com Anito, e sim com Polícrates, o autor da *Acusação Contra Sócrates,* como mencionado anteriormente. Na ocasião do julgamento em 399 a.C., Xenofonte se encontrava fora de Atenas em missão militar na Ásia junto aos dez mil (tema de sua obra *Anábase*); quando retornou para Atenas, o novo gênero literário "discursos socráticos" já se encontrava em pleno desenvolvimento, assim como a circulação desse discurso de Polícrates. É provável, portanto, que o debate de Xenofonte seja antes com essa literatura polêmica contra Sócrates do que com uma versão do que teria sido o discurso da acusação contra ele no dia do julgamento (E.C. Marchant; O.J. Todd, *Xenophon: Memorabilia, Oeconomicus, Symposium, Apology,* p. viii-xi; R. Dodds, op. cit., p. 28). Mais recentemente, todavia, uma visão mais complexa do tema foi apresentada por D.M. Johnson (*Xenophon's Apology* and *Memorabilia,* op. cit., p. 120): "Em sua defesa mais completa nas *Memoráveis,* Xenofonte traz à tona mais argumentos contra Sócrates. Alguns desses argumentos refletem queixas contra Sócrates que remontam à comédia *As Nuvens* de Aristófanes (incluindo a propensão de Sócrates de alienar os filhos de seus pais); outros teriam sido levantados no julgamento; e outros ainda podem refletir os argumentos elaborados anos mais tarde pelo sofista ateniense Polícrates. Qualquer que seja a fonte última desses ataques contra Sócrates, é claro que Xenofonte manipula a retórica dos acusadores em vista de seus próprios fins, mostrando-os sendo progressivamente derrotados pela defesa agressiva de Sócrates." Para uma visão "cética" sobre Polícrates e a sua suposta relação com as *Memoráveis* de Xenofonte, ver N. Livingstone, op. cit., p. 28-40.

106   EUTÍFRON, APOLOGIA DE SÓCRATES E CRÍTON: INTRODUÇÃO

Depois que Crítias e Alcibíades se tornaram discípulos de Sócrates, passaram a cometer inúmeros crimes contra a cidade. Crítias, dentre todos os que deram suporte à oligarquia, foi o mais ambicioso e violento, ao passo que Alcibíades, dentre todos os que participavam da democracia, foi o mais intemperante e insolente. (1.2.12)

Mais adiante, Xenofonte busca rebater a acusação e justificar a relação de Sócrates com Crítias e Alcibíades, eximindo-o da responsabilidade sobre os atos imorais e criminosos de ambos nos seguintes termos:

Tanto Crítias como Alcibíades, enquanto conviveram com Sócrates, conseguiram manter sob controle seus desejos vergonhosos, tendo-o como aliado. Assim que o abandonaram, porém, Crítias exilou-se na Tessália onde passou a conviver com homens que recorriam antes à ilegalidade do que à justiça. Alcibíades era caçado por inúmeras mulheres ilustres em virtude de sua beleza, e, por conta de seu poder na cidade e junto a seus aliados, era exaurido por muitos homens hábeis em adulá-lo; além disso, era estimado pelo povo e estava sempre em destaque sem fazer esforço: assim como os atletas das competições esportivas descuram dos exercícios quando, sem esforço, são os primeiros, também Alcibíades descurou de si próprio. (1.2.24)

Embora não possamos atribuir os argumentos desse acusador anônimo nas *Memoráveis* de Xenofonte aos discursos que Anito e/ ou Meleto proferiram efetivamente na ocasião do julgamento[65], parece indubitável que a relação pregressa de Sócrates com essas duas figuras bastante polêmicas da política ateniense era um fator que poderia favorecer a imputação de corrupção da juventude aos olhos do corpo de juízes, mesmo que do ponto de vista legal isso não pudesse servir como prova contra Sócrates em virtude da anistia de 403 a.C.[66] Pois o juízo sobre sua inocência ou

---

65. Nesse capítulo 2 do Livro I das *Memoráveis*, as principais imputações do acusador anônimo contra Sócrates são: 1. que ele encorajava seus companheiros a desprezar as leis (2.9); 2. que Crítias e Alcibíades, que causaram grande prejuízo a Atenas, eram discípulos de Sócrates (2.12); 3. que ele ensinava os jovens a desrespeitar os pais e outros parentes (2.49); e 4. que ele encorajava uma conduta inescrupulosa e um espírito antidemocrático pelo uso que fazia dos poetas (2.56). Ver E.C. Marchant; O.J. Todd, op. cit., p. viii.

66. Trata-se da anistia promulgada em 403 a.C., após a derrocada do regime brutal dos Trinta e da restauração da democracia (E. De Strycker; S.R. Slings, op. cit., p. 94). Como observa apropriadamente R. Parker (The Trial of Socrates, op. cit., p. 150): "Por ▶

APOLOGIA DE SÓCRATES 107

culpabilidade se formaria não apenas com base em provas em sentido legal estrito, mas também – e talvez, sobretudo – com base na reputação e no caráter do réu, como o próprio Sócrates reconhece amiúde na *Apologia* de Platão. Ou seja, mesmo que Crítias e Alcibíades não tivessem sido mencionados pela acusação no dia do julgamento, a memória de sua relação pregressa com ambos poderia favorecer em alguma medida a imputação de corrupção da juventude. É nesse sentido, portanto, que a atitude de Sócrates de exortar os juízes e a audiência a apontar algum indivíduo que tenha sido vítima sua é, no mínimo, controversa quanto ao efeito retórico, pois, ainda que evidencie uma convicção segura de sua própria inocência, poderia trazer à memória, contudo, casos complexos de sua "biografia" que poderiam prejudicar a efetividade de sua defesa.

Pois bem, a digressão [1.4] termina portanto com esse desafio de Sócrates à plateia. "Que assim seja, ó homens! A defesa que eu poderia fazer é praticamente essa, ou algo similar" (34b6-7) faz a transição para a última parte do discurso, o epílogo [1.5]. Como mencionado no início da introdução, tanto o proêmio [1.1] quanto o epílogo [1.5] são marcados por reflexões metarretóricas de Sócrates, em que ele contrasta os atributos de seu discurso e de seu comportamento no tribunal aos discursos e atitudes convencionais dos oradores e das pessoas levadas a julgamento. A recusa ao apelo emocional a fim de compadecer os juízes – recurso esse que nos tratados de retórica do século IV a.C. corresponderia a uma das funções do epílogo[67] –, reforça a sua convicção na força persuasiva de seus argumentos, reiteradamente referidos como expressão da "verdade" relativamente aos fatos envolvidos nas imputações da acusação[68]. Se considerarmos o que Aristóteles irá

▷ causa da anistia de 403 a.C., Sócrates não poderia ser acusado de espalhar sentimentos antidemocráticos antes dessa data; mas não havia barreira para o argumento de que, tendo corrompido Alcibíades e Crítias no passado, ele estava sujeito a continuar corrompendo a geração atual." Sobre a situação legal de Atenas no final do século V a.C., ver D. Nails, The Trial and Death of Socrates, op. cit., p. 16.

67. Ver Aristóteles, *Retórica*, III 1419b10-14; Anaxímenes de Lâmpsaco, *Retórica a Alexandre*, 36.29.

68. Ver *Apologia*, 17b, 18a, 20d, 22a-b, 24a, 28d, 31c, 31e, 32a, 33c.

108 EUTÍFRON, APOLOGIA DE SÓCRATES E CRÍTON: INTRODUÇÃO

dizer na *Retórica* sobre o poder das emoções (*pathē*) de alterar os juízos formados pelas pessoas, a atitude de Sócrates se torna ainda mais singular ao rejeitar um lugar-comum da oratória judiciária, quebrando assim a expectativa do público[69]. Essa postura altiva de Sócrates no enfrentamento do júri e da audiência comporta evidentemente um risco, quando pensamos no sucesso ou insucesso de sua causa no julgamento, como ele mesmo se mostra ciente:

> Entre vocês, talvez haja quem possa se enfurecer ao relembrar de sua própria conduta, caso tenha recorrido, em um litígio menos grave do que este em curso, a apelos e súplicas aos prantos perante os juízes, convocando aqui seus próprios filhos e uma legião de familiares e amigos, a fim de lhes provocar compaixão no máximo grau. Eu, ao contrário, mesmo presumindo correr o risco mais extremo, não recorrerei a qualquer expediente do tipo. Assim, talvez haja quem possa, com isso em mente, endurecer sua postura contra mim e, indignado precisamente com isso, depositar colérico seu voto. (34b7-d1)

No entanto, a recusa a esse tipo de apelo nada mais é do que expressão daquela sabedoria humana (20d8) que faz Sócrates se distinguir da maioria das pessoas, conforme os argumentos ao longo de sua defesa que justificavam sua impassibilidade perante o risco de ser condenado à morte: se recorresse a esse tipo de expediente vergonhoso, ele estaria assumindo, na prática, que a morte é um mal para os homens, e isso consiste em presumir saber o que não se conhece, "a ignorância mais deplorável" (29b1-2). É ela que leva os indivíduos a cometerem uma série de equívocos em suas decisões em âmbito privado e público, especialmente no que diz respeito aos "mais importantes assuntos" (*ta megista*, 22d7). Nesse sentido, a atitude de Sócrates no epílogo é retratada por Platão com mais uma evidência da coerência entre suas palavras e suas ações, e de seu comprometimento inegociável com os princípios da justiça e retidão moral.

---

69. Aristóteles, *Retórica*, II 1378a20-23: "É por meio das emoções que as pessoas, mudando de posição, diferem entre si em relação a seus juízos, emoções essas que são acompanhadas de dor e prazer, como, por exemplo, a ira, a compaixão, o medo e todas as demais emoções do gênero, incluindo seus contrários."

APOLOGIA DE SÓCRATES 109

2ª *Discurso:*
A *Proposta de Pena de Sócrates* (Antitimēsis, 35e1-38b10)

Segundo Burnet, em seu comentário sobre a *Apologia*, o processo de Sócrates era um *agōn atimētos*, ou seja, um processo em que não havia uma estipulação legal da pena, cabendo a decisão, portanto, aos juízes. Nesses casos, uma vez que a acusação e a defesa propunham penas alternativas para os juízes decidirem, era comum que a acusação estipulasse uma pena maior do que aquela realmente pretendida por ela, e que a defesa propusesse uma pena suficientemente pesada, a fim de que os juízes pudessem reputá-la razoável para o caso em questão. Burnet considera bastante plausível que a proposta de pena capital só foi sugerida por Anito a Meleto (ver *Apologia*, 29c), porque ele tinha convicção de que Sócrates proporia o exílio como pena alternativa[70]. Mas não é isso o que acontece: Sócrates irá propor duas outras penas, uma segundo o *mérito* (36b-37a), outra segundo a *factibilidade* (37a-38b), estando ambas muito distantes do suposto exílio esperado pela acusação, se a hipótese aventada por Burnet tem algum fundamento.

A reação de Sócrates ao veredito e sua proposta de pena alternativa (*antitimēsis*) é uma das passagens da *Apologia* mais controversas a respeito das motivações de Sócrates em sua defesa. Primeiro, vejamos o que ele propõe tendo em vista o que de fato ele mereceria, com base em seus argumentos durante a defesa. O raciocínio de Sócrates é este (36b-37a): se o exercício de sua investigação filosófica beneficiava não apenas a si mesmo, mas a todos aqueles indivíduos que se submetiam a ela; se ele sempre observava em suas ações e palavras o interesse de cada indivíduo e da própria cidade, a ponto de negligenciar as suas próprias coisas (sua pobreza seria evidência disso); se todo seu esforço era fazer com que as pessoas e a própria cidade passassem a

---

70. J. Burnet, op. cit., p. 229-230. Embora Burnet admita a possibilidade de o júri propor uma terceira pena alternativa, com base no que sugere Platão na *Apologia* (29c5-d6), Denyer e vários outros intérpretes da *Apologia*, em estudos mais recentes, consideram que esse expediente não era viável do ponto de vista legal. Ver infra "Procedimentos Legais em Atenas".

observar em suas decisões aquilo que de fato é de seu próprio interesse, aquilo que de fato lhes é benéfico e conduz à felicidade (em suma, o que Sócrates entende como cuidado da alma, ou cuidado da virtude), então ele, enquanto benfeitor da cidade (*euergetēs*, 36d5), não deveria ser punido, mas antes "alimentado no Pritaneu" até a sua morte, um privilégio reservado, dentre outros, aos atletas vencedores dos Jogos Olímpicos[71].

Portanto, ao invés de propor uma pena alternativa, Sócrates exige ser sustentado pelo erário público, numa reversão absoluta da condição de alguém recém-condenado pela maioria dos juízes. A questão que aturde qualquer intérprete é esta: há alguma seriedade de Sócrates nessa proposta, sobretudo se levarmos em conta que esse tipo de privilégio só poderia ser concedido pela Assembleia, e não por um rol de juízes?[72] Ainda que acreditemos em seus argumentos contra as imputações da acusação, que o consideremos inocente e condenado injustamente, que o julguemos de fato um benfeitor da cidade (*euergetēs*, 36d5), sua proposta aparentemente absurda não ultrapassaria qualquer limite razoável, levando em conta as regras impostas pelo procedimento legal dos tribunais? Se havia ainda a possibilidade de o próprio corpo de juízes votar contra a pena capital estipulada pela acusação, sua proposta não poderia soar como escárnio, de modo a solapar qualquer resquício de simpatia ou compaixão que porventura ainda remanescesse entre os juízes? Ou Sócrates estaria antes agindo simplesmente em conformidade com aqueles mesmos princípios da justiça e da retidão moral que orientaram até então todas as suas ações, desprezando qualquer risco de morte que recaísse sobre ele? Pois ainda havia a possibilidade legal de se evitar a pena de morte, contanto que Sócrates propusesse uma pena alternativa minimamente razoável ante a proposta da acusação.

Seja lá como devemos interpretar essa atitude de Sócrates, o fato é que Platão apresenta uma justificativa para sua atitude

71. J. Adam, *Platonis Apologia Socratis*, p. 106; J. Burnet, op. cit., p. 235-236; N. Denyer, op. cit., p. 114.

72. E. De Strycker; S.R. Slings, op. cit., p. 189n5.

altiva: "Convicto de não ter cometido injustiça contra ninguém, está fora de questão vir a cometê-la contra mim mesmo, acusar a mim mesmo de que mereço algum mal e estipular uma pena dessa natureza contra mim" (37b2-5). Em outras palavras, a proposição de uma pena alternativa significaria, em última instância, admissão de culpa, ainda que Sócrates reconhecesse a possibilidade de ter cometido alguma injustiça *involuntariamente* (37a6), o que não foi, entretanto, provado pela acusação, segundo ele. Sócrates passa então a mostrar como cada uma das penas alternativas viáveis não fariam jus ao mérito de seu caso idiossincrático. Vale notar, contudo, que em várias passagens de sua defesa, e mesmo neste segundo discurso (37a-b), Sócrates salienta as limitações impostas pelas regras que orientavam os julgamentos nos tribunais atenienses, as quais tornariam praticamente infactível a possibilidade de persuasão dos juízes em relação à sua inocência. Já na *proposição* [1.1] do discurso, depois de distinguir as duas classes de acusadores e anunciar que se defenderia de ambas, Sócrates admite o desafio de ter que persuadir os juízes das inculpações de seus antigos acusadores naquele mesmo dia, os quais propagavam aquelas calúnias contra ele havia muito tempo (18e-19a). Tais restrições impostas à defesa do réu são reiteradas aqui neste segundo discurso:

Estou convicto de que não cometi injustiça voluntariamente contra quem quer que seja, embora não consiga persuadi-los disso, pois dialogamos por pouco tempo. Acredito, no entanto, que se houvesse uma lei aqui, assim como há para outros povos, que determinasse não apenas um mas vários dias para o julgamento em casos de pena de morte, vocês seriam persuadidos. Mas não é fácil agora dirimir em tempo tão exíguo calúnias tão graves. (37a6-b2)

A própria descrição da recalcitrância da cidade na metáfora da mutuca (30e-31b), da sua morosidade em reconhecer aquilo que de fato é de seu interesse, mesmo "fustigada" continuamente por Sócrates, já continha em si o reconhecimento da tarefa praticamente impossível de persuadir os juízes de sua inocência na ocasião do julgamento. Ao tomar ciência da pequena margem de votos em favor de sua condenação, Sócrates confessa: "Inúmeros fatores concorrem, ó atenienses, para eu não me enfurecer diante da condenação que vocês acabaram de me impor, em especial porque não me era algo *inesperado*; espanta-me muito mais, contudo, a quantidade de votos de cada uma das partes, pois não supunha que o resultado seria por uma diferença assim tão pequena, porém mais larga" (35e1-36a5; grifo meu). E na conclusão da refutação dos acusadores atuais [1.3.2], Sócrates parece admitir a inevitabilidade de sua condenação à morte: "E se eu vier a ser condenado, será este o motivo: não Meleto, nem Anito, e sim a calúnia e o rancor da maioria das pessoas. O que tem condenado inúmeros outros homens bons vai decerto continuar a condenar, presumo eu; não há qualquer temor de que esse ciclo se interrompa em meu caso" (28a7-b2).

Levando em conta todos esses indícios, até que ponto podemos considerar que Sócrates almejava sinceramente persuadir os juízes de sua inocência no dia do julgamento? Ou, já convicto dessa impossibilidade, Sócrates toma a oportunidade do discurso público não apenas para fazer uma defesa em sentido estrito, mas para defender a filosofia como único meio para uma vida melhor e exortar a audiência e a cidade, como um todo, a cuidar da alma e da virtude, em consonância com seus princípios éticos inegociáveis? Pensando na questão da seriedade envolvida na proposição da pena alternativa – ser alimentado no Pritaneu –, haveria alguma razão de fato para Sócrates se preocupar com a impressão de escárnio ao corpo de juízes? Ou isso seria irrelevante perante o mérito de sua causa? Enfim, são questões que dão margem para interpretações diversas, mas que nos ajudam a refletir sobre a construção do *ēthos* de Sócrates na *Apologia*, bem como sobre as motivações de Platão ao retratar tal conduta do filósofo no momento crucial de sua vida.

Essa mesma ambiguidade da atitude de Sócrates permanece na proposição de uma segunda pena alternativa, cuja condição é que ela não lhe fosse prejudicial, mantendo assim o mesmo

APOLOGIA DE SÓCRATES 113

princípio estabelecido na estipulação da primeira: como ele é inocente e jamais prejudicou alguém, não poderia agora prejudicar a si mesmo, estipulando para si voluntariamente um mal, pois, em última instância, isso significaria admissão de culpa. Sócrates propõe então uma multa em dinheiro que não lhe trouxesse prejuízo: 1 mina (38b). É difícil estipular o quanto valeria 1 mina hoje, mas o contexto argumentativo sugere uma soma pouco significativa. Em relação às fontes antigas, sabemos por Aristóteles que 1 mina era considerado um resgate aceitável para um prisioneiro de guerra em seu tempo (*Ética Nicomaqueia*, v 1134b21), embora Heródoto afirme que, no Peloponeso, eram 2 minas o preço do resgate (*Histórias*, 6.79). Demóstenes, por sua vez, diz que Filipe da Macedônia, pai de Alexandre, o Grande, requeria 3 ou até mesmo 5 minas para o mesmo fim (*Sobre a Embaixada*, 169)[73]. Embora alegasse pobreza, tal proposta também poderia soar como escárnio e descaso de Sócrates em contraste com a gravidade do caso, uma vez estipulada pela acusação a pena capital. Talvez isso explique por que Sócrates, no final do segundo discurso, acaba dando um passo atrás e acatando a recomendação de seus amigos, dentre eles o próprio Platão, de uma multa de 30 minas a ser garantida por eles – aparentemente, uma proposta minimamente razoável, quebrando assim o tom aparentemente jocoso de Sócrates.

3º Discurso:
Depois da Sentença (38c1-42a5)

O terceiro e último discurso consiste nas considerações finais de Sócrates aos juízes e à audiência, depois de decretada a pena de morte[74]. Ele pode ser dividido em duas partes: a primeira,

73. J. Burnet, op. cit., p. 240-241.

74. Sobre a factibilidade desse terceiro discurso que Platão atribui a Sócrates na ocasião da defesa, U. von Wilamowitz-Moellendorff (*Platon: sein Leben und seine Werke*, p. 124 apud E. De Strycker; S.R. Slings, op. cit., p. 201-202) o considera totalmente fictício, ao passo que J. Burnet (op. cit., p. 241-242) acredita que o ensejo para tais ▶

endereçada aos membros do júri que votaram pela pena capital (38c1-39d9); e a segunda, àqueles que votaram pela sua absolvição (39e1-42a5). Em linhas gerais, enquanto o segundo discurso tinha um tom mais irônico e sarcástico no confronto de Sócrates com os juízes em relação à estipulação das penas, o terceiro é marcado, de um lado, por palavras mais duras aos membros do júri que votaram pela sua condenação à morte, com admoestações, imprecações e vaticínios, e, de outro, por palavras mais esperançosas e consolatórias aos demais que votaram pela sua absolvição, com especulações sobre uma vida *post mortem*. Suas palavras iniciais já trazem consigo um tom premonitório:

Dentro em pouco, ó atenienses, vocês irão carregar o renome e a culpa, aos olhos de quem quiser conspurcar a cidade, por terem condenado à morte Sócrates, um homem sábio – pois, decerto, quem quiser censurar vocês dirá que sou sábio, ainda que não o seja. Se tivessem aguardado um pouco mais, isso lhes teria acontecido naturalmente, pois vocês podem ver que, pela minha idade, a vida já se esvai, e se avizinha a morte. Não digo isso a todos vocês, mas àqueles que votaram pela pena de morte. (38c1-d2)

Sócrates faz alusão a situações corriqueiras numa cidade democrática, em que o povo participa diretamente das deliberações sobre o futuro da cidade (assembleias populares) e da composição dos júris em processos de natureza privada (as *dikai*) e pública (como a *graphē*, a denúncia, em que um cidadão em particular impetra um processo contra outro em nome da cidade, como no caso aqui de Sócrates). Era comum, portanto, que as pessoas se arrependessem de alguma decisão tomada precipitadamente depois de, passado o calor do momento, tomarem ciência de suas consequências nocivas para a cidade, como vemos referido na própria *Apologia*, no relato de Sócrates sobre sua experiência na política ateniense: "Certa feita, quando a pritania cabia à minha tribo Antióquida, vocês decidiram julgar, em

▷ considerações finais era viável. De Strycker; S.R. Slings propõem uma solução intermediária: a primeira parte do discurso endereçada aos membros do júri que o condenaram à morte seria invenção de Platão, ao passo que a segunda parte endereçada aos que o absolveram teria tido lugar logo após o veredito final (op. cit., p. 201-204).

APOLOGIA DE SÓCRATES 115

conjunto, os dez generais que não haviam recolhido os sobreviventes da batalha naval, uma decisão ilícita, como posteriormente admitiram todos vocês." (32b1-5)[75]

Há vários exemplos de situações semelhantes na narrativa histórica de Tucídides sobre a Guerra do Peloponeso, sendo um dos mais notórios o chamado "Debate Sobre Mitilene" (427 a.C.): diante da tentativa de defecção de Mitilene (cidade localizada na ilha de Lesbos, no mar Egeu: ver Mapa), subjugada até então ao poderio ateniense, os atenienses votam por dizimar a população masculina e escravizar as mulheres e crianças como forma de punição, mas se arrependem e, no dia seguinte, convocam uma segunda assembleia para reconsiderar a questão, tendo em vista a severidade excessiva da decisão anterior. Acaba prevalecendo, no final, a suspensão da decisão anterior, evitando-se assim um genocídio[76]. Esse tipo de problema associado ao comportamento irrefletido e vacilante do povo é um tópico do pensamento político sobre a democracia nos séculos V e IV a.C., que pode ser sintetizado por dois adjetivos compostos cunhados por Aristófanes na comédia *Os Acarnenses* (425 a.C.): os atenienses são tão "rápidos em tomar decisões" (*takhubouloi*, v. 630) quanto em "se arrependerem" (*metabouloi*, v. 632). Sendo assim, Platão se refere aqui nessa passagem da *Apologia* a um problema habitual das instâncias decisórias da democracia ateniense.

Pois bem, a primeira parte do terceiro discurso (38c-39d) é marcada mais uma vez pelas reflexões metarretóricas de Sócrates a respeito da estratégia argumentativa adotada em sua defesa:

75. Diodoro Sículo (século I a.C.) reporta que os atenienses se arrependeram da condenação de Sócrates e então condenaram Anito e Meleto à pena capital (o historiador não menciona Lícon, *Biblioteca Histórica*, 14.37.7). Diógenes Laércio (séculos II-III d.C.), por sua vez, conta uma versão diferente: que os atenienses executaram Meleto e baniram Anito e Lícon, consagrando a Sócrates uma estátua de bronze esculpida por Lisipo; ao chegar em Heracleia Pôntica, Anito foi exilado pelos habitantes locais no mesmo dia, tão logo tomaram conhecimento da pena capital de Sócrates (*Vidas e Doutrinas dos Filósofos Ilustres*, 2.43). Segundo a versão reportada por Temístio (século IV a.C.), os habitantes de Heracleia Pôntica apedrejaram Anito até a morte (20.239c) (D. Nails, *The People of Plato*, p. 37-38). Todas essas versões tardias são consideradas anedóticas, inventadas a partir dessa passagem específica da *Apologia*.

76. Tucídides, *História da Guerra do Peloponeso*, 3.36-59.

116 EUTÍFRON, APOLOGIA DE SÓCRATES E CRÍTON: INTRODUÇÃO

assim como reivindicado no epílogo [1.5], a sua recusa a uma retórica aduladora, como se costuma ver nos tribunais, decorre de uma conduta regida incondicionalmente pelos princípios da justiça e da retidão moral, de modo que, se ele foi condenado por alguma carência, não foi de discursos, "e sim de audácia, de impudência e de não querer proferir a vocês aquele gênero de coisas que lhes comprazeria ao máximo – lamúrias, lamentações, e tudo aquilo que afirmo ser indigno de minhas ações e palavras" (38d6-e1). Revertendo a situação e os papéis, Sócrates assume a função de acusador e condena Meleto, Anito e Lícon em nome da verdade, em uma das passagens mais pungentes da *Apologia* do ponto de vista retórico:

Difícil não é, ó homens, escapar à morte, muito mais difícil, porém, é escapar à iniquidade, pois ela é mais veloz do que a morte. E na presente situação, eu, que sou lento e velho, fui surpreendido pelo que é mais lento, ao passo que meus acusadores, que são hábeis e perspicazes, pelo que é mais veloz ... pelo vício. Eu vou embora daqui condenado por vocês à morte, enquanto eles, condenados pela verdade à perversidade e à injustiça. E eu acatarei a penalidade, assim como eles hão de fazer. Talvez as coisas devessem acontecer como aconteceram, e presumo que ocorreram na medida justa. (39a6-b8)

O tom premonitório da passagem se transforma em vaticínio declarado (χρησμῳδῆσαι, 39c1) aos membros do júri que votaram pela sua condenação à morte, prevendo-lhes o aparecimento de inúmeros outros "Sócrates" após a sua morte, que darão prosseguimento à sua missão filosófica de colocar à prova toda e qualquer pretensão à sabedoria, a fim de conduzir as pessoas a uma vida melhor (39c-d). A referência a um "legado socrático" retoma o que foi dito na seção [1.3.1], quando se referia aos jovens que imitavam seu procedimento investigativo, submetendo os pretensos sábios a um exame crítico e desvelando assim sua ignorância, motivo pelo qual estava sendo acusado de corrupção da juventude (23c-d). Seriam esses jovens, portanto, que dariam continuidade à missão filosófica de Sócrates delineada na *Apologia*. Todavia, esse vaticínio pode ser entendido

APOLOGIA DE SÓCRATES   117

também como uma alusão aos vários discípulos de Sócrates que
desenvolveram seus próprios pensamentos nas décadas seguintes à sua morte a partir daquelas questões cruciais que preo-
cupavam o filósofo, cada qual com um entendimento peculiar
sobre as "lições" aprendidas junto a ele, sendo Platão seu principal expoente, por certo – mas não podemos deixar de mencionar Antístenes, mais velho do que Platão e que provavelmente
se dedicou à escrita de "discursos socráticos" (*Sōkratikoi logoi*)
antes mesmo dele, a quem se atribui a fundação da "escola"
cínica de filosofia; e Euclides, o fundador da "escola" megárica,
conhecidos posteriormente como *erísticos* e/ou *dialéticos*[77], que
aparece como pano de fundo na crítica de Platão a essa vertente
de estirpe socrática no diálogo *Eutidemo*[78]. Ainda que cada um
desses pensadores não tenha substituído Sócrates, no sentido
estrito do termo, em sua missão filosófica descrita na *Apologia*,
a ideia de um "legado socrático" de fato se concretizou com o
advento de um novo gênero de escrita, os "discursos socráticos" (*Sōkratikoi logoi*), como mencionado antes, e de diferentes
filósofos que, por sua vez, também deixaram seu legado com a
fundação de suas escolas, como o caso da Academia de Platão.

Por sua vez, a segunda parte do discurso (39e-42a) é endereçada aos membros do júri que votaram pela absolvição. Sócrates passa então a chamá-los de "juízes" (40a2-3), enquanto aos
que o condenaram ele empregava o vocativo "ó atenienses" ou
"ó homens" (38c1, d3). O que parece trivial é, contudo, bastante
significativo, pois é essa a única ocorrência na *Apologia* em que
Sócrates se refere a membros do júri usando o vocativo "ó juízes"; nas demais ocorrências de toda a *Apologia*, ele emprega
ou "ó atenienses" (45 vezes) ou "ó homens" (16 vezes). E isso
tem uma razão, indicada pelo próprio Sócrates: se a função do
juiz é julgar conforme as leis e a justiça, como dito no proêmio

77. Diógenes Laércio, *Vidas e Doutrinas dos Filósofos Ilustres*, 2.16.
78. Sobre Euclides e os megáricos, ver K. Döring, The Students of Socrates, em D.
R. Morrison, *The Cambridge Companion to Socrates*, p. 36-38; C. Mársico, *Socráticos:
Testimonios y Fragmentos 1*, p. 21-46; Sobre Antístenes, ver K. Döring, op. cit., p. 42-45;
C. Mársico, *Socráticos: Testimonios y Fragmentos 2*, p. 21-78.

[1.1] (18a), e se ele foi julgado *injustamente* por aqueles que votaram pela sua condenação, tais membros do júri, portanto, não exerceram a devida função de um juiz, de modo que a própria denominação não lhes cabe. Em relação ao teor do discurso, o que vemos nesses últimos parágrafos da *Apologia* é uma manifestação mais saliente do aspecto religioso atribuído à figura de Sócrates por Platão. Primeiro, por mais uma referência à sua relação idiossincrática com a entidade divina (*to daimonion*) que o acompanhou ao longo de sua vida (31c-d): o fato de esse sinal não ter lhe manifestado na ocasião do julgamento é visto por Sócrates, nessas considerações finais, como evidência suficiente da retidão de seu procedimento, pois, caso tivesse incorrido em alguma inverdade ou em alguma ação equivocada, ele teria sido obstado por ela (40a-c). Segundo, pelas especulações a respeito de uma vida *post mortem* (40c-41c): "Suponhamos, por outro lado, o seguinte: que haja uma enorme esperança de que isso seja um bem. Com efeito, estar morto é uma coisa ou outra: ou nada há e o morto não tem qualquer sensação, ou há, como se diz por aí, uma transformação e transmigração da alma daqui para outro lugar" (40c5-10).

Como discutimos acima, Sócrates justifica sua impassibilidade perante o risco de morte como decorrência de sua sabedoria humana (20d8): uma vez que não sabemos se a morte é um mal ou um bem para os homens, não devemos temê-la, pois temer a morte implica supor que ela seja um mal para os homens, e isso é o mesmo que presumir saber o que não se conhece, "a ignorância mais deplorável" (29b1-2). Nesses últimos parágrafos da *Apologia*, no entanto, Sócrates concede a si mesmo certa licença e explora a hipótese de que a morte seja um bem e exista uma vida após a morte. Isso lhe permite trazer para o discurso o imaginário relativo ao Hades, o mundo subterrâneo dos mortos, que conhecemos desde Homero (em especial, o Canto XI da *Odisseia*, que narra a "descida" de Odisseu à casa do deus subterrâneo, quando visita as almas dos mortos, dentre eles Aquiles, Ájax, o adivinho Tirésias e sua mãe). Mas há também conexões diretas

APOLOGIA DE SÓCRATES   119

com as crenças religiosas dos mistérios órficos e dos mistérios
eleusinos, em voga àquela época. Em seu livro seminal sobre
Platão e o orfismo, Alberto Bernabé considera essa passagem
da *Apologia* (40c-41c) como um dos excertos em que "Platão,
sem fazer referências aos mistérios ou ao orfismo como tais,
se deixa influenciar pelo modelo, o vocabulário ou as imagens
das manifestações próprias destas manifestações religiosas"[79].
Os mistérios órficos eram rituais dos quais Orfeu era considerado o autor ou fundador, e se baseavam no mito de Dioniso
Zagreu[80]. Os princípios teóricos fundamentais do orfismo são o
dualismo entre alma imortal e corpo mortal, o pecado anterior,
o ciclo de transmigrações, a liberação da alma e sua salvação
final[81]. No entanto, como é vaga aqui a alusão à ideia de transmigração (*metoikēsis*, 40b9), pode ser igualmente uma referência
aos mistérios eleusinos, que se baseavam no mito de Deméter, Perséfone e Hades cantado no *Hino a Deméter* atribuído a
Homero, e que prometiam uma vida melhor para os iniciados
após a morte (vale ressaltar que os mistérios eleusinos eram o
mais famoso ritual religioso secreto da Grécia, realizados entre
os séculos VI a.C. e IV d.C.).

79. A. Bernabé, op. cit., p. 360. Para uma visão mais "cética" sobre a influência dos
mistérios nessa passagem da *Apologia*, ver E. De Strycker; S.R. Slings, op. cit., p. 226-228.
80. P. Grimal, *Dicionário da Mitologia Grega e Romana*, p. 468: "Zagreu é geralmente considerado como filho de Zeus e de Perséfone e como o 'primeiro Dioniso'.
Para o procriar, Zeus ter-se-ia unido a Perséfone sob a forma de uma serpente. Zeus,
que tinha por ele uma afeição particular, destinou-lhe a sua sucessão e a soberania do
mundo. Mas os Destinos decidiram de outro modo. Por precaução contra os ciúmes
de Hera, Zeus confiou o pequeno Zagreu a Apolo e aos Curetes, que o educaram nas
florestas do Parnaso. Mas Hera conseguiu descobri-lo e encarregou os Titãs de o rap-
tarem. Zagreu tentou escapar em vão metamorfoseando-se. Tomou, nomeadamente,
a forma de um touro; mas os Titãs despedaçaram-no e comeram-no, em parte cru, em
parte cozinhando. Palas conseguiu salvar apenas o coração, ainda palpitante. Alguns
restos dispersos foram recolhidos por Apolo, que os enterrou junto da trípode de Delfos. Mas a vontade de Zeus devolveu a vida à criança, quer porque Deméter tivesse
reunido os seus restos, quer porque Zeus tivesse feito Sêmele absorver o coração de
Zagreu, fecundando-a assim como o 'segundo Dioniso'. Zagreu é um deus órfico e a
lenda precedente pertence à teologia órfica. É ao orfismo, por exemplo, que se deve
atribuir a identificação do herói com Dioniso. Ésquilo, pelo contrário, chamava-lhe
'deus subterrâneo' e assimilava-o a Hades."
81. A. Bernabé, op. cit., p. 25.

120 EUTÍFRON, APOLOGIA DE SÓCRATES E CRÍTON: INTRODUÇÃO

Seja como for, nesse imaginário hipotético *post mortem*, Sócrates idealiza seu encontro com os grandes poetas, os lendários Orfeu e Museu, e os já canônicos Homero e Hesíodo; com os heróis que, como Sócrates, foram vítimas de julgamentos injustos, como Palamedes e Ájax Telamônio; com o próprio Odisseu e com as figuras que este herói encontra em sua descida ao Hades, narrada por Homero no Canto XI da *Odisseia*, Agamêmnon e Sísifo. As informações específicas sobre cada uma dessas referências, que nos ajudam a compreender melhor os detalhes dessa passagem final da *Apologia*, se encontram nas notas da tradução. Para os fins desta introdução, todavia, vale salientar tão somente o ponto central do argumento de Sócrates: assim que chegasse ao Hades e encontrasse lá tais figuras, ele se dedicaria ao mesmo tipo de atividade a que dedicou sua vida: "examinar e inquirir os que lá estão [...] a fim de verificar quem deles é sábio e quem presume sê-lo, mas não o é" (41b5-7). Platão emprega aqui o mesmo vocabulário utilizado para descrever o tipo peculiar de investigação empreendida por Sócrates, em contraposição aos filósofos e aos sofistas, na refutação dos antigos acusadores [1.3.1], como analisamos previamente: "examinar" (ἐξετάζοντα, 41b6; ἐξετάσαι; 41b8; ἐξετάζειν, 41c3), "inquirir" (ἐρευνῶντα, 41b6), "dialogar" (διαλέγεσθαι, 41c3). É o mesmo princípio adotado por Sócrates, no segundo discurso da *Apologia*, para recusar o exílio como pena alternativa: ele seria continuamente banido de cidade em cidade por que passasse, uma vez que ele colocaria em prática lá o mesmo tipo de atividade exercida em Atenas, que acabou fazendo-o ser processado e condenado. Em suma, nada poderia impedir Sócrates de levar adiante seu procedimento investigativo, sua missão filosófica em nome de Apolo, submetendo a escrutínio quem quer que cruzasse seu caminho e se dispusesse a dialogar com ele, seja em vida, seja após a morte; sem isso, Sócrates não seria Sócrates.

As últimas palavras do filósofo (41c-42a) reafirmam seu compromisso inegociável com seu modo de vida descrito por Platão na *Apologia*, solicitando aos "juízes" – ou melhor, aos membros do júri que votaram pela sua condenação – que aplicassem os

APOLOGIA DE SÓCRATES 121

princípios da verdadeira justiça aos seus filhos, que dentro em pouco se tornariam órfãos de pai: que os "punissem", caso estivessem descurando da virtude, assim como Sócrates "punia", submetendo a exame crítico, todo e qualquer indivíduo que se apegasse aos bens materiais e às coisas relativas ao corpo, em detrimento dos bens relativos à alma; que os censurasse, caso detivessem uma reputação que não correspondesse ao que de fato eles eram, e/ou presumissem ser o que não eram, assim como Sócrates fazia com os pretensos sábios. Nessa passagem encontramos a ideia, até então não expressa na *Apologia*, de que o procedimento refutativo de Sócrates, o *elenchos*, funcionaria como uma espécie de "punição" em vista da correção do indivíduo[82], depurando-o de falsas convicções (aspecto negativo) e exortando-o ao que de fato é de seu interesse – em última instância, o cuidado da alma e da virtude (aspecto positivo).

Se assim for, essa passagem da *Apologia* se conecta com a ideia de que o *elenchos* possui certa função *terapêutica*, desenvolvida por Platão sobretudo no diálogo *Górgias*, especialmente mediante a analogia entre Sócrates e a figura do médico em diversas passagens do diálogo[83]. Dessa associação, é possível depreender que o *elenchos* é visto como um procedimento dotado de certo poder *curativo* e *corretivo*, sendo Sócrates uma espécie de "médico da alma"[84], que desempenharia uma função análoga à da justiça. A questão que irá se colocar nesse diálogo, em específico, que vale para refletirmos sobre os "primeiros diálogos" de Platão, em geral, é a seguinte: até que ponto esse exame crítico de Sócrates é eficaz? Em que medida o *elenchos* é um meio

82. Platão utiliza o verbo *timōreomai* (τιμωρήσασθε, 41e3), que significa "vingar-se", "retaliar". Embora haja outros verbos empregados por Platão em outros diálogos para designar "punição" (por exemplo, *kolazein*) que não impliquem a ideia de *vingança* ou *retaliação*, esse verbo é usado aqui na *Apologia* para se referir ao que seria uma "punição" conforme uma concepção verdadeira de justiça, aquela em que se baseia o exercício filosófico de Sócrates. Sendo assim, não se trata meramente de uma vingança ou retaliação, mas de uma forma de punição que visa *corrigir* e *beneficiar* o indivíduo que se submete ao *elenchos*.

83. Platão, *Górgias*, 475d, 514d-e, 521a, 521e, 522a.

84. Idem, *Protágoras*, 313e.

apropriado para "punir" e "corrigir" um indivíduo acometido pela "mais deplorável ignorância" (29b1-2), a presunção de saber o que não sabe? Ou, assim como o médico depende de certo condicionamento do corpo decaído para curá-lo (a depender do estágio da doença, seu conhecimento prático se torna inócuo), Sócrates também dependia de certas condições que não estavam sob seu poder, a começar pelo desejo e pela disposição de seu "paciente" de sofrer as "dores" do procedimento "punitivo" do *elenchos*? Alcibíades e Crítias, como mencionado acima, são exemplos paradigmáticos do insucesso de Sócrates em persuadir seus discípulos da superioridade da vida filosófica sobre a vida política ateniense, e dos limites, portanto, da eficácia do *elenchos* como instrumento terapêutico. São questões que se colocam e nos fazem pensar sobre como os diálogos de Platão estão mais cheios de perguntas do que de respostas, e refletir sobre um fato tão surpreendente como foi a condenação de Sócrates à morte por viver uma vida devotada à filosofia.

"CRÍTON"

No terceiro e último discurso da *Apologia*, depois de decretada a pena capital, Sócrates afirma, nas palavras endereçadas aos membros do júri que o condenaram, que acataria a penalidade estipulada no julgamento (39b). É justamente a confirmação dessa decisão anunciada na *Apologia* que veremos representada no *Críton*, quando Sócrates irá refutar os argumentos da personagem epônima na tentativa de persuadi-lo a fugir da prisão a fim de evitar a morte. Nesse sentido, além da continuidade dramática entre as duas obras platônicas, o *Críton* é um complemento da construção do *ēthos* de Sócrates como um indivíduo absolutamente comprometido com os princípios da justiça e da retidão moral, como já vimos na *Apologia*, com um enfoque especial, porém, na relação entre justiça e legalidade[1]. Indubi-

---

1. O ponto de maior controvérsia entre os estudiosos do diálogo é a (in)compatibilidade entre a *Apologia* e o *Críton* no que diz respeito à relação entre justiça e obediência às leis: no caso da *Apologia*, o comprometimento incondicional de Sócrates com a justiça o levaria, circunstancialmente, a uma violação das leis da cidade; no caso do *Críton*, Sócrates apregoaria, em princípio, uma obediência incondicional às leis. Há duas vertentes interpretativas, basicamente: uma congrega aqueles intérpretes que defendem que os dois diálogos são inconciliáveis nesse aspecto; e outra formada por intérpretes que buscam conciliá-los de uma forma ou de outra, seja minimizando ▶

124 EUTÍFRON, APOLOGIA DE SÓCRATES E CRÍTON: INTRODUÇÃO

tavelmente, a passagem mais célebre e discutida do diálogo é a personificação das leis da cidade e a subsequente interlocução fictícia entre Sócrates e as "Leis" (50a-54d), quando o filósofo

▷ o conflito entre justiça e legalidade na *Apologia*, seja considerando que a obediência às leis no *Críton* não é incondicional. O primeiro argumento em favor da compatibilidade entre as duas obras concerne às evidências na *Apologia* do respeito de Sócrates pelas leis atenienses: 1. ele deve obedecer a lei e apresentar a sua defesa (19a); 2. ele obedecerá a lei que exige dele dizer a verdade no julgamento (22a); 3. ele recorre duas vezes à lei para interrogar Meleto (25d, 26a); 4. ele obedeceu a seus superiores durante a guerra, conforme determinado por lei (28e); 5. ele relembra os juízes do juramento segundo o qual eles deveriam julgar o caso de acordo com a lei (35c); 6. ele recusou a julgar os generais sobreviventes da batalha de Arginusas ao arrepio das leis (32b-c). Há, entretanto, duas situações na *Apologia* que sugerem desobediência de Sócrates às leis. O primeiro caso diz respeito à sua recusa a capturar injustamente Léon de Salamina a mando dos Trinta (32c-d): se o regime for considerado ilegal, então não há o conflito entre a ação de Sócrates e as leis da cidade; se, no entanto, for considerado legal, então Sócrates estaria infringindo uma lei a fim de fazer valer a justiça, uma vez que, se obedecesse aos Trinta, incorreria em um ato injusto. O segundo caso diz respeito à situação hipotética aventada por Sócrates, quando afirma que, caso os juízes o absolvessem com a condição de que ele deixasse de se dedicar à filosofia, ele não acataria a tal decisão (29c-d, 30b). Intérpretes, como D. Gallop (op. cit., p. xxxii-xxxiii), por exemplo, buscam resolver o dilema considerando que a obediência às leis no *Críton* não é incondicional; em algumas situações eventuais, quando a legalidade entra em conflito com os princípios morais que estão em sua base, a prevalência da justiça sobre os limites legais é admissível, contanto que o infrator se disponha a se submeter às consequências punitivas de seu ato conforme prescrito pelas leis. Isso resolveria, em princípio, os dois casos problemáticos da *Apologia*: no caso dos Trinta, sua desobediência com base no princípio da justiça se dá ao preço de correr o risco de ser morto pelo regime tirânico (e só não o foi, pois o regime foi destituído antes); no caso da situação hipotética, sua desobediência à prescrição dos juízes em virtude de sua devoção incondicional à filosofia o levaria a uma subsequente condenação à morte, a que Sócrates acataria assim como acatou o veredito final de seu julgamento. Como veremos a seguir, o princípio ético basilar defendido por Sócrates no *Críton*, com base no qual se devem orientar todas as ações, é que não se deve cometer injustiça *de forma alguma* (49a) – e poderíamos acrescentar, mesmo que isso implique *circunstancialmente* algum conflito com as leis, cujas consequências punitivas devem ser então enfrentadas. Outros intérpretes, por outro lado, como T.C. Brickhouse; N.D. Smith (*The Trial and Execution of Socrates*, p. 235-250), defendem a tese da observância incondicional de Sócrates às leis tanto na *Apologia* quanto no *Críton*, considerando que, nas duas situações controversas referidas acima, o filósofo não teria violado as leis da cidade: no caso dos Trinta, porque se trataria de um regime ilegal em última instância (ainda que Sócrates não tenha apelado expressamente a esse argumento); no caso do veredito hipotético, o júri não teria respaldo legal para propor a absolvição de Sócrates em troca de seu abandono da filosofia, de modo que sua hipotética desobediência à ordem do júri não implicaria desobediência às leis da cidade. Uma interpretação alternativa é a de V. Harte (Conflicting Values in Plato's *Crito*, *Archiv für Geschichte der Philosophie*, v. 81), que considera que a noção de acordo no discurso das "Leis", que exigiria uma obediência incondicional do agente, é distinta da concepção de acordo estipulada por Sócrates (49e5-50a5), segundo a qual a observância aos termos do acordo está condicionada ao valor moral da ação a ser empreendida (ou seja, se a ação requerida for injusta, não se deve obedecer às leis).

CRÍTON 125

apresentará a Críton os argumentos cabais que justificam sua obediência a elas, ainda que vítima de um julgamento injusto, e, por conseguinte, sua recusa a fugir da prisão. Diferentemente de boa parte dos "primeiros diálogos" de Platão em que a discussão termina em aporia, como acontece no caso do *Eutífron*, por exemplo, o *Críton* se encerra com um consenso (*homologia*) entre Sócrates e a personagem epônima acerca da improcedência da proposta de fuga, orientando assim a conduta do filósofo em seus últimos momentos de vida[2].

Comecemos com a apresentação da estrutura formal do *Críton*, para então comentarmos brevemente os aspectos mais relevantes do diálogo. Utilizarei a numeração abaixo ao longo do texto para fins didáticos:

1. Prólogo (43a1-44b5)

2. Proposta de Críton: a fuga da prisão (44b6-46a9)
    2.1. As razões para a fuga (44b6-d10)
    2.2. Os argumentos em favor da fuga (44e1-46a9)

3. A refutação de Sócrates (46b1-50a5)
    3.1. Ratificação do princípio basilar: anuir ao que a razão indica como o melhor (46b1-c6)
    3.2. O valor da opinião da maioria dos homens (46c6-48d8)
    3.3. Impossibilidade do mal voluntário (48d9-50a5)

4. A prosopopeia das "Leis" (50a6-54d2)
    4.1. 1º argumento: a superioridade das leis (50a6-51c5)

---

2. M. Lane, Argument and Agreement in Plato's *Crito*, *History of Political Thought*, v. 19, n. 3, p. 313: "O *Críton* é o único diálogo platônico em que Sócrates se envolve numa deliberação. Entendo isso no sentido aristotélico de deliberar sobre o que fazer, que pode ser analisado como o exercício de trazer princípios gerais para influenciar particulares. Nas demais ocasiões, o comprometimento de Sócrates com a dialética permanece na esfera da determinação de verdades gerais em si mesmas. Tais verdades podem certamente ter as mais sérias implicações para a ação, mas Sócrates em nenhum momento confronta um problema particular da ação em sua própria luz. Somente aqui ele é retratado confrontando um problema de razão prática: ele deve, ou não deve, optar por certo curso de ação – isto é, escapar, como recomendava Críton, da prisão e evitar a execução." Para uma leitura que contesta a eficácia persuasiva de Sócrates no *Críton*, ver J. Beversluis, *Cross-Examining Socrates*, p. 72-74.

126 EUTÍFRON, APOLOGIA DE SÓCRATES E CRÍTON: INTRODUÇÃO

4.2. 2º argumento: o acordo entre Sócrates e as leis (51c6-53a8)

4.3. 3º argumento: Sócrates no exílio hipotético e suas consequências morais (53a9-54b2)

4.4. Exortação final: a obediência às leis (54b3-d2)

5. Epílogo (54d3-e2)

[1] O diálogo se inicia com uma conversa entre Críton e Sócrates delimitada no tempo e no espaço: antes do alvorecer e no cárcere onde o filósofo aguardava o dia de sua execução. Logo sabemos que se trata das últimas horas do encarceramento de Sócrates, visto que Críton lhe reporta a informação de que o navio que partira de Atenas para Creta um dia antes do julgamento (ver Platão, *Fédon*, 58a-b) já estava ancorado em Súnion, a algumas dezenas de quilômetros de Atenas, e que aportaria no Pireu provavelmente naquele dia que então despontava[3]. Segundo Xenofonte, esse navio partira havia um mês (*Memoráveis* 4.8.2), sendo seu retorno, contudo, imprevisível, pois a duração da viagem podia variar de acordo com as intempéries e as condições de navegação. A chegada do navio em Atenas anunciava, então, que no dia seguinte Sócrates seria enfim executado, de modo que para Críton seria aquela a última oportunidade para tentar persuadir Sócrates a fugir da prisão – o próprio texto indica que não era a primeira vez que os dois discutiam a questão, sem que Críton tivesse, contudo, conseguido demover o filósofo de sua resignação ante a pena imposta pelo tribunal (44b6-7).

Do ponto de vista dramático, o prólogo [1] é relevante não apenas para situar o leitor no tempo e no espaço, mas também para estabelecer um contraste entre Sócrates e Críton: Sócrates dorme tranquilamente e se mantém sereno ao saber da notícia, ao passo

---

3. Trata-se de uma solenidade religiosa anual, durante a qual nenhuma pena capital poderia ser executada em Atenas a fim de não macular a cidade. Comemorava-se nessa ocasião o triunfo de Teseu sobre o Minotauro, que desobrigou Atenas de enviar a Creta, como tributo, sete jovens e sete donzelas para serem devorados pelo monstro (as fontes variam quanto à periodicidade: anualmente, de três em três anos, ou de nove em nove anos). Segundo o mito, essa foi uma punição imposta por Minos, rei de Creta, aos atenienses por terem matado o seu filho. No entanto, esse tributo só foi pago duas vezes, pois Teseu logrou matar o Minotauro na terceira embaixada enviada a Creta.

que Críton se encontra aflito e angustiado com a morte então iminente de seu amigo. O contraste, entretanto, não se limita apenas ao estado de ânimo das personagens, mas se estende também à atitude de cada um deles perante o problema moral envolvido na proposta de fuga preconizada por Críton, como ficará evidente ao longo do diálogo. A oposição entre os juízos de valor de Críton e Sócrates nessa passagem do prólogo já antecipa, em certa medida, esse conflito de posições a respeito do que seria o melhor curso de ação naquelas circunstâncias: "Trago uma péssima notícia, Sócrates, não para você, penso eu, mas para mim e todos os seus amigos; uma notícia péssima e dura, muitíssimo severa de suportar, especialmente para mim, creio" (43c5-8). Críton, mesmo ciente de que para Sócrates sua fortuna não era vista como um mal, conforme os argumentos expostos na *Apologia* que justificavam sua impassibilidade perante o risco de ser condenado à pena capital, entende que, ao menos para si mesmo e para os amigos do filósofo, sua morte seria efetivamente um mal[4].

[2.1] E as duas razões oferecidas por Críton para justificar sua proposta de fuga são de ordens bem distintas: a. ele perderia um amigo insubstituível; e b. adquiriria uma má reputação aos olhos da "maioria dos homens" (*hoi polloi*, 44b10), que poderiam inculpá-lo de ter recusado a empenhar sua riqueza para ajudar Sócrates a escapar do cárcere, sinal de que daria mais valor ao dinheiro do que à amizade (44b-c). Se a primeira razão é louvável e coloca a amizade no rol de valores morais prezados por Críton (à qual Sócrates não replica tampouco objeta)[5], a segunda revela certa subserviência às opiniões da "maioria dos homens"[6].

---

4. Para um visão sinóptica dos pontos de conflito de valores e opiniões entre Sócrates e Críton, ver V. Harte, op. cit., p. 130-134.

5. J. Beversluis, op. cit., p. 66.

6. Como observa apropriadamente R. Kraut (The Examined Life, op. cit., p. 234): "Notavelmente, embora Críton tivesse sido um devoto seguidor de Sócrates por vários anos, Sócrates não fora ainda capaz de libertá-lo de sua dependência servil em relação ao que as outras pessoas pensam dele. Sócrates teve que insistir em um princípio que reiterou a Críton várias vezes: a principal consideração em qualquer decisão deve ser a justiça ou injustiça do que se está fazendo – não a impressão que irá se criar nos outros." Esse argumento suscita uma questão que aparece também em outros diálogos platônicos, especialmente quando Sócrates dialoga com um interlocutor cujas opiniões ▶

128 EUTÍFRON, APOLOGIA DE SÓCRATES E CRÍTON: INTRODUÇÃO

E será justamente a importância atribuída às opiniões da massa em questões morais e políticas o cerne do desacordo entre Sócrates e Críton sobre a proposta de fuga, constituindo assim o ponto de partida para a discussão subsequente. [2.2] Críton tenta convencer Sócrates com os seguintes argumentos: 1. havia dinheiro suficiente para patrocinar a sua fuga, disponibilizado tanto por ele próprio quanto por outros amigos, como Símias e Cebes (personagens centrais do diálogo *Fédon*, que narra as últimas horas e as últimas palavras de Sócrates antes de tomar a cicuta); 2. havia lugares fora de Atenas que o receberiam de bom grado durante seu exílio, como a Tessália; 3. a salvação dependia apenas da iniciativa do próprio Sócrates, a fim de evitar precisamente aquilo que almejavam seus inimigos, ou seja, a sua morte; 4. os filhos de Sócrates ficariam desamparados, quando dependia apenas dele próprio continuar a zelar pelo bem-estar das crianças; 5. negar uma tentativa de fuga traria a seus amigos uma reputação vergonhosa, uma vez que daria a impressão de que eles, por covardia, nada fizeram para salvar Sócrates (45a-46a). São manifestos o zelo e a afeição de Críton por Sócrates, mas em nenhum momento de seu longo discurso (45a-46a) ele leva em consideração precisamente aquilo que, para o filósofo, é o cerne da questão envolvida na proposta de fuga da prisão: se tal ação seria justa ou injusta. Críton apela a argumentos pragmáticos (dinheiro à disposição, lugar para o exílio, facilidade da fuga, falta de iniciativa própria) e morais (o desamparo dos filhos, a reputação vergonhosa dos amigos), sem se atentar, todavia, para o valor intrínseco da ação

▷ morais divergem das suas (por exemplo, Cálicles no *Górgias*): até que ponto o método investigativo de Sócrates voltado para o exame da validade e consistência das opiniões de seus interlocutores é eficaz para fazer com que eles as coloquem de fato em xeque e as revejam, buscando assim uma vida cujas escolhas sejam mais lúcidas e autônomas? A dependência de Críton em relação à opinião pública pode sugerir que mesmo aqueles indivíduos pertencentes ao círculo de amizades de Sócrates não foram capazes de alcançar o nível de independência da razão preconizada pelo filósofo como condição necessária para uma vida feliz, ainda que dispostos a conviver com ele e a serem persuadidos de que o modo de vida filosófico é superior a todos os demais. Para uma interpretação alternativa que busca justificar as divergências de opinião entre Sócrates e Críton como algo circunstancial, ver A. Hatzistavrou, Crito's Failure To Deliberate Socratically, *The Classical Quarterly*, v. 63, n. 2.

em si, que independe de tais fatores externos ressaltados por ele a fim de persuadi-lo[7].

[3] A resposta de Sócrates inicia-se com a proposição de um princípio basilar que, segundo ele, norteou sua conduta durante toda a vida:

Com efeito, não é uma novidade de agora, desde sempre fui um indivíduo que não dá ouvidos a nenhuma outra coisa que me pertence senão àquele argumento que, submetido à reflexão, se manifesta a mim como o melhor. De fato, os argumentos que no passado sustentava não sou capaz agora de descartá-los só porque tal sorte me acometeu; pelo contrário, eles se manifestam a mim praticamente inalterados, e a eles reverencio e respeito assim como antes o fazia. Se não pudermos sustentar um argumento melhor do que estes na circunstância presente, esteja certo de que não concordarei com você, nem mesmo se o poder da maioria dos homens vier a nos infundir, como se fôssemos crianças, maior terror com seus bichos-papões do que agora nos infunde, infligindo-nos encarceramentos, penas de morte e confisco de bens. (46b4-c6)

É com base, portanto, na autonomia da razão em relação a fatores externos, como as circunstâncias adversas do encarceramento e o poder da massa de puni-los, que a discussão sobre o valor moral da ação recomendada por Críton deve ser conduzida. Isso implica, portanto, uma absoluta desconsideração do valor das opiniões da "maioria dos homens" (*hoi polloi*), já manifestada anteriormente por Sócrates ("Mas por que devemos, venturoso

---

7. Como observa a propósito M. Lane (op. cit., p. 317): "Seus argumentos misturam a noção de vantagem (incluindo as desvantagens a serem dispensadas aos inimigos) e a moralidade do plano, uma mistura baseada no código moral aristocrático que exigia precisamente que os inimigos devessem ser prejudicados e os amigos, socorridos." Nesse sentido, Críton, mesmo sendo amigo íntimo de Sócrates e tendo convivido com ele por muito tempo, ainda estava preso a uma concepção moral que, no Livro I da *República*, é sintetizada pelos versos do poeta Simônides ("fazer bem aos amigos, e mal aos inimigos", 332a-c). Nessa obra, Sócrates recusará tal concepção como definição apropriada de justiça, dando ensejo assim para uma longa discussão que culminará na proposição de um novo conceito de justiça no Livro IV (isto é, "cada um fazer o que lhe é próprio", *to heautou hekaston prattein*, 441d8). Essa incongruência entre os valores morais de Críton e os de Sócrates constituem a força motriz do processo de deliberação subsequente, que terminará com o consenso entre ambos de que a fuga da prisão seria um ato injusto e ilegal e que, portanto, deve ser evitada.

Críton, preocupar-nos dessa maneira com a opinião da maioria? Os indivíduos mais valorosos, os quais merecem muito mais a nossa atenção, hão de considerar que as coisas foram realizadas como deveriam ser realizadas", 44c6-9), e a suficiência de uma investigação com base apenas em argumentos que se atenham exclusivamente ao valor intrínseco da ação em causa. Esse princípio basilar exposto aqui no *Críton* é o que vemos em ato, por exemplo, nas ações de Sócrates quando envolvido com a política da cidade, conforme a narração da *Apologia*. Na passagem abaixo, podemos ver claramente como o comprometimento de Sócrates com tal princípio tem como consequência seu antagonismo com a "maioria dos homens" (*hoi polloi*):

Certa feita, quando a pritania cabia à minha tribo Antióquida, vocês decidiram julgar, em conjunto, os dez generais que não haviam recolhido os sobreviventes da batalha naval, uma decisão ilícita, como posteriormente admitiram todos vocês. Naquela ocasião, dentre os prítanes, apenas eu me opus a vocês para que nada fosse feito ao arrepio das leis, e então votei contra. E embora os oradores estivessem prontos para me indiciar e me levar preso, e vocês os impelissem aos berros, julguei que devia antes correr o risco com base na lei e no justo, do que tomar parte nessa decisão injusta por medo do cárcere ou da morte. (*Apologia de Sócrates*, 32b1-c2)

O contexto dramático do *Críton*, nesse sentido, é mais uma instância em que vemos a representação da atitude indiferente de Sócrates perante o risco e/ou iminência da morte, ancorada nos argumentos apresentados na *Apologia*, como analisamos na introdução a essa obra. A refutação da proposta de fuga de Críton inicia-se justamente com a desqualificação do valor das opiniões da "maioria dos homens" (*hoi polloi*) para o exame de questões morais, e, no caso presente, para a proposta de fuga da prisão. O esquema do raciocínio de Sócrates é este (46c-48a):

(P1) Deve-se levar em consideração algumas opiniões, ao passo que outras, não.

(P2) Deve-se respeitar as opiniões benéficas, e não as nocivas.

CRÍTON 131

(P3) As opiniões benéficas são as dos indivíduos sensatos (*phronimoi*), ao passo que as nocivas, as dos insensatos (*aphrones*).

(P4a) No caso do corpo, o indivíduo sensato, o único conhecedor da matéria, é apenas o médico ou o treinador, ao passo que as demais pessoas são ignorantes e insensatas no que diz respeito ao que é benéfico e nocivo ao corpo.

(P5a) Deve-se, portanto, temer as censuras e saudar os elogios desse único indivíduo (o médico ou o treinador), e não da maioria.

(P6a) Se alguém não der ouvidos a esse único indivíduo e desdenhar de sua opinião e de seus elogios, mas respeitar os da maioria dos homens que nada conhece sobre o que é benéfico e nocivo ao corpo, ele sofrerá males.

(P4b) Por analogia com o corpo, no caso da alma[8], "a maioria dos homens" (*hoi polloi*) é ignorante e insensata no que diz respeito ao que é justo e injusto, vergonhoso e belo, bom e mau, ao passo que há apenas um único conhecedor dessa matéria, caso ele exista de fato.

(P5b) Deve-se, portanto, temer e seguir as opiniões desse único indivíduo, a quem se devem os sentimentos de temor e vergonha, e não da maioria.

(P6b) Se alguém não der ouvidos a esse único indivíduo e desdenhar de sua opinião e de seus elogios, mas respeitar os da maioria dos homens que nada conhece sobre o que é benéfico e nocivo à alma, ele sofrerá males.

(P7a) Se o que se aprimora pelo que é saudável e se corrompe pelo que é nocivo nós o arruinarmos ao não darmos ouvidos à opinião de quem conhece, não nos será digno continuar a viver com o corpo corrompido.

---

8. Vale notar que Platão não usa expressamente o substantivo *psukhē* (alma) nesse argumento, empregando antes pronomes demonstrativos neutros (ἐκεῖνο, 47d4; ἐκείνου, 47e7) para se referir a "este pertence" de cada indivíduo (ὅτι ποτ' ἐστὶ τῶν ἡμετέρων, 47e9-48a1). Para fins didáticos, usarei a dicotomia corpo e alma na análise dessa passagem do *Críton* (46c-48a), já que o contexto evidencia que se trata da alma, conforme passagens análogas em outros diálogos (ver, por exemplo, *Protágoras* 313a-b). Não fica claro por que razão Sócrates não se refere nominalmente à alma. Para uma interpretação do problema, ver V. Harte, op. cit., p. 133-134.

EUTÍFRON, APOLOGIA DE SÓCRATES E CRÍTON: INTRODUÇÃO

(p7b) Se o que se aprimora pelo que é justo e se corrompe pelo que é injusto nós o arruinarmos ao não darmos ouvidos à opinião de quem conhece, *a fortiori* não nos será digno continuar a viver com a alma corrompida.

(p8) Portanto, não se deve dar importância às opiniões da maioria, e sim às daquele único indivíduo que conhece a respeito do que é justo e injusto.

O argumento de Sócrates é baseado, portanto, na analogia entre corpo e alma: se para o corpo há um único ou pouquíssimos indivíduos que conhecem o que lhe é benéfico e nocivo (o médico e o treinador), ao passo que a maioria das pessoas ignora o assunto, o mesmo vale para o caso da alma, em que há apenas um único indivíduo que conhece o que lhe é benéfico e nocivo – ou seja, o que é justo e injusto, vergonhoso e belo, bom e mau –, ao passo que a maioria das pessoas os ignora. Deve--se, portanto, dar ouvidos e respeitar as opiniões desse único indivíduo, e não da maioria, tanto no caso do corpo quanto no caso da alma (mas sobretudo no caso da alma, que é superior ao corpo), a preço de vê-los corrompidos e levar uma vida indigna de ser vivida. Mas quem seria então esse indivíduo detentor do conhecimento moral (justo e injusto, vergonhoso e belo, bom e mau)? Vimos na *Apologia* que os sofistas eram candidatos a esse posto, uma vez que se apresentavam como mestres da "virtude política ou cívica" (*politikē aretē*, 20b4), capazes de tornar melhores os homens mediante um modelo de educação alternativo àquele tradicional, que era baseado na ginástica para o corpo, e na música para a alma (ver *Críton*, 50d)[9]. Em seu discurso de

9. No diálogo *Protágoras*, a personagem epônima, que se assume sofista e professa educar os homens (317b), define da seguinte forma a finalidade de seus ensinamentos, quando questionada por Sócrates:

– [...] O que eu ensino é tomar boas decisões tanto a respeito dos afazeres domésticos, a fim de que se administre a própria casa da melhor maneira possível, quanto a respeito dos afazeres da cidade, para que esteja apto ao máximo a agir e discursar.

– Será – perguntei eu – que compreendo suas palavras, Protágoras? Creio que você se refere à arte política [*tekhnē politikē*] e promete tornar os homens bons cidadãos.

– É exatamente isso o que eu professo, Sócrates – respondeu. (318e5-319a7) defesa, Sócrates manifesta nas entrelinhas suas suspeitas quanto à real capacidade dos sofistas de educar os homens ("Eu felicitei Eveno, supondo que ele detivesse verdadeiramente essa arte e a ensinasse de modo tão apropriado", 20b8-c1), o que Platão faz se confirmar nos diálogos em que se representa o confronto de Sócrates com tais figuras (*Górgias, Protágoras, Eutidemo, Hípias Menor* e *Maior*, Livro I da *República*). Indubitavelmente, esse indivíduo detentor do conhecimento moral – pelo menos até o ponto em que isso é possível ao homem – se identificará com a figura do filósofo, sobretudo no projeto político delineado por Platão na *República* (por motivos de economia, eximo-me aqui de expô-lo em linhas gerais). Em diálogos como *Górgias* e o *Protágoras*, por exemplo, a figura do filósofo é construída mediante a analogia com a do médico – ou da conjunção das figuras do médico (*iatros*) e do treinador (*paidotribēs*): enquanto estes são os detentores do conhecimento relativo ao que é benéfico e nocivo para o corpo (ou seja, a saúde e a doença), aquele o é do conhecimento relativo ao que é bom e mau para a alma (ou seja, a virtude e o vício em geral). A ideia do filósofo como "médico da alma", como expressa na passagem abaixo do diálogo *Protágoras*, sintetiza bem todos esses pontos elucidados acima:

– Porventura, Hipócrates, o sofista não seria um certo negociante e vendedor de mercadorias, com as quais a alma se nutre? Pois, para mim, é claro que ele é alguém desse tipo.

– Mas a alma, Sócrates, se nutre de quê?

– De ensinamentos, decerto – respondi. E cuidado, meu amigo, para que o sofista, ao elogiar o que vende, não nos engane, assim como fazem as pessoas envolvidas com a nutrição do corpo, o negociante e o vendedor. Com efeito, das mercadorias que portam, eles próprios não sabem o que é útil ou nocivo para o corpo, mas elogiam todas elas quando estão à venda; tampouco sabem disso seus clientes, a não ser que seja ele casualmente um professor de ginástica ou um médico. Da mesma forma, aqueles que rondam pelas cidades negociando e vendendo ensinamentos a todos que almejam por eles, elogiam tudo quanto vendem, mas talvez haja também em meio a eles, excelente homem, quem ignore, dentre as coisas que vende, o que é útil ou nocivo para a alma; e o mesmo sucede aos seus clientes, a não ser que seja ele eventualmente um *médico da alma*. Se você, por acaso, conhece o que é útil ou nocivo dentre os ensinamentos à venda, então é seguro que os compre de Protágoras ou de quem quer que seja; caso contrário, homem afortunado, veja se não está lançando à sorte e pondo em risco o que lhe há de mais caro! (313c4-314a1; grifo meu)

No caso do *Críton* em específico, Sócrates não afirma que de fato conhece, em sentido forte, o que é justo e injusto, vergonhoso e belo, bom e mau (o que faria dele não um filósofo, alguém que aspira ao saber e à verdade, e sim um sábio consumado). No entanto, o exercício crítico contínuo de colocar à prova suas próprias opiniões e as das pessoas que se submetem a seu escrutínio, sobretudo em relação "às coisas mais importantes" (*ta megista*, *Apologia*, 22d7), confere a ele uma gama de convicções pelas quais se pautam suas ações, sendo elas mais ou menos fixas. O que denominei acima de "princípio basilar" – ou seja, anuir ao que a razão indica como o melhor em cada ocasião particular – aponta justamente para isso: "De fato, os argumentos (*logoi*) que no passado sustentava não sou capaz agora de descartá-los só porque tal sorte me acometeu; pelo contrário, eles se manifestam a mim praticamente *inalterados*, e a eles reverencio e respeito assim como antes o fazia" (46b6-c2; grifo meu). No *Górgias*, Sócrates é ainda mais incisivo ao tratar de suas convicções morais (dentre elas, que cometer injustiça é pior do que sofrê-la), ao se deparar com um interlocutor recalcitrante como Cálicles, resistente aos seus raciocínios lógicos que visavam refutar os fundamentos de sua concepção imoralista:

SÓCRATES: [...] Eis o que na discussão precedente ficou manifesto, e afirmo que isso está firme e atado – se não for uma expressão muito rude – por argumentos de ferro e diamante, ao menos como haveria de parecer na atual conjuntura. Assim, se você não o desatar, ou qualquer outra pessoa ainda mais jovem e audaz do que você, será impossível que alguém, afirmando coisas diferentes das que eu afirmo agora, fale corretamente. Pois o meu argumento é sempre o mesmo, que eu não sei como essas coisas são, mas que, das pessoas que tenho encontrado, como na ocasião presente, nenhuma é capaz de afirmar coisas diferentes sem ser extremamente ridícula. (508e6-509a7)

CRÍTON 135

Pode parecer paradoxal o argumento de Sócrates, ao dizer que a tese de que é pior e mais vergonhoso cometer injustiça do que sofrê-la está "firme e atada por argumentos de ferro e diamante" (509a1), e concomitantemente afirmar que ele não sabe "como essas coisas são" (ὅτι ἐγὼ ταῦτα οὐκ οἶδα ὅπως ἔχει, 509a5): como Sócrates pode alegar ignorância sobre o assunto em questão, mas afirmar metaforicamente que seus argumentos são irrefutáveis? O fato de seus argumentos, quando postos à prova mediante interlocutores que possuem opiniões contrárias às suas (como no caso de Polo e Cálicles no *Górgias*), mostrarem-se consistentes e imunes a tentativas de refutação (*elenchos*), enquanto os de seus interlocutores serem falíveis e contraditórios, permite a Sócrates afirmar que, ao menos enquanto forem *irrefutáveis*, é legítimo considerá-los verdadeiros. Isso não implicaria, contudo, conhecimento em sentido forte, pois há sempre a possibilidade de que algum interlocutor, mais qualificado do que Cálicles, por exemplo, possa colocá-los em xeque mediante um procedimento refutativo eficiente[10]. Seria essa a razão, em última instância, do entendimento de Sócrates de que o exercício filosófico é uma atividade contínua e infindável, como podemos depreender de sua argumentação na *Apologia*.

Essa breve digressão nos ajuda a compreender o lado positivo da refutação de Críton, uma vez que as premissas do argumento apresentado acima refletiriam essas convicções de Sócrates que se tornaram paulatinamente fixas como resultado de sua atividade intelectual ininterrupta em Atenas. É com base nelas que Sócrates dá o primeiro passo na desqualificação da posição defendida por Críton, tirando da discussão "a maioria dos homens" (*hoi polloi*): "Sendo assim, a proposta apresentada por você não está correta, quando propõe que devemos nos preocupar com a opinião da maioria a respeito do que é justo, belo e bom, e de seus

---

10. Sobre a chamada "ignorância socrática" e sua compatibilidade com as convicções sustentadas por Sócrates enquanto verdades morais, ver R. Bett, Socratic Ignorance, op. cit. Para uma leitura semelhante sobre as razões da segurança de Sócrates em relação às suas convicções morais, com base, porém, nos argumentos do diálogo *Protágoras*, ver A. Hatzistavrou, op. cit., p. 593.

136 EUTÍFRON, APOLOGIA DE SÓCRATES E CRÍTON: INTRODUÇÃO

contrários." (48a7-10) No lugar da massa, Sócrates estipula duas premissas a partir das quais a discussão sobre o valor moral da proposta de fuga defendida por Críton será empreendida (48b):

(T1) Deve-se dar maior importância não a viver, e sim a viver bem.
(T2) "Bem", "belamente" e "justamente" são a mesma coisa.

[3.3] O próximo passo de Sócrates é estabelecer o núcleo do argumento geral que buscará refutar peremptoriamente a posição de Críton (48e-49e):

(P1) Não se deve cometer injustiça (*voluntariamente*, ver 49a4) de forma alguma.
(P2) Não se deve nem mesmo retribuir uma injustiça quando se é injustiçado, uma vez que retaliação implica cometer uma injustiça.
(P3) Não se deve fazer mal de forma alguma, nem retribuir um mal quando se é prejudicado, uma vez que fazer mal às pessoas é o mesmo que cometer injustiça.

Já é possível vislumbrar aonde Sócrates quer chegar com a anuência de Críton nessas premissas crucias: mesmo que ele tenha sido uma vítima inocente ao ser condenado injustamente, retribuir uma injustiça com outra injustiça – no caso aqui, fugir da prisão sem o consentimento da cidade e ao arrepio das leis – implicaria fazer mal à cidade *voluntariamente*, visto que consistiria numa ação deliberada por ambos, com conhecimento das circunstâncias e por iniciativa própria; como devemos viver bem, e não simplesmente nos mantermos vivos a qualquer preço, e viver bem significa viver de maneira justa, a proposta de fuga da prisão deve ser rechaçada por consistir numa injustiça[11]. Para que esse argumento seja de fato suficiente para persuadir

11. Na forma de um silogismo prático, o raciocínio pode ser reduzido da seguinte forma: não se deve cometer injustiça de forma alguma (premissa maior); fugir da prisão consiste numa ação injusta (premissa menor); portanto, não se deve fugir da prisão (conclusão).

Críton de que sua proposta implicaria a realização de um ato injusto, para que ambos possam deliberar e chegar a uma decisão comum no que diz respeito a essa ação específica – fugir ou não da prisão[12] –, Sócrates salienta a necessidade de seu amigo consentir com base em suas reais convicções[13], e não sob influência de fatores externos, como as opiniões da "maioria dos homens" (*hoi polloi*):

SÓCRATES: Portanto, não se deve retribuir uma injustiça nem fazer mal a pessoa alguma, a despeito do que tiver sofrido em suas mãos. Tome cuidado, Críton, ao assentir neste ponto, para não consentir contra a sua opinião! Com efeito, sei que são poucos os que têm, e hão de ter, tal opinião. Não há, pois, decisão comum possível entre os que assim opinam e os que destes discordam; forçoso é que haja antes um desprezo recíproco quando observam as decisões uns dos outros. Examine bem, então – sim, você! –, se compartilha e condivide essa opinião, e se devemos começar com base na seguinte decisão: que jamais é correto cometer injustiça, retribuir uma injustiça ou defender-se, quando vítima de um mal, retribuindo um outro mal. Ou você rejeita e não compartilha esse princípio? Quanto a mim, sempre fui dessa opinião e ainda agora a mantenho; quanto a você, caso opine de modo diferente, diga-me e esclareça-me! Mas se você se atém às proposições anteriores, escute então o que vem a seguir! (49c10-e3)

[4] No entanto, para chegar àquela conclusão e ao rechaço final da proposta de Críton, precisamos passar em revista a célebre

---

12. O que Sócrates ressalta aqui não é que uma *discussão* seja impossível quando os interlocutores divergem nos princípios éticos basilares que fundamentam determinada concepção de mundo, e sim uma *decisão comum* em vista de uma ação concreta e particular – no caso do *Críton*, fugir ou não da prisão. Trata-se, portanto, de uma deliberação em comum envolvendo Críton e Sócrates naquelas circunstâncias específicas, e não uma discussão de orientação teórica, em que se busca, por exemplo, uma definição satisfatória para alguma virtude em particular (como a piedade no diálogo *Eutífron*, por exemplo). Sobre o *Críton* e o processo de deliberação levado a cabo por Sócrates e a personagem epônima, ver V. Harte, op. cit.; A. Hatzistavrou, op. cit.; M. Lane, op. cit.; G. Vlastos, *Socrates, Ironist and Moral Philosopher*, p. 194-195.

13. Sobre a exigência de sinceridade do interlocutor como princípio do método socrático, ver J. Beversluis, op. cit., p. 270; R. Cain, op. cit., p. 18-23; A. Capra, *Agōn Logōn*, p. 156-157; M. McCoy, *Plato and the Rhetoric of Philosophers and Sophists*, p. 80; R. Robinson, *Plato's Earlier Dialectic*, p. 15-17; C. Taylor, *Plato: Protagoras*, p. 131-132; G. Vlastos, The Socratic Elenchus, *Oxford Studies in Ancient Philosophy*, v. 1.

138 EUTÍFRON, APOLOGIA DE SÓCRATES E CRÍTON: INTRODUÇÃO

"prosopopeia das Leis" (50a-54d). Do ponto de vista formal, essa seção consiste basicamente num monólogo dialógico de Sócrates, em que ele passa a desempenhar ambas as funções – a de interrogador ("Leis") e a de interrogado (Sócrates e Críton) –, entrecortado por quatro breves intervenções de Críton para simplesmente expressar sua anuência no que é dito por Sócrates (50c4, 51c5, 52d8, 54d9). Além disso, visto que ela tem como fim persuadir Críton da incorreção de sua proposta de fuga, Sócrates emprega a 1ª pessoa do plural para se endereçar às "Leis", como se ele e Críton estivessem na mesma condição, como se ambos respondessem pela mesma ação em condição de igualdade. Esse artifício tem um forte efeito persuasivo, na medida em que faz com que Críton esteja absolutamente comprometido com a parte do "nós" desempenhada no diálogo com as "Leis", evitando assim qualquer tipo de subterfúgio *ad hoc* para evadir-se das conclusões a serem aferidas da discussão (em última instância, a refutação cabal de sua proposta de fuga). Quanto ao conteúdo, a "prosopopeia das Leis" pode ser dividida em quatro partes, como apresentado abaixo:

4.1. 1º argumento: a superioridade das leis (50a6-51c5)

4.2. 2º argumento: o acordo entre Sócrates e as leis (51c6-53a8)

4.3. 3º argumento: Sócrates no exílio hipotético e suas consequências morais (53a9-54b2)

4.4. Exortação final: a obediência às leis (54b3-d2)

Pois bem, a discussão começa com um dilema (50a-c): para as "Leis", uma eventual desobediência de Sócrates ao veredito recebido no tribunal implicaria uma desautorização das próprias leis, o que colocaria em risco a sobrevivência da cidade[14]; para Sócrates e Críton, em contrapartida, tal veredito consiste, na verdade, numa injustiça cometida pela cidade contra eles, de modo que uma eventual fuga seria uma forma de retaliação a essa ofensa sofrida. Diante disso, Sócrates coloca na voz das

14. Depreende-se daqui a tese forte de que a instituição das leis é condição de possibilidade da vida em comunidade.

"Leis" as seguintes palavras: "O que sucederia então, se as leis dissessem o seguinte: 'Sócrates, é de fato esse o consentimento a que havíamos chegado nós e você, ou antes atermo-nos aos vereditos que a cidade vier a proferir?'" (50c5-8)

"Consentimento" (ώμολόγητο, 50c6) alude aqui a uma concepção de lei (*nomos*) entendida como um *acordo* estabelecido entre o interesse comum representado pela cidade e os indivíduos que a constituem[15]. Os dois termos que Platão emprega para designá-la nessa seção [4] do *Críton* são os substantivos *homologia* e *sunthēkē* (παρὰ τὰς συνθήκας τε καὶ τὰς ὁμολογίας, 52d2-3; συνθήκας τὰς πρὸς ἡμᾶς αὐτοὺς καὶ ὁμολογίας, 52d9-e1), traduzidos aqui como "consentimento" e "acordo", respectivamente, além das formas verbais correlatas. Tal concepção de lei aparece de modo paradigmático na definição de *nomos* que encontramos no discurso *Contra Aristogíton 1* de Demóstenes (cuja datação é incerta, algo entre 338 e 324 a.C.):

As leis almejam o justo, o belo e o vantajoso; é isso o que elas procuram, e quando o descobrem, anunciam-no como prescrição comum, igual e equivalente para todos; isso é a lei. A ela convém a todos obedecer por várias razões, mas especialmente porque toda lei é descoberta e dádiva dos deuses, é decreto de homens prudentes, é correção de erros voluntários e involuntários, é *acordo comum* da cidade [*sunthēkē koinē*], com base no qual convém a todos os habitantes dela viver. (16; grifo meu)

οἱ δὲ νόμοι τὸ δίκαιον καὶ τὸ καλὸν καὶ τὸ συμφέρον βούλονται, καὶ τοῦτο ζητοῦσιν, καὶ ἐπειδὰν εὑρεθῇ, κοινὸν τοῦτο πρόσταγμ' ἀπεδείχθη,

---

15. A ideia de um acordo estabelecido entre o indivíduo e as leis da cidade, que será o foco do 20 argumento (51c6-53a8) [4.2], já aparece de maneira elíptica na transição para a "prosopopeia das Leis", quando Sócrates requer de Críton a anuência no princípio segundo o qual se deve observar os termos de um acordo considerado justo por ambas as partes ("Aquilo sobre o que duas pessoas chegarem a um acordo, contanto que seja justo, deve ser realizado ou burlado?", 49e6-7). Ao lhe perguntar se a fuga da prisão não implicaria violação desse acordo, Críton não entende o que Sócrates quer dizer (50a); apenas com o desenvolvimento do argumento na voz das "Leis" saberemos que se trata de um acordo entre o indivíduo e a cidade, representada pelas leis. Para uma interpretação alternativa dessa passagem segundo a qual o acordo referido aqui concerne antes ao compromisso entre Sócrates e Críton, ver M. Lane, op. cit., p. 320-323. Para uma discussão aprofundada sobre a concepção de acordo em operação no *Críton*, ver L. Brown, Did Socrates Agree to Obey the Laws?, em L. Judson; V. Karasmanis (eds.), *Remembering Socrates*.

πᾶσιν ἴσον καὶ ὅμοιον, καὶ τοῦτ' ἔστι νόμος. ᾧ πάντας πείθεσθαι προσήκει διὰ πολλά, καὶ μάλισθ' ὅτι πᾶς ἐστι νόμος εὕρημα μὲν καὶ δῶρον θεῶν, δόγμα δ' ἀνθρώπων φρονίμων, ἐπανόρθωμα δὲ τῶν ἑκουσίων καὶ ἀκουσίων ἁμαρτημάτων, πόλεως δὲ συνθήκη κοινή, καθ' ἣν πᾶσι προσήκει ζῆν τοῖς ἐν τῇ πόλει.

[4.1] Todavia, o primeiro contra-argumento das "Leis" (50d-51c) para objetar à posição de Sócrates e Críton expressa no dilema é esclarecer que, no caso desse acordo entre a coletividade representada por elas e os indivíduos tomados singularmente, a relação não é *paritária e simétrica*. Por conseguinte, Sócrates e Críton não estariam autorizados a retribuir uma suposta injustiça cometida pela cidade com outra injustiça (isto é, a fuga da prisão), pois a superioridade das leis sobre os indivíduos impediria isso por princípio. A justificativa para tal disparidade é que foram as leis concernentes à geração (compreendendo as referentes ao casamento), à criação e à educação das crianças que propiciaram a cada indivíduo as condições apropriadas para crescer e se aprimorar, cuja correção Sócrates não disputa (ver 50d5, e1). Dessa forma, assim como cada um deve obedecer a seus genitores, deve-se *a fortiori* obedecer à pátria e às suas leis, uma vez que seus genitores e ancestrais também devem sua geração, criação e educação a elas. O argumento se fundamenta nessa relação assimétrica, portanto, entre as esferas do indivíduo, da família e da pátria: assim como o indivíduo está subordinado a seus genitores, estes últimos estão subordinados à pátria e às suas leis. Embora Platão fale de um acordo e consentimento entre o indivíduo e a coletividade representada pelas leis, elas estão numa condição de prioridade relativamente aos indivíduos subordinados a ela, diferentemente do que acontece em acordos e contratos entre indivíduos particulares, em que estão em jogo os interesses privados em condição paritária. Essa condição de submissão do indivíduo às leis é comparada à do escravo em relação ao senhor ("nossa prole e nosso escravo", 50e3-4), de modo que, de duas uma: ou Sócrates e Críton obedecem ao que a cidade e as Leis prescreveram no que diz respeito ao veredito

CRÍTON 141

do julgamento, ou ambos devem persuadi-las da correção de sua proposta de fuga da prisão. As "Leis" assim os questionam:

Será que você é assim tão sábio que não notou que a pátria é mais digna de respeito que a sua mãe, o seu pai e todos os demais ancestrais, mais digna de devoção e mais sacra, mais estimada pelos deuses e pelos homens de bom senso, e que se deve, mais do que ao pai, reverenciar a pátria, sujeitar-se e servir a ela mesmo quando é severa, e *persuadi-la ou então fazer o que ela manda*, e caso prescreva a imposição de algum sofrimento, aceitá-lo com resignação, seja um castigo seja uma detenção? (51a7-b6; grifo meu)

Sendo assim, esse primeiro argumento apresentado pelas "Leis" (50c-51c) [4.1] complementa o raciocínio de Sócrates que havia ficado incompleto, quando tratava da impossibilidade do mal voluntário [3.3]: naquele momento, Críton concordou em que não se deve fazer mal de forma alguma, nem retribuir um mal quando se é prejudicado, uma vez que fazer mal às pessoas é o mesmo que cometer injustiça (49c-e); faltava ainda verificar se a proposta de fuga consistia de fato numa ação prejudicial à cidade, já que Críton estava em aporia quanto ao seu valor (49e9-50a5). Agora, com o primeiro argumento exposto pelas "Leis", encontramos uma razão para refutar a proposta defendida por Críton: se Sócrates fugisse da prisão *sem persuadir* a cidade da correção de tal ação, ainda que ele tivesse sido vítima de uma injustiça, ele estaria fazendo um mal a ela ao retribuir um mal sofrido e desautorizar as leis, pois estaria faltando com a obediência devida a elas e violando o acordo preestabelecido entre indivíduo e coletividade, não reconhecendo assim a superioridade das "Leis" sobre o indivíduo.

[4.2] O segundo argumento (51c-53a), por seu turno, diz respeito à relação peculiar de Sócrates com a cidade e, por conseguinte, com suas leis. Uma vez que elas concedem a todo e qualquer cidadão licença para deixar a cidade e viver em outro lugar, caso venha a desaprová-las, a permanência *voluntária* de um indivíduo implica, na prática, consentimento na sua correção, o que requer, portanto, obediência e respeito às suas prescrições. As "Leis" ponderam da seguinte forma:

e quem não obedecê-las dizemos que cometeu uma tripla injustiça, porque não obedeceu a nós, seus genitores, porque não obedeceu a nós, os responsáveis pela sua criação, e porque, mesmo tendo consentido em nos obedecer, não nos obedece nem nos persuade da incorreção de nossa ação, ainda que tenhamos proposto, e não prescrito de maneira rude, o cumprimento de nossas ordens; e quando lhe oferecemos duas alternativas, ou nos persuadir ou cumprir com o que mandamos, ele não realiza nem uma nem outra. (51e5-52a3)

Uma eventual fuga de Sócrates se enquadraria, portanto, nesse caso de uma tripla injustiça, visto que ele optou por permanecer na cidade voluntariamente, quando poderia ter recorrido a essa licença concedida pelas leis a fim de buscar um melhor lugar para viver. As evidências do assentimento de Sócrates na correção das leis são trazidas à baila pelas "Leis" com base em ações particulares do filósofo, que revelam um vínculo estreito seu com a cidade: 1. diferentemente dos demais cidadãos, só deixou Atenas em raras situações (para ir a um festival, para expedições militares); 2. jamais viajou para outras localidades, tampouco teve o desejo de conhecer outras cidades e outras leis; 3. optou por gerar e criar seus filhos em Atenas, e não em outro lugar qualquer; e 4. o mais relevante para o caso em questão, Sócrates teve a possibilidade legal de optar pelo exílio como pena alternativa à capital durante o julgamento e deixar a cidade *com seu aval*, como vimos na *Apologia* (36a-38b), mas mesmo assim preferiu enfrentar o risco da condenação à morte:

"[...] Você se vangloriava ali [isto é, no tribunal] de não se enfurecer com a possibilidade da pena de morte, e, com suas alegações, acabou optando por ela ao invés do exílio; agora, no entanto, nem se envergonha por aquelas palavras, nem observa a nós, as leis, ao tentar nos corromper, e age como agiria o mais ignóbil escravo ao tentar fugir violando os acordos e os consentimentos, com base nos quais você aceitou viver como cidadão sob nossa gestão." (52c6-d3)

Na introdução à *Apologia*, analisamos os argumentos de Sócrates que justificavam sua impassibilidade perante o risco iminente de morte e sua resignação ante o veredito final, a que faz alusão essa passagem do *Críton*. Uma eventual fuga da prisão ao arrepio das leis revelaria uma contradição entre o que diz Sócrates e como ele age, pois seria uma violação dos princípios da justiça e da retidão moral observados por ele incondicionalmente durante toda a sua vida, conforme alegado na *Apologia* e reafirmado pelas "Leis" no *Críton* ("você que se dedica verdadeiramente à virtude", 51a7). Vale notar ainda a ocorrência aqui do verbo "corromper" (διαφθεῖραι, 52d1), que remete diretamente aos termos da denúncia de Meleto (διαφθείροντα; *Apologia*, 24b9): uma eventual fuga da prisão seria prova cabal da culpabilidade de Sócrates no processo, com um agravante bastante considerável: ele não seria apenas corruptor da juventude, como queria a acusação, mas corruptor das leis da cidade, colocando em risco as próprias condições de possibilidade da vida em comunidade. O efeito retórico dessa passagem é significativo, quando levamos em consideração que tal argumento na voz das "Leis" visa, em última instância, persuadir Críton da incorreção de sua proposta. E o recurso a sentenças de teor patético busca, ao mesmo tempo, constranger moralmente Críton, como vemos nas últimas palavras do segundo argumento: "E agora você não vai se ater ao que foi consentido? Se obedecer a nós, Sócrates, sim; e você não virá a ser um indivíduo extremamente *ridículo* por deixar a cidade" (53c6-8; grifo meu).

[4.3] O terceiro argumento apresentado pelas "Leis" (53a-54a) concerne às consequências desse eventual ato irrefletido de Sócrates, caso decidisse pela fuga conforme os conselhos de Críton. Sob o ponto de vista retórico, há uma intensificação da estratégia patética referida acima, com uma sequência de perguntas retóricas[16], e com a acentuação do vocabulário de censura e de imagens ignominiosas para enfatizar a condição vergonhosa a que se submeteria Sócrates caso escapasse da prisão ilegalmente. No caso dos amigos que dariam suporte à sua fuga, as consequências seriam aquelas já aventadas por Críton no início do diálogo,

---

16. Sobre a conexão entre "pergunta retórica" (*eperōtēsis*) e *pathos* nos tratados retóricos antigos, ver R. Anderson Jr., *Glossary of Greek Rhetorical Terms*, p. 51.

144 EUTÍFRON, APOLOGIA DE SÓCRATES E CRÍTON: INTRODUÇÃO

quando supunha, de maneira equivocada, que Sócrates recusava sua oferta porque estava preocupado com as prováveis penas infligidas a seus amigos pela cidade (44e-45a) – ou seja, exílio, confisco de bens, ou alguma punição do gênero (53b)[17]. No caso de Sócrates, por sua vez, a consequência inevitável seria viver exilado após a fuga (53b-54a). As "Leis" conjeturam então duas hipóteses: 1. o exílio em uma cidade bem legislada, como Tebas e Mégara (cujas constituições eram oligárquicas); e 2. em uma cidade mal legislada, como na Tessália, onde Críton, no início do diálogo, afirmava ter amigos que receberiam Sócrates de bom grado (43c). Essas duas situações hipotéticas constroem uma imagem antípoda de Sócrates, quando a comparamos com os argumentos usados por ele na *Apologia* para justificar sua recusa à proposição do exílio como pena alternativa à pena capital:

Devo eu então propor a pena de exílio? Talvez vocês possam estipulá-la em meu caso. Todavia, seria enorme o meu apego à vida, ó atenienses, se eu fosse tão irracional a ponto de ser incapaz de fazer a seguinte ponderação: vocês, que são meus concidadãos, não conseguiram suportar minha ocupação e minhas palavras, tornando-se tão onerosas e odiáveis a ponto de vocês buscarem agora livrar-se delas; mas será que outros homens hão de suportá-las facilmente? Longe disso, ó atenienses. Seria uma bela vida a minha se, nesta idade que tenho, fosse embora daqui e perambulasse de cidade em cidade, sendo banido por onde passasse. Pois estou ciente de que, aonde quer que eu vá, haverá jovens como os daqui que hão de escutar minhas palavras; e se eu os mantiver à distância, eles próprios persuadirão os mais velhos a me banir, ao passo que, se os mantiver próximos, seus pais e familiares assim o farão por causa deles. (*Apologia*, 37c4-e2)

Sócrates considera que o exílio seria, em última instância, uma medida inócua, visto que em qualquer lugar para onde fosse ele continuaria a praticar o mesmo tipo de investigação filosófica exercida em Atenas; e assim como em sua cidade natal as consequências dessa prática foram inúmeras inimizades e ressentimentos por toda parte, que culminaram em sua condenação à

17. Sobre a relação entre essa passagem do discurso das "Leis" e os argumentos de Críton no início do diálogo (44b-46a), ver V. Harte, op. cit., p. 125-126.

morte, nas demais localidades por onde passasse sua sorte não seria diferente, uma vez que seu compromisso com sua missão filosófica a serviço de Apolo é inegociável e irrevogável. É esse o preço pago por um indivíduo que preza pela virtude acima de todas as demais coisas, segundo a argumentação na *Apologia*.

No *Críton*, por sua vez, temos a imagem de um "Sócrates vicioso" buscando exílio após uma fuga vergonhosa. No caso das cidades bem legisladas, ele não teria lugar, pois não se disporiam a hospedar alguém que representa um risco para a sobrevivência da própria comunidade civil; logo o baniriam de lá submetendo-o a julgamento, de modo semelhante ao que acontecera em Atenas. As qualificações conferidas a Sócrates pelas "Leis" têm um forte apelo retórico, como referido acima: "inimigo das constituições" (53b6-7), "corruptor das leis" (53c1-2), "corruptor de jovens e homens insensatos" (53c2-3). Restaria, portanto, o exílio em alguma cidade mal legislada, onde reinam "a desordem e a intemperança" (*ataxia kai akolasia*, 53d3). Nessas condições, que tipo de vida Sócrates poderia levar ali? Que tipo de diálogo poderia ele travar com os habitantes dessa cidade? Numa cidade desordenada e intemperante, decerto não haveria espaço para aqueles discursos proferidos por Sócrates em toda e qualquer ocasião, conforme o relato da *Apologia* – a saber, "que a virtude e a justiça, assim como os costumes e as leis, são as coisas de maior valor para os homens" (53c7-9), exortando as pessoas ao cuidado da alma, e não ao do corpo e das coisas relativas ao corpo (dinheiro, renome, honra). Para viver numa cidade assim, Sócrates deveria adequar seus discursos às condições moralmente deploráveis de seus habitantes, de modo que o relato de sua fuga, por exemplo, poderia ser agradável a eles, dado seu caráter ridículo (*geloiōs*, 53d4). Como a "prosopopeia das Leis" visa em última instância persuadir Críton da inconveniência de sua proposta de fuga, fica claro como tais situações hipotéticas têm como fim constranger seu senso moral, causando-lhe repulsa e vergonha frente a essa imagem de um "Sócrates vicioso".

O último ponto do terceiro argumento (54a-b) retoma a questão dos filhos de Sócrates, respondendo assim a uma das causas que poderiam, em princípio, justificar sua fuga da prisão: sua preocupação com a criação e o bem-estar deles. Isso responde ao que havia afirmado Críton no início do diálogo [2.2], quando buscava elencar os motivos pelos quais Sócrates deveria fugir da prisão, dentre eles a condição precária dos filhos após a sua morte:

CRÍTON: [...] Além disso, até mesmo de seus próprios filhos você me parece desistir ao partir e deixá-los para trás, mesmo lhe sendo possível continuar a criá-los e educá-los; no que cabe a você, eles terão a sorte que lhes calhar; eles hão de ter, como é plausível, precisamente aquela sorte que costumam ter os órfãos nos orfanatos, pois de duas uma, ou não se deve ter filhos, ou se deve encarar as dificuldades junto a eles criando-os e educando-os. (45c10-d4)

De fato, Sócrates já havia deixado entrever que a sorte dos filhos, assim como o risco de morte, não era alguma coisa a que se deveria dar muita importância, sobretudo quando está em jogo o que há de mais precioso para os homens segundo sua concepção moral: se uma ação a ser empreendida é justa ou injusta (48b-c). Ao colocar os filhos no mesmo patamar que o dinheiro e a reputação (os três principais motivos a que Críton recorre para tentar persuadi-lo na seção [2.2.]), Sócrates aliena da discussão todo e qualquer fator externo à qualidade mesma da ação sobre a qual se delibera. Já aqui, no final do terceiro argumento da "prosopopeia das Leis" (54a-b), encontramos outro tipo de argumento para refutar Críton, que seria, nesse sentido, complementar, na forma de um entimema: se a preocupação de Sócrates fosse com a criação dos filhos, então ele não os levaria para a Tessália, uma vez que lá reinam "a desordem e a intemperança" (*ataxia kai akolasia*, 53d3); se eles permanecessem então em Atenas, seus amigos cuidariam deles, já que fariam o mesmo caso Sócrates se exilasse na Tessália; portanto, em relação ao bem-estar dos filhos, tanto uma ação injusta (fugir para a Tessália ilegalmente) quanto uma justa (acatar a decisão do

CRÍTON 147

tribunal) teria o mesmo efeito, de modo que se deve, também por essa razão, decidir pela segunda.

Isso responde, portanto, a uma parte das alegações de Críton, que ainda não havia sido rebatida de maneira direta. [4.4] A prosopopeia termina, assim, com uma *exortação* a Sócrates e, por conseguinte, a Críton:

"Todavia, Sócrates, por obediência a nós, os responsáveis pela sua criação, não dê aos filhos, à vida, ou a qualquer outra coisa maior valor do que ao justo, a fim de que, quando chegar ao Hades, você possa apresentar tudo isso em sua defesa perante os governantes de lá! Com efeito, é manifesto a você, ou a qualquer amigo seu, que esta eventual ação sua não é melhor aqui, nem mais justa, nem mais pia, tampouco será melhor lá quando chegar ao Hades. De fato, você irá embora daqui, caso vá, como vítima de uma injustiça, não por força das leis, que somos nós, mas por força dos homens; se você, no entanto, partir daqui de modo tão vergonhoso, retribuindo uma injustiça e um mal, transgredindo os consentimentos e os acordos que você mesmo estabeleceu conosco, e fazendo mal a quem menos devia – ou seja, a você mesmo, aos seus amigos, à pátria e a nós –, seremos severas com você enquanto estiver vivo; e lá as nossas irmãs, as leis do Hades, não irão recebê-lo com benevolência, uma vez informadas de que a nós você tentou arruinar, no que cabia a você. Que Críton não o persuada a fazer o que está propondo! Sejamos antes nós a persuadi-lo!" (54b3-d2)

A exortação das "Leis" tem como mote o julgamento *post mortem*, trazendo para a discussão um imaginário religioso, associado sobretudo aos mistérios órficos[18], que também esteve presente, de maneira bastante saliente, nas considerações finais de Sócrates em seu terceiro discurso na *Apologia*. A ideia geral aqui é que, nesse julgamento *post mortem*, os juízes, identificados na *Apologia* como Minos, Radamanto, Éaco e Triptólemo (40e-41a), não estariam suscetíveis aos erros que os homens podem vir a cometer nos julgamentos em vida. Nesse sentido, ainda que Sócrates tenha sido condenado injustamente em vida, ele ainda teria ocasião de ser julgado de maneira correta e sem os prejuízos que o levaram à morte – precisamente naquele julgamento que é

18. Sobre os mistérios órficos, ver infra p. 308n172.

superior e o mais importante para os homens, dada a sua natureza divina. No mito final do diálogo *Górgias* (523a-527e), Platão justifica por que e em que medida esse julgamento *post mortem* seria o único e verdadeiro julgamento com o qual os homens deveriam se preocupar ao tomarem suas decisões durante toda uma vida:

SÓCRATES: [...] Quando desnudada do corpo, todas estas coisas estão manifestas na alma, seja o que concerne à sua natureza, seja as afecções que o homem possui na alma mediante cada atividade. Quando se apresentam, então, ao juiz – os provenientes da Ásia, a Radamanto – Radamanto os detém e contempla a alma de cada um sem saber de quem ela é; não raro apoderou-se do Grande Rei, ou de qualquer outro rei ou dinasta, e observou que nada em sua alma era saudável, mas que ela foi açoitada e estava plena de cicatrizes pelos perjuros e pela injustiça, cujas marcas foram impressas na alma por cada uma de suas ações. Ele observou que a mentira e a jactância deixaram tudo contorcido e que nenhuma retidão havia porque fora criada apartada da verdade; e viu que, pelo poder ilimitado, pela luxúria, pela desmedida e pela incontinência de suas ações, a alma estava plena de assimetria e vergonha. Depois de ter visto tais coisas, ele a enviou desonrada direto à prisão, aonde se dirigiu pronta para suportar os sofrimentos que lhe cabiam. (524d4-525a7)

[...] Às vezes, quando ele vê uma alma que vivera piamente e conforme a verdade, a alma de um homem comum ou de qualquer outro homem, mas sobretudo – é o que eu afirmo, Cálicles – a de um filósofo, que fez o que lhe era apropriado e não se intrometeu em outros afazeres durante a vida, ele a aprecia e a envia para a Ilha dos Venturosos. (526c1-5)

A metáfora da "alma desnudada do corpo" conota um julgamento em que nenhum fator do mundo aparente, associado portanto ao corpo (tais como progênie, riqueza, poder, fama), tem qualquer influência na avaliação desses verdadeiros juízes, que observam tão somente a qualidade das ações tomadas em si mesmas – se justas ou injustas, se benéficas ou maléficas, se belas ou vergonhosas.

No caso do *Críton*, essa sugestão de um verdadeiro julgamento a ocorrer *post mortem* dá ensejo para Sócrates responder a uma possível objeção aos argumentos das "Leis" durante a prosopopeia: ainda que Sócrates não deva fugir da prisão como forma de retaliação, evitando assim incorrer numa ação injusta, o fato é que ele continua sendo vítima de um veredito injusto. Em outras palavras, imiscuir-se de uma ação injusta não invalida ter sido vítima de uma injustiça. A resposta vem de maneira lacônica: o erro diz respeito aos homens que decidiram por sua condenação, e não às próprias leis ("De fato, você irá embora daqui, caso vá, como vítima de uma injustiça, não por força das leis, que somos nós, *mas por força dos homens*", 54b9-c2; grifo meu). Essa distinção entre as leis e a sua aplicação pelos homens delimita, portanto, a esfera em que se dão os equívocos que são próprios do âmbito prático humano: não na esfera das leis, mas na da sua aplicabilidade pelos indivíduos. Ou seja, o problema não são as leis tomadas em si mesmas, mas como, por quem e em que circunstâncias elas são aplicadas. No que diz respeito a Sócrates, isso colocaria em relação assimétrica a ação por ele sofrida (condenação à morte no tribunal) e a ação a ser por ele empreendida, conforme os conselhos de Críton (fuga da prisão): no primeiro caso, ele é vítima, em última instância, da ignorância dos homens que o julgaram ao aplicarem as leis, ao passo que no segundo, seriam as leis as vítimas de sua retaliação pela injustiça sofrida, e não os homens, caso levasse a cabo o plano de seu amigo (cuja consequência seria colocar em risco a própria subsistência da cidade e da vida em comunidade).

[5] O epílogo do diálogo é bastante conciso, com Críton confessando: "Não tenho nada a dizer, Sócrates." (54d9) A personagem não apresenta nenhuma objeção durante a "prosopopeia das Leis" [4], apenas intervindo esporadicamente para dar sua anuência aos argumentos que Sócrates coloca na voz das "Leis", como observado há pouco. Isso indica que Sócrates, enfim, foi bem-sucedido em dissuadir o amigo de uma empresa que colocaria em xeque toda uma vida dedicada à virtude e à busca pela verdade, como vemos retratada paradigmaticamente na *Apologia*. Se a concordância por parte de Críton é de fato genuína, se ela é suficiente para dissipar sua angústia e ansiedade reveladas no início do diálogo, Platão não dá ao leitor qualquer pista.

PROCEDIMENTOS LEGAIS EM ATENAS[1]

Nicholas Denyer
Trinity College, Universidade de Cambridge

Os procedimentos legais atenienses, na medida em que são relevantes para o caso de Sócrates, podem ser resumidos da seguinte maneira[2].

Na Atenas democrática, os cidadãos em geral estavam aptos a processar aqueles indivíduos que eles alegavam ter cometido alguma injustiça. De fato, Atenas não possuía nenhuma contrapartida do nosso Ministério Público[3], nenhum oficial cujo dever fosse impetrar processos em nome da comunidade como um todo. Consequentemente, Sócrates foi processado por um cidadão particular, que agiu por iniciativa própria. Esse acusador (*katēgoros*) poderia ter levado a cabo o processo todo por conta própria. Mas ele estava apto também a convidar um ou

---

1. Originalmente publicado em N. Denyer, *Plato: The Apology of Socrates and Xenophon: The Apology of Socrates*, p. 8-15. Tradução de Daniel R.N. Lopes. Gostaria de agradecer a Victor Gonçalves de Sousa pela ajuda em questões técnicas do Direito. Qualquer eventual erro ou imprecisão é de minha inteira responsabilidade. (N. da T.)

2. Há um relato completo sobre todos esses assuntos em S.C. Todd, *Shape of Athenian Law*.

3. "Ministério Público" corresponde aqui às instituições "Procurator Fiscal", "District Attorney" e "Crown Prosecution Service", do Reino Unido, referidas pelo autor no texto original. (N. da T.)

152 EUTÍFRON, APOLOGIA DE SÓCRATES E CRÍTON: INTRODUÇÃO

mais cidadãos particulares para assisti-lo como coacusadores (*sunkatēgoroi*). Dessa forma, Meleto contou com a assistência de Anito e Lícon.

A primeira etapa do processo era providenciar a elaboração de uma denúncia (*graphē*). A confecção de uma denúncia era de responsabilidade quer de Meleto sozinho (como sugerido pelo singular ἐγράψατο, "denunciou", na *Apologia de Sócrates* de Platão, 19b2), quer dos acusadores coletivamente (como sugerido pelo plural ἐγράψαντο, "denunciaram", na *Apologia de Sócrates* de Xenofonte, 24.32). Um procedimento alternativo poderia ter sido uma queixa (*dikē*, Platão, *Eutífron*, 2a), que parece ter sido o procedimento favorito para a persecução de crimes de caráter privado. Ao providenciar uma *graphē*, a acusação estava se servindo do procedimento que parece ter sido o favorito para a persecução daqueles crimes que acometiam o corpo de cidadãos como um todo (por isso a reivindicação de Meleto, na *Apologia* de Platão, 24b5, de ser um patriota, *philopolis*). A denúncia incluía um *libelo*, *enklēma* (por exemplo, Platão, *Apologia*, 24c2; por isso o verbo *enkalois*, 27e5), ou uma declaração das imputações contra Sócrates. Numa versão supostamente citada *verbatim* a partir dos arquivos atenienses, lê-se: "Sócrates comete injustiça por não reconhecer os deuses reconhecidos pela cidade, e por introduzir outras novas entidades divinas." [ἀδικεῖ Σωκράτης, οὓς μὲν ἡ πόλις νομίζει θεοὺς οὐ νομίζων, ἕτερα δὲ καινὰ δαιμόνια εἰσηγούμενος]; "ele também comete injustiça por corromper a juventude" [ἀδικεῖ δὲ καὶ τοὺς νέους διαφθείρων][4]. Uma vez que a lei não fixava qualquer pena padrão para esses crimes, a denúncia de Meleto também especificava a pena proposta por ele: "Pena de morte" [τίμημα θάνατος]. A fórmula "comete injustiça ... pena" [ἀδικεῖ ... τίμημα] era padrão em tais denúncias, como evidenciado por uma paródia na comédia *As Vespas*, de Aristófanes, v. 894-897.

---

4. Diógenes Láercio, *Vidas e Doutrinas dos Filósofos Ilustres*, 2.40; essas imputações são parafraseadas na *Apologia* de Platão, 24b8-c1, e nas *Memoráveis* de Xenofonte, 1.1.1.

PROCEDIMENTOS LEGAIS EM ATENAS   153

Para contestar o caso, ao invés de deixá-lo "abandonado" (*erēmē*, como na *Apologia* de Platão, 18c7, era o termo técnico para a continuidade de um caso sem a presença de uma das partes litigantes), Sócrates formula uma denúncia própria, declarando que as imputações contra ele eram falsas (Demóstenes, *Contra Estéfano 1*, 46, cita um documento de tal tipo). Cada uma dessas duas denúncias rivais poderia ser chamada de *antigraphē* (ver Platão, *Apologia*, 27c7). O acusador jurava que suas imputações eram verdadeiras, ao passo que o réu jurava que eram falsas (por isso Platão, *Apologia*, 19b4 e 24b7: *antōmosian*, "declaração jurada"; e 27c7: *diōmosō*, "jurar no indiciamento"). Talvez isso acontecesse na audiência preliminar que ocorria perante o oficial denominado arconte-rei, *arkhōn basileus* (Platão, *Eutífron*, 2a; *Teeteto*, 210d). Nessa audiência, o *arkhōn basileus* fixava a data para o julgamento propriamente dito.

Em algum momento próximo a essa audiência preliminar, mas antes do julgamento propriamente dito, situa-se a data dramática da conversa descrita por Xenofonte na *Apologia de Sócrates*, 2.9-9.15. Foi no julgamento propriamente dito que Sócrates supostamente proferiu os discursos que constituem o todo da *Apologia* de Platão, e o trecho 10.16-26.12 da *Apologia* de Xenofonte.

No julgamento, os litigantes apresentavam seu caso pessoalmente. Os atenienses não tinham instituições tal como a Ordem dos Advogados do Brasil (OAB)[5], não tinham profissionais que pudessem contratar para discursarem por eles no tribunal. De fato, qualquer profissão desse tipo poderia ter sido contrária à lei ateniense (Demóstenes, *Contra Estéfano 2*, 26). Um litigante poderia, no entanto, convidar amigos para compartilhar consigo a tarefa de apresentar seu caso, como Sócrates parece ter feito (Xenofonte, *Apologia*, 22.16-17: "os amigos que discursaram junto a ele", τῶν συναγορευόντων φίλων αὐτῷ). O mais próximo que os atenienses chegaram a ter como advogados

5. A Ordem dos Advogados do Brasil (OAB) corresponde aqui às instituições The Bar (Inglaterra e Gales)/The Faculty of Advocates (Escócia), referidas pelo autor no texto original. (N. da T.)

profissionais foram os *logographoi* ou *logopoioi* (literalmente, "escritores e/ou compositores de discursos"): um litigante poderia contratar tais indivíduos para que lhe redigissem um discurso, mas ainda assim ele teria de proferi-lo por conta própria, e nem mesmo admitiria que outra pessoa o redigira. Uma fascinante porém improvável anedota conta que o *logographos* Lísias presenteou Sócrates com o roteiro de um discurso para ser proferido em sua própria defesa: "Belo discurso", disse Sócrates, "mas não faz meu estilo; não mais do que belas roupas ou belos sapatos" (Diógenes Laércio, *Vidas e Doutrinas dos Filósofos Ilustres*, 2.41; todas as evidências sobre esse discurso estão reunidas em Lísias, fr. 271-276 Carey). Qualquer que seja a relação entre as nossas *Apologias* e as palavras proferidas por Sócrates em seu julgamento, essas palavras, até onde sabemos, são dele próprio.

O julgamento tinha de chegar a termo em um único dia. Isso pode não parecer um tempo longo para se resolver uma questão desse jaez, como Platão faz o próprio Sócrates salientar (*Apologia*, 37a7; há mais observações desse tipo no *Górgias*, 455a, e no *Teeteto*, 172e-173a). Todavia, julgamentos como esse de Sócrates eram os mais longos previstos pela lei ateniense. O tribunal que o julgou não teria decidido qualquer outro caso naquele dia, ao passo que um tribunal poderia decidir quatro casos em um dia, se esses casos fossem daquele tipo chamado "privado" (Aristóteles, *Constituição de Atenas*, 67.1).

Era outorgado a cada lado o mesmo tempo para a apresentação do caso. A extensão do tempo era regulada por uma clepsidra. Se um dos lados possuía vários oradores, eles deveriam dividir esse tempo entre si (por isso o final do discurso *Contra Demóstenes* de Dinarco, 114: "Eu passo a água adiante aos demais acusadores"). Quando uma testemunha fazia uma declaração, ou um documento era lido em voz alta, isso não era descontado no tempo outorgado (por isso Lísias, *Contra Pancléon*, 14, por exemplo: "Que isso é verdade, vou apresentar-lhes testemunhas. Por favor, pare a água!"). As restrições de tempo permitiam um estratagema: um orador poderia mostrar sua

PROCEDIMENTOS LEGAIS EM ATENAS

confiança ao oferecer ao rival parte de seu próprio tempo a fim de contradizê-lo. O próprio Sócrates usa desse estratagema na *Apologia* de Platão (34a4-6).

O caso era julgado por um rol de *dikastai*. Podemos traduzir *dikastai* por "jurados"; mas, se assim for, precisamos lembrar que, em vários sentidos, um rol de *dikastai* atenienses era mais semelhante a um tribunal de juízes do que a um júri[6]. Por exemplo, ninguém estava acima deles para regulá-los em questões legais; eram eles que exerciam qualquer discrição concedida ao tribunal sobre como punir alguém condenado por eles; e se objetassem contra a conduta de um litigante, eles expressariam isso em voz alta (daí, por exemplo, Platão, *Apologia*, 21a4-5: "não me interrompam, ó homens!"; e Xenofonte, *Apologia*, 14.1: "ao escutarem isso, os jurados o interromperam"). O júri normalmente era constituído por quinhentos jurados e às vezes até mais[7]. Os jurados eram escolhidos mediante um elaborado sistema de sorteio designado para assegurar que eles fossem um corte transversal representativo dos cidadãos de Atenas (Aristóteles, *Constituição de Atenas*, 63-65). Outros cidadãos poderiam presenciar o julgamento, mas eles poderiam presenciá-lo apenas na condição de audiência (por isso Platão, *Apologia*, 25a1: "audiência", *akroatai*).

6. Denyer prefere "jurados" a "juízes" como solução para verter o termo grego *dikastai*. Em nossa tradução da *Apologia*, contudo, optamos por "juízes", uma vez que a função dos *dikastai* não se coaduna nem com a de "juízes" nem com a de "jurados" no sentido moderno dos termos, como o próprio Denyer elucida aqui. (N. da T.)

7. Podemos inferir que 280 jurados votaram pela condenação de Sócrates, e 220 pela absolvição. Essa inferência se baseia nos seguintes fatos: róis de quinhentos jurados eram padronizados para casos como o de Sócrates (Aristóteles, *Constituição de Atenas*, 68.1); jurados tinham que votar para serem remunerados (Aristóteles, *Constituição de Atenas*, 68.2); e uma votação empatada significava absolvição (Aristófanes, *As Rãs*, v. 684-685; Ésquines, *Contra Ctesifonte*, 252; Aristóteles, *Constituição de Atenas*, 69.1). Os fatos seguintes tornam a inferência menos do que totalmente segura: vários róis de quinhentos eram por vezes combinados para formar um único júri (Lísias, *Contra Agorato*, 35); tal júri era por vezes suplementado com um jurado extra, a fim de evitar uma votação empatada num caso importante (Demóstenes, *Contra Aristócrates*, 28 com a nota sobre isso no *Lexicon Patmense*, ed. I. Sakkelion, 147.4-9; Demóstenes, *Contra Timócrates*, 24.9 e escólio; Fócio, *Léxico* s.v. *ēliaia*); e um caso é lembrado no qual apenas 499 jurados votaram (*Inscriptiones Graecae*, II.ii.1641, lado B). Diógenes Laércio diz que foram 281 mais votos pela condenação do que pela absolvição. Isso é provavelmente fruto de um engano dele, de seus escribas ou de suas fontes, referente a uma cifra de 280 votos pela condenação.

156 EUTÍFRON, APOLOGIA DE SÓCRATES E CRÍTON: INTRODUÇÃO

Era possível dirigir-se ao júri mediante o vocativo "ó atenienses" (*ō andres Athēnaioi*, por exemplo Platão, *Apologia*, 17a1), a expressão apropriada para se endereçar ao povo (*dēmos*) reunido na Assembleia (por exemplo, Xenofonte, *Memoráveis*, 4.2.4-5; Demóstenes, *Olintíaca*, 1); e o uso da segunda pessoa do plural para se dirigir ao júri poderia se referir ao *dēmos* (por exemplo, Xenofonte, *Apologia*, 20.7: "vocês elegem os generais"; Platão, *Apologia*, 21a2: "ele acompanhou vocês no exílio e no retorno à cidade"; e Ésquines, *Contra Timarco*, 173, dirigindo-se a outro júri 54 anos após a morte de Sócrates: "vocês, atenienses, condenaram à morte Sócrates, o sofista"). Em suma, para os propósitos do julgamento, o júri era, na realidade, o *dēmos* ateniense. Na democracia ateniense, o *dēmos* não estava acostumado a se subordinar a uma autoridade superior. É por essa razão que o júri não estava subordinado a nenhum juiz. É por isso também que aqueles que duvidavam da sabedoria da democracia ateniense duvidavam, em particular, da sabedoria dos tribunais atenienses (por exemplo, Xenofonte, *Apologia*, 4.15-18 e *Memoráveis*, 4.4.4; Platão, *Teeteto*, 172c-e).

Os jurados faziam um juramento. Sentenças-chave desse juramento, como reportadas por Demóstenes (*Contra Timócrates*, 149-151), incluíam "Eu votarei de acordo com as leis e os decretos do povo ateniense e do Conselho dos Quinhentos", e "Eu escutarei igualmente tanto o acusador quanto o réu, e eu depositarei meu voto sobre a questão que é o objeto de acusação". É esse juramento a que Sócrates alude na *Apologia* de Platão (35c4), quando justifica por que não apelaria às emoções dos jurados mediante, por exemplo, a exibição dos filhos a eles: tais apelos seriam ilegais, pois eles induziriam os jurados a violarem seu juramento. No entanto, a exibição dos filhos era um lugar-comum[8]; e ouvi-

---

8. Aristófanes, na comédia *As Vespas*, oferece-nos uma descrição de como tais súplicas eram feitas (v. 563-574), e uma paródia delas (v. 976-978). Tais súplicas continuaram habituais até muito tempo após a morte de Sócrates: Hipérides termina um discurso com: "Eu acabei de oferecer a você, Euxenipo, tal ajuda na medida de minhas forças. Resta implorar aos jurados, convocar os amigos, e colocar as crianças sobre a plataforma" (*Em Defesa de Euxenipo*, 41). Eis como Lísias antecipava tais súplicas: "Se alguém coloca seus filhos sobre a plataforma, chora e se lamenta, então eu observo que vocês, ó jurados, apiedam-se dos filhos dele caso venham a cair em desonra por ▶

PROCEDIMENTOS LEGAIS EM ATENAS

mos falar até mesmo de um júri movido por piedade a Frine, uma "profetisa e acólita de Afrodite", quando eles viram seus seios expostos (Ateneu, *O Banquete dos Sofistas*, 13.59). Parece, portanto, que poucos jurados interpretavam seus juramentos em sentido tão estrito como Sócrates julgava apropriado.

A acusação falava primeiro, e apresentava todo o seu caso em apoio às suas imputações. Só então discursava a defesa para refutá-las. Platão se propõe a reportar tudo o que Sócrates disse nesse estágio do julgamento (*Apologia*, 17a1-35d8); Xenofonte se propõe a reportá-lo parcialmente (*Apologia* 11.18-21.15). Só podemos conjeturar o que a acusação disse nesse e em qualquer outra etapa do julgamento de Sócrates. Além disso, há muito pouca informação para orientar nossas conjeturas. Por exemplo, o que sabemos dos discursos de outros julgamentos em Atenas nos dá poucos motivos para pensar que a acusação teria se limitado ao que entendemos como estritamente relevante. Talvez possamos, contudo, acreditar nas indicações presentes em Platão (*Apologia*, 33c7-34b5) e Xenofonte (*Apologia*, 19.35) de que a acusação não apresentou detalhes sobre os jovens que ela inculpou Sócrates de corromper. Certamente, os mais notórios corruptos dentre aqueles que, quando jovens, se associaram a Sócrates foram Crítias e Alcibíades (Xenofonte, *Memoráveis*, 1.2.12); todavia, os termos com base nos quais a democracia ateniense havia sido restaurada, por volta de três anos antes do julgamento, implicavam que as relações de Sócrates com eles teriam sido isentadas do escrutínio legal[9].

Os litigantes, seja na acusação ou na defesa, poderiam convocar testemunhas (como Sócrates faz na *Apologia* de Platão, 21a7 e 32e1). Elas davam seu testemunho sob juramento (por

▷ causa dele, e que vocês perdoam os crimes do pai em vista dos filhos, mesmo que ainda desconheçam se eles virão a ser bons ou maus indivíduos quando atingirem a maturidade. No entanto, vocês estão cientes de que nós sempre estivemos do lado de vocês, e que nosso pai não cometeu nenhum crime. Por conseguinte, vocês serão bem mais justos se favorecerem quem já testaram, do que aqueles cujo caráter futuro vocês desconhecem" (*Em Defesa de Polístrato*, 34).

9. Ver Andocides, *Sobre os Mistérios*, 90; Xenofonte, *Helênicas*, 2.4.43; Aristóteles, *Constituição de Atenas*, 39.1-40.2.

isso Xenofonte, *Apologia*, 24.29: "trazer falsas testemunhas, violando seu juramento"). A função principal de uma testemunha era simplesmente fazer uma declaração reafirmando alguma coisa alegada pelo litigante. Há pouco indício (apenas Andocides, *Sobre os Mistérios*, 14) de que testemunhas eram eventualmente questionadas, e nenhum indício de que testemunhas eram eventualmente interrogadas. Questionar pessoas era, como Sócrates havia aprendido com suas experiências descritas na *Apologia* de Platão (21b6-22e1), responsável por revelar que elas sabiam menos do que supunham. Por causa disso, ele é por vezes representado desdenhando de qualquer argumentação, seja filosófica ou legal, que se baseasse em testemunhas não submetidas a interrogatório (Platão, *Górgias*, 471e-472c). Todavia, outros atenienses davam tão pouco valor à oportunidade de questionar testemunhas, que, logo após o julgamento de Sócrates, deixaram de convocar testemunhas para o tribunal: as declarações das testemunhas eram registradas por escrito antes do julgamento, e lidas em voz alta por um escriturário cuja tarefa era ler para o público todos os documentos apresentados ao júri (por isso, por exemplo, Iseu, *Contra Menecles*, 16: "Por favor, leia em voz alta esses depoimentos e a lei").

Embora os litigantes não questionassem as testemunhas, eles, no entanto, poderiam questionar um ao outro; e, de acordo com a lei citada em Demóstenes (*Contra Estéfano 2*, 10) e invocada por Platão na *Apologia* (25d2), era "compulsório às duas partes litigantes que respondessem as questões que uma fizesse à outra". Parece que não havia exceção à exigência de que respondessem, mesmo quando responder significava incriminar a si mesmo (Lísias, *Contra Eratóstenes*, 25 e *Contra os Mercadores de Grãos*, 5). Portanto, não é extraordinário que Sócrates devesse questionar Meleto; o que é extraordinário, contudo, é Sócrates questioná-lo tão longamente como representado nas *Apologias*. A discussão de Aristóteles sobre como os litigantes deveriam formular perguntas faz a seguinte advertência: "não

PROCEDIMENTOS LEGAIS EM ATENAS

se pode formular muitas questões, por causa da fraqueza do ouvinte" (*Retórica*, III 1419a17-19). Mesmo a versão do episódio em Xenofonte (*Apologia*, 19.35-21.15) é mais longa do que qualquer outro interrogatório de que temos notícia, e a versão de Platão (*Apologia*, 24c7-28a5) é ainda mais longa. Entretanto, é absolutamente crível que Sócrates fizesse várias perguntas a Meleto. Afinal de contas, várias perguntas não teriam sido a única coisa em sua defesa que os ouvintes pudessem considerar cansativo; e sua preferência pelo interrogatório em detrimento da exposição contínua era tão manifesta a ponto de levar seus admiradores a inventar o diálogo socrático, o novo gênero literário que o representava fazendo várias perguntas.

Os membros do júri não discutiam o caso entre si; de fato, tais discussões teriam sido, na maior parte do mundo grego, completamente ilegais (Aristóteles, *Política*, 1268b8-11). Em vez disso, imediatamente após a defesa terminar sua réplica às imputações da acusação, o júri votava. Os atenienses pensavam que era uma importante salvaguarda democrática o fato de tais votos serem secretos (Lísias, *Contra Agorato*, 37), e eles criaram procedimentos cada vez mais elaborados para preservar o sigilo e ainda não dar margem para fraude (contrastar Aristófanes, *As Vespas*, v. 986-991 com Aristóteles, *Constituição de Atenas*, 68.1-69.1). Se os votos fossem desiguais, então o lado com mais votos vencia; e se os votos fossem iguais, o réu era absolvido (por exemplo, Antifonte, *Sobre o Assassinato de Herodes*, 51). Se a acusação não assegurasse ao menos um quinto dos votos, então, como punição por impetrar um processo frívolo, eles eram sujeitos a uma multa de 1.000 dracmas (Platão, *Apologia*, 36a1-b2). A punição não era insignificante: tal multa era grande o suficiente para pagar a ajuda de custo diária de 2.000 jurados (Aristóteles, *Constituição de Atenas*, 28.3, 62.2). Tal como ocorrido, os jurados decidiram, aparentemente por 280 a 220 votos[10], que Sócrates era culpado pelos crimes dos quais fora acusado.

10. Ver supra p. 155n7.

Tendo decidido que as imputações da acusação eram corretas, os jurados tinham de considerar, em seguida, se deviam aplicar a pena que a acusação propusera. Ao acusador era concedido um tempo curto para argumentar em favor de sua proposta: "meia medida de água", diz Aristóteles (*Constituição de Atenas*, 69.2), e especifica dez medidas para alguns outros discursos (67.2). O réu tinha então o mesmo tempo para propor e argumentar em favor de uma pena alternativa. Os jurados escolhiam então entre a proposta do acusador e a do réu, e não havia possibilidade de proporem e votarem uma outra pena juntos, mediante um acordo: a oferta imaginária que Sócrates considera na *Apologia* de Platão (29c5-d6) não poderia ter sido feita legalmente.

Essa combinação dava tanto ao acusador quanto ao réu fortes motivos para propor punições não muito distantes da que o júri poderia considerar ideal, e portanto não muito distantes uma da outra. Se o acusador propusesse uma pena muito maior do que a ideal do júri, então o réu poderia propor uma um pouco menor, embora não muito menor, do que a ideal do júri, e manter a esperança de uma vitória na votação. Sendo assim, o acusador, ainda que e porque almejava uma pena tão grande quanto possível, tinha motivos fortes o suficiente para propor uma não tão maior do que a ideal do júri. Se o réu, por sua vez, propusesse uma punição muito menor do que a ideal do júri, sua expectativa seria uma derrota na votação. Sendo assim, o réu, ainda que e porque almejava uma pena tão branda quanto possível, tinha motivos fortes o suficiente para propor uma não tão mais branda da que o júri considerava ideal. De fato, não eram apenas os litigantes a quem essas combinações davam motivos para se convergirem. Daqueles que votaram pela absolvição e que, portanto, em outras combinações, presumivelmente votariam por nenhuma pena em absoluto, poder-se-ia esperar que, em tais combinações atenienses, votassem pela menor das duas penas, aquela proposta pelo réu. Assim, no final do julgamento, tanto do acusador quanto do réu e dos jurados poder-se-ia esperar que estivessem, se não exatamente em concórdia, no mínimo menos em discórdia do que antes.

Isso não acontece no julgamento de Sócrates. Pois Sócrates se recusou a fazer a sua parte. Isso é claro, embora os detalhes sejam obscuros. Nós temos cinco relatos do que Sócrates disse a respeito de sua punição. Um deles é a *Apologia* de Platão (36b3-38b10), em que Sócrates diz que, se ele tem de propor o que realmente merece, então ele propõe ser alimentado gratuitamente no Pritaneu (36e1-37a2). No final das contas, ele acaba concluindo com duas propostas efetivas, a primeira imediatamente suplantada, por instigação de seus amigos, pela segunda: a primeira, de uma multa de uma mina (=100 dracmas, um décimo da multa por impetrar uma acusação frívola), a segunda, de uma multa de 30 minas. Um outro relato se encontra na *Apologia* de Xenofonte (23.22-25), segundo o qual Sócrates recusou-se absolutamente a propor uma outra pena, e tampouco permitiu que seus amigos fizessem uma proposta em seu nome, com base no fato de que propor uma pena seria reconhecer a culpa. Um terceiro relato é atribuído por Diógenes Laércio a Eubulides (*Vidas e Doutrinas dos Filósofos Ilustres*, 2.41-42), possivelmente o filósofo de mesmo nome do século IV a.C. Esse relato diz que Sócrates propôs uma multa de 100 dracmas, e então, quando os jurados a objetaram, acrescentou: "Tendo em vista meus feitos, eu proponho a pena de ser alimentado de forma gratuita no Pritaneu." O quarto relato é atribuído por Diógenes Laércio a Justo de Tibérias (2.41), um historiador do século I d.C. Esse relato diz que Sócrates propôs uma multa de 25 dracmas. O quinto relato se encontra numa carta de data e autoria incertas, supostamente de Ésquines para Xenofonte (Ésquines, fr. 102.4 SSR). Esse relato diz apenas que Sócrates propôs como pena ser alimentado gratuitamente no Pritaneu. Em outras ocasiões, Sócrates é representado aquiescendo de forma meticulosa com o procedimento legal apropriado (Platão, *Apologia*, 32a4-d7, 35c1-6; *Críton*, 44b-54e; Xenofonte, *Memoráveis*, 4.4.1-4). É difícil, portanto, dar crédito à afirmação de que Sócrates não cumpriria com a letra da lei que requeria dele propor uma pena. No entanto, mesmo aqueles relatos que dizem ter ele cumprido com a letra a lei negam que tenha cumprido com o espírito dela. De fato, todos os cinco relatos concordam em que apenas mais tarde, quando muito, Sócrates propôs uma pena realmente grande. Ademais, mesmo no relato que o apresenta propondo afinal uma pena de 30 minas, nada sugere que sua proposta indicava alguma relutância em repetir seus crimes. Sendo assim, se algum desses cinco relatos é verdadeiro, podemos compreender bem por que Sócrates foi condenado à morte. De fato, se algum desses cinco relatos é verdadeiro, é perfeitamente plausível que (como Diógenes Laércio afirma em 2.42, talvez por confiar em Eubulides) mais jurados tenham votado pela pena de morte de Sócrates do que haviam votado pela sua culpabilidade.

Depois da decisão sobre sua pena, um criminoso condenado tinha a última oportunidade para se dirigir aos jurados. Nosso único indício dessa oportunidade são os relatos das *Apologias* de Xenofonte (24.28-26.12) e de Platão (38c1-42a4) sobre o que Sócrates fez dela. Mas não precisamos duvidar que essa oportunidade foi oferecida. Como nossos indícios sobre os tribunais atenienses provêm, em grande medida, daqueles que tentavam propagandear sua mestria como *logographoi* ou *logopoioi*, não devemos esperar que eles contenham outras amostras de discursos a serem proferidos por um litigante malsucedido.

Não havia apelação contra a decisão dos jurados. Tais decisões eram, afinal de contas, efetivamente as decisões do povo (*dēmos*) de Atenas, o corpo que governava a democracia ateniense. No final do julgamento, Sócrates partiu então sob a custódia dos Onze (Platão, *Apologia*, 37c2 e 39e2), um grupo de oficiais escolhidos por sorteio para atuarem como carcereiros (Aristóteles, *Constituição de Atenas*, 52.1). O cárcere ficava bem perto do tribunal (Platão, *Fédon*, 59d). Nesse cárcere, "ele foi obrigado a viver por mais trinta dias depois do julgamento, uma vez que o festival em Delos acontecia naqueles mês[11], e que a lei não permitia alguém ser executado antes que a delegação oficial tivesse retornado de Delos" (Xenofonte, *Memoráveis*, 4.8.2; Platão, *Fédon*, 58a-c e *Críton*, 43c-d). Um dia depois do retorno da delegação, Sócrates foi executado.

---

11. Não sabemos em que mês foi. Talvez tenha sido *Hieros* (o oitavo mês lunar em um ano que começou no solstício de verão, aproximadamente nosso fevereiro ou março), o mês de um festival que os habitantes de Delos chamavam de *Apolônia*; talvez tenha sido *Thargelion* (o décimo primeiro mês, aproximadamente nosso maio ou junho), o mês no qual os habitantes de Delos datavam os nascimentos de Ártemis e Apolo, e no qual os atenienses purificavam sua cidade expulsando dois bodes expiatórios (Diógenes Laércio, *Vidas e Doutrinas dos Filósofos Ilustres*, 2.44, 3.2; Suda, s.v. *pharmakos*). Ver V. Chankowski, *Athènes et Délos à l'époque classique*, p. 110-115.

DIÁLOGOS

ΕΥΘΥΦΡΩΝ   EUTÍFRON

ΕΥΘΥΦΡΩΝ

St. 1
p. 2

a   **ΕΥΘ.** *Τί νεώτερον, ὦ Σώκρατες, γέγονεν, ὅτι σὺ τὰς ἐν Λυκείῳ καταλιπὼν διατριβὰς ἐνθάδε νῦν διατρίβεις περὶ τὴν τοῦ βασιλέως στοάν; οὐ γάρ που καὶ σοί γε δίκη τις οὖσα τυγχάνει πρὸς τὸν βασιλέα ὥσπερ ἐμοί.*

1. Eutífron é o interlocutor de Sócrates neste diálogo. Ele é um adivinho, o que implica dizer que tem a capacidade de prever o futuro (3c, 3e). A sua identidade é matéria de debate. Parte da tradição interpretativa identifica Eutífron como sendo um representante da ortodoxia religiosa de Atenas, um tipo de "doutor em teologia tradicional". Contra essa posição, costuma-se observar que Eutífron é uma figura estranha e incomum em matéria de crença religiosa, prática e costume, razão pela qual dificilmente representaria a ortodoxia religiosa de Atenas. Eis alguns detalhes que ajudam a comprovar a essa posição: 1. o público ridiculariza Eutífron quando ele prevê eventos futuros na assembleia (3c); 2. sua ação legal contra seu pai choca seus familiares, o que revela uma perspectiva diferente da tradicional a respeito do piedoso e do ímpio (4d-e); 3. Eutífron reivindica conhecimento em questões religiosas bem superior ao conhecimento dos atenienses em geral (4a-e); 4. um teólogo tradicional dificilmente ficaria do lado de alguém que é acusado de corromper os jovens de Atenas, e que ensina deuses estranhos (3a). Se essa posição estiver correta, Eutífron seria mais um sectário religioso do que um representante da ortodoxia religiosa, talvez um sacerdote órfico. Eis algumas evidências a esse respeito: 1. Eutífron passa a sua juventude na ilha de Naxos (4c4), um dos principais centros de culto a Dioniso, divindade reverenciada pelos órficos; 2. os órficos também vaticinavam por meio de oráculos, profecias e visões através de sonhos, de modo que a própria tradição representou Orfeu, em alguns momentos, como "adivinho"; 3. assim como Eutífron, os órficos eram "iniciados" que reivindicavam a posse de um conhecimento restrito das coisas divinas (6b), fazendo distinção entre "a maioria" que não conhece (os não iniciados), e os que sabem corretamente (os iniciados); 4. os órficos também estavam preocupados com a culpa e poluição, especialmente ▶

EUTÍFRON

St. 1
p. **2**

EUTÍFRON[1]: Que novidade aconteceu, Sócrates, que o levou a   a
deixar as suas conversas no Liceu[2] para agora conversar aqui
junto ao Pórtico do arconte-rei?[3] Pois é improvável que você
tenha uma queixa perante o arconte-rei, tal qual eu tenho[4].

▷ por causa da crença na transmigração das almas (4c). O fato curioso é que Eutífron,
em vez de recorrer à prática dos mistérios com o objetivo de purificar a família, como
se esperaria de um órfico, recorre à Justiça ateniense; 5. Eutífron acredita nas teogonias
míticas de Urano – Cronos – Zeus (6a-b) e nas suas lutas pelo poder, crenças compar-
tilhadas tanto pela ortodoxia religiosa quanto pelos órficos. Também há quem acre-
dite que Eutífron seria um adivinho charlatão, órfico ou não, que estaria processando
o pai com interesse de lucrar algo com isso. Nesse caso, Sócrates estaria atacando a
charlatanice de um adivinho profissional. Mas é importante lembrar que, nos diálogos
de Platão, nem todo adivinho é tratado como charlatão. O leitor precisa tirar as suas
próprias conclusões a respeito da figura de Eutífron, mas sem deixar de perceber que,
em todo o diálogo, Sócrates trata Eutífron como um sábio religioso que acredita ser
um especialista em matéria de religião.

    2. O Liceu foi um dos três ginásios famosos que ficavam fora dos muros de Atenas,
onde jovens praticavam exercícios e competições atléticas eram realizadas. Sócrates
costumava conversar com os jovens nesse lugar.

    3. O Pórtico do Arconte é um dos primeiros e mais importantes edifícios públicos de
Atenas, onde as leis da cidade, inscritas em pedra, eram exibidas para que todo cidadão
pudesse ter acesso a elas. O Pórtico servia como sede do arconte-rei, um dos nove juízes
de Atenas e segundo no comando do governo da cidade. Ele era um agente responsável
por questões religiosas e legais, como casos de impiedade e homicídio, por exemplo. Após
analisar cada ação, o arconte-rei decidiria se o acusado seria ou não levado a julgamento.

    4. O diálogo sugere que esse encontro entre Sócrates e Eutífron ocorreu pouco
tempo antes do julgamento de Sócrates, no ano de 399 a.C.

168 ΕΥΘΥΦΡΩΝ

5 ΣΩ. Οὗτοι δὴ Ἀθηναῖοί γε, ὦ Εὐθύφρων, δίκην αὐτὴν καλοῦσιν, ἀλλὰ γραφήν.

b ΕΥΘ. Τί φῄς; γραφὴν σέ τις, ὡς ἔοικε, γέγραπται· οὐ γὰρ ἐκεῖνό γε καταγνώσομαι, ὡς σὺ ἕτερον.

ΣΩ. Οὐ γὰρ οὖν.

ΕΥΘ. Ἀλλὰ σὲ ἄλλος;

5 ΣΩ. Πάνυ γε.

ΕΥΘ. Τίς οὗτος;

ΣΩ. Οὐδ᾽ αὐτὸς πάνυ τι γιγνώσκω, ὦ Εὐθύφρων, τὸν ἄνδρα· νέος γάρ τίς μοι φαίνεται καὶ ἀγνώς· ὀνομάζουσι μέντοι αὐτόν, ὡς ἐγᾦμαι, Μέλητον. ἔστι δὲ τῶν δήμων
10 Πιτθεύς, εἴ τινα νῷ ἔχεις Πιτθέα Μέλητον, οἷον τετανό-τριχα καὶ οὐ πάνυ εὐγένειον, ἐπίγρυπον δέ.

ΕΥΘ. Οὐκ ἐννοῶ, ὦ Σώκρατες· ἀλλὰ δὴ τίνα γραφήν
c σε γέγραπται;

ΣΩ. Ἥντινα; οὐκ ἀγεννῆ, ἔμοιγε δοκεῖ· τὸ γὰρ νέον ὄντα τοσοῦτον πρᾶγμα ἐγνωκέναι οὐ φαῦλόν ἐστιν. ἐκεῖνος γάρ, ὥς φησιν, οἶδε τίνα τρόπον οἱ νέοι διαφθείρονται καὶ
5 τίνες οἱ διαφθείροντες αὐτούς. καὶ κινδυνεύει σοφός τις εἶναι, καὶ τὴν ἐμὴν ἀμαθίαν κατιδὼν ὡς διαφθείροντος τοὺς ἡλικιώτας αὐτοῦ, ἔρχεται κατηγορήσων μου ὥσπερ πρὸς μητέρα πρὸς τὴν πόλιν. καὶ φαίνεταί μοι τῶν πολι-
d τικῶν μόνος ἄρχεσθαι ὀρθῶς· ὀρθῶς γάρ ἐστι τῶν νέων πρῶτον ἐπιμεληθῆναι ὅπως ἔσονται ὅτι ἄριστοι, ὥσπερ γεωργὸν ἀγαθὸν τῶν νέων φυτῶν εἰκὸς πρῶτον ἐπι-μεληθῆναι, μετὰ δὲ τοῦτο καὶ τῶν ἄλλων. καὶ δὴ καὶ
3a Μέλητος ἴσως πρῶτον μὲν ἡμᾶς ἐκκαθαίρει τοὺς τῶν νέων τὰς βλάστας διαφθείροντας, ὥς φησιν· ἔπειτα μετὰ τοῦτο δῆλον ὅτι τῶν πρεσβυτέρων ἐπιμεληθεὶς πλείστων καὶ

5. Sócrates salienta a diferença entre "queixa" (dikē) e "denúncia" (graphē). No contexto do diálogo, Sócrates quer chamar a atenção para a diferença entre o tipo de ação judicial que Meleto move contra ele e a ação judicial que Eutífron move contra o pai: Eutífron processa o pai por homicídio, o que caracteriza uma ação judicial num âmbito mais privado do que público, sendo a vítima um indivíduo em particular. Sócrates se defende de uma ação judicial que ganha status de denúncia pública, na qual o acusado não atenta apenas contra um indivíduo em particular, mas contra a própria cidade e suas instituições.

[2a-3a]   EUTÍFRON   169

SÓCRATES: Na verdade, Eutífron, os atenienses não a intitulam queixa, mas denúncia[5].

EUTÍFRON: Que você está dizendo? Ao que parece, alguém   b
fez uma denúncia contra você, pois não o julgaria capaz de fazer isso contra outrem[6].

SÓCRATES: Claro que não.

EUTÍFRON: Mas alguém lhe fez isso?

SÓCRATES: Seguramente.

EUTÍFRON: Quem é ele?

SÓCRATES: Nem eu mesmo conheço muito bem a respeito do homem, Eutífron. Aparentemente, trata-se de alguém jovem e desconhecido. O certo é que se chama Meleto[7], penso eu. Pertence ao demo de Pito[8], se é que você conhece certo Meleto de Pito: um tipo de cabelos longos, barba rala e nariz adunco.

EUTÍFRON: Não o reconheço, Sócrates; mas qual denúncia fez contra você?   c

SÓCRATES: Qual? Uma denúncia não sem valor, pelo menos é o que me parece; pois, sendo jovem, não é trivial conhecer assunto tão importante. Pois ele, segundo alega, conhece a maneira como os jovens são corrompidos e aqueles que os corrompem. E é possível que ele seja um sábio que, depois de observar a minha ignorância e de pensar que eu estava corrompendo os de sua idade, apresenta-se diante da cidade para me acusar como que diante de sua mãe. E parece-me o único político a iniciar pelo caminho correto; pois é correto cuidar primeiro dos jovens para que sejam   d
o quanto melhores, assim como é natural para o bom agricultor cuidar primeiro das plantas jovens, e só depois das demais. Além disso, talvez Meleto primeiro expurgue a nós, os corruptores dos   3a
rebentos dos jovens, como ele diz; logo depois disso, é evidente que, tendo cuidado dos anciãos, ele se tornará para a cidade o

---

6. Eutífron sugere que Sócrates era uma pessoa não litigiosa, não dada a tribunais, ao contrário da maioria dos atenienses. Na *Apologia*, Sócrates afirma que nunca havia sido levado a júri (17d).

7. Meleto é o protagonista da ação judicial contra Sócrates, a quem se associam dois coacusadores, Anito e Lícon (*Apologia*, 23e).

8. Sobre a divisão de Atenas em *dēmos*, ver infra p. 252n61.

μεγίστων ἀγαθῶν αἴτιος τῇ πόλει γενήσεται, ὥς γε τὸ
εἰκὸς συμβῆναι ἐκ τοιαύτης ἀρχῆς ἀρξαμένῳ.

ΕΥΘ. Βουλοίμην ἄν, ὦ Σώκρατες, ἀλλ' ὀρρωδῶ μὴ
τοὐναντίον γένηται· ἀτεχνῶς γάρ μοι δοκεῖ ἀφ' ἑστίας
ἄρχεσθαι κακουργεῖν τὴν πόλιν, ἐπιχειρῶν ἀδικεῖν σέ. καί
μοι λέγε, τί καὶ ποιοῦντά σέ φησι διαφθείρειν τοὺς νέους;

ΣΩ. ᾿Άτοπα, ὦ θαυμάσιε, ὡς οὕτω γ' ἀκοῦσαι. φησὶ
γάρ με ποιητὴν εἶναι θεῶν, καὶ ὡς καινοὺς ποιοῦντα θεούς,
τοὺς δ' ἀρχαίους οὐ νομίζοντα, ἐγράψατο τούτων αὐτῶν
ἕνεκα, ὥς φησιν.

ΕΥΘ. Μανθάνω, ὦ Σώκρατες· ὅτι δὴ σὺ τὸ δαιμόνιον
φῂς σαυτῷ ἑκάστοτε γίγνεσθαι. ὡς οὖν καινοτομοῦντός
σου περὶ τὰ θεῖα γέγραπται ταύτην τὴν γραφήν, καὶ ὡς
διαβαλῶν δὴ ἔρχεται εἰς τὸ δικαστήριον, εἰδὼς ὅτι
εὐδιάβολα τὰ τοιαῦτα πρὸς τοὺς πολλούς. καὶ ἐμοῦ γάρ
τοι, ὅταν τι λέγω ἐν τῇ ἐκκλησίᾳ περὶ τῶν θείων, προλέγων
αὐτοῖς τὰ μέλλοντα, καταγελῶσιν ὡς μαινομένου· καίτοι
οὐδὲν ὅτι οὐκ ἀληθὲς εἴρηκα ὧν προεῖπον, ἀλλ' ὅμως
φθονοῦσιν ἡμῖν πᾶσι τοῖς τοιούτοις. ἀλλ' οὐδὲν αὐτῶν χρὴ
φροντίζειν, ἀλλ' ὁμόσε ἰέναι.

ΣΩ. ᾿Ὦ φίλε Εὐθύφρων, ἀλλὰ τὸ μὲν καταγελασθῆναι
ἴσως οὐδὲν πρᾶγμα. Ἀθηναίοις γάρ τοι, ὡς ἐμοὶ δοκεῖ, οὐ
σφόδρα μέλει ἄν τινα δεινὸν οἴωνται εἶναι, μὴ μέντοι
διδασκαλικὸν τῆς αὑτοῦ σοφίας· ὃν δ' ἂν καὶ ἄλλους
οἴωνται ποιεῖν τοιούτους, θυμοῦνται, εἴτ' οὖν φθόνῳ ὡς σὺ
λέγεις, εἴτε δι' ἄλλο τι.

ΕΥΘ. Τούτου οὖν πέρι ὅπως ποτὲ πρὸς ἐμὲ ἔχουσιν, οὐ
πάνυ ἐπιθυμῶ πειραθῆναι.

ΣΩ. Ἴσως γὰρ σὺ μὲν δοκεῖς σπάνιον σεαυτὸν παρέχειν
καὶ διδάσκειν οὐκ ἐθέλειν τὴν σεαυτοῦ σοφίαν· ἐγὼ δὲ

---

9. Essa "entidade divina" (to daimonion) previne Sócrates de dizer ou fazer algo
desde a sua infância (Apologia 31c-d, 40a). Eutífron assume que a acusação contra
Sócrates tinha ligação com esse sinal divino, o qual pode ter sido interpretado como
evidência de impiedade. Sobre a noção de daimōn na religião grega, ver infra p. 248n57.

[3b-d]   EUTÍFRON   171

responsável pelos melhores e maiores benefícios, como é natural suceder a quem inicia dessa maneira.

EUTÍFRON: Eu desejaria que assim o fosse, Sócrates, mas receio que aconteça o contrário; pois ele simplesmente me parece iniciar prejudicando a cidade em seu âmago, ao tentar injustiçá-lo. Diga-me: o que ele afirma que você faz para corromper os jovens?

SÓCRATES: Coisas absurdas, admirável amigo, quando se ouve de pronto. Pois afirma que sou criador de deuses e, por criar novos deuses e não considerar os antigos, por causa disso me denunciou.

EUTÍFRON: Compreendo, Sócrates; pois você realmente diz que uma entidade divina[9] se lhe manifesta com frequência. Assim, como se você inovasse a respeito dos assuntos divinos, ele fez essa denúncia e foi até o tribunal para caluniá-lo, sabendo que coisas desse tipo se tornam facilmente calúnias junto à maioria dos homens. Pois acontece comigo também: quando digo algo na assembleia a respeito de assuntos divinos, prenunciando-lhes coisas futuras, riem como se eu estivesse louco[10]. Entretanto, das coisas que lhes prenunciei, nada além da verdade lhes foi predito, mas eles invejam a todos nós que somos assim. Não devemos, porém, nos preocupar com eles em nada, e sim enfrentá-los.

SÓCRATES: Caro Eutífron, ser zombado por alguém talvez não signifique nada. Pois aos atenienses, como me parece, pouco importa se consideram alguém ser terrivelmente hábil, desde que não se ponha a ensinar a sua própria sabedoria. Mas, quando pensam que alguém torna outras pessoas semelhantes a si mesmo, irritam-se, seja por inveja, como você diz, seja por outra razão qualquer.

EUTÍFRON: Nesse tocante, então, o modo como hão de se comportar para comigo é algo que não desejo absolutamente experimentar.

SÓCRATES: É que talvez eles achem que você se expõe raramente e não deseja ensinar a sua sabedoria. Quanto a mim, temo que, em

---

10. Em geral, profetizar era uma prática respeitada em Atenas. Portanto, deveria haver uma razão especial para que os atenienses rissem e zombassem do adivinho, o qual não se intimidava com o escárnio da assembleia.

172   ΕΥΘΥΦΡΩΝ

φοβοῦμαι μὴ ὑπὸ φιλανθρωπίας δοκῶ αὐτοῖς ὅτιπερ ἔχω
ἐκκεχυμένως παντὶ ἀνδρὶ λέγειν, οὐ μόνον ἄνευ μισθοῦ,
ἀλλὰ καὶ προστιθεὶς ἂν ἡδέως εἴ τίς μου ἐθέλοι ἀκούειν. εἰ
10 μὲν οὖν, ὃ νυνδὴ ἔλεγον, μέλλοιέν μου καταγελᾶν, ὥσπερ
e   σὺ φῂς σαυτοῦ, οὐδὲν ἂν εἴη ἀηδὲς παίζοντας καὶ
γελῶντας ἐν τῷ δικαστηρίῳ διαγαγεῖν· εἰ δὲ σπουδά-
σονται, τοῦτ᾽ ἤδη ὅπῃ ἀποβήσεται ἄδηλον πλὴν ὑμῖν τοῖς
μάντεσιν.

5   ΕΥΘ. Ἀλλ᾽ ἴσως οὐδὲν ἔσται, ὦ Σώκρατες, πρᾶγμα,
ἀλλὰ σύ τε κατὰ νοῦν ἀγωνιῇ τὴν δίκην, οἶμαι δὲ καὶ ἐμὲ
τὴν ἐμήν.

ΣΩ. Ἔστιν δὲ δὴ σοί, ὦ Εὐθύφρων, τίς ἡ δίκη; φεύγεις
αὐτὴν ἢ διώκεις;

10 ΕΥΘ. Διώκω.

ΣΩ. Τίνα;

4a ΕΥΘ. Ὃν διώκων αὖ δοκῶ μαίνεσθαι.

ΣΩ. Τί δέ; πετόμενόν τινα διώκεις;

ΕΥΘ. Πολλοῦ γε δεῖ πέτεσθαι, ὅς γε τυγχάνει ὢν εὖ
μάλα πρεσβύτης.

5   ΣΩ. Τίς οὗτος;

ΕΥΘ. Ὁ ἐμὸς πατήρ.

ΣΩ. Ὁ σός, ὦ βέλτιστε;

ΕΥΘ. Πάνυ μὲν οὖν.

ΣΩ. Ἔστιν δὲ τί τὸ ἔγκλημα καὶ τίνος ἡ δίκη;

10 ΕΥΘ. Φόνου, ὦ Σώκρατες.

ΣΩ. Ἡράκλεις. ἦ που, ὦ Εὐθύφρων, ἀγνοεῖται ὑπὸ
τῶν πολλῶν ὅπῃ ποτὲ ὀρθῶς ἔχει· οὐ γὰρ οἶμαί γε τοῦ ἐπι-
b   τυχόντος ὀρθῶς αὐτὸ πρᾶξαι, ἀλλὰ πόρρω που ἤδη σοφίας
ἐλαύνοντος.

ΕΥΘ. Πόρρω μέντοι νὴ Δία, ὦ Σώκρατες.

11. Com muita sutileza, Sócrates explica que os atenienses não estavam preocupados com Eutífron e com suas profecias hilárias. O adivinho nem sequer aparecia em
público com frequência, não ensinava e nem tinha discípulos. Ao contrário do adivinho, Sócrates vivia dialogando com quem quisesse nos espaços públicos em companhia
de seus discípulos, o que o tornou alvo de uma séria acusação feita por Meleto e seus
associados. Aparentemente, Sócrates também procura fazer distinção entre si e os ▶

virtude de minha dedicação aos homens, eles pensem que eu falo sem reservas a qualquer homem o que trago comigo, não apenas sem exigir remuneração, mas até lhe oferecendo com prazer do meu caso alguém queira me ouvir[11]. Se, portanto, como eu dizia há pouco, viessem a rir de mim como você afirma que riem de você, em nada seria desagradável dirigir-me ao tribunal em meio a diversões e risos; porém, caso procedam com seriedade, o real desfecho disso é uma incógnita, exceto para vocês, os adivinhos.

EUTÍFRON: Talvez o resultado não dê em nada, Sócrates; mas você pelejará contra a sua queixa sensatamente, e penso que eu também contra a minha.

SÓCRATES: Mas em que consiste a sua queixa, Eutífron? É uma defesa ou uma acusação?

EUTÍFRON: Acusação.

SÓCRATES: Contra quem?

EUTÍFRON: Contra quem dou a impressão de estar louco ao acusar.

SÓCRATES: Mas por quê? Está acusando alguém que voa?

EUTÍFRON: Está longe de voar quem se encontra em idade bastante avançada.

SÓCRATES: Quem é ele?

EUTÍFRON: Meu pai.

SÓCRATES: O seu, meu caro?

EUTÍFRON: Seguramente.

SÓCRATES: Mas qual é a acusação? E a queixa, é a respeito de quê?

EUTÍFRON: De homicídio, Sócrates.

SÓCRATES: Por Héracles! Sem dúvida, Eutífron, a maioria das pessoas ignora como isso está certo; pois acho que um homem qualquer não agiria de maneira correta nesse caso, exceto se fosse bem avançado em sabedoria.

EUTÍFRON: Por Zeus! Bem avançado mesmo, Sócrates[12].

▷ sofistas: o filósofo dialogava gratuitamente com quem quisesse, e estaria disposto até a pagar para conversar, enquanto os sofistas cobravam pelo ensino. Sobre a distinção entre Sócrates e os sofistas, ver infra p. 222n7 e p. 226n12.

12. Eutífron acredita que é avançado em sabedoria e que está fazendo a coisa certa ao processar o pai por homicídio.

ΣΩ. Ἔστιν δὲ δὴ τῶν οἰκείων τις ὁ τεθνεὼς ὑπὸ τοῦ σοῦ πατρός; ἢ δῆλα δή; οὐ γὰρ ἄν που ὑπέρ γε ἀλλοτρίου ἐπεξῇσθα φόνου αὐτῷ.

ΕΥΘ. Γελοῖον, ὦ Σώκρατες, ὅτι οἴει τι διαφέρειν εἴτε ἀλλότριος εἴτε οἰκεῖος ὁ τεθνεώς, ἀλλ᾽ οὐ τοῦτο μόνον δεῖν φυλάττειν, εἴτε ἐν δίκῃ ἔκτεινεν ὁ κτείνας εἴτε μή, καὶ εἰ μὲν ἐν δίκῃ, ἐᾶν, εἰ δὲ μή, ἐπεξιέναι, ἐάνπερ ὁ κτείνας συνέστιός σοι καὶ ὁμοτράπεζος ᾖ· ἴσον γὰρ τὸ μίασμα γίγνεται ἐὰν συνῇς τῷ τοιούτῳ συνειδὼς καὶ μὴ ἀφοσιοῖς σεαυτόν τε καὶ ἐκεῖνον τῇ δίκῃ ἐπεξιών. ἐπεὶ ὅ γε ἀποθανὼν πελάτης τις ἦν ἐμός, καὶ ὡς ἐγεωργοῦμεν ἐν τῇ Νάξῳ, ἐθήτευεν ἐκεῖ παρ᾽ ἡμῖν. παροινήσας οὖν καὶ ὀργισθεὶς τῶν οἰκετῶν τινι τῶν ἡμετέρων ἀποσφάττει αὐτόν. ὁ οὖν πατὴρ συνδήσας τοὺς πόδας καὶ τὰς χεῖρας αὐτοῦ, καταβαλὼν εἰς τάφρον τινά, πέμπει δεῦρο ἄνδρα πευσόμενον τοῦ ἐξηγητοῦ ὅτι χρείη ποιεῖν. ἐν δὲ τούτῳ τῷ χρόνῳ τοῦ δεδεμένου ὠλιγώρει τε καὶ ἠμέλει ὡς ἀνδροφόνου καὶ οὐδὲν ὂν πρᾶγμα εἰ καὶ ἀποθάνοι, ὅπερ οὖν καὶ ἔπαθεν· ὑπὸ γὰρ λιμοῦ καὶ ῥίγους καὶ τῶν δεσμῶν ἀποθνῄσκει πρὶν τὸν ἄγγελον παρὰ τοῦ ἐξηγητοῦ ἀφικέσθαι. ταῦτα δὴ οὖν καὶ ἀγανακτεῖ ὅ τε πατὴρ καὶ οἱ ἄλλοι οἰκεῖοι, ὅτι ἐγὼ ὑπὲρ τοῦ ἀνδροφόνου τῷ πατρὶ φόνου ἐπεξέρχομαι, οὔτε ἀποκτείναντι, ὥς φασιν ἐκεῖνοι, οὔτ᾽ εἰ ὅτι μάλιστα ἀπέκτεινεν, ἀνδροφόνου γε ὄντος τοῦ ἀποθανόντος, οὐ δεῖν φροντίζειν ὑπὲρ τοῦ τοιούτου—ἀνόσιον γὰρ εἶναι τὸ ὑὸν πατρὶ φόνου ἐπεξιέναι—κακῶς εἰδότες, ὦ Σώκρατες, τὸ θεῖον ὡς ἔχει τοῦ ὁσίου τε πέρι καὶ τοῦ ἀνοσίου.

ΣΩ. Σὺ δὲ δὴ πρὸς Διός, ὦ Εὐθύφρων, οὑτωσὶ ἀκριβῶς οἴει ἐπίστασθαι περὶ τῶν θείων ὅπῃ ἔχει, καὶ τῶν ὁσίων τε καὶ ἀνοσίων, ὥστε τούτων οὕτω πραχθέντων ὡς

---

13. Naxos é uma grande ilha do Mar Egeu. Ver infra Mapa, p. 394-395.

14. Os exegetas eram intérpretes das leis religiosas e conselheiros oficiais em assuntos cerimoniais, funerários e expiatórios. O exegeta ofereceria orientação ao pai de Eutífron sobre o procedimento ritual ou judicial que ele deveria tomar para se livrar ▶

[4b-e] EUTÍFRON 175

SÓCRATES: Então, a vítima de seu pai é alguém da sua família? Isso é evidente, não é? Pois de maneira alguma você o processaria por homicídio em favor de um estranho.

EUTÍFRON: É risível, Sócrates, que você pense ser necessário fazer distinção quanto à vítima – se é um estranho ou um familiar –, ao invés de observar apenas isto: se o assassino agiu com justiça ou não; se com justiça, que seja liberado, caso contrário, que seja processado, ainda que o homicida conviva e divida a mesa com você. Pois a mácula é igual se você conviver em cumplicidade com um tipo desses e não purificar a si mesmo e a ele, processando-o mediante queixa. A vítima era um empregado meu, e, como naquela ocasião cultivávamos a terra em Naxos[13], ele trabalhava ali conosco. Um dia, embriagado e irritado com um de nossos servos, ele o degolou. Meu pai, então, tendo-o amarrado pelos pés e pelas mãos, jogou-o num fosso e enviou até aqui um homem para perguntar ao exegeta o que era necessário fazer. E, nesse ínterim, desprezava o homem amarrado e não se importava com ele por ser homicida, não tendo qualquer preocupação com a possibilidade de ele vir a morrer. E foi o que aconteceu: por causa da fome, do frio e das amarras, ele morreu antes de o mensageiro voltar da consulta ao exegeta[14]. É por isto que estão indignados o meu pai e os demais familiares: porque, em favor de um assassino, processo meu pai por homicídio, sem que ele o tivesse matado, segundo a alegação deles; e mesmo se realmente o tivesse matado, sendo a vítima um assassino, eles alegam que eu não deveria me preocupar com alguém dessa espécie – pois é ímpio o filho processar o pai por homicídio –, manifestando um conhecimento defeituoso, Sócrates, de como se posiciona a divindade a respeito do piedoso e do ímpio.

SÓCRATES: E você, por Zeus, Eutífron, pensa ter um conhecimento assim tão preciso dos assuntos divinos, tanto dos piedosos

▷ da mácula. Ao que parece, a família esperava que o pai de Eutífron praticasse apenas um rito de purificação, enquanto o adivinho acreditava que o processo legal seria a maneira correta de purificar o pai e a própria família.

176 ΕΥΘΥΦΡΩΝ

σὺ λέγεις, οὐ φοβῇ δικαζόμενος τῷ πατρὶ ὅπως μὴ αὖ σὺ
ἀνόσιον πρᾶγμα τυγχάνῃς πράττων;

ΕΥΘ. Οὐδὲν γὰρ ἄν μου ὄφελος εἴη, ὦ Σώκρατες,
5a οὐδέ τῳ ἂν διαφέροι Εὐθύφρων τῶν πολλῶν ἀνθρώπων, εἰ
μὴ τὰ τοιαῦτα πάντα ἀκριβῶς εἰδείην.

ΣΩ. Ἆρ' οὖν μοι, ὦ θαυμάσιε Εὐθύφρων, κράτιστόν
ἐστι μαθητῇ σῷ γενέσθαι, καὶ πρὸ τῆς γραφῆς τῆς πρὸς
5 Μέλητον αὐτὰ ταῦτα προκαλεῖσθαι αὐτόν, λέγοντα ὅτι
ἔγωγε καὶ ἐν τῷ ἔμπροσθεν χρόνῳ τὰ θεῖα περὶ πολλοῦ
ἐποιούμην εἰδέναι, καὶ νῦν, ἐπειδή με ἐκεῖνος αὐτοσχεδιά-
ζοντά φησι καὶ καινοτομοῦντα περὶ τῶν θείων ἐξαμαρτάνειν, μαθητὴς δὴ γέγονα σός— "καὶ εἰ μέν, ὦ Μέλητε,"
b φαίην ἄν, "Εὐθύφρονα ὁμολογεῖς σοφὸν εἶναι τὰ τοιαῦτα,
ὀρθῶς νομίζειν καὶ ἐμὲ ἡγοῦ καὶ μὴ δικάζου· εἰ δὲ μή,
ἐκείνῳ τῷ διδασκάλῳ λάχε δίκην πρότερον ἢ ἐμοί, ὡς
τοὺς πρεσβυτέρους διαφθείροντι, ἐμέ τε καὶ τὸν αὑτοῦ
5 πατέρα, ἐμὲ μὲν διδάσκοντι, ἐκεῖνον δὲ νουθετοῦντί τε καὶ
κολάζοντι"—καὶ ἂν μή μοι πείθηται μηδὲ ἀφίῃ τῆς δίκης
ἢ ἀντ' ἐμοῦ γράφηται σέ, αὐτὰ ταῦτα λέγειν ἐν τῷ δικαστηρίῳ ἃ προυκαλούμην αὐτόν;

ΕΥΘ. Ναὶ μὰ Δία, ὦ Σώκρατες, εἰ ἄρα ἐμὲ ἐπιχειρή-
c σειε γράφεσθαι, εὕροιμ' ἄν, ὡς οἶμαι, ὅπῃ σαθρός ἐστιν,
καὶ πολὺ ἂν ἡμῖν πρότερον περὶ ἐκείνου λόγος ἐγένετο ἐν
τῷ δικαστηρίῳ ἢ περὶ ἐμοῦ.

ΣΩ. Καὶ ἐγώ τοι, ὦ φίλε ἑταῖρε, ταῦτα γιγνώσκων
5 μαθητὴς ἐπιθυμῶ γενέσθαι σός, εἰδὼς ὅτι καὶ ἄλλος πού
τις καὶ ὁ Μέλητος οὗτος σὲ μὲν οὐδὲ δοκεῖ ὁρᾶν, ἐμὲ δὲ
οὕτως ὀξέως καὶ ῥᾳδίως κατεῖδεν ὥστε ἀσεβείας ἐγράψατο. νῦν οὖν πρὸς Διὸς λέγε μοι ὃ νυνδὴ σαφῶς εἰδέναι
διισχυρίζου, ποῖόν τι τὸ εὐσεβὲς φῂς εἶναι καὶ τὸ ἀσεβὲς
d καὶ περὶ φόνου καὶ περὶ τῶν ἄλλων; ἢ οὐ ταὐτόν ἐστιν ἐν

---

15. Colocando-se como discípulo de Eutífron, Sócrates utiliza uma estratégia retórica com o objetivo de motivar o interlocutor a falar, abrindo caminho para inquirir
o adivinho.

[4e-5d]   EUTÍFRON   177

quanto dos ímpios, que, mesmo as coisas tendo sido feitas da maneira como relata, não teme que também esteja praticando uma ação ímpia ao levar seu pai ao tribunal?

EUTÍFRON: Nenhuma utilidade eu teria, Sócrates, e em coisa alguma Eutífron se distinguiria da maioria dos homens, se não conhecesse todos esses assuntos com precisão.

SÓCRATES: Para mim, então, admirável Eutífron, o melhor seria tornar-me seu discípulo[15] e, antes de enfrentar a denúncia de Meleto, desafiá-lo com essas mesmas palavras, dizendo que ao menos eu, há muito tempo, tenho me empenhado ao máximo para conhecer os assuntos divinos, e que agora, uma vez que ele diz que eu cometo uma falta improvisando e inovando a respeito dos assuntos divinos, tornei-me seu discípulo. "Se você, Meleto", eu lhe diria, "concorda em que Eutífron é um sábio em assuntos dessa natureza, considere que também meu entendimento é correto a esse respeito e não me leve ao tribunal! Caso contrário, lance a queixa contra ele, que é meu mestre, e não contra mim, de que corrompe os mais velhos, tanto a mim quanto ao pai dele: em meu caso, ensinando-me, e, no caso dele, repreendendo-o e punindo-o." Caso Meleto não dê ouvidos a mim, nem me livre da queixa ou denuncie você em meu lugar, porventura o melhor para mim seria proferir no tribunal o que acabei de dizer para desafiá-lo?

EUTÍFRON: Sim, por Zeus, Sócrates! Se por acaso ele tentasse me denunciar, eu descobriria, penso eu, onde estaria o seu ponto fraco, e ele se tornaria, muito antes de mim, o alvo da discussão no tribunal.

SÓCRATES: E eu, na verdade, querido companheiro, sabendo disso, desejo tornar-me seu discípulo, ciente de que os homens em geral, mas, em particular, Meleto nem mesmo notou você, enquanto sobre mim fitou os olhos com tamanha agudeza e facilidade que me denunciou por irreligiosidade. Mas agora, por Zeus, diga-me o que há pouco sustentava conhecer claramente: que tipo de coisa você afirma ser o religioso e o irreligioso, tanto em relação ao homicídio quanto em relação às demais coisas? O piedoso em

178 ΕΥΘΥΦΡΩΝ

πάσῃ πράξει τὸ ὅσιον αὐτὸ αὑτῷ, καὶ τὸ ἀνόσιον αὖ τοῦ
μὲν ὁσίου παντὸς ἐναντίον, αὐτὸ δὲ αὑτῷ ὅμοιον καὶ ἔχον
μίαν τινὰ ἰδέαν κατὰ τὴν ἀνοσιότητα πᾶν ὅτιπερ ἂν μέλλῃ
5 ἀνόσιον εἶναι;

ΕΥΘ. Πάντως δήπου, ὦ Σώκρατες.

ΣΩ. Λέγε δή, τί φῂς εἶναι τὸ ὅσιον καὶ τί τὸ ἀνόσιον;

ΕΥΘ. Λέγω τοίνυν ὅτι τὸ μὲν ὅσιόν ἐστιν ὅπερ ἐγὼ νῦν
ποιῶ, τῷ ἀδικοῦντι ἢ περὶ φόνους ἢ περὶ ἱερῶν κλοπὰς ἤ τι
10 ἄλλο τῶν τοιούτων ἐξαμαρτάνοντι ἐπεξιέναι, ἐάντε πατὴρ
e ὢν τυγχάνῃ ἐάντε μήτηρ ἐάντε ἄλλος ὁστισοῦν, τὸ δὲ μὴ
ἐπεξιέναι ἀνόσιον· ἐπεί, ὦ Σώκρατες, θέασαι ὡς μέγα σοι
ἐρῶ τεκμήριον τοῦ νόμου ὅτι οὕτως ἔχει—ὃ καὶ ἄλλοις
ἤδη εἶπον, ὅτι ταῦτα ὀρθῶς ἂν εἴη οὕτω γιγνόμενα, μὴ ἐπι-
5 τρέπειν τῷ ἀσεβοῦντι μηδ᾽ ἂν ὁστισοῦν τυγχάνῃ ὤν· αὐτοὶ
γὰρ οἱ ἄνθρωποι τυγχάνουσι νομίζοντες τὸν Δία τῶν θεῶν
6a ἄριστον καὶ δικαιότατον, καὶ τοῦτον ὁμολογοῦσι τὸν αὑτοῦ
πατέρα δῆσαι ὅτι τοὺς υἱεῖς κατέπινεν οὐκ ἐν δίκῃ, κἀκεῖνόν
γε αὖ τὸν αὑτοῦ πατέρα ἐκτεμεῖν δι᾽ ἕτερα τοιαῦτα· ἐμοὶ δὲ
χαλεπαίνουσιν ὅτι τῷ πατρὶ ἐπεξέρχομαι ἀδικοῦντι, καὶ
5 οὕτως αὐτοὶ αὑτοῖς τὰ ἐναντία λέγουσι περί τε τῶν θεῶν
καὶ περὶ ἐμοῦ.

ΣΩ. Ἆρά γε, ὦ Εὐθύφρων, τοῦτ᾽ ἔστιν οὗ ἕνεκα τὴν
γραφὴν φεύγω, ὅτι τὰ τοιαῦτα ἐπειδάν τις περὶ τῶν θεῶν
λέγῃ, δυσχερῶς πως ἀποδέχομαι; διὸ δή, ὡς ἔοικε, φήσει
10 τίς με ἐξαμαρτάνειν. νῦν οὖν εἰ καὶ σοὶ ταῦτα συνδοκεῖ τῷ
b εὖ εἰδότι περὶ τῶν τοιούτων, ἀνάγκη δή, ὡς ἔοικε, καὶ ἡμῖν
συγχωρεῖν. τί γὰρ καὶ φήσομεν, οἵ γε καὶ αὐτοὶ ὁμολογοῦμεν περὶ αὐτῶν μηδὲν εἰδέναι; ἀλλά μοι εἰπὲ πρὸς
Φιλίου, σὺ ὡς ἀληθῶς ἡγῇ ταῦτα οὕτως γεγονέναι;

---

16. Traduzimos ἰδέα (*idea*) por "ideia" e εἶδος (*eidos*) por "forma" (6d11). Contudo,
o texto platônico não pretende sugerir uma distinção conceitual.

17. Eutífron faz referência a episódios míticos encontrados na *Teogonia* de Hesíodo.
Primeiro, Crono castra seu pai, Céu (Urano), com a ajuda da mãe, Terra (Gaia), que
dá origem a uma foice dentada e a coloca nas suas mãos (v. 176-182). Posteriormente,
Zeus destrona seu pai Crono e o prende no Tártaro (v. 453-506).

[5d-6b]   EUTÍFRON   179

si é igual a si mesmo em toda ação, enquanto o ímpio, por sua vez, o contrário de todo piedoso, não é? E tudo aquilo que vier a ser ímpio é semelhante a si mesmo e tem uma única ideia[16] concernente à impiedade, não é?

EUTÍFRON: Sem sombra de dúvida, Sócrates.

SÓCRATES: Diga-me, então, o que você afirma ser o piedoso e o ímpio?

EUTÍFRON: Digo, pois, que o piedoso é precisamente o que faço agora: processar a quem comete injustiça, seja por homicídio seja por roubos aos templos, ou a quem comete outros erros do tipo, ainda que venha a ser o pai, a mãe ou qualquer outra   e pessoa, ao passo que não processá-lo é ímpio. Agora, Sócrates, observa quão grande é a prova, como vou lhe mostrar, de que a lei é assim – como também já mostrei a outros que essas coisas estariam corretas seguindo esse curso: não se deve ser condescendente com o ímpio, seja ele quem for. Pois os próprios homens consideram Zeus o melhor e o mais justo dos deuses,   6a e ao mesmo tempo reconhecem que ele amarrou o próprio pai porque engolia os filhos injustamente, o qual já havia castrado o seu pai por outros motivos semelhantes[17]. Apesar disso, hostilizam-me porque processo meu pai por ter cometido injustiça, e assim entram em contradição naquilo que dizem sobre os deuses e sobre mim.

SÓCRATES: Acaso, Eutífron, será esta a razão pela qual me defendo de uma denúncia, porque sempre que alguém diz coisas desse tipo a respeito dos deuses, com insatisfação as recebo? Certamente por essa razão, como parece, alguém dirá que eu erro. Agora, se você, que tem conhecimento acurado sobre essa matéria, aprovas tais coisas, também nós precisamos estar de   b acordo. Pois o que diremos nós, que admitimos por conta própria nada saber a respeito dessas coisas? Mas diga-me, pelo deus da amizade[18]: você acha verdadeiramente que elas aconteceram dessa maneira?

18. Uma invocação a Zeus. Expressando-se assim, Sócrates pede que Eutífron lhe responda com franqueza.

EYΘ. Καὶ ἔτι γε τούτων θαυμασιώτερα, ὦ Σώκρατες, ἃ οἱ πολλοὶ οὐκ ἴσασιν.

ΣΩ. Καὶ πόλεμον ἆρα ἡγῇ σὺ εἶναι τῷ ὄντι ἐν τοῖς θεοῖς πρὸς ἀλλήλους, καὶ ἔχθρας γε δεινὰς καὶ μάχας καὶ ἄλλα τοιαῦτα πολλά, οἷα λέγεταί τε ὑπὸ τῶν ποιητῶν, καὶ ὑπὸ τῶν ἀγαθῶν γραφέων τά τε ἄλλα ἱερὰ ἡμῖν καταπεποί- κιλται, καὶ δὴ καὶ τοῖς μεγάλοις Παναθηναίοις ὁ πέπλος μεστὸς τῶν τοιούτων ποικιλμάτων ἀνάγεται εἰς τὴν ἀκρό- πολιν; ταῦτα ἀληθῆ φῶμεν εἶναι, ὦ Εὐθύφρων;

EYΘ. Μὴ μόνον γε, ὦ Σώκρατες, ἀλλ' ὅπερ ἄρτι εἶπον, καὶ ἄλλα σοι ἐγὼ πολλά, ἐάνπερ βούλῃ, περὶ τῶν θείων διηγήσομαι, ἃ σὺ ἀκούων εὖ οἶδ' ὅτι ἐκπλαγήσῃ.

ΣΩ. Οὐκ ἂν θαυμάζοιμι. ἀλλὰ ταῦτα μέν μοι εἰς αὖθις ἐπὶ σχολῆς διηγήσῃ· νυνὶ δὲ ὅπερ ἄρτι σε ἠρόμην πειρῶ σαφέστερον εἰπεῖν. οὐ γάρ με, ὦ ἑταῖρε, τὸ πρότερον ἱκανῶς ἐδίδαξας ἐρωτήσαντα τὸ ὅσιον ὅτι ποτ' εἴη, ἀλλά μοι εἶπες ὅτι τοῦτο τυγχάνει ὅσιον ὂν ὃ σὺ νῦν ποιεῖς, φόνου ἐπεξιὼν τῷ πατρί.

EYΘ. Καὶ ἀληθῆ γε ἔλεγον, ὦ Σώκρατες.

ΣΩ. Ἴσως. ἀλλὰ γάρ, ὦ Εὐθύφρων, καὶ ἄλλα πολλὰ φῂς εἶναι ὅσια.

EYΘ. Καὶ γὰρ ἔστιν.

ΣΩ. Μέμνησαι οὖν ὅτι οὐ τοῦτό σοι διεκελευόμην, ἕν τι ἢ δύο με διδάξαι τῶν πολλῶν ὁσίων, ἀλλ' ἐκεῖνο αὐτὸ τὸ εἶδος ᾧ πάντα τὰ ὅσια ὅσιά ἐστιν; ἔφησθα γάρ που μιᾷ ἰδέᾳ τά τε ἀνόσια ἀνόσια εἶναι καὶ τὰ ὅσια ὅσια· ἢ οὐ μνημονεύεις;

EYΘ. Ἔγωγε.

ΣΩ. Ταύτην τοίνυν με αὐτὴν δίδαξον τὴν ἰδέαν τίς ποτέ ἐστιν, ἵνα εἰς ἐκείνην ἀποβλέπων καὶ χρώμενος αὐτῇ

19. Uma grande e magnificente festividade religiosa celebrada a cada quatro anos em Atenas.

20. A Acrópole de Atenas era dedicada à deusa Atena, padroeira da cidade. Por ocasião das grandes Panateneias, uma procissão seguia até o alto da Acrópole onde estava a estátua da deusa. Os fiéis, então, cobriam a estátua com um manto trabalhado e cheio de imagens que retratavam as lutas dos deuses.

EUTÍFRON: Certamente, e coisas ainda mais deslumbrantes do que essas, desconhecidas pela maioria dos homens.

SÓCRATES: Acaso você acha que também há realmente guerra entre os deuses, uns contra os outros, e inimizades terríveis, lutas e muitas outras coisas semelhantes a essas, como as que são contadas pelos poetas e as que se veem nos ornamentos dos objetos sagrados, obra de bons pintores, sobretudo no manto cheio de imagens desse tipo, que, por ocasião das grandes Panateneias[19], é conduzido até a Acrópole?[20] Devemos afirmar que tais histórias são verdadeiras, Eutífron?

EUTÍFRON: Não só essas, Sócrates, mas, como eu disse há pouco, posso lhe contar muitas outras histórias a respeito das divindades, se você quiser, e bem sei que elas vão deixá-lo espantado quando ouvi-las.

SÓCRATES: Não me admiraria. Mas essas coisas você pode me contar outro dia, num tempo livre. Agora, tente responder-me com maior clareza o que lhe perguntei há pouco! Pois antes, meu amigo, você não me ensinou adequadamente quando lhe perguntei o que, afinal, é o piedoso, mas disse apenas que piedoso consiste naquilo que você está fazendo agora: processar seu pai por homicídio.

EUTÍFRON: E eu dizia a verdade, Sócrates.

SÓCRATES: Talvez. No entanto, Eutífron, você afirma que muitas outras coisas também são piedosas.

EUTÍFRON: E de fato são.

SÓCRATES: Então, você está lembrado de que não era isso que eu solicitava a você, ensinar-me uma ou duas coisas piedosas dentre inúmeras outras, mas precisamente aquela forma pela qual todas as coisas piedosas são piedosas? Pois você me disse, suponho eu, que por uma única ideia as coisas ímpias são ímpias, e as coisas piedosas são piedosas. Ou não se lembra?

EUTÍFRON: Claro.

SÓCRATES: Ensine-me, então, qual é precisamente essa ideia, para que, observando-a e utilizando-a como paradigma, eu

παραδείγματι, ὃ μὲν ἂν τοιοῦτον ᾖ ὧν ἂν ᾖ σὺ ᾖ ἄλλος τις πράττῃ φῶ ὅσιον εἶναι, ὃ δ᾽ ἂν μὴ τοιοῦτον, μὴ φῶ.

ΕΥΘ. Ἀλλ᾽ εἰ οὕτω βούλει, ὦ Σώκρατες, καὶ οὕτω σοι φράσω.

ΣΩ. Ἀλλὰ μὴν βούλομαί γε.

ΕΥΘ. Ἔστι τοίνυν τὸ μὲν τοῖς θεοῖς προσφιλὲς ὅσιον, τὸ δὲ μὴ προσφιλὲς ἀνόσιον.

ΣΩ. Παγκάλως, ὦ Εὐθύφρων, καὶ ὡς ἐγὼ ἐζήτουν ἀποκρίνασθαί σε, οὕτω νῦν ἀπεκρίνω. εἰ μέντοι ἀληθῶς, τοῦτο οὔπω οἶδα, ἀλλὰ σὺ δῆλον ὅτι ἐπεκδιδάξεις ὡς ἔστιν ἀληθῆ ἃ λέγεις.

ΕΥΘ. Πάνυ μὲν οὖν.

ΣΩ. Φέρε δή, ἐπισκεψώμεθα τί λέγομεν. τὸ μὲν θεοφιλές τε καὶ ὁ θεοφιλὴς ἄνθρωπος ὅσιος, τὸ δὲ θεομισὲς καὶ ὁ θεομισὴς ἀνόσιος· οὐ ταὐτὸν δ᾽ ἐστίν, ἀλλὰ τὸ ἐναντιώτατον, τὸ ὅσιον τῷ ἀνοσίῳ· οὐχ οὕτως;

ΕΥΘ. Οὕτω μὲν οὖν.

ΣΩ. Καὶ εὖ γε φαίνεται εἰρῆσθαι;

ΕΥΘ. Δοκῶ, ὦ Σώκρατες.

ΣΩ. Οὐκοῦν καὶ ὅτι στασιάζουσιν οἱ θεοί, ὦ Εὐθύφρων, καὶ διαφέρονται ἀλλήλοις καὶ ἔχθρα ἐστὶν ἐν αὐτοῖς πρὸς ἀλλήλους, καὶ τοῦτο εἴρηται;

ΕΥΘ. Εἴρηται γάρ.

ΣΩ. Ἔχθραν δὲ καὶ ὀργάς, ὦ ἄριστε, ἡ περὶ τίνων διαφορὰ ποιεῖ; ὧδε δὲ σκοπῶμεν. ἆρ᾽ ἂν εἰ διαφεροίμεθα ἐγώ τε καὶ σὺ περὶ ἀριθμοῦ ὁπότερα πλείω, ἡ περὶ τούτων διαφορὰ ἐχθροὺς ἂν ἡμᾶς ποιοῖ καὶ ὀργίζεσθαι ἀλλήλοις, ἢ ἐπὶ λογισμὸν ἐλθόντες περί γε τῶν τοιούτων ταχὺ ἂν ἀπαλλαγεῖμεν;

ΕΥΘ. Πάνυ γε.

ΣΩ. Οὐκοῦν καὶ περὶ τοῦ μείζονος καὶ ἐλάττονος εἰ διαφεροίμεθα, ἐπὶ τὸ μετρεῖν ἐλθόντες ταχὺ παυσαίμεθ᾽ ἂν τῆς διαφορᾶς;

ΕΥΘ. Ἔστι ταῦτα.

possa dizer que é piedoso o que você ou qualquer outra pessoa fizer conforme esse padrão, e caso contrário, dizer que não é.

EUTÍFRON: Já que você quer assim, Sócrates, assim vou lhe explicar.

SÓCRATES: Quero justamente isso.

EUTÍFRON: Nesse caso, é piedoso o que é caro aos deuses, enquanto o que não lhes é caro é ímpio.

SÓCRATES: Brilhante, Eutífron! Como eu esperava que você me respondesse, finalmente assim você o fez. Se, todavia, é verdade, isso ainda não sei, mas é evidente que você vai me ensinar com detalhes que é verdade o que você está me dizendo.

EUTÍFRON: Seguramente.

SÓCRATES: Vamos, então! Investiguemos o que estamos afirmando! É piedoso o que é caro aos deuses e o homem que é caro aos deuses, enquanto é ímpio o que é odiável aos deuses e o homem que é odiável aos deuses. E não são a mesma coisa, mas absolutamente contrárias, o piedoso e o ímpio; não é assim?

EUTÍFRON: É assim mesmo.

SÓCRATES: E parece estar bem dito?

EUTÍFRON: Penso que sim, Sócrates.

SÓCRATES: Porventura não foi dito que os deuses, Eutífron, lutam e divergem entre si, e que há inimizades entre eles?

EUTÍFRON: Foi dito sim.

SÓCRATES: Inimizade e irritações, excelentíssimo homem, procedem da divergência a respeito de quê? Examinemos da seguinte maneira! Se divergíssemos, eu e você, a respeito de qual, dentre dois grupos de coisas, é o mais numeroso, acaso a divergência a respeito disso nos tornaria inimigos e ficaríamos irritados um com o outro, ou, tendo empregado o cálculo, rapidamente entraríamos em acordo sobre a questão?

EUTÍFRON: Seguramente entraríamos em acordo.

SÓCRATES: E não é certo que, se a respeito do maior e do menor divergíssemos, tendo empregado a medição, rapidamente cessaríamos tal divergência?

EUTÍFRON: Sem dúvida.

184 ΕΥΘΥΦΡΩΝ

ΣΩ. Καὶ ἐπί γε τὸ ἱστάναι ἐλθόντες, ὡς ἐγῷμαι, περὶ τοῦ βαρυτέρου τε καὶ κουφοτέρου διακριθεῖμεν ἄν;

ΕΥΘ. Πῶς γὰρ οὔ;

ΣΩ. Περὶ τίνος δὲ δὴ διενεχθέντες καὶ ἐπὶ τίνα κρίσιν οὐ δυνάμενοι ἀφικέσθαι ἐχθροί γε ἂν ἀλλήλοις εἶμεν καὶ ὀργιζοίμεθα; ἴσως οὐ πρόχειρόν σοί ἐστιν, ἀλλ' ἐμοῦ λέγοντος σκόπει εἰ τάδε ἐστὶ τό τε δίκαιον καὶ τὸ ἄδικον καὶ καλὸν καὶ αἰσχρὸν καὶ ἀγαθὸν καὶ κακόν. ἆρα οὐ ταῦτά ἐστιν περὶ ὧν διενεχθέντες καὶ οὐ δυνάμενοι ἐπὶ ἱκανὴν κρίσιν αὐτῶν ἐλθεῖν ἐχθροὶ ἀλλήλοις γιγνόμεθα, ὅταν γιγνώμεθα, καὶ ἐγὼ καὶ σὺ καὶ οἱ ἄλλοι ἄνθρωποι πάντες;

ΕΥΘ. Ἀλλ' ἔστιν αὕτη ἡ διαφορά, ὦ Σώκρατες, καὶ περὶ τούτων.

ΣΩ. Τί δὲ οἱ θεοί, ὦ Εὐθύφρων; οὐκ εἴπερ τι διαφέρονται, δι' αὐτὰ ταῦτα διαφέροιντ' ἄν;

ΕΥΘ. Πολλὴ ἀνάγκη.

ΣΩ. Καὶ τῶν θεῶν ἄρα, ὦ γενναῖε Εὐθύφρων, ἄλλοι ἄλλα δίκαια ἡγοῦνται κατὰ τὸν σὸν λόγον, καὶ καλὰ καὶ αἰσχρὰ καὶ ἀγαθὰ καὶ κακά· οὐ γὰρ ἂν που ἐστασίαζον ἀλλήλοις εἰ μὴ περὶ τούτων διεφέροντο· ἢ γάρ;

ΕΥΘ. Ὀρθῶς λέγεις.

ΣΩ. Οὐκοῦν ἅπερ καλὰ ἡγοῦνται ἕκαστοι καὶ ἀγαθὰ καὶ δίκαια, ταῦτα καὶ φιλοῦσιν, τὰ δὲ ἐναντία τούτων μισοῦσιν;

ΕΥΘ. Πάνυ γε.

ΣΩ. Ταὐτὰ δέ γε, ὡς σὺ φής, οἱ μὲν δίκαια ἡγοῦνται, οἱ δὲ ἄδικα, περὶ ἃ καὶ ἀμφισβητοῦντες στασιάζουσί τε καὶ πολεμοῦσιν ἀλλήλοις· ἆρα οὐχ οὕτω;

ΕΥΘ. Οὕτω.

ΣΩ. Ταῦτ' ἄρα, ὡς ἔοικεν, μισεῖταί τε ὑπὸ τῶν θεῶν καὶ φιλεῖται, καὶ θεομισῆ τε καὶ θεοφιλῆ ταῦτ' ἂν εἴη.

ΕΥΘ. Ἔοικεν.

SÓCRATES: E tendo empregado a pesagem, julgo eu, não decidiríamos a respeito do mais pesado e do mais leve?

EUTÍFRON: Como não?

SÓCRATES: Então, tendo divergido a respeito de quê, e não podendo chegar a uma decisão sobre o quê, seríamos inimigos um do outro e nos irritaríamos? Talvez você não tenha uma resposta pronta, mas, enquanto eu falo, examine se essas coisas são o justo e o injusto, o belo e o vergonhoso, o bom e o mau! Acaso não é com relação a essas coisas que, uma vez divergindo e não podendo chegar a uma decisão satisfatória sobre elas, tornamo-nos inimigos uns dos outros quando nos tornamos, tanto eu quanto você e todos os demais homens?

EUTÍFRON: É essa a divergência, Sócrates, e a respeito dessas coisas.

SÓCRATES: E quanto aos deuses, Eutífron? Se é verdade que divergem em algo, não seria por causa dessas mesmas coisas que eles divergem?

EUTÍFRON: Inevitavelmente.

SÓCRATES: Dentre os deuses, portanto, nobre Eutífron, uns consideram certas coisas justas, ao passo que outros não, conforme o seu argumento, e o mesmo vale para as coisas belas e vergonhosas, boas e más. Pois decerto não lutariam entre si, se não divergissem a respeito dessas coisas; não é mesmo?

EUTÍFRON: É correto o que você está dizendo.

SÓCRATES: Então, cada um deles não ama as coisas que considera belas, boas e justas, e odeia as contrárias a elas?

EUTÍFRON: Seguramente.

SÓCRATES: E as mesmas coisas, como você afirma, uns consideram justas, ao passo que outros, injustas, e ao discordar a respeito delas, lutam e até guerreiam entre si; não é assim?

EUTÍFRON: É assim.

SÓCRATES: Portanto, as mesmas coisas, como parece, são odiadas e amadas pelos deuses, as quais seriam tanto odiosas quanto caras aos deuses.

EUTÍFRON: É o que parece.

ΕΥΘΥΦΡΩΝ

ΣΩ. Καὶ ὅσια ἄρα καὶ ἀνόσια τὰ αὐτὰ ἂν εἴη, ὦ Εὐθύφρων, τούτῳ τῷ λόγῳ.

ΕΥΘ. Κινδυνεύει.

ΣΩ. Οὐκ ἄρα ὃ ἠρόμην ἀπεκρίνω, ὦ θαυμάσιε. οὐ γὰρ τοῦτό γε ἠρώτων, ὃ τυγχάνει ταὐτὸν ὂν ὅσιόν τε καὶ ἀνόσιον· ὃ δ᾽ ἂν θεοφιλὲς ᾖ καὶ θεομισές ἐστιν, ὡς ἔοικεν. ὥστε, ὦ Εὐθύφρων, ὃ σὺ νῦν ποιεῖς τὸν πατέρα κολάζων, οὐδὲν θαυμαστὸν εἰ τοῦτο δρῶν τῷ μὲν Διὶ προσφιλὲς ποιεῖς, τῷ δὲ Κρόνῳ καὶ τῷ Οὐρανῷ ἐχθρόν, καὶ τῷ μὲν Ἡφαίστῳ φίλον, τῇ δὲ Ἥρᾳ ἐχθρόν, καὶ εἴ τις ἄλλος τῶν θεῶν ἕτερος ἑτέρῳ διαφέρεται περὶ αὐτοῦ, καὶ ἐκείνοις κατὰ τὰ αὐτά.

ΕΥΘ. Ἀλλ᾽ οἶμαι, ὦ Σώκρατες, περί γε τούτου τῶν θεῶν οὐδένα ἕτερον ἑτέρῳ διαφέρεσθαι, ὡς οὐ δεῖ δίκην διδόναι ἐκεῖνον ὃς ἂν ἀδίκως τινὰ ἀποκτείνῃ.

ΣΩ. Τί δέ; ἀνθρώπων, ὦ Εὐθύφρων, ἤδη τινὸς ἤκουσας ἀμφισβητοῦντος ὡς τὸν ἀδίκως ἀποκτείναντα ἢ ἄλλο ἀδίκως ποιοῦντα ὁτιοῦν οὐ δεῖ δίκην διδόναι;

ΕΥΘ. Οὐδὲν μὲν οὖν παύονται ταῦτα ἀμφισβητοῦντες καὶ ἄλλοθι καὶ ἐν τοῖς δικαστηρίοις· ἀδικοῦντες γὰρ πάμπολλα, πάντα ποιοῦσι καὶ λέγουσι φεύγοντες τὴν δίκην.

ΣΩ. Ἦ καὶ ὁμολογοῦσιν, ὦ Εὐθύφρων, ἀδικεῖν, καὶ ὁμολογοῦντες ὅμως οὐ δεῖν φασὶ σφᾶς διδόναι δίκην;

ΕΥΘ. Οὐδαμῶς τοῦτό γε.

ΣΩ. Οὐκ ἄρα πᾶν γε ποιοῦσι καὶ λέγουσι· τοῦτο γὰρ οἶμαι οὐ τολμῶσι λέγειν οὐδ᾽ ἀμφισβητεῖν, ὡς οὐχὶ εἴπερ ἀδικοῦσί γε δοτέον δίκην, ἀλλ᾽ οἶμαι οὔ φασιν ἀδικεῖν· ἢ γάρ;

ΕΥΘ. Ἀληθῆ λέγεις.

ΣΩ. Οὐκ ἄρα ἐκεῖνό γε ἀμφισβητοῦσιν, ὡς οὐ τὸν ἀδικοῦντα δεῖ διδόναι δίκην, ἀλλ᾽ ἐκεῖνο ἴσως ἀμφισβητοῦσιν, τὸ τίς ἐστιν ὁ ἀδικῶν καὶ τί δρῶν καὶ πότε.

SÓCRATES: Portanto, Eutífron, por esse raciocínio, as mesmas coisas seriam tanto piedosas quanto ímpias.

EUTÍFRON: É provável.

SÓCRATES: Você não respondeu, então, à minha pergunta, admirável homem. Pois não lhe perguntei sobre o que é igualmente piedoso e ímpio. Mas, como parece, o que for caro aos deuses também é odiável. Desse modo, Eutífron, o que você faz agora, castigando seu pai, não seria admirável se, ao realizar isso, você fizesse algo caro a Zeus, mas odiável a Cronos e Urano, e caro a Hefesto, mas odiável a Hera; e se algum dos deuses divergisse de outro a respeito da mesma questão, também com eles ocorreria o mesmo.

EUTÍFRON: Mas penso, Sócrates, que nenhum dos deuses diverge de outro no que diz respeito ao dever de se punir quem mata alguém injustamente.

SÓCRATES: O quê? Dentre os homens, Eutífron, já ouviu alguém discordar de outro sobre se deve ou não ser punido quem mata alguém injustamente ou comete outro ato injusto qualquer?

EUTÍFRON: De fato, eles não cessam de discordar sobre coisas assim, em especial nos tribunais; pois, quando cometem injustiças de toda sorte, eles fazem e dizem tudo para fugir da penalidade.

SÓCRATES: E é verdade que reconhecem que cometem injustiça, Eutífron, e mesmo reconhecendo, afirmam que não devem ser punidos?

EUTÍFRON: Isso de modo algum.

SÓCRATES: Portanto, nem tudo fazem e dizem; pois penso que não ousam dizer nem discordar de que se deve punir quem comete injustiça, mas creio que negam ter cometido injustiça; não é mesmo?

EUTÍFRON: É verdade o que você está dizendo.

SÓCRATES: Portanto, não discordam de que se deve punir quem comete injustiça, mas talvez discordem sobre quem cometeu injustiça, o que ele fez e quando.

188   ΕΥΘΥΦΡΩΝ

ΕΥΘ. Ἀληθῆ λέγεις.

ΣΩ. Οὐκοῦν αὐτά γε ταῦτα καὶ οἱ θεοὶ πεπόνθασιν,
εἴπερ στασιάζουσι περὶ τῶν δικαίων καὶ ἀδίκων ὡς ὁ σὸς
λόγος, καὶ οἱ μέν φασιν ἀλλήλους ἀδικεῖν, οἱ δὲ οὔ φασιν;
ἐπεὶ ἐκεῖνό γε δήπου, ὦ θαυμάσιε, οὐδεὶς οὔτε θεῶν οὔτε
ἀνθρώπων τολμᾷ λέγειν, ὡς οὐ τῷ γε ἀδικοῦντι δοτέον
δίκην.

ΕΥΘ. Ναί, τοῦτο μὲν ἀληθὲς λέγεις, ὦ Σώκρατες, τό
γε κεφάλαιον.

ΣΩ. Ἀλλ' ἕκαστόν γε οἶμαι, ὦ Εὐθύφρων, τῶν πραχθέντων ἀμφισβητοῦσιν οἱ ἀμφισβητοῦντες, καὶ ἄνθρωποι
καὶ θεοί, εἴπερ ἀμφισβητοῦσιν θεοί· πράξεώς τινος πέρι
διαφερόμενοι οἱ μὲν δικαίως φασὶν αὐτὴν πεπρᾶχθαι, οἱ δὲ
ἀδίκως· ἆρ' οὐχ οὕτω;

ΕΥΘ. Πάνυ γε.

ΣΩ. Ἴθι νυν, ὦ φίλε Εὐθύφρων, δίδαξον καὶ ἐμέ, ἵνα
σοφώτερος γένωμαι, τί σοι τεκμήριόν ἐστιν ὡς πάντες θεοὶ
ἡγοῦνται ἐκεῖνον ἀδίκως τεθνάναι, ὃς ἂν θητεύων ἀνδρο-
φόνος γενόμενος, συνδεθεὶς ὑπὸ τοῦ δεσπότου τοῦ ἀποθανόντος, φθάσῃ τελευτήσας διὰ τὰ δεσμὰ πρὶν τὸν
συνδήσαντα παρὰ τῶν ἐξηγητῶν περὶ αὐτοῦ πυθέσθαι τί
χρὴ ποιεῖν, καὶ ὑπὲρ τοῦ τοιούτου δὴ ὀρθῶς ἔχει ἐπεξιέναι
καὶ ἐπισκήπτεσθαι φόνου τὸν ὑὸν τῷ πατρί; ἴθι, περὶ
τούτων πειρῶ τί μοι σαφὲς ἐνδείξασθαι ὡς παντὸς μᾶλλον
πάντες θεοὶ ἡγοῦνται ὀρθῶς ἔχειν ταύτην τὴν πρᾶξιν· κἂν
μοι ἱκανῶς ἐνδείξῃ, ἐγκωμιάζων σε ἐπὶ σοφίᾳ οὐδέποτε
παύσομαι.

ΕΥΘ. Ἀλλ' ἴσως οὐκ ὀλίγον ἔργον ἐστίν, ὦ Σώκρατες,
ἐπεὶ πάνυ γε σαφῶς ἔχοιμι ἂν ἐπιδεῖξαί σοι.

ΣΩ. Μανθάνω· ὅτι σοι δοκῶ τῶν δικαστῶν δυσμαθέ-
στερος εἶναι, ἐπεὶ ἐκείνοις γε ἐνδείξῃ δῆλον ὅτι ὡς ἀδικά
τέ ἐστιν καὶ οἱ θεοὶ ἅπαντες τὰ τοιαῦτα μισοῦσιν.

ΕΥΘ. Πάνυ γε σαφῶς, ὦ Σώκρατες, ἐάνπερ ἀκούωσί
γέ μου λέγοντος.

EUTÍFRON: É verdade o que você está dizendo.

SÓCRATES: Porventura os deuses não experimentam a mesma condição, já que dissentem a respeito das coisas justas e injustas, conforme seu raciocínio, uns afirmando que outros cometem injustiça, e outros negando tal afirmação? Com efeito, admirável, certamente ninguém, seja entre os deuses seja entre os homens, ousa dizer que não se deve punir quem pratica alguma injustiça.

EUTÍFRON: Sim, isso que você está dizendo é verdade, Sócrates, em seu cerne.

SÓCRATES: No entanto, Eutífron, eu penso que cada uma das ações praticadas é objeto de discordância para os que discordam, sejam eles deuses ou homens, se é que deuses discordam; divergindo a respeito de certa ação, uns dizem que foi praticada justamente, enquanto outros, injustamente; acaso não é assim?

EUTÍFRON: Seguramente.

SÓCRATES: Adiante então, meu caro Eutífron! Ensine também a mim, para que eu me torne mais sábio: que prova você tem de que todos os deuses consideram injusta a morte daquele que se tornou homicida enquanto trabalhava, o qual, tendo sido amarrado pelo senhor da vítima, morreu antes que o autor das amarras recebesse orientação da parte do exegeta quanto ao que devia fazer com ele? Que prova você tem de que, em favor de um sujeito desse tipo, seja correto um filho processar e delatar o pai por homicídio? Vamos lá! Tente me mostrar com clareza que todos os deuses consideram, acima de tudo, tal ação correta; e se me mostrar de modo suficiente, nunca cessarei de elogiá-lo por sua sabedoria.

EUTÍFRON: Talvez não seja uma tarefa fácil, Sócrates, não obstante eu pudesse lhe mostrar com absoluta clareza.

SÓCRATES: Compreendo; é porque eu lhe pareço ter mais dificuldade para aprender do que os juízes, pois evidentemente você mostrará a eles que ações daquele tipo são injustas, e que todos os deuses odeiam coisas dessa natureza.

EUTÍFRON: Com absoluta clareza, Sócrates, se me ouvirem falar.

190   ΕΥΘΥΦΡΩΝ

c   ΣΩ. Ἀλλ' ἀκούσονται, ἐάνπερ εὖ δοκῇς λέγειν. τόδε δέ
σου ἐνενόησα ἅμα λέγοντος καὶ πρὸς ἐμαυτὸν σκοπῶ· "Εἰ
ὅτι μάλιστά με Εὐθύφρων διδάξειεν ὡς οἱ θεοὶ ἅπαντες τὸν
τοιοῦτον θάνατον ἡγοῦνται ἄδικον εἶναι, τί μᾶλλον ἐγὼ
5   μεμάθηκα παρ' Εὐθύφρονος τί ποτ' ἐστὶν τὸ ὅσιόν τε καὶ τὸ
ἀνόσιον; θεομισὲς μὲν γὰρ τοῦτο τὸ ἔργον, ὡς ἔοικεν, εἴη
ἄν. ἀλλὰ γὰρ οὐ τούτῳ ἐφάνη ἄρτι ὡρισμένα τὸ ὅσιον καὶ
μή· τὸ γὰρ θεομισὲς ὂν καὶ θεοφιλὲς ἐφάνη. " ὥστε τούτου
μὲν ἀφίημί σε, ὦ Εὐθύφρων· εἰ βούλει, πάντες αὐτὸ
d   ἡγείσθων θεοὶ ἄδικον καὶ πάντες μισούντων. ἀλλ' ἆρα
τοῦτο ὃ νῦν ἐπανορθούμεθα ἐν τῷ λόγῳ, ὡς ὃ μὲν ἂν
πάντες οἱ θεοὶ μισῶσιν ἀνόσιόν ἐστιν, ὃ δ' ἂν φιλῶσιν,
ὅσιον, ὃ δ' ἂν οἱ μὲν φιλῶσιν οἱ δὲ μισῶσιν, οὐδέτερα ἢ
5   ἀμφότερα—ἆρ' οὕτω βούλει ἡμῖν ὡρίσθαι νῦν περὶ τοῦ
ὁσίου καὶ τοῦ ἀνοσίου;
ΕΥΘ. Τί γὰρ κωλύει, ὦ Σώκρατες;
ΣΩ. Οὐδὲν ἐμέ γε, ὦ Εὐθύφρων, ἀλλὰ σὺ δὴ τὸ σὸν
σκόπει, εἰ τοῦτο ὑποθέμενος οὕτω ῥᾷστά με διδάξεις ὃ
10   ὑπέσχου.
e   ΕΥΘ. Ἀλλ' ἔγωγε φαίην ἂν τοῦτο εἶναι τὸ ὅσιον ὃ ἂν
πάντες οἱ θεοὶ φιλῶσιν, καὶ τὸ ἐναντίον, ὃ ἂν πάντες θεοὶ
μισῶσιν, ἀνόσιον.
ΣΩ. Οὐκοῦν ἐπισκοπῶμεν αὖ τοῦτο, ὦ Εὐθύφρων, εἰ
5   καλῶς λέγεται, ἢ ἐῶμεν καὶ οὕτω ἡμῶν τε αὐτῶν ἀπο-
δεχώμεθα καὶ τῶν ἄλλων, ἐὰν μόνον φῇ τίς τι ἔχειν οὕτω
συγχωροῦντες ἔχειν; ἢ σκεπτέον τί λέγει ὁ λέγων;
ΕΥΘ. Σκεπτέον· οἶμαι μέντοι ἔγωγε τοῦτο νυνὶ καλῶς
λέγεσθαι.
10a   ΣΩ. Τάχ', ὠγαθέ, βέλτιον εἰσόμεθα. ἐννόησον γὰρ τὸ
τοιόνδε· ἆρα τὸ ὅσιον ὅτι ὅσιόν ἐστιν φιλεῖται ὑπὸ τῶν
θεῶν, ἢ ὅτι φιλεῖται ὅσιόν ἐστιν;
ΕΥΘ. Οὐκ οἶδ' ὅτι λέγεις, ὦ Σώκρατες.

SÓCRATES: Mas ouvirão, se lhes parecer falar bem. Eis o que eu refleti enquanto você falava, examinando em meu íntimo: "Se Eutífron me ensinasse, da melhor maneira, que todos os deuses consideram injusta uma morte desse tipo, o que mais terei aprendido eu junto a Eutífron sobre o que é, afinal, o piedoso e o ímpio? Pois tal feito, como parece, seria odiável aos deuses. Todavia, não se mostraram assim definidos, há pouco, o piedoso e o não piedoso, uma vez que o que é odiável aos deuses também se mostrou caro a eles." Dessa maneira, eu isento você dessa questão, Eutífron; se quiser, que todos os deuses considerem injusta precisamente essa ação e todos a odeiem! Eis, então, o que acabamos de corrigir nesse raciocínio: o que todos os deuses odeiam é ímpio, e o que todos amam é piedoso, ao passo que aquilo que uns amam e outros odeiam, não é nem uma coisa nem outra, ou ambas. Acaso você quer que o piedoso e o ímpio sejam agora definidos por nós dessa maneira?

EUTÍFRON: O que nos impede disso, Sócrates?

SÓCRATES: Nada, Eutífron, pelo menos para mim; mas examine o que cabe a você: se, admitindo isso, irá me ensinar o que prometeu com maior facilidade!

EUTÍFRON: Ao menos eu afirmaria que o piedoso é o que todos os deuses amam, enquanto o contrário, o que todos os deuses odeiam, é ímpio.

SÓCRATES: Então, devemos examinar a seguir, Eutífron, se isso está bem dito, ou devemos deixá-lo de lado e abraçar a nossa própria posição e a dos outros, concordando que assim é, caso alguém afirme simplesmente que é? Ou devemos examinar o que é dito por ele?

EUTÍFRON: Examinemo-lo! Contudo, penso eu que dessa vez isso está bem dito.

SÓCRATES: Em breve, nobre homem, saberemos melhor. Reflita, então, no seguinte: acaso o piedoso, por ser piedoso, é amado pelos deuses, ou o piedoso, por ser amado por eles, é piedoso?

EUTÍFRON: Não entendo o que você está dizendo, Sócrates.

ΣΩ. Ἀλλ' ἐγὼ πειράσομαι σαφέστερον φράσαι. λέγομέν τι φερόμενον καὶ φέρον καὶ ἀγόμενον καὶ ἄγον καὶ ὁρώμενον καὶ ὁρῶν, καὶ πάντα τὰ τοιαῦτα μανθάνεις ὅτι ἕτερα ἀλλήλων ἐστὶ καὶ ᾗ ἕτερα;

ΕΥΘ. Ἔγωγέ μοι δοκῶ μανθάνειν.

ΣΩ. Οὐκοῦν καὶ φιλούμενόν τί ἐστιν καὶ τούτου ἕτερον τὸ φιλοῦν;

ΕΥΘ. Πῶς γὰρ οὔ;

ΣΩ. Λέγε δή μοι, πότερον τὸ φερόμενον διότι φέρεται φερόμενόν ἐστιν, ἢ δι' ἄλλο τι;

ΕΥΘ. Οὔκ, ἀλλὰ διὰ τοῦτο.

ΣΩ. Καὶ τὸ ἀγόμενον δὴ διότι ἄγεται, καὶ τὸ ὁρώμενον διότι ὁρᾶται;

ΕΥΘ. Πάνυ γε.

ΣΩ. Οὐκ ἄρα διότι ὁρώμενόν γέ ἐστιν, διὰ τοῦτο ὁρᾶται, ἀλλὰ τὸ ἐναντίον διότι ὁρᾶται, διὰ τοῦτο ὁρώμενον· οὐδὲ διότι ἀγόμενόν ἐστιν, διὰ τοῦτο ἄγεται, ἀλλὰ διότι ἄγεται, διὰ τοῦτο ἀγόμενον· οὐδὲ διότι φερόμενον, φέρεται, ἀλλὰ διότι φέρεται, φερόμενον. ἆρα κατάδηλον, ὦ Εὐθύφρων, ὃ βούλομαι λέγειν; βούλομαι δὲ τόδε, ὅτι εἴ τι γίγνεται ἤ τι πάσχει, οὐχ ὅτι γιγνόμενόν ἐστι, γίγνεται, ἀλλ' ὅτι γίγνεται, γιγνόμενόν ἐστιν· οὐδ' ὅτι πάσχον ἐστί, πάσχει, ἀλλ' ὅτι πάσχει, πάσχον ἐστίν· ἢ οὐ συγχωρεῖς οὕτω;

ΕΥΘ. Ἔγωγε.

ΣΩ. Οὐκοῦν καὶ τὸ φιλούμενον ἢ γιγνόμενόν τί ἐστιν ἢ πάσχον τι ὑπό του;

ΕΥΘ. Πάνυ γε.

ΣΩ. Καὶ τοῦτο ἄρα οὕτως ἔχει ὥσπερ τὰ πρότερα· οὐχ ὅτι φιλούμενόν ἐστιν, φιλεῖται ὑπὸ ὧν φιλεῖται, ἀλλ' ὅτι φιλεῖται, φιλούμενον;

ΕΥΘ. Ἀνάγκη.

ΣΩ. Τί δὴ οὖν λέγομεν περὶ τοῦ ὁσίου, ὦ Εὐθύφρων; ἄλλο τι φιλεῖται ὑπὸ θεῶν πάντων, ὡς ὁ σὸς λόγος;

ΕΥΘ. Ναί.

SÓCRATES: Eu tentarei lhe explicar com maior clareza. Dizemos que algo é carregado e algo carrega, que algo é conduzido e algo conduz, que algo é visto e algo vê; você compreende que todas essas coisas são diferentes entre si, e em que são diferentes?

EUTÍFRON: Eu acho que compreendo.

SÓCRATES: Acaso não existe também o que é amado e, diferente disso, o que ama?

EUTÍFRON: Como não?

SÓCRATES: Diga-me, então, se o que é carregado é carregado por ser carregado, ou por alguma outra razão!

EUTÍFRON: Por nenhuma outra razão, senão por essa.

SÓCRATES: E o que é conduzido, por ser conduzido, e o que é visto, por ser visto?

EUTÍFRON: Seguramente.

SÓCRATES: Portanto, não é por ser algo visto que alguém vê, mas o contrário disso, é porque alguém vê que algo é visto; nem é por ser algo conduzido que alguém conduz, mas é porque alguém conduz que algo é conduzido; nem é por ser algo carregado que alguém carrega, mas é porque alguém carrega que algo é carregado. Acaso não está bem evidente, Eutífron, o que quero dizer? Pois quero dizer o seguinte: se algo surge ou sofre alguma coisa, não é por ser algo que surge que ele surge, mas é porque surge que ele é algo que surge, nem é por ser algo que sofre que ele sofre, mas é porque sofre que ele é algo que sofre. Ou não concorda com isso?

EUTÍFRON: Concordo.

SÓCRATES: Então, o que é amado não é ou algo que surge ou algo que sofre sob a ação de outrem?

EUTÍFRON: Seguramente.

SÓCRATES: E esse caso é semelhante aos anteriores: não é por ser algo amado que é amado por alguém que ama, mas é porque alguém ama que é amado?

EUTÍFRON: Necessariamente.

SÓCRATES: O que, então, dizemos a respeito do piedoso, Eutífron? É algo amado por todos os deuses, conforme seu raciocínio?

EUTÍFRON: Sim.

ΕΥΘΥΦΡΩΝ

ΣΩ. Ἆρα διὰ τοῦτο, ὅτι ὅσιόν ἐστιν, ἢ δι' ἄλλο τι;

ΕΥΘ. Οὔκ, ἀλλὰ διὰ τοῦτο.

ΣΩ. Διότι ἄρα ὅσιόν ἐστιν, φιλεῖται, ἀλλ' οὐχ ὅτι φιλεῖται, διὰ τοῦτο ὅσιόν ἐστιν;

ΕΥΘ. Ἔοικεν.

ΣΩ. Ἀλλὰ μὲν δὴ διότι γε φιλεῖται ὑπὸ θεῶν, φιλούμενόν ἐστι καὶ θεοφιλές.

ΕΥΘ. Πῶς γὰρ οὔ;

ΣΩ. Οὐκ ἄρα τὸ θεοφιλὲς ὅσιόν ἐστιν, ὦ Εὐθύφρων, οὐδὲ τὸ ὅσιον θεοφιλές, ὡς σὺ λέγεις, ἀλλ' ἕτερον τοῦτο τούτου.

ΕΥΘ. Πῶς δή, ὦ Σώκρατες;

ΣΩ. Ὅτι ὁμολογοῦμεν τὸ μὲν ὅσιον διὰ τοῦτο φιλεῖσθαι, ὅτι ὅσιόν ἐστιν, ἀλλ' οὐ διότι φιλεῖται ὅσιον εἶναι· ἢ γάρ;

ΕΥΘ. Ναί.

ΣΩ. Τὸ δέ γε θεοφιλὲς ὅτι φιλεῖται ὑπὸ θεῶν, αὐτῷ τούτῳ τῷ φιλεῖσθαι θεοφιλὲς εἶναι, ἀλλ' οὐχ ὅτι θεοφιλές, διὰ τοῦτο φιλεῖσθαι.

ΕΥΘ. Ἀληθῆ λέγεις.

ΣΩ. Ἀλλ' εἴ γε ταὐτὸν ἦν, ὦ φίλε Εὐθύφρων, τὸ θεοφιλὲς καὶ τὸ ὅσιον, εἰ μὲν διὰ τὸ ὅσιον εἶναι ἐφιλεῖτο τὸ ὅσιον, καὶ διὰ τὸ θεοφιλὲς εἶναι ἐφιλεῖτο ἂν τὸ θεοφιλές, εἰ δὲ διὰ τὸ φιλεῖσθαι ὑπὸ θεῶν τὸ θεοφιλὲς θεοφιλὲς ἦν, καὶ τὸ ὅσιον ἂν διὰ τὸ φιλεῖσθαι ὅσιον ἦν· νῦν δὲ ὁρᾷς ὅτι ἐναντίως ἔχετον, ὡς παντάπασιν ἑτέρω ὄντε ἀλλήλων. τὸ μὲν γάρ, ὅτι φιλεῖται, ἐστὶν οἷον φιλεῖσθαι· τὸ δ' ὅτι ἐστὶν

SÓCRATES: Acaso é por esta razão, por ser piedoso, ou por alguma outra?

EUTÍFRON: Não, por essa.

SÓCRATES: Portanto, é por ser piedoso que é amado, e não é por ser amado que é piedoso?

EUTÍFRON: É o que parece.

SÓCRATES: Mas, decerto, é por ser amado pelos deuses que algo é amado e caro aos deuses.

EUTÍFRON: Como não?

SÓCRATES: Portanto, o que é caro aos deuses não é piedoso, Eutífron, nem o piedoso é caro aos deuses, como você diz, pois uma coisa é diferente da outra.

EUTÍFRON: Como assim, Sócrates?

SÓCRATES: Porque concordamos que o piedoso é amado pelo fato de ser piedoso, e não que é piedoso pelo fato de ser amado; não foi?

EUTÍFRON: Sim.

SÓCRATES: E porque o que é caro aos deuses é amado pelos deuses, concordamos que é precisamente por ser amado que ele é caro aos deuses, e não o contrário – ou seja, que é por ser caro aos deuses que ele é amado.

EUTÍFRON: Você diz a verdade.

SÓCRATES: Mas suponhamos que o piedoso e o que é caro aos deuses fossem a mesma coisa, amigo Eutífron: se o piedoso fosse amado por ser piedoso, também o que é caro aos deuses seria amado por ser caro aos deuses; mas se o que é caro aos deuses fosse caro aos deuses por ser amado pelos deuses, também o piedoso seria piedoso por ser amado pelos deuses. Agora você está vendo que são condições opostas, como se fossem totalmente diferentes uma da outra. Pois um, porque é amado, é um tipo de coisa a ser amado, enquanto o outro, por

οἷον φιλεῖσθαι, διὰ τοῦτο φιλεῖται. καὶ κινδυνεύεις, ὦ Εὐθύφρων, ἐρωτώμενος τὸ ὅσιον ὅτι ποτ' ἐστίν, τὴν μὲν οὐσίαν μοι αὐτοῦ οὐ βούλεσθαι δηλῶσαι, πάθος δέ τι περὶ αὐτοῦ λέγειν, ὅτι πέπονθε τοῦτο τὸ ὅσιον, φιλεῖσθαι ὑπὸ
b πάντων θεῶν· ὅτι δὲ ὄν, οὔπω εἶπες. εἰ οὖν σοι φίλον, μή με ἀποκρύψῃ, ἀλλὰ πάλιν εἰπὲ ἐξ ἀρχῆς τί ποτε ὂν τὸ ὅσιον εἴτε φιλεῖται ὑπὸ θεῶν εἴτε ὁτιδὴ πάσχει—οὐ γὰρ περὶ τούτου διοισόμεθα—ἀλλ' εἰπὲ προθύμως τί ἐστιν τό τε
5 ὅσιον καὶ τὸ ἀνόσιον;

ΕΥΘ. Ἀλλ', ὦ Σώκρατες, οὐκ ἔχω ἔγωγε ὅπως σοι εἴπω ὃ νοῶ· περιέρχεται γάρ πως ἡμῖν ἀεὶ ὃ ἂν προθώμεθα καὶ οὐκ ἐθέλει μένειν ὅπου ἂν ἱδρυσώμεθα αὐτό.

ΣΩ. Τοῦ ἡμετέρου προγόνου, ὦ Εὐθύφρων, ἔοικεν
c εἶναι Δαιδάλου τὰ ὑπὸ σοῦ λεγόμενα. καὶ εἰ μὲν αὐτὰ ἐγὼ ἔλεγον καὶ ἐτιθέμην, ἴσως ἄν με ἐπέσκωπτες ὡς ἄρα καὶ ἐμοὶ κατὰ τὴν ἐκείνου συγγένειαν τὰ ἐν τοῖς λόγοις ἔργα ἀποδιδράσκει καὶ οὐκ ἐθέλει μένειν ὅπου ἄν τις αὐτὰ θῇ·
5 νῦν δὲ σαὶ γὰρ αἱ ὑποθέσεις εἰσίν· ἄλλου δή τινος δεῖ σκώμματος· οὐ γὰρ ἐθέλουσι σοὶ μένειν, ὡς καὶ αὐτῷ σοι δοκεῖ.

ΕΥΘ. Ἐμοὶ δὲ δοκεῖ σχεδόν τι τοῦ αὐτοῦ σκώμματος, ὦ Σώκρατες, δεῖσθαι τὰ λεγόμενα· τὸ γὰρ περιιέναι αὐτοῖς

---

21. O argumento de Sócrates, bastante sutil do ponto de vista lógico, pode ser resumido da seguinte forma:

(P1) O piedoso é amado pelos deuses por ser piedoso, e não o contrário – a saber, o piedoso é piedoso por ser amado pelos deuses. (10e2-4)

(P2) O que é caro aos deuses, por sua vez, é caro aos deuses por ser amado pelos deuses, e não o contrário – a saber, o que é caro aos deuses é amado pelos deuses por ser caro aos deuses. (10e6-8)

(C1) Portanto, o piedoso e o que é caro aos deuses não são a mesma coisa. (10d12-14)

Essa conclusão é confirmada por Sócrates ao propor um raciocínio hipotético ([R1] e [R2] abaixo) baseado na proposição de identidade entre o piedoso e o que é caro aos deuses (P3 = ¬ [C1]), uma vez que dele se gerariam duas inferências falsas ([C2] e [C3] abaixo, 10e10-11a6). Eis a sua estrutura:

(R1) Se o piedoso é amado por ser piedoso (P1), e se o piedoso é o mesmo que ser caro aos deuses (P3), então basta substituir os termos da condicional para obter a seguinte proposição: o que é caro aos deuses é amado por ser caro aos deuses (C2); todavia, esse não é o caso, pois o que é caro aos deuses é caro aos deuses por ser amado pelos deuses (P2).

(R2) Se o que é caro aos deuses é caro aos deuses por ser amado pelos deuses (P2), e se o piedoso é o mesmo que ser caro aos deuses (P3), então basta substituir os termos da ▶

[11a-c] EUTÍFRON 197

ser um tipo de coisa a ser amado, é amado[21]. E é provável que você, Eutífron, indagado sobre o que é o piedoso, não queira me mostrar a sua essência, mas esteja se referindo antes a um atributo seu, algo que o piedoso experimenta: ser amado por todos os deuses. Todavia, o que ele é você ainda não me disse. Assim, se for caro a você, não me esconda nada, mas retome desde o início e diga-me o que é o piedoso, a despeito de ser amado pelos deuses ou de qualquer outro atributo – não vamos nos divergir a respeito disso. Mas diga-me, resolutamente, o que é o piedoso e o ímpio!

EUTÍFRON: Sócrates, eu não tenho como lhe dizer o que penso; pois, de um modo ou de outro, o que estabelecemos fica sempre rondando em nossa volta e nunca se dispõe a permanecer onde o fixamos.

SÓCRATES: Parece que são de nosso ancestral Dédalo[22], Eutífron, as palavras ditas por você. E se fosse eu a dizê-las e a propô-las, talvez você zombasse de mim, dizendo que, em razão da nossa ascendência comum, as minhas obras feitas de palavras também se esquivam e não se dispõem a permanecer no lugar onde são colocadas. Mas, na verdade, as suposições são suas; portanto, lhe é necessária outra troça, pois é para você que elas não desejam permanecer fixas, como você mesmo acha.

EUTÍFRON: Parece-me, Sócrates, que as palavras ditas necessitam em alguma medida da mesma troça. Pois dar voltas e não

▷ condicional para obter a seguinte proposição: o piedoso é piedoso por ser amado por eles (c3); todavia, esse não é o caso, pois o piedoso é amado pelos deuses por ser piedoso (p1).

Assim, essa conclusão final do argumento de Sócrates (11a5-6) pode ser elucidada da seguinte maneira, inserindo os referentes implícitos: "Pois um [o que é caro aos deuses], porque é amado pelos deuses (p2), é um tipo de coisa a ser amado pelos deuses, enquanto o outro [o piedoso], por ser um tipo de coisa a ser amado [justamente por ser piedoso, p1], é amado pelos deuses." Portanto, o piedoso e o que é caro aos deuses não são a mesma coisa (c1). (N. da O.)

22. Dédalo era uma figura mítica com muitas habilidades – inventor, arquiteto, escultor. Sua mais famosa obra foi o labirinto do Minotauro. Segundo a tradição mítica, as suas estátuas de madeira podiam se mover. Dédalo se tornou referência e inspiração para todos os que empregavam algum tipo de habilidade artística em seu trabalho. Provavelmente por essa razão é que Sócrates o trata como ancestral de sua família. Dédalo entalhava madeira, o pai de Sócrates entalhava pedras (cujo ofício Sócrates pode ter herdado) e Sócrates entalhava palavras ou argumentos.

198 ΕΥΘΥΦΡΩΝ

10 τοῦτο καὶ μὴ μένειν ἐν τῷ αὐτῷ οὐκ ἐγώ εἰμι ὁ ἐντιθείς,
d ἀλλὰ σύ μοι δοκεῖς ὁ Δαίδαλος, ἐπεὶ ἐμοῦ γε ἕνεκα ἔμενεν
ἂν ταῦτα οὕτως.

ΣΩ. Κινδυνεύω ἄρα, ὦ ἑταῖρε, ἐκείνου τοῦ ἀνδρὸς
δεινότερος γεγονέναι τὴν τέχνην τοσούτῳ, ὅσῳ ὁ μὲν τὰ
5 αὑτοῦ μόνα ἐποίει οὐ μένοντα, ἐγὼ δὲ πρὸς τοῖς ἐμαυτοῦ,
ὡς ἔοικε, καὶ τὰ ἀλλότρια. καὶ δῆτα τοῦτό μοι τῆς τέχνης
ἐστὶ κομψότατον, ὅτι ἄκων εἰμὶ σοφός· ἐβουλόμην γὰρ ἄν
μοι τοὺς λόγους μένειν καὶ ἀκινήτως ἱδρῦσθαι μᾶλλον ἢ
e πρὸς τῇ Δαιδάλου σοφίᾳ τὰ Ταντάλου χρήματα γενέσθαι.
καὶ τούτων μὲν ἅδην· ἐπειδὴ δέ μοι δοκεῖς σὺ τρυφᾶν,
αὐτός σοι συμπροθυμήσομαι ὅπως ἄν με διδάξῃς περὶ τοῦ
ὁσίου. καὶ μὴ προαποκάμῃς· ἰδὲ γὰρ εἰ οὐκ ἀναγκαῖόν σοι
5 δοκεῖ δίκαιον εἶναι πᾶν τὸ ὅσιον.

ΕΥΘ. Ἔμοιγε.

ΣΩ. Ἆρ᾽ οὖν καὶ πᾶν τὸ δίκαιον ὅσιον; ἢ τὸ μὲν ὅσιον
12a πᾶν δίκαιον, τὸ δὲ δίκαιον οὐ πᾶν ὅσιον, ἀλλὰ τὸ μὲν αὐτοῦ
ὅσιον, τὸ δέ τι καὶ ἄλλο;

ΕΥΘ. Οὐχ ἕπομαι, ὦ Σώκρατες, τοῖς λεγομένοις.

ΣΩ. Καὶ μὴν νεώτερός γέ μου εἶ οὐκ ἔλαττον ἢ ὅσῳ
5 σοφώτερος· ἀλλ᾽, ὃ λέγω, τρυφᾷς ὑπὸ πλούτου τῆς σοφίας.
ἀλλ᾽, ὦ μακάριε, σύντεινε σαυτόν· καὶ γὰρ οὐδὲ χαλεπὸν
κατανοῆσαι ὃ λέγω. λέγω γὰρ δὴ τὸ ἐναντίον ἢ ὁ ποιητὴς
ἐποίησεν ὁ ποιήσας—

Ζῆνα δὲ τὸν ἔρξαντα καὶ ὃς τάδε πάντ᾽ ἐφύτευσεν
b οὐκ ἐθέλει νεικεῖν· ἵνα γὰρ δέος ἔνθα καὶ αἰδώς.
ἐγὼ οὖν τούτῳ διαφέρομαι τῷ ποιητῇ. εἴπω σοι ὅπῃ;

ΕΥΘ. Πάνυ γε.

ΣΩ. Οὐ δοκεῖ μοι εἶναι "ἵνα δέος ἔνθα καὶ αἰδώς"·
5 πολλοὶ γάρ μοι δοκοῦσι καὶ νόσους καὶ πενίας καὶ ἄλλα

23. Tântalo foi um opulento rei lídio e filho de Zeus. Por causa dos atos de impiedade foi condenado pelos deuses a viver no Hades sem comer e sem beber: ficava cercado de comidas e bebidas que lhe escapavam toda vez que tentava consumi-las (Homero, Odisseia, 11.583-592).

24. O poema é atribuído a Estasino de Chipre, suposto autor do poema épico Cipríada, que canta os feitos anteriores aos narrados na Ilíada.

[11c-12b] EUTÍFRON 199

permanecer no mesmo lugar não sou eu quem provoca nelas, mas é você que parece ser Dédalo, já que, se dependesse de mim, elas permaneceriam assim. d

SÓCRATES: Então é provável, companheiro, que eu tenha me tornado um artista mais hábil do que aquele homem, na medida em que ele mantinha instáveis somente as suas próprias obras, enquanto eu tanto as minhas, como parece, quanto as dos outros. E certamente isto é o mais engenhoso de minha arte: ser eu um sábio involuntariamente; pois eu preferiria que meus discursos permanecessem imóveis e se fixassem com firmeza, a ter a sabe- doria de Dédalo somada aos bens de Tântalo[23]. Mas isso já é o e bastante; visto que você me parece desanimar, eu mesmo me esforçarei ao seu lado na exposição, a fim de que você me ensine a respeito do piedoso. E não se fadigue antes da hora! Veja se não lhe parece necessário que todo o piedoso seja justo.

EUTÍFRON: É o que me parece.

SÓCRATES: Acaso também todo o justo é piedoso? Ou todo o piedoso é justo, enquanto nem todo o justo é piedoso, sendo pie- 12a doso apenas parte dele, enquanto a outra parte seria outra coisa?

EUTÍFRON: Não acompanho seu raciocínio, Sócrates.

SÓCRATES: Certamente você é tanto mais jovem quanto mais sábio do que eu; mas, como estou dizendo, você se desanima por causa da riqueza de sua sabedoria. Mas, homem afortunado, esforce-se! Pois não é difícil entender o que estou dizendo. Na ver- dade, afirmo o contrário daquilo que o poeta compôs quando diz:

Mas a Zeus, o criador que todas as coisas gerou,
Não deseja afrontar; pois onde há temor há também reverência.[24] b

Eu, pois, divirjo desse poeta. Devo lhe dizer em quê?

EUTÍFRON: Seguramente.

SÓCRATES: Não acho que seja "onde há temor há também reverência"; pois muitos homens me parecem temer doenças, pobreza e muitas outras coisas desse tipo, mas se por um lado

200 ΕΥΘΥΦΡΩΝ

πολλὰ τοιαῦτα δεδιότες δεδιέναι μέν, αἰδεῖσθαι δὲ μηδὲν
ταῦτα ἃ δεδίασιν· οὐ καὶ σοὶ δοκεῖ;

ΕΥΘ. Πάνυ γε.

ΣΩ. Ἀλλ᾽ ἵνα γε αἰδὼς ἔνθα καὶ δέος εἶναι· ἐπεὶ ἔστιν
ὅστις αἰδούμενός τι πρᾶγμα καὶ αἰσχυνόμενος οὐ πεφόβη-
ταί τε καὶ δέδοικεν ἅμα δόξαν πονηρίας;

ΕΥΘ. Δέδοικε μὲν οὖν.

ΣΩ. Οὐκ ἄρ᾽ ὀρθῶς ἔχει λέγειν "ἵνα γὰρ δέος ἔνθα καὶ
αἰδώς," ἀλλ᾽ ἵνα μὲν αἰδὼς ἔνθα καὶ δέος, οὐ μέντοι ἵνα γε
δέος πανταχοῦ αἰδώς· ἐπὶ πλέον γὰρ οἶμαι δέος αἰδοῦς.
μόριον γὰρ αἰδὼς δέους ὥσπερ ἀριθμοῦ περιττόν, ὥστε
οὐχ ἵναπερ ἀριθμὸς ἔνθα καὶ περιττόν, ἵνα δὲ περιττὸν ἔνθα
καὶ ἀριθμός. ἔπῃ γάρ που νῦν γε;

ΕΥΘ. Πάνυ γε.

ΣΩ. Τὸ τοιοῦτον τοίνυν καὶ ἐκεῖ λέγων ἠρώτων· ἆρα
ἵνα δίκαιον ἔνθα καὶ ὅσιον; ἢ ἵνα μὲν ὅσιον ἔνθα καὶ
δίκαιον, ἵνα δὲ δίκαιον οὐ πανταχοῦ ὅσιον· μόριον γὰρ τοῦ
δικαίου τὸ ὅσιον; οὕτω φῶμεν ἢ ἄλλως σοι δοκεῖ;

ΕΥΘ. Οὔκ, ἀλλ᾽ οὕτω. φαίνῃ γάρ μοι ὀρθῶς λέγειν.

ΣΩ. Ὅρα δὴ τὸ μετὰ τοῦτο. εἰ γὰρ μέρος τὸ ὅσιον τοῦ
δικαίου, δεῖ δὴ ἡμᾶς, ὡς ἔοικεν, ἐξευρεῖν τὸ ποῖον μέρος
ἂν εἴη τοῦ δικαίου τὸ ὅσιον. εἰ μὲν οὖν σύ με ἠρώτας τι τῶν
νυνδή, οἷον ποῖον μέρος ἐστὶν ἀριθμοῦ τὸ ἄρτιον καὶ τίς ὢν
τυγχάνει οὗτος ὁ ἀριθμός, εἶπον ἂν ὅτι ὃς ἂν μὴ σκαληνὸς
ᾖ ἀλλ᾽ ἰσοσκελής· ἢ οὐ δοκεῖ σοι;

ΕΥΘ. Ἔμοιγε.

ΣΩ. Πειρῶ δὴ καὶ σὺ ἐμὲ οὕτω διδάξαι τὸ ποῖον μέρος
τοῦ δικαίου ὅσιόν ἐστιν, ἵνα καὶ Μελήτῳ λέγωμεν μηκέθ᾽

---

25. Essa definição de par se dá com base na analogia com as figuras geométricas: um
triângulo isósceles tem dois lados iguais, enquanto o escaleno não tem nenhum. Assim,
um número par é "isósceles", porque ele pode ser dividido em duas partes iguais, que são
números inteiros, ao passo que o número ímpar é "escaleno", porque ele não pode ser
dividido dessa forma. Ver D. Gallop, *Plato: Defence of Socrates, Euthyphro, Crito*, p. 88.

[12b-e]   EUTÍFRON   201

temem, por outro não reverenciam qualquer uma dessas coisas que temem; não lhe parece assim?

EUTÍFRON: Seguramente.

SÓCRATES: Em contrapartida, "onde há reverência há também temor"; pois quando alguém reverencia algo e se envergonha disso, ele não se intimida e ao mesmo tempo teme a fama   c de perverso?

EUTÍFRON: Certamente teme.

SÓCRATES: Portanto, não é correto dizer "onde há temor há também reverência", mas onde há reverência há também temor, embora onde haja temor nem sempre haja reverência. Com efeito, eu penso que o temor excede a reverência, pois a reverência constitui uma parte do temor, da mesma maneira que o ímpar é parte do número, de modo que não é "onde há número há também ímpar", mas "onde há ímpar há também número". Agora você está me acompanhando?

EUTÍFRON: Seguramente.

SÓCRATES: Há pouco, eu também perguntava algo parecido: acaso onde há o justo há também o piedoso? Ou onde há o pie-   d doso há também o justo, embora onde há o justo nem sempre haja o piedoso, pois o piedoso é parte do justo? Afirmemos assim, ou lhe parece diferente?

EUTÍFRON: Não, assim. Pois você me parece falar corretamente.

SÓCRATES: Veja, então, o que decorre disso! Se, com efeito, o piedoso é parte do justo, parece que nós devemos descobrir que parte do justo seria o piedoso. Se você me perguntasse sobre o que já mencionamos há pouco, ou seja, que parte do número é o par e em que consiste esse número, eu diria que todo aquele que não é escaleno, mas isósceles[25]; ou não é o que parece a você?

EUTÍFRON: Sim.

SÓCRATES: Tente ensinar-me também você, seguindo a   e mesma trajetória, que parte do justo é o piedoso, para que digamos a Meleto que não mais cometa injustiça contra nós, nem

ἡμᾶς ἀδικεῖν μηδὲ ἀσεβείας γράφεσθαι, ὡς ἱκανῶς ἤδη
παρὰ σοῦ μεμαθηκότας τά τε εὐσεβῆ καὶ ὅσια καὶ τὰ μή.

ΕΥΘ. Τοῦτο τοίνυν ἔμοιγε δοκεῖ, ὦ Σώκρατες, τὸ
μέρος τοῦ δικαίου εἶναι εὐσεβές τε καὶ ὅσιον, τὸ περὶ τὴν
τῶν θεῶν θεραπείαν, τὸ δὲ περὶ τὴν τῶν ἀνθρώπων τὸ
λοιπὸν εἶναι τοῦ δικαίου μέρος.

ΣΩ. Καὶ καλῶς γέ μοι, ὦ Εὐθύφρων, φαίνῃ λέγειν·
ἀλλὰ σμικροῦ τινος ἔτι ἐνδεής εἰμι. τὴν γὰρ θεραπείαν
οὔπω συνίημι ἥντινα ὀνομάζεις. οὐ γάρ που λέγεις γε,
οἷάπερ καὶ αἱ περὶ τὰ ἄλλα θεραπεῖαί εἰσιν, τοιαύτην καὶ
περὶ θεούς· λέγομεν γάρ που—οἷόν φαμεν, ἵππους οὐ πᾶς
ἐπίσταται θεραπεύειν, ἀλλὰ ὁ ἱππικός· ἢ γάρ;

ΕΥΘ. Πάνυ γε.

ΣΩ. Ἡ γάρ που ἱππικὴ ἵππων θεραπεία.

ΕΥΘ. Ναί.

ΕΥΘ. Οὐδέ γε κύνας πᾶς ἐπίσταται θεραπεύειν, ἀλλὰ
ὁ κυνηγετικός.

ΕΥΘ. Οὕτω.

ΣΩ. Ἡ γάρ που κυνηγετικὴ κυνῶν θεραπεία.

ΕΥΘ. Ναί.

ΣΩ. Ἡ δέ γε βοηλατικὴ βοῶν.

ΕΥΘ. Πάνυ γε.

ΣΩ. Ἡ δὲ δὴ ὁσιότης τε καὶ εὐσέβεια θεῶν, ὦ
Εὐθύφρων; οὕτω λέγεις;

ΕΥΘ. Ἔγωγε.

ΣΩ. Οὐκοῦν θεραπεία γε πᾶσα ταὐτὸν διαπράττεται;
οἷον τοιόνδε· ἐπ᾽ ἀγαθῷ τινί ἐστι καὶ ὠφελίᾳ τοῦ θεραπευομένου, ὥσπερ ὁρᾷς δὴ ὅτι οἱ ἵπποι ὑπὸ τῆς ἱππικῆς
θεραπευόμενοι ὠφελοῦνται καὶ βελτίους γίγνονται· ἢ οὐ
δοκοῦσί σοι;

ΕΥΘ. Ἔμοιγε.

nos denuncie por irreligiosidade, uma vez que aprendemos de maneira suficiente de você a respeito do que é religioso e piedoso e do que não é.

EUTÍFRON: Pois bem, o que realmente me parece, Sócrates, é que a parte do justo que é religiosa e piedosa é aquela concernente ao cuidado com os deuses, enquanto a concernente ao cuidado com os homens é a parte restante do justo.

SÓCRATES: Você me parece dizer bem, Eutífron, mas ainda tenho necessidade de um pequeno detalhe; pois ainda não compreendo o que você denomina por "cuidado". Você não está dizendo, suponho eu, que os cuidados em relação às demais coisas são do mesmo tipo que o cuidado em relação aos deuses; pois falamos de "cuidado", por exemplo, quando dizemos que nem todos sabem cuidar de cavalos, exceto o equitador; não é? **13a**

EUTÍFRON: Seguramente.

SÓCRATES: Então, a arte do equitador é o cuidado com os cavalos.

EUTÍFRON: Sim.

SÓCRATES: E nem todos sabem cuidar de cães, exceto o caçador.

EUTÍFRON: Isso mesmo.

SÓCRATES: Então, a arte do caçador é o cuidado com os cães.

EUTÍFRON: Sim. **b**

SÓCRATES: E a arte do boiadeiro, por sua vez, é o cuidado com os bois.

EUTÍFRON: Seguramente.

SÓCRATES: E a piedade e a religiosidade são o cuidado com os deuses, Eutífron? É isso que você está dizendo?

EUTÍFRON: Sim.

SÓCRATES: Acaso todo cuidado não cumpre a mesma coisa? Ou seja, o bem e o benefício de quem é cuidado? Como você pode ver, os cavalos são beneficiados e se tornam melhores pelos cuidados dos equitadores. Não lhe parece assim?

EUTÍFRON: A mim, pelo menos, sim.

204 ΕΥΘΥΦΡΩΝ

ΣΩ. Καὶ οἱ κύνες γέ που ὑπὸ τῆς κυνηγετικῆς, καὶ οἱ βόες ὑπὸ τῆς βοηλατικῆς, καὶ τἄλλα πάντα ὡσαύτως· ἢ ἐπὶ βλάβῃ οἴει τοῦ θεραπευομένου τὴν θεραπείαν εἶναι;

ΕΥΘ. Μὰ Δί᾽ οὐκ ἔγωγε.

ΣΩ. ᾽Αλλ᾽ ἐπ᾽ ὠφελίᾳ;

ΕΥΘ. Πῶς δ᾽ οὔ;

ΣΩ. Ἡ οὖν καὶ ἡ ὁσιότης, θεραπεία οὖσα θεῶν, ὠφελία τέ ἐστι θεῶν καὶ βελτίους τοὺς θεοὺς ποιεῖ; καὶ σὺ τοῦτο συγχωρήσαις ἄν, ὡς ἐπειδάν τι ὅσιον ποιῇς, βελτίω τινὰ τῶν θεῶν ἀπεργάζῃ;

ΕΥΘ. Μὰ Δί᾽ οὐκ ἔγωγε.

ΣΩ. Οὐδὲ γὰρ ἐγώ, ὦ Εὐθύφρων, οἶμαί σε τοῦτο λέγειν—πολλοῦ καὶ δέω—ἀλλὰ τούτου δὴ ἕνεκα καὶ ἀνηρόμην τίνα ποτὲ λέγοις τὴν θεραπείαν τῶν θεῶν, οὐχ ἡγούμενός σε τοιαύτην λέγειν.

ΕΥΘ. Καὶ ὀρθῶς γε, ὦ Σώκρατες· οὐ γὰρ τοιαύτην λέγω.

ΣΩ. Εἶεν· ἀλλὰ τίς δὴ θεῶν θεραπεία εἴη ἂν ἡ ὁσιότης;

ΕΥΘ. Ἥπερ, ὦ Σώκρατες, οἱ δοῦλοι τοὺς δεσπότας θεραπεύουσιν.

ΣΩ. Μανθάνω· ὑπηρετική τις ἄν, ὡς ἔοικεν, εἴη θεοῖς.

ΕΥΘ. Πάνυ μὲν οὖν.

ΣΩ. Ἔχοις ἂν οὖν εἰπεῖν ἡ ἰατροῖς ὑπηρετικὴ εἰς τίνος ἔργου ἀπεργασίαν τυγχάνει οὖσα ὑπηρετική; οὐκ εἰς ὑγιείας οἴει;

ΕΥΘ. Ἔγωγε.

ΣΩ. Τί δὲ ἡ ναυπηγοῖς ὑπηρετική; εἰς τίνος ἔργου ἀπεργασίαν ὑπηρετική ἐστιν;

ΕΥΘ. Δῆλον ὅτι, ὦ Σώκρατες, εἰς πλοίου.

ΣΩ. Καὶ ἡ οἰκοδόμοις γέ που εἰς οἰκίας;

ΕΥΘ. Ναί.

ΣΩ. Εἰπὲ δή, ὦ ἄριστε· ἡ δὲ θεοῖς ὑπηρετικὴ εἰς τίνος ἔργου ἀπεργασίαν ὑπηρετικὴ ἂν εἴη; δῆλον γὰρ ὅτι σὺ

26. Na Apologia (30a), Sócrates descreve sua missão filosófica como um serviço ao deus em termos semelhantes.

SÓCRATES: E os cães, pela arte do caçador, e os bois, pela arte do boiadeiro, e todos os demais casos de semelhante modo; ou você pensa que o cuidado visa o prejuízo de quem é cuidado? c

EUTÍFRON: Por Zeus, eu não!

SÓCRATES: Mas para o benefício?

EUTÍFRON: Como não?

SÓCRATES: Então, também a piedade, sendo um cuidado com os deuses, é um benefício aos deuses e os torna melhores? E você concordaria que, ao fazer algo piedoso, você trabalha para o aprimoramento de algum deus?

EUTÍFRON: Por Zeus, eu não!

SÓCRATES: E nem eu, Eutífron, penso que você está dizendo isso – longe de mim! –, e é por essa razão que eu lhe perguntava o que você entendia por "cuidado com os deuses", já que não d considerava que estava dizendo algo do gênero.

EUTÍFRON: E considerava corretamente, Sócrates; pois não é algo desse tipo o que eu afirmo.

SÓCRATES: Assim seja! Mas que tipo de cuidado com os deuses seria a piedade?

EUTÍFRON: Aquele, Sócrates, segundo o qual os escravos cuidam de seus senhores.

SÓCRATES: Compreendo; seria, como parece, um serviço aos deuses[26].

EUTÍFRON: Seguramente.

SÓCRATES: Você poderia me dizer, então, para a realização de que obra o serviço aos médicos é um serviço? Não acha que é para a realização da saúde?

EUTÍFRON: Eu, pelo menos, sim.

SÓCRATES: E o serviço aos operários navais? É um serviço e para a realização de que obra?

EUTÍFRON: É evidente, Sócrates, que é para a do navio.

SÓCRATES: E a dos construtores de casas, para a da casa?

EUTÍFRON: Sim.

SÓCRATES: Diga-me, então, nobre homem: o serviço aos deuses seria um serviço para a realização de que obra? Pois é

οἶσθα, ἐπειδήπερ τά γε θεῖα κάλλιστα φῇς εἰδέναι ἀνθρώπων.

ΕΥΘ. Καὶ ἀληθῆ γε λέγω, ὦ Σώκρατες.

ΣΩ. Εἰπὲ δὴ πρὸς Διὸς τί ποτέ ἐστιν ἐκεῖνο τὸ πάγκαλον ἔργον ὅ οἱ θεοὶ ἀπεργάζονται ἡμῖν ὑπηρέταις χρώμενοι;

ΕΥΘ. Πολλὰ καὶ καλά, ὦ Σώκρατες.

ΣΩ. Καὶ γὰρ οἱ στρατηγοί, ὦ φίλε· ἀλλ' ὅμως τὸ κεφάλαιον αὐτῶν ῥᾳδίως ἂν εἴποις, ὅτι νίκην ἐν τῷ πολέμῳ ἀπεργάζονται· ἢ οὔ;

ΕΥΘ. Πῶς δ' οὔ;

ΣΩ. Πολλὰ δέ γ', οἶμαι, καὶ καλὰ καὶ οἱ γεωργοί· ἀλλ' ὅμως τὸ κεφάλαιον αὐτῶν ἐστιν τῆς ἀπεργασίας ἡ ἐκ τῆς γῆς τροφή.

ΕΥΘ. Πάνυ γε.

ΣΩ. Τί δὲ δὴ τῶν πολλῶν καὶ καλῶν ἃ οἱ θεοὶ ἀπεργάζονται; τί τὸ κεφάλαιόν ἐστι τῆς ἐργασίας;

ΕΥΘ. Καὶ ὀλίγον σοι πρότερον εἶπον, ὦ Σώκρατες, ὅτι πλείονος ἔργου ἐστὶν ἀκριβῶς πάντα ταῦτα ὡς ἔχει μαθεῖν· τόδε μέντοι σοι ἁπλῶς λέγω, ὅτι ἐὰν μὲν κεχαρισμένα τις ἐπίστηται τοῖς θεοῖς λέγειν τε καὶ πράττειν εὐχόμενός τε καὶ θύων, ταῦτ' ἔστι τὰ ὅσια, καὶ σῴζει τὰ τοιαῦτα τούς τε ἰδίους οἴκους καὶ τὰ κοινὰ τῶν πόλεων· τὰ δ' ἐναντία τῶν κεχαρισμένων ἀσεβῆ, ἃ δὴ καὶ ἀνατρέπει ἅπαντα καὶ ἀπόλλυσιν.

ΣΩ. Ἦ πολύ μοι διὰ βραχυτέρων, ὦ Εὐθύφρων, εἰ ἐβούλου, εἶπες ἂν τὸ κεφάλαιον ὧν ἠρώτων· ἀλλὰ γὰρ οὐ πρόθυμός με εἶ διδάξαι—δῆλος εἶ. καὶ γὰρ νῦν ἐπειδὴ ἐπ' αὐτῷ ἦσθα, ἀπετράπου· ὅ εἰ ἀπεκρίνω, ἱκανῶς ἂν ἤδη παρὰ σοῦ τὴν ὁσιότητα ἐμεμαθήκη. νῦν δὲ ἀνάγκη γὰρ τὸν ἐρωτῶντα τῷ ἐρωτωμένῳ ἀκολουθεῖν ὅπῃ ἂν ἐκεῖνος ὑπάγῃ· τί δὴ αὖ λέγεις τὸ ὅσιον εἶναι καὶ τὴν ὁσιότητα; οὐχὶ ἐπιστήμην τινὰ τοῦ θύειν τε καὶ εὔχεσθαι;

evidente que você sabe, pois afirma conhecer as coisas divinas mais perfeitamente do que os demais homens.

EUTÍFRON: E digo a verdade, Sócrates.

SÓCRATES: Diga-me, então, por Zeus, qual é essa brilhante obra que os deuses realizam utilizando-nos como seus servos?

EUTÍFRON: São inúmeras belas obras, Sócrates.

SÓCRATES: Assim como realizam os generais, meu caro; contudo, você diria com facilidade que a principal delas é a conquista da vitória na guerra; ou não?

EUTÍFRON: Mas como não?

SÓCRATES: E inúmeras belas obras, penso eu, também realizam os agricultores; contudo, a principal delas é o alimento retirado da terra.

EUTÍFRON: Seguramente.

SÓCRATES: Mas qual, então, dentre as inúmeras belas obras que os deuses realizam, é a sua principal realização?

EUTÍFRON: Há pouco lhe disse, Sócrates, que é muito trabalhoso compreender com exatidão como todas essas coisas são. No entanto, digo-lhe simplesmente que, se alguém souber como proferir e oferecer coisas gratas aos deuses no momento das orações e dos sacrifícios, são essas coisas as piedosas; e são tais coisas que resguardam tanto as famílias quanto os bens comuns das cidades. As coisas contrárias às que são gratas aos deuses, porém, são irreligiosas, elas que, de fato, transtornam e destroem tudo.

SÓCRATES: Se você quisesse, Eutífron, poderia ter respondido de modo mais breve ao ponto principal de minha pergunta; mas não está disposto a ensinar-me, isso é evidente. Pois logo agora, quando você estava ao alcance dele, voltou atrás; se tivesse respondido a ele, eu já teria aprendido suficientemente de você a piedade. No entanto, agora é necessário a quem pergunta seguir a quem responde por onde quer que este o conduza. Mais uma vez, o que você afirma ser o piedoso e a piedade? Não seria certo conhecimento de fazer sacrifícios e orações?

ΕΥΘΥΦΡΩΝ

ΕΥΘ. Ἔγωγε.

ΣΩ. Οὐκοῦν τὸ θύειν δωρεῖσθαί ἐστι τοῖς θεοῖς, τὸ δ᾽ εὔχεσθαι αἰτεῖν τοὺς θεούς;

ΕΥΘ. Καὶ μάλα, ὦ Σώκρατες.

ΣΩ. Ἐπιστήμη ἄρα αἰτήσεως καὶ δόσεως θεοῖς ὁσιότης ἂν εἴη ἐκ τούτου τοῦ λόγου.

ΕΥΘ. Πάνυ καλῶς, ὦ Σώκρατες, συνῆκας ὃ εἶπον.

ΣΩ. Ἐπιθυμητὴς γάρ εἰμι, ὦ φίλε, τῆς σῆς σοφίας καὶ προσέχω τὸν νοῦν αὐτῇ, ὥστε οὐ χαμαὶ πεσεῖται ὅτι ἂν εἴπῃς. ἀλλά μοι λέξον τίς αὕτη ἡ ὑπηρεσία ἐστὶ τοῖς θεοῖς; αἰτεῖν τε φῂς αὐτοὺς καὶ διδόναι ἐκείνοις;

ΕΥΘ. Ἔγωγε.

ΣΩ. Ἆρ᾽ οὖν οὐ τό γε ὀρθῶς αἰτεῖν ἂν εἴη ὧν δεόμεθα παρ᾽ ἐκείνων, ταῦτα αὐτοὺς αἰτεῖν;

ΕΥΘ. Ἀλλὰ τί;

ΣΩ. Καὶ αὖ τὸ διδόναι ὀρθῶς, ὧν ἐκεῖνοι τυγχάνουσιν δεόμενοι παρ᾽ ἡμῶν, ταῦτα ἐκείνοις αὖ ἀντιδωρεῖσθαι; οὐ γάρ που τεχνικόν γ᾽ ἂν εἴη δωροφορεῖν διδόντα τῳ ταῦτα ὧν οὐδὲν δεῖται.

ΕΥΘ. Ἀληθῆ λέγεις, ὦ Σώκρατες.

ΣΩ. Ἐμπορικὴ ἄρα τις ἂν εἴη, ὦ Εὐθύφρων, τέχνη ἡ ὁσιότης θεοῖς καὶ ἀνθρώποις παρ᾽ ἀλλήλων.

ΕΥΘ. Ἐμπορική, εἰ οὕτως ἥδιόν σοι ὀνομάζειν.

ΣΩ. Ἀλλ᾽ οὐδὲν ἥδιον ἔμοιγε, εἰ μὴ τυγχάνει ἀληθὲς ὄν. φράσον δέ μοι, τίς ἡ ὠφελία τοῖς θεοῖς τυγχάνει οὖσα ἀπὸ τῶν δώρων ὧν παρ᾽ ἡμῶν λαμβάνουσιν; ἃ μὲν γὰρ διδόασι παντὶ δῆλον· οὐδὲν γὰρ ἡμῖν ἐστιν ἀγαθὸν ὅτι ἂν μὴ ἐκεῖνοι δῶσιν. ἃ δὲ παρ᾽ ἡμῶν λαμβάνουσιν, τί ὠφελοῦνται; ἢ τοσοῦτον αὐτῶν πλεονεκτοῦμεν κατὰ τὴν ἐμπορίαν, ὥστε πάντα τὰ ἀγαθὰ παρ᾽ αὐτῶν λαμβάνομεν, ἐκεῖνοι δὲ παρ᾽ ἡμῶν οὐδέν;

ΕΥΘ. Ἀλλ᾽ οἴει, ὦ Σώκρατες, τοὺς θεοὺς ὠφελεῖσθαι ἀπὸ τούτων ἃ παρ᾽ ἡμῶν λαμβάνουσιν;

EUTÍFRON: Sim.

SÓCRATES: Então, sacrificar não é ofertar aos deuses, e orar, suplicar aos deuses?

EUTÍFRON: Sem dúvida, Sócrates.

SÓCRATES: Portanto, o conhecimento das súplicas e das ofertas aos deuses seria piedade, conforme esse raciocínio.

EUTÍFRON: Formidável, Sócrates, você entendeu o que eu disse.

SÓCRATES: Isso porque almejo sua sabedoria, amigo, e presto atenção nela para que não caia por terra o que você vier a afirmar. Diga-me qual é esse serviço aos deuses? Você está afirmando que é suplicar e ofertar a eles?

EUTÍFRON: Sim.

SÓCRATES: Porventura, suplicar corretamente não seria suplicar-lhes as coisas de que necessitamos da parte deles?

EUTÍFRON: O que mais?

SÓCRATES: E ofertar corretamente não seria ofertar-lhes em retribuição as coisas de que eles necessitam da nossa parte? Pois não seria próprio da arte ofertar a alguém coisas de que não necessita.

EUTÍFRON: É verdade o que está dizendo, Sócrates.

SÓCRATES: A piedade, portanto, seria certa arte comercial que deuses e homens mantêm entre si.

EUTÍFRON: Comercial, se lhe for mais agradável chamá-la assim.

SÓCRATES: Contudo, nada é mais agradável para mim se não for verdadeiro. Explique-me, então: que proveito tiram os deuses dessas ofertas que recebem de nós? As coisas que eles nos dão são evidentes a todos, pois nada de bom temos que eles não nos deem. Mas as coisas que recebem de nossa parte, para que lhes aproveitam? Ou temos tamanha vantagem sobre eles nesse comércio, que recebemos todas as benesses da parte deles, enquanto eles, nada de nossa parte?

EUTÍFRON: Mas você pensa, Sócrates, que os deuses tiram proveito dessas coisas que recebem de nós?

210   ΕΥΘΥΦΡΩΝ

ΣΩ. Ἀλλὰ τί δήποτ᾽ ἂν εἴη ταῦτα, ὦ Εὐθύφρων, τὰ παρ᾽
ἡμῶν δῶρα τοῖς θεοῖς;

10 ΕΥΘ. Τί δ᾽ οἴει ἄλλο ἢ τιμή τε καὶ γέρα καί, ὅπερ ἐγὼ
ἄρτι ἔλεγον, χάρις;

b ΣΩ. Κεχαρισμένον ἄρα ἐστίν, ὦ Εὐθύφρων, τὸ ὅσιον,
ἀλλ᾽ οὐχὶ ὠφέλιμον οὐδὲ φίλον τοῖς θεοῖς;

ΕΥΘ. Οἶμαι ἔγωγε πάντων γε μάλιστα φίλον.

ΣΩ. Τοῦτο ἄρ᾽ ἐστὶν αὖ, ὡς ἔοικε, τὸ ὅσιον, τὸ τοῖς
5 θεοῖς φίλον.

ΕΥΘ. Μάλιστά γε.

ΣΩ. Θαυμάσῃ οὖν ταῦτα λέγων ἐάν σοι οἱ λόγοι
φαίνωνται μὴ μένοντες ἀλλὰ βαδίζοντες, καὶ ἐμὲ αἰτιάσῃ
τὸν Δαίδαλον βαδίζοντας αὐτοὺς ποιεῖν, αὐτὸς ὢν πολύ γε
10 τεχνικώτερος τοῦ Δαιδάλου καὶ κύκλῳ περιιόντα ποιῶν; ἢ
οὐκ αἰσθάνῃ ὅτι ὁ λόγος ἡμῖν περιελθὼν πάλιν εἰς ταὐτὸν
c ἥκει; μέμνησαι γάρ που ὅτι ἐν τῷ ἔμπροσθεν τό τε ὅσιον
καὶ τὸ θεοφιλὲς οὐ ταὐτὸν ἡμῖν ἐφάνη, ἀλλ᾽ ἕτερα
ἀλλήλων· ἢ οὐ μέμνησαι;

ΕΥΘ. Ἔγωγε.

ΣΩ. Νῦν οὖν οὐκ ἐννοεῖς ὅτι τὸ τοῖς θεοῖς φίλον φῂς
5 ὅσιον εἶναι; τοῦτο δ᾽ ἄλλο τι ἢ θεοφιλὲς γίγνεται; ἢ οὔ;

ΕΥΘ. Πάνυ γε.

ΣΩ. Οὐκοῦν ἢ ἄρτι οὐ καλῶς ὡμολογοῦμεν, ἢ εἰ τότε
καλῶς, νῦν οὐκ ὀρθῶς τιθέμεθα.

10 ΕΥΘ. Ἔοικεν.

ΣΩ. Ἐξ ἀρχῆς ἄρα ἡμῖν πάλιν σκεπτέον τί ἐστι τὸ
ὅσιον, ὡς ἐγὼ πρὶν ἂν μάθω ἑκὼν εἶναι οὐκ ἀποδειλιάσω.
d ἀλλὰ μή με ἀτιμάσῃς, ἀλλὰ παντὶ τρόπῳ προσσχὼν τὸν
νοῦν ὅτι μάλιστα νῦν εἰπὲ τὴν ἀλήθειαν· οἶσθα γὰρ εἴπερ τις
ἄλλος ἀνθρώπων, καὶ οὐκ ἀφετέος εἶ ὥσπερ ὁ Πρωτεὺς

27. Ver *Eutífron*, 11c-e.
28. Ver *Eutífron*, 10d-11b.
29. Na mitologia grega, Proteu era uma divindade marinha com a capacidade
de profetizar e de mudar de forma, escapando rapidamente daqueles que lhe faziam
alguma pergunta.

SÓCRATES: Mas, Eutífron, o que seriam então essas ofertas de nossa parte para os deuses?

EUTÍFRON: E que outra coisa você pensa, além de honra, privilégio e, o que eu dizia há pouco, gratificação?

SÓCRATES: Portanto, o piedoso é algo grato, Eutífron, mas nem proveitoso nem dileto aos deuses?

EUTÍFRON: Eu penso que o piedoso é, acima de tudo, dileto a eles.

SÓCRATES: Portanto, isto é o piedoso dessa vez, como parece: o que é dileto aos deuses.

EUTÍFRON: Sobretudo.

SÓCRATES: Você ficará admirado, ao dizer essas coisas, se os seus discursos mostrarem que não permanecem imóveis, mas que andam por aí, e me acusará de ser um Dédalo por fazê-los andar, embora seja você muito mais engenhoso do que Dédalo por fazê-los andar em círculo?[27] Ou não percebe que mais uma vez a nossa discussão, depois de dar voltas, chega ao mesmo lugar? Pois você se lembra, presumo eu, que antes o piedoso e o caro aos deuses se nos mostraram não como a mesma coisa, mas diferentes entre si; ou não se lembra?[28]

EUTÍFRON: Sim.

SÓCRATES: Não reconhece agora que você está afirmando que o que é dileto aos deuses é piedoso? E isso não é a mesma coisa que "caro aos deuses"? Ou não?

EUTÍFRON: Seguramente.

SÓCRATES: Então, ou não concordamos acertadamente há pouco, ou, se aquilo estava certo, não nos posicionamos de modo correto agora.

EUTÍFRON: É o que parece.

SÓCRATES: Desde o princípio, portanto, devemos examinar de novo o que é o piedoso, pois, até que eu aprenda, não me acovardarei voluntariamente. Mas não me desonre, e, prestando a máxima atenção de todas as formas possíveis, diga-me agora a verdade! Pois você a conhece, se é que alguém além de você a conhece, e não deve partir, tal como Proteu[29], antes que me res-

πρὶν ἂν εἴπῃς. εἰ γὰρ μὴ ᾔδησθα σαφῶς τό τε ὅσιον καὶ τὸ
ἀνόσιον, οὐκ ἔστιν ὅπως ἄν ποτε ἐπεχείρησας ὑπὲρ ἀνδρὸς
θητὸς ἄνδρα πρεσβύτην πατέρα διωκάθειν φόνου, ἀλλὰ
καὶ τοὺς θεοὺς ἂν ἔδεισας παρακινδυνεύειν μὴ οὐκ ὀρθῶς
αὐτὸ ποιήσοις, καὶ τοὺς ἀνθρώπους ᾐσχύνθης· νῦν δὲ εὖ
οἶδα ὅτι σαφῶς οἴει εἰδέναι τό τε ὅσιον καὶ μή· εἰπὲ οὖν, ὦ
βέλτιστε Εὐθύφρων, καὶ μὴ ἀποκρύψῃ ὅτι αὐτὸ ἡγῇ.

ΕΥΘ. Εἰς αὖθις τοίνυν, ὦ Σώκρατες· νῦν γὰρ σπεύδω
ποι, καί μοι ὥρα ἀπιέναι.

ΣΩ. Οἷα ποιεῖς, ὦ ἑταῖρε. ἀπ᾽ ἐλπίδος με καταβαλὼν
μεγάλης ἀπέρχῃ ἣν εἶχον, ὡς παρὰ σοῦ μαθὼν τά τε ὅσια
καὶ μὴ καὶ τῆς πρὸς Μέλητον γραφῆς ἀπαλλάξομαι, ἐνδει-
ξάμενος ἐκείνῳ ὅτι σοφὸς ἤδη παρ᾽ Εὐθύφρονος τὰ θεῖα
γέγονα καὶ ὅτι οὐκέτι ὑπ᾽ ἀγνοίας αὐτοσχεδιάζω οὐδὲ
καινοτομῶ περὶ αὐτά, καὶ δὴ καὶ τὸν ἄλλον βίον ὅτι
ἄμεινον βιωσοίμην.

ponda. Pois, se não soubesse com clareza o que é o piedoso e o ímpio, você, possivelmente, não teria tentado acusar seu pai idoso por homicídio em defesa de um empregado, teria, porém, temido aos deuses por correr o risco de não estar fazendo algo correto perante eles, e teria se envergonhado perante os homens. Mas, na verdade, bem sei que você julga conhecer com clareza o que é o piedoso e o que não é. Diga-me, então, excelente Eutífron! Não me esconda as suas considerações sobre isso!

EUTÍFRON: Em outra ocasião, Sócrates, pois agora tenho pressa; chegou a minha hora de partir.

SÓCRATES: O que está fazendo, companheiro? Vai embora assolando a minha grande esperança de, depois de aprender com você o que é o piedoso e o que não é, poder me livrar da denúncia de Meleto, mostrando-lhe que, junto a Eutífron, me tornei um sábio em relação a assuntos divinos, e que por ignorância não mais improviso nem inovo nessa matéria, e, especialmente, que daqui em diante viverei melhor o resto de minha vida.

ΑΠΟΛΟΓΙΑ
ΣΩΚΡΑΤΟΥΣ

APOLOGIA DE
SÓCRATES

ΑΠΟΛΟΓΙΑ ΣΩΚΡΑΤΟΥΣ

St. 1
p. 17

a   "Ότι μὲν ὑμεῖς, ὦ ἄνδρες Ἀθηναῖοι, πεπόνθατε ὑπὸ τῶν
ἐμῶν κατηγόρων, οὐκ οἶδα· ἐγὼ δ' οὖν καὶ αὐτὸς ὑπ'
αὐτῶν ὀλίγου ἐμαυτοῦ ἐπελαθόμην, οὕτω πιθανῶς ἔλεγον.
καίτοι ἀληθές γε ὡς ἔπος εἰπεῖν οὐδὲν εἰρήκασιν. μάλιστα
5 δὲ αὐτῶν ἓν ἐθαύμασα τῶν πολλῶν ὧν ἐψεύσαντο, τοῦτο ἐν
ᾧ ἔλεγον ὡς χρῆν ὑμᾶς εὐλαβεῖσθαι μὴ ὑπ' ἐμοῦ ἐξα-
b πατηθῆτε ὡς δεινοῦ ὄντος λέγειν. τὸ γὰρ μὴ αἰσχυνθῆναι
ὅτι αὐτίκα ὑπ' ἐμοῦ ἐξελεγχθήσονται ἔργῳ, ἐπειδὰν μηδ'
ὁπωστιοῦν φαίνωμαι δεινὸς λέγειν, τοῦτό μοι ἔδοξεν
αὐτῶν ἀναισχυντότατον εἶναι, εἰ μὴ ἄρα δεινὸν καλοῦσιν
5 οὗτοι λέγειν τὸν τἀληθῆ λέγοντα· εἰ μὲν γὰρ τοῦτο λέγουσιν, ὁμολογοίην ἂν ἔγωγε οὐ κατὰ τούτους εἶναι ῥήτωρ.
οὗτοι μὲν οὖν, ὥσπερ ἐγὼ λέγω, ἤ τι ἢ οὐδὲν ἀληθὲς

---

1. A expressão grega *deinos legein* (traduzida aqui por "hábil em discursar") se
aplica geralmente à competência do orador em persuadir uma audiência, como vemos
por vezes referido em Platão (*Mênon* 95c; *Protágoras* 312d) e em outros autores dos
séculos V e IV a.C. (Aristófanes, *Os Acarnenses*, v. 429; Ésquines, *Contra Ctesifonte* 173;
Ésquines, *Contra Timarco* 20; Xenofonte, *Anábase* 2.5.15). Sócrates parece sugerir sub-
-repticiamente que os oradores são assim qualificados não por terem um compromisso
com dizer a verdade, mas antes por empregarem indiscriminadamente todos os meios
à sua disposição para persuadir a audiência a despeito da verdade. Nesse sentido, ao
associar habilidade discursiva à profissão da verdade, Sócrates estaria redefinindo ▶

APOLOGIA DE SÓCRATES

St. 1
p. 17

I^a *Discurso: A Defesa de Sócrates* (Apologia, *17a1-35d9*)

Que impacto meus acusadores provocaram em vocês, ó atenienses, eu não sei; quanto a mim, por pouco não fui arrebatado por eles, tão persuasivas eram as suas palavras. A verdade, no entanto, passou quase que ao largo do que disseram. Dentre as inúmeras mentiras que proferiram, a que mais me surpreendeu foi quando aconselharam a vocês precaução a fim de não serem ludibriados por mim, tão hábil seria eu ao discursar. Com efeito, a atitude mais descarada deles, a meu ver, é não se envergonharem mesmo na iminência de serem, na prática, refutados por mim, tão logo fique manifesto que não sou hábil no discurso – a menos que por "hábil no discurso" se refiram a quem diz a verdade[1]. Se é isso o que pretendem dizer, eu concordaria então ser um orador, embora não à maneira deles. Meus acusadores, como estou alegando, não disseram praticamente nenhuma verdade, ao passo que de mim

▷ semanticamente a expressão *deinos legein*. Ao longo da *Apologia*, Sócrates se nega a recorrer a artifícios típicos dos tribunais, como o apelo passional aos juízes (34c). Nas *Memoráveis* (1.2.31), Xenofonte reporta que Crítias, tido como ex-discípulo de Sócrates, na condição de membro do governo dos chamados "Trinta Tiranos" (404-403 a.C.), promulgou uma lei que proibia o ensino da "arte dos discursos" [*logōn tekhnē*] em Atenas, visando assim atingir a reputação de Sócrates; Xenofonte, por sua vez, nega que o filósofo algum dia tenha se envolvido diretamente com o ensino de tal arte. Sobre a dissociação entre *retórica* e *verdade/conhecimento* no pensamento platônico, ver *Górgias*, 454e-455a, 459c-e; *Fedro*, 259e-260a, 260e, 272d-274b.

εἰρήκασιν· ὑμεῖς δέ μου ἀκούσεσθε πᾶσαν τὴν ἀλήθειαν—
οὐ μέντοι μὰ Δία, ὦ ἄνδρες Ἀθηναῖοι, κεκαλλιεπημένους
γε λόγους, ὥσπερ οἱ τούτων, ῥήμασί τε καὶ ὀνόμασιν οὐδὲ
κεκοσμημένους, ἀλλ' ἀκούσεσθε εἰκῇ λεγόμενα τοῖς ἐπι-
τυχοῦσιν ὀνόμασιν—πιστεύω γὰρ δίκαια εἶναι ἃ λέγω—
καὶ μηδεὶς ὑμῶν προσδοκησάτω ἄλλως· οὐδὲ γὰρ ἂν
δήπου πρέποι, ὦ ἄνδρες, τῇδε τῇ ἡλικίᾳ ὥσπερ μειρακίῳ
πλάττοντι λόγους εἰς ὑμᾶς εἰσιέναι. καὶ μέντοι καὶ πάνυ, ὦ
ἄνδρες Ἀθηναῖοι, τοῦτο ὑμῶν δέομαι καὶ παρίεμαι· ἐὰν
διὰ τῶν αὐτῶν λόγων ἀκούητέ μου ἀπολογουμένου δι'
ὧνπερ εἴωθα λέγειν καὶ ἐν ἀγορᾷ ἐπὶ τῶν τραπεζῶν, ἵνα
ὑμῶν πολλοὶ ἀκηκόασι, καὶ ἄλλοθι, μήτε θαυμάζειν μήτε
θορυβεῖν τούτου ἕνεκα. ἔχει γὰρ οὑτωσί· νῦν ἐγὼ πρῶτον
ἐπὶ δικαστήριον ἀναβέβηκα, ἔτη γεγονὼς ἑβδομήκοντα·
ἀτεχνῶς οὖν ξένως ἔχω τῆς ἐνθάδε λέξεως. ὥσπερ οὖν ἄν,
εἰ τῷ ὄντι ξένος ἐτύγχανον ὤν, συνεγιγνώσκετε δήπου ἄν
μοι εἰ ἐν ἐκείνῃ τῇ φωνῇ τε καὶ τῷ τρόπῳ ἔλεγον ἐν οἷσπερ
ἐτεθράμμην, καὶ δὴ καὶ νῦν τοῦτο ὑμῶν δέομαι δίκαιον, ὥς
γέ μοι δοκῶ, τὸν μὲν τρόπον τῆς λέξεως ἐᾶν—ἴσως μὲν
γὰρ χείρων, ἴσως δὲ βελτίων ἂν εἴη—αὐτὸ δὲ τοῦτο
σκοπεῖν καὶ τούτῳ τὸν νοῦν προσέχειν, εἰ δίκαια λέγω ἢ
μή· δικαστοῦ μὲν γὰρ αὕτη ἀρετή, ῥήτορος δὲ τἀληθῆ
λέγειν.

2. Sócrates sugere aqui uma associação entre discurso ornamentado, característico
da oratória judiciária, e engano, uma tópica que aparece também em Tucídides (3.76.6)
e Eurípides (*Medeia*, v. 576-578). Esse ponto fica mais claro logo abaixo (18a), quando
Sócrates solicita aos juízes que prestem atenção antes no conteúdo de seu discurso,
que ele alega ser verdadeiro, do que nos aspectos formais de sua elocução, estranha ao
âmbito judiciário. A referência à ornamentação do discurso faz alusão direta à carate-
rística distintiva da arte de Górgias e seus discípulos, como vemos aludido, por exemplo, no prólogo do diálogo *Górgias* (448a-449a); característica essa que fez o rétor se
tornar reconhecido em sua recepção na própria Antiguidade. Sobre Górgias e a arte
do discurso, ver infra p. 228n15.

3. Neste proêmio (17a1-18a6), verifica-se uma série de lugares-comuns (*topoi*) da
oratória judiciária grega: 1. a recusa à qualificação de "hábil no discurso" (*deinos legein*,
ver Lísias, *Sobre os Bens de Aristófanes*, 1-2; Iseu, *Sobre Aristarco*, 1); 2. a inadequação do ▶

[17b-18a]   APOLOGIA DE SÓCRATES   219

vocês ouvirão toda a verdade – mas não, por Zeus, ó atenienses,
discursos tais como os deles, ornamentados com belas sentenças   c
e palavras e tão bem arranjados, e sim discursos fortuitos com
palavras fortuitas –, pois estou convicto da justiça do que estou
dizendo[2]. Espero que nenhum de vocês tenha uma expectativa
diferente dessa, uma vez que tampouco é conveniente, ó homens,
que eu, na idade que tenho hoje, apresente-me diante de vocês
forjando discursos como um adolescente.

E eis uma coisa, ó atenienses, que encarecidamente lhes rogo
e peço complacência: se ouvirem em minha defesa os mesmos
discursos que estou acostumado a proferir junto às bancas na
ágora, onde a maioria de vocês tem me escutado falar, ou em
qualquer outro lugar, não fiquem surpreendidos nem tumultuem
por conta disso! Pois a situação é a seguinte: é a primeira vez que   d
venho ao tribunal, com setenta anos já vividos; portanto, sou
como que um estrangeiro à elocução requerida neste lugar. Então,
assim como vocês decerto me perdoariam se eu fosse um estrangeiro e discursasse aqui na língua nativa e conforme o modelo de
minha criação, da mesma forma parece-me justo pedir a vocês   18a
que não observem o modo de elocução – quer para o bem quer
para o mal – e prestem atenção precisamente nisto: se o que estou
dizendo é justo ou não. Com efeito, essa é a virtude do juiz, ao
passo que a do orador é dizer a verdade[3].

▷ discurso pomposo dos oradores a uma pessoa já idosa trazida ao tribunal (Isócrates,
Panatenaico, 3); 3. a alegação de não familiaridade com os tribunais (Isócrates, *Antídose*,
38; Lísias, *Sobre os Bens de Aristófanes*, 55); 4. o pedido de perdão pelo emprego de uma
linguagem inadequada ao ambiente judiciário (Isócrates, *Antídose*, 179); 5. a solicitação
de imparcialidade aos juízes (Lísias, *Sobre os Bens de Aristófanes*, 2-3); 6. a deprecia-
ção do "tumulto" (*thorubos*) da audiência em reação ao discurso do orador (Ésquines,
Sobre a Embaixada, 24) (J. Burnet, *Plato's Euthyphro, Apology of Socrates and Crito*,
p. 146-147). Por outro lado, evidencia-se também a ausência de outros *topoi*: 1. o elogio
à competência, imparcialidade, piedade e outras qualidades dos juízes a fim de angariar
sua simpatia (Lísias, *Contra Simone*, 2; Andocides, *Sobre os Mistérios*, 9); 2. amplifica-
ção dos méritos do réu e minimização dos do adversário; e 3. o apelo à benevolência,
ao favorecimento e à compaixão dos juízes pela causa do orador, e a incitação à ira
contra seu oponente (E. De Strycker; S.R. Slings, *Plato's Apology of Socrates*, p. 34-36).

220 ΑΠΟΛΟΓΙΑ ΣΩΚΡΑΤΟΥΣ

Πρῶτον μὲν οὖν δίκαιός εἰμι ἀπολογήσασθαι, ὦ ἄνδρες
Ἀθηναῖοι, πρὸς τὰ πρῶτά μου ψευδῆ κατηγορημένα καὶ
τοὺς πρώτους κατηγόρους, ἔπειτα δὲ πρὸς τὰ ὕστερον καὶ
b τοὺς ὑστέρους. ἐμοῦ γὰρ πολλοὶ κατήγοροι γεγόνασι πρὸς
ὑμᾶς καὶ πάλαι πολλὰ ἤδη ἔτη καὶ οὐδὲν ἀληθὲς λέγοντες,
οὓς ἐγὼ μᾶλλον φοβοῦμαι ἢ τοὺς ἀμφὶ Ἄνυτον, καίπερ
ὄντας καὶ τούτους δεινούς· ἀλλ᾽ ἐκεῖνοι δεινότεροι, ὦ
5 ἄνδρες, οἳ ὑμῶν τοὺς πολλοὺς ἐκ παίδων παραλαμβά-
νοντες ἔπειθόν τε καὶ κατηγόρουν ἐμοῦ μᾶλλον οὐδὲν
ἀληθές, ὡς ἔστιν τις Σωκράτης σοφὸς ἀνήρ, τά τε μετέωρα
φροντιστὴς καὶ τὰ ὑπὸ γῆς ἅπαντα ἀνεζητηκὼς καὶ τὸν
c ἥττω λόγον κρείττω ποιῶν. οὗτοι, ὦ ἄνδρες Ἀθηναῖοι,
⟨οἱ⟩ ταύτην τὴν φήμην κατασκεδάσαντες, οἱ δεινοί εἰσίν

---

4. Meleto é o "acusador" (no léxico jurídico grego, *katēgoros*) que impetrou formal-
mente a "denúncia" (*graphē*) contra Sócrates em 399 a.C., ao passo que Anito e Lícon
são os "coacusadores" (no léxico jurídico grego, *sunkatēgoroi*; *Apologia*, 23e). Segundo
A Constituição de Atenas atribuída a Aristóteles, Anito foi o general da delegação de
trinta trirremes enviada a Pilo durante a Guerra do Peloponeso (431-404 a.C.), com a
missão de reconquistar essa cidade, que havia sido retomada pelos peloponésios depois
de quase dezesseis anos de domínio ateniense (425-409 a.C.). No entanto, em virtude
das más condições de navegação, sua missão acabou se frustrando de modo a lhe ren-
der um processo em Atenas. Aristóteles afirma que Anito se safou de uma condenação
porque subornou o corpo de juízes. No curto período do governo dos chamados "Trinta
Tiranos" (404-403 a.C.), Anito apoiou a facção de Terâmenes, mas acabou sendo banido
de Atenas pelos Trinta mesmo assim. Retornou a Atenas junto a Trasibulo em 402 a.C.
e se tornou um dos políticos mais eminentes na democracia recém-restaurada. Aparece também como personagem no *Mênon* de Platão, apresentado como filho de um
excelente pai, Antêmion (90a), e como anfitrião de Mênon em Atenas. Em sua breve
participação no diálogo, cuja data dramática precede o julgamento de Sócrates em dois
ou três anos, Anito revela certa aversão pelos sofistas (91c, 92e) e, antes de sair de cena,
ameaça obliquamente Sócrates em reação à sugestão, decorrente da discussão sobre a
ensinabilidade da virtude, de que ele não seria virtuoso tal como seu pai:

ANITO: Sócrates, você me parece falar mal das pessoas com desembaraço. Gostaria
então de lhe dar um conselho, caso você queira dar ouvidos a mim. Tome cuidado! Pois,
ainda que possa existir outra cidade em que isto aconteça, é sobretudo aqui, em Atenas, que fazer mal às pessoas é mais fácil do que fazer bem. Presumo que você mesmo
tenha ciência disso. (94e3-95a1)
▶

[18a-c] APOLOGIA DE SÓCRATES 221

Pois bem, em primeiro lugar, é justo defender-me, ó atenienses, das primeiras acusações falsas feitas contra mim e dos meus primeiros acusadores, e, em seguida, das ulteriores acusações e dos ulteriores acusadores, porque são inúmeros aqueles que, há b muitos anos, têm me acusado perante vocês, embora verdade alguma tenham proferido. Estes eu temo mais que os da roda de Anito[4], ainda que também eles sejam hábeis. Todavia, mais hábeis, ó homens, são aqueles que, controlando a maioria de vocês desde a infância, buscavam persuadi-los ao fazerem contra mim acusações em nada verdadeiras – a saber, que há certo Sócrates, homem sábio, que medita sobre os fenômenos celestes e investiga todas as coisas subterrâneas, que torna forte o discurso fraco[5]. Os propagadores dessa fama, ó atenienses, são os c

▷ Diodoro Sículo (século I a.C.) reporta que os atenienses se arrependeram da condenação de Sócrates e então condenaram Anito e Meleto à pena capital (o historiador não menciona Lícon) (*Biblioteca Histórica*, 14.37.7). Diógenes Laércio (século II-III d.C.), por sua vez, conta uma versão diferente: que os atenienses executaram Meleto e baniram Anito e Lícon, consagrando a Sócrates uma estátua de bronze esculpida por Lisipo; ao chegar em Heracleia Pôntica, Anito foi exilado pelos habitantes locais no mesmo dia, tão logo tomaram conhecimento da pena capital de Sócrates (*Vidas e Doutrinas dos Filósofos Ilustres*, 2.43). Segundo a versão reportada por Temístio (século IV a.C.), os habitantes de Heracleia Pôntica apedrejaram Anito até a morte (20.239c) (D. Nails, *The People of Plato*, p. 37-38). Todas essas versões tardias são consideradas anedóticas. Para uma visão sobre a liderança de Anito na *denúncia* contra Sócrates, ver E. De Strycker; S.R. Slings, op. cit., p. 91-95.

5. "Fenômenos celestes" compreendiam tanto os astronômicos quanto os meteorológicos. A distinção entre essas duas ordens de fenômenos é estranha ao pensamento dos primeiros filósofos da natureza provenientes da Jônia (atual costa ocidental da Turquia) a partir século VI a.C., e só passa a vigorar após a separação entre o domínio dos círculos celestes e o mundo sublunar, o que acontece posteriormente na história do pensamento grego sobre questões naturais. "As coisas subterrâneas", por sua vez, concerne ao estudo sobre o interior da terra, vigente sobretudo na vertente filosófica da Itália e Sicília, especialmente em Empédocles de Agrigento (c. 495-435 a.C.), a partir do que se descobriu a forma esférica da terra (J. Burnet, op. cit., p. 156-157). "Tornar forte o discurso fraco", por outro lado, refere-se descritivamente ao ensino de técnicas de persuasão, especialmente voltadas para o âmbito judiciário, o que no diálogo *Górgias* de Platão será denominado "retórica" (*rhētorikē*). Na *Retórica*, Aristóteles atribui ao sofista Protágoras a cunhagem de tal expressão (II, 1402a17-28).

222 ΑΠΟΛΟΓΙΑ ΣΩΚΡΑΤΟΥΣ

μου κατήγοροι· οἱ γὰρ ἀκούοντες ἡγοῦνται τοὺς ταῦτα
ζητοῦντας οὐδὲ θεοὺς νομίζειν. ἔπειτά εἰσιν οὗτοι οἱ κατή-
5 γοροι πολλοὶ καὶ πολὺν χρόνον ἤδη κατηγορηκότες, ἔτι δὲ
καὶ ἐν ταύτῃ τῇ ἡλικίᾳ λέγοντες πρὸς ὑμᾶς ἐν ᾗ ἂν μάλιστα
ἐπιστεύσατε, παῖδες ὄντες ἔνιοι ὑμῶν καὶ μειράκια,
ἀτεχνῶς ἐρήμην κατηγοροῦντες ἀπολογουμένου οὐδενός.
ὃ δὲ πάντων ἀλογώτατον, ὅτι οὐδὲ τὰ ὀνόματα οἷόν τε
d αὐτῶν εἰδέναι καὶ εἰπεῖν, πλὴν εἴ τις κωμῳδοποιὸς τυγχάνει ὤν. ὅσοι δὲ φθόνῳ καὶ διαβολῇ χρώμενοι ὑμᾶς ἀνέπει-
θον, οἱ δὲ καὶ αὐτοὶ πεπεισμένοι ἄλλους πείθοντες, οὗτοι
πάντες ἀπορώτατοί εἰσιν· οὐδὲ γὰρ ἀναβιβάσασθαι οἷόν τ᾽
5 ἐστὶν αὐτῶν ἐνταυθοῖ οὐδ᾽ ἐλέγξαι οὐδένα, ἀλλ᾽ ἀνάγκη
ἀτεχνῶς ὥσπερ σκιαμαχεῖν ἀπολογούμενόν τε καὶ ἐλέγ-
χειν μηδενὸς ἀποκρινομένου. ἀξιώσατε οὖν καὶ ὑμεῖς,
ὥσπερ ἐγὼ λέγω, διττούς μου τοὺς κατηγόρους γεγονέ-

6. Este argumento será desenvolvido em pormenor adiante, quando Sócrates passa a interrogar diretamente Meleto (ver 26b-28a). "Não reconhecer os deuses" não implica necessariamente negar a existência dos deuses, em sentido estrito (isto é, profissão de "ateísmo"), mas designa antes, em sentido mais amplo, não respeitá-los, não se preocupar com eles, não observar ritos sacros.

7. Platão identificará logo a seguir o comediógrafo em questão (19c): Aristófanes, mais precisamente a peça As Nuvens, encenada pela primeira vez em Atenas em 423 a.C., em que Sócrates é retratado, grosso modo, como filósofo da natureza e sofista. Todavia, sabemos por fontes tardias que Sócrates aparece como personagem e/ou é referido em outras comédias, escritas e produzidas por outros autores além de Aristófanes, embora tenham se conservado apenas fragmentos exíguos de tais obras. Por exemplo, a comédia Os Aduladores de Êupolis, encenada em 421 a.C., possui vários elementos em comum com o diálogo Protágoras de Platão: é ambientada na casa de Cálias e tem como personagens Protágoras (fr. 157), Alcibíades (fr. 171), Querefonte (fr. 180) e possivelmente Sócrates (M. Dorati, Platone ed Eupoli [Protagora 314c-316a], Quaderni Urbinati di Cultura Classica, v. 50, n. 2, p. 88). A comédia Cono de Amípsias, por sua vez, que superou As Nuvens de Aristófanes nas Dionisas de 423 a.C., trazia um coro de intelectuais cujos membros eram identificados pelos seus nomes; Sócrates era provavelmente uma das personagens da peça, se os versos reportados por Diógenes Laércio (2.27-28) e atribuídos por ele a Amípsias pertenciam a essa peça (I.C. Storey, Fragments of Old Comedy, v. 1, p. 68-69). Diógenes Laércio (século II-III a.C.) nos reporta algumas referências da Comédia Antiga satirizando a relação íntima de Sócrates com o tragediógrafo Eurípides (Vidas e Doutrinas dos Filósofos Ilustres, 2.18): Teleclides, frs. 39 et 40 C.A.F. I p. 218; Cálias, fr. 12 C.A.F. I p. 696; Aristófanes, As Nuvens (primeira versão), fr. 376 C.A.F. I p. 490.

8. É a primeira menção na Apologia à "refutação" (elenkhos), aplicada aqui ao contexto judiciário. Isso remonta às origens do termo e seus derivados na língua grega: do ponto de vista semântico, o verbo "refutar" (elenkhō), do qual deriva a forma nominal ▶

[18c-d] APOLOGIA DE SÓCRATES 223

hábeis acusadores que se impuseram contra mim, pois as pessoas que lhes dão ouvidos consideram que quem investiga tais coisas não reconhece os deuses[6]. Esses acusadores são inúmeros e vêm me acusando há muito tempo, além de dizerem essas coisas a vocês na idade em que estão mais propensos a acreditar nelas (pois parte de vocês era criança e adolescente), fazendo acusações na ausência de quem pudesse se defender. E o mais absurdo é que não é possível saber e indicar os nomes deles, a menos que seja o caso de algum poeta cômico[7]. Todos os que persuadiam vocês com base em rancor e calúnias, e os que, uma vez persuadidos, a outros persuadiam, são os mais difíceis de lidar; com efeito, não é possível fazê-los subir aqui, tampouco refutá-los, sendo eu praticamente constrangido a como que lutar com as sombras para me defender, e a refutar sem que alguém seja interrogado[8]. Levem em conta, então, que há duas classes

d

▷ *elenkhos*, significa em Homero, primeiramente, "envergonhar, desprezar alguém", já sublinhando o sentido negativo do termo que, posteriormente no século v a.C., será empregado para designar a prática nos tribunais de "buscar refutar, submeter alguém a um interrogatório, provar, convencer" (P. Chantraine, *Dictionnaire étymologique de la langue grecque*, p. 334). Em Platão, *elenchos* (forma transliterada mais usual do que *elenkhos*) é o termo empregado em geral pela crítica contemporânea para designar o método argumentativo de Sócrates nos chamados "primeiros diálogos" de Platão. No entanto, (i) a refutação é apenas uma das funções do método socrático. Além dela, (ii) há a função *epistêmica*, que concerne à busca pelo conhecimento, usualmente associada à busca pelas definições das virtudes a partir da questão "o que é x?". E, por fim, (iii) a função *protréptica*, que visa conduzir o interlocutor à posição moral defendida por Sócrates (R.B. Cain, *The Socratic Method*, p. 3). No *Górgias* (471e-472d), em resposta à personagem Polo, Sócrates opõe a refutação retórica à filosófica na medida em que a primeira busca refutar a parte adversária valendo-se não de argumentos, mas da "reputação" (*doxa*) das testemunhas no processo litigioso, sem que haja qualquer garantia, pelo fato de serem bem reputadas, de que elas estejam falando a verdade. Nos tribunais, a refutação se fundamenta na opinião da maioria, e o orador é eficaz quando ele persuade a maior parte dos juízes de sua própria inocência ou da culpabilidade do adversário; mas a opinião da maioria não implica que a decisão tenha sido tomada com justiça e verdade. Na refutação filosófica, em contrapartida, o embate se dá entre dois interlocutores que serão, por si só, suficientes para julgar a verdade da questão. Para tal fim, de nada vale a *doxa* do interlocutor, mas simplesmente o que ele diz e o que ele assente: o "consenso" (*homologia*) entre ambas as partes é condição necessária e suficiente, a princípio, para a determinação do valor de verdade das conclusões alcançadas na discussão (ao menos, segundo essa passagem do *Górgias*). Para uma descrição da prática do *elenchos* socrático na *Apologia*, ver 21b-24d. As ocorrências do termo *elenchos* e suas variações na *Apologia* são: 17b2, 18d6-7, 22a8, 33c8, 39c7, 39d1.

ΑΠΟΛΟΓΙΑ ΣΩΚΡΑΤΟΥΣ

e ναι, ἑτέρους μὲν τοὺς ἄρτι κατηγορήσαντας, ἑτέρους δὲ
τοὺς πάλαι οὓς ἐγὼ λέγω, καὶ οἰήθητε δεῖν πρὸς ἐκείνους
πρῶτόν με ἀπολογήσασθαι· καὶ γὰρ ὑμεῖς ἐκείνων
πρότερον ἠκούσατε κατηγορούντων καὶ πολὺ μᾶλλον ἢ
τῶνδε τῶν ὕστερον.

5 Εἶεν· ἀπολογητέον δή, ὦ ἄνδρες Ἀθηναῖοι, καὶ ἐπι-
19a χειρητέον ὑμῶν ἐξελέσθαι τὴν διαβολὴν ἣν ὑμεῖς ἐν πολλῷ
χρόνῳ ἔσχετε ταύτην ἐν οὕτως ὀλίγῳ χρόνῳ. βουλοίμην
μὲν οὖν ἂν τοῦτο οὕτως γενέσθαι, εἴ τι ἄμεινον καὶ ὑμῖν καὶ
ἐμοί, καὶ πλέον τί με ποιῆσαι ἀπολογούμενον· οἶμαι δὲ
5 αὐτὸ χαλεπὸν εἶναι, καὶ οὐ πάνυ με λανθάνει οἷόν ἐστιν.
ὅμως τοῦτο μὲν ἴτω ὅπῃ τῷ θεῷ φίλον, τῷ δὲ νόμῳ
πειστέον καὶ ἀπολογητέον.

Ἀναλάβωμεν οὖν ἐξ ἀρχῆς τίς ἡ κατηγορία ἐστὶν ἐξ ἧς ἡ
b ἐμὴ διαβολὴ γέγονεν, ᾗ δὴ καὶ πιστεύων Μέλητός με
ἐγράψατο τὴν γραφὴν ταύτην. εἶεν· τί δὴ λέγοντες διέβαλ-
λον οἱ διαβάλλοντες; ὥσπερ οὖν κατηγόρων τὴν ἀντωμοσίαν δεῖ ἀναγνῶναι αὐτῶν· "Σωκράτης ἀδικεῖ καὶ
5 περιεργάζεται ζητῶν τά τε ὑπὸ γῆς καὶ οὐράνια καὶ τὸν
c ἥττω λόγον κρείττω ποιῶν καὶ ἄλλους ταὐτὰ ταῦτα
διδάσκων." τοιαύτη τίς ἐστιν· ταῦτα γὰρ ἑωρᾶτε καὶ αὐτοὶ
ἐν τῇ Ἀριστοφάνους κωμῳδίᾳ, Σωκράτη τινὰ ἐκεῖ περι-
φερόμενον, φάσκοντά τε ἀεροβατεῖν καὶ ἄλλην πολλὴν
5 φλυαρίαν φλυαροῦντα, ὧν ἐγὼ οὐδὲν οὔτε μέγα οὔτε

---

9. Processos de caráter privado (as *dikai*) eram julgados com mais presteza, sendo possível a ocorrência de quatro julgamentos num mesmo dia. Em relação a processos de interesse público, seja em casos como o de Sócrates (as *graphai*, denúncias feitas por particulares, porém no interesse da cidade), seja em casos públicos (*dēmosiai dikai*), ocorria apenas um julgamento por dia (Aristóteles, *A Constituição de Atenas*, 67). N. Denyer, *Plato: The Apology of Socrates and Xenophon: The Apology of Socrates*, p. 63. A alegação de tempo exíguo para defender a própria causa também é lugar-comum na oratória grega (Antifonte, *Sobre o Assassinato de Herodes*, 19).

10. Meleto II, filho de Meleto I, foi o acusador formal de Sócrates (no léxico jurídico grego, *katēgoros*) – ou seja, foi ele quem fez a "denúncia" (*graphē*) contra o filósofo (Platão, *Teeteto*, 210d; Xenofonte, *Memoráveis*, 4.4.4, 4.8.4). Ele será interrogado ▶

[18d-19c] APOLOGIA DE SÓCRATES 225

de acusadores, como estou lhes dizendo: os que há pouco impetraram esta acusação, e aqueles de longa data aos quais estou me referindo. E considerem que eu devo me defender primeiro desses últimos, pois as acusações deles chegaram aos ouvidos de vocês antes, e com muito mais veemência, do que as que vieram depois mediante os acusadores aqui presentes. *e*

Pois bem! Devo me defender, ó atenienses, e tentar extirpar de vocês em tão pouco tempo a calúnia que por tanto tempo vocês conservaram consigo[9]. Eu gostaria que assim acontecesse, para o meu bem e o de vocês, e que minha defesa fosse bem-sucedida, embora ciente de que a empresa é difícil e de que natureza ela é. De todo modo, que seja como ao deus apraza! À lei devo obedecer e apresentar minha defesa. *19a*

Retomemos então, desde o princípio, qual é a acusação que deu origem a essa calúnia contra mim, por cuja crença Meleto[10] registrou esta denúncia. Bem! O que disseram os caluniadores para me caluniar? Como se fosse a declaração jurada dos acusadores, devo lê-la: "Sócrates comete injustiças e se ocupa de investigar as coisas subterrâneas e celestes, de tornar forte o discurso fraco, e de ensinar essas mesmas matérias a outras pessoas."[11] Eis o teor da acusação. E vocês mesmos já viram isso na comédia de Aristófanes, na qual certo Sócrates ronda pela cena a dizer que caminha pelo ar e a falar inúmeras outras bobagens *b* *c*

▷ diretamente por Sócrates mais adiante na *Apologia* (24c-28a). Sócrates afirma que Meleto o acusa em nome dos poetas (23e), embora ele mesmo não tenha sido um (talvez seu pai). Na época do julgamento, era ainda jovem e desconhecido (Platão, *Eutífron*, 2b). Ver D. Nails, op. cit., p. 202.

11. A "declaração jurada" (*antōmosia*) acontecia antes de o caso ir ao tribunal (na chamada *anakrisis*, o exame das partes em litígio), quando ambas as partes deviam prestar oficialmente juramento, que era registrado por escrito: o acusador afirmando o teor de sua acusação, e o defensor negando-a. Aqui, Sócrates supõe, de maneira fictícia, como teria sido a "declaração jurada" dessa antiga acusação contra ele – que nada mais é do que sua má "reputação" (*doxa*) aos olhos provavelmente da maioria dos atenienses –, caso tivesse sido oficializada numa acusação formal.

226   ΑΠΟΛΟΓΙΑ ΣΩΚΡΑΤΟΥΣ

σμικρὸν πέρι ἐπαῖω. καὶ οὐχ ὡς ἀτιμάζων λέγω τὴν
τοιαύτην ἐπιστήμην, εἴ τις περὶ τῶν τοιούτων σοφός
ἐστιν—μή πως ἐγὼ ὑπὸ Μελήτου τοσαύτας δίκας
φεύγοιμι—ἀλλὰ γὰρ ἐμοὶ τούτων, ὦ ἄνδρες Ἀθηναῖοι,
d   οὐδὲν μέτεστιν. μάρτυρας δὲ αὐτοὺς ὑμῶν τοὺς πολλοὺς
παρέχομαι, καὶ ἀξιῶ ὑμᾶς ἀλλήλους διδάσκειν τε καὶ
φράζειν, ὅσοι ἐμοῦ πώποτε ἀκηκόατε διαλεγομένου—
πολλοὶ δὲ ὑμῶν οἱ τοιοῦτοί εἰσιν—φράζετε οὖν ἀλλήλοις εἰ
5   πώποτε ἢ σμικρὸν ἢ μέγα ἤκουσέ τις ὑμῶν ἐμοῦ περὶ τῶν
τοιούτων διαλεγομένου, καὶ ἐκ τούτου γνώσεσθε ὅτι
τοιαῦτ' ἐστὶ καὶ τἆλλα περὶ ἐμοῦ ἃ οἱ πολλοὶ λέγουσιν.

Ἀλλὰ γὰρ οὔτε τούτων οὐδέν ἐστιν, οὐδέ γ' εἴ τινος
ἀκηκόατε ὡς ἐγὼ παιδεύειν ἐπιχειρῶ ἀνθρώπους καὶ

12. Platão se refere expressamente aqui ao verso 225 da comédia *As Nuvens* de
Aristófanes (423 a.C.), na primeira aparição da personagem Sócrates em cena, depen-
durada em um cesto a observar os corpos celestes ("caminho pelo ar e medito sobre o
sol", ἀεροβατῶ καὶ περιφρονῶ τὸν ἥλιον). O interesse da personagem pela investigação sobre os fenômenos celestes e subterrâneos é uma tônica da peça (ver v. 188, 228,
264-266, 333, 360), e está diretamente associado à descrença na religião tradicional: na
peça, as Nuvens, que formam o coro, se apresentam como as novas divindades dignas
de culto, além do Ar e do Éter (v. 263-266), substituindo assim os deuses tradicionais
(como vemos, de maneira paradigmática, nesta fala de Sócrates: "Que Zeus? Não fale
bobagens! Zeus não existe", ποῖος Ζεύς; οὐ μὴ ληρήσεις. οὐδ' ἐστὶ Ζεύς, v. 366). No v.
830, Sócrates é chamado de "Mélio" por Estrepsíades, uma alusão direta a Diágoras
de Melos, célebre por sua impiedade (ver Lísias, *Contra Andocides*, 17) e, na tradição
posterior, por seu ateísmo (K.J. Dover, *Aristophanes' Clouds*, p. 200-201). Por outro
lado, o ensino de técnicas de persuasão voltadas para o tribunal (isto é, "tornar forte o
discurso fraco") está vinculado ao uso da retórica para fins moralmente censuráveis,
na medida em que a expectativa da personagem Estrepsíades, ao buscar ingressar na
escola chefiada por Sócrates, o "pensatório" (*phrontistērion*), era justamente se safar
das dívidas contraídas pelo seu filho pródigo, Fidípides, quando ele deveria pagá-las.
O ponto-chave do problema moral envolvido nesse tipo de ensino está na identificação
do *discurso fraco* com o *injusto*, e do *discurso forte* com o *justo* (v. 112-118). Portanto,
poderíamos dizer, *grosso modo*, que as duas facetas de Sócrates em *As Nuvens* – filósofo
da natureza e sofista – estão intimamente associadas à dupla acusação de impiedade e ▶

a respeito das quais desconheço absolutamente[12]. E digo isso não porque menosprezo esse tipo de conhecimento, se há de fato alguém sábio nesse campo – que Meleto não impetre tamanho processo contra mim quanto a esse ponto! A questão, ó atenienses, é que não tenho qualquer envolvimento com essas coisas. Como testemunhas, apresento a maioria de vocês, e considero apropriado que todos aqueles que um dia me ouviram a dialogar (e são muitos aqui nessa condição) se informem e declarem uns aos outros[13]. Declarem, então, uns aos outros se algum de vocês, em alguma circunstância, ouviu-me dialogando sobre tais assuntos, muito ou pouco que seja![14] Dessa forma, vocês tomarão ciência de que as demais coisas ditas sobre mim pela maioria das pessoas se encontram nessa mesma condição.

Mas nada disso procede, e tampouco é verdadeiro se vocês ouviram de alguém que eu tento educar os homens em troca

▷ corrupção da juventude, respectivamente, no processo impetrado por Anito, Meleto e Lícon, como argumentará o próprio Platão na *Apologia*. Além de *As Nuvens*, Sócrates é referido também em duas outras comédias de Aristófanes, *As Aves* (v. 1280-1283) e *As Rãs* (v. 1491-1499); nos fragmentos dos demais poetas da Comédia Antiga, Sócrates é referido ou aparece como personagem em Cálias (*Pedētae*), Teleclides, Amípsias (*Cono*) e Êupolis. Para informações mais detalhadas, ver D. Nails, op. cit., p. 266-268. Sobre Sócrates e a comédia, ver supra p. 222n7.

13. Algumas das teorias físicas vigentes no interior do "pensatório" em *As Nuvens* de Aristófanes são geralmente identificadas com as de Diógenes de Apolônia, como a ideia de que o ar é o princípio de todas as coisas, e com as de Hipo de Élide, como a suposição de que o céu é uma "tampa" (K.J. Dover, op. cit., p. xxxvi). Embora Platão argumente na *Apologia* que Sócrates jamais se envolveu com esse tipo de especulação sobre a natureza, a suposta biografia de Sócrates referida no *Fédon* de Platão faz menção, contudo, a um período inicial de sua formação intelectual dedicado a esse tipo de investigação, porém logo abandonado por ele (96a-c). A tradição doxográfica posterior também se refere a esse período da vida de Sócrates supostamente dedicado à filosofia natural, antes de voltar sua atenção para as questões éticas, como vemos em Diógenes Laércio (*Vidas e Doutrinas dos Filósofos Ilustres*, 1.13-14, 2.19).

14. A solicitação para que os membros da audiência verifiquem entre si a veracidade do que é dito também é lugar-comum da oratória judiciária grega (Andocides, *Sobre os Mistérios*, 37, 46, 69; Demóstenes, *Contra Evergo e Mnesíbulo*, 44; *Contra Policleu*, 3).

228 ΑΠΟΛΟΓΙΑ ΣΩΚΡΑΤΟΥΣ

e χρήματα πράττομαι, οὐδὲ τοῦτο ἀληθές. ἐπεὶ καὶ τοῦτό γέ
μοι δοκεῖ καλὸν εἶναι, εἴ τις οἶός τ᾿ εἴη παιδεύειν ἀνθρώπους ὥσπερ Γοργίας τε ὁ Λεοντῖνος καὶ Πρόδικος ὁ Κεῖος
καὶ Ἱππίας ὁ Ἠλεῖος. τούτων γὰρ ἕκαστος, ὦ ἄνδρες, οἶός
5 τ᾿ ἐστὶν ἰὼν εἰς ἑκάστην τῶν πόλεων τοὺς νέους, οἷς ἔξεστι
τῶν ἑαυτῶν πολιτῶν προῖκα συνεῖναι ᾧ ἂν βούλωνται,
20a τούτους πείθουσι τὰς ἐκείνων συνουσίας ἀπολιπόντας
σφίσιν συνεῖναι χρήματα διδόντας καὶ χάριν προσειδέναι.
ἐπεὶ καὶ ἄλλος ἀνήρ ἐστι Πάριος ἐνθάδε σοφὸς ὃν ἐγὼ
ᾐσθόμην ἐπιδημοῦντα· ἔτυχον γὰρ προσελθὼν ἀνδρὶ ὃς
5 τετέλεκε χρήματα σοφισταῖς πλείω ἢ σύμπαντες οἱ ἄλλοι,
Καλλίᾳ τῷ Ἱππονίκου· τοῦτον οὖν ἀνηρόμην—ἐστὸν γὰρ

15. Górgias de Leontine (±485-±380 a.C.) é uma figura que, no diálogo *Górgias*, é apresentado por Platão como um "rétor" (*rhētōr*), como "mestre de retórica", e não propriamente como sofista. Visitou Atenas em 427 a.C. junto a uma embaixada de sua cidade natal, Leontine, na Sicília. Sua visita teria tido um impacto significativo na prática retórica de Atenas (ver Diodoro Sículo, *Biblioteca Histórica*, 12.53-54), a ponto de ter influenciado uma série de escritores posteriores, tais como o historiador Tucídides e Isócrates, o fundador da escola rival à Academia de Platão, que também reivindicava o título de "filosofia" para o seu modelo de educação, a *paideia logōn* (educação dos discursos). Sobreviveram ao menos dois discursos escritos por Górgias, o *Elogio de Helena* e a *Defesa de Palamedes*, que teriam servido de modelo de imitação para seus discípulos e/ou de divulgação de sua arte, além de fragmentos de outros discursos. Sua prosa poética lhe consagrou, na tradição retórica helenística e romana, as chamadas "figuras gorgianas" (*isócolon, antítese, anadiplose, homeoteleuto, parequese, paronomásia* (ver Dioniso de Halicarnasso, *Sobre Tucídides*, 24; Cícero, *Orador,* 175; Suida, s.v. "Górgias"). Conservaram-se também duas versões do tratado intitulado *Sobre o Não-ser ou Sobre a Natureza* (pelo cético Sexto Empírico [século II-III d.C.] e por um autor anônimo), que consiste, *grosso modo*, numa tentativa de refutação lógica da ontologia de Parmênides (a tríade parmenídica *ser-pensar-dizer*). A tradição doxográfica diz que Górgias foi discípulo do filósofo Empédocles (Quintiliano, *Instituição Oratória*, 3.1.8.1), e mestre de Isócrates (Górgias, Fr. DK82 A2, in: Suida). Nesta passagem da *Apologia*, Górgias é referido como um sofista, que promete ensinar a *virtude moral* aos jovens em troca de remuneração, o que é rechaçado peremptoriamente no diálogo *Mênon* (95b-c): ali, a personagem homônima afirma que Górgias, diferentemente de outros sofistas, jamais professou ser "mestre de virtude", prometendo a seus discípulos tão-somente torná-los "hábeis nos discursos" (*deinoi legein*). Fontes antigas atribuem a ele uma vida longeva, de 105 ou 109 anos.

16. Pródico de Céos (século V a.C.) é uma das figuras chamadas de sofista por Platão, embora não tenha lhe dedicado um diálogo epônimo. Platão é a "fonte" mais importante de informações sobre ele, pois, se há alguma plausibilidade no que diz o filósofo, sabemos que Pródico tinha uma voz grave e ressonante (*Protágoras*, 315d), que escreveu sobre Héracles e outros heróis (*Banquete* 177b), que desempenhou funções diplomáticas em nome de Céos, visitando cidades onde podia encontrar jovens que pudessem pagar pelas suas lições (*Hípias Maior* 282c). Todavia, o que parece mais relevante na construção literária da figura de Pródico em Platão é seu interesse pela "correção das palavras" ▸

[19e-20a]   APOLOGIA DE SÓCRATES   229

de dinheiro, embora pareça-me de fato belo que alguém seja   e
capaz de educar os homens, como Górgias de Leontine[15], Pródico de Céos[16] e Hípias de Élide[17]. Cada um deles, ó homens,
indo de cidade em cidade, é capaz de persuadir os jovens, que
podem conviver de graça com qualquer concidadão à sua escolha, a abandonar o convívio com os seus e a passar a conviver   20a
com eles mediante pagamento, ficando ainda por cima agradeci-
dos. Aliás, encontra-se entre nós outro sábio, oriundo de Paros,
o qual, segundo soube, está visitando nossa cidade[18]; pois depa-
rei-me com um homem que tem despendido com sofistas mais
dinheiro do que todos os demais, Cálias, filho de Hipônico[19].
Perguntei-lhe, então (pois ele possui dois filhos): "Cálias", disse

▷ (*orthotēs onomatōn*), pelas distinções semânticas de palavras sinônimas (*Protágoras,* 337a-c, 340a-341b; *Eutidemo,* 277e; *Crátilo,* 384b-c). Sócrates alega por vezes ter sido discí-pulo de Pródico (*Mênon,* 96d), mas que não fora capaz de pagar pela lição de 50 dracmas, mas tão somente pela de 1 dracma (*Crátilo,* 384b). Ateneu diz que, no diálogo *Cálias,* Ésquines critica Pródico por ter sido mestre de Terâmenes, um dos chamados Trinta Tiranos (*Banquete dos Sofistas,* 5.62.15 Kaibel). Outras referências a Pródico nos diálogos platônicos: *Fedro* 267b-c; *Laques* 197d; *Teeteto* 151b; *Mênon* 75e; *Cármides* 163d; *República* X 600c. Outras referências a Pródico em Aristófanes: *As Aves* 685-692; *As Nuvens* 358-363 (escólio v. 361); fr. 490K (D. Nails, op. cit., p. 255).

17. Assim como Pródico, Hípias de Élide (±470s->399 a.C.) é uma das figuras his-tóricas chamada de sofista por Platão a quem o filósofo dedicou dois diálogos (*Hípias Maior* e *Hípias Menor*), embora o primeiro seja considerado espúrio por parte da crítica moderna. Platão é a maior "fonte" sobre a vida de Hípias, inclusive sobre sua data de nas-cimento, pois no *Protágoras* (317c) e no *Hípias Maior* (282d-e) é dito que Protágoras era tão mais velho do que ele que podia ser seu pai. Se essa informação é pertinente, então Hípias tinha uma idade próxima à de Sócrates. Serviu muitas vezes como embaixador de Élide na Lacedemônia (*Hípias Maior* 281a-b), e ensinava a seus discípulos "cálculo, astronomia, geometria e música" (*Protágoras* 317d-e), além de se interessar por exegese poética (*Protágoras* 347a-b; *Hípias Menor* 363a-c). Confeccionava suas próprias roupas, joias e adornos (*Hípias Menor* 368b-d), e arrogava ser capaz de memorizar cinquenta nomes depois de ouvi-los uma só vez (*Hípias Maior* 285e). Xenofonte também reporta um diálogo entre Sócrates e Hípias nas *Memoráveis* (4.4.6-25), mas não nos oferece nenhum dado biográfico adicional. No *Banquete,* Xenofonte atribui um sistema de memoriza-ção a Hípias que Cálias lhe teria pago para aprender (4.62). Ver D. Nails, op. cit., p. 168.

18. Eveno de Paros (século v a.C.) foi um poeta elegíaco, de cuja obra restaram poucos fragmentos. No *Fédon* de Platão, é referido como poeta por Sócrates (60d9) e filósofo por Símias (61c6), ao passo que, no *Fedro* (267a2-5), atribui-se a ele a invenção de artifícios retóricos – a "insinuação" (*hupodēlōsis*), o "elogio indireto" (*parepainos*) e a "censura indireta" (*parapsogos*). Aqui na *Apologia,* ressalta-se sua vida profissional itinerante, à semelhança dos demais sofistas.

19. Hipônico (±485-422/421 a.C.) era o homem mais rico de sua época, como ates-tam Andocides (*Sobre os Mistérios,* 130) e Isócrates (*Sobre a Parelha,* 31), tendo herdado uma fortuna estimada em 200 talentos (Lísias, *Sobre os Bens de Aristófanes Contra o* ▶

230 ΑΠΟΛΟΓΙΑ ΣΩΚΡΑΤΟΥΣ

αὐτῷ δύο ὑεῖ— "Ὦ Καλλία, "ἦν δ' ἐγώ, "εἰ μέν σου τὼ ὑεῖ
πώλω ἢ μόσχω ἐγενέσθην, εἴχομεν ἂν αὐτοῖν ἐπιστάτην
λαβεῖν καὶ μισθώσασθαι ὃς ἔμελλεν αὐτὼ καλώ τε
b κἀγαθὼ ποιήσειν τὴν προσήκουσαν ἀρετήν· ἦν δ' ἂν οὗτος
ἢ τῶν ἱππικῶν τις ἢ τῶν γεωργικῶν· νῦν δ' ἐπειδὴ
ἀνθρώπω ἐστόν, τίνα αὐτοῖν ἐν νῷ ἔχεις ἐπιστάτην λαβεῖν;
τίς τῆς τοιαύτης ἀρετῆς, τῆς ἀνθρωπίνης τε καὶ πολιτικῆς,
5 ἐπιστήμων ἐστίν; οἶμαι γάρ σε ἐσκέφθαι διὰ τὴν τῶν ὑέων
κτῆσιν. ἔστιν τις, "ἔφην ἐγώ, "ἢ οὔ;" "Πάνυ γε," ἦ δ' ὅς.
"Τίς," ἦν δ' ἐγώ, "καὶ ποδαπός, καὶ πόσου διδάσκει;"
"Εὔηνος," ἔφη, "ὦ Σώκρατες, Πάριος, πέντε μνῶν." καὶ
ἐγὼ τὸν Εὔηνον ἐμακάρισα εἰ ὡς ἀληθῶς ἔχοι ταύτην τὴν
c τέχνην καὶ οὕτως ἐμμελῶς διδάσκει. ἐγὼ γοῦν καὶ αὐτὸς
ἐκαλλυνόμην τε καὶ ἡβρυνόμην ἂν εἰ ἠπιστάμην ταῦτα·
ἀλλ' οὐ γὰρ ἐπίσταμαι, ὦ ἄνδρες Ἀθηναῖοι.

Ὑπολάβοι ἂν οὖν τις ὑμῶν ἴσως· "Ἀλλ', ὦ Σώκρατες, τὸ
5 σὸν τί ἐστι πρᾶγμα; πόθεν αἱ διαβολαί σοι αὗται γεγόνασιν; οὐ γὰρ δήπου σοῦ γε οὐδὲν τῶν ἄλλων περιττότερον
πραγματευομένου ἔπειτα τοσαύτη φήμη τε καὶ λόγος
γέγονεν, εἰ μή τι ἔπραττες ἀλλοῖον ἢ οἱ πολλοί. λέγε οὖν
d ἡμῖν τί ἐστιν, ἵνα μὴ ἡμεῖς περὶ σοῦ αὐτοσχεδιάζωμεν."
ταυτί μοι δοκεῖ δίκαια λέγειν ὁ λέγων, κἀγὼ ὑμῖν πειρά-

▷ Fisco, 48). Após a sua morte em 424 a.C., Cálias herdou todas as suas posses (Andócides, Contra Alcibíades, 13), porém, em 387 a.C., ele já as havia reduzido a menos de 2
talentos (Lísias, Sobre os Bens de Aristófanes Contra o Fisco, 48). Morreu por volta de
371 a.C. (Xenofonte, Helênicas 6.3.2) em meio à penúria, possuindo apenas uma velha
escrava de origem bárbara (Ateneu, Banquete dos Sofistas, 12.537c) (N. Denyer, Plato,
Protagoras, p. 71). Cálias (±450-367/6) aparece como personagem do diálogo Protágoras
de Platão, na condição de anfitrião dos sofistas Protágoras, Hípias e Pródico, cenário
esse que nos remete diretamente a esta passagem da Apologia. Era uma figura conhecida
na Comédia Antiga, representado como um perdulário vicioso explorado pelos sofistas
(A. Capra, Agōn Logōn, p. 40). Na comédia As Aves de Aristófanes, por exemplo, encenada em 414 a.C., ele é figurado como um pássaro depenado pelos sicofantas e pelas
mulheres (v. 284-286). A comédia Os Aduladores de Êupolis, por sua vez, encenada em
421 a.C., é ambientada na casa de Cálias, e os fragmentos supérstites sugerem uma cena
de banquete vulgar envolta em luxúria e folia. No âmbito do gênero "discursos socráticos" (Aristóteles, Poética 1447b10-16), Ésquines escreveu um diálogo homônimo em
que Cálias é comparado a faisões e pavões, símbolo da luxúria e da devassidão (fr. 73
ssr). O Banquete de Xenofonte, por sua vez, também é ambientado na casa de Cálias,
em que o aspecto jocoso também é proeminente.

eu, "se seus dois filhos fossem potros ou novilhos, teríamos de contratar e pagar salário a um treinador que estivesse apto a torná-los excelentes em relação à virtude apropriada a eles; e, nesse caso, ele seria ou um equitador ou um agricultor. Todavia, uma vez que ambos são homens, quem você pretende contratar para ser seu treinador? Quem conhece esta virtude, a virtude humana e cívica? Pois suponho que você já tenha examinado o assunto, visto que possui filhos. Há alguém", continuei, "ou não?" "Certamente", respondeu. "Quem é ele?", tornei eu, "de onde provém, e por quanto ensina?" "Eveno, ó Sócrates", disse ele, "proveniente de Paros, e ele cobra cinco minas."[20] Eu felicitei Eveno, supondo que ele detivesse verdadeiramente essa arte e a ensinasse de modo tão apropriado[21]. De minha parte, eu me orgulharia e ensoberbeceria se conhecesse tais coisas, mas as desconheço, ó atenienses.

Talvez algum de vocês pudesse me indagar: "Mas afinal, Sócrates, qual é a sua ocupação? De onde surgiram essas calúnias? Pois, se você não possui uma ocupação mais extravagante que as demais, tamanha fama e rumor a seu respeito não existiria, suponho eu, a menos que você tenha agido de maneira diferente que a maioria das pessoas. Para que não falemos coisas equivocadas sobre você, diga-nos então o que acontece?"[22] Parecem-me justas as palavras de quem assim me interpelasse, e eu

20. Remuneração relativamente baixa se comparada ao caso de Protágoras, que, segundo Diógenes Laércio (século II-III d.C.) cobrava cem minas (*Vidas e Doutrinas dos Filósofos Ilustres*, 9.52), ou se comparada ao caso de Górgias, considerado por Isócrates o sofista que mais angariou dinheiro (*Antídose*, 155) – segundo Diodoro Sículo (século I a.C.), cem minas de cada discípulo (*Biblioteca Histórica*, 12.53.2).

21. Esta pode ser considerada a caracterização genérica da figura dos sofistas em Platão: são estrangeiros, provenientes de diferentes partes do mundo helênico, que se dirigem a Atenas para oferecer aos jovens de famílias ricas um novo modelo de educação, cujo fim é torná-los excelentes na *virtude* que concerne aos homens (isto é, a virtude política ou cívica) em troca de uma determinada remuneração. Ver também Platão, *Protágoras*, 316c-d; *Górgias*, 519c-d; *Mênon*, 95b-c; *República*, VI 492a-493d; Isócrates, *Contras os Sofistas*, 5-6.

22. Este tipo de artifício, as perguntas retóricas (nos tratados retóricos antigos, denominadas de *eperōtēsis* e/ou *hupophora*), é bastante comum na oratória grega, e tem como função tornar o discurso mais elevado e persuasivo, além de efetivo e impulsivo, segundo Pseudo-Longino (*Sobre o Sublime*, 18). Na definição de Tibério (século III-IV d.C.), o aspecto *dramático* desse tipo de recurso é sublinhado (*Sobre as Figuras Demostênicas*, 39): "*Hupophora* ocorre quando o discurso não procede de maneira linear, mas ▶

232 ΑΠΟΛΟΓΙΑ ΣΩΚΡΑΤΟΥΣ

σομαι ἀποδεῖξαι τί ποτ' ἐστὶν τοῦτο ὃ ἐμοὶ πεποίηκεν τό τε
ὄνομα καὶ τὴν διαβολήν. ἀκούετε δή. καὶ ἴσως μὲν δόξω
5 τισὶν ὑμῶν παίζειν· εὖ μέντοι ἴστε, πᾶσαν ὑμῖν τὴν
ἀλήθειαν ἐρῶ. ἐγὼ γάρ, ὦ ἄνδρες Ἀθηναῖοι, δι' οὐδὲν ἀλλ'
ἢ διὰ σοφίαν τινὰ τοῦτο τὸ ὄνομα ἔσχηκα. ποίαν δὴ σοφίαν
ταύτην; ἥπερ ἐστὶν ἴσως ἀνθρωπίνη σοφία. τῷ ὄντι γὰρ
κινδυνεύω ταύτην εἶναι σοφός· οὗτοι δὲ τάχ' ἄν, οὓς ἄρτι
e ἔλεγον, μείζω τινὰ ἢ κατ' ἄνθρωπον σοφίαν σοφοὶ εἶεν, ἢ
οὐκ ἔχω τί λέγω· οὐ γὰρ δὴ ἔγωγε αὐτὴν ἐπίσταμαι, ἀλλ'
ὅστις φησὶ ψεύδεταί τε καὶ ἐπὶ διαβολῇ τῇ ἐμῇ λέγει. καί
μοι, ὦ ἄνδρες Ἀθηναῖοι, μὴ θορυβήσητε, μηδ' ἐὰν δόξω τι
5 ὑμῖν μέγα λέγειν· οὐ γὰρ ἐμὸν ἐρῶ τὸν λόγον ὃν ἂν λέγω,
ἀλλ' εἰς ἀξιόχρεων ὑμῖν τὸν λέγοντα ἀνοίσω. τῆς γὰρ ἐμῆς,
εἰ δή τίς ἐστιν σοφία καὶ οἵα, μάρτυρα ὑμῖν παρέξομαι τὸν
θεὸν τὸν ἐν Δελφοῖς. Χαιρεφῶντα γὰρ ἴστε που. οὗτος ἐμός
21a τε ἑταῖρος ἦν ἐκ νέου καὶ ὑμῶν τῷ πλήθει ἑταῖρός τε καὶ
συνέφυγε τὴν φυγὴν ταύτην καὶ μεθ' ὑμῶν κατῆλθε. καὶ

▷ quando o orador responde a uma pergunta que ele mesmo formula para si como
que proveniente de seu adversário ou da própria matéria tratada, como se estivesse
imitando duas personagens em debate" (Ὑποφορὰ δέ ἐστιν ὅταν μὴ ἑξῆς προβαίνῃ ὁ
λόγος, ἀλλ' ὑποθείς τι ἢ ὡς παρὰ τοῦ ἀντιδίκου ἢ ὡς ἐκ τοῦ πράγματος ἀποκρίνηται
πρὸς αὐτόν, ὥσπερ δύο ἀντιλεγόμενα πρόσωπα μιμούμενος).

23. É o segundo apelo de Sócrates à audiência quanto à veracidade de suas palavras (ver 17b7-8). Embora a verdade seja um valor central no discurso do filósofo, é
um lugar-comum da oratória judiciária grega (ver, por exemplo, Demóstenes, *Contra
Aristócrates*, 187; *Contra Boeto* 1, 3).

24. Ou seja, Górgias, Hípias, Pródico e Eveno (19e-20a).

25. O deus Apolo, cujo templo em Delfos (região da Fócida: ver Mapa) era o principal centro religioso pan-helênico, administrado pela Liga Anfictiônica, composta
de doze povos de regiões distintas da Hélade: Eníanes ou Óceos, Beócios de Tebas,
Dólopes, Dórios de Esparta, Jônios de Atenas, Aqueus de Ftia, Lócrios (Opúntios e
Ózolos), Magnésios, Málies, Pérrebos, Fócios, Pítios de Delfos e Tessálios (Ésquines,
Sobre a Embaixada, 115-116). A consulta ao oráculo em busca de algum aconselhamento se dava tanto por indivíduos quanto pelas próprias cidades, e compreendia um
espectro amplo de interesses, desde questões privadas a assuntos políticos e financei-
ros. Em geral, as respostas oraculares eram enigmáticas e obscuras, dando margem
a interpretações díspares a ponto de haver especialistas em decifrar tais mensagens
divinas. A centralidade do oráculo de Delfos na cultura grega do período clássico aparece em inúmeras passagens da literatura grega supérstite. Por exemplo: na tragédia
Édipo Rei, de Sófocles, é o oráculo de Delfos quem revela a Édipo seu destino funesto
que já havia se consumado (matar o pai, casar com a própria mãe e dela gerar filhos),
e toda a trama se desenrola após esse episódio; nas *Histórias* de Heródoto, a consulta ▶

tentarei mostrar a vocês o que ocasionou meu renome e essa calúnia que pesa contra mim. Escutem, então! Talvez eu pareça a alguns de vocês estar de brincadeira, mas tenham certeza de que lhes direi toda a verdade[23]. Eu, ó atenienses, adquiri esse renome por nenhum outro motivo senão por certa sabedoria. E que sabedoria é essa? Precisamente aquela que talvez seja a sabedoria humana; com efeito, é decerto provável que, no que tange a ela, seja eu sábio, ao passo que aqueles homens há pouco mencionados por mim talvez sejam sábios em alguma sabedoria superior à humana[24]; caso contrário, não tenho o que dizer, pois a desconheço, e quem afirma o contrário está mentindo e falando com o intuito de me caluniar. E não me interrompam, ó atenienses, mesmo se meu discurso lhes parecer presunçoso! Com efeito, o que vou lhes reportar não são palavras minhas; vou lhes trazer um depoente fidedigno. Bem, como testemunha de minha sabedoria, se de fato ela é uma sabedoria de certa natureza, vou lhes apresentar o deus de Delfos[25]. Suponho que vocês conheçam Querefonte[26]; ele foi meu companheiro desde a juventude e companheiro de vocês, do povo, acompanhan- **21a** do-os no exílio e no retorno à cidade[27]. E vocês sabem como

▷ ao oráculo de Delfos desempenha na narrativa historiográfica uma função não ape-nas religiosa, mas também política, na medida em que as principais decisões tomadas por diferentes líderes políticos, gregos e bárbaros (isto é, não gregos), passavam pelo crivo da palavra oracular, seja para ratificar uma decisão tomada, seja para dissuadir dela (ver, por exemplo, o episódio envolvendo o rei lídio Creso, no Livro I, §§46-55).

26. Querefonte de Esfeto (≥469-403-399 a.C.) aparece em Platão como um amigo íntimo de Sócrates, a quem se atribui o célebre episódio do oráculo de Delfos, a ser relatado a seguir (21a; ver também a versão de Xenofonte, *Apologia*, 14). Aparece como personagem nos diálogos *Górgias* e *Cármides,* e na comédia *As Nuvens* de Aristófanes (423 a.C.), é representado como codiretor do "pensatório" de Sócrates (o que constitui mais uma evidência de sua relação íntima com o filósofo). Há várias referências a Que-refonte na Comédia Antiga, além de *As Nuvens.* Por exemplo: em Aristófanes, *As Vespas* (v. 1388-1414); *As Aves* (v. 1296, 1552-1564); *As Estações* (Fr. 584); Êupolis, *Os Aduladores* (fr. 180); *As Cidades* (fr. 253); Cratino, *Pitine* (fr. 215). Ver D. Nails, op. cit., p. 86-87.

27. Sócrates se refere aqui ao período do governo dos Trinta em Atenas (404-403 a.C.), logo após o fim da Guerra do Peloponeso, com a derrota de Atenas para Esparta. Durante esse curto regime tirânico, que durou oito meses, 1.500 pessoas foram conde-nadas à morte, e mais de cinco mil exiladas. Querefonte optou pelo exílio e retornou à cidade junto a Trasíbulo na restauração do regime democrático. "Companheiro de vocês, do povo" (ὑμῶν τῷ πλήθει ἑταῖρός, 21a1), refere-se aqui, portanto, à adesão de Querefonte ao partido democrático. Os relatos mais antigos conservados sobre esse ▶

ΑΠΟΛΟΓΙΑ ΣΩΚΡΑΤΟΥΣ

ἴστε δὴ οἷος ἦν Χαιρεφῶν, ὡς σφοδρὸς ἐφ᾿ ὅτι ὁρμήσειεν. καὶ δή ποτε καὶ εἰς Δελφοὺς ἐλθὼν ἐτόλμησε τοῦτο
5 μαντεύσασθαι—καί, ὅπερ λέγω, μὴ θορυβεῖτε, ὢ ἄνδρες—ἤρετο γὰρ δὴ εἴ τις ἐμοῦ εἴη σοφώτερος. ἀνεῖλεν οὖν ἡ Πυθία μηδένα σοφώτερον εἶναι. καὶ τούτων πέρι ὁ ἀδελφὸς ὑμῖν αὐτοῦ οὑτοσὶ μαρτυρήσει, ἐπειδὴ ἐκεῖνος τετελεύτηκεν.

b   Σκέψασθε δὴ ὧν ἕνεκα ταῦτα λέγω· μέλλω γὰρ ὑμᾶς διδάξειν ὅθεν μοι ἡ διαβολὴ γέγονεν. ταῦτα γὰρ ἐγὼ ἀκούσας ἐνεθυμούμην οὑτωσί· "Τί ποτε λέγει ὁ θεός, καὶ τί ποτε αἰνίττεται; ἐγὼ γὰρ δὴ οὔτε μέγα οὔτε σμικρὸν
5 σύνοιδα ἐμαυτῷ σοφὸς ὤν· τί οὖν ποτε λέγει φάσκων ἐμὲ σοφώτατον εἶναι; οὐ γὰρ δήπου ψεύδεταί γε· οὐ γὰρ θέμις αὐτῷ." καὶ πολὺν μὲν χρόνον ἠπόρουν τί ποτε λέγει· ἔπειτα μόγις πάνυ ἐπὶ ζήτησιν αὐτοῦ τοιαύτην τινὰ ἐτραπόμην. ἦλθον ἐπί τινα τῶν δοκούντων σοφῶν εἶναι, ὡς ἐνταῦθα
c   εἴπερ που ἐλέγξων τὸ μαντεῖον καὶ ἀποφανῶν τῷ χρησμῷ

▷ período conturbado da história de Atenas se encontram no Livro II das *Helênicas* de Xenofonte, e na *Constituição de Atenas* (34-38), atribuída a Aristóteles.

28. A Pítia era a sacerdotisa de Apolo, que proferia os oráculos em nome do deus.

29. A versão de Xenofonte da resposta oracular é diferente (*Apologia de Sócrates*, 14): "Quando Querefonte estava em Delfos e perguntou sobre mim na presença de várias pessoas, Apolo lhe respondeu que nenhum homem era mais livre, mais justo e mais temperante do que eu" (Χαιρεφῶντος γάρ ποτε ἐπερωτῶντος ἐν Δελφοῖς περὶ ἐμοῦ πολλῶν παρόντων ἀνεῖλεν ὁ Ἀπόλλων μηδένα εἶναι ἀνθρώπων ἐμοῦ μήτε ἐλευθεριώτερον μήτε δικαιότερον μήτε σωφρονέστερον). São essas as duas únicas referências ao suposto episódio do oráculo de Delfos na literatura grega do período clássico (séculos V-IV a.C.); Platão não volta a mencioná-lo em nenhum outro diálogo, a despeito da centralidade que ele assumirá nessa "biografia intelectual" de Sócrates retratada aqui na *Apologia*. Alguns estudiosos, como Dorion, consideram que esse episódio não tem valor histórico e constitui antes um dispositivo retórico de Sócrates em sua defesa. Dentre os vários argumentos propostos por Dorion, um deles é especialmente sugestivo: como Sócrates poderia ser considerado, nesse momento de sua vida, "mais sábio que os demais homens", se a "sabedoria" que ele vai adquirir (isto é, a consciência de sua própria ignorância) se dará justamente após o episódio do oráculo, quando ele passa a colocar em xeque as pessoas que se consideravam e eram vistas pelas demais como sábias (isto é, os políticos, os poetas e os artesãos)? (L.-A. Dorion, The Delphic Oracle on Socrates' Wisdom, em C. Collobert; P. Destrée; F. Gonzalez [eds.], *Plato and Myth*, ▶

[21a-c]   APOLOGIA DE SÓCRATES   235

era Querefonte, quão impetuoso era quando se envolvia em
alguma empreitada. Certa feita ele se dirigiu a Delfos e teve a
ousadia de consultar o oráculo sobre o assunto – como estou
lhes dizendo, não me interrompam, ó homens –, indagando-
-lhe se havia alguém mais sábio do que eu. A Pítia lhe respondeu, então, que ninguém era mais sábio[28]. E a respeito disso o
irmão dele, aqui presente, poderá lhes testemunhar, uma vez
que Querefonte já morreu[29].

Examinem, pois, os motivos pelos quais me refiro a isso!   b
Com efeito, estou prestes a instruí-los sobre as origens da calúnia que pesa contra mim. Bem, depois de ouvir isso de Querefonte, fiz a seguinte reflexão: "o que quer dizer o deus? Qual é
afinal o enigma? De uma coisa eu estou ciente: não sou sábio
em nada, relevante ou trivial que seja o assunto. O que ele quer
dizer, então, ao afirmar que sou o homem mais sábio? Pois, sem
dúvida, ele não está mentindo; não lhe é lícito fazê-lo". E por um
longo período fiquei sem saber o que ele queria dizer. Tempos
depois, embora com muita relutância, volvi-me para uma investigação desta natureza: dirigia-me a um indivíduo que parecia
ser sábio para, desta forma – se é que havia outra –, refutar o   c

▷ p. 423). Essa posição negativa quanto à historicidade do episódio encontra respaldo
na própria Antiguidade, com Ateneu (século II-III d.C.; *Banquete dos Sofistas*, 5.60). Em
seu comentário à *Apologia*, Burnet arrola, em contrapartida, uma série de evidências
internas aos diálogos platônicos de uma "sabedoria" atribuível ao Sócrates ainda jovem,
tendo como critério a data dramática aferível dos próprios textos, a fim de justificar a
plausibilidade do episódio de Delfos: sua discussão sobre a teoria das formas com Parmênides e Zenão no *Parmênides* quando era "muito jovem" (127c5); o reconhecimento
de Protágoras do potencial intelectual de Sócrates no diálogo epônimo, quando tinha
aproximadamente a mesma idade (361d-e); a fala de Alcibíades no *Banquete*, ávido por
aprender com Sócrates "tudo o que ele sabia" (217a4), poucos anos antes do assédio
de Potideia (431 a.C.), quando Sócrates tinha 38 anos (J. Burnet, op. cit., p. 170-171).
A despeito dos argumentos em favor de cada uma dessas alternativas de interpretação,
é no mínimo curioso o fato de Platão não voltar a mencionar o episódio do oráculo
de Delfos em nenhum outro diálogo, sobretudo naqueles em que vemos Sócrates em
plena atividade refutativa (*elenchos*), que, na *Apologia*, corresponde à sua "missão filosófica" em nome de Apolo. Curioso também é o fato de Sócrates anunciá-lo na *Apologia* como algo desconhecido da maioria das pessoas, com exceção dos envolvidos
no episódio: Querefonte, seu irmão Querécrates (ver Xenofonte, *Memoráveis*, 2.3.1) e o
próprio Sócrates. Para uma visão conciliatória entre a função retórica do oráculo de
Delfos na construção da narrativa de Sócrates e a historicidade do oráculo, ver E. De
Strycker; S.R. Slings, op. cit., p. 74-82.

ΑΠΟΛΟΓΙΑ ΣΩΚΡΑΤΟΥΣ

ὅτι "Οὑτοσὶ ἐμοῦ σοφώτερός ἐστι, σὺ δ' ἐμὲ ἔφησθα." διασκοπῶν οὖν τοῦτον—ὀνόματι γὰρ οὐδὲν δέομαι λέγειν, ἥν δέ τις τῶν πολιτικῶν πρὸς ὃν ἐγὼ σκοπῶν τοιοῦτόν τι
5 ἔπαθον, ὦ ἄνδρες Ἀθηναῖοι—καὶ διαλεγόμενος αὐτῷ, ἔδοξέ μοι οὗτος ὁ ἀνὴρ δοκεῖν μὲν εἶναι σοφὸς ἄλλοις τε πολλοῖς ἀνθρώποις καὶ μάλιστα ἑαυτῷ, εἶναι δ' οὔ· κἄπειτα ἐπειρώμην αὐτῷ δεικνύναι ὅτι οἴοιτο μὲν εἶναι
d σοφός, εἴη δ' οὔ. ἐντεῦθεν οὖν τούτῳ τε ἀπηχθόμην καὶ πολλοῖς τῶν παρόντων· πρὸς ἐμαυτὸν δ' οὖν ἀπιὼν ἐλογι- ζόμην ὅτι τούτου μὲν τοῦ ἀνθρώπου ἐγὼ σοφώτερός εἰμι· κινδυνεύει μὲν γὰρ ἡμῶν οὐδέτερος οὐδὲν καλὸν κἀγαθὸν
5 εἰδέναι, ἀλλ' οὗτος μὲν οἴεταί τι εἰδέναι οὐκ εἰδώς, ἐγὼ δέ, ὥσπερ οὖν οὐκ οἶδα, οὐδὲ οἴομαι· ἔοικα γοῦν τούτου γε σμικρῷ τινι αὐτῷ τούτῳ σοφώτερος εἶναι, ὅτι ἃ μὴ οἶδα οὐδὲ οἴομαι εἰδέναι. ἐντεῦθεν ἐπ' ἄλλον ᾖα τῶν ἐκείνου

---

30. A ideia de refutar o oráculo parece contradizer o que Sócrates acabou de dizer – a saber, que Apolo não poderia estar mentindo, pois não lhe é lícito. Portanto, a atitude presumível de Sócrates deveria ser antes buscar entender *em que sentido* ele é mais sábio do que os demais homens, já que não tinha qualquer presunção de saber algo, e não *refutar* o oráculo. De fato, a elucidação do sentido da palavra oracular é o que se consumará na sequência da narrativa, mas isso não obscurece essa manifestação inci- dental de arrogância de Sócrates ao tentar confrontar o deus – comportamento esse que, na perspectiva religiosa grega, poderia ser visto como um ato ímpio de *hubris*, de rompimento dos limites impostos aos homens pelos deuses, sendo passível, portanto, de punição divina. Pelo menos um caso similar de desafio a uma profecia aparece nas *Histórias* de Heródoto (2.133): Miquerinos, do Egito, recebeu uma profecia de Boutó- polis segundo a qual ele viveria por mais seis anos apenas; "para provar a falsidade do oráculo" (θέλων τὸ μαντήιον ψευδόμενον ἀποδέξαι), ele transformou as noites em dias, deixando as luzes acesas e banqueteando-se diariamente, a fim de que os seis anos se transformassem em doze" (B. Knox, *Édipo em Tebas*, p. 29).

31. Essa coordenação dos dois particípios ("investigando" e "dialogando", διασκοπῶν οὖν τοῦτον [...] καὶ διαλεγόμενος αὐτῷ) descreve, de maneira sumária, a natureza do método socrático nos chamados "primeiros diálogos" de Platão: o exame das opiniões de um determinado interlocutor mediante perguntas e respostas, cabendo a Sócrates a condução do diálogo, e ao interlocutor o assentimento ou não às premissas do argu- mento, que levam a uma determinada conclusão (em geral, apontando uma contradição na gama de opiniões sustentadas por esse interlocutor). No início do *Górgias*, a distinção entre discurso retórico e discurso filosófico é feita com base no critério de extensão: de um lado, o "discurso breve" (*brakhulogia*, 449c5), em que um interlocutor formula as perguntas e o outro as responde de modo conciso; e, de outro, o "discurso longo" (*makrologia*, 449c5), em que o orador discursa ininterruptamente (ver também Platão, *Protágoras*, 328e-329b; 334e-335a). A noção de dialética enquanto método filosófico para a busca do conhecimento e da verdade desenvolvida por Platão em contextos ▸

[21c-d]   APOLOGIA DE SÓCRATES   237

oráculo e lhe mostrar que "este homem é mais sábio do que eu, embora você afirme o contrário"[30]. Então, investigando-o e dialogando com ele[31] – não preciso mencionar aqui seu nome, mas era um político junto ao qual, ó atenienses, passei pela seguinte experiência quando o examinava –, tive a impressão de que esse indivíduo parecia ser sábio à maioria dos homens e, sobretudo, a si mesmo, sem contudo sê-lo[32]. Em seguida, tentava lhe mostrar que ele presumia ser sábio, embora não o fosse. Como consequência, passava a ser odiado por este e pelos demais   d homens que estivessem presentes. Afastando-me dali, refletia então comigo mesmo: "mais sábio do que este homem eu sou; é provável que nem ele nem eu conheça alguma coisa bela e boa, no entanto ele presume saber algo, embora não o saiba, ao passo que eu, justamente porque não sei, tampouco presumo saber. É plausível, portanto, que ao menos em alguma coisa, ainda que ínfima, seja eu mais sábio do que ele: o que eu não sei, tampouco presumo sabê-lo"[33]. Daí, volvia-me para outro

▷ específicos de sua obra, como nos diálogos *Fédon*, *República* e *Fedro*, está vinculada intrinsecamente à proposição das teorias das formas. Na visão desenvolvimentista do pensamento platônico, esse ganho teórico só se daria nos chamados "diálogos intermediários". Para uma visão geral sobre a perspectiva desenvolvimentista do pensamento platônico, ver supra "Introdução Geral", p. 26-37.

32. Nesta passagem central da argumentação de Sócrates, em que ele descreve de maneira paradigmática a condição dos pretensos sábios, ressaltam-se dois aspectos do mesmo fenômeno: de um lado, a *presunção* de saber por parte de tais indivíduos, e de outro, a *reputação* que tinham aos olhos das demais pessoas. Ambos os aspectos (objetivo e subjetivo) estão intimamente associados na própria gramática do verbo "parecer" em grego (*dokeō* + infinitivo + dativo): x parece ser "sábio" *aos demais homens* (aspecto objetivo, isto é, o que as demais pessoas pensavam sobre ele); x parece ser "sábio" *a si mesmo* (aspecto subjetivo, isto é, o que x pensava sobre si mesmo).

33. Esta é a formulação completa da sentença atribuída quase que proverbialmente a Sócrates: "só sei que nada sei" – ou a célebre "ignorância socrática". No entanto, esse bordão repetido exaustivamente não aparece em nenhum diálogo de Platão, além de não captar com precisão o que Sócrates está dizendo aqui: o que ele afirma é que *ele não presume conhecer o que não conhece*, o que não implica que ele não tenha nenhum conhecimento em absoluto. Ademais, como observa G. Fine (Does Socrates Claim to Know that He Knows Nothing?, *Oxford Studies in Ancient Philosophy*, v. 35, p. 50-51), a própria formulação "só sei que nada sei" é autocontraditória se tomada sem qualquer qualificação, pois se você sabe que nada sabe, alguma coisa ao menos você sabe (portanto, você sabe alguma coisa, e não *nada*). Outro problema envolvido é o sentido de "conhecimento" em jogo aqui: se (a) o verbo *eidenai* (saber, conhecer) é empregado nesta passagem em sentido forte – na formulação de Fine, "condição cognitiva que implica verdade, que é apropriadamente ▶

238 ΑΠΟΛΟΓΙΑ ΣΩΚΡΑΤΟΥΣ

δοκούντων σοφωτέρων εἶναι καί μοι ταὐτὰ ταῦτα ἔδοξε·
e καὶ ἐνταῦθα κἀκείνῳ καὶ ἄλλοις πολλοῖς ἀπηχθόμην.

Μετὰ ταῦτ᾽ οὖν ἤδη ἐφεξῆς ᾖα, αἰσθανόμενος μὲν καὶ
λυπούμενος καὶ δεδιὼς ὅτι ἀπηχθανόμην, ὅμως δὲ ἀνα-
γκαῖον ἐδόκει εἶναι τὸ τοῦ θεοῦ περὶ πλείστου ποιεῖσθαι·
5 ἰτέον οὖν, σκοποῦντι τὸν χρησμὸν τί λέγει, ἐπὶ ἅπαντας
22a τούς τι δοκοῦντας εἰδέναι. καὶ νὴ τὸν κύνα, ὦ ἄνδρες
Ἀθηναῖοι—δεῖ γὰρ πρὸς ὑμᾶς τἀληθῆ λέγειν—ἦ μὴν ἐγὼ
ἔπαθόν τι τοιοῦτον· οἱ μὲν μάλιστα εὐδοκιμοῦντες ἔδοξάν
μοι ὀλίγου δεῖν τοῦ πλείστου ἐνδεεῖς εἶναι ζητοῦντι κατὰ
5 τὸν θεόν, ἄλλοι δὲ δοκοῦντες φαυλότεροι ἐπιεικέστεροι
εἶναι ἄνδρες πρὸς τὸ φρονίμως ἔχειν. δεῖ δὴ ὑμῖν τὴν ἐμὴν
πλάνην ἐπιδεῖξαι ὥσπερ πόνους τινὰς πονοῦντος ἵνα μοι
καὶ ἀνέλεγκτος ἡ μαντεία γένοιτο. μετὰ γὰρ τοὺς πολι-
τικοὺς ᾖα ἐπὶ τοὺς ποιητὰς τούς τε τῶν τραγῳδιῶν καὶ
b τοὺς τῶν διθυράμβων καὶ τοὺς ἄλλους, ὡς ἐνταῦθα ἐπ᾽

▷ superior cognitivamente à mera crença verdadeira" (ibidem, p. 53); ou (b) em sentido
mais fraco, designando algum estado cognitivo intermediário entre o conhecimento em
sentido forte e a crença verdadeira, ou mesmo (c) uma convicção fundamentada em boas
razões. Aparentemente, o que Sócrates está afirmando aqui é que tanto ele quanto o político
submetido a seu escrutínio não possuem conhecimento *em sentido forte* (a) *relativamente
a questões ético-políticas* (indicado aqui pelo objeto do verbo *eidenai* em 21d4: *kalon kaga-
thon*, "alguma coisa bela e boa"). Isso não implica, todavia, que Sócrates não saiba nada,
pois pode ser o caso que (i) ele conheça algo *em sentido fraco* (b) *ou* (c), seja a respeito de
questões morais, seja a respeito de questões relativas a competências técnicas específicas,
ou (ii) mesmo *em sentido forte* (a), porém a respeito de questões relativas a competências
técnicas específicas (como, por exemplo, a arte da equitação ou a arte militar, ou os saberes
técnicos dos artesãos a que Sócrates irá se referir adiante, ver 22d-e) – embora Sócrates
não reivindique para si na *Apologia* um conhecimento técnico desse tipo.

34. Este processo de averiguação de Sócrates em busca de elucidação do sentido
da palavra oracular tem um caráter eminentemente negativo, na medida em que o processo de investigação do interlocutor culmina com o desvelamento de sua ignorância
sobre assuntos que presumia conhecer, colocando em xeque sua própria reputação de
sabedoria – e, no caso do político, seu poder de influenciar as decisões da cidade, visto
que dependia em grande medida de sua reputação. O aspecto positivo da refutação
socrática (*elenchos*) pode ser inferido da argumentação da *Apologia*, mas aparece de
maneira explícita no diálogo *Górgias*, quando Sócrates busca justificar sua intenção
em apontar uma contradição de Górgias sobre a relação entre prática retórica e justiça:

SÓCRATES: [...] Temo refutá-lo, Górgias, de modo a supor que eu, almejando a vitória, não fale para esclarecer o assunto em questão, mas para atacá-lo. Se, então, também
você é um homem do mesmo tipo que eu, terei o prazer de interpelá-lo; caso contrário,
deixarei de lado. Mas que tipo de homem sou eu? Aquele que se compraz em ser ▶

[21d-22b] APOLOGIA DE SÓCRATES 239

indivíduo que parecia ser sábio e eu tinha a mesma impressão. E também nessa ocasião passava a ser odiado por este e por inúmeros outros homens[34]. e

Depois disso, prosseguia assim continuamente e percebia, com pesar e temor, que eu estava sujeito ao ódio das pessoas; achava necessário, porém, levar muitíssimo a sério a palavra do deus. Para examinar, então, o que queria dizer o oráculo, era forçoso que me dirigisse a todos que pareciam saber alguma coisa. E, 22a pelo cão, ó atenienses – pois devo lhes dizer a verdade –, eu tive a seguinte experiência: os que gozavam de maior reputação me pareceram, durante a investigação em nome do deus, deficientes em praticamente tudo, ao passo que os que pareciam mais simplórios, homens mais valorosos quanto à inteligência. Devo lhes reportar o curso errante pelo qual enveredei[35], como alguém que passou por provações para que a profecia se mostrasse de fato irrefutável para mim[36]. Bem, depois dos políticos, volvia-me para os poetas, fossem eles trágicos, ditirâmbicos[37] ou de qualquer b

▷ refutado quando não digo a verdade, e se compraz em refutar quando alguém não diz a verdade, e deveras aquele que não menos se compraz em ser refutado do que refutar; pois considero ser refutado precisamente um bem maior, tanto quanto se livrar do maior mal é um bem maior do que livrar alguém dele. Pois não há para o homem, julgo eu, tamanho mal quanto a opinião falsa sobre o assunto de nossa discussão. (457e3-458b1)

35. N. Denyer (op. cit., p. 73) sugere aqui uma comparação sub-reptícia entre Sócrates e Odisseu, entre "o curso errante" (τὴν ἐμὴν πλάνην, 22a6) do filósofo narrado na *Apologia* e a série de errâncias do herói na *Odisseia* em seu retorno para casa, referida nos primeiros versos do poema homérico: "Canta-me, ó Musa, o homem de muitos recursos, as suas múltiplas / *errâncias*, depois de arrasada a sacra cidade de Troia." (Ἄνδρα μοι ἔννεπε, Μοῦσα, πολύτροπον, ὃς μάλα πολλὰ / πλάγχθη, ἐπεὶ Τροίης ἱερὸν πτολίεθρον ἔπερσε, Canto I, v. 1-2). Vale ressaltar que a comparação entre Sócrates e Odisseu é sugerida em outros diálogos de Platão, como no *Protágoras* (315b-316a), em que sua visita à casa de Cálias, o anfitrião dos sofistas (Protágoras, Hípias e Pródico), é comparada à visita de Odisseu ao Hades, o Mundo dos Infernos grego, no Canto XI da *Odisseia*. Sobre a figura de Cálias, ver supra p. 229n19.

36. Sócrates havia afirmado que, inicialmente, seu intuito era *refutar* o oráculo (21c), mas logo depois de sua experiência com o primeiro tipo de pretenso sábio, o político, compreendeu o sentido do "enigma" da palavra oracular (21d): ele era mais sábio do que os demais homens, na medida em que reconhecia sua própria ignorância, ao passo que os pretensos sábios presumiam conhecer o que não conheciam. A partir daí, Sócrates se converte em protetor de Apolo e sua missão passa a ser mostrar quão irrefutável é o oráculo.

37. O ditirambo era originalmente um poema coral lírico associado ao culto de Dioniso, acompanhado de dança e de som do aulo. Teria surgido na Frígia e posteriormente ▶

240 ΑΠΟΛΟΓΙΑ ΣΩΚΡΑΤΟΥΣ

αὐτοφώρῳ καταληψόμενος ἐμαυτὸν ἀμαθέστερον ἐκείνων
ὄντα. ἀναλαμβάνων οὖν αὐτῶν τὰ ποιήματα ἅ μοι ἐδόκει
μάλιστα πεπραγματεῦσθαι αὐτοῖς, διηρώτων ἂν αὐτοὺς τί
λέγοιεν, ἵν' ἅμα τι καὶ μανθάνοιμι παρ' αὐτῶν. αἰσχύνομαι
οὖν ὑμῖν εἰπεῖν, ὦ ἄνδρες, τἀληθῆ· ὅμως δὲ ῥητέον. ὡς
ἔπος γὰρ εἰπεῖν ὀλίγου αὐτῶν ἅπαντες οἱ παρόντες ἂν
βέλτιον ἔλεγον περὶ ὧν αὐτοὶ ἐπεποιήκεσαν. ἔγνων οὖν αὖ
καὶ περὶ τῶν ποιητῶν ἐν ὀλίγῳ τοῦτο, ὅτι οὐ σοφίᾳ ποιοῖεν
ἃ ποιοῖεν, ἀλλὰ φύσει τινὶ καὶ ἐνθουσιάζοντες ὥσπερ οἱ
θεομάντεις καὶ οἱ χρησμῳδοί· καὶ γὰρ οὗτοι λέγουσι μὲν
πολλὰ καὶ καλά, ἴσασιν δὲ οὐδὲν ὧν λέγουσι. τοιοῦτόν τί
μοι ἐφάνησαν πάθος καὶ οἱ ποιηταὶ πεπονθότες· καὶ ἅμα
ᾐσθόμην αὐτῶν διὰ τὴν ποίησιν οἰομένων καὶ τἆλλα
σοφωτάτων εἶναι ἀνθρώπων ἃ οὐκ ἦσαν. ἀπῇα οὖν καὶ
ἐντεῦθεν τῷ αὐτῷ οἰόμενος περιγεγονέναι ᾧπερ καὶ τῶν
πολιτικῶν.

▷ chegado à Hélade junto ao culto desse deus. O ditirambo era praticado também nas
festas em honra de outros deuses, especialmente de Apolo. A princípio, o ditirambo era
composto em forma de narrativa, como afirma Platão na *República* (Livro III, 394c),
mas teria se tornado posteriormente mimético, como diz Aristóteles (*Problemas*, XIX,
15, 918b 18-20). Nas *Leis* (III 700b), Platão distingue diferentes gêneros de poesia: hinos,
trenos, peãs e ditirambos, sendo o último "concernente ao nascimento do deus Dioniso"
(καὶ ἄλλο, Διονύσου γένεσις οἶμαι, διθύραμβος λεγόμενος, III 700b4-5).

38. "Inspiração divina" traduz aqui o particípio grego *enthousiazontes* (de cuja raiz
deriva em português a palavra "entusiasmo"), que significa etimologicamente "ter o
deus dentro de si" (*entheos*); daí a opção pela tradução do termo grego, corrente entre
a maioria dos tradutores da *Apologia*, por "inspiração".

39. No *Mênon*, a comparação dos profetas e vates é feita com os políticos: "ao recor-
rerem a uma boa opinião, os políticos tomam decisões acertadas para a cidade, mas sua
condição em nada difere, no que tange à inteligência, da dos vates e profetas, os quais proferem inúmeras verdades quando inspirados, embora não conheçam nada do que proferem" (ἡ [εὐδοξίᾳ] οἱ πολιτικοὶ ἄνδρες χρώμενοι τὰς πόλεις ὀρθοῦσιν, οὐδὲν διαφερόντως
ἔχοντες πρὸς τὸ φρονεῖν ἢ οἱ χρησμῳδοί τε καὶ οἱ θεομάντεις· καὶ γὰρ οὗτοι ἐνθουσιῶντες
λέγουσιν μὲν ἀληθῆ καὶ πολλά, ἴσασι δὲ οὐδὲν ὧν λέγουσιν, 99c1-5).

40. Esta é, *grosso modo*, a posição que Sócrates defende no diálogo *Íon*: os poetas
não compõem e recitam seus poemas por "arte" (*tekhnē*) e "conhecimento" (*epistēmē*),
mas por *possessão* e *inspiração divinas*, como vemos nesta passagem:

SÓCRATES: [...] Todos os bons poetas épicos recitam todos esses belos poemas não por
arte, mas por inspiração e possessão divinas [ἔνθεοι ὄντες καὶ κατεχόμενοι]. Da mesma
forma, assim como os coribantes dançam fora de seu juízo pleno, os bons poetas mélicos
compõem suas belas canções fora de seu juízo pleno; quando embarcam na harmonia e no ▶

[22b-c]   APOLOGIA DE SÓCRATES   241

outra estirpe, para que então fosse pego em flagrante na condição de mais ignorante que eles. Tendo em mãos, assim, os poemas que considerava os mais bem elaborados por eles, indagava-lhes sobre o que queriam dizer, com o intuito de ao mesmo tempo aprender alguma coisa com eles. Envergonho-me, ó homens, de lhes dizer a verdade; devo dizê-la, contudo. Quase todos os presentes, por assim dizer, poderiam discorrer melhor do que os poetas sobre aquilo que eles próprios compuseram. Assim, em pouco tempo, reconheci que também os poetas compunham seus poemas não por sabedoria, mas por certa disposição natural e inspiração divina[38], tais como os profetas e os vates[39]; de fato, estes proferem inúmeras coisas belas, embora não conheçam nada do que proferem[40]. Eis a experiência pela qual também os poetas manifestamente passaram; e ao mesmo tempo me dei conta de que eles, em virtude da poesia, presumiam ser os indivíduos mais sábios inclusive em outros assuntos nos quais não eram[41]. E mais uma vez, eu ia embora dali supondo tê-los superado, assim como sucedeu no caso dos políticos.

▷ ritmo, entram em frenesi báquico e, assim como as bacantes, sob possessão, extraem dos rios mel e leite fora de seu juízo pleno, a alma dos poetas líricos, sob possessão, realizam o que eles próprios dizem. Pois os poetas nos contam – isto é inquestionável – que é das fontes melífluas dos jardins e vales das Musas que eles extraem e nos legam seus cantos, assim como as abelhas, alçando eles próprios voo [...]. (533e5-534a6)

41. Também no diálogo *Íon*, a personagem epônima, um rapsodo especialista na recitação de Homero, argumenta que ele próprio conhecia outras artes, não porque tinha formação e experiências nelas, mas porque conhecia tais matérias mediante os poemas homéricos (como, por exemplo, a arte do comando militar):

SÓCRATES: E então? A arte do rapsodo é arte do comando militar?
ÍON: De fato, ao menos eu conheço o gênero de coisas que convém ao general dizer.
SÓCRATES: Talvez você também seja versado na arte do comando militar, Íon. Com efeito, se você fosse versado ao mesmo tempo na arte do cavaleiro e na do tocador de cítara, seria capaz de reconhecer quem monta bem ou mal a cavalo. E se eu lhe indagasse: "Por qual arte, Íon, você reconhece quem monta bem a cavalo? Por aquela em virtude da qual você é um cavaleiro, ou por aquela em virtude da qual você é um tocador de cítara?" Qual seria a sua resposta?
ÍON: Por aquela em virtude da qual sou um cavaleiro, responderia eu.
SÓCRATES: Então, se você também pudesse discernir quem toca bem a cítara, não estaria de acordo em que o discerniria pela arte em virtude da qual você é um tocador de cítara, e não por aquela em virtude da qual você é um cavaleiro?
ÍON: Sim.   ▶

242 ΑΠΟΛΟΓΙΑ ΣΩΚΡΑΤΟΥΣ

d Τελευτῶν οὖν ἐπὶ τοὺς χειροτέχνας ἦα· ἐμαυτῷ γὰρ συνήδη οὐδὲν ἐπισταμένῳ ὡς ἔπος εἰπεῖν, τούτους δέ γ' ἤδη ὅτι εὑρήσοιμι πολλὰ καὶ καλὰ ἐπισταμένους. καὶ τούτου μὲν οὐκ ἐψεύσθην, ἀλλ' ἠπίσταντο ἃ ἐγὼ οὐκ ἠπιστάμην καί μου ταύτῃ σοφώτεροι ἦσαν. ἀλλ', ὦ ἄνδρες

5 Ἀθηναῖοι, ταὐτόν μοι ἔδοξαν ἔχειν ἁμάρτημα ὅπερ καὶ οἱ ποιηταὶ καὶ οἱ ἀγαθοὶ δημιουργοί—διὰ τὸ τὴν τέχνην καλῶς ἐξεργάζεσθαι ἕκαστος ἠξίου καὶ τἆλλα τὰ μέγιστα σοφώτατος εἶναι—καὶ αὐτῶν αὕτη ἡ πλημμέλεια ἐκείνην

e τὴν σοφίαν ἀποκρύπτειν· ὥστε με ἐμαυτὸν ἀνερωτᾶν ὑπὲρ τοῦ χρησμοῦ πότερα δεξαίμην ἂν οὕτως ὥσπερ ἔχω ἔχειν, μήτε τι σοφὸς ὢν τὴν ἐκείνων σοφίαν μήτε ἀμαθὴς τὴν ἀμαθίαν, ἢ ἀμφότερα ἃ ἐκεῖνοι ἔχουσιν ἔχειν. ἀπεκρι-

5 νάμην οὖν ἐμαυτῷ καὶ τῷ χρησμῷ ὅτι μοι λυσιτελοῖ ὥσπερ ἔχω ἔχειν.

Ἐκ ταυτησὶ δὴ τῆς ἐξετάσεως, ὦ ἄνδρες Ἀθηναῖοι, 23a πολλαὶ μὲν ἀπέχθειαί μοι γεγόνασι καὶ οἷαι χαλεπώταται καὶ βαρύταται, ὥστε πολλὰς διαβολὰς ἀπ' αὐτῶν γεγονέναι, ὄνομα δὲ τοῦτο λέγεσθαι, σοφὸς εἶναι· οἴονται γάρ

▷ SÓCRATES: E uma vez que você conhece os assuntos militares, você os conhece pela arte em virtude da qual é versado no comando militar, ou por aquela em virtude da qual você é um bom rapsodo?

ÍON: Para mim, isso não faz diferença alguma. (540d4-e9)

42. "Artesãos" (*kheirotekhnai*), assim como "artífices" (*dēmiourgoi*, 22d6), logo abaixo, têm uma extensão mais ampla em grego do que as duas palavras sugerem em português, compreendendo tanto os trabalhadores manuais (produtores de objetos tais como móveis, utensílios, vasilhames etc.) quanto os pintores, escultores e arquitetos (M.M. Sassi, *Platone: Apologia de Socrate, Critone*, p. 116-117).

43. O termo grego *tekhnē* (arte) não se restringe apenas às "belas artes", mas se aplica igualmente a uma infinidade de atividades práticas dotadas de um complexo orgânico de regras racionais. Os critérios que fundamentam a concepção platônica de *tekhnē* seriam os seguintes: 1. *tekhnē* se equivale ao conhecimento de um campo específico, seu objeto é determinado, por exemplo, para produzir bons sapatos, o sapateiro deve conhecer os diversos tipos de couro e o melhor modo de trabalhá-lo; 2. está orientada por um fim específico e produz alguma coisa de útil ou diretamente, como no caso da produção de barcos, ou indiretamente, como no caso da escrita e da aritmética, cujo conhecimento é útil para as artes produtivas; 3. torna possível libertar o homem do poder do acaso, dos deuses e da natureza; 4. é facilmente reconhecível como tal, porque o detentor de uma *tekhnē* possui um conhecimento precioso na medida em que não está ao alcance de todos; 5. as *tekhnai* são ensináveis; 6. um paradigma exemplar de *tekhnē* é a matemática, por sua precisão, sua capacidade de produzir resultados universais e ▶

[22c-23a] APOLOGIA DE SÓCRATES 243

E, por fim, volvia-me para os artesãos[42]. Estava ciente de que eu mesmo nada conhecia, por assim dizer, ao passo que entre eles estava seguro de encontrar pessoas que conheciam inúmeras coisas belas. E nesse ponto eu não estava equivocado; eles conheciam coisas que eu desconhecia e, nisso, eram mais sábios que eu. Todavia, ó atenienses, tive a impressão de que os bons artífices incorriam no mesmo erro que os poetas – por desempenharem bem sua arte[43], cada um deles considerava-se o mais sábio também em outros assuntos de grandíssima importância – e esse tropeço acabava por encobrir aquela sabedoria[44]. Por conseguinte, eu me questionava, em nome do oráculo, se devia me aceitar assim como eu era, ou seja, nem sábio em relação à sabedoria deles nem ignorante em relação à ignorância deles, ou ser como eles eram em ambos os aspectos. Respondi então a mim mesmo e ao oráculo que me era mais vantajoso ser como eu era.

É por causa desta investigação, ó atenienses, que têm surgido contra mim tantas inimizades, tão rudes quanto extremamente graves, cujas consequências são essas inúmeras calúnias e este renome que se propaga por aí, de ser eu sábio. Pois as pessoas

▷ necessários; 7. a *tekhnē* é tão confiável que a sua função é idêntica a seu fim. O técnico, enquanto técnico, não pode errar. Espera-se do construtor naval que ele construa barcos que não afundem. O produto, o barco acabado, é idêntico à função do construtor. Se o barco afunda, temos o direito de suspeitar de que a pessoa a quem havíamos confiado o trabalho não possua a *tekhnē* de construí-lo. Se o fim não é aquele que se espera do técnico, também a sua função será colocada em questão (A. Fussi, *Retorica e Potere*, p. 134-135). Sobre a noção de *tekhnē* e sua relação com *epistēmē* (conhecimento, ciência), ver J. Barnes, Enseigner la vertu? *Revue Philosophique*, n. 4, p. 583-585.

44. Diferentemente do caso dos políticos e dos poetas, os artesãos possuíam um determinado *conhecimento*, a saber, a matéria específica de sua *arte*. No entanto, a presunção de sabedoria é um traço comum dessas três classes, uma vez que os artesãos presumiam saber mais coisas do que a matéria de seu âmbito profissional. Sócrates não é explícito aqui em relação a que ele entende por "assuntos de grandíssima importância" (τὰ μέγιστα, 22d7), mas é provável que sejam os assuntos relativos aos interesses comuns da cidade (Platão, *Laques*, 197e; *Górgias*, 484c). Se assim o for, a ideia implicada aqui é o envolvimento desses diferentes profissionais na vida política da democracia ateniense, como vemos retratado no diálogo *Protágoras*, em que se opõem as artes particulares à política (319b-d).

244 ΑΠΟΛΟΓΙΑ ΣΩΚΡΑΤΟΥΣ

με ἑκάστοτε οἱ παρόντες ταῦτα αὐτὸν εἶναι σοφὸν ἃ ἂν
ἄλλον ἐξελέγξω. τὸ δὲ κινδυνεύει, ὦ ἄνδρες, τῷ ὄντι ὁ θεὸς
σοφὸς εἶναι, καὶ ἐν τῷ χρησμῷ τούτῳ τοῦτο λέγειν, ὅτι ἡ
ἀνθρωπίνη σοφία ὀλίγου τινὸς ἀξία ἐστὶν καὶ οὐδενός. καὶ
φαίνεται τοῦτον λέγειν τὸν Σωκράτη, προσκεχρῆσθαι δὲ
τῷ ἐμῷ ὀνόματι, ἐμὲ παράδειγμα ποιούμενος, ὥσπερ ἂν
⟨εἰ⟩ εἴποι ὅτι "Οὗτος ὑμῶν, ὦ ἄνθρωποι, σοφώτατός
ἐστιν, ὅστις ὥσπερ Σωκράτης ἔγνωκεν ὅτι οὐδενὸς ἄξιός
ἐστι τῇ ἀληθείᾳ πρὸς σοφίαν." ταῦτ' οὖν ἐγὼ μὲν ἔτι καὶ
νῦν περιιὼν ζητῶ καὶ ἐρευνῶ κατὰ τὸν θεὸν καὶ τῶν ἀστῶν
καὶ ξένων ἄν τινα οἴωμαι σοφὸν εἶναι· καὶ ἐπειδάν μοι μὴ
δοκῇ, τῷ θεῷ βοηθῶν ἐνδείκνυμαι ὅτι οὐκ ἔστι σοφός. καὶ
ὑπὸ ταύτης τῆς ἀσχολίας οὔτε τι τῶν τῆς πόλεως πρᾶξαί
μοι σχολὴ γέγονεν ἄξιον λόγου οὔτε τῶν οἰκείων, ἀλλ' ἐν
πενίᾳ μυρίᾳ εἰμὶ διὰ τὴν τοῦ θεοῦ λατρείαν.

Πρὸς δὲ τούτοις οἱ νέοι μοι ἐπακολουθοῦντες, οἷς
μάλιστα σχολή ἐστιν, οἱ τῶν πλουσιωτάτων, αὐτόματοι,
χαίρουσιν ἀκούοντες ἐξεταζομένων τῶν ἀνθρώπων, καὶ
αὐτοὶ πολλάκις ἐμὲ μιμοῦνται, εἶτα ἐπιχειροῦσιν ἄλλους
ἐξετάζειν· κἄπειτα οἶμαι εὑρίσκουσι πολλὴν ἀφθονίαν
οἰομένων μὲν εἰδέναι τι ἀνθρώπων, εἰδότων δὲ ὀλίγα ἢ
οὐδέν. ἐντεῦθεν οὖν οἱ ὑπ' αὐτῶν ἐξεταζόμενοι ἐμοὶ ὀργί-

---

45. Nessa parte narrativa da *Apologia* (19a8-24b2), é a primeira vez que Sócrates se refere ao exame de seus interlocutores, os pretensos sábios, como "refutação" (*elenchos*); antes, o termo havia sido reservado para a relação de Sócrates com o oráculo ("refutar o oráculo", ἐλέγχων τὸ μαντεῖον, 21c1; "irrefutável", ἀνέλεγκτος, 22a8). Até então, Sócrates qualificava sua relação com os interlocutores por formas verbais e nominais associadas à ideia de investigação, exame, busca, procura, indagação, inquirição, diálogo, que não carregam consigo um sentido negativo como "refutar" sugere (διασκοπῶν, 21c3; διαλεγόμενος, 21c5; ζητοῦντι, 22a4; διηρώτων, 22b4; ἐκ ταυτησὶ δὴ τῆς ἐξετάσεως, 22e7; ζητῶ καὶ ἐρευνῶ, 23b5).

46. Não que a sabedoria humana não tenha nenhum valor *em absoluto* – pois assim o fosse, qual seria a utilidade da filosofia enquanto exercício crítico contínuo em busca do conhecimento? –, mas que, enquanto ciência da própria ignorância, ela tem um valor ínfimo quando comparada ao conhecimento que só o deus tem (Platão, *Fedro*, 278d). A sabedoria humana representada por Sócrates, em oposição ao pretenso saber, confere lucidez ao agente ao tomar suas decisões no âmbito prático.

47. Sobre o não envolvimento de Sócrates com a política ateniense, ver infra *Apologia*, 32e-33a.

[23a-c]   APOLOGIA DE SÓCRATES   245

presentes em cada ocasião presumem que sou sábio naquela matéria em que refuto alguém[45]. É provável, ó homens, que o deus seja realmente sábio e naquele oráculo esteja dizendo que a sabedoria humana vale muito pouco ou nada. Ele faz clara menção a este Sócrates, e recorre ao meu nome para tomar-me como paradigma, como se assim dissesse: "Entre vocês, ó homens, é o mais sábio quem, tal como Sócrates, reconheceu que, na verdade, não tem valor algum perante a sabedoria."[46] Sendo assim, eu ainda hoje rondo por aí procurando e inquirindo, segundo o deus, quem quer que se presuma sábio, seja cidadão ou estrangeiro; e quando não me parece ser, em socorro ao deus eu lhe mostro que não é sábio. Devido a essa ocupação, não tenho tido tempo livre para envolver-me com alguma ação da cidade digna de menção[47], tampouco com alguma ação privada; encontro-me em imensa penúria por conta do serviço ao deus[48].

Além disso, os jovens que me acompanham por conta própria – sobretudo os que dispõem de tempo livre, membros das famílias mais abastadas – deleitam-se quando ouvem os homens sendo examinados, e eles próprios, não raras vezes, passam a me imitar e buscam, então, examinar os outros[49]. Depois descobrem, suponho eu, um grande número de pessoas que presumem saber alguma coisa, embora saibam nada ou muito pouco. Como consequência, aqueles homens por eles examinados se enfurecem

48. Segundo J. Burnet (op. cit., p. 178), Sócrates não poderia ter sido assim tão pobre, como está sugerindo aqui, entre os anos 431 e 424 a.C., quando serviu como hoplita em defesa de Atenas em Potideia, Délio e Anfípolis (ver Platão, *Apologia* 28e; *Laques* 181b-c; *Cármides*, 153b-c; *Banquete* 219e-221c). Pois ser hoplita implicava uma necessária qualificação quanto a posses, ou pelo menos uma estimativa que se tinha dela: os mais ricos serviam à cavalaria, e os mais pobres serviam como marinheiros. Em Xenofonte (*Econômico*, 2.3), a riqueza estimada de Sócrates era de 5 minas – a título de comparação, Protágoras e Górgias cobravam 100 minas de cada um de seus discípulos (ver supra p. 228-229n15-18). De qualquer forma, a penúria de Sócrates aparece como motivo de sátira neste fragmento de Êupolis (Fr. 386 PCG):

Odeio Sócrates, o mendigo palrador,
ele que sobre um monte de coisas medita,
mas de onde tirar o que comer descura.

49. Esta descrição genérica da prática filosófica de Sócrates, ao mesmo tempo que busca responder à representação cômica de Sócrates em *As Nuvens*, de Aristófanes (423 a.C.), aponta para aspectos que o aproximariam da figura do sofista: 1. o círculo ▶

246 ΑΠΟΛΟΓΙΑ ΣΩΚΡΑΤΟΥΣ

d ζονται, ἀλλ' οὐχ αὐτοῖς, καὶ λέγουσιν ὡς Σωκράτης τίς
ἐστι μιαρώτατος καὶ διαφθείρει τοὺς νέους· καὶ ἐπειδάν τις
αὐτοὺς ἐρωτᾷ ὅτι ποιῶν καὶ ὅτι διδάσκων, ἔχουσι μὲν
οὐδὲν εἰπεῖν ἀλλ' ἀγνοοῦσιν, ἵνα δὲ μὴ δοκῶσιν ἀπορεῖν, τὰ
5 κατὰ πάντων τῶν φιλοσοφούντων πρόχειρα ταῦτα λέγουσιν, ὅτι "τὰ μετέωρα καὶ τὰ ὑπὸ γῆς" καὶ "θεοὺς μὴ νομίζειν" καὶ "τὸν ἥττω λόγον κρείττω ποιεῖν." τὰ γὰρ ἀληθῆ
οἴομαι οὐκ ἂν ἐθέλοιεν λέγειν, ὅτι κατάδηλοι γίγνονται
προσποιούμενοι μὲν εἰδέναι, εἰδότες δὲ οὐδέν. ἅτε οὖν
e οἶμαι φιλότιμοι ὄντες καὶ σφοδροὶ καὶ πολλοί, καὶ
συντεταμένως καὶ πιθανῶς λέγοντες περὶ ἐμοῦ, ἐμπεπλή-
κασιν ὑμῶν τὰ ὦτα καὶ πάλαι καὶ σφοδρῶς διαβάλλοντες.
ἐκ τούτων καὶ Μέλητός μοι ἐπέθετο καὶ Ἄνυτος καὶ
5 Λύκων, Μέλητος μὲν ὑπὲρ τῶν ποιητῶν ἀχθόμενος,
Ἄνυτος δὲ ὑπὲρ τῶν δημιουργῶν καὶ τῶν πολιτικῶν,
24a Λύκων δὲ ὑπὲρ τῶν ῥητόρων· ὥστε, ὅπερ ἀρχόμενος ἐγὼ
ἔλεγον, θαυμάζοιμ' ἂν εἰ οἷός τ' εἴην ἐγὼ ὑμῶν ταύτην τὴν

▷ de admiradores de Sócrates é formado de jovens provenientes de famílias abastadas, o mesmo público-alvo dos sofistas (*Apologia*, 19d-20c); 2. a sua prática de colocar
à prova o conhecimento arrogado por alguém (*elenchos*) é imitada por aqueles que o
acompanham, motivo pelo qual Sócrates é visto como mestre (*didaskalos*) de certo
saber. Dessa caracterização, presume-se que também Sócrates exerce sobre a juventude certo fascínio, a ponto de congregar inúmeros indivíduos que o acompanhavam
por conta própria, e não mediante pagamento, como aconteceria no caso dos sofistas.

50. É a primeira referência explícita a uma das premissas da acusação formal contra Sócrates impetrada por Meleto, Anito e Lícon: *corrupção da juventude* (*Apologia*,
24b-c; ver também Xenofonte, *Memoráveis*, 1.1.1).

51. "Em embaraço" traduz aqui o infinitivo *aporein* ("estar em aporia"; literalmente,
"ficar sem saída"). O estado de *aporia* é um aspecto fundamental do "método" socrático nos chamados "primeiros diálogos" de Platão (*elenchos*), e consiste, *grosso modo*,
no resultado parcial ou final de uma discussão de Sócrates com seu interlocutor sobre
algum tema, em que se constata que as tentativas de resposta a uma questão ou problema inicial falharam. No *Mênon*, Sócrates justifica a função positiva da aporia para
a investigação filosófica (84a-d; ver também *Górgias*, 457c-458b). No caso da *Apologia*,
a reação desses indivíduos ao escrutínio socrático representa justamente o que *não* é
esperado de um interlocutor com inclinação filosófica.

52. Ver *Apologia*, 18b-c; 19c. Reação semelhante é aquela narrada por Xenofonte
nas *Memoráveis*, quando Crítias, ex-discípulo de Sócrates quando jovem, volta-se contra o filósofo depois de ter sido censurado por ele na frente de seu amado, Eutidemo:

A partir daí, Crítias passou a odiar Sócrates, a ponto de, quando se tornou legislador dos Trinta junto a Cáricles [isto é, o regime dos "Trinta Tiranos" em Atenas em
404-403 a.C.], ter-se lembrado dele e decretado uma lei que proibia o ensino da "arte ▶

[23d-24a]   APOLOGIA DE SÓCRATES   247

comigo, e não consigo próprio, e afirmam que há certo Sócra-   d
tes, o ser humano mais abominável, que corrompe os jovens[50].
E quando alguém lhes pergunta por fazer o que e por ensinar o
que, não têm nada a dizer porque o ignoram, mas a fim de não
parecerem em embaraço[51], assacam aquelas coisas ditas contra
todos os filósofos, ou seja, "as coisas celestes e subterrâneas", "não
reconhecer os deuses" e "tornar forte o discurso fraco"[52]. Pois a
verdade, julgo eu, não estariam dispostos a revelá-la: que eles têm
a clara pretensão de conhecer algo, mas nada conhecem. Assim,   e
por serem ambiciosos, violentos e numerosos, julgo eu, e por
falarem sobre mim de maneira veemente e persuasiva, eles têm
enchido os ouvidos de vocês, já há muito tempo, com calúnias
violentas. É por esses motivos que me atacaram Meleto, Anito e
Lícon: Meleto, consternado pelos poetas, Anito, pelos artífices e
pelos políticos, e Lícon, pelos oradores[53]. Por conseguinte, como   24a
dizia no início[54], eu ficaria surpreendido se fosse capaz de extirpar

▷ dos discursos" [*tekhnē logōn*], insultando-o por não ter como atacá-lo; assim, Crítias
lançou sobre Sócrates a censura comum feita pela maioria da pessoas aos filósofos e o
caluniou aos olhos dela (*Memoráveis*, 1.2.31).
  53. Sobre Anito, ver supra p. 220n4; sobre Meleto, ver supra p. 224n10. Lícon de
Tórico (±470->399) é outro *coacusador* de Sócrates (no léxico jurídico grego, *sunkatēgoros*), cujas informações de cunho biográfico só podem ser aferidas da Comédia Antiga e
de Xenofonte, o que torna a reconstituição de sua figura histórica bastante problemática.
De qualquer modo, na comédia é representado como "bêbado e desordenado" (Aristófanes, *As Vespas*, v. 1301); Lícon e seu filho, Autólico, teriam uma vida extravagante
(Cratino, *Pitine* fr. 214 K; Êupolis, *Autólico*, fr. 61) a despeito de sua pobreza (Cratino,
Pitine fr. 214 K), e teriam uma origem estrangeira (Êupolis, *Autólico*, fr. 61; Metágenes,
Sofistas, fr. 10). Depois do fim do Governo dos Quatrocentos (411 a.C.) durante a Guerra
do Peloponeso (431-404 a.C.) – regime oligárquico que suprimiu a democracia ateniense
temporariamente mediante um golpe –, Lícon aparece na condição mais respeitável
de um político democrático, embora acusado na comédia de traição, de ter entregue
Naupacto aos lacedemônios em 405 a.C. (Metágenes, *Sofistas*, fr. 10). Em 404-403 a.C.,
durante o regime tirânico dos Trinta em Atenas (ver supra p. 233n27), seu filho Autólico
foi executado. No *Banquete* de Xenofonte, Lícon aparece especialmente devotado a seu
filho durante a cerimônia na casa de Cálias. Segundo Nails, uma explicação plausível
para a participação de Lícon no processo contra Sócrates seria a execução recente de
Autólico pelos Trinta, episódio ao qual ele poderia ter vinculado Sócrates de alguma
maneira (D. Nails, op. cit., p. 189). N. Denyer (op. cit., p. 78) sugere a possibilidade de
Lícon ter considerado Sócrates corruptor de seu filho Autólico.
  54. Ver *Apologia*, 19a.

248 ΑΠΟΛΟΓΙΑ ΣΩΚΡΑΤΟΥΣ

διαβολὴν ἐξελέσθαι ἐν οὕτως ὀλίγῳ χρόνῳ οὕτω πολλὴν
γεγονυῖαν. ταῦτ' ἔστιν ὑμῖν, ὦ ἄνδρες Ἀθηναῖοι, τἀληθῆ,
5 καὶ ὑμᾶς οὔτε μέγα οὔτε σμικρὸν ἀποκρυψάμενος ἐγὼ
λέγω οὐδ' ὑποστειλάμενος. καίτοι οἶδα σχεδὸν ὅτι τούτοις
αὐτοῖς ἀπεχθάνομαι, ὃ καὶ τεκμήριον ὅτι ἀληθῆ λέγω καὶ
ὅτι αὕτη ἐστὶν ἡ διαβολὴ ἡ ἐμὴ καὶ τὰ αἴτια ταῦτά ἐστιν.
b καὶ ἐάντε νῦν ἐάντε αὖθις ζητήσητε ταῦτα, οὕτως
εὑρήσετε.

Περὶ μὲν οὖν ὧν οἱ πρῶτοί μου κατήγοροι κατηγόρουν
αὕτη ἔστω ἱκανὴ ἀπολογία πρὸς ὑμᾶς· πρὸς δὲ Μέλητον
5 τὸν ἀγαθόν τε καὶ φιλόπολιν, ὥς φησι, καὶ τοὺς ὑστέρους
μετὰ ταῦτα πειράσομαι ἀπολογήσασθαι. αὖθις γὰρ δή,
ὥσπερ ἑτέρων τούτων ὄντων κατηγόρων, λάβωμεν αὖ τὴν
τούτων ἀντωμοσίαν. ἔχει δέ πως ὧδε· Σωκράτη φησὶν ἀδικεῖν τούς τε νέους διαφθείροντα καὶ θεοὺς οὓς ἡ πόλις
c νομίζει οὐ νομίζοντα, ἕτερα δὲ δαιμόνια καινά. τὸ μὲν δὴ
ἔγκλημα τοιοῦτόν ἐστιν· τούτου δὲ τοῦ ἐγκλήματος ἓν
ἕκαστον ἐξετάσωμεν.

---

55. A alegação de franqueza e sinceridade é outro lugar-comum da oratória grega
(ver Isócrates, Sobre a Paz, 41; Ésquines, Sobre a Embaixada, 70; Demóstenes, Filípica
1, 51; Sobre a Embaixada, 237).

56. Sobre o procedimento da "declaração jurada" (antōmosia), ver supra p. 225n11.

57. "Entidades divinas" traduz aqui daimonia, que significa literalmente "coisas
relativas aos daimones". O campo semântico de daimōn (forma singular de daimones)
é muito complexo. Homero emprega o termo para designar um poder divino que não
se pode nomear, derivando daí o sentido mais amplo de divindade, por um lado, e de
destino, por outro (por exemplo, Homero, Odisseia, 6.172; 21.201; Platão, Fedro, 274c6-7;
Sófocles, Ájax, v. 1129-1130). A segunda acepção do termo, que surge depois de Hesíodo,
é mais estrita e se refere também a um poder divino, porém menor que o de um "deus"
(theos): daí a noção de "semideus" ou "demônio" (P. Chantraine, op. cit., p. 246-247).
Platão, por sua vez, define os daimones na Apologia mais adiante como "certos filhos
bastardos de deuses, gerados das ninfas ou de outros seres" (27d8-9). Designa genericamente, assim, um "espírito" intimamente vinculado à vida pessoal de cada um, como o
célebre "sinal divino" (to daimonion) de Sócrates (por exemplo, Hesíodo, Os Trabalhos e
os Dias, v. 122-123; Platão, Apologia, 27d4-10; Sófocles, Édipo Rei, v. 1193-1195). Apesar de
ser incerta a etimologia do termo daimōn, especula-se que sua raiz provenha do verbo
daiō (distribuir, dividir), associando-se diretamente com a noção primordial de "por-
ção", "parte", "quinhão" presente no próprio significado do nome da divindade Moira,
o Destino (S. Halliwell, Plato: Republic 10, p. 182). Essa relação entre daimōn e o Destino
aparece como um dos fundamentos religiosos do mito de Er, no Livro x da República ▶

[24a-c]   APOLOGIA DE SÓCRATES   249

de vocês, em tão pouco tempo, tamanha calúnia. Eis a verdade, ó atenienses, e eu a digo a vocês sem reservas e sem ocultar-lhes o que quer seja[55]. Aliás, estou seguro que é precisamente por esse motivo que me odeiam (o que prova que estou dizendo a verdade), que é essa a calúnia que pesa contra mim e que são essas as suas causas. E se em algum momento vocês buscarem verificar essas coisas, irão descobrir que são procedentes.   b

Pois bem, a respeito das acusações dos meus primeiros acusadores, espero que essa defesa seja suficiente. De Meleto, um homem bom e patriota (como ele próprio afirma), e dos ulteriores acusadores, vou tentar me defender agora. Como se trata de outros acusadores, tomemos uma vez mais a declaração jurada deles[56]. Ei-la em linhas gerais: Sócrates, afirmam eles, comete injustiça por corromper os jovens e por não reconhecer os deuses reconhecidos   c pela cidade, e sim outras novas entidades divinas[57]. Tal é o libelo; examinemos, então, cada uma de suas partes[58].

▷ (614a-621b); ali, *daimōn* aparece como a salvaguarda do quinhão do destino que cada alma terá a partir do que é prescrito (ou "tecido") pelas *Moiras*. Nesta passagem da *Apologia*, Platão usa o neutro plural *daimonia kaina*, que significa literalmente "coisas novas relativas aos *daimones*", expressão essa um tanto quanto vaga. J. Burnet (op. cit., p. 185) argumenta em favor da ideia de que ela designaria aqui "práticas religiosas estranhas", dando ênfase aos ritos religiosos, e não exatamente à natureza das entidades divinas: em outras palavras, Sócrates estaria sendo acusado de praticar ritos religiosos diferentes daqueles venerados pela cidade. Denyer, em contrapartida, entende que *daimonia kaina* designa aqui "novos entes sobrenaturais", cuja referência imediata seria o célebre "sinal divino" (*to daimonion*) de Sócrates (*Apologia*, 31d2-4). Por outro lado, "não reconhecer os deuses reconhecidos pela cidade" não implica negar a existência dos deuses da religião tradicional, mas tão somente não observar os ritos costumeiros em honra deles (N. Denyer, op. cit., p. 15-18).

58. A formulação da "denúncia" (*graphē*) contra Sócrates, que seria mais próxima à original, encontra-se em Favorino (século I-II d.C.; ver Diógenes Laércio, *Vidas e Doutrinas dos Filósofos Ilustres*, 2.40), a qual conserva seu preâmbulo formal e a estipulação da pena: "Esta é a acusação e a declaração jurada de Meleto de Pito, filho de Meleto, contra Sócrates de Alopeque, filho de Sofronisco: Sócrates comete injustiça por não reconhecer os deuses reconhecidos pela cidade, e por introduzir outras novas entidades divinas. Ele também comete injustiça por corromper a juventude. Pena de morte." Assim como no caso da versão reportada por Xenofonte (*Memoráveis*, 1.1.1), a acusação é praticamente a mesma que a da *Apologia*, porém as premissas se encontram na ordem inversa.

250　　　ΑΠΟΛΟΓΙΑ ΣΩΚΡΑΤΟΥΣ

Φησὶ γὰρ δὴ τοὺς νέους ἀδικεῖν με διαφθείροντα. ἐγὼ δέ γε, ὦ ἄνδρες Ἀθηναῖοι, ἀδικεῖν φημι Μέλητον, ὅτι σπουδῇ χαριεντίζεται, ῥᾳδίως εἰς ἀγῶνα καθιστὰς ἀνθρώπους, περὶ πραγμάτων προσποιούμενος σπουδάζειν καὶ κήδεσθαι ὧν οὐδὲν τούτῳ πώποτε ἐμέλησεν· ὡς δὲ τοῦτο οὕτως ἔχει, πειράσομαι καὶ ὑμῖν ἐπιδεῖξαι.

Καί μοι δεῦρο, ὦ Μέλητε, εἰπέ· ἄλλο τι ἢ περὶ πλείστου ποιῇ ὅπως ὡς βέλτιστοι οἱ νεώτεροι ἔσονται;

Ἔγωγε.

Ἴθι δή νυν εἰπὲ τούτοις, τίς αὐτοὺς βελτίους ποιεῖ; δῆλον γὰρ ὅτι οἶσθα, μέλον γέ σοι. τὸν μὲν γὰρ διαφθείροντα ἐξευρών, ὡς φῄς, ἐμέ, εἰσάγεις τουτοισὶ καὶ κατηγορεῖς· τὸν δὲ δὴ βελτίους ποιοῦντα ἴθι εἰπὲ καὶ μήνυσον αὐτοῖς τίς ἐστιν.—ὁρᾷς, ὦ Μέλητε, ὅτι σιγᾷς καὶ οὐκ ἔχεις εἰπεῖν; καίτοι οὐκ αἰσχρόν σοι δοκεῖ εἶναι καὶ ἱκανὸν τεκμήριον οὗ δὴ ἐγὼ λέγω, ὅτι σοι οὐδὲν μεμέληκεν; ἀλλ' εἰπέ, ὠγαθέ, τίς αὐτοὺς ἀμείνους ποιεῖ;

Οἱ νόμοι.

Ἀλλ' οὐ τοῦτο ἐρωτῶ, ὦ βέλτιστε, ἀλλὰ τίς ἄνθρωπος, ὅστις πρῶτον καὶ αὐτὸ τοῦτο οἶδε, τοὺς νόμους;

Οὗτοι, ὦ Σώκρατες, οἱ δικασταί.

Πῶς λέγεις, ὦ Μέλητε; οἵδε τοὺς νέους παιδεύειν οἷοί τέ εἰσι καὶ βελτίους ποιεῖν;

---

59. Inicia-se aqui o longo interrogatório de Meleto conduzido por Sócrates (24c10-28a2). Embora esse tipo de procedimento fosse permitido nos tribunais atenienses (ver *Apologia*, 25d3; Demóstenes, *Contra Estéfano*, 10), é pouco provável que um interrogatório tão extenso assim pudesse acontecer (N. Denyer, op. cit., p. 12), como afirma Aristóteles na *Retórica*: "não se pode formular muitas questões, por causa da fraqueza do ouvinte" (οὐ γὰρ οἷόν τε πολλὰ ἐρωτᾶν, διὰ τὴν ἀσθένειαν τοῦ ἀκροατοῦ, III 1419a17-19). Nos poucos exemplos supérstites da oratória grega, o interrogatório é bastante exíguo, de três a cinco perguntas, todas elas concernentes a questões de fato (ver Lísias, *Contra Eratóstenes*, 25; Andocides, *Sobre os Mistérios*, 14; Iseu, *Sobre a Herança de Hágnias*, 5; Dinarco, *Contra Demóstenes*, 83), ao passo que, no discurso *Contra Agorato* de Lísias, há apenas duas indicações de interrogatório (§§30 e 32), de modo que não podemos saber ao certo de sua extensão na situação concreta do julgamento. Há intérpretes, em contrapartida, como M. McCabe (A Forma e os Diálogos Platônicos, em H. Benson [org.], *Platão*, p. 56), que consideram tratar-se de uma interlocução fictícia em que Sócrates assume as duas vozes, tal como sucede em várias ocasiões dos chamados "primeiros diálogos" de Platão, e em especial no *Críton* (a prosopopeia "Leis", ver 50a-54d) e no ▸

[24c-e] APOLOGIA DE SÓCRATES 251

Ele afirma que, de fato, cometo injustiça por corromper os jovens. No entanto, eu, ó atenienses, afirmo que quem comete injustiça é Meleto, porque brinca com coisa séria ao mover indiscriminadamente processos contra as pessoas, simulando seriedade e preocupação com assuntos pelos quais jamais se interessou. Que é esse o caso, vou tentar mostrá-lo também a vocês[59].

– Venha aqui e me diga, Meleto! Você se preocupa com alguma outra coisa que não seja a maneira como os mais jovens podem vir a ser melhores ao máximo?   d

– Não.

– Adiante, então! Diga aos aqui presentes quem os torna melhores! É evidente que você o conhece, visto que se interessa pelo assunto; com efeito, ao descobrir quem os corrompe – eu, segundo a sua alegação – você me convoca aqui perante estas pessoas e me acusa. Adiante, então! Diga-lhes quem os torna melhores! Indica-lhes quem é! ... Está vendo, Meleto, como você se cala e não tem o que dizer? Aliás, não lhe parece vergonhoso, e prova suficiente do que estou afirmando, que nada disso interessa a você?[60] Mas diga, bom homem, quem os torna melhores?

– As leis.

– Não é isso o que estou lhe perguntando, ó excelente homem,   e e sim que homem, em primeiro lugar, conhece precisamente isto, as leis.

– Eles, Sócrates, os juízes.

– O que você está dizendo, Meleto? Estes homens aqui são capazes de educar os jovens e de torná-los melhores?

▷ *Protágoras* (diálogo com "a maioria dos homens", *hoi polloi*, ver 353c-357e). A despeito da divergência de entendimento sobre esse aspecto formal da *Apologia*, do ponto de vista da constituição do gênero literário, o que vemos aqui é a inserção de um *diálogo* com as características típicas dos "primeiros diálogos" de Platão, em um *discurso contínuo* característico da retórica (mais especificamente, da espécie *judiciária*).

60. O argumento de Sócrates está amparado na premissa de que os *contrários concernem ao mesmo conhecimento*: se Meleto reconhece quem corrompe os jovens, ele deve necessariamente saber quem os torna melhores. Se, porventura, ele não souber indicar quem os torna melhores, tampouco saberá quem os corrompe. Esse princípio epistemológico aparece claramente estipulado no *Fédon* de Platão (97d2-5), e nos *Tópicos* de Aristóteles (11.3 110b20).

252 ΑΠΟΛΟΓΙΑ ΣΩΚΡΑΤΟΥΣ

Μάλιστα.

Πότερον ἅπαντες, ἢ οἱ μὲν αὐτῶν, οἱ δ᾽ οὔ;

Ἅπαντες.

Εὖ γε νὴ τὴν Ἥραν λέγεις καὶ πολλὴν ἀφθονίαν τῶν
ὠφελούντων. τί δὲ δή; οἵδε οἱ ἀκροαταὶ βελτίους ποιοῦσιν
ἢ οὔ;

Καὶ οὗτοι.

Τί δέ, οἱ βουλευταί;

Καὶ οἱ βουλευταί.

Ἀλλ᾽ ἄρα, ὦ Μέλητε, μὴ οἱ ἐν τῇ ἐκκλησίᾳ, οἱ ἐκκλη-
σιασταί, διαφθείρουσι τοὺς νεωτέρους; ἢ κἀκεῖνοι
βελτίους ποιοῦσιν ἅπαντες;

Κἀκεῖνοι.

Πάντες ἄρα, ὡς ἔοικεν, Ἀθηναῖοι καλοὺς κἀγαθοὺς
ποιοῦσι πλὴν ἐμοῦ, ἐγὼ δὲ μόνος διαφθείρω. οὕτω λέγεις;

Πάνυ σφόδρα ταῦτα λέγω.

Πολλήν γέ μου κατέγνωκας δυστυχίαν. καί μοι ἀπό-
κριναι· ἦ καὶ περὶ ἵππους οὕτω σοι δοκεῖ ἔχειν; οἱ μὲν
βελτίους ποιοῦντες αὐτοὺς πάντες ἄνθρωποι εἶναι, εἷς δέ
τις ὁ διαφθείρων; ἢ τοὐναντίον τούτου πᾶν εἷς μέν τις ὁ
βελτίους οἷός τ᾽ ὢν ποιεῖν ἢ πάνυ ὀλίγοι, οἱ ἱππικοί, οἱ δὲ
πολλοί, ἐάνπερ συνῶσι καὶ χρῶνται ἵπποις, διαφθείρουσιν;
οὐχ οὕτως ἔχει, ὦ Μέλητε, καὶ περὶ ἵππων καὶ τῶν ἄλλων
ἁπάντων ζῴων; πάντως δήπου, ἐάντε σὺ καὶ Ἄνυτος οὐ
φῆτε ἐάντε φῆτε· πολλὴ γὰρ ἂν τις εὐδαιμονία εἴη περὶ
τοὺς νέους εἰ εἷς μὲν μόνος αὐτοὺς διαφθείρει, οἱ δ᾽ ἄλλοι

---

61. O Conselho, a Assembleia e os Tribunais constituíam as três instituições basilares da democracia ateniense. O Conselho (*Boulē*) era formado por quinhentos cidadãos, cinquenta de cada uma das dez "tribos" (*phulai*) que compunham a cidade de
Atenas. Como o ano era dividido em dez meses, cabia a cada uma das tribos exercer
a *pritania* (isto é, a comissão que organiza e preside as ações do Conselho) por um
mês, e assim sucessivamente. Era sorteado diariamente, dentre os cinquenta cidadãos
daquela tribo responsáveis pela pritania, um prítane (cuja denominação era *epistatēs*) ▶

[24e-25b] APOLOGIA DE SÓCRATES 253

– Sobretudo eles.

– Todos eles, ou apenas uma parte deles?

– Todos eles.

– Que bela declaração, por Hera, e que fartura de benfeitores! E então? A audiência aqui presente os torna melhores, ou não? 25a

– Também ela.

– E os membros do Conselho?

– Os membros do Conselho também.

– Mas será então, Meleto, que são os membros da Assembleia que corrompem os jovens?[61] Ou também todos eles os tornam melhores?

– Também eles.

– Portanto, parece que todos os atenienses, exceto eu, tornam excelentes os jovens, ao passo que apenas eu os corrompo. É isso o que você está dizendo?

– É exatamente isso o que estou dizendo.

– Você me sentenciou a um infortúnio tremendo. Responda-me! Porventura lhe parece suceder o mesmo com relação aos cavalos? São todos os homens que os tornam melhores, b enquanto apenas um os corrompe? Ou acontece absolutamente o contrário: apenas um é capaz de torná-los melhores – ou alguns poucos, os equitadores – enquanto a maioria dos homens os corrompe, caso venham a lidar com eles e a utilizá-los? Não é isso o que sucede, Meleto, no caso dos cavalos ou de quaisquer outros animais? É exatamente assim, a despeito de você e Anito o confirmem ou não; pois seria uma tremenda felicidade para os jovens se apenas um os corrompe,

▷ que tinha o encargo de presidir o Conselho e coordenar os encontros e as votações da Assembleia (*ekklēsia*), da qual poderiam participar todos os cidadãos livres (E.R. Dodds, *Plato: Gorgias*, p. 247; S. Pieri, *Platone: Gorgia*, p. 394). Estima-se que ocorriam normalmente quarenta assembleias por ano, podendo ser mais frequentes em contextos mais turbulentos (como no caso da Guerra do Peloponeso entre Atenas e Esparta, e seus respectivos aliados, entre 431 e 404 a.C.). Sobre a composição e os encargos do Conselho, ver Aristóteles, *A Constituição de Atenas*, 43.2-49.5.

254 ΑΠΟΛΟΓΙΑ ΣΩΚΡΑΤΟΥΣ

c ὠφελοῦσιν. ἀλλὰ γάρ, ὦ Μέλητε, ἱκανῶς ἐπιδείκνυσαι ὅτι
οὐδεπώποτε ἐφρόντισας τῶν νέων, καὶ σαφῶς ἀποφαίνεις
τὴν σαυτοῦ ἀμέλειαν, ὅτι οὐδέν σοι μεμέληκεν περὶ ὧν ἐμὲ
εἰσάγεις.

5 Ἔτι δὲ ἡμῖν εἰπέ, ὦ πρὸς Διὸς Μέλητε, πότερόν ἐστιν
οἰκεῖν ἄμεινον ἐν πολίταις χρηστοῖς ἢ πονηροῖς; ὦ τάν,
ἀπόκριναι· οὐδὲν γάρ τοι χαλεπὸν ἐρωτῶ. οὐχ οἱ μὲν
πονηροὶ κακόν τι ἐργάζονται τοὺς ἀεὶ ἐγγυτάτω αὑτῶν
ὄντας, οἱ δ' ἀγαθοὶ ἀγαθόν τι;

10 Πάνυ γε.

d Ἔστιν οὖν ὅστις βούλεται ὑπὸ τῶν συνόντων βλάπτεσθαι μᾶλλον ἢ ὠφελεῖσθαι; ἀποκρίνου, ὦ ἀγαθέ· καὶ γὰρ ὁ
νόμος κελεύει ἀποκρίνεσθαι. ἔσθ' ὅστις βούλεται βλάπτεσθαι;

5 Οὐ δῆτα.

Φέρε δή, πότερον ἐμὲ εἰσάγεις δεῦρο ὡς διαφθείροντα
τοὺς νέους καὶ πονηροτέρους ποιοῦντα ἑκόντα ἢ ἄκοντα;
Ἑκόντα ἔγωγε.

Τί δῆτα, ὦ Μέλητε; τοσοῦτον σὺ ἐμοῦ σοφώτερος εἶ
10 τηλικούτου ὄντος τηλικόσδε ὤν, ὥστε σὺ μὲν ἔγνωκας ὅτι
οἱ μὲν κακοὶ κακόν τι ἐργάζονται ἀεὶ τοὺς μάλιστα
e πλησίον ἑαυτῶν, οἱ δὲ ἀγαθοὶ ἀγαθόν, ἐγὼ δὲ δὴ εἰς
τοσοῦτον ἀμαθίας ἥκω ὥστε καὶ τοῦτ' ἀγνοῶ, ὅτι ἐάν τινα
μοχθηρὸν ποιήσω τῶν συνόντων, κινδυνεύσω κακόν τι
λαβεῖν ὑπ' αὐτοῦ, ὥστε τοῦτο ⟨τὸ⟩ τοσοῦτον κακὸν ἑκὼν
5 ποιῶ, ὡς φῂς σύ; ταῦτα ἐγώ σοι οὐ πείθομαι, ὦ Μέλητε,
οἶμαι δὲ οὐδὲ ἄλλον ἀνθρώπων οὐδένα· ἀλλ' ἢ οὐ δια-

---

62. Sócrates volta a recorrer à mesma analogia entre homens e animais para tratar
de questões relativas à virtude (ver *Apologia*, 20a-c). O que fundamenta implicitamente
o argumento de Sócrates aqui é a analogia entre "arte" (*tekhnē*) e "virtude" (*aretē*), que é
recorrente nos chamados "primeiros diálogos" de Platão, e associada ao chamado "intelectualismo socrático": se nas artes particulares, como no caso da equitação, são poucos
os técnicos que sabem cuidar apropriadamente dos cavalos; e se a "virtude humana e
cívica" é uma forma de conhecimento (20b4-5), então infere-se, por analogia, que há
poucos indivíduos aptos a aprimorar moralmente os jovens. A posição de Meleto, no
entanto, ao supor a existência de uma infinidade de pessoas aptas a desempenhar tal
função, coloca em xeque esse raciocínio: ou bem a *virtude* não se enquadra no modelo ▶

[25c-e] APOLOGIA DE SÓCRATES 255

enquanto os demais os beneficiam[62]. Com efeito, Meleto, você   c
evidencia de maneira suficiente que jamais se importou com
os jovens, e revela de maneira clara que descura de si mesmo,
visto que nada do que concerne à minha vinda aqui hoje é de
seu interesse.

Diga-nos mais uma coisa, por Zeus, Meleto: é melhor viver
em meio a cidadãos úteis ou nocivos? Responda, meu querido!
Pois não é decerto difícil a pergunta que lhe endereço. Os cidadãos nocivos não promovem sempre um mal aos que estão mais
próximos deles, ao passo que os bons, um bem?

– Absolutamente.

– Há, então, quem prefira ser prejudicado a ser beneficiado pelas   d
pessoas de seu convívio? Responda, bom homem! Com efeito, a lei
ordena que responda[63]. Há quem prefira ser prejudicado?[64]

– Certamente não.

– Adiante, então! Você me convoca aqui por eu corromper
os jovens e torná-los piores voluntária ou involuntariamente?

– Para mim, voluntariamente.

– E então, Meleto? Será que você, nessa idade, é tão mais sábio
do que eu, na minha idade, a ponto de já saber que os maus
sempre causam algum mal às pessoas mais próximas e os bons,
algum bem, ao passo que eu chego a tamanha ignorância a ponto   e
de desconhecer precisamente que, se eu tornar vil alguém de
meu convívio, correrei o risco de sofrer um mal por parte dele?
E que esse tremendo mal eu o cometo voluntariamente, como
você está dizendo? Não acredito em você, Meleto, e presumo

▷ das *artes*, ou bem sua posição se baseia em outras premissas que precisariam ser
explicitadas para verificar sua consistência.

63. Sobre o teor dessa lei, ver supra p. 250n59.

64. Sobre o princípio moral de que o homem naturalmente deseja o bem, ver Platão, *Mênon* 77b-78d; *Górgias* 468b-e; Xenofonte, *Memoráveis* 3.9.4. Esta passagem do
Protágoras exemplifica bem tal princípio:

SÓCRATES: Portanto, ninguém se dirige voluntariamente às coisas más ou àquelas
que presume serem más, tampouco pertence à natureza humana, como é plausível,
desejar se dirigir às coisas consideradas más, preterindo as boas. Quando se é constrangido a escolher entre dois males, ninguém escolherá o maior, se lhe é possível
escolher o menor. (358c6-d4)

256 ΑΠΟΛΟΓΙΑ ΣΩΚΡΑΤΟΥΣ

26a φθείρω ἢ, εἰ διαφθείρω, ἄκων, ὥστε σύ γε κατ᾽ ἀμφότερα
ψεύδῃ. εἰ δὲ ἄκων διαφθείρω, τῶν τοιούτων ἁμαρτημάτων
οὐ δεῦρο νόμος εἰσάγειν ἐστίν, ἀλλὰ ἰδίᾳ λαβόντα διδάσκειν καὶ νουθετεῖν· δῆλον γὰρ ὅτι ἐὰν μάθω, παύσομαι ὅ
5 γε ἄκων ποιῶ. σὺ δὲ συγγενέσθαι μέν μοι καὶ διδάξαι
ἔφυγες καὶ οὐκ ἠθέλησας, δεῦρο δὲ εἰσάγεις, οἷ νόμος
ἐστὶν εἰσάγειν τοὺς κολάσεως δεομένους ἀλλ᾽ οὐ μαθή-
σεως.

Ἀλλὰ γάρ, ὦ ἄνδρες Ἀθηναῖοι, τοῦτο μὲν δῆλον ἤδη
b ἐστὶν οὑγὼ ἔλεγον, ὅτι Μελήτῳ τούτων οὔτε μέγα οὔτε
σμικρὸν πώποτε ἐμέλησεν. ὅμως δὲ δὴ λέγε ἡμῖν, πῶς με
φῂς διαφθείρειν, ὦ Μέλητε, τοὺς νεωτέρους; ἢ δῆλον δὴ
ὅτι, κατὰ τὴν γραφὴν ἣν ἐγράψω, θεοὺς διδάσκοντα μὴ
5 νομίζειν οὓς ἡ πόλις νομίζει, ἕτερα δὲ δαιμόνια καινά; οὐ
ταῦτα λέγεις ὅτι διδάσκων διαφθείρω;
    Πάνυ μὲν οὖν σφόδρα ταῦτα λέγω.

Πρὸς αὐτῶν τοίνυν, ὦ Μέλητε, τούτων τῶν θεῶν ὧν νῦν
ὁ λόγος ἐστίν, εἰπὲ ἔτι σαφέστερον καὶ ἐμοὶ καὶ τοῖς ἀνδρά-
c σιν τουτοισί· ἐγὼ γὰρ οὐ δύναμαι μαθεῖν πότερον λέγεις
διδάσκειν με νομίζειν εἶναί τινας θεούς—καὶ αὐτὸς ἄρα
νομίζω εἶναι θεοὺς καὶ οὐκ εἰμὶ τὸ παράπαν ἄθεος οὐδὲ
ταύτῃ ἀδικῶ—οὐ μέντοι οὔσπερ γε ἡ πόλις, ἀλλὰ ἑτέρους,
5 καὶ τοῦτ᾽ ἔστιν ὅ μοι ἐγκαλεῖς, ὅτι ἑτέρους, ἢ παντάπασί με
φῂς οὔτε αὐτὸν νομίζειν θεοὺς τούς τε ἄλλους ταῦτα διδάσκειν.

Ταῦτα λέγω, ὡς τὸ παράπαν οὐ νομίζεις θεούς.

65. Esta premissa do argumento remete aos chamados "paradoxos socráticos".
De maneira concisa, segundo o *paradoxo moral* socrático, ninguém comete um mal
voluntariamente, ao passo que, segundo o *paradoxo prudencial*, ninguém age contrariamente ao conhecimento ou à convicção do que é melhor para si (T.C. Brickhouse;
N.D. Smith, *Socratic Moral Psychology*, p. 63; Os Paradoxos Socráticos, em H. Benson
[org.], *Platão*, p. 248).

66. Sobre o sentido da expressão "não reconhecer os deuses" tal como aparece na
acusação formal, ver supra p. 222n6 e p. 248n57.

67. Na comédia *As Nuvens*, de Aristófanes (423 a.C.), uma das facetas da personagem
Sócrates é seu envolvimento com as especulações em filosofia natural; as Nuvens, que
formam o coro, se apresentam como as novas divindades dignas de culto, substituindo
assim os deuses tradicionais (v. 365). Numa fala paradigmática de Sócrates, podemos ver ▶

[26a-c] APOLOGIA DE SÓCRATES 257

que tampouco qualquer outro homem; ou não corrompo ou, se **26a**
corrompo, o faço involuntariamente, de modo que em ambos
os casos você está mentindo. E se eu os corrompo involuntariamente, a lei não exige que se convoque alguém aqui em virtude
de erros dessa natureza, mas que o detenham em particular para
ensiná-lo e admoestá-lo; pois é evidente que, se eu vier a me instruir, deixarei de fazer o que estou fazendo involuntariamente[65].
Você, no entanto, evitou e não quis conviver comigo e me ensinar, e agora convoca-me aqui, onde a lei requer que se convoque
quem precisa de punição, e não de instrução.

Pois bem, ó atenienses, o que há pouco eu dizia está agora evidente: Meleto jamais teve qualquer interesse por tais assuntos, b
por mínimo que seja. Diga-nos, porém, como eu corrompo os
mais jovens a seu ver, Meleto? É óbvio que, segundo a denúncia
registrada contra mim, ao ensiná-los a não reconhecer os deuses
que a cidade reconhece, e sim outras novas entidades divinas, não
é? Você não afirma que eu os corrompo por ensiná-los?

– E afirmo isso com absoluta convicção.

– Então, Meleto, precisamente a respeito desses deuses sobre
os quais versa agora a discussão, dê uma explicação ainda mais
clara para mim e para estes homens aqui presentes! Pois não
consigo compreender se você está afirmando que eu ensino c
a reconhecer a existência de certos deuses – de modo que eu
mesmo reconheço haver deuses e não sou um ateu por completo, tampouco cometo injustiça por essa razão – porém não
aqueles deuses que a cidade reconhece, e sim outros – e o
motivo de sua inculpação é justamente que reconheço esses
outros deuses; ou se você está dizendo que eu mesmo não reconheço deuses em absoluto e ensino isso às demais pessoas[66].

– É isto o que estou afirmando: que você não reconhece
deuses em absoluto[67].

▷ claramente como esse tipo de especulação, ao menos na perspectiva da peça de Aristófanes, implica a rejeição da religião tradicional: "Que Zeus? Não fale bobagens! Zeus não
existe" (ποῖος Ζεύς; οὐ μὴ ληρήσεις. οὐδ' ἐστὶ Ζεύς, v. 366). No entanto, não implica ateísmo
em sentido estrito, apenas a "introdução de novas divindades" na cidade. A associação
de Sócrates com o ateísmo é sugerida de forma oblíqua em outra passagem da peça, ▶

ΑΠΟΛΟΓΙΑ ΣΩΚΡΑΤΟΥΣ

d Ὦ θαυμάσιε Μέλητε, ἵνα τί ταῦτα λέγεις; οὐδὲ ἥλιον οὐδὲ σελήνην ἄρα νομίζω θεοὺς εἶναι, ὥσπερ οἱ ἄλλοι ἄνθρωποι;

 Μὰ Δί᾽, ὦ ἄνδρες δικασταί, ἐπεὶ τὸν μὲν ἥλιον λίθον
5 φησὶν εἶναι, τὴν δὲ σελήνην γῆν.

 Ἀναξαγόρου οἴει κατηγορεῖν, ὦ φίλε Μέλητε; καὶ οὕτω καταφρονεῖς τῶνδε καὶ οἴει αὐτοὺς ἀπείρους γραμμάτων εἶναι ὥστε οὐκ εἰδέναι ὅτι τὰ Ἀναξαγόρου βιβλία τοῦ Κλαζομενίου γέμει τούτων τῶν λόγων; καὶ δὴ καὶ οἱ νέοι
10 ταῦτα παρ᾽ ἐμοῦ μανθάνουσιν, ἃ ἔξεστιν ἐνίοτε εἰ πάνυ
e πολλοῦ δραχμῆς ἐκ τῆς ὀρχήστρας πριαμένοις Σωκράτους καταγελᾶν, ἐὰν προσποιῆται ἑαυτοῦ εἶναι, ἄλλως τε καὶ οὕτως ἄτοπα ὄντα; ἀλλ᾽, ὦ πρὸς Διός, οὑτωσί σοι δοκῶ; οὐδένα νομίζω θεὸν εἶναι;

5 Οὐ μέντοι μὰ Δία οὐδ᾽ ὁπωστιοῦν.

 Ἄπιστός γ᾽ εἶ, ὦ Μέλητε, καὶ ταῦτα μέντοι, ὡς ἐμοὶ δοκεῖς, σαυτῷ. ἐμοὶ γὰρ δοκεῖ οὑτοσί, ὦ ἄνδρες Ἀθηναῖοι, πάνυ εἶναι ὑβριστὴς καὶ ἀκόλαστος, καὶ ἀτεχνῶς τὴν γραφὴν ταύτην ὕβρει τινὶ καὶ ἀκολασίᾳ καὶ νεότητι

▷ quando a personagem é chamada de "mélio" (v. 830), qualificação essa que remete a Diágoras de Melos, célebre pela sua impiedade, e, na tradição posterior, referido como ateísta (K.J. Dover, op. cit., p. 200-201). Sobre Sócrates e a Comédia Antiga, ver supra p. 222n7 e p. 226n12.

68. Hélio, o Sol, e Selene, a Lua, são divindades gregas da geração dos Titãs, portanto anteriores à dos deuses olímpicos, segundo a sucessão genealógica traçada pelo poeta Hesíodo na *Teogonia* (v. 371-374). Hélio e Selene são irmãos de Eos, a Aurora, e filhos de Téia e Hipérion, todos eles da linhagem de Urano, o Céu. No *Banquete* de Platão, a personagem Alcibíades, em seu elogio de Sócrates, diz expressamente que ele cultuava o sol: "Sócrates manteve-se de pé até a aurora surgir e o sol despontar; em seguida, dirigiu preces ao sol e se afastou" (ὁ δὲ εἱστήκει μέχρι ἕως ἐγένετο καὶ ἥλιος ἀνέσχεν· ἔπειτα ᾤχετ᾽ ἀπιὼν προσευξάμενος τῷ ἡλίῳ, 220d3-5).

69. Anaxágoras de Clazômenas (±499-427 a.C.), um dos filósofos chamados convencionalmente de "pré-socráticos", esteve em Atenas sob a tutela de Péricles (±495-429 a.C.), o mais influente político e general da cidade do final dos anos 460 a.C. até a sua morte, no começo da Guerra do Peloponeso. Na *Vida de Péricles* escrita por Plutarco (século I-II d.C.), narra-se o episódio do suposto processo de impiedade contra Anaxágoras com base no decreto de Diopites (c. 432 a.C.), que interditava, no interesse da cidade, "aqueles que não reconheciam as divindades ou ensinavam discursos sobre os fenômenos celestes (τοὺς τὰ θεῖα μὴ νομίζοντας ἢ λόγους περὶ τῶν μεταρσίων διδάσκοντας, 32.2). ▶

[26d-e] APOLOGIA DE SÓCRATES 259

– Ó admirável Meleto, por que você diz isso? Nem o sol d
nem a lua, portanto, eu os reconheço como deuses, tal como
os demais homens?[68]

– Por Zeus, ó juízes, como poderia ser, se ele afirma que o
sol é pedra, e a lua, terra.

– Você acha que está acusando Anaxágoras[69], caro Meleto? Porventura você menospreza os aqui presentes, e supõe que sejam tão
iletrados a ponto de desconhecerem que os livros de Anaxágoras
de Clazômenas estão repletos de discursos desse tipo? Será que
os jovens aprendem de fato essas coisas comigo, quando podem
eventualmente comprá-las na ágora[70] por não mais de uma dra- e
cma, e assim ridicularizar Sócrates por se passar como seu autor,
especialmente por serem elas tão absurdas? Mas, por Zeus, é esta a
sua opinião? Que eu não reconheço a existência de nenhum deus?

– Certamente não reconhece, por Zeus, de forma nenhuma.

– Você não é digno de fé, Meleto; aliás, digno de fé nem para
você mesmo, suponho eu. Creio que este homem, ó atenienses, é
absolutamente insolente e intemperante, e registrou esta denúncia
contra mim simplesmente por insolência e intemperança próprias

▷ Segundo Plutarco, a ação de Diopites visava em última instância a Péricles por intermé-
dio de Anaxágoras, o qual teve de deixar Atenas por aconselhamento do político ateniense.
Diógenes Laércio reporta duas versões diferentes do julgamento: a. segundo Sócion, na
obra *Sucessão dos Filósofos*, o processo de impiedade foi impetrado por Cléon, "uma vez
que Anaxágoras afirmava que o sol era uma massa incandescente", destituída, portanto,
de sua natureza divina (o que remete diretamente a esta passagem da *Apologia*; ver também Xenofonte, *Memoráveis*, 4.7.6-7); b. segundo Sátiro, em *Vidas*, ele foi acusado por
Tucídides, adversário político de Péricles, não apenas de impiedade, mas também de
ter colaborado com os persas, tendo sido condenado à morte mesmo ausente (*Vidas
e Doutrinas dos Filósofos Ilustres*, 2.12). No *Fédon* (97b-99d), na chamada "biografia de
Sócrates" (seu envolvimento prévio com especulações sobre filosofia da natureza, e sua
ulterior desilusão), Platão critica a compreensão de causalidade de Anaxágoras presente
em sua teoria do *nous*, segundo a qual "o *nous*, a inteligência superior, é o ordenador e a
causa de todas as coisas" (ὡς ἄρα νοῦς ἐστιν ὁ διακοσμῶν τε καὶ πάντων αἴτιος, 97c1-2);
ao analisá-la criticamente, Platão mostra que ela é falha e não consiste numa explicação
teleológica do mundo, reduzindo-a a uma mera visão materialista.

70. No texto grego, temos literalmente "na orquestra", que era um local na ágora
onde ficavam as estátuas de Harmódio e Aristogíton, os tiranicidas de Atenas, celebra-
dos como heróis da cidade, cuja ação possibilitou o desenvolvimento da democracia
ateniense no século v a.C., tal como a conhecemos hoje.

260   ΑΠΟΛΟΓΙΑ ΣΩΚΡΑΤΟΥΣ

27a γράψασθαι. ἔοικεν γὰρ ὥσπερ αἴνιγμα συντιθέντι δια-
πειρωμένῳ "Ἆρα γνώσεται Σωκράτης ὁ σοφὸς δὴ ἐμοῦ
χαριεντιζομένου καὶ ἐναντί᾽ ἐμαυτῷ λέγοντος, ἢ ἐξα-
πατήσω αὐτὸν καὶ τοὺς ἄλλους τοὺς ἀκούοντας;" οὗτος
5 γὰρ ἐμοὶ φαίνεται τὰ ἐναντία λέγειν αὐτὸς ἑαυτῷ ἐν τῇ
γραφῇ ὥσπερ ἂν εἰ εἴποι· "Ἀδικεῖ Σωκράτης θεοὺς οὐ
νομίζων, ἀλλὰ θεοὺς νομίζων." καίτοι τοῦτό ἐστι παί-
ζοντος.

Συνεπισκέψασθε δή, ὦ ἄνδρες, ᾗ μοι φαίνεται ταῦτα
10 λέγειν· σὺ δὲ ἡμῖν ἀπόκριναι, ὦ Μέλητε. ὑμεῖς δέ, ὅπερ
b κατ᾽ ἀρχὰς ὑμᾶς παρῃτησάμην, μέμνησθέ μοι μὴ θορυβεῖν
ἐὰν ἐν τῷ εἰωθότι τρόπῳ τοὺς λόγους ποιῶμαι.

Ἔστιν ὅστις ἀνθρώπων, ὦ Μέλητε, ἀνθρώπεια μὲν
νομίζει πράγματ᾽ εἶναι, ἀνθρώπους δὲ οὐ νομίζει; ἀπο-
5 κρινέσθω, ὦ ἄνδρες, καὶ μὴ ἄλλα καὶ ἄλλα θορυβείτω·
ἔσθ᾽ ὅστις ἵππους μὲν οὐ νομίζει, ἱππικὰ δὲ πράγματα; ἢ
αὐλητὰς μὲν οὐ νομίζει εἶναι, αὐλητικὰ δὲ πράγματα; οὐκ
ἔστιν, ὦ ἄριστε ἀνδρῶν· εἰ μὴ σὺ βούλει ἀποκρίνασθαι,
ἐγὼ σοὶ λέγω καὶ τοῖς ἄλλοις τουτοισί. ἀλλὰ τὸ ἐπὶ τούτῳ
c γε ἀπόκριναι· ἔσθ᾽ ὅστις δαιμόνια μὲν νομίζει πράγματ᾽
εἶναι, δαίμονας δὲ οὐ νομίζει;

Οὐκ ἔστιν.

Ὡς ὤνησας ὅτι μόγις ἀπεκρίνω ὑπὸ τουτωνὶ ἀναγκα-
5 ζόμενος. οὐκοῦν δαιμόνια μὲν φής με καὶ νομίζειν καὶ
διδάσκειν, εἴτ᾽ οὖν καινὰ εἴτε παλαιά, ἀλλ᾽ οὖν δαιμόνιά γε
νομίζω κατὰ τὸν σὸν λόγον, καὶ ταῦτα καὶ διωμόσω ἐν τῇ
ἀντιγραφῇ. εἰ δὲ δαιμόνια νομίζω, καὶ δαίμονας δήπου
πολλὴ ἀνάγκη νομίζειν μέ ἐστιν· οὐχ οὕτως ἔχει; ἔχει δή·

71. "Insolência" traduz aqui um termo central do pensamento ético-religioso grego:
hubris (geralmente transliterado como hybris) pode ser definida, em termos gerais, como
"atitude mental e padrões de comportamento induzidos pela prosperidade material, pelo
poder ou pela superioridade física; autoafirmação inescrupulosa, antissocial e irreligiosa
em detrimento dos direitos ou sentimentos dos outros; o excesso é sua essência" (C. Carey,
The Second Stasimon of Sophocles' Oedipus Tyrannus, The Journal of Hellenic Studies,
v. 106, p. 176). Por sua vez, "intemperança" traduz akolasia, o oposto de sōphrosunē, que
em grego pode designar ao mesmo tempo: a. a moderação e equilíbrio no comportamento
e no juízo (portanto, "sensatez", "prudência"); e b. a virtude relativa ao controle sobre os ▶

da juventude[71]. Pois pode ser que ele esteja me testando, como se **27a** compusesse um enigma: "por acaso Sócrates, o sábio, compreenderá que estou brincando com ele e proferindo coisas contraditórias, ou enganarei a ele e aos demais ouvintes?" Com efeito, para mim é claro que ele afirma coisas contraditórias na denúncia, como se disesse: "Sócrates comete injustiça por não reconhecer deuses, e sim por reconhecer deuses." E isso é próprio de quem está brincando.

Examinem então, ó homens, por que para mim é patente que ele está dizendo coisas contraditórias! E você, Meleto, responda-me! Ao passo que vocês, tal como lhes solicitei no início, lem- **b** brem: não tumultuem, caso eu estabeleça a discussão da minha maneira habitual!

Há algum homem, Meleto, que reconheça a existência de coisas humanas, mas não reconheça os homens? Que ele responda, ó homens, e evite tumultuar a todo instante![72] Há quem não reconheça cavalos, mas coisas relativas a cavalos, sim? Ou não reconheça auletas, mas coisas relativas à aulética, sim? Não há, excelentíssimo homem; já que não quer responder, eu falo por você e pelas demais pessoas aqui presentes. Responda-me, porém, sobre este ponto: há quem reconheça entidades divinas, **c** mas não reconheça divindades?

– Não há.

– Quão graciosa a sua atitude ao responder com relutância, constrangido pelos aqui presentes. Você afirma, então, que reconheço entidades divinas, sejam elas novas ou antigas, e que ensino sobre essa matéria, de modo que, segundo seu argumento, ao menos entidades divinas eu reconheço – e isso você inclusive jurou no indiciamento[73]. E se reconheço entidades divinas, é absolutamente necessário que eu reconheça a

▷ próprios apetites e prazeres (traduzido comumente por "temperança" ou "moderação"; ver, por exemplo, *Fédon* 68c; *República* IV 430e). No caso desta passagem da *Apologia*, *akolasia* pode ser entendida concomitantemente nesses dois sentidos: *insensatez* e *imoderação,* que Sócrates atribui à juventude de Meleto, buscando desqualificá-lo moral e intelectualmente.

72. Sugere-se aqui que Meleto tenha reagido com algum gesto de protesto frente à pergunta de Sócrates, que então lhe ordena responder apropriadamente, sem interromper o interrogatório.

73. Sobre a "declaração jurada" (*antōmosia*), ver supra p. 225n11.

262 ΑΠΟΛΟΓΙΑ ΣΩΚΡΑΤΟΥΣ

10 τίθημι γάρ σε ὁμολογοῦντα, ἐπειδὴ οὐκ ἀποκρίνῃ. τοὺς δὲ
d δαίμονας οὐχὶ ἤτοι θεούς γε ἡγούμεθα ἢ θεῶν παῖδας; φῂς
ἢ οὔ;

Πάνυ γε.

Οὐκοῦν εἴπερ δαίμονας ἡγοῦμαι, ὡς σὺ φῄς, εἰ μὲν θεοί
5 τινές εἰσιν οἱ δαίμονες, τοῦτ' ἂν εἴη ὃ ἐγώ φημί σε αἰνίτ-
τεσθαι καὶ χαριεντίζεσθαι, θεοὺς οὐχ ἡγούμενον φάναι με
θεοὺς αὖ ἡγεῖσθαι πάλιν, ἐπειδήπερ γε δαίμονας ἡγοῦμαι·
εἰ δ' αὖ οἱ δαίμονες θεῶν παῖδές εἰσιν νόθοι τινὲς ἢ ἐκ
νυμφῶν ἢ ἔκ τινων ἄλλων ὧν δὴ καὶ λέγονται, τίς ἂν
10 ἀνθρώπων θεῶν μὲν παῖδας ἡγοῖτο εἶναι, θεοὺς δὲ μή;
e ὁμοίως γὰρ ἂν ἄτοπον εἴη ὥσπερ ἂν εἴ τις ἵππων μὲν
παῖδας ἡγοῖτο ἢ καὶ ὄνων, τοὺς ἡμιόνους, ἵππους δὲ καὶ
ὄνους μὴ ἡγοῖτο εἶναι. ἀλλ', ὦ Μέλητε, οὐκ ἔστιν ὅπως σὺ
ταῦτα οὐχὶ ἀποπειρώμενος ἡμῶν ἐγράψω τὴν γραφὴν
5 ταύτην ἢ ἀπορῶν ὅτι ἐγκαλοῖς ἐμοὶ ἀληθὲς ἀδίκημα· ὅπως
δὲ σύ τινα πείθοις ἂν καὶ σμικρὸν νοῦν ἔχοντα ἀνθρώπων,
ὡς τοῦ αὐτοῦ ἔστιν καὶ δαιμόνια καὶ θεῖα ἡγεῖσθαι, καὶ αὖ
28a τοῦ αὐτοῦ μήτε δαίμονας μήτε θεοὺς μήτε ἥρωας, οὐδεμία
μηχανή ἐστιν.

Ἀλλὰ γάρ, ὦ ἄνδρες Ἀθηναῖοι, ὡς μὲν ἐγὼ οὐκ ἀδικῶ
κατὰ τὴν Μελήτου γραφήν, οὐ πολλῆς μοι δοκεῖ εἶναι ἀπο-
5 λογίας, ἀλλὰ ἱκανὰ καὶ ταῦτα· ὃ δὲ καὶ ἐν τοῖς ἔμπροσθεν
ἔλεγον, ὅτι πολλή μοι ἀπέχθεια γέγονεν καὶ πρὸς πολλούς,
εὖ ἴστε ὅτι ἀληθές ἐστιν. καὶ τοῦτ' ἔστιν ὃ ἐμὲ αἱρήσει,
ἐάνπερ αἱρῇ, οὐ Μέλητος οὐδὲ Ἄνυτος ἀλλ' ἡ τῶν πολλῶν
διαβολή τε καὶ φθόνος. ἃ δὴ πολλοὺς καὶ ἄλλους καὶ

---

74. Sobre a noção de *daimōn* na religião grega, ver supra p. 248n57.

75. Sócrates inclui aqui os "heróis", que não haviam sido mencionados no argumento até então. Em *Os Trabalhos e os Dias*, de Hesíodo (v. 158-165), os heróis são chamados de "semideuses" (*hēmitheoi*). A referência mais direta aqui, no entanto, pode
ser a Aquiles, que é filho de um mortal, Peleu, e de uma deusa, Tétis, e é designado
pelo próprio Sócrates adiante, em 28c2-3, como "semideus". Do ponto de vista do argumento, a inferência seria a mesma que a do caso das "entidades divinas" (*daimones*): se
eu reconheço *daimones*, que são "certos filhos bastardos de deuses, gerados das ninfas ▸

existência de divindades; não é o que sucede? É sim; presumo que esteja de acordo, já que não responde. E as divindades, não as consideramos deuses ou filhos de deuses? Confirma ou não?   d

– Certamente.

– Então, uma vez que considero divindades, como você está dizendo, e se as divindades são certos deuses, é exatamente isto a que me refiro quando falo que você profere enigmas e está de brincadeira: ao afirmar que eu, não considerando deuses, considero deuses, na medida em que considero divindades. Se, por sua vez, as divindades são certos filhos bastardos de deuses, gerados das ninfas ou de outros seres, como dizem por aí[74], que homem consideraria a existência de filhos de deuses, mas não a de deuses? Seria igualmente absurdo se alguém considerasse a existência de filhos   e de cavalos e asnos, as mulas, mas não a existência de cavalos e asnos. Você só pode ter registrado esta denúncia, Meleto, por almejar colocar-nos à prova nesse assunto, ou por não saber ao certo de que ato realmente injusto nos inculpar. Todavia, para persuadir alguém, mesmo de parca inteligência, de que é possível um mesmo indivíduo considerar entidades divinas e deuses, e ao mesmo tempo não considerar nem entidades divinas, nem deuses, nem heróis[75], para tal fim não há nenhum artifício.   28a

Pois bem, ó atenienses, que eu não cometo injustiça segundo a denúncia de Meleto, creio que quanto a isso não precise de uma defesa mais longa; esses argumentos já são suficientes[76]. No entanto, que eu passei a ser muito odiado por inúmeras pessoas, como relatava previamente, vocês sabem muito bem que é verdade. E se eu vier a ser condenado, será este o motivo: não Meleto, nem Anito, e sim a calúnia e o rancor da maioria das pessoas. O que tem condenado inúmeros outros homens bons

▷ ou de outros seres" (27d8-9), então reconheço deuses; se reconheço semideuses, que são filhos de um(a) mortal e um(a) deus(a), então reconheço deuses.

76. A alegação de suficiência da argumentação é outro lugar-comum da oratória grega (Demóstenes, *Aeropagítico*, 9; *Contra Dionisodoro*, 36; Lísias, *Contra Filócrates*, 8; *Contra Eratóstenes*, 79; *Contra Fílon*, 34; Iseu, *De Hagnia*, 19). Ver N. Denyer, op. cit., p. 89.

264   ΑΠΟΛΟΓΙΑ ΣΩΚΡΑΤΟΥΣ

b   ἀγαθοὺς ἄνδρας ᾕρηκεν, οἶμαι δὲ καὶ αἱρήσει· οὐδὲν δὲ
δεινὸν μὴ ἐν ἐμοὶ στῇ.

Ἴσως δ' ἂν οὖν εἴποι τις, "Εἶτ' οὐκ αἰσχύνῃ, ὦ Σώκρατες, τοιοῦτον ἐπιτήδευμα ἐπιτηδεύσας ἐξ οὗ κινδυνεύεις
5   νυνὶ ἀποθανεῖν;" ἐγὼ δὲ τούτῳ ἂν δίκαιον λόγον ἀντεί-
ποιμι, ὅτι "Οὐ καλῶς λέγεις, ὦ ἄνθρωπε, εἰ οἴει δεῖν
κίνδυνον ὑπολογίζεσθαι τοῦ ζῆν ἢ τεθνάναι ἄνδρα ὅτου τι
καὶ σμικρὸν ὄφελός ἐστιν, ἀλλ' οὐκ ἐκεῖνο μόνον σκοπεῖν
ὅταν πράττῃ, πότερον δίκαια ἢ ἄδικα πράττει, καὶ ἀνδρὸς
c   ἀγαθοῦ ἔργα ἢ κακοῦ. φαῦλοι γὰρ ἂν τῷ γε σῷ λόγῳ εἶεν
τῶν ἡμιθέων ὅσοι ἐν Τροίᾳ τετελευτήκασιν οἵ τε ἄλλοι καὶ
ὁ τῆς Θέτιδος υἱός, ὃς τοσοῦτον τοῦ κινδύνου κατεφρόνησεν
παρὰ τὸ αἰσχρόν τι ὑπομεῖναι ὥστε, ἐπειδὴ εἶπεν ἡ μήτηρ
5   αὐτῷ προθυμουμένῳ Ἕκτορα ἀποκτεῖναι, θεὸς οὖσα,
οὑτωσί πως, ὡς ἐγὼ οἶμαι· 'Ὦ παῖ, εἰ τιμωρήσεις
Πατρόκλῳ τῷ ἑταίρῳ τὸν φόνον καὶ Ἕκτορα ἀποκτενεῖς,
αὐτὸς ἀποθανῇ—αὐτίκα γάρ τοι,' φησί, 'μεθ' Ἕκτορα
πότμος ἑτοῖμος'—ὁ δὲ τοῦτ' ἀκούσας τοῦ μὲν θανάτου καὶ
10   τοῦ κινδύνου ὠλιγώρησε, πολὺ δὲ μᾶλλον δείσας τὸ ζῆν
d   κακὸς ὢν καὶ τοῖς φίλοις μὴ τιμωρεῖν, 'Αὐτίκα,' φησί,
'τεθναίην, δίκην ἐπιθεὶς τῷ ἀδικοῦντι, ἵνα μὴ ἐνθάδε μένω
καταγέλαστος παρὰ νηυσὶ κορωνίσιν ἄχθος ἀρούρης.' μὴ
αὐτὸν οἴει φροντίσαι θανάτου καὶ κινδύνου;"

5   Οὕτω γὰρ ἔχει ὦ ἄνδρες Ἀθηναῖοι τῇ ἀληθείᾳ· οὗ ἄν τις
ἑαυτὸν τάξῃ ἡγησάμενος βέλτιστον εἶναι ἢ ὑπ' ἄρχοντος

---

77. Sobre o recurso a perguntas retóricas na *Apologia*, ver supra p. 231n22. Nesta passagem em especial, Sócrates usa tal artifício para desenvolver um diálogo com seu interlocutor fictício, e no interior dele, inserir um segundo diálogo entre Aquiles e sua mãe, a deusa Tétis, a partir do episódio do Canto XVIII da *Ilíada* de Homero. Esse tipo de interlocução fictícia é muito comum nos chamados "primeiros diálogos" de Platão, e talvez seja essa uma das características de sua elocução habitual, como o próprio Sócrates salienta aqui na *Apologia* (27b).

78. Isto é, Aquiles, o melhor guerreiro grego na expedição contra Troia (sobre o tema, ver Platão, *Hípias Menor*, 363b-c). Sócrates se refere aqui ao diálogo entre Aquiles e Tétis no Canto XVIII da *Ilíada* de Homero. Vale ressaltar também outro episódio do poema, que, embora não mencionado na *Apologia*, contribui para compreender o valor da decisão de Aquiles, quando resolve vingar a morte do companheiro Pátroclo, ▶

[28b-d] APOLOGIA DE SÓCRATES 265

vai decerto continuar a condenar, presumo eu; não há qualquer   b
temor de que esse ciclo se interrompa em meu caso.

Alguém poderia, talvez, me indagar: "você não tem vergonha, Sócrates, de se envolver com uma ocupação tal que o põe
agora em risco de morte?"[77] E eu lhe objetaria com um argumento justo: "suas palavras não estão corretas, homem, se você
acha que o indivíduo deve levar em conta o risco de viver ou
morrer, cujo benefício é ínfimo, e não observar precisamente
se suas ações são justas ou injustas, se seus gestos são próprios
de um homem bom ou mau. Pois seriam ordinários, ao menos   c
segundo o seu argumento, todos os semideuses que morreram
em Troia, em especial o filho de Tétis[78]: ao invés de se subjugar
a uma condição vergonhosa, menosprezou tal risco quando sua
mãe, uma deusa, se endereçou a ele, ávido por matar Heitor,
mais ou menos nestes termos, suponho eu: 'filho, se vingares o
assassinato de teu companheiro Pátroclo e matares Heitor, hás
de encontrar a morte, pois após Heitor', disse ela, 'apresta teu
destino'[79]. Ao ouvi-la, ele desprezou o risco de morte, e, muito
mais temeroso de viver em condição vil e deixar de vingar os   d
amigos, disse-lhe: 'que eu morra tão logo tiver punido quem
comete injustiça, para não permanecer aqui junto às naus recur-
vas, como um fardo da terra, na mais risível condição'[80]. Você
não acha que ele se preocupou com o risco de morte, não é?"

Eis a verdade sobre a questão, ó atenienses. Se alguém assumir um posto por considerá-lo o melhor ou se um posto lhe for

---

▷ às custas de sua própria vida. Trata-se do destino dúplice de Aquiles revelado por
sua mãe, a deusa Tétis, que se resolveria ulteriormente por uma escolha do herói: ou
retornar para Ftia, sua terra natal, e ter uma vida longa, mas não conquistar a glória,
ou permanecer em Troia e ter uma morte gloriosa, digna dos homens mais valorosos
(*Ilíada* 9.410-416). O caso de Aquiles, portanto, serve adequadamente aos propósitos
retóricos de Sócrates, uma vez que o herói *decide* por uma vida curta e uma morte gloriosa, tratando a morte, se não como um bem, como um mal menor em relação a uma
vida longa, porém desonrosa. Sobre a referência a Aquiles no *Críton*, ver infra p. 322n8.

79. Homero, *Ilíada*, Canto XVIII, v. 96.

80. Ibidem, v. 98 + v. 104. "Tão logo tiver punido quem comete injustiça", evidentemente, é um acréscimo de Sócrates ao texto homérico, pois justiça não é um dos valores
que norteiam a conduta de Aquiles na *Ilíada*, como são a vingança, a honra e a glória.

266 ΑΠΟΛΟΓΙΑ ΣΩΚΡΑΤΟΥΣ

ταχθῇ, ἐνταῦθα δεῖ, ὡς ἐμοὶ δοκεῖ, μένοντα κινδυνεύειν,
μηδὲν ὑπολογιζόμενον μήτε θάνατον μήτε ἄλλο μηδὲν πρὸ
τοῦ αἰσχροῦ. ἐγὼ οὖν δεινὰ ἂν εἴην εἰργασμένος, ὦ ἄνδρες

e   Ἀθηναῖοι, εἰ ὅτε μέν με οἱ ἄρχοντες ἔταττον, οὓς ὑμεῖς
εἴλεσθε ἄρχειν μου, καὶ ἐν Ποτειδαίᾳ καὶ ἐν Ἀμφιπόλει
καὶ ἐπὶ Δηλίῳ, τότε μὲν οὗ ἐκεῖνοι ἔταττον ἔμενον ὥσπερ
καὶ ἄλλος τις καὶ ἐκινδύνευον ἀποθανεῖν, τοῦ δὲ θεοῦ τάτ-

5   τοντος, ὡς ἐγὼ ᾠήθην τε καὶ ὑπέλαβον, φιλοσοφοῦντά με
δεῖν ζῆν καὶ ἐξετάζοντα ἐμαυτὸν καὶ τοὺς ἄλλους, ἐνταῦθα
29a δὲ φοβηθεὶς ἢ θάνατον ἢ ἄλλ' ὁτιοῦν πρᾶγμα λίποιμι τὴν
τάξιν. δεινόν τἂν εἴη, καὶ ὡς ἀληθῶς τότ' ἄν με δικαίως
εἰσάγοι τις εἰς δικαστήριον, ὅτι οὐ νομίζω θεοὺς εἶναι
ἀπειθῶν τῇ μαντείᾳ καὶ δεδιὼς θάνατον καὶ οἰόμενος

5   σοφὸς εἶναι οὐκ ὤν. τὸ γάρ τοι θάνατον δεδιέναι, ὦ
ἄνδρες, οὐδὲν ἄλλο ἐστὶν ἢ δοκεῖν σοφὸν εἶναι μὴ ὄντα·
δοκεῖν γὰρ εἰδέναι ἐστὶν ἃ οὐκ οἶδεν. οἶδε μὲν γὰρ οὐδεὶς
τὸν θάνατον οὐδ' εἰ τυγχάνει τῷ ἀνθρώπῳ πάντων μέγιστον ὂν τῶν ἀγαθῶν, δεδίασι δ' ὡς εὖ εἰδότες ὅτι μέγιστον

b   τῶν κακῶν ἐστι. καὶ τοῦτο πῶς οὐκ ἀμαθία ἐστὶν αὕτη ἡ
ἐπονείδιστος, ἡ τοῦ οἴεσθαι εἰδέναι ἃ οὐκ οἶδεν; ἐγὼ δ', ὦ
ἄνδρες, τούτῳ καὶ ἐνταῦθα ἴσως διαφέρω τῶν πολλῶν
ἀνθρώπων, καὶ εἰ δή τῳ σοφώτερός του φαίην εἶναι, τούτῳ

5   ἄν, ὅτι οὐκ εἰδὼς ἱκανῶς περὶ τῶν ἐν Ἅιδου οὕτω καὶ
οἴομαι οὐκ εἰδέναι· τὸ δὲ ἀδικεῖν καὶ ἀπειθεῖν τῷ βελτίονι
καὶ θεῷ καὶ ἀνθρώπῳ, ὅτι κακὸν καὶ αἰσχρόν ἐστιν οἶδα.
πρὸ οὖν τῶν κακῶν ὧν οἶδα ὅτι κακά ἐστιν, ἃ μὴ οἶδα εἰ

---

81. Este é praticamente o mesmo argumento que Sócrates apresentará a Críton
para justificar sua recusa à fuga da prisão, substituindo, no entanto, a "desonra" pela
"injustiça": é preferível morrer, ou sofrer o que quer que seja, a cometer injustiça (Platão, Críton, 48d).

82. Ou seja, nas três expedições antes e durante a Guerra do Peloponeso (431-404
a.C.) entre Atenas e Esparta e seus respectivos aliados, das quais Sócrates participou
efetivamente como hoplita: ver Platão, Laques, 181b-c; Cármides, 153b-c; Banquete,
219e-221c. As batalhas de Potideia (431 a.C.), Anfípolis (422 a.C.) e Délio (424 a.C.) são
narradas por Tucídides na História da Guerra do Peloponeso (1.62-63; 5.6-10; 4.93-96, ▶

designado por seu comandante, creio que ali deverá permanecer e correr o risco, sem levar em conta a morte ou qualquer outra coisa, tão somente a desonra[81]. Seria, ó atenienses, uma atitude terrível minha se, tendo permanecido no posto a mim designado e correndo o risco de morrer como qualquer outro, quando os comandantes elegidos por vocês para o comando designaram meu posto em Potideia, Anfípolis e Délio[82], viesse eu a abandonar agora o posto por medo da morte ou de qualquer outra coisa quando o deus me designou, como acreditava e supunha[83], para que vivesse filosofando e examinasse a mim mesmo e as demais pessoas. Seria terrível e, nesse caso, realmente justo que alguém me convocasse aqui para o tribunal, uma vez que eu não reconhecia a existência dos deuses por desacreditar na profecia, por temer a morte e por presumir-me sábio sem sê-lo. De fato, temer a morte, ó homens, não é outra coisa senão parecer ser sábio sem sê-lo, pois é parecer saber o que não se sabe. Com efeito, ninguém conhece a morte, ninguém sabe se ela é o bem supremo para o homem; as pessoas, no entanto, temem-na como se soubessem que ela é o mal supremo. E como não seria esta a ignorância mais deplorável, presumir saber o que não se sabe?[84] Mas eu, ó homens, talvez me difira da maioria das pessoas precisamente neste aspecto: se eu afirmasse ser mais sábio que alguém em alguma coisa, seria justamente em não presumir saber o que concerne ao Hades[85], uma vez que não tenho conhecimento suficiente disso; todavia, que é mau e vergonhoso cometer injustiça e desobedecer ao seu superior, seja ele deus ou homem, disso estou seguro. Assim, ao

---

▷ respectivamente), embora sem qualquer menção a Sócrates. Na batalha de *Potideia*, Sócrates salva a vida de Alcibíades, conforme o relato no *Banquete* (219e-221c). Ver Mapa.

83. Ver *Apologia*, 21a-22e.

84. Ver *Apologia*, 21d.

85. Hades é o mundo subterrâneo habitado pelos mortos. O nome pertence, na perspectiva mítica, ao rei que governava o lugar, irmão de Zeus e Poseídon (Hesíodo, *Teogonia* v. 455-456). Os três irmãos dividiram o poder sobre o universo depois da vitória sobre os Titãs: Zeus ficou com o céu, Poseídon com o mar e Hades com o subterrâneo.

268 ΑΠΟΛΟΓΙΑ ΣΩΚΡΑΤΟΥΣ

καὶ ἀγαθὰ ὄντα τυγχάνει οὐδέποτε φοβήσομαι οὐδὲ

c φεύξομαι· ὥστε οὐδ' εἴ με νῦν ὑμεῖς ἀφίετε Ἀνύτῳ ἀπιστή-
σαντες, ὃς ἔφη ἢ τὴν ἀρχὴν οὐ δεῖν ἐμὲ δεῦρο εἰσελθεῖν ἤ,
ἐπειδὴ εἰσῆλθον, οὐχ οἷόν τ' εἶναι τὸ μὴ ἀποκτεῖναί με,
λέγων πρὸς ὑμᾶς ὡς, εἰ διαφευξοίμην, ἤδη ἂν ὑμῶν οἱ ὑεῖς

5 ἐπιτηδεύοντες ἃ Σωκράτης διδάσκει πάντες παντάπασι
διαφθαρήσονται—εἴ μοι πρὸς ταῦτα εἴποιτε· "Ὦ Σώκρατες, νῦν μὲν Ἀνύτῳ οὐ πεισόμεθα ἀλλ' ἀφίεμέν σε, ἐπὶ
τούτῳ μέντοι, ἐφ' ᾧτε μηκέτι ἐν ταύτῃ τῇ ζητήσει δια-
τρίβειν μηδὲ φιλοσοφεῖν· ἐὰν δὲ ἁλῷς ἔτι τοῦτο πράττων,

d ἀποθανῇ"—εἰ οὖν με, ὅπερ εἶπον, ἐπὶ τούτοις ἀφίοιτε,
εἴποιμ' ἂν ὑμῖν ὅτι "Ἐγὼ ὑμᾶς, ὦ ἄνδρες Ἀθηναῖοι,
ἀσπάζομαι μὲν καὶ φιλῶ, πείσομαι δὲ μᾶλλον τῷ θεῷ ἢ
ὑμῖν, καὶ ἕωσπερ ἂν ἐμπνέω καὶ οἷός τε ὦ, οὐ μὴ παύσω-

5 μαι φιλοσοφῶν καὶ ὑμῖν παρακελευόμενός τε καὶ ἐνδει-
κνύμενος ὅτῳ ἂν ἀεὶ ἐντυγχάνω ὑμῶν, λέγων οἷάπερ
εἴωθα, ὅτι 'Ὦ ἄριστε ἀνδρῶν, Ἀθηναῖος ὤν, πόλεως τῆς
μεγίστης καὶ εὐδοκιμωτάτης εἰς σοφίαν καὶ ἰσχύν,
χρημάτων μὲν οὐκ αἰσχύνη ἐπιμελούμενος ὅπως σοι ἔσται

e ὡς πλεῖστα, καὶ δόξης καὶ τιμῆς, φρονήσεως δὲ καὶ
ἀληθείας καὶ τῆς ψυχῆς ὅπως ὡς βελτίστη ἔσται οὐκ
ἐπιμελῇ οὐδὲ φροντίζεις;' καὶ ἐάν τις ὑμῶν ἀμφισβητῇ καὶ
φῇ ἐπιμελεῖσθαι, οὐκ εὐθὺς ἀφήσω αὐτὸν οὐδ' ἄπειμι, ἀλλ'

5 ἐρήσομαι αὐτὸν καὶ ἐξετάσω καὶ ἐλέγξω, καὶ ἐάν μοι μὴ
30a δοκῇ κεκτῆσθαι ἀρετήν, φάναι δέ, ὀνειδιῶ ὅτι τὰ πλείστου

---

86. Platão parafraseia aqui o que teria sido parte do discurso de Anito, na condição de "coacusador" (*sunkatēgoros*) de Meleto. O argumento dele é que teria sido melhor para todos se Sócrates tivesse se exilado voluntariamente de Atenas, pois teria evitado assim o processo em curso (hipótese essa aventada também no *Críton*, ver 45e); mas como Sócrates preferiu enfrentá-lo, não há outra punição possível senão a pena capital, a única medida capaz de impedi-lo de continuar a corromper os jovens. O exílio voluntário de Sócrates teria implicado a perda de suas propriedades (N. Denyer, op. cit., p. 94). Esse tipo de argumento atribuído a Anito aparece também no discurso *Contra Timarco* de Ésquines, proferido em 346 ou 345 a.C.: "Estejam todos cientes disto, e guardem bem na memória o que vou lhes dizer agora: se Timarco pagar a justa pena pelas suas atividades, vocês proporcionarão à cidade um princípio de decência; porém, se absolverem-no, melhor seria que este processo sequer tivesse existido" (192).

[29b-30a]   APOLOGIA DE SÓCRATES   269

contrário dos males que sei que são males, jamais hei de temer
e evitar o que não sei se pode vir a ser até mesmo um bem. Por
conseguinte, mesmo se agora vocês me absolvessem e não des-   c
sem crédito a Anito, que dizia que ou eu não devia a princípio ser
convocado para vir aqui ou, já que fui convocado, não há outra
possibilidade senão condenar-me à morte, alegando a vocês que,
se saísse incólume, seus filhos, todos eles, viriam a ser totalmente
corrompidos ao se ocuparem com os ensinamentos de Sócrates[86] – se, nessas circunstâncias, vocês me dissessem: "Sócrates,
não vamos nos fiar em Anito, mas absolver você com a seguinte
condição: não gastar mais seu tempo nessa investigação nem filosofar; se vier a ser surpreendido insistindo nessa atividade, há de
encontrar a morte" – se então, como dizia, vocês me absolvessem   d
sob essa condição[87], eu lhes retorquiria: "atenienses, eu agradeço
a vocês e os estimo, mas vou obedecer antes ao deus que a vocês.
Enquanto estiver respirando e vivo, jamais deixarei de filosofar,
de exortá-los e de mostrar, sempre que encontrar algum de vocês,
aquilo que costumo dizer: 'excelentíssimo homem, você, que é
ateniense, oriundo da mais importante e bem reputada cidade em
sabedoria e força[88], não se envergonha de cuidar da aquisição ao
máximo de dinheiro, reputação e honra, ao passo que da inteli-   e
gência e da verdade, da busca por melhorar ao máximo sua alma
não cuida nem se ocupa?' E se algum de vocês me contestar e disser que está cuidando disso, não vou absolvê-lo de pronto nem ir
embora, mas vou inquiri-lo, examiná-lo e refutá-lo; e se ele me
parecer desprovido de virtude, ainda que afirme o contrário, vou   30a

---

87. Sobre a inviabilidade legal de uma proposta de pena alternativa por parte do
júri, ver infra p. 292n135.

88. Sobre Atenas como o "pritaneu da sabedoria", ver Platão, *Protágoras,* 337d. "Força"
refere-se aqui ao passado imperial recente de Atenas, especialmente da "época de ouro"
de Péricles (representada, paradigmaticamente, pela sua "Oração Fúnebre" na *História
da Guerra do Peloponeso* de Tucídides, 2.36-45), entre as décadas de 460 e 430 a.C. Na
época do julgamento de Sócrates (399 a.C.), Atenas já havia perdido sua hegemonia no
mundo helênico, depois de sua derrota para Esparta em 404 a.C. Outras referências na
literatura grega à superioridade de Atenas sobre as demais cidades helênicas: Tucídides,
História da Guerra do Peloponeso, 2.64.3, 5.111.4; 6.89.6; Isócrates, *Panegírico,* 23.

270 ΑΠΟΛΟΓΙΑ ΣΩΚΡΑΤΟΥΣ

ἄξια περὶ ἐλαχίστου ποιεῖται, τὰ δὲ φαυλότερα περὶ
πλείονος. ταῦτα καὶ νεωτέρῳ καὶ πρεσβυτέρῳ ὅτῳ ἂν
ἐντυγχάνω ποιήσω, καὶ ξένῳ καὶ ἀστῷ, μᾶλλον δὲ τοῖς
5 ἀστοῖς, ὅσῳ μου ἐγγυτέρω ἐστὲ γένει. ταῦτα γὰρ κελεύει ὁ
θεός, εὖ ἴστε, καὶ ἐγὼ οἴομαι οὐδέν πω ὑμῖν μεῖζον ἀγαθὸν
γενέσθαι ἐν τῇ πόλει ἢ τὴν ἐμὴν τῷ θεῷ ὑπηρεσίαν. οὐδὲν
γὰρ ἄλλο πράττων ἐγὼ περιέρχομαι ἢ πείθων ὑμῶν καὶ
νεωτέρους καὶ πρεσβυτέρους μήτε σωμάτων ἐπιμελεῖσθαι
b μήτε χρημάτων πρότερον μηδὲ οὕτω σφόδρα ὡς τῆς
ψυχῆς ὅπως ὡς ἀρίστη ἔσται, λέγων ὅτι ʽΟὐκ ἐκ χρημάτων
ἀρετὴ γίγνεται, ἀλλ᾽ ἐξ ἀρετῆς χρήματα καὶ τὰ ἄλλα
ἀγαθὰ τοῖς ἀνθρώποις ἅπαντα καὶ ἰδίᾳ καὶ δημοσίᾳ.ʼ εἰ
5 μὲν οὖν ταῦτα λέγων διαφθείρω τοὺς νέους, ταῦτ᾽ ἂν εἴη
βλαβερά· εἰ δέ τίς μέ φησιν ἄλλα λέγειν ἢ ταῦτα, οὐδὲν
λέγει. πρὸς ταῦτα,ʺ φαίην ἄν, ʺὦ ἄνδρες Ἀθηναῖοι, ἢ

89. Vale ressaltar que Péricles instituíra a lei segundo a qual apenas os filhos de pai
e mãe atenienses teriam direito à cidadania, excluindo, por conseguinte, os "estrangeiros" (*xenoi*) e os "metecos" (*metoikoi*) (ver Aristóteles, *A Constituição de Atenas*, 26.4).

90. A defesa e a prática do cuidado de si (*epimeleia heautou*) em vista da autonomia
e integridade racional do indivíduo é uma característica comum da figura de Sócrates no
pensamento de vários de seus discípulos diretos (Platão, Xenofonte, Antístenes, Aristipo).
Dos poucos fragmentos supérstites de dois diálogos (*Aspásia* e *Alcibíades*) de Ésquines
de Esfeto, depreende-se que o tema central é o processo de autoconhecimento colocado
em ação por Sócrates, e a incitação do desejo de aprimorar-se. Aqui na *Apologia*, Platão
fala de "cuidar (*epimeleisthai*) para melhorar a alma ao máximo", sobrepondo-a ao corpo
e, por conseguinte, aos bens relativos ao corpo. No diálogo *Alcibíades I*, Platão estabelece o princípio de identificação entre o indivíduo e sua alma (130a-c), princípio esse que
parece subjazer a este argumento da *Apologia*. A superioridade da alma sobre o corpo
é uma premissa basilar da filosofia moral platônica (ver, por exemplo, *Protágoras*, 313a-
b; *Hípias Menor*, 373a; *Górgias*, 512a; *Banquete*, 210b; *República*, IV 445a; *Leis*, V 727d).
Outras referências em Aristófanes e outros autores do círculo socrático que sugerem ser
esse princípio moral atribuível ao Sócrates "histórico": Aristófanes (*As Nuvens*, v. 414–22,
439–42); Ésquines (fr. 29 Nestle); Antístenes (Xenofonte, *Banquete*, 4.34–45; frs. 57, 65, 72,
73 Nestle). Sobre o tema, ver A. Long, The Socratic Legacy, em K. Algra et al., *The Cambridge History of Hellenistic Philosophy*, p. 622-623; K. Döring, The Students of Socrates,
em D.R. Morrison, *The Cambridge Companion to Socrates*, p. 33.

91. J. Burnet (op. cit., p. 204) oferece, a meu ver, a melhor versão filosófica desta
passagem, que depende, por sua vez, de uma leitura sintática diferente daquela encon-
trada na maior parte das traduções da *Apologia* em suas diferentes línguas. Em virtude
do paralelismo em grego (mais especificamente, uma *antimetabolē*, no vocabulário técnico retórico), ela é lida geralmente assim: "não é do dinheiro que provém a virtude,
mas é da virtude que *provêm* o dinheiro e todos os demais bens para os homens". Nesse
caso, o verbo *gignetai* é entendido como intransitivo em ambas as sentenças ("provir", ▶

[30a-b]   APOLOGIA DE SÓCRATES   271

censurá-lo por dar pouquíssimo valor a coisas de extrema valia, e muitíssimo valor a coisas de pouca monta. E isso farei tanto ao mais jovem quanto ao mais velho sempre que encontrá-lo, seja ele estrangeiro ou cidadão, especialmente, porém, a um cidadão, visto que somos mais próximos pela origem[89]. É essa a prescrição do deus, vocês sabem muito bem disso, e acredito que até hoje não lhes existiu um bem maior na cidade que o meu serviço ao deus; com efeito, quando ando por aí, não faço outra coisa senão persuadir vocês, do mais jovem ao mais velho, a não cuidarem do corpo e do dinheiro assim tão resolutamente antes de cuidarem   b do aprimorameno máximo da alma[90], dizendo-lhes: 'não é do dinheiro que provém a virtude, mas é pela virtude que o dinheiro e todas as demais coisas se tornam boas para os homens, quer na vida pública quer na particular'[91]. Se eu então corrompo os jovens com essas palavras, elas seriam, sim, nocivas; se alguém, contudo, afirma que profiro coisas diferentes dessas, não faz sentido o que diz. Diante disso, ó atenienses", diria eu, "quer acreditem ou não

▷ "surgir"), numa construção em que o paralelismo entre as duas orações é manifesto. Burnet entende, porém, que na segunda sentença o mesmo verbo *gignetai* tem uma função predicativa, diferentemente da primeira sentença, em que é intransitivo: "dinheiro e todas as demais coisas" (χρήματα καὶ τὰ ἄλλα ἄπαντα) como sujeito, "boas" (ἀγαθὰ) como predicativo do sujeito, e "para os homens" (τοῖς ἀνθρώποις) como dativo ético; daí a versão adotada aqui nesta edição: "mas é pela virtude que o dinheiro e todas as demais coisas *se tornam* boas para os homens, quer na vida pública quer na particular". Embora a primeira versão seja a leitura canônica, parece-me que a proposição é inconsistente com a ética socrática se tomada sem qualquer qualificação, pois da virtude não se segue necessariamente prosperidade material (basta ver o caso de Sócrates, que alega extrema penúria na *Apologia*, ver 23c, 31c). Ademais, ela pode dar ensejo para uma interpretação instrumentalista da virtude, como se a virtude fosse um meio para a obtenção de fins mais nobres (o que Platão rejeitaria absolutamente). Agora, dizer que, se você tem dinheiro, é a virtude que lhe propicia as condições para que ele seja usado de maneira benéfica, e não nociva, não é apenas logicamente válido, como também está em conformidade com a filosofia moral platônica (ver, por exemplo, *Mênon*, 87e-89a; *Eutidemo*, 280b-281e; *Leis*, II 661a-d). Lendo na ordem em que os sintagmas aparecem na construção sintática em grego, e dando a ênfase apropriada para revelar o sentido proposto por Burnet, ficaria assim: "mas é pela virtude que o dinheiro e as demais coisas [se tornam] boas para os homens – todas elas, quer na vida pública quer na particular". Parece-me absolutamente inteligível a lição moral pretendida aqui por Sócrates, sem qualquer impedimento do ponto de vista filológico. Uma terceira via seria entender que essa ambiguidade do enunciado é proposital por parte de Platão, de modo que sua interpretação dependeria do ponto de vista moral da audiência: aquela parte que compartilha a visão de mundo da "maioria dos homens" entenderia que Sócrates está dizendo que a virtude tem valor enquanto meio para a obtenção de ▶

272 ΑΠΟΛΟΓΙΑ ΣΩΚΡΑΤΟΥΣ

πείθεσθε Ἀνύτῳ ἢ μή, καὶ ἢ ἀφίετε ἢ μὴ ἀφίετε, ὡς ἐμοῦ
c οὐκ ἂν ποιήσοντος ἄλλα, οὐδ' εἰ μέλλω πολλάκις τεθνάναι."

Μὴ θορυβεῖτε, ὦ ἄνδρες Ἀθηναῖοι, ἀλλ' ἐμμείνατέ μοι
οἷς ἐδεήθην ὑμῶν, μὴ θορυβεῖν ἐφ' οἷς ἂν λέγω ἀλλ'
5 ἀκούειν· καὶ γάρ, ὡς ἐγὼ οἶμαι, ὀνήσεσθε ἀκούοντες.
μέλλω γὰρ οὖν ἄττα ὑμῖν ἐρεῖν καὶ ἄλλα ἐφ' οἷς ἴσως
βοήσεσθε· ἀλλὰ μηδαμῶς ποιεῖτε τοῦτο. εὖ γὰρ ἴστε, ἐάν
με ἀποκτείνητε τοιοῦτον ὄντα οἷον ἐγὼ λέγω, οὐκ ἐμὲ
μείζω βλάψετε ἢ ὑμᾶς αὐτούς· ἐμὲ μὲν γὰρ οὐδὲν ἂν
10 βλάψειεν οὔτε Μέλητος οὔτε Ἄνυτος· οὐδὲ γὰρ ἂν δύναιτο·
d οὐ γὰρ οἴομαι θεμιτὸν εἶναι ἀμείνονι ἀνδρὶ ὑπὸ χείρονος
βλάπτεσθαι. ἀποκτείνειε μεντἂν ἴσως ἢ ἐξελάσειεν ἢ
ἀτιμώσειεν· ἀλλὰ ταῦτα οὗτος μὲν ἴσως οἴεται καὶ ἄλλος
τίς που μεγάλα κακά, ἐγὼ δ' οὐκ οἴομαι, ἀλλὰ πολὺ
5 μᾶλλον ποιεῖν ἃ οὗτος νυνὶ ποιεῖ, ἄνδρα ἀδίκως ἐπιχειρεῖν
ἀποκτεινύναι. νῦν οὖν, ὦ ἄνδρες Ἀθηναῖοι, πολλοῦ δέω
ἐγὼ ὑπὲρ ἐμαυτοῦ ἀπολογεῖσθαι, ὥς τις ἂν οἴοιτο, ἀλλὰ
ὑπὲρ ὑμῶν, μή τι ἐξαμάρτητε περὶ τὴν τοῦ θεοῦ δόσιν ὑμῖν
e ἐμοῦ καταψηφισάμενοι. ἐὰν γὰρ ἐμὲ ἀποκτείνητε, οὐ
ῥᾳδίως ἄλλον τοιοῦτον εὑρήσετε, ἀτεχνῶς, εἰ καὶ γελ-
οιότερον εἰπεῖν, προσκείμενον τῇ πόλει ὑπὸ τοῦ θεοῦ
ὥσπερ ἵππῳ μεγάλῳ μὲν καὶ γενναίῳ, ὑπὸ μεγέθους δὲ

▷ um fim superior (isto é, prosperidade material), ao passo que a parte que compartilha dos valores morais do filósofo, que a virtude possibilita que o dinheiro e as demais
coisas possam ser usadas de maneira benéfica, e não nociva. Para uma visão geral
sobre as duas possibilidades de leitura dessa sentença, ver N. Denyer, op. cit., p. 96.
Para uma defesa da leitura de Burnet, com argumentos filosóficos e filológicos muito
convincentes, ver M. Burnyeat, Socrates, Money, and the Grammar of ΓΙΓΝΕΣΘΑΙ. *The
Journal of Hellenic Studies*, v. 123. Para uma crítica à leitura sintática de Burnet, ver
E. De Strycker; S.R. Slings, op. cit., p. 334 e, especialmente, A.F. Natoli, Socrates and
Money, *Mnemosyne*, v. 69, fasc. 1.

92. Esta hipérbole (morrer várias vezes) também é um lugar-comum da oratória
grega (Isócrates, *Panatenaico*, 214; Lísias, *Contra Eratóstenes*, 37; Demóstenes, *Filípica
III*, 65). Ver N. Denyer, op. cit., p. 97.

93. Ver Platão, *Górgias*, 512c-d.

[30b-e] APOLOGIA DE SÓCRATES 273

em Anito, quer me absolvam ou não, recuso-me a mudar meu modo de agir, mesmo se tiver que morrer várias vezes"[92]. c

Não tumultuem, ó atenienses! Atenham-se ao que solicitei a vocês: não tumultuem, mas ouçam o que tenho a dizer! Pois acredito que vocês hão de se beneficiar ouvindo-me. Com efeito, estou prestes a lhes dizer certas coisas que, talvez, façam com que reajam aos berros. Bem, vocês têm clareza de que, se condenarem à morte um homem tal qual estou dizendo que sou, o maior prejuízo não será meu, mas de vocês. Tampouco Meleto ou Anito poderia me prejudicar em alguma coisa – não lograriam fazê--lo – uma vez que não é lícito, presumo eu, que um indivíduo d melhor seja prejudicado por um pior. Talvez possam condenar--me à morte, ao exílio ou à perda de meus direitos[93]; é provável que eles, ou qualquer outro homem, reputem tais penas grandes males, no entanto eu considero um mal muito mais grave fazer o que estão buscando fazer agora: tentar condenar à morte um homem de maneira injusta[94]. Na atual conjuntura, ó atenienses, a minha defesa está longe de ser em meu interesse, como qualquer um poderia supor, e sim no interesse de vocês, para que não se enganem a respeito da dádiva concedida pelo deus a vocês, caso venham a me condenar. Com efeito, se me condenarem à morte, e não vão encontrar um outro indivíduo assim – ainda que seja ridí-culo dizer isto – totalmente atrelado à cidade pelo deus, tal como a um cavalo grande e nobre que, em virtude de sua grandeza, é

94. Este argumento remete à tese defendida por Sócrates no *Górgias*, segundo a qual é pior e mais vergonhoso cometer injustiça do que sofrê-la (469a-c, 473a-479e). Essa posição se fundamenta, basicamente, na premissa de que a injustiça e os demais vícios são os maiores males para a alma, de modo que quem se prejudica é o agente, e não a vítima. O cerne do argumento de Sócrates no *Górgias* é aproximadamente este (477a-e):

(P1) Assim como os males do corpo são a doença, a fraqueza e coisas do gênero, os males da alma são a injustiça, a ignorância e a covardia.

(P2) A alma é superior ao corpo (*premissa implícita*).

(P3) Portanto, a injustiça (e, em suma, o vício da alma) é mais vergonhosa do que os vícios do corpo.

(P4) Se a injustiça é o maior mal, ela deve causar a maior dor, ou o maior prejuízo, ou ambos.

(P5) Visto que ela não causa a maior dor, ela deve causar o maior prejuízo.

(P6) Aquilo que supera as demais coisas em prejuízo deve ser o maior dos males.

(P7) Portanto, a injustiça é o maior dos males.

274 ΑΠΟΛΟΓΙΑ ΣΩΚΡΑΤΟΥΣ

5 νωθεστέρῳ καὶ δεομένῳ ἐγείρεσθαι ὑπὸ μύωπός τινος·
οἷον δή μοι δοκεῖ ὁ θεὸς ἐμὲ τῇ πόλει προστεθηκέναι—
τοιοῦτόν τινα ὃς ὑμᾶς ἐγείρων καὶ πείθων καὶ ὀνειδίζων
31a ἕνα ἕκαστον οὐδὲν παύομαι τὴν ἡμέραν ὅλην πανταχοῦ
προσκαθίζων. τοιοῦτος οὖν ἄλλος οὐ ῥᾳδίως ὑμῖν γενήσεται, ὦ ἄνδρες, ἀλλ᾽ ἐὰν ἐμοὶ πείθησθε, φείσεσθέ μου· ὑμεῖς
δ᾽ ἴσως τάχ᾽ ἂν ἀχθόμενοι, ὥσπερ οἱ νυστάζοντες ἐγειρό-
5 μενοι, κρούσαντες ἄν με, πειθόμενοι Ἀνύτῳ, ῥᾳδίως ἂν
ἀποκτείναιτε, εἶτα τὸν λοιπὸν βίον καθεύδοντες διατελοῖτε
ἄν, εἰ μή τινα ἄλλον ὁ θεὸς ὑμῖν ἐπιπέμψειεν κηδόμενος
ὑμῶν. ὅτι δ᾽ ἐγὼ τυγχάνω ὢν τοιοῦτος οἷος ὑπὸ τοῦ θεοῦ
τῇ πόλει δεδόσθαι, ἐνθένδε ἂν κατανοήσαιτε· οὐ γὰρ
b ἀνθρωπίνῳ ἔοικε τὸ ἐμὲ τῶν μὲν ἐμαυτοῦ ἁπάντων
ἠμεληκέναι καὶ ἀνέχεσθαι τῶν οἰκείων ἀμελουμένων
τοσαῦτα ἤδη ἔτη, τὸ δὲ ὑμέτερον πράττειν ἀεί, ἰδίᾳ ἑκάστῳ
προσιόντα ὥσπερ πατέρα ἢ ἀδελφὸν πρεσβύτερον πεί-
5 θοντα ἐπιμελεῖσθαι ἀρετῆς. καὶ εἰ μέν τι ἀπὸ τούτων ἀπέ-
λαυον καὶ μισθὸν λαμβάνων ταῦτα παρεκελευόμην, εἶχον
ἄν τινα λόγον· νῦν δὲ ὁρᾶτε δὴ καὶ αὐτοὶ ὅτι οἱ κατήγοροι,
τἆλλα πάντα ἀναισχύντως οὕτω κατηγοροῦντες, τοῦτό γε
οὐχ οἷοί τε ἐγένοντο ἀπαναισχυντῆσαι παρασχόμενοι
c μάρτυρα, ὡς ἐγώ ποτέ τινα ἢ ἐπραξάμην μισθὸν ἢ ᾔτησα.
ἱκανὸν γάρ, οἶμαι, ἐγὼ παρέχομαι τὸν μάρτυρα ὡς ἀληθῆ
λέγω, τὴν πενίαν.

Ἴσως ἂν οὖν δόξειεν ἄτοπον εἶναι ὅτι δὴ ἐγὼ ἰδίᾳ μὲν
5 ταῦτα συμβουλεύω περιιὼν καὶ πολυπραγμονῶ, δημοσίᾳ
δὲ οὐ τολμῶ ἀναβαίνων εἰς τὸ πλῆθος τὸ ὑμέτερον

---

95. A metáfora da "mutuca" (*muõps*) é uma das imagens mais célebres da *Apologia*,
a qual conota a relação crítica de Sócrates não apenas para com os cidadãos tomados
individualmente (como descrita antes, ver 21a-24a), mas para com a cidade como um
todo. Neste passo de sua argumentação, sua busca incessante para compreender o sentido
enigmático da palavra oracular, num primeiro momento, converteu-se então num "serviço ao deus" (διὰ τὴν τοῦ θεοῦ λατρείαν, 23c1; τὴν ἐμὴν τῷ θεῷ ὑπηρεσίαν, 30a7), cujo
fim agora é despertar a cidade e seus cidadãos para a compreensão lúcida dos limites do
conhecimento humano e/ou de sua própria ignorância. É o ápice da reversão do argumento relativo à imputação de corrupção da juventude e impiedade: na verdade, a missão
filosófica de Sócrates se dá em nome de Apolo e visa ao benefício da cidade como um todo.

muito moroso e precisa de uma mutuca para se despertar. É assim, a meu ver, que o deus me atou à cidade, eu que não abdico de despertar, persuadir e censurar cada um de vocês, sentando-me a seu lado em toda parte o dia inteiro[95]. Outro indivíduo desse jaez, então, não há de lhes aparecer tão facilmente, ó homens, e se acreditarem em mim, irão me poupar. No entanto, afligidos como quem desperta ainda aturdido pelo sono, vocês poderiam, talvez, fustigar-me e, acreditando em Anito, condenar-me sem hesitação à morte, de modo que passariam o resto da vida dormindo, a menos que o deus, diligente com vocês, enviasse-lhes outrem. Que eu sou uma dádiva de tal natureza concedida pelo deus à cidade, poderiam compreendê-lo da seguinte forma: não parece humano que tenha eu negligenciado todas as minhas coisas e contentado-me com negligenciar meus assuntos particulares durante todos esses anos, enquanto agia sempre no interesse de vocês, dirigindo-me a cada um em privado como se fosse um pai ou um irmão mais velho, persuadindo-os a cuidarem da virtude[96]. Se eu obtivesse algum proveito disso e minhas exortações se dessem em troca de remuneração, haveria alguma justificativa; vocês mesmos, contudo, estão constatando que os acusadores, se nos demais pontos da acusação foram descarados, neste, em especial, não se deram ao descaramento[97]: não apresentaram uma testemunha sequer de que algum dia cobrei ou requeri salário de alguém[98]. Como testemunha cabal, creio eu, de que falo a verdade, apresento a vocês a minha pobreza[99].

Bem, talvez pareça absurdo que eu, em privado, dê conselhos quando ando por aí e me intrometa em vários assuntos, ao passo que, em público, não ouse subir na tribuna perante a

96. "Dedicar-se à virtude" (*epimeleisthai aretēs*) desenvolve a ideia anterior advogada por Sócrates de "dedicar-se (*epimeleisthai*) a melhorar a alma ao máximo" (30a9-b2); ou seja, o aprimoramento da alma é o mesmo que torná-la virtuosa. Ver supra p. 270n90.

97. A imputação de "descaramento", de "falta de vergonha" (ἀναισχύντως, 31b8; ἀπαναισχυντῆσαι, 31b9) ao adversário em relação à convocação de falsas testemunhas também é lugar-comum na oratória grega (ver Demóstenes, *Contra Afobo*, 20; *Contra Cónon*, 33).

98. Sobre a caracterização dos sofistas na *Apologia*, ver supra p. 228-229n15-18 e p. 231n21.

99. Ver *Apologia*, 23b9-c1.

ΑΠΟΛΟΓΙΑ ΣΩΚΡΑΤΟΥΣ

συμβουλεύειν τῇ πόλει. τούτου δὲ αἴτιόν ἐστιν ὃ ὑμεῖς ἐμοῦ
πολλάκις ἀκηκόατε πολλαχοῦ λέγοντος, ὅτι μοι θεῖόν τι
καὶ δαιμόνιον γίγνεται, ὃ δὴ καὶ ἐν τῇ γραφῇ ἐπικωμῳδῶν
Μέλητος ἐγράψατο. ἐμοὶ δὲ τοῦτ' ἔστιν ἐκ παιδὸς ἀρξά-
μενον, φωνή τις γιγνομένη, ἣ ὅταν γένηται, ἀεὶ ἀποτρέπει
με τούτου ὃ ἂν μέλλω πράττειν, προτρέπει δὲ οὔποτε. τοῦτ'
ἔστιν ὃ μοι ἐναντιοῦται τὰ πολιτικὰ πράττειν, καὶ
παγκάλως γέ μοι δοκεῖ ἐναντιοῦσθαι· εὖ γὰρ ἴστε, ὦ
ἄνδρες Ἀθηναῖοι, εἰ ἐγὼ πάλαι ἐπεχείρησα πράττειν τὰ
πολιτικὰ πράγματα, πάλαι ἂν ἀπολώλη καὶ οὔτ' ἂν ὑμᾶς
ὠφελήκη οὐδὲν οὔτ' ἂν ἐμαυτόν. καί μοι μὴ ἄχθεσθε
λέγοντι τἀληθῆ· οὐ γὰρ ἔστιν ὅστις ἀνθρώπων σωθήσεται
οὔτε ὑμῖν οὔτε ἄλλῳ πλήθει οὐδενὶ γνησίως ἐναντιούμενος
καὶ διακωλύων πολλὰ ἄδικα καὶ παράνομα ἐν τῇ πόλει
γίγνεσθαι, ἀλλ' ἀναγκαῖόν ἐστι τὸν τῷ ὄντι μαχούμενον

100. A referência aqui é à Assembleia popular, a instituição democrática por excelência (ver supra p. 252n61). Essa visão do filósofo como alguém apartado do mundo
cotidiano, tanto nas relações públicas quanto nas privadas, é representada paradigmaticamente pela anedota sobre Tales de Mileto (±624-546 a.C.) a que se referem Platão no
Teeteto (174a) e Diógenes Laércio em *Vidas e Doutrinas dos Filósofos Ilustres*: "Dizem que
Tales, sendo levado para fora de casa por uma velha para contemplar os astros, caiu num
buraco e que a velha, estando ele a se queixar, perguntou-lhe o seguinte: 'você, Tales,
não sendo capaz de ver as coisas a seus pés, julga conhecer as coisas celestes?'" (1.34)

Esse lugar-comum da visão negativa do senso comum sobre a *apoliticidade* do filósofo aparece de forma marcante na invectiva de Cálicles contra Sócrates no *Górgias* de
Platão (484c-e).

101. Sobre a noção de *daimōn* na religião grega, ver supra p. 248n57. Neste ponto
da *Apologia*, fica claro que a relação idiossincrática de Sócrates com esse tipo de entidade divina, *to daimonion*, estava na base da acusação de Meleto de "não reconhecer
os deuses reconhecidos pela cidade, e sim outras novas divindades (*daimonia kaina*)"
(24b9-c1). Sobre Sócrates e sua relação idiossincrática com seu *daimonion*, ver A. Long,
How Does Socrates' Divine Sign Communicate with Him?, em S. Ahbel-Rappe; R.
Kamtekar (eds.), *A Companion to Socrates*.

102. Em Xenofonte, a "entidade divina" (*to daimonion*) de Sócrates tem tanto uma
função dissuasiva (*Apologia*, 4; *Memoráveis*, 4.8.5) quanto exortativa (*Apologia*, 12;
Memoráveis, 1.1.4). Em Platão, em contrapartida, sua manifestação é sempre negativa, ▸

multidão para aconselhar a cidade[100]. A causa disso vocês têm ouvido de mim repetidas vezes em diversos lugares: a manifestação divina de uma entidade divina que me acomete, motivo   d
de zombaria na denúncia registrada por Meleto[101]. Isto começou na infância, certa voz que se manifesta, e quando se manifesta, sempre me desvia de uma ação que estou prestes a empreender, porém jamais me impele a agir[102]. É isso o que se opõe ao meu envolvimento nas ações políticas, e parece-me absolutamente correto tal oposição. Com efeito, estejam certos de uma coisa, ó atenienses: se eu tivesse tentado empreender as ações políticas, há muito tempo já estaria morto e não teria promovido qualquer benefício, nem para vocês nem para mim mesmo. E não se irritem comigo quando digo a verdade![103] Pois nenhum   e
homem há de se manter são e salvo, caso se oponha de forma legítima a vocês ou a qualquer outra multidão, e impeça a realização de inúmeras ações injustas e ilícitas na cidade; pelo contrário, para quem realmente luta pelo justo é inevitável agir em   32a

▷ impedindo Sócrates de realizar uma ação cuja decisão já havia sido tomada, desviando-o, supostamente, de incorrer em erro:

a. Xenofonte, *Apologia*, 12: "E a respeito das novas entidades divinas (*kaina daimonia*)? Como poderia eu introduzi-las ao dizer que a voz do deus se manifesta a mim sinalizando o que devo fazer?"

b. Xenofonte, *Memoráveis*, 1.1.4: "A maioria das pessoas afirma que é dissuadida ou exortada a agir pelos pássaros ou pelos encontros casuais, ao passo que Sócrates dizia o que sabia, pois afirmava que a entidade divina (*to daimonion*) lhe dava sinais. A vários companheiros comunicava o que fazer e o que não fazer, em conformidade com os sinais da entidade divina (*to daimonion*). Aqueles que davam ouvidos a Sócrates saíam beneficiados, enquanto os que o ignoravam se arrependiam."

Outras referências ao *daimonion* de Sócrates: Platão, *Eutidemo*, 272e; *Eutífron*, 3b; *Fedro*, 242b-c; *República*, VI 496c; *Teeteto*, 151a; *Teáges*, 128d-131a; Xenofonte, *Memoráveis*, 1.1.2-4, 4.8.1; *Apologia*, 4-5, 12-13; *Banquete*, 8.5. Para uma caracterização geral sobre o *daimonion* de Sócrates em Platão e Xenofonte, ver M. McPherran, Socratic Religion, em D.R. Morrison (ed.), *The Cambridge Companion to Socrates*, p. 122-127; A. Long, How Does Socrates' Divine Sign Communicate with Him?, op. cit.

103. Este tipo de sentença é um lugar-comum da oratória grega: ver Antifonte, *Sobre o Assassinato de Herodes*, 46; Lísias, *Defesa de um Anônimo Contra a Acusação de Corrupção*, 16; Demóstenes, *Sobre a Embaixada*, 227 (N. Denyer, op. cit., p. 101).

278   ΑΠΟΛΟΓΙΑ ΣΩΚΡΑΤΟΥΣ

ὑπὲρ τοῦ δικαίου, καὶ εἰ μέλλει ὀλίγον χρόνον σωθή-
σεσθαι, ἰδιωτεύειν ἀλλὰ μὴ δημοσιεύειν.

Μεγάλα δ᾽ ἔγωγε ὑμῖν τεκμήρια παρέξομαι τούτων, οὐ
λόγους, ἀλλ᾽ ὃ ὑμεῖς τιμᾶτε, ἔργα. ἀκούσατε δή μου τὰ
ἐμοὶ συμβεβηκότα, ἵνα εἰδῆτε ὅτι οὐδ᾽ ἂν ἑνὶ ὑπεικάθοιμι
παρὰ τὸ δίκαιον δείσας θάνατον, μὴ ὑπείκων δὲ ἅμα κἂν
ἀπολοίμην. ἐρῶ δὲ ὑμῖν φορτικὰ μὲν καὶ δικανικά, ἀληθῆ
δέ. ἐγὼ γάρ, ὦ ἄνδρες Ἀθηναῖοι, ἄλλην μὲν ἀρχὴν οὐδεμίαν πώποτε ἦρξα ἐν τῇ πόλει, ἐβούλευσα δέ· καὶ ἔτυχεν
ἡμῶν ἡ φυλὴ Ἀντιοχὶς πρυτανεύουσα ὅτε ὑμεῖς τοὺς δέκα
στρατηγοὺς τοὺς οὐκ ἀνελομένους τοὺς ἐκ τῆς ναυμαχίας
ἐβουλεύσασθε ἀθρόους κρίνειν, παρανόμως, ὡς ἐν τῷ
ὑστέρῳ χρόνῳ πᾶσιν ὑμῖν ἔδοξεν. τότ᾽ ἐγὼ μόνος τῶν
πρυτάνεων ἠναντιώθην ὑμῖν μηδὲν ποιεῖν παρὰ τοὺς
νόμους καὶ ἐναντία ἐψηφισάμην· καὶ ἑτοίμων ὄντων
ἐνδεικνύναι με καὶ ἀπάγειν τῶν ῥητόρων, καὶ ὑμῶν
κελευόντων καὶ βοώντων, μετὰ τοῦ νόμου καὶ τοῦ δικαίου
ᾤμην μᾶλλόν με δεῖν διακινδυνεύειν ἢ μεθ᾽ ὑμῶν γενέσθαι
μὴ δίκαια βουλευομένων, φοβηθέντα δεσμὸν ἢ θάνατον.
καὶ ταῦτα μὲν ἦν ἔτι δημοκρατουμένης τῆς πόλεως· ἐπειδὴ
δὲ ὀλιγαρχία ἐγένετο, οἱ τριάκοντα αὖ μεταπεμψάμενοί με

104. Segundo o estudo de B. Knox ("So Mischievous a Beaste"? apud N. Denyer,
op. cit., p. 101), dos 41 políticos mais ativos na democracia ateniense, "apenas dezenove,
menos da metade, conseguiram evitar algum tipo de catástrofe política pelas mãos de
(ou, no caso de exílio voluntário, por causa de) seus concidadãos". Nessa lista, estão
excluídas figuras assassinadas por oligarcas, como aquelas mencionadas por Tucídides
(8.65.2), e execuções pelo "povo" (*dēmos*) de políticos menos conhecidos, como os seis
comandantes mencionados por Xenofonte nas *Helênicas* (1.7.34), e os nove oficiais do
tesouro referidos por Antifonte (*Sobre o Assassinato de Herodes*, 69).

105. Sobre o Conselho, ver supra p. 252n61.

106. Sobre a pritania, ver supra p. 252n61.

107. Efetivamente, dos dez generais apenas seis foram julgados e condenados à
morte, uma vez que Cónon não foi denunciado, Arquestrato tinha morrido, e outros
dois se recusaram a retornar para Atenas, tendo sido condenados ainda que ausentes
(J. Burnet, op. cit., p. 212). Dentre os que foram executados, estava Péricles, filho de
Aspásia e Péricles, o principal líder ateniense entre as décadas de 460 e 430 a.C., morto
em 429 a.C. em virtude da peste que assolou Atenas no início da Guerra do Peloponeso (431-404 a.C.).

[32a-c] APOLOGIA DE SÓCRATES 279

privado, e não em público, caso pretenda se manter são e salvo por pouco tempo que seja[104].

Vou apresentar a vocês provas contundentes disso; não se trata de palavras, e sim do que vocês tanto exaltam: atos. Escutem, então, o que ocorreu a mim! Dessa forma, ficarão cientes de que não só eu jamais cederia, por medo da morte, a quem quer que fosse contra o que é justo, como até aceitaria morrer ao recusar-me a lhe ceder. Vou dizer a vocês coisas comuns e frequentes nos tribunais, porém verdadeiras. Eu, ó atenienses, jamais exerci algum cargo na cidade, exceto ter participado do Conselho[105]. Certa feita, quando a pritania cabia à minha tribo Antióquida[106], vocês decidiram julgar, em conjunto, os dez generais que não haviam recolhido os sobreviventes da batalha naval, uma decisão ilícita, como posteriormente admitiram todos vocês[107]. Naquela ocasião, dentre os prítanes, apenas eu me opus a vocês para que nada fosse feito ao arrepio das leis, e então votei contra. E embora os oradores estivessem prontos para me indiciar e me levar preso, e vocês os impelissem aos berros, julguei que devia antes correr o risco com base na lei e no justo, do que tomar parte nessa decisão injusta por medo do cárcere ou da morte[108]. Isso aconteceu quando a cidade era ainda uma democracia; quando sobreveio a oligarquia, os Trinta convocaram a mim e mais quatro para a Rotunda, e nos ordenaram

b

c

108. Trata-se da batalha naval de Arginusas (406 a.C.), ilhas situadas na Eólida (hoje, na costa ocidental da Turquia), próximas à ilha de Lesbos (ver Mapa), da qual os atenienses saíram vitoriosos sobre os espartanos. O episódio histórico é narrado por Xenofonte nas *Helênicas* (1.6-7), incluindo o julgamento dos generais e a recusa de Sócrates a violar as leis, como referido aqui na *Apologia* (ver também Xenofonte, *Memoráveis*, 1.1.18; 4.4.2). A ilegalidade do processo proposto por Calíxeno consistia em seu caráter coletivo, não tratando caso a caso separadamente como prescrevia a lei (decreto de Canono). Segundo Aristóteles, alguns desses generais não haviam sequer participado da batalha, enquanto outros só se salvaram porque foram recolhidos por outro navio (*A Constituição de Atenas*, 34). Embora alguns prítanes rejeitassem em princípio a proposta de Calíxeno por sua ilegalidade, devido à pressão popular o Conselho acabou acatando a denúncia contra os generais e condenando-os à morte, com exceção de Sócrates, "que afirmava que nada faria contrariamente à lei" (οὗτος δ' οὐκ ἔφη ἀλλ' ἢ κατὰ νόμον πάντα ποιήσειν, Xenofonte, *Helênicas*, 1.7.15). Pouco tempo depois do julgamento, o próprio povo, que havia pressionado o Conselho a acatar a denúncia de Calíxeno, arrependeu-se de sua decisão precipitada e acusaram os responsáveis pelo procedimento adotado no processo (Xenofonte, *Helênicas*, 1.7.35).

280 ΑΠΟΛΟΓΙΑ ΣΩΚΡΑΤΟΥΣ

5 πέμπτον αὐτὸν εἰς τὴν θόλον προσέταξαν ἀγαγεῖν ἐκ
Σαλαμῖνος Λέοντα τὸν Σαλαμίνιον ἵνα ἀποθάνοι· οἷα δὴ
καὶ ἄλλοις ἐκεῖνοι πολλοῖς πολλὰ προσέταττον, βουλόμενοι ὡς πλείστους ἀναπλῆσαι αἰτιῶν. τότε μέντοι ἐγὼ οὐ
d λόγῳ ἀλλ' ἔργῳ αὖ ἐνεδειξάμην ὅτι ἐμοὶ θανάτου μὲν
μέλει, εἰ μὴ ἀγροικότερον ἦν εἰπεῖν, οὐδ' ὁτιοῦν, τοῦ δὲ
μηδὲν ἄδικον μηδ' ἀνόσιον ἐργάζεσθαι, τούτου δὲ τὸ πᾶν
μέλει. ἐμὲ γὰρ ἐκείνη ἡ ἀρχὴ οὐκ ἐξέπληξεν, οὕτως ἰσχυρὰ
5 οὖσα, ὥστε ἄδικόν τι ἐργάσασθαι, ἀλλ' ἐπειδὴ ἐκ τῆς
θόλου ἐξήλθομεν, οἱ μὲν τέτταρες ᾤχοντο εἰς Σαλαμῖνα καὶ
ἤγαγον Λέοντα, ἐγὼ δὲ ᾠχόμην ἀπιὼν οἴκαδε. καὶ ἴσως ἂν
διὰ ταῦτα ἀπέθανον, εἰ μὴ ἡ ἀρχὴ διὰ ταχέων κατελύθη.
e καὶ τούτων ὑμῖν ἔσονται πολλοὶ μάρτυρες.

Ἆρ' οὖν ἂν με οἴεσθε τοσάδε ἔτη διαγενέσθαι εἰ ἔπρατ-
τον τὰ δημόσια, καὶ πράττων ἀξίως ἀνδρὸς ἀγαθοῦ ἐβοή-
θουν τοῖς δικαίοις καὶ, ὥσπερ χρή, τοῦτο περὶ πλείστου
5 ἐποιούμην; πολλοῦ γε δεῖ, ὦ ἄνδρες Ἀθηναῖοι· οὐδὲ γὰρ
33a ἂν ἄλλος ἀνθρώπων οὐδείς. ἀλλ' ἐγὼ διὰ παντὸς τοῦ βίου
δημοσίᾳ τε εἴ πού τι ἔπραξα τοιοῦτος φανοῦμαι, καὶ ἰδίᾳ ὁ
αὐτὸς οὗτος, οὐδενὶ πώποτε συγχωρήσας οὐδὲν παρὰ τὸ
δίκαιον οὔτε ἄλλῳ οὔτε τούτων οὐδενὶ οὓς δὴ διαβάλ-
5 λοντες ἐμέ φασιν ἐμοὺς μαθητὰς εἶναι. ἐγὼ δὲ διδάσκαλος

109. A Rotunda era o edifício onde habitualmente residiam os prítanes, mas que
nesse curto período de destituição do regime democrático (404-403 a.C.) foi ocupado
pelos Trinta. O caso de Léon de Salamina aparece mencionado no discurso de Terâmenes
nas Helênicas de Xenofonte (2.3.39), quando passa a elencar e a repudiar casos ilegais de
execução sumária, prisão e exílio levados à cabo pelos Trinta, ainda que o próprio Terâmenes fizesse parte de tal regime. Léon é citado junto a outras duas figuras, Nicerato,
filho de Nícias, e certo Antifonte, todos qualificados como "homens excelentes" (ἄνδρας
καλούς τε κἀγαθοὺς, 2.3.38). Outras fontes em que o caso de Léon de Salamina é referido: Andocides, Sobre os Mistérios, 94; Lísias, Contra Eratóstenes, 52; Contra Agorato, 44;
Xenofonte, Memoráveis, 4.4.3. Sobre o regime dos Trinta Tiranos, ver supra p. 233n27.

110. Andocides menciona apenas Meleto dentre os quatro (Sobre os Mistérios, 94).
Segundo o orador, se não fosse a anistia selada depois da queda do regime dos Trinta,
os filhos de Léon poderiam tê-lo acusado de homicídio, e Meleto só foi salvo por causa
da vigência das leis após o arcontado de Euclides. Os estudiosos se dividem quanto à
identidade desse Meleto: se o mesmo acusador de Sócrates ou um homônimo (J. Burnet,
op. cit., p. 217; M. Gagarin; D. Macdowell, Antiphon and Andocides, p. 125).

111. No total, foram oito meses entre 404 e 403 a.C. (Xenofonte, Helênicas, 2.4.21).

que trouxéssemos de Salamina Léon, o Salamínio, para que fosse executado[109]. De fato, eles ordenaram várias ações dessa natureza a vários outros, com o intuito de incriminar o maior número possível de pessoas. Naquela ocasião, todavia, eu lhes mostrei, não por palavras mas por atos, que não me importa a morte – que não sejam rudes minhas palavras! – nem o que quer que seja; o que absolutamente me importa, contudo, é não cometer qualquer ato injusto ou ímpio. Aquele governo não me apavorou, apesar de tão poderoso, a ponto de fazer com que eu cometesse algum ato injusto; pelo contrário, quando saímos da Rotunda, os outros quatro se dirigiram a Salamina e trouxeram Léon[110], ao passo que eu fui embora e segui para casa. E essa conduta, talvez, poderia ter me levado à morte, caso aquele governo não tivesse sido destituído tão prontamente[111]. Desses fatos, vocês hão de encontrar inúmeras testemunhas[112].

Vocês supõem, porventura, que eu sobreviveria por tantos anos se me envolvesse com os afazeres públicos, se agisse como é digno agir um homem bom em socorro do que é justo, e valorizasse sobretudo essa conduta, tal como se deve? Longe disso, ó atenienses, tampouco haveria de sobreviver qualquer outro homem. Eu, contudo, durante toda a minha vida, tenho adotado uma mesma atitude, seja quando me envolvi com alguma ação pública, seja em minha vida privada: jamais fui condescendente com quem tivesse atentado contra o justo, nem mesmo com aqueles que meus caluniadores dizem ser meus discípulos[113]. Eu nunca fui mestre de

112. Conforme o procedimento jurídico habitual, haveria aqui uma pausa para que as testemunhas pudessem confirmar o que Sócrates está dizendo (assim como em 21a9). Nas edições modernas dos textos supérstites da oratória ateniense do período clássico (séculos V-IV a.C.), aparece a palavra "TESTEMUNHAS" (*MARTURES*) indicando justamente onde ocorriam tais pausas (J. Burnet, op. cit., p. 217; N. Denyer, op. cit., p. 104).

113. Embora Platão não cite nomes, é muito provável que a alusão seja a Alcibíades e Crítias, que conviveram em alguma medida com Sócrates em sua juventude, mas tiveram posteriormente uma sorte desastrosa na vida política de Atenas. Alcibíades (451-404 a.C.) aparece como personagem em alguns diálogos de Platão (*Protágoras, Banquete, Alcibíades Primeiro* e *Segundo*), referido comumente como amante de Sócrates. Na *História da Guerra do Peloponeso*, Tucídides salienta sua importante e conturbada participação como general militar, junto a Nícias e Lâmaco, na campanha de Atenas contra a Sicília em 415 a.C. (6.8). Alcibíades, segundo Tucídides, foi acusado de ter participado da ação sacrílega que mutilou as hermas de mármore em Atenas ▶

282   ΑΠΟΛΟΓΙΑ ΣΩΚΡΑΤΟΥΣ

μὲν οὐδενὸς πώποτ᾽ ἐγενόμην· εἰ δέ τίς μου λέγοντος καὶ τὰ
ἐμαυτοῦ πράττοντος ἐπιθυμεῖ ἀκούειν, εἴτε νεώτερος εἴτε
πρεσβύτερος, οὐδενὶ πώποτε ἐφθόνησα, οὐδὲ χρήματα μὲν
b   λαμβάνων διαλέγομαι μὴ λαμβάνων δὲ οὔ, ἀλλ᾽ ὁμοίως
καὶ πλουσίῳ καὶ πένητι παρέχω ἐμαυτὸν ἐρωτᾶν, καὶ ἐάν
τις βούληται ἀποκρινόμενος ἀκούειν ὧν ἂν λέγω. καὶ
τούτων ἐγὼ εἴτε τις χρηστὸς γίγνεται εἴτε μή, οὐκ ἂν
5   δικαίως τὴν αἰτίαν ὑπέχοιμι, ὧν μήτε ὑπεσχόμην μηδενὶ
μηδὲν πώποτε μάθημα μήτε ἐδίδαξα· εἰ δέ τίς φησι παρ᾽
ἐμοῦ πώποτέ τι μαθεῖν ἢ ἀκοῦσαι ἰδίᾳ ὅτι μὴ καὶ οἱ ἄλλοι
πάντες, εὖ ἴστε ὅτι οὐκ ἀληθῆ λέγει.

Ἀλλὰ διὰ τί δή ποτε μετ᾽ ἐμοῦ χαίρουσί τινες πολὺν
c   χρόνον διατρίβοντες; ἀκηκόατε, ὦ ἄνδρες Ἀθηναῖοι·
πᾶσαν ὑμῖν τὴν ἀλήθειαν ἐγὼ εἶπον· ὅτι ἀκούοντες χαίρουσιν ἐξεταζομένοις τοῖς οἰομένοις μὲν εἶναι σοφοῖς, οὖσι δ᾽
οὔ· ἔστι γὰρ οὐκ ἀηδές. ἐμοὶ δὲ τοῦτο, ὡς ἐγώ φημι,
5   προστέτακται ὑπὸ τοῦ θεοῦ πράττειν καὶ ἐκ μαντείων καὶ

▷ (6.28-29), pouco antes da partida da expedição naval. Como ele já se encontrava na
Sicília, foi expedida uma nau para buscá-lo e trazê-lo de volta a Atenas de modo que
ele pudesse se defender de tal acusação (6.53). Mas ele conseguiu fugir durante a viagem (6.61) e acabou se exilando em Esparta, passando a colaborar com os que outrora
eram seus inimigos (6.88). Posteriormente, em 411 a.C., foi chamado de volta do exílio
pelos atenienses para comandar as tropas na ilha de Samos (8.81-82) e, em seguida,
aceito novamente em Atenas (8.97). A referência à sua morte em 404 a.C. se encontra
em Plutarco (século I d.C.), na obra dedicada a Alcibíades: ele teria sido assassinado na
Frígia, onde se encontrava sob a proteção do sátrapa Farnábazo, por ordem do lacedemônio Lisandro que havia instituído em Atenas, depois de sua derrota frente a Esparta,
o governo conhecido como os "Trinta Tiranos" (*Alcibíades*, 38-39). Crítias (≥460-403
a.C.), por sua vez, era um dos primos da mãe de Platão (seu pai Calescro era irmão do
avô materno de Platão), e figura também como personagem nos diálogos *Protágoras* e
Cármides de Platão. Uma das injúrias contra Atenas atribuídas a Crítias foi ter articu-
lado o retorno de Alcibíades de um de seus exílios (DK 88 B5). Como líder dos Trinta
que comandaram Atenas em 404-403 a.C., ele levou à morte 1.500 cidadãos sem julgamento (Isócrates, *Areopagítico* 67), além de Terâmenes, um membro dos Trinta, que não
compactuava com suas atitudes extremas. Foi morto pelas forças democráticas do Pireu
(Xenofonte, *Helênicas* 2.4.19). Xenofonte, na tentativa de justificar a relação de Sócrates
com Alcibíades e Crítias, argumenta que, enquanto eles conviviam com ele, ambos se
comportavam virtuosamente (*Memoráveis*, 1.2.18; 1.2.24-26), mas depois de se afasta-
rem do filósofo, passaram a se comportar, tanto na vida pública como na privada, de
maneira insolente e desmedida. Tão notória foi a relação pessoal de Sócrates com Crítias que Ésquines, no discurso *Contra Timarco* proferido em 346/345 a.C. (portanto, ▶

[33a-c]   APOLOGIA DE SÓCRATES   283

quem quer que seja[114]. Se alguém, jovem ou velho, almeja ouvir-
-me quando falo ou faço as minhas coisas, jamais o proíbo; e tampouco dialogo em troca de dinheiro, como se sem dinheiro não   b
dialogasse, mas me prontifico a ser interrogado indiscriminadamente pelo rico e pelo pobre, mesmo se quiserem, respondendo às
minhas perguntas, ouvir o que tenho para lhes dizer. E, a despeito
de este indivíduo se tornar ou não um homem bom, não seria
justo que eu carregasse a culpa relativa a matérias que jamais prometi ensinar e jamais ensinei a alguém[115]. Se alguém afirma que
certa vez aprendeu ou ouviu de mim, em privado, alguma coisa
que não tenham aprendido ou ouvido todos os demais, estejam
seguros de que não está dizendo a verdade!

Mas por que, então, certas pessoas se deleitam com passar
boa parte do tempo comigo? Vocês já ouviram o motivo, ó ate-   c
nienses! Eu lhes disse toda a verdade: é porque eles se deleitam
quando ouvem ser examinados aqueles indivíduos que presumem
ser sábios, embora não o sejam – o que não é desagradável[116].
A mim, como estou dizendo, o deus determinou que assim o

▷ mais de meio século após a condenação do filósofo), no contexto do tratado de paz
firmado com Filipe da Macedônia, refere-se a ela da seguinte forma: "Vocês, atenienses,
condenaram à morte Sócrates, o sofista, porque ficou evidente que ele havia educado
Crítias, um dos Trinta que destituíram a democracia." (173)

114. Xenofonte, *Memoráveis*, 1.2.3: "Além disso, Sócrates jamais professou ser mestre [de virtude], mas, por ser manifesto que tipo de homem era, ele fazia com que seus
companheiros tivessem a esperança de, imitando-o, virem a ser como ele." Todavia,
em várias outras passagens das *Memoráveis*, o "Sócrates" de Xenofonte admite abertamente que ensina algo a alguém (1.6.13-14; 4.2.40; 4.3.1; 5.7.1; ver também *Apologia* 20),
inclusive que ele treina jovens para se tornarem políticos (1.6.15).

115. Sobre a dissociação de Sócrates da figura dos sofistas, ver supra p. 226n12 e
p. 231n21. Este argumento de Sócrates é muito semelhante ao empregado por Górgias,
no diálogo platônico epônimo, quando reivindica a sua não responsabilidade quanto ao
mau uso da retórica que eventualmente seus alunos pudessem fazer. A diferença entre
os dois casos é justamente o fato de Sócrates não professar ser "mestre" (*didaskalos*) do
que quer que seja, ao passo que Górgias se apresenta, em contrapartida, como mestre
de retórica, cobrando salário por isso e vangloriando-se de sua condição:

GORGIAS: [...] Se alguém, julgo eu, tornar-se rétor e cometer, posteriormente, alguma
injustiça por meio desse poder e dessa arte, não se deve odiar e expulsar da cidade
quem os ensinou. Pois este último lhe transmitiu o uso com justiça, enquanto o primeiro usa-os em sentido contrário. Assim, é justo odiar, expulsar ou matar quem os
usou incorretamente, e não quem os ensinou. (457b5-c3)

116. Ver *Apologia*, 23c-24b.

284 ΑΠΟΛΟΓΙΑ ΣΩΚΡΑΤΟΥΣ

ἐξ ἐνυπνίων καὶ παντὶ τρόπῳ ᾧπέρ τίς ποτε καὶ ἄλλη θεία
μοῖρα ἀνθρώπῳ καὶ ὁτιοῦν προσέταξε πράττειν. ταῦτα, ὦ
ἄνδρες Ἀθηναῖοι, καὶ ἀληθῆ ἐστιν καὶ εὐέλεγκτα. εἰ γὰρ

d δὴ ἔγωγε τῶν νέων τοὺς μὲν διαφθείρω τοὺς δὲ διέ-
φθαρκα, χρῆν δήπου, εἴτε τινὲς αὐτῶν πρεσβύτεροι
γενόμενοι ἔγνωσαν ὅτι νέοις οὖσιν αὐτοῖς ἐγὼ κακὸν
πώποτέ τι συνεβούλευσα, νυνὶ αὐτοὺς ἀναβαίνοντας ἐμοῦ

5 κατηγορεῖν καὶ τιμωρεῖσθαι· εἰ δὲ μὴ αὐτοὶ ἤθελον, τῶν
οἰκείων τινὰς τῶν ἐκείνων, πατέρας καὶ ἀδελφοὺς καὶ
ἄλλους τοὺς προσήκοντας, εἴπερ ὑπ' ἐμοῦ τι κακὸν ἐπε-
πόνθεσαν αὐτῶν οἱ οἰκεῖοι, νῦν μεμνῆσθαι καὶ τιμωρεῖ-
σθαι. πάντως δὲ πάρεισιν αὐτῶν πολλοὶ ἐνταυθοῖ οὓς ἐγὼ

10 ὁρῶ, πρῶτον μὲν Κρίτων οὑτοσί, ἐμὸς ἡλικιώτης καὶ
e δημότης, Κριτοβούλου τοῦδε πατήρ, ἔπειτα Λυσανίας ὁ
Σφήττιος, Αἰσχίνου τοῦδε πατήρ, ἔτι δ' Ἀντιφῶν ὁ Κηφι-
σιεὺς οὑτοσί, Ἐπιγένους πατήρ, ἄλλοι τοίνυν οὗτοι ὧν οἱ
ἀδελφοὶ ἐν ταύτῃ τῇ διατριβῇ γεγόνασιν, Νικόστρατος ὁ

5 Θεοζοτίδου, ἀδελφὸς Θεοδότου—καὶ ὁ μὲν Θεόδοτος
τετελεύτηκεν, ὥστε οὐκ ἂν ἐκεῖνός γε αὐτοῦ κατα-
δεηθείη—καὶ Παράλιος ὅδε, ὁ Δημοδόκου, οὗ ἦν

34a Θεάγης ἀδελφός· ὅδε δὲ Ἀδείμαντος, ὁ Ἀρίστωνος, οὗ

117. Sobre a importância dos sonhos para Sócrates, ver Platão, *Críton*, 44a-c; e
Fédon, 60e-61b.

118. Críton de Alopece (±469->399) aparece como personagem em três diálogos platônicos (*Críton*, *Fédon* e *Eutidemo*), referido como coetâneo e amigo íntimo de Sócrates
(ver também Xenofonte, *Memoráveis*, 1.2.48), cuja riqueza conseguiu adquirir por meio
da agricultura, e não como herança de uma família poderosa e renomada, como costuma
acontecer com outras personagens em Platão (Platão, *Eutidemo*, 291e; Xenofonte, *Memoráveis*, 2.9.4; Diógenes Laércio, *Vidas e Doutrinas dos Filósofos Ilustres*, 2.31). Critobulo
é seu filho mais velho, nascido por volta de 425 a.C. (portanto, tinha 26 anos na época
do julgamento de Sócrates), e aparece como figura presente no dia da morte de Sócrates
(Platão, *Fédon*, 59b). No *Banquete* (4.23), Xenofonte diz que Críton confiou a Sócrates
Critobulo, embora Platão, no *Eutidemo*, não pareça sugerir isso. Diógenes Laércio (século
II-III d.C.) menciona supostos dezessete "diálogos socráticos" escritos por Críton, embora
nenhum fragmento tenha restado como evidência mínima disso (*Vidas e Doutrinas dos
Filósofos Ilustres*, 2.121). Ademais, é improvável que essa informação tenha algum valor
histórico, pois o gênero "discursos socráticos" (*Sōkratikoi logoi*), como alcunhado por
Aristóteles na *Poética* (1147b11), surge apenas no século IV a.C. depois da morte de Sócrates, sendo Antístenes, provavelmente, o escritor mais antigo; é pouco provável que Críton
tenha se dedicado a escrever "discursos socráticos" sendo contemporâneo de Sócrates
(D. Nails, op. cit., p. 114-116). Sobre a caracterização de Críton nos diálogos platônicos, ▶

[33c-34a] APOLOGIA DE SÓCRATES 285

fizesse, quer por oráculos, quer por sonhos ou por qualquer outro meio pelo qual toda providência divina determina ao homem fazer o que quer que seja[117]. Isso, ó atenienses, é tanto verdadeiro quanto fácil de verificar. Pois se, de fato, corrompo certos **d** jovens e outros já corrompi, deviam se levantar agora mesmo para me acusarem e se desagravarem, caso reconheçam, hoje mais velhos, que, quando eram jovens, oferecera-lhes conselhos iníquos. Mas se eles próprios não quiseram fazê-lo, deviam então seus familiares, pais, irmãos ou outros parentes, relembrarem e se desagravarem, caso seus familiares tenham sido vítimas de alguma iniquidade minha. De todo modo, estão aqui presentes inúmeros deles, posso divisá-los agora: em primeiro lugar, ali está Críton[118], meu coetâneo e vizinho, pai de Critobulo, também **e** presente; em segundo lugar, Lisânias de Esfeto, pai de Ésquines[119], aqui presente, e ainda estão aqui Antifonte de Cefísia, pai de Epígenes[120], e muitos outros, por sua vez, cujos irmãos têm passado seu tempo em minha companhia, Nicóstrato, filho de Teozótides e irmão de Teódoto (Teódoto já morreu, de modo que não poderia implorar ao irmão)[121]; Parálio, filho de Demódoco, cujo irmão era Teáges[122]; Adimanto, filho de Aríston, cujo irmão, **34a**

▷ ver J. Beversluis, *Cross-Examining Socrates*, p. 59-74; e A. Hatzistavrou, Crito's Failure To Deliberate Socratically, *The Classical Quarterly*, v. 63, n. 2, p. 582-584.

119. Sobre Lisânias não sabemos nada além desta referência da *Apologia*. Ésquines de Esfeto aparece como figura presente no dia da morte de Sócrates (ver Platão, *Fédon*, 59b), e foi um dos escritores de "discursos socráticos". Diógenes Laércio cita sete títulos de sua autoria (*Vidas e Doutrinas dos Filósofos Ilustres*, 2.1), sendo que se conversaram fragmentos apenas de dois deles, *Alcibíades* e *Aspásia* (D. Nails, op. cit., p. 5-6).

120. Sobre Antifonte não sabemos nada além desta referência da *Apologia*. Epígenes aparece como figura presente no dia da morte de Sócrates (Platão, *Fédon*, 59b). Nas *Memoráveis*, de Xenofonte (3.12), ele aparece como um dos companheiros de Sócrates, aconselhado pelo filósofo a dedicar-se aos exercícios físicos para melhorar a sua má condição de saúde.

121. Não sabemos nada sobre Nicóstrato, Teozótides e Teódoto além desta referência da *Apologia*.

122. Demódoco de Anagiro (<469->399) aparece como personagem do diálogo pseudo-platônico *Teáges*, e é o destinatário da longa arenga que leva o seu nome, que consta também entre os textos espúrios de Platão. É provavelmente o mesmo Demódoco que Tucídides menciona como general e coletor de tributos junto a Aristides em 425-424 a.C. (*História da Guerra do Peloponeso*, 4.75.1) (D. Nails, op. cit., p. 123). Na *República*, Sócrates afirma que, se não tivesse morrido, Teáges teria abandonado a filosofia em prol de uma carreira política (VI 496b-c). Sobre Parálio, não sabemos nada além desta referência da *Apologia*.

286 ΑΠΟΛΟΓΙΑ ΣΩΚΡΑΤΟΥΣ

ἀδελφὸς οὑτοσὶ Πλάτων, καὶ Αἰαντόδωρος, οὗ Ἀπολλόδωρος ὅδε ἀδελφός. καὶ ἄλλους πολλοὺς ἐγὼ ἔχω ὑμῖν
εἰπεῖν, ὧν τινα ἐχρῆν μάλιστα μὲν ἐν τῷ ἑαυτοῦ λόγῳ
5 παρασχέσθαι Μέλητον μάρτυρα· εἰ δὲ τότε ἐπελάθετο, νῦν
παρασχέσθω—ἐγὼ παραχωρῶ—καὶ λεγέτω εἴ τι ἔχει τοιοῦτον. ἀλλὰ τούτου πᾶν τοὐναντίον εὑρήσετε, ὦ ἄνδρες,
πάντας ἐμοὶ βοηθεῖν ἑτοίμους τῷ διαφθείροντι, τῷ κακὰ
ἐργαζομένῳ τοὺς οἰκείους αὐτῶν, ὥς φασι Μέλητος καὶ
b Ἄνυτος. αὐτοὶ μὲν γὰρ οἱ διεφθαρμένοι τάχ' ἂν λόγον ἔχ-
οιεν βοηθοῦντες· οἱ δὲ ἀδιάφθαρτοι, πρεσβύτεροι ἤδη
ἄνδρες, οἱ τούτων προσήκοντες, τίνα ἄλλον ἔχουσι λόγον
βοηθοῦντες ἐμοὶ ἀλλ' ἢ τὸν ὀρθόν τε καὶ δίκαιον, ὅτι
5 συνίσασι Μελήτῳ μὲν ψευδομένῳ, ἐμοὶ δὲ ἀληθεύοντι;

Εἶεν δή, ὦ ἄνδρες· ἃ μὲν ἐγὼ ἔχοιμ' ἂν ἀπολογεῖσθαι,
σχεδόν ἐστι ταῦτα καὶ ἄλλα ἴσως τοιαῦτα. τάχα δ' ἄν τις
c ὑμῶν ἀγανακτήσειεν ἀναμνησθεὶς ἑαυτοῦ, εἰ ὁ μὲν καὶ
ἐλάττω τουτουῒ τοῦ ἀγῶνος ἀγῶνα ἀγωνιζόμενος ἐδεήθη
τε καὶ ἱκέτευσε τοὺς δικαστὰς μετὰ πολλῶν δακρύων,
παιδία τε αὑτοῦ ἀναβιβασάμενος ἵνα ὅτι μάλιστα ἐλεη-
5 θείη, καὶ ἄλλους τῶν οἰκείων καὶ φίλων πολλούς, ἐγὼ δὲ
οὐδὲν ἄρα τούτων ποιήσω, καὶ ταῦτα κινδυνεύων, ὡς ἂν

---

123. Sobre Aríston, pai de Adimanto, Glauco e Platão, não sabemos muita coisa com
segurança além da genealogia familiar. Adimanto e Glauco aparecem como os principais
interlocutores de Sócrates na *República* (dos Livros II ao X). Platão refere a si mesmo
apenas três vezes em toda a sua obra (deixando de lado toda a discussão controversa
sobre a autenticidade das cartas que foram legadas junto aos diálogos, especialmente
a *Carta Sétima*): duas vezes na *Apologia* (34a2; 37b7), e uma no *Fédon*, em que a personagem epônima justifica a ausência de Platão no momento da morte de Sócrates por
motivo de doença (59b). Sobre a função dessa autorreferência na *Apologia*, ver infra
"Apologia de Sócrates", p. 102. Sobre a atualização do debate sobre Sócrates "histórico",
ver L.-A. Dorion, The Rise and Fall of the Socratic Problem, em D.R. Morrison, *The
Cambridge Companion to Socrates*; sobre a intenção filosófica, e não histórica, de Platão
ao redigir a *Apologia*, ver E. De Strycker; S.R. Slings, op. cit., p. 1-8.

124. Sobre Eantodoro, não sabemos nada além desta referência da *Apologia*. Apolodoro de Faléron (nascimento ≤429) aparece como narrador do *Banquete* e figura presente no último dia de vida de Sócrates no *Fédon* de Platão (59a, 117d); é representado
como fervoroso e emotivo admirador do filósofo. Nasceu no seio de uma família ▸

Platão, está aqui presente[123]; e Eantodoro, cujo irmão, também presente, é Apolodoro[124]. E inúmeros outros eu posso referir a vocês; ao menos um deles Meleto devia ter apresentado como testemunha em seu discurso. Mas se ele, porventura, se esqueceu disso, que o apresente agora – eu lhe faço essa concessão – e diga se tem algo do gênero para mencionar![125] Vocês vão descobrir, no entanto, uma situação totalmente oposta, ó homens: verão todos eles prontos a socorrer a mim, a quem os corrompe, a quem prejudica seus familiares, segundo a alegação de Meleto e Anito. Se b os próprios indivíduos corrompidos viessem em meu socorro, teriam, decerto, alguma razão para isso; mas os que não foram corrompidos por mim, os parentes deles hoje mais velhos, teriam eles alguma outra razão em socorrer-me senão a razão correta e justa, a saber, que eles compreendem que Meleto está mentindo, e eu, dizendo a verdade?

Que assim seja, ó homens! A defesa que eu poderia fazer é praticamente essa, ou algo similar. Entre vocês, talvez haja quem possa se enfurecer ao relembrar de sua própria conduta, caso c tenha recorrido, em um litígio menos grave do que este em curso, a apelos e súplicas aos prantos perante os juízes, convocando aqui seus próprios filhos e uma legião de familiares e amigos, a fim de lhes provocar compaixão no máximo grau[126]. Eu, ao contrário, mesmo presumindo correr o risco mais extremo, não recorrerei

---

▷ rica e próspera, e foi um homem de negócios bem-sucedido, até abandoná-los para acompanhar Sócrates por volta de 403 a.C.: no *Banquete*, cuja narração de Apolodoro é datada por volta de 400 a.C., é dito que havia apenas três anos que convivia com Sócrates (172c). Por sua vez, Xenofonte afirma que Apolodoro e Antístenes jamais abandonavam Sócrates (*Memoráveis*, 3.11.17), e o descreve como um indivíduo com forte afeição pelo filósofo, porém ingênuo (*Apologia*, 28).

125. Esse tipo de concessão ao adversário no litígio aparece sugerido também em outros oradores gregos. Ver Andócides, *Sobre os Mistérios*, 26; Ésquines, *Contra Ctesifonte*, 165; Demóstenes, *Sobre a Coroa*, 139; Lísias, *Em Defesa de Polístrato*, 11.

126. Aristófanes, na comédia *As Vespas* (422 a.C.), na qual satiriza a paixão descomedida dos atenienses pelos tribunais, oferece uma caricatura desse tipo de apelação (v. 563-574; 975-984). Na oratória grega, também encontramos referências a esse tipo de recurso apelativo: Lísias, *Em Defesa de Polístrato*, 34; Demóstenes, *Sobre a Embaixada*, 310; *Contra Mídias*, 99; 186 (J. Burnet, op. cit., p. 225). Ver também Isócrates, *Antídose*, 321; Górgias, DK82 B11a (N. Denyer, op. cit., p. 109).

288   ΑΠΟΛΟΓΙΑ ΣΩΚΡΑΤΟΥΣ

δόξαιμι, τὸν ἔσχατον κίνδυνον. τάχ᾽ ἂν οὖν τις ταῦτα ἐννοή-
σας αὐθαδέστερον ἂν πρός με σχοίη καὶ ὀργισθεὶς αὐτοῖς
d   τούτοις θεῖτο ἂν μετ᾽ ὀργῆς τὴν ψῆφον. εἰ δή τις ὑμῶν
οὕτως ἔχει—οὐκ ἀξιῶ μὲν γὰρ ἔγωγε, εἰ δ᾽ οὖν—ἐπιεικῆ
ἄν μοι δοκῶ πρὸς τοῦτον λέγειν λέγων ὅτι "Ἐμοί, ὦ
ἄριστε, εἰσὶν μέν πού τινες καὶ οἰκεῖοι· καὶ γὰρ τοῦτο αὐτὸ
5   τὸ τοῦ Ὁμήρου, οὐδ᾽ ἐγὼ ἀπὸ δρυὸς οὐδ᾽ ἀπὸ πέτρης·
πέφυκα ἀλλ᾽ ἐξ ἀνθρώπων, ὥστε καὶ οἰκεῖοί μοί εἰσι καὶ
υἱεῖς γε, ὦ ἄνδρες Ἀθηναῖοι, τρεῖς, εἷς μὲν μειράκιον ἤδη,
δύο δὲ παιδία· ἀλλ᾽ ὅμως οὐδένα αὐτῶν δεῦρο ἀναβιβασάμενος δεήσομαι ὑμῶν ἀποψηφίσασθαι." τί δὴ οὖν οὐδὲν
10   τούτων ποιήσω; οὐκ αὐθαδιζόμενος, ὦ ἄνδρες Ἀθηναῖοι,
e   οὐδ᾽ ὑμᾶς ἀτιμάζων· ἀλλ᾽ εἰ μὲν θαρραλέως ἐγὼ ἔχω πρὸς
θάνατον ἢ μή, ἄλλος λόγος, πρὸς δ᾽ οὖν δόξαν καὶ ἐμοὶ καὶ
ὑμῖν καὶ ὅλῃ τῇ πόλει οὔ μοι δοκεῖ καλὸν εἶναι ἐμὲ τούτων
οὐδὲν ποιεῖν καὶ τηλικόνδε ὄντα καὶ τοῦτο τοὔνομα ἔχοντα—
5   εἴτ᾽ οὖν ἀληθὲς εἴτ᾽ οὖν ψεῦδος, ἀλλ᾽ οὖν δεδογμένον γέ ἐστι
35a   τὸ Σωκράτη διαφέρειν τινὶ τῶν πολλῶν ἀνθρώπων. εἰ οὖν
ὑμῶν οἱ δοκοῦντες διαφέρειν εἴτε σοφίᾳ εἴτε ἀνδρείᾳ εἴτε
ἄλλῃ ἡτινιοῦν ἀρετῇ τοιοῦτοι ἔσονται, αἰσχρὸν ἂν εἴη·
οἷουσπερ ἐγὼ πολλάκις ἑώρακά τινας ὅταν κρίνωνται,
5   δοκοῦντας μέν τι εἶναι, θαυμάσια δὲ ἐργαζομένους, ὡς
δεινόν τι οἰομένους πείσεσθαι εἰ ἀποθανοῦνται, ὥσπερ
ἀθανάτων ἐσομένων ἂν ὑμεῖς αὐτοὺς μὴ ἀποκτείνητε· οἳ
ἐμοὶ δοκοῦσιν αἰσχύνην τῇ πόλει περιάπτειν, ὥστ᾽ ἄν τινα
b   καὶ τῶν ξένων ὑπολαβεῖν ὅτι οἱ διαφέροντες Ἀθηναίων εἰς
ἀρετήν, οὓς αὐτοὶ ἑαυτῶν ἔν τε ταῖς ἀρχαῖς καὶ ταῖς ἄλλαις

---

127. Este é o *Epílogo* da defesa propriamente dita de Sócrates (34b6-35d9). Na *Retó-rica*, Aristóteles discerne quatro características dessa seção do discurso retórico:

O epílogo é composto de quatro coisas: 1. deixar o ouvinte numa condição favorável a quem discursa e numa condição desfavorável à parte adversária; 2. amplificar ou mitigar; 3. provocar paixões no ouvinte; e 4. rememorar. (III, 1419b10-14)

Sócrates não está negando aqui a função propriamente dita de "provocar paixões" na audiência, esperada para o desfecho do discurso, mas antes o tipo de recurso ape-lativo descrito por ele, dando a entender que era um procedimento comum no âmbito dos tribunais atenienses. Esse tipo de artifício, que transcende a esfera do "discurso" ▶

[34c-35b] APOLOGIA DE SÓCRATES 289

a qualquer expediente do tipo[127]. Assim, talvez haja quem possa, com isso em mente, endurecer sua postura contra mim e, indignado precisamente com isso, depositar colérico seu voto. E se entre d vocês há de fato alguém nessa condição – ao menos eu suponho que não, mas no caso de haver alguém – creio que seja conveniente lhe dizer o seguinte: "Eu, ó excelente homem, também possuo familiares, pois, tal como diz Homero, não nasci 'de um carvalho ou de uma pedra'[128], porém de homens, de modo que possuo não só familiares, como também filhos, ó atenienses, aliás, três filhos – um, já adolescente, os outros dois, ainda crianças[129]. Ainda assim, não convocarei aqui nenhum deles para implorar a vocês minha absolvição." Por que não recorrerei, então, a qualquer procedimento do tipo? Não por obstinação, ó atenienses, tampouco para desonrá-los; se enfrento a morte com valentia e ou não, isso é matéria para outra discussão. Mas é em vista da minha reputação, da reputação de vocês e de toda a cidade que me parece vergonhoso recorrer a tais procedimentos, tanto pela idade que tenho, quanto pelo renome que adquiri – seja ele verdadeiro ou falso, ao menos é opinião corrente que Sócrates se distingue 35a em alguma coisa da maioria dos homens. Assim, se entre vocês os que parecem se distinguir pela sabedoria, pela coragem, ou por qualquer outra virtude forem indivíduos daquele tipo mencionado, aí então será vergonhoso. Já observei muitas vezes que alguns indivíduos, embora donos de certa reputação, acabam por realizar feitos assombrosos no momento do julgamento, porque supõem ser uma sorte terrível se vierem a morrer, como se fossem se tornar imortais caso vocês não os condenassem à morte. São esses homens, creio eu, que de fato cobrem a cidade de vergonha, a ponto de até um estrangeiro poder inferir que em nada se dife- b rem das mulheres os atenienses distintos pela virtude, eleitos pelos

▷ (*logos*), é o que Aristóteles considera como meios de persuasão "não técnicos" (*atekhnoi*; ver *Retórica*, I 1354a11-18; 1355b35-39).

128. Homero, *Ilíada*, 22.126; *Odisseia*, 19.163.

129. O mais velho se chama Lâmprocles (ver Xenofonte, *Memoráveis*, 2.2.1), ao passo que os mais novos, Sofronisco e Menêxeno (ver Aristóxeno, *Vida de Sócrates*, fr. 54 Werhli).

290 ΑΠΟΛΟΓΙΑ ΣΩΚΡΑΤΟΥΣ

τιμαῖς προκρίνουσιν, οὗτοι γυναικῶν οὐδὲν διαφέρουσιν. ταῦτα γάρ, ὦ ἄνδρες Ἀθηναῖοι, οὔτε ὑμᾶς χρὴ ποιεῖν τοὺς
5 δοκοῦντας καὶ ὁπηοῦν τι εἶναι, οὔτ᾽, ἂν ἡμεῖς ποιῶμεν, ὑμᾶς ἐπιτρέπειν, ἀλλὰ τοῦτο αὐτὸ ἐνδείκνυσθαι, ὅτι πολὺ μᾶλλον καταψηφιεῖσθε τοῦ τὰ ἐλεινὰ ταῦτα δράματα εἰσάγοντος καὶ καταγέλαστον τὴν πόλιν ποιοῦντος ἢ τοῦ ἡσυχίαν ἄγοντος.

10 Χωρὶς δὲ τῆς δόξης, ὦ ἄνδρες, οὐδὲ δίκαιόν μοι δοκεῖ
c εἶναι δεῖσθαι τοῦ δικαστοῦ οὐδὲ δεόμενον ἀποφεύγειν, ἀλλὰ διδάσκειν καὶ πείθειν. οὐ γὰρ ἐπὶ τούτῳ κάθηται ὁ δικαστής, ἐπὶ τῷ καταχαρίζεσθαι τὰ δίκαια, ἀλλ᾽ ἐπὶ τῷ κρίνειν ταῦτα· καὶ ὀμώμοκεν οὐ χαριεῖσθαι οἷς ἂν δοκῇ
5 αὐτῷ, ἀλλὰ δικάσειν κατὰ τοὺς νόμους. οὔκουν χρὴ οὔτε ἡμᾶς ἐθίζειν ὑμᾶς ἐπιορκεῖν οὔθ᾽ ὑμᾶς ἐθίζεσθαι· οὐδέτεροι γὰρ ἂν ἡμῶν εὐσεβοῖεν. μὴ οὖν ἀξιοῦτέ με, ὦ ἄνδρες Ἀθηναῖοι, τοιαῦτα δεῖν πρὸς ὑμᾶς πράττειν ἃ μήτε
d ἡγοῦμαι καλὰ εἶναι μήτε δίκαια μήτε ὅσια, ἄλλως τε μέντοι νὴ Δία πάντως καὶ ἀσεβείας φεύγοντα ὑπὸ Μελήτου τουτουΐ. σαφῶς γὰρ ἄν, εἰ πείθοιμι ὑμᾶς καὶ τῷ δεῖσθαι βιαζοίμην ὀμωμοκότας, θεοὺς ἂν διδάσκοιμι μὴ
5 ἡγεῖσθαι ὑμᾶς εἶναι, καὶ ἀτεχνῶς ἀπολογούμενος κατηγοροίην ἂν ἐμαυτοῦ ὡς θεοὺς οὐ νομίζω. ἀλλὰ πολλοῦ δεῖ

---

130. Essa visão estereotipada do comportamento passional feminino aparece representada exemplarmente por Xantipa, a esposa de Sócrates, na cena que antecede as últimas palavras do filósofo antes de beber a cicuta, no *Fédon* de Platão:

Quando entramos no cárcere, deparamo-nos com Sócrates recém-liberto das amarras, e Xantipa – você a conhece, decerto – com o bebê no colo, sentada ao lado dele. Tão logo Xantipa nos viu, passou a berrar e a dizer aquele tipo de coisa que costumam dizer as mulheres: "Ó Sócrates, hoje é o último dia em que seus amigos irão dirigir a palavra a você, e vocês a eles..."; e Sócrates, tendo olhado para Críton, disse-lhe: "Ó Críton, mande alguém levá-la para casa!". Aos gritos e debatendo-se, levaram-na embora alguns acompanhantes de Críton. (60a1-b1)

131. Ver Xenofonte, *Memoráveis*, 4.4.4.

132. Segundo a reconstrução proposta por Burnet, a partir das referências encontradas esparsas nos textos supérstites dos oradores gregos, os termos do juramento eram mais ou menos estes (J. Burnet, op. cit., p. 288): "Depositarei meu voto conforme as leis e os decretos do povo ateniense e do Conselho dos Quinhentos, e nos casos para os quais não houver leis, com base na decisão mais justa, e não em razão de favorecimento ▶

[35b-d] APOLOGIA DE SÓCRATES 291

próprios atenienses para postos de comando e cargos honorífi-cos[130]. Esse tipo de comportamento, ó atenienses, vocês não devem adotar caso tenham alguma reputação a zelar, por mínima que seja, tampouco devem ser indulgentes caso sejamos nós a adotá-lo; pelo contrário, vocês devem evidenciar justamente que estão pro-pensos a condenar quem recorre a tais espetáculos compassivos cobrindo a cidade de ridículo, e não quem age com serenidade.

Reputação à parte, ó homens, não me parece justo implorar ao juiz nem ser absolvido mediante implorações, porém instruí-lo e persuadi-lo[131]. Com efeito, o juiz não está sentado aqui para usar a justiça a seu bel-prazer, e sim para fazê-la valer; seu juramento implica não dar favorecimento conforme lhe aprouver, mas julgar de acordo com as leis[132]. Portanto, não devemos habituar vocês ao perjúrio, tampouco devem vocês se habituar a ele, pois assim não nos comportaríamos, nem nós nem vocês, de maneira reve-rente[133]. Desse modo, não esperem, ó atenienses, que eu deva lhes fazer o que não considero nem belo, nem justo, nem pio, especialmente – por Zeus! – na condição de réu de um processo de impiedade impetrado por este Meleto, aqui presente. Pois é claro que se eu persuadisse ou constrangesse vocês com minhas súplicas depois de terem feito o juramento que fizeram, estaria, de fato, ensinando-os a acreditar na inexistência dos deuses, e, ao fazer minha defesa, estaria praticamente acusando a mim mesmo de não reconhecer os deuses[134]. Mas a situação presente está bem

▷ ou inimizade. E depositarei o voto a respeito dos assuntos atinentes à acusação, e escu-tarei de maneira imparcial tanto a acusação quanto a defesa. Juro em nome de Zeus, de Apolo, de Deméter. Que inúmeras benesses possa eu obter se respeitar o juramento, mas, se cometer perjúrio, que uma completa ruína caia sobre mim e minha progênie."

133. A última parte do epílogo do discurso de Sócrates (35b10-d9) se funda no valor da "reverência" ou "piedade" (*eusebeia*), que se concretiza na prática do juramento que se estendia a todos os envolvidos no processo legal.

134. Este argumento de Sócrates recorre implicitamente à oposição entre "discurso" (*logos*) e "ato" (*ergon*) empregada por ele anteriormente (32a): mais fortes que palavras, são aquelas evidências baseadas em atos. Portanto, se fosse adotado por ele o tipo de comportamento apelativo rejeitado aqui – expediente esse que seria comum em tais circunstâncias, como podemos inferir de sua argumentação –, seria prova suficiente de sua impiedade, uma vez que estaria induzindo os juízes a violarem o juramento prestado e, consequentemente, a desrespeitarem os deuses.

292   ΑΠΟΛΟΓΙΑ ΣΩΚΡΑΤΟΥΣ

οὕτως ἔχειν· νομίζω τε γάρ, ὦ ἄνδρες Ἀθηναῖοι, ὡς οὐδεὶς τῶν ἐμῶν κατηγόρων, καὶ ὑμῖν ἐπιτρέπω καὶ τῷ θεῷ κρῖναι περὶ ἐμοῦ ὅπῃ μέλλει ἐμοί τε ἄριστα εἶναι καὶ ὑμῖν.

e

36a

Τὸ μὲν μὴ ἀγανακτεῖν, ὦ ἄνδρες Ἀθηναῖοι, ἐπὶ τούτῳ τῷ γεγονότι, ὅτι μου κατεψηφίσασθε, ἄλλα τέ μοι πολλὰ συμβάλλεται, καὶ οὐκ ἀνέλπιστόν μοι γέγονεν τὸ γεγονὸς τοῦτο, ἀλλὰ πολὺ μᾶλλον θαυμάζω ἑκατέρων τῶν ψήφων τὸν γεγονότα ἀριθμόν. οὐ γὰρ ᾠόμην ἔγωγε οὕτω παρ' ὀλίγον ἔσεσθαι, ἀλλὰ παρὰ πολύ· νῦν δέ, ὡς ἔοικεν, εἰ τριάκοντα μόναι μετέπεσον τῶν ψήφων, ἀπεπεφεύγη ἄν. Μέλητον μὲν οὖν, ὡς ἐμοὶ δοκῶ, καὶ νῦν ἀποπέφευγα, καὶ οὐ μόνον ἀποπέφευγα, ἀλλὰ παντὶ δῆλον τοῦτό γε, ὅτι εἰ μὴ ἀνέβη Ἄνυτος καὶ Λύκων κατηγορήσοντες ἐμοῦ, κἂν ὦφλε χιλίας δραχμάς, οὐ μεταλαβὼν τὸ πέμπτον μέρος τῶν ψήφων.

5

b

Τιμᾶται δ' οὖν μοι ὁ ἀνὴρ θανάτου. εἶεν· ἐγὼ δὲ δὴ τίνος ὑμῖν ἀντιτιμήσομαι, ὦ ἄνδρες Ἀθηναῖοι; ἢ δῆλον ὅτι τῆς ἀξίας; τί οὖν; τί ἄξιός εἰμι παθεῖν ἢ ἀποτεῖσαι, ὅτι μαθὼν ἐν τῷ βίῳ οὐχ ἡσυχίαν ἦγον, ἀλλ' ἀμελήσας ὧνπερ οἱ πολλοί, χρηματισμοῦ τε καὶ οἰκονομίας καὶ στρατηγιῶν καὶ δημηγοριῶν καὶ τῶν ἄλλων ἀρχῶν καὶ συνωμοσιῶν καὶ στάσεων τῶν ἐν τῇ πόλει γιγνομένων, ἡγησάμενος ἐμαυτὸν τῷ ὄντι ἐπιεικέστερον εἶναι ἢ ὥστε εἰς ταῦτ' ἰόντα

5

c

135. O processo de Sócrates era um *agōn atimētos*, ou seja, um processo em que não havia uma estipulação legal da pena, cabendo a decisão, portanto, aos juízes. Nesses casos, uma vez que a acusação e a defesa propunham penas alternativas para os juízes decidirem, era comum que a acusação propusesse uma pena maior do que aquela realmente almejada por ela, e que a defesa propusesse uma pena minimamente relevante, a fim de que os juízes pudessem reputá-la razoável para o caso em questão. Burnet considera bastante plausível que a proposta de pena capital só foi sugerida por Anito a Meleto (*Apologia*, 29c), porque ele tinha convicção de que Sócrates proporia o exílio como pena alternativa. Mas não seria isso o que viria a acontecer (J. Burnet, op. cit., p. 229-230). Segundo Denyer, a proposição de uma pena alternativa por parte do júri, embora aventada na *Apologia* de Platão (29c5-d6), não poderia ter sido feita com base no procedimento legal ateniense. Ver infra "Procedimentos Legais em Atenas".

136. Foram, portanto, 280 votos a favor da acusação e 220 contra, no total de quinhentos juízes, conforme a composição padrão do júri em casos como o de Sócrates ▶

distante disso, pois eu os reconheço, ó atenienses, como nenhum de meus acusadores os reconhece; e confio a vocês e ao deus o julgamento de meu caso, a fim de que se possa chegar ao melhor termo tanto para mim quanto para vocês.

2º Discurso: A Proposta de Pena de Sócrates (Antitimēsis)[135] (*35e1-38b10*)

Inúmeros fatores concorrem, ó atenienses, para eu não me enfurecer diante da condenação que vocês acabaram de me impor, em especial porque não me era algo inesperado; espanta-me muito mais, contudo, a quantidade de votos de cada uma das partes, pois não supunha que o resultado seria por uma diferença assim tão pequena, porém mais larga. De fato, se apenas trinta votos, como parece, tivessem sido depositados na outra urna, eu teria sido absolvido[136]. Sendo assim, quanto a Meleto, fui absolvido, creio eu, e não apenas absolvido: é evidente que, se Anito e Lícon não tivessem se apresentado para me acusar, ele estaria agora com uma dívida de mil dracmas por não ter garantido um quinto dos votos[137].

Pois bem, o homem estipula a pena de morte para mim. Assim seja! Deverei eu estipular uma pena alternativa, ó atenienses? Evidentemente a que mereço, não é? Qual seria, então? Que pena mereço sofrer ou pagar[138], eu que aprendi a não levar uma vida pacata, embora tenha negligenciado aquelas atividades que a maioria preza – aquisição de dinheiro, administração dos próprios bens, comandos militares, discursos públicos, os inúmeros cargos, os conluios políticos, as dissensões internas da cidade – por considerar-me realmente muito idôneo para ter de me salvar

▷ (Aristóteles, *A Constituição de Atenas*, 68.1). Em caso de empate, o réu era absolvido (Aristófanes, *As Rãs*, v. 684-685; Ésquines, *Contra Ctesifonte*, 252; Aristóteles, *A Constituição de Atenas*, 68.1).

137. Ou seja, 280/3=93,3333; 1/5 dos votos corresponderia a cem. Essa medida existia no sistema legal ateniense justamente para impedir a proliferação indiscriminada de processos frívolos (J. Burnet, op. cit., p. 232). Ver também Platão, *Leis*, XII 948a-b.

138. As alternativas seriam: de um lado, prisão, exílio ou pena capital; e, de outro, multas.

294 ΑΠΟΛΟΓΙΑ ΣΩΚΡΑΤΟΥΣ

σῴζεσθαι, ἐνταῦθα μὲν οὐκ ᾖα οἷ ἐλθὼν μήτε ὑμῖν μήτε
ἐμαυτῷ ἔμελλον μηδὲν ὄφελος εἶναι, ἐπὶ δὲ τὸ ἰδίᾳ
ἕκαστον ἰὼν εὐεργετεῖν τὴν μεγίστην εὐεργεσίαν, ὡς ἐγώ
5 φημι, ἐνταῦθα ᾖα, ἐπιχειρῶν ἕκαστον ὑμῶν πείθειν μὴ
πρότερον μήτε τῶν ἑαυτοῦ μηδενὸς ἐπιμελεῖσθαι πρὶν
ἑαυτοῦ ἐπιμεληθείη ὅπως ὡς βέλτιστος καὶ φρονιμώτατος
ἔσοιτο, μήτε τῶν τῆς πόλεως, πρὶν αὐτῆς τῆς πόλεως, τῶν
d τε ἄλλων οὕτω κατὰ τὸν αὐτὸν τρόπον ἐπιμελεῖσθαι—τί
οὖν εἰμι ἄξιος παθεῖν τοιοῦτος ὤν; ἀγαθόν τι, ὦ ἄνδρες
Ἀθηναῖοι, εἰ δεῖ γε κατὰ τὴν ἀξίαν τῇ ἀληθείᾳ τιμᾶσθαι·
καὶ ταῦτά γε ἀγαθὸν τοιοῦτον ὅτι ἂν πρέποι ἐμοί. τί οὖν
5 πρέπει ἀνδρὶ πένητι εὐεργέτῃ δεομένῳ ἄγειν σχολὴν ἐπὶ τῇ
ὑμετέρᾳ παρακελεύσει; οὐκ ἔσθ' ὅτι μᾶλλον, ὦ ἄνδρες
Ἀθηναῖοι, πρέπει οὕτως ὡς τὸν τοιοῦτον ἄνδρα ἐν πρυτανείῳ σιτεῖσθαι, πολύ γε μᾶλλον ἢ εἴ τις ὑμῶν ἵππῳ ἢ
συνωρίδι ἢ ζεύγει νενίκηκεν Ὀλυμπίασιν· ὁ μὲν γὰρ ὑμᾶς
10 ποιεῖ εὐδαίμονας δοκεῖν εἶναι, ἐγὼ δὲ εἶναι, καὶ ὁ μὲν
e τροφῆς οὐδὲν δεῖται, ἐγὼ δὲ δέομαι. εἰ οὖν δεῖ με κατὰ τὸ
37a δίκαιον τῆς ἀξίας τιμᾶσθαι, τούτου τιμῶμαι, ἐν πρυτανείῳ
σιτήσεως.

139. Ver *Apologia*, 31c-32a.

140. Sobre o cuidado de si (*epimeleia heautou*), ver supra p. 270n90 e p. 275n96.

141. A distinção entre cuidar das "coisas da cidade", de um lado, e cuidar da "própria cidade", de outro, análoga ao caso do indivíduo tomado isoladamente, pode ser esclarecida com base na passagem abaixo do diálogo *Górgias*. Nela, Sócrates distingue o verdadeiro homem político, que tem como fim tornar melhores os cidadãos – e, por conseguinte, a própria cidade –, dos demais políticos atenienses, que se voltam para as "coisas" da cidade (naus, muralhas, estaleiros etc.):

SÓCRATES: Extraordinário homem, eu não vitupero [os renomados políticos atenienses] enquanto servidores da cidade, mas eles me parecem ter sido melhores servidores do que os contemporâneos e mais capazes de prover a cidade do que lhe apetecia. Todavia, redirecionar seus apetites e não lhes ceder, usando a persuasão e a força de modo a tornar melhores os cidadãos, nesse aspecto eles em nada se diferem dos outros, por assim dizer, e esse é o único feito de um bom político. Quanto a naus, muralhas, estaleiros e todas as demais coisas do gênero, eu também concordo que eles foram mais prodigiosos do que os contemporâneos em prover a cidade disso. (517b2-c4).

142. O título de "benfeitor" (*euergetēs*) era concedido a cidadãos e estrangeiros que tivessem de algum modo beneficiado a cidade (Demóstenes, *Contra Aristócrates*, 185; Lísias, *Em Defesa de Polístrato*, 19).

143. O Pritaneu era o centro religioso das cidades gregas, consagrado à deusa Héstia, em cuja honra uma fogueira (*koinē hestia*) era mantida constantemente acesa. Esse ▶

[36c-37a] APOLOGIA DE SÓCRATES 295

caso me envolvesse com essas coisas? Eu que recusava a me dirigir aonde não podia beneficiar nem a mim mesmo nem a vocês, mas preferia dirigir-me a cada um em particular[139] a fim de lhe proporcionar, como estou afirmando, a maior benfeitoria possível, buscando persuadir cada um de vocês a não cuidar de nenhuma de suas coisas antes de cuidar para se tornar o quanto melhor e mais sábio[140], e nem cuidar das coisas da cidade, antes de cuidar da própria cidade[141], e da mesma forma quanto a tudo mais? O que d
então mereço sofrer, sendo eu assim? Alguma coisa boa, ó atenienses, se é preciso estipular verdadeiramente uma pena digna; e uma coisa boa tal como conviria a mim. O que convém então a um homem pobre, benfeitor[142], que necessitava de ócio para encorajar vocês? Para um homem desse jaez, atenienses, não há nada mais conveniente do que ser alimentado no Pritaneu, muito mais do que qualquer um de vocês que tenha obtido alguma vitória nas Olimpíadas, seja na corrida de cavalo, seja na de parelha, seja na de quadriga[143]. Pois este faz com que vocês pareçam ser felizes, ao passo que eu faço com que vocês sejam felizes; ademais, ele não carece de nutrição, enquanto eu, sim. Se, portanto, devo eu esti- e
pular uma pena digna conforme o justo, eis o que proponho: ser 37a
alimentado no Pritaneu[144].

▷ privilégio de ser alimentado no Pritaneu nos séculos V e IV a.C. era conferido aos atletas vencedores dos Jogos Olímpicos (e também dos demais jogos pan-helênicos, os Píticos, os Ístmicos e os Nemeus), aos representantes de certas famílias (como os descendentes dos tiranicidas Harmódio e Aristógiton), aos embaixadores em visita à cidade, aos sacerdotes dos mistérios eleusinos e aos generais de exército. Isócrates faz uma reivindicação semelhante à de Sócrates para si, em seu grande discurso, *Antídose* (95), uma espécie de biografia intelectual de sua figura, de sua escola e de seu modelo de educação, simulando um discurso de defesa perante um tribunal fictício (J. Adam, *Platonis Apologia Socratis*, p. 106; J. Burnet, op. cit., p. 235-236; N. Denyer, op. cit., p. 114).

144. Essa talvez seja a atitude mais extrema de Sócrates na *Apologia*, pois, ao invés de propor uma pena alternativa conforme o "procedimento legal" (*antitimēsis*), ele sugere, ao contrário, que a cidade deva tratá-lo como "benfeitor" (*euergetēs*, 36d5) digno dos privilégios concedidos, por exemplo, aos vencedores dos Jogos Olímpicos. Essa subversão pode ter como efeito uma aparência de deboche e arrogância por parte de Sócrates, sobretudo naquela parte da audiência que via o filósofo com maus olhos. Do ponto de vista da argumentação de Sócrates, no entanto, ela representa mais uma instância de afirmação de sua inocência, e se justifica pela maneira como ele constrói a sua missão filosófica a serviço de Apolo: sua finalidade é beneficiar os cidadãos e a cidade, é fazer com que se voltem para o cuidado de si (*epimeleia heautou*), dando mais valor aos bens da alma (inteligência, virtude) do que aos do corpo (bens materiais, reputação, fama, honra etc.).

296   ΑΠΟΛΟΓΙΑ ΣΩΚΡΑΤΟΥΣ

Ἴσως οὖν ὑμῖν καὶ ταυτὶ λέγων παραπλησίως δοκῶ
λέγειν ὥσπερ περὶ τοῦ οἴκτου καὶ τῆς ἀντιβολήσεως,
5   ἀπαυθαδιζόμενος· τὸ δὲ οὐκ ἔστιν, ὦ ἄνδρες Ἀθηναῖοι,
τοιοῦτον ἀλλὰ τοιόνδε μᾶλλον. πέπεισμαι ἐγὼ ἑκὼν εἶναι
μηδένα ἀδικεῖν ἀνθρώπων, ἀλλὰ ὑμᾶς τοῦτο οὐ πείθω·
ὀλίγον γὰρ χρόνον ἀλλήλοις διειλέγμεθα. ἐπεί, ὡς
ἐγᾦμαι, εἰ ἦν ὑμῖν νόμος, ὥσπερ καὶ ἄλλοις ἀνθρώποις,
10   περὶ θανάτου μὴ μίαν ἡμέραν μόνον κρίνειν ἀλλὰ πολλάς,
b   ἐπείσθητε ἄν· νῦν δ' οὐ ῥᾴδιον ἐν χρόνῳ ὀλίγῳ μεγάλας
διαβολὰς ἀπολύεσθαι. πεπεισμένος δὴ ἐγὼ μηδένα ἀδικεῖν πολλοῦ δέω ἐμαυτόν γε ἀδικήσειν καὶ κατ' ἐμαυτοῦ
ἐρεῖν αὐτὸς ὡς ἄξιός εἰμί του κακοῦ καὶ τιμήσεσθαι τοιού-
5   του τινὸς ἐμαυτῷ. τί δείσας; ἦ μὴ πάθω τοῦτο οὗ Μέλητός
μοι τιμᾶται, ὃ φημι οὐκ εἰδέναι οὔτ' εἰ ἀγαθὸν οὔτ' εἰ
κακόν ἐστιν; ἀντὶ τούτου δὴ ἕλωμαι ὧν εὖ οἶδά τι κακῶν
ὄντων, τούτου τιμησάμενος; πότερον δεσμοῦ; καὶ τί με δεῖ
c   ζῆν ἐν δεσμωτηρίῳ, δουλεύοντα τῇ ἀεὶ καθισταμένῃ ἀρχῇ,
τοῖς ἕνδεκα; ἀλλὰ χρημάτων καὶ δεδέσθαι ἕως ἂν ἐκτείσω;
ἀλλὰ ταὐτόν μοί ἐστιν ὅπερ νυνδὴ ἔλεγον· οὐ γὰρ ἔστι μοι
χρήματα ὁπόθεν ἐκτείσω. ἀλλὰ δὴ φυγῆς τιμήσωμαι;
5   ἴσως γὰρ ἄν μοι τούτου τιμήσαιτε. πολλὴ μεντἄν με φιλο-
ψυχία ἔχοι, ὦ ἄνδρες Ἀθηναῖοι, εἰ οὕτως ἀλόγιστός εἰμι
ὥστε μὴ δύνασθαι λογίζεσθαι ὅτι ὑμεῖς μὲν ὄντες πολῖταί

145. Ver *Apologia*, 34c-35b.
146. Sócrates toca aqui num ponto fulcral: a ineficácia persuasiva de seu discurso,
já antecipada aqui, se deve à limitação imposta pelo contexto de prática retórica no
tribunal, circunscrita a um tempo exíguo (marcado pela clepsidra), e à modalidade
de discurso contínuo (*makrologia*) em detrimento do dialógico (*brakhulogia*). A ideia
do diálogo (ἀλλήλοις διειλέγμεθα, 37a8) como forma de discurso próprio da filosofia,
e a capacidade de persuasão inerente a ela, é um dos tópicos de discussão no *Górgias*,
quando Sócrates enfrenta um interlocutor recalcitrante (Cálicles), que se mostra irredutível às tentativas de Sócrates de persuadi-lo da superioridade da vida filosófica
sobre a vida política na democracia ateniense. Mesmo diante da recusa de Cálicles em
rever suas convicções morais e políticas, Sócrates expressa um otimismo semelhante
a este aqui na *Apologia*:
    CÁLICLES: Não sei como você me parece falar corretamente, Sócrates, mas experi-
mento a mesma paixão que a maioria: você não me persuade absolutamente.
    SÓCRATES: Pois é o amor pelo povo existente na sua alma, Cálicles, que me obsta.
Mas se tornarmos a examinar melhor esse mesmo assunto repetidamente, você será
persuadido [...]. (513c4-d1)

Talvez vocês tenham a impressão de que eu, ao dizer essas coisas, falo de modo mais ou menos semelhante àquele quando me referia a compaixão e súplicas – ou seja, com obstinação[145]. Não é o caso, ó atenienses, mas antes o seguinte: estou convicto de que não cometi injustiça voluntariamente contra quem quer que seja, embora não consiga persuadi-los disso, pois dialogamos por pouco tempo[146]. Acredito, no entanto, que se houvesse uma lei aqui, assim como há para outros povos[147], que determinasse não apenas um mas vários dias para o julgamento em casos de pena de morte, vocês seriam persuadidos. Mas não é fácil agora dirimir em tempo tão exíguo calúnias tão graves[148]. Convicto de não ter cometido injustiça contra ninguém, está fora de questão vir a cometê-la contra mim mesmo, acusar a mim mesmo de que mereço algum mal e estipular uma pena dessa natureza contra mim. Por temer o quê? Porventura, que eu sofra a pena estipulada por Meleto, sobre a qual afirmo não saber se é um bem ou um mal?[149] Ao invés disso, devo eu escolher algum mal dentre os males que sei serem males, e então estipulá-lo como minha pena? Talvez o cárcere? E por que devo viver encarcerado, como escravo da magistratura periodicamente reinstituída dos Onze?[150] Multa em dinheiro e detenção até que eu a pague por completo? Mas caímos no mesmo problema referido há pouco: não tenho dinheiro para poder pagá-la. Devo eu então propor a pena de exílio? Talvez vocês possam estipulá-la em meu caso. Todavia, seria enorme o meu apego à vida, ó atenienses, se eu fosse tão irracional a ponto de ser incapaz de fazer a seguinte ponderação: vocês, que são

---

147. A referência aqui seria Esparta (ver Tucídides, *História da Guerra do Peloponeso*, 1.132.5; Plutarco, *Ditos dos Lacedemônios*, 217a-b).

148. Ver *Apologia*, 18e-19a.

149. Ver *Apologia*, 29a-b.

150. Os "Onze" são responsáveis por supervisionar os encarceramentos, aplicar as penas capitais e cobrar as dívidas públicas; eram constituídos por dez membros mediante sorteio, um representante de cada uma das dez tribos que compunham Atenas, mais um "escriturário" (*grammateus*; Aristóteles, *A Constituição de Atenas*, 52.1). São mencionados também no *Fédon* (59e, 85b).

μου οὐχ οἷοί τε ἐγένεσθε ἐνεγκεῖν τὰς ἐμὰς διατριβὰς καὶ
d τοὺς λόγους, ἀλλ' ὑμῖν βαρύτεραι γεγόνασιν καὶ ἐπι-
φθονώτεραι, ὥστε ζητεῖτε αὐτῶν νυνὶ ἀπαλλαγῆναι· ἄλλοι
δὲ ἄρα αὐτὰς οἴσουσι ῥᾳδίως; πολλοῦ γε δεῖ, ὦ ἄνδρες
Ἀθηναῖοι. καλὸς οὖν ἄν μοι ὁ βίος εἴη ἐξελθόντι τηλικῷδε
5 ἀνθρώπῳ ἄλλην ἐξ ἄλλης πόλεως ἀμειβομένῳ καὶ ἐξε-
λαυνομένῳ ζῆν. εὖ γὰρ οἶδ' ὅτι ὅποι ἄν ἔλθω, λέγοντος
ἐμοῦ ἀκροάσονται οἱ νέοι ὥσπερ ἐνθάδε· κἄν μὲν τούτους
ἀπελαύνω, οὗτοί με αὐτοὶ ἐξελῶσι πείθοντες τοὺς πρεσβυ-
e τέρους· ἐὰν δὲ μὴ ἀπελαύνω, οἱ τούτων πατέρες τε καὶ
οἰκεῖοι δι' αὐτοὺς τούτους.

Ἴσως οὖν ἄν τις εἴποι, "Σιγῶν δὲ καὶ ἡσυχίαν ἄγων, ὦ
Σώκρατες, οὐχ οἷός τ' ἔσῃ ἡμῖν ἐξελθὼν ζῆν;" τουτὶ δή ἐστι
5 πάντων χαλεπώτατον πεῖσαί τινας ὑμῶν. ἐάντε γὰρ λέγω
ὅτι τῷ θεῷ ἀπειθεῖν τοῦτ' ἐστὶν καὶ διὰ τοῦτ' ἀδύνατον
38a ἡσυχίαν ἄγειν, οὐ πείσεσθέ μοι ὡς εἰρωνευομένῳ· ἐάντ' αὖ
λέγω ὅτι καὶ τυγχάνει μέγιστον ἀγαθὸν ὄν ἀνθρώπῳ
τοῦτο, ἑκάστης ἡμέρας περὶ ἀρετῆς τοὺς λόγους ποιεῖσθαι
καὶ τῶν ἄλλων περὶ ὧν ὑμεῖς ἐμοῦ ἀκούετε διαλεγομένου
5 καὶ ἐμαυτὸν καὶ ἄλλους ἐξετάζοντος, ὁ δὲ ἀνεξέταστος

151. Ou seja, Sócrates passaria a viver como um sofista. Sobre a caracterização
genérica dos sofistas na *Apologia*, ver supra p. 228-229n15-18 e p. 231n21.

152. Ver Platão, *Mênon*, 80b.

153. Ver *Apologia*, 29a.

154. Embora tenhamos aqui uma referência textual à *eirōneia* de Sócrates (traduzida
comumente por "ironia", mas aqui por "engodo"), como vemos em outras passagens
nos diálogos platônicos (*República*, I 337a; *Banquete*, 216e, 218d; *Górgias*, 489e), sigo a
leitura de Melissa Lane, que defende que "ironia" não traduz adequadamente o termo
eirōneia e seus correlatos, especialmente em Aristófanes e Platão. Segundo ela, o sentido
de *eirōneia* como "ironia" – entendida como "dizer alguma coisa com o intuito de que a
mensagem seja compreendida como veiculando o sentido oposto ou diferente daquele
que é dito" – não serve como guia para compreender a semântica do termo e seus correlatos na obra desses autores. Mesmo a definição de *eirōneia* na *Ética Nicomequeia* de
Aristóteles – a saber, fingir ser inferior ao que realmente é (II 1108a19-23) – não capta
apropriadamente o sentido de *eirōneia* quando referida a Sócrates nos diálogos plató-
nicos, ainda que seja comum na literatura secundária aplicar a definição aristotélica ao
caso de Sócrates (sobretudo pelo fato de o próprio Aristóteles qualificar expressamente
Sócrates de *eirōn*; ver EN IV 1127b22-27). O sentido geral em Aristófanes e Platão seria
antes "dissimular a fim de ocultar algo", não apenas mediante palavras, mas também ▶

[37c-38a] APOLOGIA DE SÓCRATES 299

meus concidadãos, não conseguiram suportar minha ocupação e minhas palavras, tornando-se tão onerosas e odiáveis a ponto de vocês buscarem agora livrar-se delas; mas será que outros homens hão de suportá-las facilmente? Longe disso, ó atenienses. Seria uma bela vida a minha se, nesta idade que tenho, fosse embora daqui e perambulasse de cidade em cidade, sendo banido por onde passasse[151]. Pois estou ciente de que, aonde quer que eu vá, haverá jovens como os daqui que hão de escutar minhas palavras; e se eu os mantiver à distância, eles próprios persuadirão os mais velhos a me banir, ao passo que, se os mantiver próximos, seus pais e familiares assim o farão por causa deles[152].

Talvez alguém pudesse me indagar: "você não seria capaz, ó Sócrates, de levar uma vida silenciosa e pacata depois de ir embora daqui?" Este é o ponto mais difícil de persuadir alguns de vocês. Com efeito, se eu afirmar que isso implica a desobediência ao deus[153] e que, por esse motivo, é impossível levar uma vida pacata, vocês não acreditarão em mim, supondo engodo de minha parte[154]. E se, por outro lado, eu afirmar que o maior bem para o homem consiste precisamente em conversar todos os dias a respeito da virtude e dos demais assuntos sobre os quais vocês me escutam dialogando e examinando a mim mesmo e aos outros, e que a vida sem o crivo de tal exame não é digna

▷ mediante ações. Nesta passagem da *Apologia*, esse sentido próprio de *eirōneia* fica bem claro, como explicita M. Lane (The Evolution of *Eirōneia* in Classical Greek Texts, *Oxford Studies in Ancient Philosophy*, v. 31, p. 60): "Visto que a maioria [dos juízes] não poderia admitir a alegação de Sócrates de que ele reconhece Apolo, se ele apelasse ao oráculo de Apolo como uma razão para justificar a impossibilidade de ele evitar futuros exílios deixando de conversar, eles *a fortiori* não acreditariam nele. Pelo contrário, eles tomariam essa declaração como dissimulação da piedade convencional a fim de ocultar sua descrença nos deuses da cidade. E isso é exatamente o que nós esperaríamos dele ao usar *eirōneia* para descrever, profeticamente, o que eles iriam, neste caso hipotético, pensar dele." Isso não implica que circunstancialmente nos diálogos platônicos Sócrates não seja "irônico" no sentido corrente do termo referido acima (especialmente quando elogia a "sabedoria" dos pretensos sábios com quem dialoga); o que Lane argumenta de maneira convincente é que as imputações de *eirōneia* por parte dos interlocutores de Sócrates se referem antes a esse tipo de dissimulação que teria como fim ludibriar.

300   ΑΠΟΛΟΓΙΑ ΣΩΚΡΑΤΟΥΣ

βίος οὐ βιωτὸς ἀνθρώπῳ, ταῦτα δ᾽ ἔτι ἧττον πείσεσθέ μοι
λέγοντι. τὰ δὲ ἔχει μὲν οὕτως, ὡς ἐγώ φημι, ὦ ἄνδρες,
πείθειν δὲ οὐ ῥᾴδιον. καὶ ἐγὼ ἅμα οὐκ εἴθισμαι ἐμαυτὸν
b   ἀξιοῦν κακοῦ οὐδενός. εἰ μὲν γὰρ ἦν μοι χρήματα, ἐτιμη-
σάμην ἂν χρημάτων ὅσα ἔμελλον ἐκτείσειν· οὐδὲν γὰρ ἂν
ἐβλάβην· νῦν δὲ οὐ γὰρ ἔστιν, εἰ μὴ ἄρα ὅσον ἂν ἐγὼ
δυναίμην ἐκτεῖσαι, τοσούτου βούλεσθέ μοι τιμῆσαι. ἴσως
5   δ᾽ ἂν δυναίμην ἐκτεῖσαι ὑμῖν που μνᾶν ἀργυρίου· τοσούτου
οὖν τιμῶμαι.

Πλάτων δὲ ὅδε, ὦ ἄνδρες Ἀθηναῖοι, καὶ Κρίτων καὶ Κρι-
τόβουλος καὶ Ἀπολλόδωρος κελεύουσί με τριάκοντα μνῶν
τιμήσασθαι, αὐτοὶ δ᾽ ἐγγυᾶσθαι· τιμῶμαι οὖν τοσούτου,
10 ἐγγυηταὶ δὲ ὑμῖν ἔσονται τοῦ ἀργυρίου οὗτοι ἀξιόχρεῳ.

c   Οὐ πολλοῦ γ᾽ ἕνεκα χρόνου, ὦ ἄνδρες Ἀθηναῖοι, ὄνομα
ἕξετε καὶ αἰτίαν ὑπὸ τῶν βουλομένων τὴν πόλιν λοιδορεῖν
ὡς Σωκράτη ἀπεκτόνατε, ἄνδρα σοφόν—φήσουσι γὰρ δή
με σοφὸν εἶναι, εἰ καὶ μή εἰμι, οἱ βουλόμενοι ὑμῖν ὀνειδί-

155. O que Sócrates aparentemente quer dizer aqui não é que uma vida não submetida
ao exame crítico levado a cabo pelo seu exercício filosófico não mereça ser vivida, de modo
que seria melhor para tal indivíduo que ele estivesse morto; mas antes que tal exame pode
lhe oferecer as condições para que sua vida seja vivida de uma melhor maneira. R. Kraut
(The Examined Life, em S. Ahbel-Rappe; R. Kamtekar [eds.], A Companion to Socrates,
p. 231) sugere que a lição moral veiculada por esta frase poderia ser entendida assim,
"nenhum indivíduo deveria viver uma vida sem submetê-la a exame", muito mais tênue do
que entendê-la como "melhor estar morto do que viver uma vida sem submetê-la a exame".
Sobre as implicações e possíveis interpretações dessa célebre e controversa sentença de
Sócrates, bem como sua recepção na filosofia moral moderna e contemporânea, ver ibidem.
    156. A versão de Xenofonte contradiz a de Platão neste ponto: "Quando mandaram
que propusesse uma pena alternativa, Sócrates não só recusou a fazê-lo, como também
impediu que seus amigos a propusessem; e ainda acrescentou que propor uma pena
alternativa é próprio de quem admite ter cometido injustiça." (Apologia de Sócrates, 23)
    157. É difícil estipular o quanto valeria 1 mina hoje. O contexto retórico parece suge-
rir uma soma pouco significativa. No entanto, sabemos por Aristóteles que 1 mina era
considerado um resgate aceitável para um prisioneiro de guerra em seu tempo (Ética
Nicomaqueia, V 1134b21), embora Heródoto afirme que, no Peloponeso, eram 2 minas
o preço do resgate (Histórias, 6.79). Demóstenes, por sua vez, diz que Filipe da Macedônia, pai de Alexandre, o Grande, requeria 3 ou até mesmo 5 minas para o mesmo
fim (Sobre a Embaixada, 169). Ver J. Burnet, op. cit., p. 240-241.
    158. Sobre a autorreferência de Platão, ver supra p. 286n123.
    159. Sobre Críton, Critobulo e Apolodoro, ver supra p. 284n118 e p. 286n124.
    160. Com base no que diz Lísias (Em Defesa de Mantíteo, 10), 30 minas era um
montante considerável para um homem, com uma fortuna moderada, dar como dote
às suas duas irmãs (J. Burnet, op. cit., p. 241).

[38a-c] APOLOGIA DE SÓCRATES 301

de ser vivida pelos homens[155], vocês acreditarão menos ainda em minhas palavras. A situação, contudo, é tal como estou descrevendo, ó atenienses, e persuadir disso não é fácil. Ao mesmo tempo, não estou habituado a estimar para mim mesmo qualquer mal que seja. Se eu tivesse dinheiro, estipularia uma multa que tivesse condições de pagar, pois assim não seria prejudicado em nada; mas eu não tenho dinheiro, a não ser que vocês queiram estipular um valor que eu possa pagar[156]. Eu poderia lhes pagar, talvez, uma mina de prata; eis então o valor que proponho[157].

b

No entanto, Platão, aqui presente[158], ó atenienses, Críton, Critobulo e Apolodoro[159] me recomendam estipular uma multa de trinta minas, cujo montante eles próprios garantiriam[160]. Estipulo, então, tal valor, e eles serão para vocês garantia fidedigna do dinheiro.

3º Discurso: Depois da Sentença (38c1-42a5)[161]

Dentro em pouco, ó atenienses, vocês irão carregar o renome e a culpa, aos olhos de quem quiser conspurcar a cidade, por terem condenado à morte Sócrates, um homem sábio – pois, decerto, quem quiser censurar vocês dirá que sou sábio[162], ainda

c

---

161. Não é possível saber ao certo qual foi o cômputo dos votos nessa sessão. Segundo Diógenes Láercio (*Vidas e Doutrinas dos Filósofos Ilustres*, 2.42), os votos pela pena capital foram oitenta a mais em relação à votação presente relativa à sua culpabilidade: nesse caso, seriam 360 a favor, e 140 contra, e não trezentos a duzentos, como sugere J. Burnet (op. cit., p. 241; ver supra p. 293n137). No entanto, essa informação não é verificável e, portanto, não tem valor objetivo. Sobre a factibilidade desse terceiro discurso que Platão atribui a Sócrates na ocasião da defesa, U. von Wilamowitz-Moellendorff (*Platon*, p. 124 apud E. De Strycker; S.R. Slings, op. cit., p. 201-202) o considera totalmente fictício, ao passo que J. Burnet (op. cit., p. 241-242) acredita que o ensejo para tais considerações finais era viável. De Strycker & Slings propõem uma solução intermediária: a primeira parte do discurso endereçada aos membros do júri que o condenaram à morte seria invenção de Platão, ao passo que a segunda parte endereçada aos que o absolveram teria tido lugar logo após o veredito final. Sobre os argumentos prós e contras para cada posição, ver E. De Strycker; S.R. Slings (op. cit., p. 201-204).

162. De fato, é dito pelo próprio Sócrates na *Apologia*: ver 23a3, 34e5-35a3. A referência aqui, no entanto, é ao sentido de "sábio" atribuído a ele pelos antigos acusadores, que o confundiam com filósofos e sofistas, supondo ser ele detentor de algum saber positivo que pudesse ser transmitido mediante ensino formal (que se dá no caso das demais artes). A sabedoria humana de Sócrates, por sua vez, consiste no reconhecimento da própria ignorância, que é o princípio e a força motriz para a busca pelo conhecimento, sobretudo aquele conhecimento que diz respeito às "coisas mais importantes" para os homens (*ta megista*, 22d7) – ou seja, questões ético-políticas (ver supra p. 243n44).

302 ΑΠΟΛΟΓΙΑ ΣΩΚΡΑΤΟΥΣ

5 ζειν· εἰ γοῦν περιεμείνατε ὀλίγον χρόνον, ἀπὸ τοῦ αὐτομά-
του ἂν ὑμῖν τοῦτο ἐγένετο. ὁρᾶτε γὰρ δὴ τὴν ἡλικίαν ὅτι
πόρρω ἤδη ἐστὶ τοῦ βίου, θανάτου δὲ ἐγγύς. λέγω δὲ τοῦτο
d οὐ πρὸς πάντας ὑμᾶς, ἀλλὰ πρὸς τοὺς ἐμοῦ καταψηφι-
σαμένους θάνατον. λέγω δὲ καὶ τόδε πρὸς τοὺς αὐτοὺς
τούτους. ἴσως με οἴεσθε, ὦ ἄνδρες, ἀπορίᾳ λόγων ἑαλωκέ-
ναι τοιούτων οἷς ἂν ὑμᾶς ἔπεισα, εἰ ᾤμην δεῖν ἅπαντα ποι-
5 εῖν καὶ λέγειν ὥστε ἀποφυγεῖν τὴν δίκην. πολλοῦ γε δεῖ.
ἀλλ᾽ ἀπορίᾳ μὲν ἑάλωκα, οὐ μέντοι λόγων, ἀλλὰ τόλμης
καὶ ἀναισχυντίας καὶ τοῦ μὴ ἐθέλειν λέγειν πρὸς ὑμᾶς τοιαῦτα οἷ᾽ ἂν ὑμῖν μὲν ἥδιστα ἦν ἀκούειν—θρηνοῦντός τέ μου
καὶ ὀδυρομένου καὶ ἄλλα ποιοῦντος καὶ λέγοντος πολλὰ
e καὶ ἀνάξια ἐμοῦ, ὡς ἐγώ φημι, οἷα δὴ καὶ εἴθισθε ὑμεῖς
τῶν ἄλλων ἀκούειν. ἀλλ᾽ οὔτε τότε ᾠήθην δεῖν ἕνεκα τοῦ
κινδύνου πρᾶξαι οὐδὲν ἀνελεύθερον, οὔτε νῦν μοι μεταμέ-
λει οὕτως ἀπολογησαμένῳ, ἀλλὰ πολὺ μᾶλλον αἱροῦμαι
5 ὧδε ἀπολογησάμενος τεθνάναι ἢ ἐκείνως ζῆν. οὔτε γὰρ ἐν
δίκῃ οὔτ᾽ ἐν πολέμῳ οὔτ᾽ ἐμὲ οὔτ᾽ ἄλλον οὐδένα δεῖ τοῦτο
39a μηχανᾶσθαι, ὅπως ἀποφεύξεται πᾶν ποιῶν θάνατον. καὶ
γὰρ ἐν ταῖς μάχαις πολλάκις δῆλον γίγνεται ὅτι τό γε
ἀποθανεῖν ἄν τις ἐκφύγοι καὶ ὅπλα ἀφεὶς καὶ ἐφ᾽ ἱκετείαν
τραπόμενος τῶν διωκόντων· καὶ ἄλλαι μηχαναὶ πολλαί
5 εἰσιν ἐν ἑκάστοις τοῖς κινδύνοις ὥστε διαφεύγειν θάνατον,
ἐάν τις τολμᾷ πᾶν ποιεῖν καὶ λέγειν. ἀλλὰ μὴ οὐ τοῦτ᾽ ᾖ
χαλεπόν, ὦ ἄνδρες, θάνατον ἐκφυγεῖν, ἀλλὰ πολὺ χαλ-
b επώτερον πονηρίαν· θᾶττον γὰρ θανάτου θεῖ. καὶ νῦν ἐγὼ
μὲν ἅτε βραδὺς ὢν καὶ πρεσβύτης ὑπὸ τοῦ βραδυτέρου

---

163. Ver Platão, *Górgias*, 521d-522e.

164. Xenofonte, *Memoráveis*, 4.4.4: "Ao contrário dos demais indivíduos que costumavam conversar com os juízes buscando favorecimento e recorrer à adulação e a implorações ao arrepio das leis – razão pela qual grande parte deles era amiúde absolvida pelos juízes –, quando se tornou réu no processo impetrado por Meleto, Sócrates não quis recorrer a nenhum subterfúgio que habitualmente se via nos tribunais de maneira ilegal. Mesmo diante da possibilidade de ser facilmente absolvido pelos juízes, desde que recorresse a algum desses artifícios ainda que comedidamente, preferiu morrer ancorado nas leis a viver ao arrepio delas."

[38c-39b]   APOLOGIA DE SÓCRATES   303

que não o seja. Se tivessem aguardado um pouco mais, isso lhes teria acontecido naturalmente, pois vocês podem ver que, pela minha idade, a vida já se esvai, e se avizinha a morte. Não digo isso a todos vocês, mas àqueles que votaram pela pena de morte.   d A eles, digo ainda o seguinte. Talvez julguem, ó homens, que eu tenha sido condenado por carecer daquele tipo de discurso com o qual eu teria os persuadido, caso achasse apropriado fazer de tudo para ser absolvido, quer em palavras quer em atos[163]. Longe disso. Fui decerto condenado por carência, mas não de discursos, e sim de audácia, de impudência e de não querer proferir a vocês aquele gênero de coisas que lhes comprazeria ao máximo – lamúrias, lamentações, e tudo aquilo que afirmo ser indigno de minhas ações e palavras, coisas que vocês, de fato, estão habitua-   e dos a ouvir de outros[164]. Naquela ocasião não julguei que devia, em virtude do risco que corria, agir servilmente, tampouco agora me arrependo de ter-me defendido assim; pelo contrário, prefiro muito mais encontrar a morte depois de uma defesa como esta a viver daquela maneira. Com efeito, seja num processo judiciário, seja numa guerra, não se deve, eu ou qualquer outro indivíduo, buscar subterfúgios para evitar a morte a qualquer preço. De fato,   39a nas batalhas pode-se constatar com frequência que as pessoas, para escapar à morte, são capazes de abandonar as armas e pros-trar-se em súplicas ante os inimigos, além de recorrer a inúmeros outros subterfúgios em situações de risco a fim de se esquivar da morte, caso ousem tudo fazer ou dizer[165]. Todavia, difícil não é, ó homens, escapar à morte, muito mais difícil, porém, é escapar à iniquidade, pois ela é mais veloz do que a morte. E na presente   b situação, eu, que sou lento e velho, fui surpreendido pelo que é

---

165. Numa cultura intrinsecamente bélica, como era o caso dos povos helênicos, o abandono das armas no campo de batalha era o exemplo paradigmático de uma ação covarde, objeto de reprovação e vitupério aos olhos da sociedade. Especialmente no caso da formação hoplítica, isso implicava colocar em risco os demais companheiros, na medida em que abria um flanco na falange e dava ao inimigo o espaço necessário para atacá-la. No caso dos espartanos, o povo helênico culturalmente mais bélico, havia um provérbio famoso, reportado por Plutarco, que era proferido quando um jovem partia para a guerra: "uma espartana, ao dar o escudo ao filho e encorajá-lo, dizia: 'filho, [volte] com ele, ou sobre ele'" (*Ditos das Mulheres Espartanas*, 241f4-6).

304 ΑΠΟΛΟΓΙΑ ΣΩΚΡΑΤΟΥΣ

ἑάλων, οἱ δ᾽ ἐμοὶ κατήγοροι ἅτε δεινοὶ καὶ ὀξεῖς ὄντες ὑπὸ
τοῦ θάττονος, τῆς κακίας. καὶ νῦν ἐγὼ μὲν ἄπειμι ὑφ᾽ ὑμῶν

5 θανάτου δίκην ὀφλών, οὗτοι δ᾽ ὑπὸ τῆς ἀληθείας ὠφληκό-
τες μοχθηρίαν καὶ ἀδικίαν. καὶ ἐγώ τε τῷ τιμήματι
ἐμμένω καὶ οὗτοι. ταῦτα μέν που ἴσως οὕτως καὶ ἔδει
σχεῖν, καὶ οἶμαι αὐτὰ μετρίως ἔχειν.

c   Τὸ δὲ δὴ μετὰ τοῦτο ἐπιθυμῶ ὑμῖν χρησμῳδῆσαι, ὦ
καταψηφισάμενοί μου· καὶ γάρ εἰμι ἤδη ἐνταῦθα ἐν ᾧ
μάλιστα ἄνθρωποι χρησμῳδοῦσιν, ὅταν μέλλωσιν ἀποθα-
νεῖσθαι. φημὶ γάρ, ὦ ἄνδρες οἳ ἐμὲ ἀπεκτόνατε, τιμωρίαν

5 ὑμῖν ἥξειν εὐθὺς μετὰ τὸν ἐμὸν θάνατον πολὺ χαλεπωτέραν
νὴ Δία ἢ οἵαν ἐμὲ ἀπεκτόνατε· νῦν γὰρ τοῦτο εἴργασθε
οἰόμενοι μὲν ἀπαλλάξεσθαι τοῦ διδόναι ἔλεγχον τοῦ βίου,
τὸ δὲ ὑμῖν πολὺ ἐναντίον ἀποβήσεται, ὡς ἐγώ φημι.

d   πλείους ἔσονται ὑμᾶς οἱ ἐλέγχοντες, οὓς νῦν ἐγὼ κατεῖχον,
ὑμεῖς δὲ οὐκ ᾐσθάνεσθε· καὶ χαλεπώτεροι ἔσονται ὅσῳ
νεώτεροί εἰσιν, καὶ ὑμεῖς μᾶλλον ἀγανακτήσετε. εἰ γὰρ
οἴεσθε ἀποκτείνοντες ἀνθρώπους ἐπισχήσειν τοῦ ὀνειδίζειν

5 τινὰ ὑμῖν ὅτι οὐκ ὀρθῶς ζῆτε, οὐ καλῶς διανοεῖσθε· οὐ γάρ
ἐσθ᾽ αὕτη ἡ ἀπαλλαγὴ οὔτε πάνυ δυνατὴ οὔτε καλή, ἀλλ᾽
ἐκείνη καὶ καλλίστη καὶ ῥᾴστη, μὴ τοὺς ἄλλους κολούειν
ἀλλ᾽ ἑαυτὸν παρασκευάζειν ὅπως ἔσται ὡς βέλτιστος.
ταῦτα μὲν οὖν ὑμῖν τοῖς καταψηφισαμένοις μαντευσάμενος

10 ἀπαλλάττομαι.

e   Τοῖς δὲ ἀποψηφισαμένοις ἡδέως ἂν διαλεχθείην ὑπὲρ
τοῦ γεγονότος τουτουῒ πράγματος, ἐν ᾧ οἱ ἄρχοντες
ἀσχολίαν ἄγουσι καὶ οὔπω ἔρχομαι οἷ ἐλθόντα με δεῖ

---

166. Em Homero, encontramos cenas em que o herói, prestes a morrer, profere vaticínios sobre a morte de seu algoz: ver *Ilíada*, 16.851-854 (Pátroclo); 22.358-360 (Heitor). Na
Apologia de Xenofonte, essa conexão é feita explicitamente (30): "Todavia", disse Sócrates, "assim como Homero, em certas passagens, atribuiu a quem se encontrava no limiar
entre a vida e a morte a previsão do futuro, eu desejo proferir aqui um vaticínio […]"
A explicação comumente dada para o vaticínio no momento da morte é que, assim como
no caso dos sonhos proféticos, a alma, livrando-se do corpo, encontra-se em seu estado
mais divino, a ponto de ser capaz de antever o futuro (Xenofonte, *Ciropedia*, 8.7.21) (N.
Denyer, op. cit. p. 119). Sobre o vaticínio como uma forma de inspiração e possessão
divinas, ver *Apologia*, 22c.

[39b-e] APOLOGIA DE SÓCRATES 305

mais lento, ao passo que meus acusadores, que são hábeis e perspicazes, pelo que é mais veloz... pelo vício. Eu vou embora daqui condenado por vocês à morte, enquanto eles, condenados pela verdade à perversidade e à injustiça. E eu acatarei a penalidade, assim como eles hão de fazer. Talvez as coisas devessem acontecer como aconteceram, e presumo que ocorreram na medida justa.

Em seguida, a vocês, que votaram pela minha condenação, desejo lhes proferir um vaticínio. Com efeito, já estou naquele ponto em que os homens estão mais propensos a vaticínios, quando estão na iminência de morrer[166]. Eu assevero, ó homens, que vocês, que me impuseram tal condenação, estarão sujeitos, logo após a minha morte, a uma punição muito mais rude – por Zeus! – do que esta que ora me vitima à morte. De fato, vocês tomaram essa atitude supondo que iriam se livrar de ter sua vida perscrutada, no entanto lhes sucederá exatamente o contrário, como estou lhes dizendo. Vocês irão encontrar um número maior de perscrutadores, os quais até então eu refreava, embora vocês não percebessem[167]. E quanto mais jovens mais rudes serão, e vocês ficarão ainda mais enfurecidos. Se vocês julgam que, condenando homens à morte, evitarão que alguém os censure por não viverem corretamente, não estão raciocinando bem, pois não é esse o modo de todo belo e eficaz para se livrar disso; pelo contrário, o modo mais belo e mais fácil não é eliminar os outros, mas dispor-se para ser o melhor ao máximo. Eis, então, o vaticínio que profiro a quem votou pela minha condenação, e assim me livro deles.

Aos que votaram pela minha absolvição, seria um prazer dialogar com vocês sobre o que acabou de acontecer, enquanto os arcontes estão atarefados e eu ainda não preciso dirigir-me

---

167. "Vida perscrutada" e "perscrutadores" (τοῦ διδόναι ἔλεγχον τοῦ βίου, 38c7; οἱ ἐλέγχοντες, 38d1) traduzem aqui sintagmas compostos com o termo grego *elenchos*, que vinha sendo traduzido até então como "refutação" (ver supra p 222n8). A razão dessa opção aqui se deve ao fato de que *elenchos* não significa apenas "refutação" em sentido estrito, mas também "submeter alguém a um interrogatório, provar, convencer", especialmente na prática dos tribunais (P. Chantraine, op. cit., p. 334). Portanto, "refutar" acaba sendo o resultado desse processo de "colocar à prova" as opiniões e convicções de seus interlocutores.

306 ΑΠΟΛΟΓΙΑ ΣΩΚΡΑΤΟΥΣ

τεθνάναι. ἀλλά μοι, ὦ ἄνδρες, παραμείνατε τοσοῦτον
5 χρόνον· οὐδὲν γὰρ κωλύει διαμυθολογῆσαι πρὸς ἀλλήλους
40a ἕως ἔξεστιν. ὑμῖν γὰρ ὡς φίλοις οὖσιν ἐπιδεῖξαι ἐθέλω τὸ
νυνί μοι συμβεβηκὸς τί ποτε νοεῖ. ἐμοὶ γάρ, ὦ ἄνδρες
δικασταί—ὑμᾶς γὰρ δικαστὰς καλῶν ὀρθῶς ἂν καλοίην—
θαυμάσιόν τι γέγονεν. ἡ γὰρ εἰωθυῖά μοι μαντικὴ ἡ τοῦ
5 δαιμονίου ἐν μὲν τῷ πρόσθεν χρόνῳ παντὶ πάνυ πυκνὴ ἀεὶ
ἦν καὶ πάνυ ἐπὶ σμικροῖς ἐναντιουμένη, εἴ τι μέλλοιμι μὴ
ὀρθῶς πράξειν. νυνὶ δὲ συμβέβηκέ μοι ἅπερ ὁρᾶτε καὶ
αὐτοί, ταυτὶ ἅ γε δὴ οἰηθείη ἄν τις καὶ νομίζεται ἔσχατα
b κακῶν εἶναι· ἐμοὶ δὲ οὔτε ἐξιόντι ἕωθεν οἴκοθεν ἠναντιώθη
τὸ τοῦ θεοῦ σημεῖον, οὔτε ἡνίκα ἀνέβαινον ἐνταυθοῖ ἐπὶ τὸ
δικαστήριον, οὔτε ἐν τῷ λόγῳ οὐδαμοῦ μέλλοντί τι ἐρεῖν.
καίτοι ἐν ἄλλοις λόγοις πολλαχοῦ δή με ἐπέσχε λέγοντα
5 μεταξύ· νῦν δὲ οὐδαμοῦ περὶ ταύτην τὴν πρᾶξιν οὔτ' ἐν
ἔργῳ οὐδενὶ οὔτ' ἐν λόγῳ ἠναντίωταί μοι. τί οὖν αἴτιον
εἶναι ὑπολαμβάνω; ἐγὼ ὑμῖν ἐρῶ· κινδυνεύει γάρ μοι τὸ
συμβεβηκὸς τοῦτο ἀγαθὸν γεγονέναι, καὶ οὐκ ἔσθ' ὅπως
c ἡμεῖς ὀρθῶς ὑπολαμβάνομεν, ὅσοι οἰόμεθα κακὸν εἶναι τὸ
τεθνάναι. μέγα μοι τεκμήριον τούτου γέγονεν· οὐ γὰρ ἔσθ'
ὅπως οὐκ ἠναντιώθη ἄν μοι τὸ εἰωθὸς σημεῖον, εἰ μή τι
ἔμελλον ἐγὼ ἀγαθὸν πράξειν.
5 Ἐννοήσωμεν δὲ καὶ τῇδε ὡς πολλὴ ἐλπίς ἐστιν ἀγαθὸν
αὐτὸ εἶναι. δυοῖν γὰρ θάτερόν ἐστιν τὸ τεθνάναι· ἢ γὰρ οἷον
μηδὲν εἶναι μηδὲ αἴσθησιν μηδεμίαν μηδενὸς ἔχειν τὸν
τεθνεῶτα, ἢ κατὰ τὰ λεγόμενα μεταβολή τις τυγχάνει
οὖσα καὶ μετοίκησις τῇ ψυχῇ τοῦ τόπου τοῦ ἐνθένδε εἰς

168. O raciocínio de Sócrates é o seguinte: a função do juiz é julgar conforme as
leis e a justiça; eu fui julgado injustamente por aqueles que votaram pela minha condenação; portanto, não exerceram a função esperada de um juiz, de modo que a própria
denominação de "juiz" não lhes cabe. Vale ressaltar que é a única vez em que Sócrates
se refere aos membros do júri – mais precisamente, a uma parte deles –, pelo vocativo
"ó juízes"; nas demais ocorrências, ele usa ou "ó atenienses" (45 vezes) ou "ó homens"
(16 vezes), o que reforça o seu argumento aqui.

169. Sobre a noção de *daimōn* na religião grega e a entidade divina (*to daimonion*)
de Sócrates, ver supra p. 248n57 e p. 276n102.

170. Diferentemente do que havia sido dito antes, que era impossível saber se a morte
era uma coisa boa ou má (29b), Sócrates afirma agora que ela é, *provavelmente*, um bem, ▶

[39e-40c]   APOLOGIA DE SÓCRATES   307

ao local onde hei de encontrar a morte. Permaneçam aqui, ó homens, o tempo que ainda nos resta, pois nada impede que conversemos enquanto nos for possível. A vocês, que são meus amigos, desejo lhes mostrar o que penso sobre o que há pouco me ocorreu. A mim, ó juízes – pois ao chamá-los de juízes eu estaria empregando a denominação correta – sucedeu algo admirável[168]. Durante toda a minha a vida, a habitual manifestação profética de minha entidade divina sempre foi recorrente, contrapondo-se a mim até mesmo em situações de pouca monta, quando estava prestes a agir incorretamente[169]. E há pouco acabou de suceder-me o que vocês viram com seus próprios olhos, o que é considerado, e qualquer um poderia julgá-lo, ser o mal supremo. O sinal do deus, entretanto, não se contrapôs a mim nem quando saí de casa pela manhã, nem quando me apresentei aqui no tribunal, nem quando estava para dizer algo durante meu discurso. Aliás, em outras discussões ele costumava obstar-me várias vezes interrompendo o que dizia, mas agora, a respeito de minha conduta aqui, quer em atos quer em palavras, ele não tem se contraposto a mim de modo algum. Que explicação, então, posso dar a isso? Eu direi a vocês: é bem provável que tenha sido um bem para mim o que me ocorreu, e se todos nós julgamos que morrer é um mal, temos inevitavelmente uma compreensão equivocada disso. E eis a prova cabal: é impossível que o meu sinal corriqueiro não tenha se contraposto a mim, se não estivesse prestes a agir bem[170].

Suponhamos, por outro lado, o seguinte: que haja uma enorme esperança de que isso seja um bem. Com efeito, estar morto é uma coisa ou outra: ou nada há e o morto não tem qualquer sensação[171], ou há, como se diz por aí, uma transformação e

▷ uma vez que o sinal de sua "entidade divina" (*to daimonion*) não se lhe manifestou em nenhum momento durante o julgamento. Isso revelaria a correção moral de seu procedimento. No entanto, essa inferência de Sócrates não é válida, pois pode ser o caso de que a morte seja tão somente um mal menor, se comparada à ação vergonhosa a que Sócrates necessitaria recorrer para evitar a pena capital. Também nessa hipótese, sua "entidade divina" (*to daimonion*) não se manifestaria, pois a ação de Sócrates estaria correta, embora a consequência dela lhe acarretasse inevitavelmente um mal, ainda que menor.

171. Burnet sugere que essa visão se encontraria em Homero (op. cit., p. 246); no entanto, também em seus poemas há uma caracterização da vida após a morte no Hades, ▶

308 ΑΠΟΛΟΓΙΑ ΣΩΚΡΑΤΟΥΣ

10 ἄλλον τόπον. καὶ εἴτε δὴ μηδεμία αἴσθησίς ἐστιν, ἀλλ᾽ οἷον
d ὕπνος, ἐπειδάν τις καθεύδων μηδ᾽ ὄναρ μηδὲν ὁρᾷ, θαυμα-
σιον κέρδος ἂν εἴη ὁ θάνατος· ἐγὼ γὰρ ἂν οἶμαι, εἴ τινα
ἐκλεξάμενον δέοι ταύτην τὴν νύκτα ἐν ᾗ οὕτω κατέδαρθεν
ὥστε μηδὲ ὄναρ ἰδεῖν, καὶ τὰς ἄλλας νύκτας τε καὶ ἡμέρας
5 τὰς τοῦ βίου τοῦ ἑαυτοῦ ἀντιπαραθέντα ταύτῃ τῇ νυκτὶ
δέοι σκεψάμενον εἰπεῖν πόσας ἄμεινον καὶ ἥδιον ἡμέρας
καὶ νύκτας ταύτης τῆς νυκτὸς βεβίωκεν ἐν τῷ ἑαυτοῦ βίῳ,
οἶμαι ἂν μὴ ὅτι ἰδιώτην τινά, ἀλλὰ τὸν μέγαν βασιλέα
e εὐαριθμήτους ἂν εὑρεῖν αὐτὸν ταύτας πρὸς τὰς ἄλλας
ἡμέρας καὶ νύκτας· εἰ οὖν τοιοῦτον ὁ θάνατός ἐστιν, κέρδος
ἔγωγε λέγω· καὶ γὰρ οὐδὲν πλείων ὁ πᾶς χρόνος φαίνεται
οὕτω δὴ εἶναι ἢ μία νύξ. εἰ δ᾽ αὖ οἷον ἀποδημῆσαί ἐστιν ὁ
5 θάνατος ἐνθένδε εἰς ἄλλον τόπον, καὶ ἀληθῆ ἐστιν τὰ λεγόμενα, ὡς ἄρα ἐκεῖ εἰσιν ἅπαντες οἱ τεθνεῶτες, τί μεῖζον
ἀγαθὸν τούτου εἴη ἄν, ὦ ἄνδρες δικασταί; εἰ γάρ τις ἀφι-
41a κόμενος εἰς Ἅιδου, ἀπαλλαγεὶς τουτωνὶ τῶν φασκόντων
δικαστῶν εἶναι, εὑρήσει τοὺς ὡς ἀληθῶς δικαστάς, οἷπερ
καὶ λέγονται ἐκεῖ δικάζειν, Μίνως τε καὶ Ῥαδάμανθυς καὶ

▷ como vemos, sobretudo, no Canto XI da *Odisseia*, a "descida" (*katabasis*) de Odisseu à casa
do deus subterrâneo, quando visita os "espectros" (*psukhai*) dos mortos, dentre eles Aquiles,
Ájax, o adivinho Tirésias e sua mãe. Segundo M.M. Sassi (op. cit., p. 172-173), essa visão aqui
esboçada por Sócrates encontrará uma formulação mais precisa posteriormente em Epicuro,
segundo o qual "a morte não é nada para nós, uma vez que tudo o que é bom e tudo o que
é mau está na sensação, e a morte é privação da sensação" (*Carta a Meneceu*, 124.7-8). Para
uma retrospectiva das reflexões sobre a morte e, por conseguinte, sobre a noção nos filósofos pré-socráticos e nas tragédias gregas, ver E. De Strycker; S.R. Slings, op. cit., p. 221-226.

172. Em seu livro seminal sobre Platão e o orfismo, Bernabé considera esta passagem da *Apologia* (40c-41c) como um dos excertos em que "Platão, sem fazer referências
aos mistérios ou ao orfismo como tais, se deixa influenciar pelo modelo, o vocabulário
ou as imagens das manifestações próprias destas manifestações religiosas" (A. Bernabé,
Platão e o Orfismo, p. 360). Os mistérios órficos eram rituais dos quais Orfeu era considerado o autor ou fundador, e se baseavam no mito de Dioniso Zagreu. Os princípios
teóricos fundamentais do orfismo são: o dualismo entre alma imortal e corpo mortal,
o pecado anterior, o ciclo de transmigrações, a liberação da alma e sua salvação final
(ibidem, p. 25). Como é vaga aqui a alusão à ideia de "transmigração" (*metoikēsis*),
pode ser também uma referência aos mistérios eleusinos, que se baseavam no mito de
Deméter, Perséfone e Hades cantado no *Hino a Deméter* atribuído a Homero, e que
prometiam uma vida melhor após a morte para os iniciados. Vale ressaltar que os
mistérios eleusinos eram o mais famoso ritual religioso secreto da Grécia, realizados
entre os séculos VI a.C. e IV d.C. Para uma visão mais cética sobre a influência dos mistérios nesta passagem da *Apologia*, ver E. De Strycker; S.R. Slings, op. cit., p. 226-228.

[40c-41a] APOLOGIA DE SÓCRATES 309

transmigração da alma daqui para outro lugar[172]. E se de fato não há qualquer sensação e fosse tal como o sono quando se dorme sem sonhar e sem nada ver, a morte seria admiravelmente vantajosa. Pois eu presumo que, se alguém devesse selecionar aquela noite em que dormiu sem vislumbrar qualquer sonho, e compará-la com as demais noites e dias de sua vida, e então examiná-las e dizer quantos dias e noites vividos em sua vida foram melhores e mais aprazíveis do que aquela noite, presumo eu que não apenas um homem comum, mas também o Grande Rei[173] computariam poucas noites como esta em comparação aos demais dias e noites. Se, então, a morte é algo do gênero, ao menos eu afirmo que é vantajosa, pois é manifesto que, dessa forma, a totalidade do tempo não seria em nada maior do que uma única noite[174]. Se, por outro lado, a morte é como se fosse uma migração daqui para outro lugar, e se é verdade o que se diz por aí, que todos os mortos lá estão, que bem maior do que este poderia haver, ó juízes? Se alguém chegasse ao Hades depois de ter se livrado destes homens aqui que alegam ser juízes, e se defrontasse com os verdadeiros juízes, os quais, segundo dizem, também lá proferem julgamentos – Minos, Radamanto, Éaco[175],

173. Ou seja, o Rei da Pérsia, que aparece também referido no mito escatológico do *Górgias* (523a-527e), diálogo que possui vários elementos em comum com esta passagem da *Apologia* (40c-41c). Nele, o Grande Rei, reputado como paradigma de um homem feliz por Polo (εὐδαίμονα, 470e5), um dos interlocutores de Sócrates no diálogo, é submetido ao julgamento *post mortem*, quando sua alma é julgada "nua", desprovida de reputação e poder, revelando assim todos os atos injustos e ímpios cometidos por ele em vida (524e-525a).

174. Porque um indivíduo, enquanto dorme uma noite de sono sem sonhos, não tem consciência de qualquer diferença entre a duração de uma noite e a totalidade do tempo (J. Burnet, op. cit., p. 248).

175. No mito do *Górgias*, de matiz órfica, Minos e Radamanto e Éaco aparecem como juízes encarregados de julgar as almas em sua chegada ao Hades depois da morte. A fala no mito é de Zeus:

Então eu, ciente disso antes de vós, determinei como juízes meus filhos, dois da Ásia, Minos e Radamanto, e um da Europa, Éaco. Eles, quando estiverem mortos, realizarão os julgamentos no prado, na tripla encruzilhada onde se bifurcam duas estradas, uma, para a Ilha dos Venturosos, e a outra, para o Tártaro. Radamanto julgará os que vierem da Ásia, enquanto Éaco, os da Europa; a Minos, por sua vez, concederei o privilégio de julgar em última instância, se um ou outro não souber como fazê-lo, a fim de que o julgamento sobre o percurso dos homens seja o quanto mais justo. (523e8-524a7) ▸

310 ΑΠΟΛΟΓΙΑ ΣΩΚΡΑΤΟΥΣ

Αἰακὸς καὶ Τριπτόλεμος καὶ ἄλλοι ὅσοι τῶν ἡμιθέων
5 δίκαιοι ἐγένοντο ἐν τῷ ἑαυτῶν βίῳ, ἆρα φαύλη ἂν εἴη ἡ
ἀποδημία; ἢ αὖ Ὀρφεῖ συγγενέσθαι καὶ Μουσαίῳ καὶ
Ἡσιόδῳ καὶ Ὁμήρῳ ἐπὶ πόσῳ ἄν τις δέξαιτ᾽ ἂν ὑμῶν; ἐγὼ
μὲν γὰρ πολλάκις ἐθέλω τεθνάναι εἰ ταῦτ᾽ ἔστιν ἀληθῆ.

b ἐπεὶ ἔμοιγε καὶ αὐτῷ θαυμαστὴ ἂν εἴη ἡ διατριβὴ αὐτόθι,
ὁπότε ἐντύχοιμι Παλαμήδει καὶ Αἴαντι τῷ Τελαμῶνος καὶ
εἴ τις ἄλλος τῶν παλαιῶν διὰ κρίσιν ἄδικον τέθνηκεν, ἀντι-
παραβάλλοντι τὰ ἐμαυτοῦ πάθη πρὸς τὰ ἐκείνων—ὡς ἐγὼ

▷ Minos é referido por Odisseu no Canto XI da *Odisseia* (v. 568-571), quando de sua
visita aos confins do mundo, onde convocou as almas fantasmagóricas do mundo subterrâneo de Hades para interpelá-las. Mas diferentemente do mito de *Górgias*, ali ele
aparece simplesmente "sendo interrogado sobre questões de justiça" (οἱ δέ μιν ἀμφὶ
δίκας εἴροντο ἄνακτα, v. 570), sem qualquer referência a julgamentos sobre injustiças
cometidas pelos indivíduos em vida.

176. Triptólemo não aparece no mito do *Górgias*, embora no *Hino a Deméter* se
atribua a ele, dentre outras coisas, a função de juiz, porém no mundo dos vivos (v. 149-
156). Triptólemo tinha aparentemente um lugar especial nos mistérios eleusinos (*Hino
a Deméter*, v. 474), de modo que pode ser essa a referência de Sócrates aqui (J. Adam,
op. cit., p. 118; N. Denyer, op. cit., p. 123).

177. Homero (século VIII a.C.), a quem se atribui a composição da *Ilíada* e da *Odisseia*,
é para Platão o mais importante poeta canônico, seja pela sua antiguidade, seja pela função
educativa que seus poemas exerciam no período clássico (séculos V e IV a.C.). A Homero,
Platão atribui o título de "o primeiro mestre e guia de todos esses belos poetas trágicos"
(*República*, X 595c1-2), de modo que toda a sua polêmica contra a poesia, especialmente
em relação ao seu caráter ético-político, está dirigida, em última instância, a ele. Hesíodo
(séculos VIII-VII a.C.), autor da *Teogonia* e de *Os Trabalhos e os Dias*, é, junto a Homero,
um dos cânones da poesia grega, e um dos alvos privilegiados de Platão nos Livros II e
III da *República*, quando critica a representação dos deuses e os modelos éticos que daí se
derivam. Orfeu é uma figura lendária de origem trácia e, como as Musas, habita perto do
monte Olimpo. A ele se atribui a fundação dos mistérios órficos. Tocador de lira e "cítara",
instrumento esse cuja invenção é atribuída a ele (P. Grimal, *Dicionário da Mitologia Grega
e Romana*, p. 340-341), sua música teria o poder de seduzir animais, árvores e plantas (Eurípides, *Bacantes*, v. 560-564). A figura de Museu por vezes se confunde com a de Orfeu. É
considerado um grande músico capaz de curar os doentes com a sua música. Atribui-se-lhe
a introdução dos mistérios eleusinos na Ática (P. Grimal, op. cit., p. 320). Nos escólios da
comédia *As Rãs*, de Aristófanes (v. 1030-1036), encontramos a seguinte referência a Museu:
"Filócoro afirma que Museu era filho de Selene e Eumolpo. Ele criou os ritos secretos de
iniciação e purificação. Sófocles o chama de adivinho." No *Protágoras*, a personagem homônima traça o que seria a genealogia dos sofistas, na qual essas quatro figuras também aparecem mencionadas em conjunto: "Eu afirmo que a arte sofística é antiga, e que os antigos
homens que a colocavam em prática, por medo do ódio inerente a ela, produziram um
disfarce e encobriram-na com ele, uns usando a poesia, como Homero, Hesíodo e Simônides, outros, os mistérios e as profecias, como os seguidores de Orfeu e Museu" (316d3-9).

178. Palamedes é uma das figuras cuja lenda se desenvolveu à margem dos poemas
homéricos; foi discípulo do Centauro Quíron ao lado de Aquiles, Ájax e Héracles, ▶

[41a-b]   APOLOGIA DE SÓCRATES   311

Triptólemo[176] e os demais semideuses que em vida vieram a ser justos –, porventura seria coisa de pouco valor tal migração? Entre vocês há quem prefira outra coisa a conviver com Orfeu, Museu, Hesíodo e Homero?[177] Eu, com efeito, estou disposto a morrer inúmeras vezes, se isso é verdade. Pois, ao menos para mim,   b seria admirável passar meu tempo lá nesse lugar, quando encontrasse Palamedes[178], Ájax Telamônio[179] e, quem sabe, algum outro homem do passado que morrera vitimado por uma decisão injusta, e pudesse comparar a minha própria experiência com a deles – não

▷ e participou dos preparativos para a Guerra de Troia. O episódio mais célebre de Palamedes concerne ao desmascaramento do estratagema de Odisseu, que fingiu loucura para evitar ir à Troia, não observando assim o juramento prestado pelos pretendentes de Helena ao seu pai, Tíndaro. É com base nesse juramento que Palamedes e Menelau foram requerer de Odisseu sua participação na expedição, uma vez que Helena havia sido raptada pelo troiano Páris. Uma das versões desse episódio conta que Palamedes colocou o filho de Odisseu, Telêmaco, na frente da charrua com o que o herói lavrava a terra, fazendo com que ele salvasse o filho e pusesse fim à sua simulação de loucura. Isso obrigou Odisseu a integrar a expedição contra Troia. Como forma de vingança, Odisseu forjou uma carta, supostamente enviada por Príamo, o rei de Troia, na qual insinuava que Palamedes trairia os gregos em benefício dos troianos, e subornou um escravo de Palamedes para que colocasse ouro no leito de seu senhor. Com isso, Odisseu conseguiu incriminar Palamedes perante os demais gregos da expedição contra Troia, que o apedrejaram até a morte (P. Grimal, op. cit., p. 348). A referência a Palamedes aqui na *Apologia* se explica pela semelhança com o caso de Sócrates: ambos foram julgados e sentenciados à morte *injustamente*, com base em falsas evidências. Vale ressaltar que Górgias, referido nominalmente na *Apologia* como um dos sofistas (19e), havia escrito, provavelmente no final do século V a.C. (portanto, antes dos diálogos platônicos), uma *Apologia de Palamedes* (DK 82 B 11a), discurso modelar, supostamente para fins didáticos, que apresenta inúmeros pontos de intersecção com a *Apologia de Sócrates*, de Platão. Sobre a relação entre a *Apologia de Palamedes*, de Górgias e a *Apologia de Sócrates*, de Platão, ver J. Coulter, The Relation of the *Apology of Socrates* to Gorgias' *Defense of Palamedes* and Plato's Critique of Gorgianic Rhetoric, *Harvard Studies in Classical Philology*, v. 68; M.M. Sassi, op. cit., p. 55-60.

179. Ájax Telamônio é um dos principais heróis da *Ilíada*; depois de Aquiles, era o mais forte e o mais valente de todo o exército. Uma das versões de sua morte, encenada na tragédia *Ájax* de Sófocles, conta que Agamêmnon e Menelau concederam a Odisseu, e não a ele, as armas de Aquiles depois de sua morte. Num acesso de furor por seu valor não ter sido reconhecido, Ájax tenta matar os chefes da expedição grega, mas a deusa Atena intervém e, infundindo-lhe loucura, faz com que ele massacre os rebanhos dos gregos, ao invés de seus companheiros. Ao recobrar a consciência e reconhecer que fora enganado, suicida-se, debruçando-se sobre a espada que recebera de Heitor. No Canto XI da *Odisseia* (v. 542-563), em sua visita ao Hades, Odisseu tenta se reconciliar com ele, mas Ájax o ignora absolutamente em virtude de sua ira e de seu orgulho ferido. A referência a Ájax aqui na *Apologia* também se explica pela mesma razão que a de Palamedes: Ájax representa uma vítima lendária de um *julgamento injusto*, que lhe privou das armas de Aquiles e, por conseguinte, do reconhecimento de seu estatuto heroico, ferindo-lhe o sentimento de "honra" (*timē*), valor basilar do código moral heroico.

312   ΑΠΟΛΟΓΙΑ ΣΩΚΡΑΤΟΥΣ

5   οἶμαι, οὐκ ἂν ἀηδὲς εἴη—καὶ δὴ καὶ τὸ μέγιστον, τοὺς ἐκεῖ
    ἐξετάζοντα καὶ ἐρευνῶντα ὥσπερ τοὺς ἐνταῦθα διάγειν, τίς
    αὐτῶν σοφός ἐστιν καὶ τίς οἴεται μέν, ἔστιν δ' οὔ. ἐπὶ πόσῳ
    δ' ἄν τις, ὦ ἄνδρες δικασταί, δέξαιτο ἐξετάσαι τὸν ἐπὶ
c   Τροίαν ἀγαγόντα τὴν πολλὴν στρατιὰν ἢ Ὀδυσσέα ἢ
    Σίσυφον ἢ ἄλλους μυρίους ἄν τις εἴποι καὶ ἄνδρας καὶ
    γυναῖκας, οἷς διαλέγεσθαι ἐκεῖ καὶ συνεῖναι καὶ ἐξετάζειν
    ἀμήχανον ἂν εἴη εὐδαιμονίας; πάντως οὐ δήπου τούτου γε
5   ἕνεκα οἱ ἐκεῖ ἀποκτείνουσι· τά τε γὰρ ἄλλα εὐδαιμονέ-
    στεροί εἰσιν οἱ ἐκεῖ τῶν ἐνθάδε, καὶ ἤδη τὸν λοιπὸν χρόνον
    ἀθάνατοί εἰσιν, εἴπερ γε τὰ λεγόμενα ἀληθῆ ἐστιν.

    Ἀλλὰ καὶ ὑμᾶς χρή, ὦ ἄνδρες δικασταί, εὐέλπιδας εἶναι
    πρὸς τὸν θάνατον, καὶ ἕν τι τοῦτο διανοεῖσθαι ἀληθές, ὅτι
d   οὐκ ἔστιν ἀνδρὶ ἀγαθῷ κακὸν οὐδὲν οὔτε ζῶντι οὔτε
    τελευτήσαντι, οὐδὲ ἀμελεῖται ὑπὸ θεῶν τὰ τούτου πρά-
    γματα· οὐδὲ τὰ ἐμὰ νῦν ἀπὸ τοῦ αὐτομάτου γέγονεν, ἀλλά

180. Agamêmnon, rei de Micenas, foi o chefe supremo da expedição grega contra
Troia. Ele é caracterizado na *Ilíada*, de Homero, como um herói orgulhoso, insolente e
arrogante. Seu comportamento ultrajante o leva a um conflito com Aquiles pela cativa
Briseida (tema do Canto I), forçando o melhor guerreiro grego a sair temporariamente
da guerra e causando, em consequência, inúmeras baixas em seu contingente. Assim
como no caso de Ájax, ele também aparece como uma das almas com quem Odisseu
conversa no Canto XI da *Odisseia* (v. 385-464), quando narra a sua morte ignominiosa,
ao lado de sua cativa Cassandra e de seus companheiros recém-chegados da expedição
contra Troia, pelas mãos de sua esposa Clitemnestra em conchavo com seu amante
Egisto. Esse episódio será o enredo da tragédia *Agamêmnon*, de Ésquilo, em que se
revela o que teria sido a motivação de Clitemnestra ao participar do assassinato de seu
marido: vingança pelo sacrifício de sua filha Ifigênia quando a expedição estava reu-
nida em Áulis (tema da tragédia *Ifigência em Áulis*, de Eurípides). O adivinho Calcante
declarou naquela circunstância a Agamêmnon que Ártemis exigia que sua filha fosse
prontamente sacrificada. Mandou assim buscá-la a pretexto de um casamento fictício
com Aquiles. Entretanto, no momento do sacrifício, Ártemis se apiedou e levou-a para
ser sua sacerdotisa na terra dos táurios, pondo no altar um cervo em vez de Ifigênia.
181. A referência a Odisseu, o herói máximo da *Odisseia*, de Homero, explica-se,
por um lado, pela seleção que Sócrates faz das personagens mitológicas: sua visita ao
Hades (Canto XI) é o que conecta aqui Minos, Ájax, Agamêmnon e Sísifo. Por outro
lado, tanto Odisseu quanto Sísifo são figuras renomadas pela astúcia e por obter sucesso
em suas empreitadas empregando meios que, do ponto de vista socrático, são moralmente censuráveis (dolo, engano, violência etc.). Nesse sentido, seriam ótimos candidatos para serem submetidos ao escrutínio de Sócrates.

[41b-d] APOLOGIA DE SÓCRATES 313

seria desagradável, presumo eu – e, especialmente, o que é mais
importante: se eu pudesse passar o tempo a examinar e inquirir
os que lá estão, assim como faço com os daqui, a fim de verificar quem deles é sábio e quem presume sê-lo, mas não o é. Que
outra coisa, ó juízes, alguém preferiria a examinar quem con-
duziu grandioso exército contra Troia[180], Odisseu[181], Sísifo[182] ou   c
milhares de outros homens e mulheres que se poderia mencio-
nar, com os quais seria uma felicidade extraordinária dialogar,
conviver e examinar lá nesse lugar? É absolutamente certo que
os de lá não condenam à morte por causa disso[183]; pois em todos
os aspectos os de lá são mais felizes que os daqui, e em especial
por serem imortais pelo restante do tempo, se de fato é verdade
o que se diz por aí.

Inclusive vocês, ó juízes, devem ser esperançosos quanto à
morte, e ter em mente que a única coisa verdadeira é que, ao
homem bom, é impossível sofrer algum mal[184], quer em vida   d
quer depois da morte, e que suas vicissitudes não são negli-
genciadas pelos deuses[185]. Tampouco o que sofro agora se deu

182. Sísifo, filho de Éolo, é o mais astuto dos mortais e também o menos escrupu-
loso, qualificado por Píndaro como "o mais sagaz em astúcia, como um deus" (Σίσυφον
μὲν πυκνότατον παλάμαις ὡς θεόν; Olímpicas, 13.52). Em uma determinada vertente
do mito, aparece como o verdadeiro pai de Odisseu (e não Laertes, como nos poemas
homéricos), pois teria tido relações com Anticleia na véspera de seu casamento com
Laertes. Sísifo também aparece mencionado no Canto XI da Odisseia, em que Odisseu
descreve sua punição infindável no Hades: rolar uma pedra enorme morro acima, mas
quando atinge o topo, ela rola novamente morro abaixo, de modo que ele tem de começar tudo de novo (v. 593-600). O motivo dessa punição não é referido no poema, mas
uma das versões recuperáveis em fontes tardias é que ele denunciou a Asopo o rapto
de sua filha, Egina, por Zeus, que, ao tomar ciência do fato, fulminou-o de imediato e
o precipitou no Hades (P. Grimal, op. cit., p. 422-423).

183. O argumento aqui é que as almas, ao chegarem no Hades, não podem ser con-
denadas à morte pelo tipo de atividade a que Sócrates se dedica ("dialogar, conviver
e examinar"), uma vez que, privadas do corpo, elas são imortais; apenas o composto
corpo/alma pode ser efetivamente condenado à morte.

184. Ver Apologia, 30d, 37b-c.

185. Platão, República, x 613a4-b1:

SÓCRATES: Ora, devemos então conceber assim o homem justo: se ele vier a ser
pobre ou doente, se lhe suceder algo aparentemente mau, essas coisas acabarão por se
tornar um bem em vida ou depois da morte. Pois, certamente, o deus não negligencia
quem almeje com empenho se tornar justo e, cultivando a virtude, assemelhar-se ao
deus o quanto for possível a um homem.

μοι δῆλόν ἐστι τοῦτο, ὅτι ἤδη τεθνάναι καὶ ἀπηλλάχθαι πραγμάτων βέλτιον ἦν μοι. διὰ τοῦτο καὶ ἐμὲ οὐδαμοῦ ἀπέτρεψεν τὸ σημεῖον, καὶ ἔγωγε τοῖς καταψηφισαμένοις μου καὶ τοῖς κατηγόροις οὐ πάνυ χαλεπαίνω. καίτοι οὐ ταύτῃ τῇ διανοίᾳ κατεψηφίζοντό μου καὶ κατηγόρουν, ἀλλ' οἰόμενοι βλάπτειν· τοῦτο αὐτοῖς ἄξιον μέμφεσθαι. τοσόνδε μέντοι αὐτῶν δέομαι· τοὺς ὑεῖς μου, ἐπειδὰν ἡβήσωσι, τιμωρήσασθε, ὦ ἄνδρες, ταὐτὰ ταῦτα λυποῦντες ἅπερ ἐγὼ ὑμᾶς ἐλύπουν, ἐὰν ὑμῖν δοκῶσιν ἢ χρημάτων ἢ ἄλλου του πρότερον ἐπιμελεῖσθαι ἢ ἀρετῆς, καὶ ἐὰν δοκῶσί τι εἶναι μηδὲν ὄντες, ὀνειδίζετε αὐτοῖς ὥσπερ ἐγὼ ὑμῖν, ὅτι οὐκ ἐπιμελοῦνται ὧν δεῖ, καὶ οἴονταί τι εἶναι ὄντες οὐδενὸς ἄξιοι. καὶ ἐὰν ταῦτα ποιῆτε, δίκαια πεπονθὼς ἐγὼ ἔσομαι ὑφ' ὑμῶν αὐτός τε καὶ οἱ ὑεῖς. ἀλλὰ γὰρ ἤδη ὥρα ἀπιέναι, ἐμοὶ μὲν ἀποθανουμένῳ, ὑμῖν δὲ βιωσομένοις· ὁπότεροι δὲ ἡμῶν ἔρχονται ἐπὶ ἄμεινον πρᾶγμα, ἄδηλον παντὶ πλὴν ἢ τῷ θεῷ.

[41d-42a]   APOLOGIA DE SÓCRATES   315

casualmente; pelo contrário, para mim é evidente que era melhor que já estivesse morto e tivesse me livrado das vicissitudes. É por esse motivo que aquele sinal nunca mais me preveniu[186], e que não me exaspero com os que votaram pela minha condenação e com os meus acusadores. Não foi com isso em mente, decerto, que eles votaram contra mim e me acusavam, mas com a presunção de que dessa maneira estavam me prejudicando; e isso, sim, merece repúdio. Todavia, peço a eles apenas o seguinte: quando meus filhos estiverem na flor da idade, vinguem-se deles, ó homens, infligindo-lhes as mesmas penas infligidas por mim a vocês, caso julguem que estejam cuidando antes do dinheiro, ou de qualquer outra coisa, do que da virtude; e se eles parecerem ser alguma coisa sem sê-la, censurem-nos tal como eu a vocês, visto que não cuidam do que se deve cuidar e presumem ser alguma coisa, quando não merecem nada. Se vocês fizerem isso, terão me infligido o que é justo, tanto a mim quanto a meus filhos. Agora, porém, chegou a hora de partir, eu para defrontar a morte, e vocês para levar a vida adiante; quem de nós está se dirigindo para uma condição melhor... a todos isso é inescrutável, exceto ao deus[187].

186. Ver *Apologia*, 40a-c.
187. Sobre a influência do epitáfio (ou oração fúnebre), enquanto espécie do discurso retórico, nas palavras finais de Sócrates (41c8-42a5), ver E. De Strycker; S.R. Slings, op. cit., p. 235-239.

ΚΡΙΤΩΝ   CRÍTON

ΚΡΙΤΩΝ

St. 1
p. 43

a   **ΣΩ.** *Τί τηνικάδε ἀφῖξαι, ὦ Κρίτων; ἦ οὐ πρῲ ἔτι ἐστίν;*
ΚΡ. *Πάνυ μὲν οὖν.*
ΣΩ. *Πηνίκα μάλιστα;*
ΚΡ. *Ὄρθρος βαθύς.*
5   **ΣΩ.** *Θαυμάζω ὅπως ἠθέλησέ σοι ὁ τοῦ δεσμωτηρίου
φύλαξ ὑπακοῦσαι.*
ΚΡ. *Συνήθης ἤδη μοί ἐστιν, ὦ Σώκρατες, διὰ τὸ πολλάκις δεῦρο φοιτᾶν, καί τι καὶ εὐεργέτηται ὑπ' ἐμοῦ.*
ΣΩ. *Ἄρτι δὲ ἥκεις ἢ πάλαι;*
10   **ΚΡ.** *Ἐπιεικῶς πάλαι.*
b   **ΣΩ.** *Εἶτα πῶς οὐκ εὐθὺς ἐπήγειράς με, ἀλλὰ σιγῇ
παρακάθησαι;*
ΚΡ. *Οὐ μὰ τὸν Δία, ὦ Σώκρατες, οὐδ' ἂν αὐτὸς ἤθελον
ἐν τοσαύτῃ τε ἀγρυπνίᾳ καὶ λύπῃ εἶναι, ἀλλὰ καὶ σοῦ*

---

1. Sobre a figura de Críton, ver supra p. 284n118.

2. Assim como Críton, a personagem Hipócrates no diálogo *Protágoras* chega na casa de Sócrates "antes do alvorecer" (310a). A coincidência dessas duas cenas iniciais não é fortuita, mas é antes um expediente utilizado por Platão para caracterizar a condição anímica de ambas as personagens, que, por ansiedade, mal conseguem dormir e esperar a hora apropriada para visitar Sócrates: na caso de Críton, em virtude da ▶

CRÍTON

St. 1
p. 43

SÓCRATES: Por que você chegou a esta hora, Críton?[1] Não é ainda muito cedo?

CRÍTON: Com certeza.

SÓCRATES: Por volta de que horas?

CRÍTON: Antes do alvorecer[2].

SÓCRATES: Surpreende-me como o guardião do cárcere se dispôs a atendê-lo...

CRÍTON: Ele já está acostumado comigo, Sócrates, devido à frequência de minhas visitas aqui, e, além disso, concedi-lhe alguma vantagem.

SÓCRATES: Chegou há muito tempo, ou há pouco?

CRÍTON: Já faz um bom tempo.

SÓCRATES: E por que você não me despertou prontamente, ao invés de ficar aí sentado em silêncio?

CRÍTON: Não, por Zeus, Sócrates; eu mesmo não gostaria de estar assim tão insone e aflito. Mas já há algum tempo estou

▷ iminente chegada do barco vindo de Delos, que anunciaria o dia da morte de Sócrates; no caso de Hipócrates, devido à notícia da estadia do renomado sofista Protágoras em Atenas, de quem ansiava ardorosamente se tornar discípulo.

320   ΚΡΙΤΩΝ

5 πάλαι θαυμάζω αἰσθανόμενος ὡς ἡδέως καθεύδεις· καὶ ἐπίτηδές σε οὐκ ἤγειρον ἵνα ὡς ἥδιστα διάγῃς. καὶ πολλάκις μὲν δή σε καὶ πρότερον ἐν παντὶ τῷ βίῳ ηὐδαιμόνισα τοῦ τρόπου, πολὺ δὲ μάλιστα ἐν τῇ νῦν παρεστώσῃ συμφορᾷ, ὡς ῥᾳδίως αὐτὴν καὶ πράως φέρεις.

10 ΣΩ. Καὶ γὰρ ἄν, ὦ Κρίτων, πλημμελὲς εἴη ἀγανακτεῖν τηλικοῦτον ὄντα εἰ δεῖ ἤδη τελευτᾶν.

c ΚΡ. Καὶ ἄλλοι, ὦ Σώκρατες, τηλικοῦτοι ἐν τοιαύταις συμφοραῖς ἁλίσκονται, ἀλλ᾽ οὐδὲν αὐτοὺς ἐπιλύεται ἡ ἡλικία τὸ μὴ οὐχὶ ἀγανακτεῖν τῇ παρούσῃ τύχῃ.

ΣΩ. Ἔστι ταῦτα. ἀλλὰ τί δὴ οὕτω πρῲ ἀφίξαι;

5 ΚΡ. Ἀγγελίαν, ὦ Σώκρατες, φέρων χαλεπήν, οὐ σοί, ὡς ἐμοὶ φαίνεται, ἀλλ᾽ ἐμοὶ καὶ τοῖς σοῖς ἐπιτηδείοις πᾶσιν καὶ χαλεπὴν καὶ βαρεῖαν, ἣν ἐγώ, ὡς ἐμοὶ δοκῶ, ἐν τοῖς βαρύτατ᾽ ἂν ἐνέγκαιμι.

ΣΩ. Τίνα ταύτην; ἢ τὸ πλοῖον ἀφῖκται ἐκ Δήλου, οὗ δεῖ
d ἀφικομένου τεθνάναι με;

ΚΡ. Οὔτοι δὴ ἀφῖκται, ἀλλὰ δοκεῖν μέν μοι ἥξει τήμερον ἐξ ὧν ἀπαγγέλλουσιν ἥκοντές τινες ἀπὸ Σουνίου καὶ καταλιπόντες ἐκεῖ αὐτό. δῆλον οὖν ἐκ τούτων τῶν
5 ἀγγέλων ὅτι ἥξει τήμερον, καὶ ἀνάγκη δὴ εἰς αὔριον ἔσται, ὦ Σώκρατες, τὸν βίον σε τελευτᾶν.

ΣΩ. Ἀλλ᾽, ὦ Κρίτων, τύχῃ ἀγαθῇ, εἰ ταύτῃ τοῖς θεοῖς φίλον, ταύτῃ ἔστω· οὐ μέντοι οἶμαι ἥξειν αὐτὸ τήμερον.

44a ΚΡ. Πόθεν τοῦτο τεκμαίρῃ;

---

3. Como mencionado na *Apologia* (17d) e mais adiante no *Críton* (52e), Sócrates tinha setenta anos quando foi condenado à morte.

4. Como esclarecido no *Fédon* (58a-b) – diálogo que, do ponto de vista dramático, sucede ao *Críton* –, o navio partiu de Atenas para Creta um dia antes do julgamento de Sócrates, e só retornaria, segundo Xenofonte, um mês depois (*Memoráveis* 4.8.2). A duração da viagem variava de acordo com as intempéries e as condições de navegação, podendo ter uma duração curta ou longa. É essa imprevisibilidade que está presumida aqui na cena inicial do *Críton*. Trata-se de uma solenidade religiosa anual, período em que nenhuma pena de morte poderia ser executada em Atenas a fim de não macular a cidade. Comemorava-se nessa ocasião o triunfo de Teseu sobre o Minotauro, que desobrigou Atenas de enviar a Creta, como tributo, sete jovens e sete donzelas para serem devorados pelo monstro (as fontes variam quanto à periodicidade: anualmente, ▶

[43b-44a] CRÍTON 321

aqui surpreso vendo você dormindo agradavelmente, e decidi não acordá-lo a fim de que permanecesse nesse estado sumamente agradável. Foram muitas as ocasiões durante toda a vida em que reputei você feliz pelo seu comportamento, mas nunca como agora perante o infortúnio presente, pela leveza e serenidade com que você o enfrenta.

SÓCRATES: Seria decerto ultrajante, Críton, se, com a idade que tenho[3], me enfurecesse por ter de encarar a morte que se avizinha.

CRÍTON: Outras pessoas com o mesmo tempo de vida, Sócrates, são igualmente acometidas por um infortúnio semelhante, a idade, contudo, em nada as impede de se enfurecerem ante a própria sorte.

SÓCRATES: De fato. Mas por que você chegou assim tão cedo?

CRÍTON: Trago uma péssima notícia, Sócrates, não para você, penso eu, mas para mim e todos os seus amigos; uma notícia péssima e dura, muitíssimo severa de suportar, especialmente para mim, creio.

SÓCRATES: Que notícia é essa? Porventura o navio acabou de chegar de Delos, de cuja chegada depende a minha morte?[4]

CRÍTON: Na verdade, ele ainda não chegou, mas me parece que aportará hoje, conforme as notícias trazidas por aqueles que vieram de Súnion[5] e o deixaram lá. Com base nesses mensageiros, é evidente, então, que o navio aportará hoje e, por força, amanhã será o dia, Sócrates, de sua vida encontrar um termo.

SÓCRATES: Que as coisas aconteçam da melhor forma, Críton! Se é caro aos deuses, que assim seja! No entanto, creio que não irá aportar hoje.

CRÍTON: De onde lhe veio tal suposição?

▷ de três em três anos, ou de nove em nove anos). Segundo o mito, essa foi uma punição imposta por Minos, rei de Creta, aos atenienses por terem matado o seu filho, Androgeu. No entanto, esse tributo só foi pago duas vezes, pois Teseu logrou matar o Minotauro na terceira embaixada enviada à Creta, com a ajuda de Ariadne, irmã do monstro.

5. O Cabo Súnion se encontra no sudoeste da Ática, a aproximadamente 60 km de Atenas. Ver Mapa.

322   ΚΡΙΤΩΝ

ΣΩ. Ἐγώ σοι ἐρῶ. τῇ γάρ που ὑστεραίᾳ δεῖ με ἀποθνῄσκειν ἢ ᾗ ἂν ἔλθῃ τὸ πλοῖον.

ΚΡ. Φασί γέ τοι δὴ οἱ τούτων κύριοι.

5   ΣΩ. Οὐ τοίνυν τῆς ἐπιούσης ἡμέρας οἶμαι αὐτὸ ἥξειν ἀλλὰ τῆς ἑτέρας. τεκμαίρομαι δὲ ἔκ τινος ἐνυπνίου ὃ ἑώρακα ὀλίγον πρότερον ταύτης τῆς νυκτός· καὶ κινδυνεύεις ἐν καιρῷ τινι οὐκ ἐγεῖραί με.

ΚΡ. Ἦν δὲ δὴ τί τὸ ἐνύπνιον;

10   ΣΩ. Ἐδόκει τίς μοι γυνὴ προσελθοῦσα καλὴ καὶ
b   εὐειδής, λευκὰ ἱμάτια ἔχουσα, καλέσαι με καὶ εἰπεῖν· "Ὦ Σώκρατες,

ἤματί κεν τριτάτῳ Φθίην ἐρίβωλον ἵκοιο."

ΚΡ. Ὡς ἄτοπον τὸ ἐνύπνιον, ὦ Σώκρατες.

5   ΣΩ. Ἐναργὲς μὲν οὖν, ὥς γέ μοι δοκεῖ, ὦ Κρίτων.

ΚΡ. Λίαν γε, ὡς ἔοικεν. ἀλλ', ὦ δαιμόνιε Σώκρατες, ἔτι καὶ νῦν ἐμοὶ πιθοῦ καὶ σώθητι· ὡς ἐμοί, ἐὰν σὺ ἀποθάνῃς, οὐ μία συμφορά ἐστιν, ἀλλὰ χωρὶς μὲν τοῦ ἐστερῆσθαι τοιούτου ἐπιτηδείου οἷον ἐγὼ οὐδένα μή ποτε εὑρήσω, ἔτι

10   δὲ καὶ πολλοῖς δόξω, οἳ ἐμὲ καὶ σὲ μὴ σαφῶς ἴσασιν, ὡς
c   οἷός τ' ὤν σε σῴζειν εἰ ἤθελον ἀναλίσκειν χρήματα,

---

6. A referência aqui é aos "Onze": ver supra p. 297n150.

7. Sobre a relação de Sócrates com os sonhos, ver Platão, *Apologia* 33c; *Fédon* 60e. Sobre os sonhos proféticos, ver supra p. 304n166.

8. Trata-se de uma adaptação de um verso homérico, em que Aquiles fala: "no terceiro dia hei de chegar à fértil Ftia" (ἤματί κε τριτάτῳ Φθίην ἐρίβωλον ἱκοίμην, *Ilíada* 9.363), terra natal do herói. A passagem concerne à ameaça de Aquiles de abandonar de vez a guerra e voltar para casa, ao recusar a oferta de recompensa, trazida por Odisseu e sua comitiva, pela perda de Briseida para o chefe máximo da expedição, Agamêmnon (Canto I da *Ilíada*). Tal recompensa tinha como fim trazer Aquiles de volta para a guerra, depois de sua retirada do campo de batalha em virtude da contenda com Agamêmnon (tema do Canto I). O verso em questão pertence ao episódio em que Aquiles menciona seu destino dúplice revelado por sua mãe, a deusa Tétis: ou retornar para Ftia e ter uma vida longa, mas não obter a glória, ou permanecer em Troia e ter uma morte gloriosa, digna dos homens mais valorosos (*Ilíada* 9.410-416). Na *Apologia* (28b-d), Sócrates compara sua atitude frente à morte com a de Aquiles, referindo-se, contudo, ao episódio do Canto XVIII, em que, ciente de seu destino, Aquiles retorna ao combate para logo morrer (ver supra p. 264n78). A analogia entre Sócrates e Aquiles pretendida por Platão aqui é significativa: assim como Aquiles prefere a glória a uma ▶

SÓCRATES: Eu vou lhe dizer. Pois bem, devo morrer no dia seguinte à chegada do navio.

CRÍTON: É o que afirmam as autoridades encarregadas do caso[6].

SÓCRATES: Creio, então, que não aportará no dia de hoje, mas amanhã. Conjeturo isso com base em um sonho que tive há pouco esta noite[7]. E foi provavelmente oportuno você não ter me despertado...

CRÍTON: E que sonho foi esse?

SÓCRATES: Tive a impressão de que uma bela e formosa mulher envolta em manto alvo, ao aproximar-se de mim, chamou-me e disse: "ó Sócrates, *no terceiro dia hás de chegar à fértil Ftia*"[8].

CRÍTON: Que sonho estranho, Sócrates.

SÓCRATES: Cristalino, contudo; foi esta a minha impressão, Críton.

CRÍTON: Bastante cristalino, como parece. Ainda há tempo, no entanto, para você me dar ouvidos e buscar a sua salvação, extraordinário Sócrates![9] Pois, se você morrer, não me acometerá um único infortúnio; além de privar-me de um amigo tal qual jamais hei de encontrar, a maioria das pessoas, que não conhece bem a mim e a você, ainda presumirá ter havido negligência de minha parte, estando em meu poder salvá-lo, caso

▷ vida longa e medíocre em sua terra natal, Sócrates prefere submeter-se à pena capital imposta pelos atenienses a fugir da prisão ao arrepio das leis e de maneira vergonhosa. A decisão de Aquiles por morrer em combate tem como fim obter glória eterna, ao passo que a resignação de Sócrates em relação à morte imposta por seus concidadãos tem como fim manter seu respeito incólume pela justiça, como veremos ao longo do *Críton*. No entanto, vale ressaltar que "no terceiro dia hei de chegar à fértil Ftia" (ἤματί κε τριτάτῳ Φθίην ἐρίβωλον ἱκοίμην, *Ilíada* 9.363) implicaria para Aquiles uma vida longa, porém inglória (o que de fato não acontece, pois ele encontra sua morte no campo de batalha); ao passo que, para Sócrates, a sua própria morte. Esse tipo de jogo de inversão torna ainda mais simbólica a apropriação que Platão faz dos versos homéricos: no caso de Aquiles, seria o retorno de seu corpo para sua terra natal, ao passo que no de Sócrates, o retorno de sua alma para sua condição originária (fazendo implicitamente alusão à crença de uma vida *post mortem*, como no caso dos mistérios órficos e eleusinos).

9. Críton sugere aqui que não é a primeira vez que ele tenta persuadir Sócrates a fugir da prisão para evitar a pena capital, o que de fato será confirmado por Sócrates mais adiante no diálogo (48e).

324   KPITΩN

ἀμελῆσαι. καίτοι τίς ἂν αἰσχίων εἴη ταύτης δόξα ἢ δοκεῖν
χρήματα περὶ πλείονος ποιεῖσθαι ἢ φίλους; οὐ γὰρ
πείσονται οἱ πολλοὶ ὡς σὺ αὐτὸς οὐκ ἠθέλησας ἀπιέναι
5 ἐνθένδε ἡμῶν προθυμουμένων.

ΣΩ. Ἀλλὰ τί ἡμῖν, ὦ μακάριε Κρίτων, οὕτω τῆς τῶν
πολλῶν δόξης μέλει; οἱ γὰρ ἐπιεικέστατοι, ὧν μᾶλλον
ἄξιον φροντίζειν, ἡγήσονται αὐτὰ οὕτω πεπρᾶχθαι ὥσπερ
ἂν πραχθῇ.

d   ΚΡ. Ἀλλ᾽ ὁρᾷς δὴ ὅτι ἀνάγκη, ὦ Σώκρατες, καὶ τῆς
τῶν πολλῶν δόξης μέλειν. αὐτὰ δὲ δῆλα τὰ παρόντα νυνὶ
ὅτι οἷοί τ᾽ εἰσὶν οἱ πολλοὶ οὐ τὰ σμικρότατα τῶν κακῶν
ἐξεργάζεσθαι ἀλλὰ τὰ μέγιστα σχεδόν, ἐάν τις ἐν αὐτοῖς
5 διαβεβλημένος ᾖ.

ΣΩ. Εἰ γὰρ ὤφελον, ὦ Κρίτων, οἷοί τ᾽ εἶναι οἱ πολλοὶ
τὰ μέγιστα κακὰ ἐργάζεσθαι, ἵνα οἷοί τ᾽ ἦσαν καὶ ἀγαθὰ τὰ
μέγιστα, καὶ καλῶς ἂν εἶχεν. νῦν δὲ οὐδέτερα οἷοί τε· οὔτε
γὰρ φρόνιμον οὔτε ἄφρονα δυνατοὶ ποιῆσαι, ποιοῦσι δὲ
10 τοῦτο ὅτι ἂν τύχωσι.

e   ΚΡ. Ταῦτα μὲν δὴ οὕτως ἐχέτω· τάδε δέ, ὦ Σώκρατες,
εἰπέ μοι. ἆρά γε μὴ ἐμοῦ προμηθῇ καὶ τῶν ἄλλων ἐπιτηδείων μή, ἐὰν σὺ ἐνθένδε ἐξέλθῃς, οἱ συκοφάνται ἡμῖν

---

10. Ver Platão, *Fédon*, 115d.

11. Idem, *Apologia*, 18b-e.

12. Trata-se aqui do princípio segundo o qual os contrários concernem a uma
mesma capacidade (*dunamis*). Em princípio, poder-se-ia objetar que do fato de a massa
poder infligir os maiores males não decorre que ela seja também capaz de realizar as
maiores benesses. Uma maneira de compreender o que Sócrates está dizendo aqui seria
entender a proposição com base no princípio socrático de que ninguém comete um
erro voluntariamente (princípio esse que será chamado em causa adiante, ver 49a4),
como sugere J. Beversluis (*Cross-Examining Socrates*, p. 64n8): "os homens causam males
devido à sua ignorância, a qual, uma vez substituída pelo conhecimento, poderia capa-
citá-los a realizar coisas boas; portanto, quanto maior for sua capacidade para o mal,
tanto maior será sua capacidade futura para o bem". O que está implícito nessa fala quase
enigmática de Sócrates é que a incapacidade da massa de infligir os maiores males se
deve ao fato de que ela é incapaz de prejudicar *a alma* daquele indivíduo a quem atribui
penalidades como confisco de bens, exílio e pena de morte. Todas essas penas afligem
tão somente *o corpo* e os bens materiais associados a ele, mas nunca a alma do indivíduo
e sua disposição moral; portanto, não se trata de um prejuízo que tenha algum valor no
que diz respeito à felicidade ou infelicidade humana. Essa premissa moral aparece na ▶

quisesse despender meu dinheiro[10]. Ademais, que reputação mais vergonhosa pode haver do que a de parecer dar mais valor ao dinheiro que aos amigos? Com efeito, a maioria das pessoas não acreditará que foi você mesmo que se recusou a sair daqui, mesmo estando nós ávidos por que o fizesse.

SÓCRATES: Mas por que devemos, venturoso Críton, preocupar-nos dessa maneira com a opinião da maioria? Os indivíduos mais valorosos, os quais merecem muito mais a nossa atenção, hão de considerar que as coisas foram realizadas como deveriam ser realizadas.

CRÍTON: No entanto, Sócrates, você mesmo pode constatar que é necessário se preocupar também com a opinião da maioria. A própria situação presente evidencia que não são males de pequena monta que ela é capaz de empreender, e sim os mais graves, por assim dizer; basta alguém se tornar alvo de suas calúnias[11].

SÓCRATES: Quem dera, Críton, a maioria fosse capaz de empreender os males mais graves! Pois seria capaz de empreender também as maiores benesses[12], o que seria muito bom. A verdade, contudo, é que ela não é capaz nem de uma coisa nem de outra, pois não tem a capacidade de tornar alguém nem sensato nem insensato; realiza antes o que lhe vier à cabeça.

CRÍTON: Que assim seja, então. Mas diga-me o seguinte, Sócrates! Porventura você está preocupado comigo e com seus demais amigos, receoso de que os sicofantas[13] nos causem

---

▷ *Apologia*, quando Sócrates diz sobre seus acusadores: "Bem, vocês têm clareza de que, se condenarem à morte um homem tal qual estou dizendo que sou, o maior prejuízo não será meu, mas de vocês. Tampouco Meleto ou Anito poderia me prejudicar em alguma coisa – não lograriam fazê-lo – uma vez que não é lícito, presumo eu, que um indivíduo melhor seja prejudicado por um pio." (30c7-d2)

13. O termo "sicofanta" era empregado em Atenas para designar os homens que faziam acusações contra cidadãos atenienses e agiam como se fossem promotores públicos. Eram chantagistas, e muitas vezes caluniavam os acusados distorcendo suas palavras e ações. A origem do termo é obscura, mas significa, literalmente, "aquele que revela o figo"; uma das hipóteses referidas no dicionário grego-inglês Liddell & Scott (LSJ) é que era empregado para designar os indivíduos que denunciavam as tentativas de exportação de figo de Atenas. Platão se refere aos sicofantas nos diálogos *Críton* (44e-45a), *Alcibíades Segundo* (142a) e *República* (340d, 341a-c, 553b, 575b).

326 ΚΡΙΤΩΝ

πράγματα παρέχωσιν ὡς σὲ ἐνθένδε ἐκκλέψασιν, καὶ
5 ἀναγκασθῶμεν ἢ καὶ πᾶσαν τὴν οὐσίαν ἀποβαλεῖν ἢ συχνὰ
χρήματα, ἢ καὶ ἄλλο τι πρὸς τούτοις παθεῖν; εἰ γάρ τι
45a τοιοῦτον φοβῇ, ἔασον αὐτὸ χαίρειν· ἡμεῖς γάρ που δίκαιοί
ἐσμεν σώσαντές σε κινδυνεύειν τοῦτον τὸν κίνδυνον καὶ ἐὰν
δέῃ ἔτι τούτου μείζω. ἀλλ' ἐμοὶ πείθου καὶ μὴ ἄλλως ποίει.

ΣΩ. Καὶ ταῦτα προμηθοῦμαι, ὦ Κρίτων, καὶ ἄλλα
5 πολλά.

ΚΡ. Μήτε τοίνυν ταῦτα φοβοῦ—καὶ γὰρ οὐδὲ πολὺ
τἀργύριόν ἐστιν ὃ θέλουσι λαβόντες τινὲς σῶσαί σε καὶ
ἐξαγαγεῖν ἐνθένδε. ἔπειτα οὐχ ὁρᾷς τούτους τοὺς συκο-
φάντας ὡς εὐτελεῖς, καὶ οὐδὲν ἂν δέοι ἐπ' αὐτοὺς πολλοῦ
b ἀργυρίου; σοὶ δὲ ὑπάρχει μὲν τὰ ἐμὰ χρήματα, ὡς ἐγὼ
οἶμαι, ἱκανά· ἔπειτα καὶ εἴ τι ἐμοῦ κηδόμενος οὐκ οἴει δεῖν
ἀναλίσκειν τἀμά, ξένοι οὗτοι ἐνθάδε ἕτοιμοι ἀναλίσκειν·
εἷς δὲ καὶ κεκόμικεν ἐπ' αὐτὸ τοῦτο ἀργύριον ἱκανόν, Σιμ-
5 μίας ὁ Θηβαῖος· ἕτοιμος δὲ καὶ Κέβης καὶ ἄλλοι πολλοὶ
πάνυ. ὥστε, ὅπερ λέγω, μήτε ταῦτα φοβούμενος ἀπο-
κάμῃς σαυτὸν σῶσαι, μήτε, ὃ ἔλεγες ἐν τῷ δικαστηρίῳ,
δυσχερές σοι γενέσθω ὅτι οὐκ ἂν ἔχοις ἐξελθὼν ὅτι χρῷο
c σαυτῷ· πολλαχοῦ μὲν γὰρ καὶ ἄλλοσε ὅποι ἂν ἀφίκῃ
ἀγαπήσουσί σε· ἐὰν δὲ βούλῃ εἰς Θετταλίαν ἰέναι, εἰσὶν
ἐμοὶ ἐκεῖ ξένοι οἵ σε περὶ πολλοῦ ποιήσονται καὶ ἀσφά-
λειάν σοι παρέξονται, ὥστε σε μηδένα λυπεῖν τῶν κατὰ

14. Outra punição possível seria a pena de morte, a que Críton parece aludir aqui.

15. Xenofonte relata nas *Memoráveis* (2.9) que Críton, por ser um homem de posses, era frequentemente chantageado pelos sicofantas; para evitar eventuais processos
difamatórios, Críton lhes pagava uma propina. Aconselhado por Sócrates, contudo, ele
trouxe para junto de si um homem pobre, porém bastante hábil no discurso, chamado
Arquedemo, que passou a protegê-lo dos sicofantas. Xenofonte relata um caso em
que um deles teve que retirar o processo movido contra Críton e lhe pagar até mesmo
uma indenização (J. Burnet, *Plato's Euthyphro, Apology of Socrates and Crito*, p. 252).

16. Símias e Cebes, de Tebas, aparecem como personagens centrais do diálogo
Fédon de Platão. São apresentados como associados ao pitagórico Filolau (61d), quando
de sua passagem por Tebas. Xenofonte insere Símias e Cebes na lista dos verdadeiros discípulos de Sócrates nas *Memoráveis* (1.2.48). Na tradição posterior, Diógenes Laércio ▶

[44e-45c] CRÍTON 327

problemas acusando-nos de tirá-lo daqui caso você venha a escapar da prisão, e de que sejamos forçados a perder todas as nossas propriedades ou uma grande soma de dinheiro, ou a sofrer alguma outra coisa além dessas?[14] Se você tiver algum temor do gênero, deixe-o de lado! Pois é justo, creio eu, que enfrentemos esse risco para salvá-lo e, se fosse preciso, um risco ainda maior. Dê-me ouvidos e não rejeite minha proposta! **45a**

SÓCRATES: Não só isso, Críton, mas inúmeras outras coisas me preocupam.

CRÍTON: Não tenha medo disso, então! Com efeito, nem é muito dinheiro que desejam obter para salvá-lo e tirá-lo daqui. Ademais, você não vê quão baratos são os sicofantas? Nem precisaria de um montante muito alto para eles...[15] E você tem à sua disposição o meu dinheiro, que, presumo eu, é o suficiente. **b** E mesmo que você, zelando por mim, julgue indevido despender o meu, os estrangeiros que aqui estão se dispõem a fazê-lo em meu lugar; apenas um deles, Símias de Tebas, trouxe consigo dinheiro suficiente para tal fim, embora se disponham também Cebes[16] e inúmeros outros[17]. Portanto, como estou lhe dizendo, não hesite em buscar sua salvação por causa de algum temor do gênero, nem se aflija, como você dizia no tribunal[18], com o fato de que você não teria o que fazer de si mesmo caso se exilasse de Atenas, pois são vários os lugares onde sua chegada seria bem- **c** -vinda; se você quiser ir para a Tessália[19], conheço lá estrangeiros que terão grande apreço por você e lhe oferecerão segurança, de

▷ (*Vidas e Doutrinas dos Filósofos Ilustres*, 2.124) atribui a Símias um total de 23 diálogos, provavelmente curtos para caberem em apenas um livro (*biblion*), a respeito dos quais nada sabemos (D. Nails, *The People of Plato*, p. 261-262). A Cebes, este mesmo autor atribui três diálogos, que também não foram conservados (2.125). Uma *pinax* preservada – tábua votiva colocada no templo de Cronos descrevendo a vida e a felicidade humanas – foi durante muito tempo, desde a Antiguidade, erroneamente atribuída a Cebes, mas depois se descobriu que sua datação é bastante posterior (D. Nails, op. cit., p. 82-83).

17. No *Fédon* (59b-c), os estrangeiros presentes no último dia de vida de Sócrates eram, além de Símias e Cebes, Fedondes de Tebas, e Euclides e Térpsion de Mégara.

18. Platão, *Apologia*, 37c-d.

19. Tessália é uma região do norte da Grécia, a 200-300 km do noroeste da Ática, região de Atenas. Ver Mapa.

328   ΚΡΙΤΩΝ

5 Θετταλίαν.

"Ετι δέ, ὦ Σώκρατες, οὐδὲ δίκαιόν μοι δοκεῖς ἐπιχειρεῖν πρᾶγμα, σαυτὸν προδοῦναι, ἐξὸν σωθῆναι, καὶ τοιαῦτα σπεύδεις περὶ σαυτὸν γενέσθαι ἅπερ ἂν καὶ οἱ ἐχθροί σου σπεύσαιέν τε καὶ ἔσπευσαν σὲ διαφθεῖραι βουλόμενοι.
10 πρὸς δὲ τούτοις καὶ τοὺς ὑεῖς τοὺς σαυτοῦ ἔμοιγε δοκεῖς
d προδιδόναι, οὓς σοι ἐξὸν καὶ ἐκθρέψαι καὶ ἐκπαιδεῦσαι οἰχήσῃ καταλιπών, καὶ τὸ σὸν μέρος ὅτι ἂν τύχωσι τοῦτο πράξουσιν· τεύξονται δέ, ὡς τὸ εἰκός, τοιούτων οἷάπερ εἴωθεν γίγνεσθαι ἐν ταῖς ὀρφανίαις περὶ τοὺς ὀρφανούς. ἢ
5 γὰρ οὐ χρὴ ποιεῖσθαι παῖδας ἢ συνδιαταλαιπωρεῖν καὶ τρέφοντα καὶ παιδεύοντα· σὺ δέ μοι δοκεῖς τὰ ῥᾳθυμότατα αἱρεῖσθαι. χρὴ δέ, ἅπερ ἂν ἀνὴρ ἀγαθὸς καὶ ἀνδρεῖος ἕλοιτο, ταῦτα αἱρεῖσθαι, φάσκοντά γε δὴ ἀρετῆς διὰ παντὸς τοῦ βίου ἐπιμελεῖσθαι· ὡς ἔγωγε καὶ ὑπὲρ σοῦ καὶ
e ὑπὲρ ἡμῶν τῶν σῶν ἐπιτηδείων αἰσχύνομαι μὴ δόξῃ ἅπαν τὸ πρᾶγμα τὸ περὶ σὲ ἀνανδρίᾳ τινὶ τῇ ἡμετέρᾳ πεπρᾶχθαι, καὶ ἡ εἴσοδος τῆς δίκης εἰς τὸ δικαστήριον ὡς εἰσῆλθεν ἐξὸν μὴ εἰσελθεῖν, καὶ αὐτὸς ὁ ἀγὼν τῆς δίκης ὡς ἐγένετο,
5 καὶ τὸ τελευταῖον δὴ τουτί, ὥσπερ κατάγελως τῆς πράξεως, κακίᾳ τινὶ καὶ ἀνανδρίᾳ τῇ ἡμετέρᾳ διαπεφευ-
46a γέναι ἡμᾶς δοκεῖν, οἵτινές σε οὐχὶ ἐσώσαμεν οὐδὲ σὺ σαυτόν, οἷόν τε ὂν καὶ δυνατὸν εἴ τι καὶ σμικρὸν ἡμῶν ὄφε-λος ἦν. ταῦτα οὖν, ὦ Σώκρατες, ὅρα μὴ ἅμα τῷ κακῷ καὶ αἰσχρὰ ᾖ σοί τε καὶ ἡμῖν. ἀλλὰ βουλεύου—μᾶλλον δὲ οὐδὲ

20. Diógenes Laércio (séculos II-III d.C.) reporta a recusa de Sócrates aos convites de Escopas de Crânon, e de Euríloco de Larissa – duas cidades situadas da Tessália –, ainda que não seja possível atestar a veracidade de tais informações (*Vidas e Doutrinas dos Filósofos Ilustres*, 2.5.25).

21. Em última instância, Críton acusa Sócrates de estar fazendo precisamente o contrário do que certa concepção convencional de justiça prescreve aos homens (a qual Sócrates, obviamente, rejeita e rejeitará mais adiante no *Críton*): ao invés de "fazer bem aos amigos, e mal aos inimigos" (como vemos, por exemplo, no Livro I da *República*, com base nos versos atribuídos a Simônides; ver I 332a-c), Sócrates estaria prejudicando os amigos e beneficiando os inimigos em virtude de sua resignação em favor do veredito do julgamento.

22. Sobre os filhos de Sócrates, ver supra p. 289n129.

[45c-46a]   CRÍTON   329

modo a nada sofrer nas mãos dos tessálios[20].

Ademais, Sócrates, tampouco me parece justa a sua atitude ao desistir de si mesmo estando em seu poder se salvar; assim, você faz precipitar que lhe aconteça precisamente o que seus inimigos procurariam precipitar e, de fato, precipitaram que acontecesse, sequiosos por sua ruína[21]. Além disso, até mesmo de seus próprios filhos[22] você me parece desistir ao partir e deixá-los para trás, mesmo lhe sendo possível continuar a criá-los e educá-los; no que cabe a você, eles terão a sorte que lhes calhar; eles hão de ter, como é plausível, precisamente aquela sorte que costumam ter os órfãos nos orfanatos, pois de duas uma, ou não se deve ter filhos, ou se deve encarar as dificuldades junto a eles criando-os e educando-os[23]. Você, porém, parece-me escolher o caminho mais fácil, quando se deve, ao contrário, fazer justamente as escolhas que um homem bom e corajoso faria, em especial quem professa uma vida inteira dedicada à virtude. Como me envergonha, por você e por nós, seus amigos, a reputação de que tudo o que lhe ocorreu tenha se dado em razão de uma covardia de nossa parte: a instauração do processo no tribunal, quando era possível evitá-la[24]; o próprio julgamento do processo, como ele aconteceu; e agora este fim ridículo, o ponto culminante da ação, a impressão de que, em razão de uma vilania e covardia de nossa parte, deixamos escapar esta oportunidade, já que não salvamos você, nem você a si mesmo, embora fosse factível e possível fazê-lo caso houvesse algum auxílio nosso, ainda que ínfimo[25]. Observe então, Sócrates, se esta situação, além de má, não vai nos cobrir de vergonha, a você e a nós! E tome uma decisão – ou melhor,

---

23. Sobre as fases da criação e educação gregas, ver a descrição em Platão, *Protágoras*, 325c-326e.

24. À primeira vista, Críton sugere que Sócrates poderia ter se exilado voluntariamente antes da conclusão da fase preliminar do processo, quando as partes litigantes apresentam suas denúncias (*antigraphai*) perante o arconte-rei (*Eutífron*, 2d). Era nessa ocasião em que eram feitas as "declarações juradas" (*antōmosia*; ver *Apologia*, 19b, 24b).

25. J. Adam (*Platonis Crito*, p. 38) observa que a menção aos três estágios do processo contra Sócrates (*eisodos*, *agōn*, *to teleutaion*) remete à estrutura de uma peça teatral, e no caso aqui, uma tragicomédia, na medida em que o desfecho trágico – ao menos na perspectiva de Críton –, é referido como a parte mais ridícula de toda a ação (*praxis*).

330 ΚΡΙΤΩΝ

5 βουλεύεσθαι ἔτι ὥρα ἀλλὰ βεβουλεῦσθαι—μία δὲ βουλή·
τῆς γὰρ ἐπιούσης νυκτὸς πάντα ταῦτα δεῖ πεπρᾶχθαι· εἰ δ'
ἔτι περιμενοῦμεν, ἀδύνατον καὶ οὐκέτι οἷόν τε. ἀλλὰ παντὶ
τρόπῳ, ὦ Σώκρατες, πείθου μοι καὶ μηδαμῶς ἄλλως
ποίει.

b ΣΩ. Ὦ φίλε Κρίτων, ἡ προθυμία σου πολλοῦ ἀξία εἰ
μετά τινος ὀρθότητος εἴη· εἰ δὲ μή, ὅσῳ μείζων τοσούτῳ
χαλεπωτέρα. σκοπεῖσθαι ·οὖν χρὴ ἡμᾶς εἴτε ταῦτα
πρακτέον εἴτε μή· ὡς ἐγὼ οὐ νῦν πρῶτον ἀλλὰ καὶ ἀεὶ
5 τοιοῦτος οἷος τῶν ἐμῶν μηδενὶ ἄλλῳ πείθεσθαι ἢ τῷ λόγῳ
ὃς ἄν μοι λογιζομένῳ βέλτιστος φαίνηται. τοὺς δὴ λόγους
οὓς ἐν τῷ ἔμπροσθεν ἔλεγον οὐ δύναμαι νῦν ἐκβαλεῖν,
ἐπειδή μοι ἥδε ἡ τύχη γέγονεν, ἀλλὰ σχεδόν τι ὅμοιοι
c φαίνονταί μοι, καὶ τοὺς αὐτοὺς πρεσβεύω καὶ τιμῶ οὕσπερ
καὶ πρότερον· ὧν ἐὰν μὴ βελτίω ἔχωμεν λέγειν ἐν τῷ
παρόντι, εὖ ἴσθι ὅτι οὐ μή σοι συγχωρήσω, οὐδ' ἂν πλείω
τῶν νῦν παρόντων ἡ τῶν πολλῶν δύναμις ὥσπερ παῖδας
5 ἡμᾶς μορμολύττηται, δεσμοὺς καὶ θανάτους ἐπιπέμπουσα
καὶ χρημάτων ἀφαιρέσεις. πῶς οὖν ἂν μετριώτατα
σκοποίμεθα αὐτά; εἰ πρῶτον μὲν τοῦτον τὸν λόγον ἀναλά-
βοιμεν, ὃν σὺ λέγεις περὶ τῶν δοξῶν. πότερον καλῶς
d ἐλέγετο ἑκάστοτε ἢ οὔ, ὅτι ταῖς μὲν δεῖ τῶν δοξῶν προσέχειν τὸν νοῦν, ταῖς δὲ οὔ; ἢ πρὶν μὲν ἐμὲ δεῖν ἀποθνῄσκειν
καλῶς ἐλέγετο, νῦν δὲ κατάδηλος ἄρα ἐγένετο ὅτι ἄλλως
ἕνεκα λόγου ἐλέγετο, ἦν δὲ παιδιὰ καὶ φλυαρία ὡς
5 ἀληθῶς; ἐπιθυμῶ δ' ἔγωγ' ἐπισκέψασθαι, ὦ Κρίτων, κοινῇ

26. Ou seja, na noite deste dia que está nascendo. Isso implica que Críton não dá crédito ao sonho reportado por Sócrates, que lhes daria um dia a mais para decidir sobre a fuga da prisão.

27. Sócrates compara a ameaça de retaliações pela maioria dos homens ao terror que as crianças sentem diante da figura da *Mormō* (traduzido aqui pelo nosso correlato "bicho-papão"), pertencente ao imaginário infantil grego, e usada para repreender crianças travessas (ver também Platão, *Fédon* 77d-e) (J. Burnet, op. cit., p. 269). O ponto principal do argumento de Sócrates é que seu princípio de conduta baseada na razão é indiferente a qualquer tipo de ameaça externa que implique dor, sofrimento, perda material e coisas do tipo, e que a única possibilidade de persuadi-lo a fugir da prisão é demonstrar, por meio de argumentos, que esse curso de ação é o melhor para ele na atual circunstância conforme o que é justo.

[46a-d]   CRÍTON   331

não é hora de decidir coisa alguma, mas de já ter decidido – e a decisão é uma só, pois tudo deve ser resolvido até a próxima noite[26]; se continuarmos a esperar aqui, será então impossível e infactível. Seja como for, Sócrates, dê-me ouvidos e não rejeite de modo algum minha proposta!

SÓCRATES: Caro Críton, seu zelo para comigo terá grande valor   b desde que acompanhado de alguma correção; caso contrário, quanto maior ele for, mais perigoso será. Precisamos examinar, então, se devemos ou não agir dessa forma. Com efeito, não é uma novidade de agora, desde sempre fui um indivíduo que não dá ouvidos a nenhuma outra coisa que me pertence senão àquele argumento que, submetido à reflexão, se manifesta a mim como o melhor. De fato, os argumentos que no passado sustentava não sou capaz agora de descartá-los só porque tal sorte me acometeu; pelo contrário, eles se manifestam a mim praticamente inalterados, e a eles reverencio e respeito assim como antes o fazia.   c Se não pudermos sustentar um argumento melhor do que estes na circunstância presente, esteja certo de que não concordarei com você, nem mesmo se o poder da maioria dos homens vier a nos infundir, como se fôssemos crianças, maior terror com seus bichos-papões[27] do que agora nos infunde, infligindo-nos encarceramentos, penas de morte e confisco de bens. Qual seria, então, a maneira mais apropriada para examinarmos o assunto? Retomemos, em primeiro lugar, o argumento concernente às opiniões a que você se refere. Por acaso era correto ou incorreto o que se dizia em toda ocasião, que se deve levar em considera-   d ção algumas opiniões, ao passo que outras não? Será que antes de minha condenação à morte era correto o que se dizia, mas só agora se tornou patente que eram palavras vazias com vistas apenas ao argumento[28], sendo, na verdade, uma brincadeira frívola e desatinada? Ao menos eu, Críton, almejo investigar junto

---

28. "Com vistas apenas ao argumento" (*heneka logou*) significa aqui que, quando se dizia que se devia dar importância a algumas opiniões, e a outras não, não havia um comprometimento com o que era dito por parte de quem o pronunciava; ou seja, tal proposição não expressava a opinião real de quem a enunciava – o que não será de fato o caso de Sócrates, como se elucidará na sequência da discussão.

332   ΚΡΙΤΩΝ

μετὰ σοῦ εἴ τί μοι ἀλλοιότερος φανεῖται, ἐπειδὴ ὧδε ἔχω, ἢ ὁ αὐτός, καὶ ἐάσομεν χαίρειν ἢ πεισόμεθα αὐτῷ. ἐλέγετο δέ πως, ὡς ἐγῷμαι, ἑκάστοτε ὧδε ὑπὸ τῶν οἰομένων τὶ λέγειν, ὥσπερ νυνδὴ ἐγὼ ἔλεγον, ὅτι τῶν δοξῶν ἃς οἱ e ἄνθρωποι δοξάζουσιν δέοι τὰς μὲν περὶ πολλοῦ ποιεῖσθαι, τὰς δὲ μή. τοῦτο πρὸς θεῶν, ὦ Κρίτων, οὐ δοκεῖ καλῶς σοι λέγεσθαι; σὺ γάρ, ὅσα γε τἀνθρώπεια, ἐκτὸς εἶ τοῦ μέλλειν 47a ἀποθνῄσκειν αὔριον, καὶ οὐκ ἂν σὲ παρακρούοι ἡ παροῦσα συμφορά· σκόπει δή· οὐχ ἱκανῶς δοκεῖ σοι λέγεσθαι ὅτι οὐ πάσας χρὴ τὰς δόξας τῶν ἀνθρώπων τιμᾶν ἀλλὰ τὰς μέν, τὰς δ' οὔ, οὐδὲ πάντων ἀλλὰ τῶν μέν, τῶν δ' οὔ; τί φῇς; 5 ταῦτα οὐχὶ καλῶς λέγεται;

ΚΡ. Καλῶς.

ΣΩ. Οὐκοῦν τὰς μὲν χρηστὰς τιμᾶν, τὰς δὲ πονηρὰς μή;

ΚΡ. Ναί.

ΣΩ. Χρησταὶ δὲ οὐχ αἱ τῶν φρονίμων, πονηραὶ δὲ αἱ 10 τῶν ἀφρόνων;

ΚΡ. Πῶς δ' οὔ;

ΣΩ. Φέρε δή, πῶς αὖ τὰ τοιαῦτα ἐλέγετο; γυμναζό- b μενος ἀνὴρ καὶ τοῦτο πράττων πότερον παντὸς ἀνδρὸς ἐπαίνῳ καὶ ψόγῳ καὶ δόξῃ τὸν νοῦν προσέχει, ἢ ἑνὸς μόνου ἐκείνου ὃς ἂν τυγχάνῃ ἰατρὸς ἢ παιδοτρίβης ὤν;

ΚΡ. Ἑνὸς μόνου.

5 ΣΩ. Οὐκοῦν φοβεῖσθαι χρὴ τοὺς ψόγους καὶ ἀσπά-ζεσθαι τοὺς ἐπαίνους τοὺς τοῦ ἑνὸς ἐκείνου ἀλλὰ μὴ τοὺς τῶν πολλῶν.

ΚΡ. Δῆλα δή.

ΣΩ. Ταύτῃ ἄρα αὐτῷ πρακτέον καὶ γυμναστέον καὶ 10 ἐδεστέον γε καὶ ποτέον, ᾗ ἂν τῷ ἑνὶ δοκῇ, τῷ ἐπιστάτῃ καὶ ἐπαΐοντι, μᾶλλον ἢ ᾗ σύμπασι τοῖς ἄλλοις.

---

29. No *Górgias*, Platão distingue duas artes concernentes ao corpo, a medicina e a ginástica, e duas artes concernentes à alma, a justiça e a legislação (464b-c; 465b-c). O critério básico dessa distinção é que as primeiras têm uma função corretiva, ao passo que as segundas, uma função regulativa das atividades do corpo e da alma respectivamente. A distinção entre corpo e alma, bem como a sobrevalorização da alma em relação ao corpo, serão premissas fundamentais na sequência da argumentação de Sócrates no *Críton*.

[46d-47b]　　　　　　　　CRÍTON　　　　　　　　333

a você se me é manifesta alguma mudança naquele argumento só porque me encontro nesta atual condição, ou se ele permanece incólume; e se vamos dispensá-lo, ou antes dar ouvidos a ele. Eis o que de algum modo diziam em qualquer ocasião, suponho eu, aqueles que presumem ter algo relevante a dizer, como há pouco me referia: das opiniões que os homens sustentam se deve dar **e** importância a algumas, ao passo que a outras não. Pelos deuses, Críton, isso não lhe parece ser dito de maneira correta? Pois você, até onde a gente pode saber, não vai morrer amanhã, e o **47a** presente infortúnio não há de lhe tirar o juízo. Examine então! Não lhe parece satisfatório dizer que não se deve respeitar todas as opiniões dos homens, mas umas sim, e outras não? Nem as opiniões de todos os homens, mas de uns sim, e de outros não? O que você pode me falar sobre isso? Não é correto o que se diz?

CRÍTON: É correto.

SÓCRATES: Deve-se, então, respeitar as opiniões benéficas, e não as nocivas, não é?

CRÍTON: Sim.

SÓCRATES: E as benéficas não são as dos indivíduos sensatos, e as nocivas, as dos insensatos?

CRÍTON: Como não seriam?

SÓCRATES: Adiante, então! O que se dizia, por sua vez, em relação a casos como este? Quando um homem faz exercícios **b** físicos e se dedica a isso, por acaso ele leva em consideração o elogio, a censura e a opinião de qualquer homem, ou de apenas um único, aquele que é médico ou treinador?[29]

CRÍTON: De um único.

SÓCRATES: Deve-se, então, temer as censuras e saudar os elogios de um único indivíduo, e não da maioria.

CRÍTON: É evidente.

SÓCRATES: Portanto, ele deve praticar e fazer exercícios físicos, assim como comer e beber, conforme a opinião deste único indivíduo – ou seja, do supervisor e conhecedor da matéria –, e não conforme a opinião de todos os demais.

334

KΡΙΤΩΝ

ΚΡ. Ἔστι ταῦτα.

c **ΣΩ.** Εἶεν. ἀπειθήσας δὲ τῷ ἑνὶ καὶ ἀτιμάσας αὐτοῦ τὴν δόξαν καὶ τοὺς ἐπαίνους, τιμήσας δὲ τοὺς τῶν πολλῶν καὶ μηδὲν ἐπαϊόντων, ἆρα οὐδὲν κακὸν πείσεται;

ΚΡ. Πῶς γὰρ οὔ;

5 **ΣΩ.** Τί δ᾽ ἔστι τὸ κακὸν τοῦτο, καὶ ποῖ τείνει, καὶ εἰς τί τῶν τοῦ ἀπειθοῦντος;

ΚΡ. Δῆλον ὅτι εἰς τὸ σῶμα· τοῦτο γὰρ διόλλυσι.

ΣΩ. Καλῶς λέγεις. οὐκοῦν καὶ τἆλλα, ὦ Κρίτων, οὕτως, ἵνα μὴ πάντα διΐωμεν, καὶ δὴ καὶ περὶ τῶν δικαίων
10 καὶ ἀδίκων καὶ αἰσχρῶν καὶ καλῶν καὶ ἀγαθῶν καὶ κακῶν, περὶ ὧν νῦν ἡ βουλὴ ἡμῖν ἐστιν, πότερον τῇ τῶν
d πολλῶν δόξῃ δεῖ ἡμᾶς ἕπεσθαι καὶ φοβεῖσθαι αὐτὴν ἢ τῇ τοῦ ἑνός, εἴ τίς ἐστιν ἐπαΐων, ὃν δεῖ καὶ αἰσχύνεσθαι καὶ φοβεῖσθαι μᾶλλον ἢ σύμπαντας τοὺς ἄλλους; ᾧ εἰ μὴ ἀκολουθήσομεν, διαφθεροῦμεν ἐκεῖνο καὶ λωβησόμεθα, ὃ
5 τῷ μὲν δικαίῳ βέλτιον ἐγίγνετο, τῷ δὲ ἀδίκῳ ἀπώλλυτο. ἢ οὐδέν ἐστι τοῦτο;

ΚΡ. Οἶμαι ἔγωγε, ὦ Σώκρατες.

ΣΩ. Φέρε δή, ἐὰν τὸ ὑπὸ τοῦ ὑγιεινοῦ μὲν βέλτιον γιγνόμενον, ὑπὸ τοῦ νοσώδους δὲ διαφθειρόμενον
10 διολέσωμεν πειθόμενοι μὴ τῇ τῶν ἐπαϊόντων δόξῃ, ἆρα
e βιωτὸν ἡμῖν ἐστιν διεφθαρμένου αὐτοῦ; ἔστι δέ που τοῦτο σῶμα· ἢ οὐχί;

ΚΡ. Ναί.

ΣΩ. Ἆρ᾽ οὖν βιωτὸν ἡμῖν ἐστιν μετὰ μοχθηροῦ καὶ
5 διεφθαρμένου σώματος;

ΚΡ. Οὐδαμῶς.

---

30. A concepção de um indivíduo que conheça o que é justo, bom e belo e seus contrários, a que almeja a inquirição socrática – pelo menos, até onde isso é possível ao ser humano –, é crucial no pensamento ético-político de Platão, uma vez que será identificado com a própria figura do filósofo, especialmente na *República*. Em diálogos como o *Críton*, o *Górgias* e o *Protágoras*, ela é construída mediante a analogia com a figura do médico – ou da conjunção das figuras do "médico" (*iatros*) e do "treinador" (*paidotribēs*) –, que são os detentores do conhecimento relativo ao que é benéfico e nocivo para o corpo, ou seja, a saúde e a doença. No caso do filósofo, seu conhecimento concernirá ao que é bom e mau para a alma, ou seja, a virtude e o vício em geral.

[47b-e] CRÍTON 335

CRÍTON: É isso.

SÓCRATES: Assim seja! E se ele não der ouvidos a esse único c indivíduo e desdenhar de sua opinião e de seus elogios, mas respeitar os da maioria dos homens que nada conhece, porventura não sofrerá mal algum?

CRÍTON: Mas como não há de sofrer?

SÓCRATES: E que mal é este? Para onde ele se inclina? Em relação a que elemento de quem não dá ouvidos a esse único indivíduo?

CRÍTON: É evidente que em relação ao corpo, pois é a ele que este mal arruína.

SÓCRATES: Correto. Então, Críton, não é assim que sucede também nos demais casos? Ou melhor, para não termos que percorrer um por um, atenhamo-nos ao que é justo e injusto, vergonhoso e belo, bom e mau, a que concerne nossa deci- são em curso! Por acaso devemos seguir e temer a opinião da d maioria, ou a de um único indivíduo caso haja alguém conhe- cedor dessa matéria[30], a quem devemos, mais do que a todos os demais homens, nosso sentimento de vergonha e temor? Se não atendermos a ele, iremos corromper e ultrajar aquilo que se aprimora pelo que é justo, e se arruína pelo que é injusto. Ou não é isso o que acontece?

CRÍTON: Creio que sim, Sócrates.

SÓCRATES: Adiante, então! Se o que se aprimora pelo que é saudável e se corrompe pelo que é pestilento nós o arruinarmos ao não darmos ouvidos à opinião de quem conhece, porventura nos será digno continuar a viver com ele corrompido? E isto, e presumo eu, é o corpo; não é?

CRÍTON: Sim.

SÓCRATES: Por acaso nos é digno continuar a viver com o corpo miserável e corrompido?

CRÍTON: De forma nenhuma[31].

---

31. Sobre a ideia de que viver com uma doença incurável, seja no corpo ou na alma, não proporciona uma vida digna de ser vivida, ver Platão, *Górgias*, 512a-b; *República*, IV 44c-445b. Sobre a função de medicina na cidade idealizada por Platão na *República*, ver Livro III, 405a-410a.

336 ΚΡΙΤΩΝ

ΣΩ. Ἀλλὰ μετ' ἐκείνου ἆρ' ἡμῖν βιωτὸν διεφθαρμένου, ὃ τὸ ἄδικον μὲν λωβᾶται, τὸ δὲ δίκαιον ὀνίνησιν; ἢ φαυλότερον ἡγούμεθα εἶναι τοῦ σώματος ἐκεῖνο, ὅτι ποτ' ἐστὶ τῶν ἡμετέρων, περὶ ὃ ἥ τε ἀδικία καὶ ἡ δικαιοσύνη ἐστίν;

ΚΡ. Οὐδαμῶς.

ΣΩ. Ἀλλὰ τιμιώτερον;

ΚΡ. Πολύ γε.

ΣΩ. Οὐκ ἄρα, ὦ βέλτιστε, πάνυ ἡμῖν οὕτω φροντιστέον τί ἐροῦσιν οἱ πολλοὶ ἡμᾶς, ἀλλ' ὅτι ὁ ἐπαΐων περὶ τῶν δικαίων καὶ ἀδίκων, ὁ εἷς, καὶ αὐτὴ ἡ ἀλήθεια. ὥστε πρῶτον μὲν ταύτῃ οὐκ ὀρθῶς εἰσηγῇ, εἰσηγούμενος τῆς τῶν πολλῶν δόξης δεῖν ἡμᾶς φροντίζειν περὶ τῶν δικαίων καὶ καλῶν καὶ ἀγαθῶν καὶ τῶν ἐναντίων. "Ἀλλὰ μὲν δή," φαίη γ' ἄν τις, "οἷοί τέ εἰσιν ἡμᾶς οἱ πολλοὶ ἀποκτεινύναι."

ΚΡ. Δῆλα δὴ καὶ ταῦτα· φαίη γὰρ ἄν, ὦ Σώκρατες.

ΣΩ. Ἀληθῆ λέγεις. ἀλλ', ὦ θαυμάσιε, οὗτός τε ὁ λόγος ὃν διεληλύθαμεν ἔμοιγε δοκεῖ ἔτι ὅμοιος εἶναι καὶ πρότερον· καὶ τόνδε δὲ αὖ σκόπει εἰ ἔτι μένει ἡμῖν ἢ οὔ, ὅτι οὐ τὸ ζῆν περὶ πλείστου ποιητέον, ἀλλὰ τὸ εὖ ζῆν.

ΚΡ. Ἀλλὰ μένει.

ΣΩ. Τὸ δὲ εὖ καὶ καλῶς καὶ δικαίως ὅτι ταὐτόν ἐστιν, μένει ἢ οὐ μένει;

ΚΡ. Μένει.

ΣΩ. Οὐκοῦν ἐκ τῶν ὁμολογουμένων τοῦτο σκεπτέον, πότερον δίκαιον ἐμὲ ἐνθένδε πειρᾶσθαι ἐξιέναι μὴ ἀφιέντων Ἀθηναίων ἢ οὐ δίκαιον· καὶ ἐὰν μὲν φαίνηται δίκαιον, πειρώμεθα, εἰ δὲ μή, ἐῶμεν. ἃς δὲ σὺ λέγεις τὰς

---

32. Sobre a "injustiça" (*adikia*) como "doença" da alma, ver Platão, *Górgias*, 478a-b; *República*, x 609b.

33. Embora Platão não indique expressamente, a referência aqui é a "alma" (*psukhē*). A respeito da superioridade da alma sobre o corpo, ver Platão, *Protágoras*, 313a-b; *Hípias Menor*, 373a; *Górgias*, 512a; *Banquete*, 210b; *República*, iv 445a; *Leis* v 727d.

[47e-48c] CRÍTON 337

SÓCRATES: E então: nos é digno continuar a viver com isto corrompido, ou seja, com o que é ultrajado pelo que é injusto e beneficiado pelo que é justo? Será que consideramos inferior ao corpo este nosso pertence, a que dizem respeito a injustiça e a justiça?[32] **48a**

CRÍTON: De forma nenhuma.

SÓCRATES: Mais valoroso, então?

CRÍTON: Muito mais[33].

SÓCRATES: Portanto, excelente homem, não devemos absolutamente nos preocupar com o que vai nos dizer a maioria, e sim quem conhece a respeito do que é justo e injusto, aquele único indivíduo, e a própria verdade[34]. Sendo assim, a proposta apresentada por você não está correta, quando propõe que devemos nos preocupar com a opinião da maioria a respeito do que é justo, belo e bom, e de seus contrários. "Todavia", diria alguém, "a maioria pode nos levar à morte."

CRÍTON: Eis outra coisa decerto evidente, pois se poderia b
alegar isso, Sócrates.

SÓCRATES: É verdade o que você diz. No entanto, admirável amigo, esse argumento que acabamos de averiguar me parece ainda na mesma condição de antes[35]. Examine também o seguinte: continuamos a manter que se deve dar maior importância não a viver, mas a viver bem; ou não?[36]

CRÍTON: Continuamos.

SÓCRATES: E que "bem", "belamente" e "justamente" são a mesma coisa, vamos mantê-lo ou não?

CRÍTON: Vamos sim.

SÓCRATES: É com base, então, em tais consentimentos que devemos investigar se é justo ou não é justo que eu tente escapar daqui, mesmo sem a permissão dos atenienses, e se for manifesta- c
mente justo, tentemos nós tal empresa, caso contrário, deixemo-la

---

34. A personificação da "verdade" (*alētheia*) aparece também em outros diálogos de Platão, tais como *Apologia*, 39b; *Fédon*, 91c; *Banquete*, 201c; *República*, x 597e.

35. Ver *Críton*, 47a-48a.

36. Ver também Platão, *Apologia* 28b; *Górgias*, 512e.

338   ΚΡΙΤΩΝ

σκέψεις περί τε ἀναλώσεως χρημάτων καὶ δόξης καὶ
παίδων τροφῆς, μὴ ὡς ἀληθῶς ταῦτα, ὦ Κρίτων, σκέμ-
ματα ᾖ τῶν ῥᾳδίως ἀποκτεινύντων καὶ ἀναβιωσκομένων
γ' ἄν, εἰ οἷοί τ' ἦσαν, οὐδενὶ ξὺν νῷ, τούτων τῶν πολλῶν.
ἡμῖν δ', ἐπειδὴ ὁ λόγος οὕτως αἱρεῖ, μὴ οὐδὲν ἄλλο
σκεπτέον ᾖ ἢ ὅπερ νυνδὴ ἐλέγομεν, πότερον δίκαια πράξο-
μεν καὶ χρήματα τελοῦντες τούτοις τοῖς ἐμὲ ἐνθένδε
ἐξάξουσιν καὶ χάριτας, καὶ αὐτοὶ ἐξάγοντές τε καὶ
ἐξαγόμενοι, ἢ τῇ ἀληθείᾳ ἀδικήσομεν πάντα ταῦτα
ποιοῦντες· κἂν φαινώμεθα ἄδικα αὐτὰ ἐργαζόμενοι, μὴ οὐ
δέῃ ὑπολογίζεσθαι οὔτ' εἰ ἀποθνήσκειν δεῖ παραμένοντας
καὶ ἡσυχίαν ἄγοντας, οὔτε ἄλλο ὁτιοῦν πάσχειν πρὸ τοῦ
ἀδικεῖν.

ΚΡ. Καλῶς μέν μοι δοκεῖς λέγειν, ὦ Σώκρατες· ὅρα δὲ
τί δρῶμεν.

ΣΩ. Σκοπῶμεν, ὦ ἀγαθέ, κοινῇ, καὶ εἴ πῃ ἔχεις ἀντιλέγειν ἐμοῦ λέγοντος, ἀντίλεγε, καί σοι πείσομαι· εἰ δὲ μή,
παῦσαι ἤδη, ὦ μακάριε, πολλάκις μοι λέγων τὸν αὐτὸν
λόγον, ὡς χρὴ ἐνθένδε ἀκόντων Ἀθηναίων ἐμὲ ἀπιέναι· ὡς
ἐγὼ περὶ πολλοῦ ποιοῦμαι πείσας σε ταῦτα πράττειν, ἀλλὰ
μὴ ἄκοντος. ὅρα δὲ δὴ τῆς σκέψεως τὴν ἀρχὴν ἐάν σοι
ἱκανῶς λέγηται, καὶ πειρῶ ἀποκρίνεσθαι τὸ ἐρωτώμενον ᾗ
ἂν μάλιστα οἴῃ.

ΚΡ. Ἀλλὰ πειράσομαι.

ΣΩ. Οὐδενὶ τρόπῳ φαμὲν ἑκόντας ἀδικητέον εἶναι, ἢ
τινὶ μὲν ἀδικητέον τρόπῳ τινὶ δὲ οὔ; ἢ οὐδαμῶς τό γε
ἀδικεῖν οὔτε ἀγαθὸν οὔτε καλόν, ὡς πολλάκις ἡμῖν καὶ ἐν
τῷ ἔμπροσθεν χρόνῳ ὡμολογήθη; ἢ πᾶσαι ἡμῖν ἐκεῖναι αἱ

---

37. Ver *Críton*, 45a-46a.

38. Burnet considera que é uma questão de estilo o uso do plural aqui, pois o agente
seria apenas Críton (isto é, quem tiraria Sócrates da prisão) e o paciente, apenas Sócrates
(isto é, quem seria tirado na prisão), usando como evidência uma passagem de Isócrates em que aparece o mesmo tipo de construção (*Arquidamo*, 47) (J. Burnet, op. cit.,
p. 277.) No entanto, como o debate concerne à correção moral dessa ação, e como ▶

[48c-49a] CRÍTON 339

de lado. As especulações a que você se refere sobre dispêndio de dinheiro, reputação e criação dos filhos[37], suspeito que na verdade, Críton, são próprias de quem, desprovido de qualquer senso, leva pessoas à morte sem hesitação e, se fosse capaz, inclusive as ressuscitaria – ou seja, essa massa de homens aí. Em nosso caso, entretanto, uma vez que o argumento assim o exige, suspeito que não devemos investigar nenhuma outra coisa senão aquilo que há pouco dizíamos: se vamos agir de modo justo oferecendo dinheiro e favores a quem irá me tirar daqui – nós que somos   d
agentes e pacientes dessa ação[38] –, ou se vamos, na verdade, agir de modo injusto ao colocar tudo isso em prática. E se nos ficar manifesto que estamos realizando uma empresa injusta, receio que não será preciso ponderar se devemos aguardar aqui pacientemente a morte, nem se devemos sofrer o que quer que seja em comparação a cometer uma injustiça.

CRÍTON: Suas palavras parecem-me corretas, Sócrates. Veja lá, então, o que devemos fazer!

SÓCRATES: Examinemos juntos a questão, meu caro, e se você tiver alguma objeção a fazer, que faça-a agora, eu lhe darei ouvidos.   e
Caso contrário, pare de repetir inúmeras vezes, fortunado amigo, este mesmo argumento, que eu devo ir embora daqui mesmo contra a vontade dos atenienses! Pois é de grande importância para mim que eu aja como estou agindo tendo persuadido você, e não contra a sua vontade. Verifique, então, se é satisfatório o início da investigação tal como estou propondo, e tente responder às per-   49a
guntas do modo que você achar mais apropriado!

CRÍTON: Vou tentá-lo.

SÓCRATES: Afirmamos que de forma nenhuma se deve cometer injustiça voluntariamente, ou de certo modo se deve cometê-la, mas de outro não? Será que de forma nenhuma cometer injustiça é algo belo e bom, como concordamos inúmeras vezes no passado?

▷ Sócrates salienta a necessidade de chegarem ambos a uma decisão comum sobre que curso de ação tomar conforme o justo, pode ser que Sócrates esteja considerando que, se ele for persuadido por Críton e concordar com a fuga, ele passa a ser *corresponsável* também por ela, de modo que seria tanto agente como paciente; e o mesmo raciocínio se aplicaria ao caso de Críton.

340 ΚΡΙΤΩΝ

πρόσθεν ὁμολογίαι ἐν ταῖσδε ταῖς ὀλίγαις ἡμέραις ἐκκεχυμέναι εἰσίν, καὶ πάλαι, ὦ Κρίτων, ἄρα τηλικοίδε ἄνδρες
10 πρὸς ἀλλήλους σπουδῇ διαλεγόμενοι ἐλάθομεν ἡμᾶς
b αὑτοὺς παίδων οὐδὲν διαφέροντες; ἢ παντὸς μᾶλλον οὕτως
ἔχει ὥσπερ τότε ἐλέγετο ἡμῖν· εἴτε φασὶν οἱ πολλοὶ εἴτε μή,
καὶ εἴτε δεῖ ἡμᾶς ἔτι τῶνδε χαλεπώτερα πάσχειν εἴτε καὶ
πραότερα, ὅμως τό γε ἀδικεῖν τῷ ἀδικοῦντι καὶ κακὸν καὶ
5 αἰσχρὸν τυγχάνει ὂν παντὶ τρόπῳ; φαμὲν ἢ οὔ;

ΚΡ. Φαμέν.

ΣΩ. Οὐδαμῶς ἄρα δεῖ ἀδικεῖν.

ΚΡ. Οὐ δῆτα.

ΣΩ. Οὐδὲ ἀδικούμενον ἄρα ἀνταδικεῖν, ὡς οἱ πολλοὶ
10 οἴονται, ἐπειδή γε οὐδαμῶς δεῖ ἀδικεῖν.

c ΚΡ. Οὐ φαίνεται.

ΣΩ. Τί δὲ δή; κακουργεῖν δεῖ, ὦ Κρίτων, ἢ οὔ;

ΚΡ. Οὐ δεῖ δήπου, ὦ Σώκρατες.

ΣΩ. Τί δέ; ἀντικακουργεῖν κακῶς πάσχοντα, ὡς οἱ
5 πολλοί φασιν, δίκαιον ἢ οὐ δίκαιον;

---

39. No *Górgias*, Sócrates defende não só que cometer injustiça é pior e mais vergonhoso do que sofrê-la, como também que a injustiça é o mal supremo para a alma de quem a comete (474c-475e).

40. Esta concepção de justiça como retaliação a uma injustiça sofrida está intimamente associada à máxima moral de que se deve fazer bem aos amigos, e mal aos inimigos (aferida dos versos do poeta lírico Simônides no Livro I da *República*, 332a-c). Essa moralidade arcaica, que Platão se propõe a superar no desenvolvimento de sua filosofia moral, aparece registrada em diversos autores:

(a) Arquíloco, Fr. 126:
Uma coisa importante eu conheço:
a quem me fez mal, retribuir terríveis males.

ἓν δ' ἐπίσταμαι μέγα,
τὸν κακῶς <μ'> ἔρδοντα δεινοῖς ἀνταμείβεσθαι κακοῖς.

(b) Sólon, Fr. 13.1-5:
Filhas ilustres de Mnemosine e Zeus,
Musas Piérides, escutai minhas preces!
Propiciai-me que seja próspero junto aos deuses fortunados, e que junto
a todos os homens tenha eu sempre uma boa reputação;
que seja doce com os amigos, com os inimigos, amargo;
respeitado por aqueles, temível para estes.

Μνημοσύνης καὶ Ζηνὸς Ὀλυμπίου ἀγλαὰ τέκνα,
Μοῦσαι Πιερίδες, κλῦτέ μοι εὐχομένωι· ▶

[49a-c] CRÍTON 341

Ou será que todos aqueles consentimentos a que chegamos anteriormente foram por água abaixo nesses poucos dias, de modo que já faz tempo, Críton, que nós, homens de idade já avançada, não percebemos que, quando dialogávamos seriamente, não diferíamos em nada das crianças? Ou será que as coisas são, sobretudo, como afirmávamos então: a despeito do que diz a maioria dos homens, a despeito do que devemos ainda vir a sofrer (se alguma punição mais severa do que esta, ou mesmo alguma mais branda), cometer injustiça consiste de todo modo, para quem a comete, em algo mau e vergonhoso?[39] Afirmamos isso ou não?

CRÍTON: Afirmamos sim.

SÓCRATES: De forma nenhuma, portanto, se deve cometer injustiça.

CRÍTON: De forma nenhuma, por certo.

SÓCRATES: Não se deve, por conseguinte, nem mesmo retribuir uma injustiça quando se é injustiçado, como presume a maioria dos homens[40], uma vez que de forma nenhuma se deve cometer injustiça.

CRÍTON: Claro que não.

SÓCRATES: E então? Deve-se fazer algum mal, Críton, ou não?

CRÍTON: Não se deve, creio eu, Sócrates.

SÓCRATES: E então? Retribuir um mal quando se é prejudicado, como sustenta a maioria, é justo ou não é?

▷ ὄλβον μοι πρὸς θ<εῶ>ν μακάρων δότε, καὶ πρὸς ἁπάντων
ἀνθρώπων αἰεὶ δόξαν ἔχειν ἀγαθήν·
εἶναι δὲ γλυκὺν ὧδε φίλοις, ἐχθροῖσι δὲ πικρόν,
τοῖσι μὲν αἰδοῖον, τοῖσι δὲ δεινὸν ἰδεῖν.

(c) Eurípides, *Medeia*, v. 807-810:
Ninguém me julgue inferior e fraca,
nem pacata; pelo contrário,
severa com os inimigos, e com os amigos benévola.
A vida de tais pessoas é a mais gloriosa.

μηδείς με φαύλην κἀσθενῆ νομιζέτω
μηδ' ἡσυχαίαν ἀλλὰ θατέρου τρόπου,
βαρεῖαν ἐχθροῖς καὶ φίλοισιν εὐμενῆ·
τῶν γὰρ τοιούτων εὐκλεέστατος βίος.

Ver também Xenofonte (*Memoráveis* 2.3.14), em que Sócrates salienta o mesmo ponto aqui do *Críton* (J. Adam, op. cit., p. 58; J. Burnet, op. cit., p. 278).

342 ΚΡΙΤΩΝ

ΚΡ. Οὐδαμῶς.

ΣΩ. Τὸ γάρ που κακῶς ποιεῖν ἀνθρώπους τοῦ ἀδικεῖν οὐδὲν διαφέρει.

ΚΡ. Ἀληθῆ λέγεις.

10 **ΣΩ.** Οὔτε ἄρα ἀνταδικεῖν δεῖ οὔτε κακῶς ποιεῖν οὐδένα ἀνθρώπων, οὐδ' ἂν ὁτιοῦν πάσχῃ ὑπ' αὐτῶν. καὶ ὅρα, ὦ
d Κρίτων, ταῦτα καθομολογῶν, ὅπως μὴ παρὰ δόξαν ὁμολογῇς· οἶδα γὰρ ὅτι ὀλίγοις τισὶ ταῦτα καὶ δοκεῖ καὶ δόξει. οἷς οὖν οὕτω δέδοκται καὶ οἷς μή, τούτοις οὐκ ἔστι κοινὴ βουλή, ἀλλὰ ἀνάγκη τούτους ἀλλήλων καταφρονεῖν
5 ὁρῶντας τὰ ἀλλήλων βουλεύματα. σκόπει δὴ οὖν καὶ σὺ εὖ μάλα πότερον κοινωνεῖς καὶ συνδοκεῖ σοι καὶ ἀρχώμεθα ἐντεῦθεν βουλευόμενοι, ὡς οὐδέποτε ὀρθῶς ἔχοντος οὔτε τοῦ ἀδικεῖν οὔτε τοῦ ἀνταδικεῖν οὔτε κακῶς πάσχοντα ἀμύνεσθαι ἀντιδρῶντα κακῶς, ἢ ἀφίστασαι καὶ οὐ κοινω-
e νεῖς τῆς ἀρχῆς; ἐμοὶ μὲν γὰρ καὶ πάλαι οὕτω καὶ νῦν ἔτι δοκεῖ, σοὶ δὲ εἴ πῃ ἄλλη δέδοκται, λέγε καὶ δίδασκε. εἰ δ' ἐμμένεις τοῖς πρόσθε, τὸ μετὰ τοῦτο ἄκουε.

ΚΡ. Ἀλλ' ἐμμένω τε καὶ συνδοκεῖ μοι· ἀλλὰ λέγε.

5 **ΣΩ.** Λέγω δὴ αὖ τὸ μετὰ τοῦτο, μᾶλλον δ' ἐρωτῶ· πότερον ἃ ἄν τις ὁμολογήσῃ τῳ δίκαια ὄντα ποιητέον ἢ ἐξαπατητέον;

---

41. Sobre o princípio de sinceridade no exercício do escrutínio socrático, ver Platão, *Protágoras*, 333c; *Górgias*, 495a-b; *Mênon*, 83d; *República*, I 346a. Sobre a importância desse princípio no *elenchos* socrático, ver J. Beversluis, op. cit., p. 270; R. Cain, *The Socratic Method*, p. 18-23; A. Capra, *Agôn Logôn*, p. 156-157; M. McCoy, *Plato and the Rhetoric of Philosophers and Sophists*, p. 80; R. Robinson, *Plato's Earlier Dialectic*, p. 15-17; C.C.W. Taylor, *Plato: Protagoras*, p. 131-132; G. Vlastos, The Socratic Elenchus, *Oxford Studies in Ancient Philosophy*, v. 1.

42. O que Sócrates ressalta aqui não é que uma discussão seja impossível quando os interlocutores divergem nos princípios éticos basilares que fundamentam determinada concepção de mundo, e sim uma decisão comum em vista de uma ação concreta e particular – no caso do *Críton*, fugir ou não da prisão. Trata-se, portanto, de uma deliberação em comum envolvendo Críton e Sócrates naquelas circunstâncias específicas, e não uma discussão de orientação teórica, em que se busca, por exemplo, uma definição satisfatória para alguma virtude em particular (como a piedade no diálogo *Eutífron*, por exemplo). Sobre o *Críton* e o processo de deliberação levado a cabo por Sócrates e a personagem epônima, ver V. Harte, Conflicting Values in Plato's *Crito*, *Archiv für Geschichte der Philosophie*, v. 81; A. Hatzistavrou, op. cit.; M. Lane, Argument and Agreement in Plato's *Crito*, *History of Political Thought*, v. 19, n. 3; e G. Vlastos, *Socrates, Ironist and Moral Philosopher*, p. 194-195.

CRÍTON: De forma nenhuma.

SÓCRATES: Pois fazer mal às pessoas, presumo eu, em nada difere de cometer injustiça.

CRÍTON: É verdade.

SÓCRATES: Portanto, não se deve retribuir uma injustiça nem fazer mal a pessoa alguma, a despeito do que tiver sofrido em suas mãos. Tome cuidado, Críton, ao assentir neste ponto, para não consentir contra a sua opinião![41] Com efeito, sei que são poucos os que têm, e hão de ter, tal opinião. Não há, pois, decisão comum possível entre os que assim opinam e os que destes discordam; forçoso é que haja antes um desprezo recíproco quando observam as decisões uns dos outros[42]. Examine bem, então – sim, você! –, se compartilha e condivide essa opinião, e se devemos começar com base na seguinte decisão: que jamais é correto cometer injustiça, retribuir uma injustiça ou defender-se, quando vítima de um mal, retribuindo um outro mal. Ou você rejeita e não compartilha esse princípio? Quanto a mim, sempre fui dessa opinião e ainda agora a mantenho; quanto a você, caso opine de modo diferente, diga-me e esclareça-me! Mas se você se atém às proposições anteriores, escute então o que vem a seguir!

CRÍTON: Atenho-me a elas e condivido a sua opinião. Diga-me!

SÓCRATES: Pois bem, vou dizer o que vem a seguir... ou melhor, vou perguntar a você. Aquilo sobre o que duas pessoas chegarem a um acordo, contanto que seja justo, deve ser realizado ou burlado?[43]

---

43. A cláusula de reserva ("contanto que seja justo", 49e6) é aqui importante porque estabelece um critério moral para que um acordo seja observável; em outras palavras, "justo" qualifica aqui a ação a ser empreendida conforme o acordo estabelecido, e não o acordo em si mesmo. Se fosse o acordo em si mesmo, a consequência seria que é justo cumprir o acordo estabelecido, mesmo que a ação a ser empreendida seja injusta. O célebre exemplo do Livro I da *República* na busca pela definição de justiça ajuda a esclarecer esse ponto (ver 331c): se alguém pega uma espada emprestada e essa espada é requerida de volta pelo dono, ela deve ser devolvida, a menos que o dono se encontre fora de juízo – pois, em tais circunstâncias, a devolução seria injusta, na medida em que poderia ser prejudicial a ele próprio ou a outrem. Sobre o tema, ver L. Brown, Did Socrates Agree to Obey the Laws?, em L. Judson; V. Karasmanis (eds.), *Remembering Socrates*, p. 76; V. Harte, op. cit., p. 125-126.

344 KPITΩN

KP. Ποιητέον.

ΣΩ. Ἐκ τούτων δὴ ἄθρει. ἀπιόντες ἐνθένδε ἡμεῖς μὴ
50a πείσαντες τὴν πόλιν πότερον κακῶς τινας ποιοῦμεν, καὶ
ταῦτα οὓς ἥκιστα δεῖ, ἢ οὔ; καὶ ἐμμένομεν οἷς ὡμολογή-
σαμεν δικαίοις οὖσιν ἢ οὔ;

KP. Οὐκ ἔχω, ὦ Σώκρατες, ἀποκρίνασθαι πρὸς ὃ
5 ἐρωτᾷς· οὐ γὰρ ἐννοῶ.

ΣΩ. Ἀλλ' ὧδε σκόπει. εἰ μέλλουσιν ἡμῖν ἐνθένδε εἴτε
ἀποδιδράσκειν, εἴθ' ὅπως δεῖ ὀνομάσαι τοῦτο, ἐλθόντες οἱ
νόμοι καὶ τὸ κοινὸν τῆς πόλεως ἐπιστάντες ἔροιντο· "Εἰπέ
μοι, ὦ Σώκρατες, τί ἐν νῷ ἔχεις ποιεῖν; ἄλλο τι ἢ τούτῳ τῷ
b ἔργῳ ᾧ ἐπιχειρεῖς διανοῇ τούς τε νόμους ἡμᾶς ἀπολέσαι
καὶ σύμπασαν τὴν πόλιν τὸ σὸν μέρος; ἢ δοκεῖ σοι οἷόν τε
ἔτι ἐκείνην τὴν πόλιν εἶναι καὶ μὴ ἀνατετράφθαι, ἐν ᾗ ἂν αἱ
γενόμεναι δίκαι μηδὲν ἰσχύωσιν ἀλλὰ ὑπὸ ἰδιωτῶν ἄκυροί
5 τε γίγνωνται καὶ διαφθείρωνται;" τί ἐροῦμεν, ὦ Κρίτων,
πρὸς ταῦτα καὶ ἄλλα τοιαῦτα; πολλὰ γὰρ ἂν τις ἔχοι,
ἄλλως τε καὶ ῥήτωρ, εἰπεῖν ὑπὲρ τούτου τοῦ νόμου ἀπολ-
λυμένου ὃς τὰς δίκας τὰς δικασθείσας προστάττει κυρίας
c εἶναι. ἢ ἐροῦμεν πρὸς αὐτοὺς ὅτι "Ἠδίκει γὰρ ἡμᾶς ἡ
πόλις καὶ οὐκ ὀρθῶς τὴν δίκην ἔκρινεν;" ταῦτα ἢ τί
ἐροῦμεν;

KP. Ταῦτα νὴ Δία, ὦ Σώκρατες.

5 **ΣΩ.** Τί οὖν ἂν εἴπωσιν οἱ νόμοι· "Ὦ Σώκρατες, ἢ καὶ
ταῦτα ὡμολόγητο ἡμῖν τε καὶ σοί, ἢ ἐμμενεῖν ταῖς δίκαις

---

44. O ponto aqui concerne ao verbo *apodidraskein* (traduzido por "fugir"), que
denota a fuga de um escravo ou desertor (J. Adam, op. cit., p. 61), como textualmente
referido adiante (52d2); ou seja, embora Críton empregue outros verbos de conotação
mais neutra para se referir à hipotética fuga de Sócrates da prisão (traduzidos aqui
por "sair", "ir embora", "partir"), na verdade essa ação, se consumada, seria designada
mais apropriadamente pelo verbo *apodidraskein*, visto que seria uma ação própria de
indivíduos de estatuto moral e social inferior, conforme os valores daquela cultura.

45. Aqui começa a célebre interlocução fictícia entre Sócrates e as "Leis" da cidade
(sobre a função do interlocutor fictício, ver supra p. 264n77). Entra em operação uma
concepção de "lei" (*nomos*) entendida como um acordo estabelecido entre o interesse
comum representado pela cidade e os indivíduos que a constituem. Isso aparece de
modo paradigmático na definição de lei no discurso *Contra Aristogíton 1*, de Demóstenes: "As leis almejam o justo, o belo e o vantajoso; é isso o que elas procuram, e quando ▶

[49e-50c]   CRÍTON   345

CRÍTON: Deve ser realizado.

SÓCRATES: Com base nisso, então, considere o seguinte! Se formos embora daqui sem ter persuadido a cidade, porven- 50a tura estaremos fazendo mal a alguém, e nesse caso justamente a quem menos se deve, ou não? Estaremos nos atendo ao que concordamos, sendo isso justo, ou não?

CRÍTON: Não sei que resposta dar, Sócrates, à sua pergunta, pois não a compreendo.

SÓCRATES: Examine a questão assim! Se, estando nós na iminência de fugir daqui – ou seja lá como se deve denominar essa ação[44] –, as leis e o bem-comum da cidade chegassem e nos indagassem, pairando sobre nós[45]: "Diga-me, Sócrates, o que você tem em mente? Por acaso planeja outra coisa com esta empresa em curso que não arruinar a nós, as leis, e toda a b cidade, no que cabe a você? Ou você supõe que pode subsistir e não ser subvertida uma cidade em que os veredítos proferidos não possuam força alguma, mas sejam desautorizados e corrompidos por indivíduos comuns?"; o que diríamos nós, Críton, em relação a isso e a outros questionamentos do gênero? Com efeito, alguém poderia dizer inúmeras coisas, especialmente um orador, em defesa dessa lei em ruína[46], a qual confere autoridade aos veredítos já proferidos nos tribunais. Ou diríamos a eles: c "A cidade cometeu uma injustiça contra nós ao não proferir o veredíto corretamente?" É isso? Ou falaríamos o quê?

CRÍTON: É isso, por Zeus, Sócrates.

SÓCRATES: O que sucederia então, se as leis dissessem o seguinte: "Sócrates, é de fato esse o consentimento a que

▷ o descobrem, anunciam-no como prescrição comum, igual e equivalente para todos; isso é a lei. A ela convém a todos obedecer por várias razões, mas especialmente porque toda lei é descoberta e dádiva dos deuses, é decreto de homens prudentes, é correção de erros voluntários e involuntários, é acordo comum da cidade, com base no qual convém a todos os habitantes dela viver." (§16)

"Pairando sobre mim" (que traduz o particípio grego *epistantes*) é um vocabulário usado comumente para descrever sonhos e visões, como em Homero (*Ilíada*, 10.496), em Heródoto (*Histórias*, 1.34., 2.139, 7.14) e no próprio Platão (*Banquete*, 192d).

46. Platão alude aqui à prática de nomeação de advogados públicos (*sundikoi* ou *sunēgoroi*) para defenderem as leis caso propusessem sua revogação (J. Burnet, op. cit., p. 281), como descrito em Demóstenes (*Contra Timócrates*, 23).

346   ΚΡΙΤΩΝ

αἷς ἂν ἡ πόλις δικάζῃ;" εἰ οὖν αὐτῶν θαυμάζοιμεν
λεγόντων, ἴσως ἂν εἴποιεν ὅτι "Ὦ Σώκρατες, μὴ θαύμαζε
τὰ λεγόμενα, ἀλλ' ἀποκρίνου, ἐπειδὴ καὶ εἴωθας χρῆσθαι
10   τῷ ἐρωτᾶν τε καὶ ἀποκρίνεσθαι. φέρε γάρ, τί ἐγκαλῶν
d   ἡμῖν καὶ τῇ πόλει ἐπιχειρεῖς ἡμᾶς ἀπολλύναι; οὐ πρῶτον
μέν σε ἐγεννήσαμεν ἡμεῖς, καὶ δι' ἡμῶν ἔλαβε τὴν μητέρα
σου ὁ πατὴρ καὶ ἐφύτευσέν σε; φράσον οὖν, τούτοις ἡμῶν,
τοῖς νόμοις τοῖς περὶ τοὺς γάμους, μέμφῃ τι ὡς οὐ καλῶς
5   ἔχουσιν;" "Οὐ μέμφομαι," φαίην ἄν. "Ἀλλὰ τοῖς περὶ τὴν
τοῦ γενομένου τροφήν τε καὶ παιδείαν ἐν ᾗ καὶ σὺ ἐπαιδεύθης; ἢ οὐ καλῶς προσέταττον ἡμῶν οἱ ἐπὶ τούτῳ τεταγμέ-
νοι νόμοι, παραγγέλλοντες τῷ πατρὶ τῷ σῷ σε ἐν μουσικῇ
e   καὶ γυμναστικῇ παιδεύειν;" "Καλῶς," φαίην ἄν. "Εἶεν.
ἐπειδὴ δὲ ἐγένου τε καὶ ἐξετράφης καὶ ἐπαιδεύθης, ἔχοις
ἂν εἰπεῖν πρῶτον μὲν ὡς οὐχὶ ἡμέτερος ἦσθα καὶ ἔκγονος
καὶ δοῦλος, αὐτός τε καὶ οἱ σοὶ πρόγονοι; καὶ εἰ τοῦθ'
5   οὕτως ἔχει, ἆρ' ἐξ ἴσου οἴει εἶναι σοὶ τὸ δίκαιον καὶ ἡμῖν,
καὶ ἅττ' ἂν ἡμεῖς σε ἐπιχειρῶμεν ποιεῖν, καὶ σοὶ ταῦτα
ἀντιποιεῖν οἴει δίκαιον εἶναι; ἢ πρὸς μὲν ἄρα σοι τὸν
πατέρα οὐκ ἐξ ἴσου ἦν τὸ δίκαιον καὶ πρὸς δεσπότην, εἴ σοι
ὢν ἐτύγχανεν, ὥστε ἅπερ πάσχοις ταῦτα καὶ ἀντιποιεῖν,
51a   οὔτε κακῶς ἀκούοντα ἀντιλέγειν οὔτε τυπτόμενον ἀντι-
τύπτειν οὔτε ἄλλα τοιαῦτα πολλά· πρὸς δὲ τὴν πατρίδα
ἄρα καὶ τοὺς νόμους ἐξέσται σοι, ὥστε, ἐάν σε ἐπιχειρῶμεν
ἡμεῖς ἀπολλύναι δίκαιον ἡγούμενοι εἶναι, καὶ σὺ δὲ ἡμᾶς

---

47. Ver Platão, *Apologia*, 17c, 27b, 33b, 41c.

48. A educação grega era fundada basicamente no ensino da música (que compreende a poesia e os elementos estritamente musicais, o ritmo e a harmonia) e na ginástica. Na *República*, ao apresentar seu próprio modelo de educação para os guardiões da cidade ideal construída no discurso por Sócrates e seus interlocutores, Platão parte do princípio basilar de que a música cuida da educação da alma, ao passo que a ginástica, do corpo (II 376e-377c). No entanto, ele proporá uma reforma nos fundamentos da educação tradicional, estabelecendo os princípios para uma nova teologia (II 378e-383c), depurando os valores morais veiculados pela poesia (especialmente os relativos à temperança e à coragem, III 386a-392c), selecionando os modos apropriados de elocução poética (III 392c-398b), dos tipos de harmonia e de ritmo (III 398c-400e), dos instrumentos musicais (III 399c-e), e das dietas para a promoção da saúde do corpo (III 403c-404e). Para uma descrição geral das etapas da educação grega, ver Platão, *Protágoras*, 325c-326e.

[50c-51a] CRÍTON 347

havíamos chegado nós e você, ou antes atermo-nos aos vereditos que a cidade vier a proferir?" Se nos surpreendêssemos
com suas palavras, talvez nos dissessem elas: "Sócrates, não se
surpreenda com as nossas palavras; ou melhor, responda-nos,
já que também você está habituado a recorrer a perguntas e respostas[47]. Adiante, então! Com base em que inculpação contra
nós e a cidade você está tentando nos arruinar? Em primeiro   d
lugar, não fomos nós a engendrá-lo, não foi por nosso intermé-
dio que o seu pai se casou com a sua mãe e o gerou? Declare
então, perante as nossas leis concernentes aos casamentos, se
você de algum modo as reprova porque não estão bem insti-
tuídas!" "Não as reprovo," diria eu. "E perante as nossas leis
concernentes à criação e educação da criança em que você foi
educado? Será que não propuseram uma boa prescrição as nossas leis estabelecidas para tal fim, quando recomendaram a seu
pai que oferecesse a você uma educação baseada em música e
ginástica?"[48] "Foi uma boa prescrição", responderia eu. "Que   e
seja! Uma vez que nasceu, foi criado e educado, você estaria
apto a dizer, em primeiro lugar, que não é nossa prole e nosso
escravo, não só você, como também seus ancestrais?[49] Mas se
a condição é essa, por acaso presume que nós e você estamos
numa condição de igualdade relativamente ao que é justo? E a
respeito de certas coisas que nós buscamos fazer a você, você
supõe que lhe é justo retribuí-las a nós? Relativamente ao que
é justo, você nunca esteve numa condição igual à de seu pai e à
de seu senhor, caso tenha tido algum, a ponto de poder retri-
buir-lhes o que viesse a sofrer em suas mãos, não lhes obje-
tando quando ouvia impropérios, nem lhes revidando quando   51a
era castigado, e assim por diante em situações similares; não
é? E a respeito da pátria e das leis? Isso lhe será, ao contrário,
permitido, de modo que, se buscarmos aniquilá-lo julgando

348   KΡΙΤΩΝ

τοὺς νόμους καὶ τὴν πατρίδα καθ' ὅσον δύνασαι ἐπιχειρή-
σεις ἀνταπολλύναι, καὶ φήσεις ταῦτα ποιῶν δίκαια πράττειν, ὁ τῇ ἀληθείᾳ τῆς ἀρετῆς ἐπιμελούμενος; ἢ οὕτως εἰ
σοφὸς ὥστε λέληθέν σε ὅτι μητρός τε καὶ πατρὸς καὶ τῶν
ἄλλων προγόνων ἁπάντων τιμιώτερόν ἐστι πατρὶς καὶ
σεμνότερον καὶ ἁγιώτερον καὶ ἐν μείζονι μοίρᾳ καὶ παρὰ
θεοῖς καὶ παρ' ἀνθρώποις τοῖς νοῦν ἔχουσι, καὶ σέβεσθαι
δεῖ καὶ μᾶλλον ὑπείκειν καὶ θωπεύειν πατρίδα χαλεπαί-
νουσαν ἢ πατέρα, καὶ ἢ πείθειν ἢ ποιεῖν ἃ ἂν κελεύῃ, καὶ
πάσχειν ἐάν τι προστάττῃ παθεῖν ἡσυχίαν ἄγοντα, ἐάντε
τύπτεσθαι ἐάντε δεῖσθαι, ἐάντε εἰς πόλεμον ἄγῃ τρωθησό-
μενον ἢ ἀποθανούμενον, ποιητέον ταῦτα, καὶ τὸ δίκαιον
οὕτως ἔχει, καὶ οὐχὶ ὑπεικτέον οὐδὲ ἀναχωρητέον οὐδὲ
λειπτέον τὴν τάξιν, ἀλλὰ καὶ ἐν πολέμῳ καὶ ἐν δικαστηρίῳ
καὶ πανταχοῦ ποιητέον ἃ ἂν κελεύῃ ἡ πόλις καὶ ἡ πατρίς, ἢ
πείθειν αὐτὴν ᾗ τὸ δίκαιον πέφυκε· βιάζεσθαι δὲ οὐχ ὅσιον
οὔτε μητέρα οὔτε πατέρα, πολὺ δὲ τούτων ἔτι ἧττον τὴν
πατρίδα;" τί φήσομεν πρὸς ταῦτα, ὦ Κρίτων; ἀληθῆ
λέγειν τοὺς νόμους ἢ οὔ;

ΚΡ. Ἔμοιγε δοκεῖ.

ΣΩ. "Σκόπει τοίνυν, ὦ Σώκρατες," φαῖεν ἂν ἴσως οἱ
νόμοι, "εἰ ἡμεῖς ταῦτα ἀληθῆ λέγομεν, ὅτι οὐ δίκαια ἡμᾶς
ἐπιχειρεῖς δρᾶν ἃ νῦν ἐπιχειρεῖς. ἡμεῖς γάρ σε γεννή-
σαντες, ἐκθρέψαντες, παιδεύσαντες, μεταδόντες ἁπάντων
ὧν οἷοί τ' ἦμεν καλῶν σοὶ καὶ τοῖς ἄλλοις πᾶσιν πολίταις,
ὅμως προαγορεύομεν τῷ ἐξουσίαν πεποιηκέναι Ἀθηναίων
τῷ βουλομένῳ, ἐπειδὰν δοκιμασθῇ καὶ ἴδῃ τὰ ἐν τῇ πόλει
πράγματα καὶ ἡμᾶς τοὺς νόμους, ᾧ ἂν μὴ ἀρέσκωμεν
ἡμεῖς ἐξεῖναι λαβόντα τὰ αὑτοῦ ἀπιέναι ὅποι ἂν βούληται.

---

49. Ver Platão, *Leis*, III 700a.
50. Idem, *Apologia*, 29-e-30a; 41e.

[51a-d]   CRÍTON   349

tal empresa justa, você também buscará retribuir aniquilando a nós, as leis, e à pátria na medida de suas forças, e alegará que sua ação é justa ao empreendê-la, você que se dedica verdadeiramente à virtude?[50] Será que você é assim tão sábio que não notou que a pátria é mais digna de respeito que a sua mãe, o seu pai e todos os demais ancestrais, mais digna de devoção e mais sacra, mais estimada pelos deuses e pelos homens de bom senso, e que se deve, mais do que ao pai, reverenciar a pátria, sujeitar-se e servir a ela mesmo quando é severa, e persuadi-la ou então fazer o que ela manda, e caso prescreva a imposição de algum sofrimento, aceitá-lo com resignação, seja um castigo seja uma detenção? E caso ela o envie a uma guerra com o risco de se ferir ou morrer, que se deve então fazê-lo – assim é o justo –, e que não se deve ceder, nem retroceder, nem abandonar o posto[51], mas fazer o que a cidade e a pátria ordenarem, seja na guerra, seja no tribunal ou onde for, ou então persuadi-la em conformidade com o que é de fato justo, e que não é pio violentar nem a mãe nem o pai, e muito menos ainda a pátria?" O que diremos em resposta, Críton? Que as leis dizem a verdade, ou não?

CRÍTON: Parece-me que sim.

SÓCRATES: "Pois bem, examine se estamos falando a verdade, Sócrates," provavelmente diriam as leis, "quando dizemos que não é justo o que você está tentando nos fazer agora; com efeito, mesmo que tenhamos o gerado, criado e educado, transmitido, na medida de nossa capacidade, tudo quanto é belo a você e a todos os demais cidadãos, nós, ainda assim, proclamamos, mediante a licença concedida a qualquer ateniense que assim o deseje, a permissão para que recolha seus pertences e parta para onde quiser caso não lhe agrademos, contanto que

---

51. Sobre a atuação corajosa de Sócrates como hoplita em defesa de Atenas em Potideia, Délio e Anfípolis, ver Platão, *Apologia*, 28e; *Laques*, 181b-c; *Cármides*, 153b-c; *Banquete*, 219e-221c.

ΚΡΙΤΩΝ

καὶ οὐδεὶς ἡμῶν τῶν νόμων ἐμποδών ἐστιν οὐδ' ἀπα-
γορεύει, ἐάντε τις βούληται ὑμῶν εἰς ἀποικίαν ἰέναι, εἰ μὴ
ἀρέσκοιμεν ἡμεῖς τε καὶ ἡ πόλις, ἐάντε μετοικεῖν ἄλλοσέ
e ποι ἐλθών, ἰέναι ἐκεῖσε ὅποι ἂν βούληται ἔχοντα τὰ αὑτοῦ.
ὃς δ' ἂν ὑμῶν παραμείνῃ, ὁρῶν ὃν τρόπον ἡμεῖς τάς τε
δίκας δικάζομεν καὶ τἆλλα τὴν πόλιν διοικοῦμεν, ἤδη
φαμὲν τοῦτον ὡμολογηκέναι ἔργῳ ἡμῖν ἃ ἂν ἡμεῖς
5 κελεύωμεν ποιήσειν ταῦτα, καὶ τὸν μὴ πειθόμενον τριχῇ
φαμεν ἀδικεῖν, ὅτι τε γεννηταῖς οὖσιν ἡμῖν οὐ πείθεται, καὶ
ὅτι τροφεῦσι, καὶ ὅτι ὁμολογήσας ἡμῖν πείσεσθαι οὔτε πείθεται οὔτε πείθει ἡμᾶς εἰ μὴ καλῶς τι ποιοῦμεν, προτι-
52a θέντων ἡμῶν καὶ οὐκ ἀγρίως ἐπιτατόντων ποιεῖν ἃ ἂν
κελεύωμεν, ἀλλὰ ἐφιέντων δυοῖν θάτερα, ἢ πείθειν ἡμᾶς ἢ
ποιεῖν, τούτων οὐδέτερα ποιεῖ. ταύταις δή φαμεν καὶ σέ, ὦ
Σώκρατες, ταῖς αἰτίαις ἐνέξεσθαι, εἴπερ ποιήσεις ἃ ἐπι-
5 νοεῖς, καὶ οὐχ ἥκιστα Ἀθηναίων σέ, ἀλλ' ἐν τοῖς μάλιστα. "
εἰ οὖν ἐγὼ εἴποιμι· "Διὰ τί δή;" ἴσως ἄν μου δικαίως
καθάπτοιντο λέγοντες ὅτι ἐν τοῖς μάλιστα Ἀθηναίων ἐγὼ
αὐτοῖς ὡμολογηκὼς τυγχάνω ταύτην τὴν ὁμολογίαν.
b φαῖεν γὰρ ἂν ὅτι "Ὦ Σώκρατες, μεγάλα ἡμῖν τούτων
τεκμήριά ἐστιν, ὅτι σοι καὶ ἡμεῖς ἠρέσκομεν καὶ ἡ πόλις·

52. Trata-se do procedimento denominado *dokimasia eis andras* (escrutínio dos homens) requerido aos jovens do sexo masculino quando completavam dezoito anos, a fim de serem registrados em seu *dēmos* (Atenas era dividida em *dēmoi*, uma espécie de distrito) e obterem a cidadania. Não havia uma lista de cidadãos atenienses centralizada, apenas esse registro em seus respectivos *dēmoi*, provavelmente fruto da reestruturação da organização da cidade promovida pelas reformas de Clístenes no final do século VI a.C. (N. Fisher, *Aeschines: Against Timarchus*, p. 142-143). Esse procedimento é descrito por Ésquines assim: "Ajudem-me a recordar, ó atenienses, o seguinte ponto: aqui, o nomoteta não está ainda se reportando à própria pessoa da criança, mas aos indivíduos que a cercam, pai, irmão, guardião, mestres... em suma, os responsáveis por ela. Todavia, assim que ela for registrada na lista de seu *dēmos*, tomar ciência das leis da cidade, e já estiver apta a distinguir o que é belo do que não é, a lei já não está mais reportando a outrem, mas agora à própria pessoa, ó Timarco!" (*Contra Timarco*, 18).

53. Aparentemente, o contraste pretendido aqui por Platão é entre viver numa colônia de Atenas, em que o indivíduo manteria seu estatuto de cidadão, e viver em outra cidade na condição de estrangeiro, sem ter participação, portanto, na cidadania, como sucedia aos estrangeiros residentes em Atenas (os metecos).

54. "Obedecer", que será bastante recorrente durante a interlocução fictícia entre Sócrates e as "Leis", traduz o verbo grego *peithomai* + dativo (voz média do verbo *peithō*, traduzido aqui no *Críton* por "persuadir"). O mesmo verbo já havia aparecido antes na ▸

[51d-52b] CRÍTON 351

já passado pelo escrutínio público[52] e ciente dos afazeres da cidade e de nós, as leis. E quando qualquer um de vocês quiser se mudar para uma colônia, caso nós e a cidade não formos de seu agrado, ou quiser viver como imigrante em algum outro lugar[53], nenhuma lei nossa há de impedi-lo e coibi-lo de ir para onde quiser levando consigo seus pertences. No entanto, quando alguém permanece aqui, observando o modo pelo qual julgamos os processos e administramos os demais encargos da cidade, podemos afirmar então que ele consente, na prática, em cumprir com as nossas ordens; e quem não obedecê-las dizemos que cometeu uma tripla injustiça, porque não obedeceu a nós, seus genitores, porque não obedeceu a nós, os responsáveis pela sua criação, e porque, mesmo tendo consentido em nos obedecer, não nos obedece nem nos persuade da incorreção de nossa ação, ainda que tenhamos proposto, e não prescrito de maneira rude, o cumprimento de nossas ordens; e quando lhe oferecemos duas alternativas, ou nos persuadir ou cumprir com o que mandamos, ele não realiza nem uma nem outra[54]. E essas inculpações afirmamos que recairão também sobre você, Sócrates, se de fato levar a cabo seu plano; aliás, entre os atenienses, acima de tudo sobre você." Se eu então lhes perguntasse: "Mas por quê?", provavelmente elas me acossariam com justiça alegando que, entre os atenienses, fui eu, em especial, a consentir-lhes nessa matéria. Com efeito, diriam: "Sócrates, temos evidências sólidas de que tanto nós quanto a cidade agradamos a você, pois

e

52a

b

▷ boca de Críton, quando exortava e buscava persuadir Sócrates a fugir da prisão (44b7, 45a3, 46a8), e depois, na de Sócrates, como réplica a seu interlocutor nos mesmos termos empregados (46b5, 46d7, 47d10, 48e1): nessas ocasiões, optei por uma versão mais branda, "dar ouvidos a", pois, se traduzido por "obedecer", o resultado em português soaria artificial: "obedece-me, Sócrates!" dá impressão de uma postura mais autoritária da personagem do que convém; trata-se antes de uma exortação enfática, carregada de emoção e afeto pelo amigo (Sócrates está prestes a morrer), de modo que "dar ouvidos a" capta melhor a nuança semântica do verbo *peithomai* nesse contexto. Entretanto, no caso do diálogo com as "Leis", pareceu-me mais apropriada a versão por "obedecer", sobretudo porque, no primeiro argumento das "Leis" (50a6-51c5), foi estabelecida uma relação assimétrica (e por conseguinte hierárquica) entre o indivíduo e as leis da cidade, comparável à relação entre filhos e pais, ou entre escravo e senhor. "Obedecer", portanto, captaria essa nuança semântica do verbo *peithomai* + dativo nesse segundo momento do diálogo.

352   ΚΡΙΤΩΝ

οὐ γὰρ ἄν ποτε τῶν ἄλλων Ἀθηναίων ἁπάντων διαφερόντως ἐν αὐτῇ ἐπεδήμεις εἰ μή σοι διαφερόντως
5   ἤρεσκεν, καὶ οὔτ᾽ ἐπὶ θεωρίαν πώποτ᾽ ἐκ τῆς πόλεως
ἐξῆλθες, ὅτι μὴ ἅπαξ εἰς Ἰσθμόν, οὔτε ἄλλοσε οὐδαμόσε,
εἰ μή ποι στρατευσόμενος, οὔτε ἄλλην ἀποδημίαν ἐποιήσω
πώποτε ὥσπερ οἱ ἄλλοι ἄνθρωποι, οὐδ᾽ ἐπιθυμία σε ἄλλης
πόλεως οὐδὲ ἄλλων νόμων ἔλαβεν εἰδέναι, ἀλλὰ ἡμεῖς σοι
c   ἱκανοὶ ἦμεν καὶ ἡ ἡμετέρα πόλις· οὕτω σφόδρα ἡμᾶς ἡροῦ
καὶ ὡμολόγεις καθ᾽ ἡμᾶς πολιτεύσεσθαι, τά τε ἄλλα καὶ
παῖδας ἐν αὐτῇ ἐποιήσω, ὡς ἀρεσκούσης σοι τῆς πόλεως.
ἔτι τοίνυν ἐν αὐτῇ τῇ δίκῃ ἐξῆν σοι φυγῆς τιμήσασθαι εἰ
5   ἐβούλου, καὶ ὅπερ νῦν ἀκούσης τῆς πόλεως ἐπιχειρεῖς,
τότε ἑκούσης ποιῆσαι. σὺ δὲ τότε μὲν ἐκαλλωπίζου ὡς οὐκ
ἀγανακτῶν εἰ δέοι τεθνάναι σε, ἀλλὰ ἡροῦ, ὡς ἔφησθα,
πρὸ τῆς φυγῆς θάνατον· νῦν δὲ οὔτ᾽ ἐκείνους τοὺς λόγους
αἰσχύνῃ, οὔτε ἡμῶν τῶν νόμων ἐντρέπῃ, ἐπιχειρῶν δια-
d   φθεῖραι, πράττεις τε ἅπερ ἂν δοῦλος ὁ φαυλότατος
πράξειεν, ἀποδιδράσκειν ἐπιχειρῶν παρὰ τὰς συνθήκας τε
καὶ τὰς ὁμολογίας καθ᾽ ἃς ἡμῖν συνέθου πολιτεύεσθαι.
πρῶτον μὲν οὖν ἡμῖν τοῦτ᾽ αὐτὸ ἀπόκριναι, εἰ ἀληθῆ
5   λέγομεν φάσκοντές σε ὡμολογηκέναι πολιτεύσεσθαι καθ᾽

55. Trata-se aqui do estreito de terra que liga o Peloponeso ao restante da Grécia (ver Mapa). Essa suposta viagem de Sócrates pode ter sido por ocasião dos Jogos
Ístmicos, que aconteciam bienalmente em Corinto, embora não haja outra menção
a ela nos diálogos platônicos; pelo contrário, como salienta J. Adam (op. cit., p. 71),
uma passagem do Fedro parece contradizer o que é dito aqui no Críton (Fedro: "Você,
extraordinário homem, parece um indivíduo muito excêntrico. Pelo que está dizendo,
você praticamente se assemelha a um estrangeiro em visita pela cidade, e não a um
nativo; você não cruza as fronteiras da cidade, tampouco, como me parece, transpõe de
modo algum as suas muralhas", 230c6-d2). Diógenes Laércio (séculos II-III d.C., Vidas
e Doutrinas dos Filósofos Ilustres, 2.23), por sua vez, reporta essa viagem ao Istmo com
base na obra de Favorino (séculos I-II d.C.), e não na de Platão, além de mencionar
uma suposta visita de Sócrates a Delfos com base numa obra não supérstite de Aristóteles (De Philosophia, Fr. 2 Ross).

56. Ou seja, nas expedições de Potideia, Délio e Anfípolis, no contexto da Guerra do
Peloponeso (431-404 a.C.) entre Atenas e Esparta e seus respectivos aliados. Ver Platão,
Apologia, 28e; Laques, 181b-c; Cármides, 153b-c; Banquete, 219e-221c. Ver supra p. 266n82.

57. Ver Platão, Apologia, 37c.

58. Ibidem, 37c-38a. Pode-se inferir dessa fala das "Leis" que as propostas de Sócrates para uma pena alternativa à capital, conforme o procedimento legal ateniense da ▶

[52b-d]   CRÍTON   353

sua residência aqui jamais seria tão peculiar, quando comparada a de todos os demais atenienses, se não lhe agradássemos de modo peculiar. Você jamais saiu da cidade para ir a um festival, exceto uma única vez para ir até o Istmo[55], nem para qualquer outro lugar, a não ser em alguma expedição militar[56], nem jamais viajou para outra localidade como os demais homens, tampouco é acometido por um desejo de conhecer outra cidade e outras leis; pelo contrário, nós e a nossa cidade bastamos a você. É dessa maneira assim tão intensa que você nos escolheu e consentiu em viver como um cidadão sob a nossa gestão, e, em particular, o fato de você ter gerado seus filhos aqui sugere que a cidade é de seu agrado. Além disso, no próprio julgamento você podia ter estimado uma pena de exílio se quisesse[57], e a empresa que agora está tentando realizar contra a vontade da cidade, você podia naquela ocasião tê-la feito com a anuência dela. Você se vangloriava ali de não se enfurecer com a possibilidade da pena de morte, e, com suas alegações, acabou optando por ela ao invés do exílio[58]; agora, no entanto, nem se envergonha por aquelas palavras, nem observa a nós, as leis, ao tentar nos corromper[59], e age como agiria o mais ignóbil escravo ao tentar fugir violando os acordos e os consentimentos[60], com base nos quais você aceitou viver como cidadão sob nossa gestão. Em primeiro lugar, portanto, responda-nos ao seguinte: dizemos a verdade quando alegamos que você, na prática, embora não

▷ *antitimēsis* (ver supra p. 292n135), não foram sérias o suficiente para de fato rivalizar com a proposta inicial da acusação – especialmente, a sua primeira sugestão, de que ele fosse alimentado no Pritaneu, como um vencedor dos Jogos Olímpicos, subvertendo assim a sua condição de recém-condenado pelo tribunal. Nesse sentido, é como se Sócrates praticamente tivesse optado pela pena de morte e aberto mão de seu direito, ao não propor uma pena alternativa razoável (no caso, a única opção viável seria o exílio).

59. A ocorrência do verbo "corromper" (διαφθεῖραι, 52d1) remete diretamente aos termos da acusação de Meleto, Anito e Lícon (διαφθείροντα; ver *Apologia*, 24b9).

60. Na abertura do Livro II da *República*, a personagem Glauco se propõe a discorrer sobre o que é a justiça e sua origem segundo a opinião da maioria, para que Sócrates refutasse e elogiasse a justiça em si mesma, a despeito das consequências que dela advém para os homens. A teoria política desenvolvida por Glauco, que poderíamos denominar de contratualista, é semelhante à que podemos depreender desta fala das "Leis", fundada na noção de "acordo" (*sunthēkē*) e "consentimento" (*homologia*). Eis a passagem do discurso de Glauco, em que a noção de acordo mútuo é central:

354 ΚΡΙΤΩΝ

ἡμᾶς ἔργῳ ἀλλ᾽ οὐ λόγῳ, ἢ οὐκ ἀληθῆ." τί φῶμεν πρὸς
ταῦτα, ὦ Κρίτων; ἄλλο τι ἢ ὁμολογῶμεν;

ΚΡ. Ἀνάγκη, ὦ Σώκρατες.

ΣΩ. ""Ἄλλο τι οὖν," ἂν φαῖεν, "ἢ συνθήκας τὰς πρὸς
e ἡμᾶς αὐτοὺς καὶ ὁμολογίας παραβαίνεις, οὐχ ὑπὸ
ἀνάγκης ὁμολογήσας οὐδὲ ἀπατηθεὶς οὐδὲ ἐν ὀλίγῳ
χρόνῳ ἀναγκασθεὶς βουλεύσασθαι, ἀλλ᾽ ἐν ἔτεσιν ἑβδομή-
κοντα, ἐν οἷς ἐξῆν σοι ἀπιέναι εἰ μὴ ἠρέσκομεν ἡμεῖς μηδὲ
5 δίκαιαι ἐφαίνοντό σοι αἱ ὁμολογίαι εἶναι. σὺ δὲ οὔτε
Λακεδαίμονα προῃροῦ οὔτε Κρήτην, ἃς δὴ ἑκάστοτε φῂς
53a εὐνομεῖσθαι, οὔτε ἄλλην οὐδεμίαν τῶν Ἑλληνίδων πόλεων
οὐδὲ τῶν βαρβάρων, ἀλλὰ ἐλάττω ἐξ αὐτῆς ἀπεδήμησας ἢ
οἱ χωλοί τε καὶ τυφλοὶ καὶ οἱ ἄλλοι ἀνάπηροι· οὕτω σοι
διαφερόντως τῶν ἄλλων Ἀθηναίων ἤρεσκεν ἡ πόλις τε καὶ
5 ἡμεῖς οἱ νόμοι δῆλον ὅτι· τίνι γὰρ ἂν πόλις ἀρέσκοι ἄνευ
νόμων; νῦν δὲ δὴ οὐκ ἐμμενεῖς τοῖς ὡμολογημένοις; ἐὰν
ἡμῖν γε πείθῃ, ὦ Σώκρατες· καὶ οὐ καταγέλαστός γε ἔσῃ
ἐκ τῆς πόλεως ἐξελθών.

"Σκόπει γὰρ δή, ταῦτα παραβὰς καὶ ἐξαμαρτάνων τι
10 τούτων τί ἀγαθὸν ἐργάσῃ σαυτὸν ἢ τοὺς ἐπιτηδείους τοὺς
b σαυτοῦ. ὅτι μὲν γὰρ κινδυνεύσουσί γέ σου οἱ ἐπιτήδειοι καὶ
αὐτοὶ φεύγειν καὶ στερηθῆναι τῆς πόλεως ἢ τὴν οὐσίαν

Dizem que cometer injustiça é por natureza um bem, ao passo que sofrê-la, um
mal, e que sofrer injustiça supera em males os bens em cometê-la. Por conseguinte,
quando os homens cometem e sofrem injustiças reciprocamente e provam de ambas as
condições, àqueles que são incapazes de evitar uma e fazer valer a outra parece vantajoso "estabelecer um acordo entre si" (sunthestai allēlois) para que não cometam nem
sofram injustiças. A partir disso, então, começam a "instituir leis e acordos entre si"
(nomous tithesthai kai sunthēkas hautōn), e denominam legítimo e justo a prescrição
da lei. Esta é a origem e a essência da justiça, estando no meio-termo entre o que é o
melhor (não pagar a justa pena, uma vez tendo cometido injustiça) e o que é o pior
(ser incapaz de se vingar, uma vez tendo sofrido injustiça). E o justo, estando no meio-
-termo de ambos, é adorado não porque é bom, mas porque é digno de honra devido
à debilidade de se cometer injustiça. Pois quem é capaz de fazê-lo e é verdadeiramente
homem jamais estabeleceria um "acordo" (sunthestai), com quem quer que seja, para
não cometer nem sofrer injustiças; caso contrário, seria um louco. É desse tipo então,
Sócrates, a natureza da justiça, e são essas as circunstâncias de onde ela se origina,
segundo o argumento. (II 358e3-359b5) ▶

[52d-53b]   CRÍTON   355

no discurso, consentiu em viver como cidadão sob nossa gestão, ou não?" O que devemos dizer a elas em resposta, Críton? Devemos fazer outra coisa senão consentir?

CRÍTON: É necessário, Sócrates.

SÓCRATES: "Sendo assim", diriam elas, "você não faz outra coisa senão transgredir os acordos e os consentimentos estabelecidos conosco, mesmo sem ter sido obrigado a consentir, nem ludibriado, nem constrangido a tomar uma decisão apressada, mas o faz depois de setenta anos, período em que você podia ter ido embora daqui caso não lhe agradássemos ou tais consentimentos não lhe parecessem justos. E não optou nem pela Lacedemônia nem por Creta, as quais você amiúde afirma serem bem legisladas[61], nem por qualquer outra cidade helênica ou bárbara; pelo contrário, suas viagens para fora daqui foram menos frequentes que as das pessoas coxas, cegas e com outras deficiências. Era dessa maneira tão peculiar, quando comparada a dos demais atenienses, que a cidade e nós, as leis, agradávamos a você; isso é evidente. Pois a quem uma cidade desprovida de leis agradaria? E agora você não vai se ater ao que foi consentido? Se obedecer a nós, Sócrates, sim; e você não virá a ser um indivíduo extremamente ridículo por deixar a cidade."

"Examine, então, que bem você há de fazer a si mesmo ou a seus amigos, caso incorra nessa transgressão e cometa algum desses equívocos! Com efeito, que seus amigos correrão o risco de eles próprios serem exilados, privados da cidade e tolhidos de suas propriedades, é quase óbvio. E no seu caso, em

⊳ No entanto, vale notar uma diferença significativa entre os dois contextos argumentativos: no caso do *Críton*, Sócrates dá sua anuência a esse acordo quando atinge a maioridade – marcado pelo procedimento da *dokimasia eis andras* (ver supra p. 350n52) – acordo esse que já existia previamente como legado das gerações passadas, sobre o que ele não tem nenhum poder; no caso da *República*, a discussão versa sobre as causas e a origem desse contrato entre os indivíduos, que decidem voluntariamente estabelecê-lo para evitar injustiças recíprocas, instituindo assim as leis.

61. Sobre as afinidades entre a constituição política de Esparta e a de Creta, ver Heródoto, 1.65.4; Aristóteles, *Política*, II 1269a29-1272b23. Sobre a admiração de vários gregos pelas instituições e pelo sistema educacional de Esparta e Creta, ver Platão, *República*, VII 544c; *Hípias Maior*, 283e-284b; *Leis*, I 631b, 636e; e Aristóteles, *Ética Nicomaqueia*, I 1102a7-11. Sobre o mesmo tópico em Xenofonte, ver *Memoráveis*, 3.5.15-16; 4.15.

356 ΚΡΙΤΩΝ

ἀπολέσαι, σχεδόν τι δῆλον· αὐτὸς δὲ πρῶτον μὲν ἐὰν εἰς
τῶν ἐγγύτατά τινα πόλεων ἔλθῃς, ἢ Θήβαζε ἢ Μέγα-
5 ράδε—εὐνομοῦνται γὰρ ἀμφότεραι—πολέμιος ἥξεις, ὦ
Σώκρατες, τῇ τούτων πολιτείᾳ, καὶ ὅσοιπερ κήδονται τῶν
αὑτῶν πόλεων ὑποβλέψονταί σε διαφθορέα ἡγούμενοι τῶν
νόμων, καὶ βεβαιώσεις τοῖς δικασταῖς τὴν δόξαν, ὥστε
c δοκεῖν ὀρθῶς τὴν δίκην δικάσαι· ὅστις γὰρ νόμων δια-
φθορεύς ἐστιν σφόδρα που δόξειεν ἂν νέων γε καὶ ἀνοήτων
ἀνθρώπων διαφθορεὺς εἶναι. πότερον οὖν φεύξῃ τάς τε
εὐνομουμένας πόλεις καὶ τῶν ἀνδρῶν τοὺς κοσμιωτάτους;
5 καὶ τοῦτο ποιοῦντι ἆρα ἄξιόν σοι ζῆν ἔσται; ἢ πλησιάσεις
τούτοις καὶ ἀναισχυντήσεις διαλεγόμενος—τίνας λόγους,
ὦ Σώκρατες; ἢ οὕσπερ ἐνθάδε, ὡς ἡ ἀρετὴ καὶ ἡ δικαιοσύνη πλείστου ἄξιον τοῖς ἀνθρώποις καὶ τὰ νόμιμα καὶ οἱ
νόμοι; καὶ οὐκ οἴει ἄσχημον φανεῖσθαι τὸ τοῦ Σωκράτους
d πρᾶγμα; οἴεσθαί γε χρή. ἀλλ' ἐκ μὲν τούτων τῶν τόπων
ἀπαρεῖς, ἥξεις δὲ εἰς Θετταλίαν παρὰ τοὺς ξένους τοὺς
Κρίτωνος· ἐκεῖ γὰρ δὴ πλείστη ἀταξία καὶ ἀκολασία, καὶ
ἴσως ἂν ἡδέως σου ἀκούοιεν ὡς γελοίως ἐκ τοῦ δεσμω-
5 τηρίου ἀπεδίδρασκες σκευήν τέ τινα περιθέμενος ἢ
διφθέραν λαβὼν ἢ ἄλλα οἷα δὴ εἰώθασιν ἐνσκευάζεσθαι οἱ
ἀποδιδράσκοντες, καὶ τὸ σχῆμα τὸ σαυτοῦ μεταλλάξας·
ὅτι δὲ γέρων ἀνήρ, σμικροῦ χρόνου τῷ βίῳ λοιποῦ ὄντος
e ὡς τὸ εἰκός, ἐτόλμησας οὕτω γλίσχρως ἐπιθυμεῖν ζῆν,

62. Tebas e Mégara eram cidades de regime oligárquico. Ver Mapa p. 393-394.

63. Sobre a acusação contra Sócrates de corruptor da juventude, ver Platão, *Apologia*, 24b.

64. Assim como a "intemperança" (*akolasia*) está associada à "desordem" (*ataxia*), seu contrário, a "temperança" (*sōphrosunē*), está associada à "ordem" (*taxis, kosmos*). No *Górgias*, ao tratar justamente da condição da alma virtuosa, Platão irá desenvolver a noção de virtude, e mais especificamente a temperança, como uma espécie de *ordenamento interno* da alma, em analogia com os objetos confeccionados pelos artífices: assim como os objetos adquirem certa forma quando seus elementos estão, em seu conjunto, "ordenados e arranjados" (τεταγμένον τε καὶ κεκοσμημένον, 504a1) de modo a adquirirem harmonia (ἁρμόττειν, 503e8), a alma adquire sua condição virtuosa quando seus elementos internos estão ordenados e arranjados de maneira harmônica (503d-504e). Como diz Sócrates: "os arranjos e ordenamentos da alma se denominam 'legítimos' e 'lei', com o que as almas se tornam legítimas e ordenadas. Isso é a justiça e a temperança." (504d1-3) Xenofonte também se refere a Tessália como um lugar licencioso: ▶

[53b-e]   CRÍTON   357

primeiro lugar, se você se dirigir para uma das cidades mais
próximas daqui, como Tebas e Mégara – pois ambas são bem
legisladas[62] –, chegará ali, Sócrates, como inimigo de suas constituições; quem quer que zele pela sua própria cidade suspeitará
de você por considerá-lo um corruptor das leis, e você acabará
confirmando a opinião dos juízes de modo tal que seu processo
parecerá ter sido julgado corretamente por eles. Pois quem é   c
corruptor das leis poderia, creio eu, ser assaz reputado como
corruptor de jovens e homens insensatos[63]. Você deve, então,
evitar as cidades bem legisladas e os homens mais moderados?
Se fizer isso, por acaso sua vida ainda será digna de ser vivida?
Ou estabelecerá ali relações e não se envergonhará ao dialogar
com eles – a que argumentos você recorrerá, Sócrates? Os mesmos que você emprega aqui: que a virtude e a justiça, assim
como os costumes e as leis, são as coisas de maior valor para
os homens? Você não supõe que o caso Sócrates parecerá uma
aberração? É de se supor. E então? Você deixará esses lugares   d
e se dirigirá para a Tessália como hóspede dos conhecidos de
Críton? De fato, lá é um lugar tomado pela desordem e intemperança[64], e talvez eles se comprazam em ouvi-lo contar quão
ridícula foi a sua fuga do cárcere[65], envolto em algum disfarce
ou em alguma capa de couro, ou paramentado com algo do
gênero tal como os fugitivos costumam fazer... enfim, tendo
alterado sua aparência. Não haverá ninguém que irá lhe dizer
que você, um homem velho, com pouco tempo de vida ainda
restante, como é plausível, atreveu-se a almejar, de maneira tão   e
apegada, por continuar a viver a ponto de transgredir as leis

▷ Tanto Crítias como Alcibíades, enquanto conviveram com Sócrates, conseguiram
manter sob controle seus desejos vergonhosos, tendo-o como aliado. Assim que o abandonaram, porém, Crítias exilou-se na Tessália onde passou a conviver com homens
que recorriam antes à ilegalidade do que à justiça. Alcibíades era caçado por inúmeras mulheres ilustres em virtude de sua beleza, e, por conta de seu poder na cidade e
junto a seus aliados, era exaurido por muitos homens hábeis em adulá-lo; além disso,
era estimado pelo povo e estava sempre em destaque sem fazer esforço: assim como
os atletas das competições esportivas descuram dos exercícios quando, sem esforço,
são os primeiros, também Alcibíades descurou de si próprio. (*Memoráveis*, 1.2.24)

65. Sobre a semântica do verbo *apodidraskō*, traduzido aqui por "fuga", ver supra
p. 344n44.

358   ΚΡΙΤΩΝ

νόμους τοὺς μεγίστους παραβάς, οὐδεὶς ὅς ἐρεῖ; ἴσως, ἂν
μή τινα λυπῇς· εἰ δὲ μή, ἀκούσῃ, ὦ Σώκρατες, πολλὰ καὶ
ἀνάξια σαυτοῦ. ὑπερχόμενος δὴ βιώσῃ πάντας ἀνθρώπους
5   καὶ δουλεύων—τί ποιῶν ἢ εὐωχούμενος ἐν Θετταλίᾳ,
ὥσπερ ἐπὶ δεῖπνον ἀποδεδημηκὼς εἰς Θετταλίαν; λόγοι δὲ
54a ἐκεῖνοι οἱ περὶ δικαιοσύνης τε καὶ τῆς ἄλλης ἀρετῆς ποῦ
ἡμῖν ἔσονται; ἀλλὰ δὴ τῶν παίδων ἕνεκα βούλει ζῆν, ἵνα
αὐτοὺς ἐκθρέψῃς καὶ παιδεύσῃς; τί δέ; εἰς Θετταλίαν
αὐτοὺς ἀγαγὼν θρέψεις τε καὶ παιδεύσεις, ξένους ποιή-
5   σας, ἵνα καὶ τοῦτο ἀπολαύσωσιν; ἢ τοῦτο μὲν οὔ, αὐτοῦ δὲ
τρεφόμενοι σοῦ ζῶντος βέλτιον θρέψονται καὶ παιδεύ-
σονται μὴ συνόντος σοῦ αὐτοῖς; οἱ γὰρ ἐπιτήδειοι οἱ σοὶ
ἐπιμελήσονται αὐτῶν. πότερον ἐὰν εἰς Θετταλίαν
ἀποδημήσῃς, ἐπιμελήσονται, ἐὰν δὲ εἰς Ἅιδου
10 ἀποδημήσῃς, οὐχὶ ἐπιμελήσονται; εἴπερ γέ τι ὄφελος
b   αὐτῶν ἐστιν τῶν σοι φασκόντων ἐπιτηδείων εἶναι, οἴεσθαί
γε χρή.

"Ἀλλ', ὦ Σώκρατες, πειθόμενος ἡμῖν τοῖς σοῖς τροφεῦσι
μήτε παῖδας περὶ πλείονος ποιοῦ μήτε τὸ ζῆν μήτε ἄλλο
5   μηδὲν πρὸ τοῦ δικαίου, ἵνα εἰς Ἅιδου ἐλθὼν ἔχῃς ταῦτα
πάντα ἀπολογήσασθαι τοῖς ἐκεῖ ἄρχουσιν· οὔτε γὰρ ἐνθάδε
σοι φαίνεται ταῦτα πράττοντι ἄμεινον εἶναι οὐδὲ δικαιότερον οὐδὲ ὁσιώτερον, οὐδὲ ἄλλῳ τῶν σῶν οὐδενί, οὔτε
ἐκεῖσε ἀφικομένῳ ἄμεινον ἔσται. ἀλλὰ νῦν μὲν ἠδικημένος
c   ἄπει, ἐὰν ἀπίῃς, οὐχ ὑφ' ἡμῶν τῶν νόμων, ἀλλὰ ὑπ'

---

66. Ateneu, *Banquete dos Sofistas*, 12.33.1-14:

Teompopo [historiador do século IV a.C.], ao tratar dos tessálios no Livro IV, afirma
que "parte deles passa a vida junto às dançarinas e às flautistas, ao passo que outra
parte passa o dia inteiro na jogatina, na bebedeira e em outros hábitos intemperantes
do tipo, e se preocupam antes com abarrotar as mesas com comidas de toda sorte, do
que com tornar regradas as suas próprias vidas." [...] Os tessálios admitem, de acordo
com o relato de Crítias (FHG II 69), que se tornaram, dentre todos os povos helênicos,
os mais extravagantes em relação ao modo de vida e à indumentária; é por isso que
eles foram os responsáveis por introduzir os persas na Hélade, desejosos por emular
sua luxúria e extravagância.

67. Sobre o Hades, ver supra p. 267n85.

[53e-54c]　　　　　　　　CRÍTON　　　　　　　　359

mais importantes? Talvez não, contanto que você não aflija ninguém; caso contrário, Sócrates, você há de escutar inúmeras
coisas que lhe serão aviltantes. Passará decerto sua vida bajulando
servilmente a todos os homens – o que fazer na Tessália senão
festejar, como se a finalidade de sua viagem para lá fosse só a
ceia?[66] E aquelas discussões sobre a justiça e as demais virtudes, 54a
onde encontraremos lugar para elas? Mas será que é por causa
dos filhos que você quer continuar a viver, a fim de poder criá-
-los e educá-los? E então? É levando-os para a Tessália que você
poderá criá-los e educá-los na condição de estrangeiros, a fim de
desfrutarem também disso? Ou não é este o caso? Pelo contrário,
enquanto você estiver vivo, serão eles mantidos aqui para recebe-
rem uma melhor criação e educação, mesmo longe de sua convivência? Seus amigos, de fato, hão de cuidar deles. Pois bem, se
você viajar para a Tessália, eles cuidarão de seus filhos, mas se for
para o Hades[67], não irão fazê-lo? Já que você tem algum suporte
por parte de quem professa ser seu amigo, é de se supor que sim." b
"Todavia, Sócrates, por obediência a nós, os responsáveis
pela sua criação, não dê aos filhos, à vida, ou a qualquer outra
coisa maior valor do que ao justo, a fim de que, quando chegar
ao Hades, você possa apresentar tudo isso em sua defesa perante
os governantes de lá![68] Com efeito, é manifesto a você, ou a qualquer amigo seu, que esta eventual ação sua não é melhor aqui,
nem mais justa, nem mais pia, tampouco será melhor lá quando
chegar ao Hades. De fato, você irá embora daqui, caso vá, como c
vítima de uma injustiça, não por força das leis, que somos nós,

68. Na *Apologia* (40e-41a), Sócates diz que Minos, Radamanto, Éaco e Triptólemo
eram os juízes do tribunal *post mortem*. No mito final do diálogo *Górgias* (523a-527e),
Platão se apropria desse elemento do imaginário mítico, mas especificamente associado
à vertente órfica, para argumentar em defesa de uma vida devotada à justiça e à virtude, cujo benefício ao agente se estende à vida depois da morte (ver também supra
p. 309-310n175-176):

Havia, então, a seguinte lei concernente aos homens no tempo de Cronos, lei que
sempre houve e que ainda hoje prevalece entre os deuses: o homem cujo curso da
vida foi justo e pio, quando morresse, iria para a Ilha dos Venturosos e lá habitaria
em absoluta felicidade e apartado dos males, enquanto o homem de uma vida injusta
e ímpia iria para o cárcere do desagravo e da justiça, cujo nome é Tártaro. (523a5-b4)

360 ΚΡΙΤΩΝ

ἀνθρώπων· ἐὰν δὲ ἐξέλθῃς οὕτως αἰσχρῶς ἀνταδικήσας τε
καὶ ἀντικακουργήσας, τὰς σαυτοῦ ὁμολογίας τε καὶ
συνθήκας τὰς πρὸς ἡμᾶς παραβὰς καὶ κακὰ ἐργασάμενος
5 τούτους οὓς ἥκιστα ἔδει, σαυτόν τε καὶ φίλους καὶ πατρίδα
καὶ ἡμᾶς, ἡμεῖς τέ σοι χαλεπανοῦμεν ζῶντι, καὶ ἐκεῖ οἱ
ἡμέτεροι ἀδελφοὶ οἱ ἐν Ἅιδου νόμοι οὐκ εὐμενῶς σε
ὑποδέξονται, εἰδότες ὅτι καὶ ἡμᾶς ἐπεχείρησας ἀπολέσαι
d τὸ σὸν μέρος. ἀλλὰ μή σε πείσῃ Κρίτων ποιεῖν ἃ λέγει
μᾶλλον ἢ ἡμεῖς."

Ταῦτα, ὦ φίλε ἑταῖρε Κρίτων, εὖ ἴσθι ὅτι ἐγὼ δοκῶ
ἀκούειν, ὥσπερ οἱ κορυβαντιῶντες τῶν αὐλῶν δοκοῦσιν
5 ἀκούειν, καὶ ἐν ἐμοὶ αὕτη ἡ ἠχὴ τούτων τῶν λόγων βομβεῖ
καὶ ποιεῖ μὴ δύνασθαι τῶν ἄλλων ἀκούειν· ἀλλὰ ἴσθι, ὅσα
γε τὰ νῦν ἐμοὶ δοκοῦντα, ἐὰν λέγῃς παρὰ ταῦτα, μάτην
ἐρεῖς. ὅμως μέντοι εἴ τι οἴει πλέον ποιήσειν, λέγε.

ΚΡ. Ἀλλ', ὦ Σώκρατες, οὐκ ἔχω λέγειν.

e ΣΩ. Ἔα τοίνυν, ὦ Κρίτων, καὶ πράττωμεν ταύτῃ,
ἐπειδὴ ταύτῃ ὁ θεὸς ὑφηγεῖται.

---

69. O aulo é um instrumento de sopro mais semelhante ao oboé do que à flauta,
à qual é geralmente equiparado. Era usado como acompanhamento musical no teatro,
mas estava especialmente associado às festas noturnas e aos banquetes (Platão, *Teeteto*,
173d; *Banquete*, 176e), e às danças frenéticas nos rituais dionisíacos e em cultos similares
(Aristóteles, *Política*, 1342b1-6). É justamente o caso das danças e dos ritos dos Coribantes, sacerdotes da deusa Cibele. De natureza orgiástica, tinham como função um
tratamento homeopático de pessoas nervosas e histéricas por meio do som do aulo e de
instrumentos de percussão (Platão, *Leis*, vii 790d-791b). Os pacientes eram excitados
até a exaustão a ponto de caírem no sono, que servia como uma espécie de purgação
e cura daquele estado mórbido (J. Burnet, op. cit., p. 291). O ritual tinha três etapas:
o sacrifício, o "entronamento" (*thronōsis*; ver Platão, *Eutidemo*, 277d-e) e a parte principal, a curativa (E. Wasmuth, ΩΣΠΕΡ ΟΙ ΚΟΡΥΒΑΝΤΙΩΝΤΕΣ: The Corybantic Rites In Plato's Dialogues, *The Classical Quarterly*, n. 1, p. 74-75). Sobre os Coribantes, ver também
Platão, *Banquete*, 215e; *Íon*, 533c-535a; *Fedro*, 228b-c, 234d; Aristóteles, *Política* 1342a7-15.

70. Sócrates se refere aqui ao poder que a música tem de penetrar os ouvidos e
provocar a sensação de estar escutando-a mesmo depois de cessada a execução do
instrumento. Essa analogia serve para salientar o poder persuasivo dos argumentos
aferidos pelas "Leis", que permanecem vivos no interior da alma de Sócrates, imunes a
qualquer contra-argumento de Críton e, presumivelmente, de quem quer que seja. Sobre
o sentido subjacente à analogia entre a prosopopeia das "Leis" e os ritos coribantes, há
basicamente duas linhas interpretativas: aquela que entende que sua função é marcar ▶

mas por força dos homens; se você, no entanto, partir daqui de modo tão vergonhoso, retribuindo uma injustiça e um mal, transgredindo os consentimentos e os acordos que você mesmo estabeleceu conosco, e fazendo mal a quem menos devia – ou seja, a você mesmo, aos seus amigos, à pátria e a nós –, seremos severas com você enquanto estiver vivo; e lá as nossas irmãs, as leis do Hades, não irão recebê-lo com benevolência, uma vez informadas de que a nós você tentou arruinar, no que cabia a você. Que Críton não o persuada a fazer o que está propondo! Sejamos antes nós a persuadi-lo!"   d

Saiba, caro amigo Críton, que são essas as palavras que tenho a impressão de ouvir, assim como os coribantes têm a impressão de ouvir o som do aulo[69], e o eco delas ribomba em mim tornando-me incapaz de dar ouvidos a outras coisas[70]. E saiba que, caso você venha a objetar às opiniões que agora tenho comigo, serão palavras ditas ao léu. Se você acha, no entanto, que tem algo a mais a fazer, diga-me!

CRÍTON: Não tenho nada a dizer, Sócrates.

SÓCRATES: Paremos por aqui então, Críton! E ajamos assim,   e
uma vez que é assim que o deus nos recomenda[71].

▷ um distanciamento entre os argumentos aferidos pelas "Leis" e Sócrates, como se tais argumentos não refletissem o real pensamento do filósofo sobre o assunto em questão, uma vez que os rituais coribantes seriam vistos de maneira negativa por Platão (V. Harte, op. cit.); e aquela que defende a ideia de que a analogia carrega um valor positivo, e que, no caso do *Críton*, os argumentos (*logoi*) comparados ao som do aulo teriam uma função terapêutica similar à da música nos rituais coribantes (E. Wasmuth, op. cit.).

71. Segundo M. Forster (Socrates' Profession of Ignorance, *Oxford Studies in Ancient Philosophy*, v. 32, p. 28), "o *Críton* de Platão é certamente, do começo ao fim, voltado para ilustrar e explicar o profundo respeito de Sócrates pela lei. Agora, essa atitude ética é muito característica dos devotos de Apolo, uma vez que Apolo é o deus mais intimamente associado com a oferta e a proteção das leis. Essa associação especial de Apolo com a lei, somada ao fato de que ao falar do 'deus' (*ho theos*) na *Apologia*, Sócrates claramente se refere a Apolo, torna virtualmente certo que, quando, no final do *Críton*, Sócrates diz que 'o deus' guiou seu argumento em favor da obediência às leis, esse deus é nenhum outro senão Apolo." Sobre Apolo como fonte de inspiração de Sócrates para o respeito às leis, ver também Xenofonte (*Memoráveis*, 1.3.1; 4.3.16-17). Para uma interpretação contrária, segundo a qual os atributos do "deus" de Sócrates na *Apologia* dizem respeito a uma nova concepção de divindade, como será delineada posteriormente nos Livros II e III da *República* de Platão, ver M. Burnyeat, The Impiety of Socrates, em T.C. Brickhouse; N.D. Smith (eds.), *The Trial and Execution of Socrates*.

BIBLIOGRAFIA

Edições dos Textos Gregos e Latinos

ANAXÍMENES DE LÂMPASCO
Anaximenis ars rhetorica. Ed. Manfred Fuhrmann. Leipzig: Teubner, 1966.

ANDOCIDES
Discours. Ed. Georges Dalmeyda. Paris: Les Belles Lettres, 1966.

ARISTÓFANES
Aristophanis comoediae, tomus 1. Ed. Frederick William Hall & William Martin Geldart. Oxford: Clarendon, 1957.
Aristophanis comoediae, tomus 2. Ed. F.W. Hall & W.M. Geldart. Oxford: Clarendon, 1956.
Scholia Graeca in Aristophanem. Ed. Fridericus Dübner. Paris: Didot, 1969.

ARISTÓTELES
Ars rhetorica. Ed. William David Ross. Oxford: Clarendon, 1959.
De arte poetica liber. Ed. Rudolf Kassel. Oxford: Clarendon, 1965.
Ethica Nicomachea. Ed. L. Bywater. Oxford: Clarendon, 1894.
Ethica Eudemia. Ed. Richard R. Walzer & Jean M. Mingay. Oxford: Clarendon, 1991.
Politica. Ed. William David Ross. Oxford: Clarendon, 1988.
Topica et sophistici elenchi. Ed. William David Ross. Oxford: Clarendon, 1958.

ARQUÍLOCO
Iambi et elegi Graeci, v. 1. Ed. M.L. West. Oxford: Clarendon, 1971.

ATENEU
Athenaei Naucratitae deipnosophistarum libri xv, 3 v. Ed. Georg Kaibel. Leipzig: Teubner, 1965-1966.

364   EUTÍFRON, APOLOGIA DE SÓCRATES E CRÍTON, DE PLATÃO

DIÓGENES LAÉRCIO
Lives of Eminent Philosophers. Ed. Tiziano Dorandi. Cambridge: Cambridge University Press, 2013.

ÉSQUINES
Discours, tome 1. Ed. V. Martin & G. de Budé. Paris: Les Belles Lettres, 1962.

EURÍPIDES
Tragicorum Graecorum fragmenta. Ed. August Nauck. Leipzig: Teubner, 1889.
Euripidis fabulae, tomus 1. Ed. James Diggle. Oxford: Clarendon, 1984.

FRAGMENTOS DA COMÉDIA ANTIGA
Fragments of Old Comedy. Ed. Ian. Christopher Storey. Massachusetts: Harvard University Press, 2011.
Poetae comici Graeci (PCG). Ed. Rudolf Kassel e Colin Austin. Berlim: De Gruyter, 1983-2001.
Comicorum Atticorum fragmenta (K). Ed. Theodorus Kock. Leipzig: Teubner, 1880-1888.

FRAGMENTOS DOS HISTORIADORES GREGOS
Die Fragmente der greichischen Historiker (FrGH). Ed. Felix Jacoby. Berlin: Weidmannsche Buchhandlung, 1923.

FRAGMENTOS DOS "SOCRÁTICOS MENORES"
Socratis et Socraticorum reliquiae (SSR). Ed. Gabriele Giannantoni. Napoli: Bibliopolis, 1990.

HERÓDOTO
Histoires. Ed. Philippe-Ernest Legrand. Paris: Les Belles Lettres, 1968.

HESÍODO
Hesiodi opera. Ed. Friedrich Solmsen. Oxford: Clarendon, 1970.

HOMERO
Opera. Ed. David B. Monro e Thomas W. Allen. Oxford: Clarendon, 1920.

ISÓCRATES
Discours, v. 1. Ed. G. Mathieu & É. Brémond. Paris: Les Belles Lettres, 1963.
Discours, v. 3. Ed. G. Mathieu & É. Brémond. Paris: Les Belles Lettres, 1966.
Discours, v. 4. Ed. G. Mathieu & É. Brémond. Paris: Les Belles Lettres, 1972.

LÍSIAS
Lysiae orationes cum fragmentis. Ed. Christopher Carey. Oxford: Oxford University Press, 2007.

PÍNDARO
Pindari carmina cum fragmentis. Ed. Herwig Maehler (post Bruno Snell). Leipzig: Teubner, 1971.

PLATÃO
Platonis opera, tomus 1. Ed. E.A. Duke et al. Oxford: Clarendon, 1995.
Platonis opera, tomus 2. Ed. John Burnet. Oxford: Clarendon, 1967.
Platonis opera, tomus 3. Ed. J. Burnet. Oxford: Clarendon, 1968.
Platonis opera, tomus 4. Ed. J. Burnet. Oxford: Clarendon, 1968.
Platonis opera, tomus 5. Ed. J. Burnet. Oxford: Clarendon, 1952.
Platonis rempublicam. Ed. S.R. Slings. Oxford: Clarendon, 2003.

BIBLIOGRAFIA 365

PLUTARCO
Plutarchi vitae parallelae. Ed. Konrat Ziegler. Leipzig: Teubner, 1964.
Plutarchi moralia, v. 2.1. Ed. W. Nachstädt. Leipzig: Teubner, 1971.

PRÉ-SOCRÁTICOS
Die Fragmente der Vorsokratiker (DK). Ed. Hermann Diels & Walther Kranz. Berlin: Weidmannsche Buchhandlung, 1989.

PSEUDO-LONGINO
On the Sublime. Ed. Donald Andrew Russell. Oxford: Clarendon, 1964.

SÓLON
Iambi et elegi Graeci, v. 2. Ed. M.L. West. Oxford: Clarendon, 1972.

TIBÉRIO
Tiberii de figuris Demosthenicis. Ed. Guilelmus Ballaira. Roma: Ateneo, 1968.

TUCÍDIDES
Historiae. Ed. Henry Stuart Jones e Johannes Enoch Powell. Oxford: Clarendon, 1988.

XENOFONTE
Xenophantis opera omnia. Ed. Edgar Cardew Marchant. Oxford: Clarendon, 1921.

Crítica

ADAM, James. *The Republic of Plato*. Cambridge: Cambridge University Press, 2009.

_____. *Platonis Apologia Socratis*. Cambridge: Cambridge University Press, 1891.

_____. *Platonis Euthyphro*. Cambridge: Cambridge University Press, 1890.

_____. *Platonis Crito*. Cambridge: Cambridge University Press, 1888.

ANDERSON JR., R. Dean. *Glossary of Greek Rhetorical Terms*. Leuven: Peeters, 2000.

BAILLY, Jacques A. *Plato's* Euthyphro & Clitophon. Newburyport: Focus, 2003.

BARNES, Jonathan. Enseigner la vertu? *Revue Philosophique*, n. 4, 1991.

BEEKES, Robert. *Etymological Dictionary of Greek*. Leiden: Brill, 2010. 2v.

BENSON, Hugh H. (org.). *Platão*. Trad. Marco Zingano. São Paulo: Artmed, 2006.

BERNABÉ, Alberto. *Platão e o Orfismo*. São Paulo: Anablume, 2011.

BELLIDO, Antonio M. *Sofistas: Testimonios y Fragmentos*. Madrid: Gredos, 1996.

BETT, Richard. Socratic Ignorance. In: MORRISON, Donald R. (ed.). *The Cambridge Companion to Socrates*. Cambridge: Cambridge University Press, 2011.

BEVERSLUIS, John. *Cross-Examining Socrates: A Defense of the Interlocutors in Plato's Early Dialogues*. Cambridge: Cambridge University Press, 2000.

_____. Does Socrates Commit the Socratic Fallacy? In: BENSON, Hugh H. (ed.). *Essays on the Philosophy of Socrates*. Oxford: Oxford University Press, 1992.

BLONDELL, Ruby. *The Play of Character in Plato's Dialogues*. Cambridge: Cambridge University Press, 2002.

BOSTOCK, David. The Interpretation of Plato's *Crito. Phronesis*, v. 35, n. 1, 1990.

BOYS-STONES, George R.; HAUBOLD, Johannes H. (eds.). *Plato and Hesiod*. Oxford: Oxford University Press, 2010.

BRANDWOOD, L. Stylometry and Chronology. In: KRAUT, Richard (ed.). *The Cambridge Companion to Plato*. Cambridge: Cambridge University Press, 1992.

BRAVO, Francisco. *Teoria Platónica Del La Definición*. Caracas: Fondo Editorial de Humanidades y Educación, 2002.

BRICKHOUSE, Thomas C.; SMITH, Nicholas D. Os Paradoxos Socráticos. In: BENSON, Hugh (org.). *Platão*. Trad. Marco Zingano. São Paulo: Artmed, 2011.

____. *Socratic Moral Psychology*. Cambridge: Cambridge University Press, 2010.

____. *The Trial and Execution of Socrates: Sources and Controversies*. Oxford: Oxford University Press, 2002.

____. *The Philosophy of Socrates*. Boulder: Westview Press, 2000.

____. *Plato's Socrates*. New York/Oxford: Oxford University Press, 1994.

BROWN, Leslie. Did Socrates Agree to Obey the Laws? In: JUDSON, Lindsay; KARASMANIS, Vassilis (eds.). *Remembering Socrates: Philosophical Essays*. Oxford: Clarendon, 2006.

BURNET, John. *Plato's Euthyphro, Apology of Socrates and Crito*. Oxford: Clarendon, 1924.

BURNYEAT, Miles. On the Source of Burnet's Construal of *Apology* 30B 2-4: A Correction. *The Journal of Hellenic Studies*, v. 125, 2005.

____. Socrates, Money, and the Grammar of ΓΙΓΝΕΣΘΑΙ. *The Journal of Hellenic Studies*, v. 123, 2003.

____. The Impiety of Socrates. In: BRICKHOUSE, Thomas C.; SMITH, Nicholas D. (eds.) *The Trial and Execution of Socrates: Sources and Controversies*. Oxford: Oxford University Press, 2002.

CAIN, Rebecca Bensen. *The Socratic Method: Plato's Use of Philosophical Drama*. New York: Continuum International Publishing Group, 2007.

CAMBIANO, Giuseppe. *Platone e le tecniche*. Torino: Giulio Einaudi, 1971.

CAPRA, Andrea. *Agōn Logōn: Il "Protagora" di Platone tra Eristica e Commedia*. Milano: LED, 2001.

CAREY, Chris. *Aeschines*. Austin: The University of Texas Press, 2000.

____. The Second Stasimon of Sophocles' *Oedipus Tyrannus*. *The Journal of Hellenic Studies*, v. 106, 1986.

CARONE, Gabriela R. Calculating Machines or Leaky Jars? The Moral Psychology of Plato's *Gorgias*. *Oxford Studies in Ancient Philosophy*, n. 26, 2004.

CASAGLIA, Mario. *Platone: Eutifrone*. Milano: BUR, 2003.

CASERTANO, Giovanni. *L'Eterna malattia del discorso: Quattro studi su Platone*. Napoli: Liguori, 1991.

CHANKOWSKI, Véronique. *Athènes et Délos à l'époque classique: Recherches sur l'administration du sanctuaire d'Apollon délien*. Athènes: Ecole française d'Athènes, 2008. (Bibliothèque des Écoles françaises d'Athènes et de Rome, v. 331.)

CHANTRAINE, Pierre. *Dictionnaire étymologique de la langue grecque*. Paris: Klincksieck, 1968.

CHARLES, David (org.). *Definition in Greek Philosophy*. New York: Oxford University Press, 2010.

CHATEAU. Jean-Yves. *Philosophie et Religion: Platon, Euthyphron*. Paris: Vrin, 2005.

CLAY, Diskin. The Origins of the Socratic Dialogue. In: WAERDT, Paul W. Vander (ed.). *The Socratic Movement*. Ithaca: Cornell University Press, 1994.

COHEN, S. Marc. Socrates on the Definition of Piety: *Euthyphro* 10A-11B. *The Journal of the History of Philosophy*, v. 9, n. 1, 1971.

BIBLIOGRAFIA 367

COLE, Thomas. *The Origins of Rhetoric in Ancient Greece*. London: John Hopkins University Press, 1991.

COLLOBERT, Catherine; DESTRÉE, Pierre; GONZALEZ, Francisco (eds.). *Plato and Myth: Studies on the Use and Status of Platonic Myths*. Leiden: Brill, 2012.

COMPLIDO, Alain. *Platon. Euthyphron*. Paris: Ellipses, 1998.

COOPER, John. Notes on Xenophon's Socrates. *Essays on Ancient Moral Psychology and Ethical Theory*. Princeton: Princeton University Press, 1999.

COPE, Edward M.; SANDYS, John E. [1877]. *Aristotle: Rhetoric, v. 3*. Cambridge: Cambridge University Press, 2010.

COULTER, James A. The Relation of the Apology of Socrates to Gorgias' *Defense of Palamedes* and Plato's Critique of Gorgianic Rhetoric. *Harvard Studies in Classical Philology*, v. 68, 1964.

DANCY, R.M. Definições Platônicas e Formas. In: BENSON, Hugh (org.). *Platão*. Trad. Marco Zingano. São Paulo: Artmed, 2011.

_____. *Plato's Introduction of Forms*. Cambridge: Cambridge University Press, 2004.

DE STRYCKER, Emile; SLINGS, Simon R. *Plato's Apology of Socrates*. Leiden: Brill, 1994.

DENYER, Nicholas. *Plato: The Apology of Socrates and Xenophon: The Apology of Socrates*. Cambridge: Cambridge University Press, 2019.

DENYER, Nicholas. *Plato. Protagoras*. Cambridge: Cambridge University Press, 2008

DESCLOS, Marie-Laurence. *Structure des Dialogues de Platon*. Paris: Ellipses, 2000.

DESJARDINS, Rosemary. Why Dialogues? Plato's Serious Play. In: GRISWOLD, Charles L. (ed.). *Platonic Writings: Platonic Readings*. London: Routledge, 1988.

DES PLACES, Eduard. Lexique. In: Platon. *Oeuvres complètes, t. 14 et 15*. Paris: Les Belles Lettres, 1970.

DESTRÉE, Pierre; HERRMANN, Fritz-Gregor (eds.). *Plato and the Poets*. Leiden: Brill, 2011.

DODDS, Eric R. *Plato: Gorgias*. Oxford: Clarendon, 1959.

DORATI, Marco. Platone ed Eupoli (*Protagora* 314c-316a). *Quaderni Urbinati di Cultura Classica*, New Series, v. 50, n. 2, 1995.

DÖRING, Klaus. The Students of Socrates. In: MORRISON, Donald R. *The Cambridge Companion to Socrates*. Cambridge: Cambridge University Press, 2011.

DORION, Louis-André. The Delphic Oracle on Socrates' Wisdom: a Myth? In: COLLOBERT, Catherine; DESTRÉE, Pierre; GONZALEZ, Francisco (eds.). *Plato and Myth: Studies on the Use and Status of Platonic Myths*. Leiden: Brill, 2012.

_____. The Rise and Fall of the Socratic Problem. In: MORRISON, Donald R. *The Cambridge Companion to Socrates*. Cambridge: Cambridge University Press, 2011.

_____. *Compreender Sócrates*. Trad. Lúcia Orth. Petrópolis: Vozes, 2006.

_____. *Platon: Lachès, Euthyphron*. Traduction, introduction et notes par Louis-André Dorion. Paris: GF Flammarion, 1997.

DOVER, Keneth J. *Homossexualidade na Grécia Antiga*. Trad. Luis Sérgio Krausz. São Paulo: Nova Alexandria, 2007.

_____. *Greek Popular Morality*. Indianapolis: Hackett Publishing Company, 1994.

_____. *Aristophanes' Clouds*. Oxford: Clarendon, 1968.

DUARTE, Adriane da Silva. *O Dono da Voz e a Voz do Dono: A Parábase na Comédia de Aristófanes*. São Paulo: Humanitas, 2000.

FARNESS, Jay. *Missing Socrates: Problems of Plato's Writings*. Pennsylvania: The Pennsylvania State University Press, 1991.

368 EUTÍFRON, APOLOGIA DE SÓCRATES E CRÍTON, DE PLATÃO

FINE, Gail. Does Socrates Claim to Know that He Knows Nothing? *Oxford Studies in Ancient Philosophy*, v. 35. Oxford: Oxford University Press, 2008.

FISHER, Nick. *Aeschines: Against Timarchus*. Oxford: Oxford University Press, 2001.

FORSTER, Michael N. Socrates' Profession of Ignorance. *Oxford Studies in Ancient Philosophy*, v. 32. Oxford: Oxford University Press, 2007.

FREDE, Michael. Plato's Arguments and the Dialogue Form. *Oxford Studies in Ancient Philosophy: Supplementary Volume*. Oxford: Clarendon, 1992.

FRIEDLÄNDER, Paul. *Plato, v. 2*. Trad. Hans Meyerhoff. New York: Pantheon Books, 1964.

FUSSI, Alessandra. *Retorica e Potere. Una Lettura del Gorgia di Platone*. Pisa: ETS, 2006.

GAGARIN, Michael; MACDOWELL, Douglas M. *Antiphon and Andocides*. Austin: University of Texas Press, 1998.

GALLOP, David. The Rhetoric of Philosophy: Socrates' Swan-Song. In: MICHELINI, Ann. N. *Plato as Author: The Rhetoric of Philosophy*. Leiden-Boston: Brill, 2003.

_____. *Plato: Defence of Socrates, Euthyphro, Crito*. Oxford: Oxford University Press, 1997.

GENTILI, Bruno. *Poesia e Pubblico nella Grecia Antica*. Milano: Feltrinelli, 2006.

GIANNANTONI, Gabriele. *Socratis et Socraticorum reliquiae, v. 1*. Roma: Bibliopolis, 1990.

_____. *Socrate. Tutte le Testimonianze: da Aristofane e Senofonte ai Padri Cristiani*. Bari: Laterza, 1971.

GONZALEZ, Francisco. Introduction: A Short History of Platonic Interpretation and the "Third Way". In: GONZALEZ, Francisco (ed.). *The Third Way: New Directions in Platonic Studies*. Lanham: Rowman & Littlefield Publishers Inc., 1995.

GRAVES, Charles E. *Plato. Euthyphro and Menexenus*. London: Macmillan, 1896.

GRILLI, Alessandro. *Aristofane. Le Nuvole*. Introduzione, traduzione e note. Milano: BUR, 2005.

GRIMAL, Pierre. *Dicionário da Mitologia Grega e Romana*. Trad. Victor Jabouille. Rio de Janeiro: Bertrand Brasil, 2005.

GRIMALDI, William W.A. *Aristotle. Rhetoric 2: A Commentary*. New York: Fordham University Press, 1988.

_____. *Aristotle. Rhetoric 1: A Commentary*. New York: Fordham University Press, 1980.

GRISWOLD, Charles L. Plato's Metaphilosophy: Why Plato Wrote Dialogues. In: GRISWOLD, Charles. L. (ed.). *Platonic Writings: Platonic Readings*. London, Routledge, 1988.

_____. Style and Dialogue: The Case of Plato's Dialogue. *The Monist*, v. 63, n. 4. Illinois: The Hegeler Institute La Salle, 1980.

GUTHRIE, William. *A History of Greek Philosophy, v. 4*. Cambridge: Cambridge University Press, 1975.

_____. *A History of Greek Philosophy, v. 3*. Cambridge: Cambridge University Press, 1969.

HALL, John C. Plato: *Euthyphro* 10a1-11a10. *The Philosophical Quarterly*, v. 18, n. 70, 1968.

HALLIWELL, Stephen. *Plato: Republic 10*. England: Aris & Philips Ltd., 1988.

_____. *The Poetics of Aristotle*. The University of North Carolina Press, 1987.

HARTE, Verity. Conflicting Values in Plato's *Crito*. *Archiv für Geschichte der Philosophie*, v. 81, 1999.

HATZISTAVROU, Antony. Crito's Failure To Deliberate Socratically. *The Classical Quarterly*, New Series, v. 63, n. 2, 2013.

HAVELOCK, Eric. *Prefácio a Platão*. Trad. Enid Dobránzsky. Campinas: Papirus Editora, 1996.

HEIDEL, William Arthur. *Plato's Euthyphro*. Introduction and notes. New York: American Book Company, 1902.

HOEBER. Robert G. Plato's *Euthyphro*. *Phronesis*, v. 3, n. 2, 1958.

BIBLIOGRAFIA

IRWIN, Terence. The Platonic Corpus. In: FINE, Gail. (ed.). *The Oxford Handbook of Plato*. Oxford: Oxford University Press, 2008.

____. *The Development of Ethics, v. 1: From Socrates to Reformation*. Oxford: Oxford University Press, 2007.

____. *Plato's Ethics*. Oxford: Oxford University Press, 1995.

____. *Plato. Gorgias*. Oxford: Clarendon, 1979.

JARRATT, Susan C. *Rereading the Sophists: Classical Rhetoric Refigured*. Carbonale and Edwardsville: Southern Illinois University Press, 1991.

JOHNSON, David M. Xenophon's *Apology* and *Memorabilia*. In: FLOWER, M.A. *The Cambridge Companion to Xenophon*. Cambridge: Cambridge University Press, 2017.

KAHN, Charles. *Plato and the Post-Socratic Dialogue*. Cambridge: Cambridge University Press, 2013.

____. *Plato and the Socratic Dialogue*. Cambridge: Cambridge University Press, 1996.

____. Did Plato Write Socratic Dialogues? In: BENSON, Hugh H. (ed.). *Essays on the Philosophy of Socrates*. Oxford: Oxford University Press, 1992.

____. Plato's *Charmides* and the Proleptic Reading of Socratic Dialogues. *The Journal of Philosophy*, v. 85, n. 10, 1988.

KENNEDY, George A. *Aristotle. On Rhetoric: a Theory of Civic Discourse*. Translation with introduction, notes, and appendices. Oxford: Oxford University Press, 2007.

____. *A New History of Classical Rhetoric*. Princeton: Princeton University Press, 1994.

____. *Classical Rhetoric and Its Christian and Secular Tradition from Ancient to Modern Times*. Chapel Hill: University of North Carolina Press, 1980.

KERFERD, George B. Le Sophiste vu par Platon: Un philosophe imparfait. In: CASSIN, Barbara (ed.). *Positions de la sophistique: Coloque de Cerisy*. Paris: Vrin, 1986.

____. *The Sophistic Movement*. Cambridge: Cambridge University Press, 1981.

KNOX, Bernard. *Édipo em Tebas*. Trad. M. Goldsztyn. São Paulo: Perspectiva, 2002.

____. "So Mischievous a Beaste"? The Athenian "Demos" and Its Treatment of Its Politicians. *Greece & Rome*, v. 32, n. 2, Oct., 1985.

KONSTAN, David. Socrates in Aristophanes' Clouds. In: MORRISON, Donald R. (ed.). *The Cambridge Companion to Socrates*. Cambridge: Cambridge University Press, 2011.

____. *The Emotions of the Ancient Greeks*. Toronto: University of Toronto Press, 2006.

KOSMAN, L.A. Silence and Imitation in the Platonic Dialogues. *Oxford Studies in Ancient Philosophy: Supplementary Volume*. Oxford: Clarendon, 1992.

KRAUT, Richard. The Examined Life. In: AHBEL-RAPPE, Sara; KAMTEKAR, Rachana (eds.). *A Companion to Socrates*. Oxford: Blackwell, 2006.

____. An Inconsistent Socrates? In: BRICKHOUSE, Thomas C.; SMITH, Nicholas D. *The Trial and Execution of Socrates: Sources and Controversies*. Oxford: Oxford University Press, 2002.

____. Introduction to the Study of Plato. In: KRAUT, Richard (ed.). *The Cambridge Companion to Plato*. Cambridge: Cambridge University Press, 1992.

____. Comments on Gregory Vlastos "The Socratic Elenchus". *Oxford Studies in Ancient Philosophy*, v. 1. Oxford: Clarendon, 1983.

LANE, Melissa. The Evolution of *Eirōneia* in Classical Greek Texts: Why Socratic *Eirōneia* is Not Socratic Irony. *Oxford Studies in Ancient Philosophy*, v. 31. Oxford: Oxford University Press, 2006.

____. Argument and Agreement in Plato's *Crito*. *History of Political Thought*, v. 19, n. 3, 1998.

370   EUTÍFRON, APOLOGIA DE SÓCRATES E CRÍTON, DE PLATÃO

LAUSBERG, Heinrich. *Manual de Retórica Literaria*. 3v. Trad. José P. Riesco. Madrid: Gredos, 1965.

LEVI, Albert W. Philosophy as Literature: The Dialogue. *Philosophy and Rhetoric*. Pennsylvania: The Pennsylvania State University Press, v. 9, n. 1, 1976.

LIMA, Paulo Butti. *Platão: Uma Poética Para a Filosofia*. São Paulo: Perspectiva, 2004.

LIVINGSTONE, Niall. *A Commentary on Isocrates'* Busiris. Leiden: Brill, 2001.

LONG, Anthony. The Socratic Legacy. In: ALGRA, Keimpe et alli. *The Cambridge History of Hellenistic Philosophy*. Cambridge: Cambridge University Press, 2008.

_____. How Does Socrates' Divine Sign Communicate with Him? In: AHBEL-RAPPE, Sara; KAMTEKAR, Rachana (eds.). *A Companion to Socrates*. Oxford: Blackwell, 2006.

LONGO, Angela. *La Tecnica della domanda e le interrogazioni fittizie in Platone*. Pisa: Scuola Normale Superiore, 2000.

LOPES, Daniel R.N. Sofística e Retórica no *Górgias* de Platão. *Araucaria: Revista Iberoamericana de Filosofía, Política, Humanidades y Relaciones Internacionales*, a. 22, n. 44, 2020.

_____. *Protágoras de Platão*. São Paulo: Perspectiva, 2017.

_____. *Górgias de Platão*. São Paulo: Perspectiva, 2011.

LOPES, Rodolfo. Ordenação dos Diálogos. In: CORNELLI, Gabriele; LOPES, Rodolfo (orgs.). *Platão*. Coimbra: Imprensa da Universidade de Coimbra, 2018. (Coimbra Companions.)

LUTOSLAWSKI, Wincenty. *The Origin and Growth of Plato's Logic*. London: Longsmans, 1897.

MARCHANT, Edgar C.; TODD, Otis J. *Xenophon: Memorabilia, Oeconomicus, Symposium, Apology*. Cambridge/London: Harvard University Press, 1923.

MÁRSICO, Claudia. *Socráticos: Testimonios y Fragmentos 2*. Buenos Aires: Losada, 2011.

_____. *Socráticos: Testimonios y Fragmentos 1*. Buenos Aires: Losada, 2008.

MCCABE, Mary. M. A Forma e os Diálogos Platônicos. In: BENSON, Hugh H. (org.). *Platão*. Trad. Marco Zingano. São Paulo: Artmed, 2011.

_____. *Plato and his Predecessors. The Dramatisation of Reason*. Cambridge University Press, 2000.

MCCOY, Marina. *Plato and the Rhetoric of Philosophers and Sophists*. Cambridge: Cambridge University Press, 2008.

MCPHERRAN, Mark. Socratic Religion. In: MORRISON, Donald R. (ed.). *The Cambridge Companion to Socrates*. Cambridge: Cambridge University Press, 2011.

_____. *The Religion of Socrates*. Pennsylvania: The Pennsylvania State University Press, 1996.

MITTELSTRASS, Jurgen. On Socratic Dialogue. In: GRISWOLD, Charles L. (ed.). *Platonic Writings: Platonic Readings*. London: Routledge, 1988.

MORGAN, Kathryn. *Myth and Philosophy: From Presocratics to Plato*. Cambridge University Press, 2000.

NAILS, Deborah. The Trial and Death of Socrates. In: AHBEL-RAPPE, Sara; KAMTEKAR, Rachana (eds.). *A Companion to Socrates*. Oxford: Blackwell Publishing, 2006.

_____. *The People of Plato: A Prosopography of Plato and other Socratics*. Indianapolis: Hackett Publishing Company Inc., 2002.

NATOLI, Anthony F. Socrates and Money: The Translation of Plato, *Apology* 30b2-4. *Mnemosyne*, Fourth Series, v. 69, Fasc. 1, 2016.

NIGHTINGALE, Andrea W. *Genres in Dialogue*. Cambridge: Cambridge University Press, 1995.

NIETZSCHE, Friedrich. *O Nascimento da Tragédia*. Trad. Jacó Guinsburg. São Paulo: Companhia das Letras, 1998.

BIBLIOGRAFIA 371

O'SULLIVAN, Brendan. The *Euthyphro* Argument (9d-11b). *The Southern Journal of Philosophy*, v. 44, 2006.

PARKER, Robert. The Trial of Socrates: And a Religious Crisis? In: BRICKHOUSE, Thomas C.; SMITH, Nicholas D. (eds.). *The Trial and Execution of Socrates: Sources and Controversies*. Oxford: Oxford University Press, 2002.

PATTERSON, Richard. The Platonic Art of Comedy and Tragedy. *Philosophy and Literature*, The Johns Hopkins University Press, v. 6, n. 1, 1982.

PENNER, Terry. Socrates and the Early Dialogues. In: KRAUT, Richard (ed.). *The Cambridge Companion to Plato*. Cambridge: Cambridge University Press, 1992.

PIERI, Stefania Nonvel. *Platone: Gorgia*. Traduzione, introduzione e commento. Napoli: Loffredo, 1991.

PRESS, Gerald A. The Dialogical Mode in Modern Plato Studies. In: HART, Richard; TEJERA, Victorino (eds.). *Plato's Dialogues: The Dialogical Approach*. Lewiston: Edwin Mellen, 1997.

PRIOR, William. O Problema Socrático. In: BENSON, Hugh H. (org.). *Platão*. Trad. Marco Zingano. São Paulo: Artmed, 2011.

_____ (ed.). *Socrates: Critical Assessments, v. 3: Socratic Method*. London: Routledge, 1996.

_____. *Unity and Development in Plato's Metaphysics*. Sydney: Croom Helm, 1985.

RANDALL Jr., John Herman. *Plato: Dramatist of the Life of Reason*. New York: Columbia University Press, 1970.

REEVE, C.D.C. *Socrates in the Apology: An Essay on Plato's Apology of Socrates*. Indianapolis/Cambridge: Hackett Publishing Company, 1989.

RICKLESS, Samuel C. *Plato's Forms in Transition: A Reading of the* Parmenides. Cambridge: Cambridge University Press, 2007.

RIST, John M. Plato's Earlier Theory of Forms. *Phoenix*, v. 29, n. 4, 1975.

RITTER, Constantin. *Platon, sein Leben, seine Schriften, seine Lehre*. München: C.H. Beck, 1910.

ROBINSON, Richard. Plato's Consciousness of Fallacy. In: ROBINSON, Richard (ed.). *Essays in Greek Philosophy*. Oxford: Clarendon, 1969.

_____. *Plato's Earlier Dialectic*. London: Oxford University Press, 1953.

ROMILLY, Jacqueline de. *Magic and Rhetoric in Ancient Greece*. Cambridge: Harvard University Press, 1975.

ROSEN, Frederick. Piety and Justice: Plato's *Euthyphro*. *Philosophy*, v. 43, n. 164, 1968.

ROSS, David. *Plato's Theory of Ideas*. Oxford: Clarendon, 1953.

ROSSETTI, Livio. *O Diálogo Socrático*. Trad. Janaína Mafra. São Paulo: Paulus, 2015.

ROWE, Christopher. Self-Examination. In: MORRISON, Donald R. (ed.). *The Cambridge Companion to Socrates*. Cambridge: Cambridge University Press, 2011.

_____. Interpretando Platão. In: BENSON, Hugh H. (org.). *Platão*. Trad. Marco Zingano. São Paulo: Artmed, 2011.

_____. *Plato and the Art of Philosophical Writing*. Cambridge: Cambridge University Press, 2007.

RUTHERFORD, R.B. *The Art of Plato*. London: Duckworth, 1995.

SANTOS, José Trindade. *Para Ler Platão: A Ontoepistemologia dos Diálogos Socráticos*. São Paulo: Loyola, 2008.

SASSI, Maria Michela. *Platone: Apologia de Socrate, Critone*. Milano: BUR, 1997.

SCHIAPPA, Edward. *Protagoras and Logos. A Study in Greek Philosophy and Rhetoric*. Berkeley: University of South California Press, 2003.

372 EUTÍFRON, APOLOGIA DE SÓCRATES E CRÍTON, DE PLATÃO

____. *The Beginnings of Rhetorical Theory in Classical Greece*. Yale: Yale University Press, 1999.

____. Did Plato Coin *Rhetorike*? *American Journal of Philology*, v. 111, 1990.

SCHLEIERMACHER, Friedrich D.E. *Introdução aos Diálogos de Platão*. Belo Horizonte: UFMG, 2008.

SEDLEY, David. *The Midwife of Platonism: Text and Subtext in Plato's* Theaetetus. Oxford: Oxford University Press, 2004.

SEDLEY, David; LONG, Alex. *Plato: Meno and Phaedo*. Cambridge: Cambridge University Press, 2010.

SHOREY, Paul. *What Plato Said*. Chicago: The University of Chicago Press, 1933.

____. Note on Plato *Crito* 49e-50a. *The Classical Journal*, v. 2, n. 2, 1906.

SILK, Michael S. *Aristophanes and the Definition of Comedy*. Oxford: Oxford University Press, 2002.

SHÄFER, Christian (org.). *Léxico de Platão*. São Paulo: Loyola, 2012.

SLOANE, Thomas O. *Encyclopedia of Rhetoric*. Oxford: Oxford University Press, 2001.

SOLCAN, Dan. *La Piété chez Platon: Une Lecture conjuguée de l'*Euthyphron *et de l'*Apologie de Socrate. Paris: L'Harmattan, 2009.

SOMMERSTEIN, Alan H. *The Comedies of Aristophanes, v. 3: Clouds*. Warminster: Aris & Philips Ltd, 1981.

SPRAGUE, Rosamond Kent. (ed.). *The Older Sophists*. Indianapolis: Hackett Publishing Company, 2001.

____. *Plato's Use of Fallacy: A Study of the* Euthydemus *and Some Other Dialogues*. London: Routledge and Kegan Paul, 1962.

TAYLOR, Alfred Edward. *Plato, the Man and His Work*. New York: The Dial, 1936.

____. *Varia Socratica*. Oxford: J. Parker, 1911.

TAYLOR, C.C.W. *Plato: Protagoras*. Oxford: Clarendon, 1991.

TODD, Stephen Charles. *Shape of Athenian Law*. Oxford: Oxford University Press, 1993.

TRABATTONI, Franco. *Platão*. São Paulo: AnnaBlume, 2010.

____. *Oralidade e Escrita em Platão*. Trad. Fernando Puente e Roberto Bolzani Filho. São Paulo: Discurso, 2003.

UNTERSTEINER, Mario. *I Sofisti*. Milão: Bruno Mondadori, 1996.

____. *Sofisti: testimonianze e frammenti, t. 2*. Firenze: La Nuova Italia, 1949.

VLASTOS, Gregory. The Paradox of Socrates In: GRAHAM, Daniel G. (ed.). *Studies in Greek Philosophy*. Princeton: Princeton University Press, 1995.

____. Socratic Irony. In: BENSON, Hugh H. (ed.). *Essays on the Philosophy of Socrates*. Oxford: Oxford University Press, 1992.

____. *Socrates, Ironist and Moral Philosopher*. Cambridge: Cambridge University Press, 1991.

____. The Socratic Elenchus. *Oxford Studies in Ancient Philosophy, v. 1*. Oxford: Clarendon, 1983.

WAERDT, Paul A.W. Socrates in the *Clouds*. In: WAERDT, Paul A.W. (ed.). *The Socratic Movement*. Ithaca: Cornell University Press, 1994.

WALKER, Ian. *Plato: Euthyphro*. Introduction and notes by Ian Walker. California: Scholars Press, 1984.

WASMUTH, Ellisiff. ΩΣΠΕΡ ΟΙ ΚΟΡΥΒΑΝΤΙΩΝΤΕΣ: The Corybantic Rites In Plato's Dialogues. *The Classical Quarterly*, New Series, v. 65, n. 1, 2015.

BIBLIOGRAFIA 373

WELLS, George Henry. *The* Euthyphro *of Plato*. Introduction and notes. London: George Bell and Sons, 1881.

WOLFSDORF, David. Euthyphro 10a2-11b1: A Study in Platonic Metaphysics and its Reception Since 1960. *Apeiron*, v. 38, n. 1, 2005.

_____. Socrates' Pursuit of Definitions. *Phronesis*. Leiden: Koninklijke Brill NV, v. 48, n. 4, 2003.

WOODRUFF, Paul. Socrates Among the Sophists. In: AHBEL-RAPPE, Sara; KAMTEKAR, Rachana (eds.) *A Companion to Socrates*. Oxford: Blackwell, 2006.

YOUNG, Charles M. O Elenchus Socrático. In: BENSON, Hugh H. (org.). *Platão*. Trad. Marco Zingano. São Paulo: Artmed, 2011.

ZINGANO, Marco. Virtude e Saber em Sócrates. *Estudos de Ética Antiga*. São Paulo: Discurso, 2007.

ANEXOS

XENOFONTE
APOLOGIA DE SÓCRATES

ΑΠΟΛΟΓΙΑ ΣΩΚΡΑΤΟΥΣ

[1] Σωκράτους δὲ ἄξιόν μοι δοκεῖ εἶναι μεμνῆσθαι καὶ ὡς ἐπειδὴ ἐκλήθη εἰς τὴν δίκην ἐβουλεύσατο περί τε τῆς ἀπολογίας καὶ τῆς τελευτῆς τοῦ βίου. γεγράφασι μὲν οὖν περὶ τούτου καὶ ἄλλοι καὶ πάντες ἔτυχον τῆς μεγαληγορίας αὐτοῦ· ᾧ καὶ δῆλον ὅτι τῷ ὄντι οὕτως ἐρρήθη ὑπὸ Σωκράτους. ἀλλ᾽ ὅτι ἤδη ἑαυτῷ ἡγεῖτο αἱρετώτερον εἶναι τοῦ βίου θάνατον, τοῦτο οὐ διεσαφήνισαν· ὥστε ἀφρονεστέρα αὐτοῦ φαίνεται εἶναι ἡ μεγαληγορία. [2] Ἑρμογένης μέντοι ὁ Ἱππονίκου ἑταῖρός τε ἦν αὐτῷ καὶ ἐξήγγειλε περὶ αὐτοῦ τοιαῦτα ὥστε πρέπουσαν φαίνεσθαι τὴν μεγαληγορίαν αὐτοῦ τῇ διανοίᾳ. ἐκεῖνος γὰρ ἔφη ὁρῶν αὐτὸν περὶ πάντων μᾶλλον διαλεγόμενον ἢ περὶ τῆς δίκης εἰπεῖν· [3] Οὐκ ἐχρῆν μέντοι σκοπεῖν, ὦ Σώκρατες, καὶ ὅ τι ἀπολογήσῃ; τὸν δὲ τὸ μὲν πρῶτον ἀποκρίνασθαι· Οὐ γὰρ δοκῶ σοι ἀπολογεῖσθαι μελετῶν διαβεβιωκέναι; ἐπεὶ δ᾽ αὐτὸν ἐρέσθαι· Πῶς; Ὅτι οὐδὲν ἄδικον διαγεγένημαι ποιῶν· ἥνπερ νομίζω μελέτην εἶναι

---

1. O texto grego utilizado nesta tradução é *Xenophantis opera omnia*, v. 2, editado por E.C. Marchant.

APOLOGIA DE SÓCRATES[1]

Tradução e notas de Daniel R.N. Lopes

[1] De Sócrates, parece-me digno de ser especialmente recordado como deliberou sobre sua defesa e o termo de sua vida, uma vez convocado ao tribunal. Outras pessoas já escreveram sobre isso, e todas elas abordaram a sua altivez, motivo pelo qual é evidente que Sócrates, de fato, assim discursou. No entanto, que já havia decidido que a morte lhe era preferível à vida, isso ninguém elucidou, de modo que sua altivez parece ser um tanto insensata. [2] Hermógenes, filho de Hipônico[2], porém, era amigo de Sócrates e reportou sobre ele coisas tais que se torna patente que sua altivez se conformava à sua resolução. Segundo seu relato, ao ver que Sócrates dialogava sobre todos os assuntos, menos sobre o processo, Hermógenes lhe perguntou: [3] "Você não deveria, Sócrates, examinar também o que dirá em sua defesa?" E ele, inicialmente, lhe replicou: "E você não acha que passei a minha vida inteira exercitando minha defesa?" E quando ele lhe indagou: "De que modo?", Sócrates lhe disse: "Pois eu passei toda a minha vida sem cometer

2. Hermógenes era irmão de Cálias e aparece como personagem no diálogo *Crátilo* de Platão e no *Banquete* de Xenofonte (sobre Cálias e Hipônico, ver p. 229n19 da tradução da *Apologia* de Platão). No *Fédon*, Platão menciona sua presença no dia da morte de Sócrates (59b). Ver também Xenofonte, *Memoráveis*, 4.8.4-10.

378 ΑΠΟΛΟΓΙΑ ΣΩΚΡΑΤΟΥΣ

καλλίστην ἀπολογίας. ἐπεὶ δὲ αὐτὸν πάλιν λέγειν· [4] Οὐχ ὁρᾷς
τὰ Ἀθηναίων δικαστήρια ὡς πολλάκις μὲν οὐδὲν ἀδικοῦντας
λόγῳ παραχθέντες ἀπέκτειναν, πολλάκις δὲ ἀδικοῦντας ἢ ἐκ
τοῦ λόγου οἰκτίσαντες ἢ ἐπιχαρίτως εἰπόντας ἀπέλυσαν;
Ἀλλὰ ναὶ μὰ Δία, φάναι αὐτόν, καὶ δὶς ἤδη ἐπιχειρήσαντός
μου σκοπεῖν περὶ τῆς ἀπολογίας ἐναντιοῦταί μοι τὸ δαιμόνιον.
[5] ὡς δὲ αὐτὸν εἰπεῖν· Θαυμαστὰ λέγεις, τὸν δ᾽ αὖ ἀποκρί-
νασθαι· Ἦ θαυμαστὸν νομίζεις εἰ καὶ τῷ θεῷ δοκεῖ ἐμὲ
βέλτιον εἶναι ἤδη τελευτᾶν; οὐκ οἶσθα ὅτι μέχρι μὲν τοῦδε
οὐδενὶ ἀνθρώπων ὑφείμην <ἂν> βέλτιον ἐμοῦ βεβιωκέναι;
ὅπερ γὰρ ἥδιστόν ἐστιν, ᾔδειν ὁσίως μοι καὶ δικαίως ἅπαντα
τὸν βίον βεβιωμένον· ὥστε ἰσχυρῶς ἀγάμενος ἐμαυτὸν ταὐτὰ
ηὕρισκον καὶ τοὺς ἐμοὶ συγγιγνομένους γιγνώσκοντας περὶ
ἐμοῦ. [6] νῦν δὲ εἰ ἔτι προβήσεται ἡ ἡλικία, οἶδ᾽ ὅτι ἀνάγκη
ἔσται τὰ τοῦ γήρως ἐπιτελεῖσθαι καὶ ὁρᾶν τε χεῖρον καὶ
ἀκούειν ἧττον καὶ δυσμαθέστερον εἶναι καὶ ὧν ἔμαθον
ἐπιλησμονέστερον. ἂν δὲ αἰσθάνωμαι χείρων γιγνόμενος
καὶ καταμέμφωμαι ἐμαυτόν, πῶς ἄν, εἰπεῖν, ἐγὼ ἔτι ἂν
ἡδέως βιοτεύοιμι; [7] ἴσως δέ τοι, φάναι αὐτόν, καὶ ὁ θεὸς δι᾽
εὐμένειαν προξενεῖ μοι οὐ μόνον τὸ ἐν καιρῷ τῆς ἡλικίας
καταλῦσαι τὸν βίον, ἀλλὰ καὶ τὸ ᾗ ῥᾷστα. ἂν γὰρ νῦν
κατακριθῇ μου, δῆλον ὅτι ἐξέσται μοι τῇ τελευτῇ χρῆσθαι
ἢ ῥᾴστη μὲν ὑπὸ τῶν τούτου ἐπιμεληθέντων κέκριται, ἀπρα-
γμονεστάτη δὲ τοῖς φίλοις, πλεῖστον δὲ πόθον ἐμποιοῦσα τῶν
τελευτώντων. ὅταν γὰρ ἄσχημον μὲν μηδὲν μηδὲ δυσχερὲς
ἐν ταῖς γνώμαις τῶν παρόντων καταλείπηται <τις>, ὑγιὲς δὲ
τὸ σῶμα ἔχων καὶ τὴν ψυχὴν δυναμένην φιλοφρονεῖσθαι
ἀπομαραίνηται, πῶς οὐκ ἀνάγκη τοῦτον ποθεινὸν εἶναι;
[8] ὀρθῶς δὲ οἱ θεοὶ τότε μου ἠναντιοῦντο, φάναι αὐτόν, τῇ
τοῦ λόγου ἐπισκέψει ὅτε ἐδόκει ἡμῖν ζητητέα εἶναι ἐκ παντὸς

3. Sobre a "entidade divina" (to daimonion) de Sócrates, bem como sobre a diferença entre Platão e Xenofonte no tratamento desse tema, ver p. 248n57, p. 276n101-
102 da Apologia de Platão.
4. Sócrates se refere aqui à morte causada pela ingestão da cicuta, cujo efeito é
a dormência do corpo, e não a dor. Será justamente esse o seu fim, como reportado
magistralmente por Platão no diálogo Fédon (116c-118a).

qualquer ato injusto; esta prática considero a mais bela defesa."
[4] Quando tornou a questioná-lo: "Mas você não percebe que,
em muitos casos, os tribunais de Atenas condenam à morte quem
não cometeu qualquer injustiça por terem sido distraídos pelo discurso, e, em muitos outros, absolvem quem a cometeu, quer pela
compaixão provocada pelo discurso, quer pela sua graciosidade?"
Sócrates lhe disse: "Por Zeus, já por duas vezes a entidade divina se
me opôs, justamente quando tentava apreciar minha defesa."[3] [5]
E assim que Hermógenes lhe disse: "É surpreendente o que você
está dizendo", Sócrates lhe respondeu: "E você acha surpreendente
que inclusive o deus considere ser melhor para mim morrer agora?
Você não sabe que eu jamais concederia que qualquer indivíduo,
até hoje, tenha vivido melhor do que eu? Pois reconhecia – o que
me dava a maior satisfação – ter vivido toda a minha vida de modo
piedoso e justo, de modo que, admirando-me fortemente, ia desco-
brindo que as pessoas que conviviam comigo pensavam o mesmo
de mim. [6] Agora, contudo, se minha idade continuar a avan-
çar, sei que inevitavelmente os sinais da velhice hão de aparecer,
que minha visão piorará assim como piorará a minha audição,
que estarei sujeito a uma maior dificuldade de apreensão e mais
propenso a esquecer o que aprendi. E se eu perceber que minha
condição está piorando e passar a reprovar a mim mesmo, como
poderia eu", disse ele, "continuar a levar uma vida agradável? [7]
Talvez", continuou Sócrates, "seja o caso de até mesmo o deus,
por benevolência, estar me proporcionando não apenas deixar a
vida na idade oportuna, como também da maneira mais cômoda[4].
Pois, se vierem a me condenar agora, é evidente que experimen-
tarei a morte considerada a mais cômoda por quem cuida disso,
além de ser a menos desoladora para os amigos, embora lhes cause
enorme saudade de quem morre. Quando alguém não deixa como
legado qualquer lembrança indecorosa ou desagradável impressa
na mente dos que remanescem, e encontra sua hora com o corpo
saudável e a alma capaz de afeição e carinho, como tal indivíduo
não provocaria, por força, saudade? [8] Os deuses corretamente se
opuseram", disse Sócrates, "à iniciativa de apreciar minha defesa,

380 ΑΠΟΛΟΓΙΑ ΣΩΚΡΑΤΟΥΣ

τρόπου τὰ ἀποφευκτικά. εἰ γὰρ τοῦτο διεπραξάμην, δῆλον
ὅτι ἡτοιμασάμην ἂν ἀντὶ τοῦ ἤδη λῆξαι τοῦ βίου ἢ νόσοις
ἀλγυνόμενος τελευτῆσαι ἢ γήρᾳ, εἰς ὃ πάντα τὰ χαλεπὰ
συρρεῖ καὶ μάλα ἔρημα τῶν εὐφροσυνῶν. [9] μὰ Δί᾽, εἰπεῖν
αὐτόν, ὦ Ἑρμόγενες, ἐγὼ ταῦτα οὐδὲ προθυμήσομαι, ἀλλ᾽
ὅσων νομίζω τετυχηκέναι καλῶν καὶ παρὰ θεῶν καὶ παρ᾽
ἀνθρώπων, καὶ ἣν ἐγὼ δόξαν ἔχω περὶ ἐμαυτοῦ, ταύτην
ἀναφαίνων εἰ βαρυνῶ τοὺς δικαστάς, αἱρήσομαι τελευτᾶν
μᾶλλον ἢ ἀνελευθέρως τὸ ζῆν ἔτι προσαιτῶν κερδᾶναι τὸν
πολὺ χείρω βίον ἀντὶ θανάτου. [10] οὕτως δὲ γνόντα αὐτὸν ἔφη
[εἰπεῖν], ἐπειδὴ κατηγόρησαν αὐτοῦ οἱ ἀντίδικοι ὡς οὓς μὲν
ἡ πόλις νομίζει θεοὺς οὐ νομίζοι, ἕτερα δὲ καινὰ δαιμόνια
εἰσφέροι καὶ τοὺς νέους διαφθείροι, παρελθόντα εἰπεῖν· [11] Ἀλλ᾽
ἐγώ, ὦ ἄνδρες, τοῦτο μὲν πρῶτον θαυμάζω Μελήτου, ὅτῳ
ποτὲ γνοὺς λέγει ὡς ἐγὼ οὓς ἡ πόλις νομίζει θεοὺς οὐ
νομίζω· ἐπεὶ θύοντά γέ με ἐν ταῖς κοιναῖς ἑορταῖς καὶ ἐπὶ
τῶν δημοσίων βωμῶν καὶ οἱ ἄλλοι οἱ παρατυγχάνοντες
ἑώρων καὶ αὐτὸς Μέλητος, εἰ ἐβούλετο. [12] καινά γε μὴν
δαιμόνια πῶς ἂν ἐγὼ εἰσφέροιμι λέγων ὅτι θεοῦ μοι φωνὴ
φαίνεται σημαίνουσα ὅ τι χρὴ ποιεῖν; καὶ γὰρ οἱ φθόγγοις
οἰωνῶν καὶ οἱ φήμαις ἀνθρώπων χρώμενοι φωναῖς δήπου
τεκμαίρονται. βροντὰς δὲ ἀμφιλέξει τις ἢ μὴ φωνεῖν ἢ μὴ
μέγιστον οἰωνιστήριον εἶναι; ἡ δὲ Πυθοῖ ἐν τῷ τρίποδι
ἱέρεια οὐ καὶ αὐτὴ φωνῇ τὰ παρὰ τοῦ θεοῦ διαγγέλλει; [13] ἀλλὰ
μέντοι καὶ τὸ προειδέναι γε τὸν θεὸν τὸ μέλλον καὶ τὸ
προσημαίνειν ᾧ βούλεται, καὶ τοῦτο, ὥσπερ ἐγώ φημι, οὕτω
πάντες καὶ λέγουσι καὶ νομίζουσιν. ἀλλ᾽ οἱ μὲν οἰωνούς τε
καὶ φήμας καὶ συμβόλους τε καὶ μάντεις ὀνομάζουσι τοὺς
προσημαίνοντας εἶναι, ἐγὼ δὲ τοῦτο δαιμόνιον καλῶ καὶ
οἶμαι οὕτως ὀνομάζων καὶ ἀληθέστερα καὶ ὁσιώτερα λέγειν

5. Ver também Xenofonte, *Memoráveis*, 1.1.1; Platão, *Apologia*, 24b-c.
6. Em Xenofonte, a voz da entidade divina (*to daimonion*) que acompanha Sócrates
tanto o dissuade quanto o exorta a fazer algo, ao passo que em Platão ela desempenha
apenas a função proibitiva, nas ocasiões em que Sócrates está prestes a incorrer em
algum erro moral (Ver *Apologia*, 31d).
7. Sobre o oráculo de Delfos, ver p. 232n25.

[8-13]   APOLOGIA DE SÓCRATES, DE XENOFONTE   381

quando achávamos que devíamos buscar, de todas as maneiras, os meios para conseguir minha absolvição. Se tivesse posto isso em prática, estaria eu obviamente pronto não para por um termo em minha vida agora, mas antes para morrer afligido por doenças ou pela velhice, ocasião em que todas as dificuldades confluem, destituídas de júbilo. [9] Por Zeus, Hermógenes", continuou ele, "não são essas as coisas que eu almejo; todavia, se eu vier a importunar os juízes quando lhes mostrar quantas coisas belas considero ter obtido seja dos homens seja dos deuses, e qual a opinião que tenho de mim mesmo, preferirei morrer a ganhar uma vida muito pior do que a morte, implorando por continuar a viver servilmente."

[10] Hermógenes disse que, quando seus oponentes acusaram-no de não reconhecer os deuses reconhecidos pela cidade, de introduzir outras novas entidades divinas e de corromper os jovens[5], Sócrates, com essas considerações em mente, apresentou-se aos juízes e disse: [11] "Em relação a Meleto, ó homens, surpreende-me, em primeiro lugar, o seguinte: com base em que ele afirma que eu não reconheço os deuses reconhecidos pela cidade? Pois qualquer um que estivesse presente – e em especial o próprio Meleto, se lhe aprouvesse – via-me realizar sacrifícios nas festividades cívicas e junto aos altares públicos. [12] E a respeito das novas entidades divinas? Como poderia eu introduzi-las ao dizer que a voz do deus se manifesta a mim sinalizando o que devo fazer?[6] Com efeito, os que recorrem aos sons dos pássaros e às falas dos homens utilizam-se certamente de vozes como indícios. E os trovões? Alguém contestará que se trata de uma voz ou do augúrio mais significativo? E a sacerdotisa de Delfos, sobre seu tripé?[7] Não é a sua própria voz que veicula as mensagens do deus? [13] De fato, em relação à presciência do deus sobre o futuro e às sinalizações que ele concede a quem ele quiser, todos afirmam e reconhecem que seja da forma como estou descrevendo. Todavia, enquanto estes denominam 'pássaros', 'falas', 'encontros casuais' e 'profetas' os portadores de tais sinalizações, eu chamo de "entidade divina" [*daimonion*], e acredito que, ao denominá-lo assim, minhas palavras são mais verdadeiras e pias do que as de quem consagra aos

τῶν τοῖς ὄρνισιν ἀνατιθέντων τὴν τῶν θεῶν δύναμιν. ὥς
γε μὴν οὐ ψεύδομαι κατὰ τοῦ θεοῦ καὶ τοῦτ' ἔχω τεκμήριον·
καὶ γὰρ τῶν φίλων πολλοῖς δὴ ἐξαγγείλας τὰ τοῦ θεοῦ
συμβουλεύματα οὐδεπώποτε ψευσάμενος ἐφάνην. [14] ἐπεὶ δὲ
ταῦτα ἀκούοντες οἱ δικασταὶ ἐθορύβουν, οἱ μὲν ἀπιστοῦντες
τοῖς λεγομένοις, οἱ δὲ καὶ φθονοῦντες, εἰ καὶ παρὰ θεῶν
μειζόνων ἢ αὐτοὶ τυγχάνοι, πάλιν εἰπεῖν τὸν Σωκράτην·
Ἄγε δὴ ἀκούσατε καὶ ἄλλα, ἵνα ἔτι μᾶλλον οἱ βουλόμενοι
ὑμῶν ἀπιστῶσι τῷ ἐμὲ τετιμῆσθαι ὑπὸ δαιμόνων. Χαιρεφῶντος γάρ ποτε ἐπερωτῶντος ἐν Δελφοῖς περὶ ἐμοῦ πολλῶν
παρόντων ἀνεῖλεν ὁ Ἀπόλλων μηδένα εἶναι ἀνθρώπων ἐμοῦ
μήτε ἐλευθεριώτερον μήτε δικαιότερον μήτε σωφρονέστερον.
[15] ὡς δ' αὖ ταῦτ' ἀκούσαντες οἱ δικασταὶ ἔτι μᾶλλον εἰκότως
ἐθορύβουν, αὖθις εἰπεῖν τὸν Σωκράτην· Ἀλλὰ μείζω μέν, ὦ
ἄνδρες, εἶπεν ὁ θεὸς ἐν χρησμοῖς περὶ Λυκούργου τοῦ Λακε-
δαιμονίοις νομοθετήσαντος ἢ περὶ ἐμοῦ. λέγεται γὰρ εἰς
τὸν ναὸν εἰσιόντα προσειπεῖν αὐτόν· Φροντίζω πότερα θεόν
σε εἴπω ἢ ἄνθρωπον. ἐμὲ δὲ θεῷ μὲν οὐκ εἴκασεν, ἀνθρώπων
δὲ πολλῷ προέκρινεν ὑπερφέρειν. ὅμως δὲ ὑμεῖς μηδὲ ταῦτ'
εἰκῆ πιστεύσητε τῷ θεῷ, ἀλλὰ καθ' ἓν ἕκαστον ἐπισκοπεῖτε
[16] ὧν εἶπεν ὁ θεός. τίνα μὲν γὰρ ἐπίστασθε ἧττον ἐμοῦ
δουλεύοντα ταῖς τοῦ σώματος ἐπιθυμίαις; τίνα δὲ ἀνθρώπων
ἐλευθεριώτερον, ὃς παρ' οὐδενὸς οὔτε δῶρα οὔτε μισθὸν
δέχομαι; δικαιότερον δὲ τίνα ἂν εἰκότως νομίσαιτε τοῦ
πρὸς τὰ παρόντα συνηρμοσμένου, ὡς τῶν ἀλλοτρίων μηδενὸς
προσδεῖσθαι; σοφὸν δὲ πῶς οὐκ ἄν τις εἰκότως ἄνδρα φήσειεν
εἶναι ὃς ἐξ ὅτουπερ ξυνιέναι τὰ λεγόμενα ἠρξάμην οὐπώποτε
διέλειπον καὶ ζητῶν καὶ μανθάνων ὅ τι ἐδυνάμην ἀγαθόν; [17] ὡς
δὲ οὐ μάτην ἐπόνουν οὐ δοκεῖ ὑμῖν καὶ τάδε τεκμήρια εἶναι,
τὸ πολλοὺς μὲν πολίτας τῶν ἀρετῆς ἐφιεμένων, πολλοὺς δὲ
ξένων, ἐκ πάντων προαιρεῖσθαι ἐμοὶ ξυνεῖναι; ἐκείνου δὲ τί
φήσομεν αἴτιον εἶναι, τοῦ πάντας εἰδέναι ὅτι ἐγὼ ἥκιστ'

8. Sobre o episódio de Querefonte e o oráculo de Delfos, ver também Platão, *Apologia*, 20e-21a.

9. Ver também Heródoto, *Histórias*, 1.65.

[13-17]   APOLOGIA DE SÓCRATES, DE XENOFONTE   383

pássaros o poder dos deuses. E que não me equivoco com relação ao deus, apresento-lhes a seguinte prova: ao comunicar a inúmeros amigos os conselhos do deus, jamais me revelei equivocado."

[14] Diante do tumulto causado pelos juízes ao ouvirem essas palavras, uns por descrença no que estava sendo proferido, outros por inveja de os deuses lhe concederem mais honrarias que a eles próprios, Sócrates tornou a lhes dizer: "Vamos lá! Escutem ademais o seguinte, para que descreia ainda mais nas honras concedidas a mim pelas divindades quem entre vocês já estiver propenso a isso! Certa feita Querefonte, em visita a Delfos, fez uma consulta sobre mim na presença de várias pessoas, a que Apolo respondeu que nenhum indivíduo era mais livre, mais justo e mais temperante do que eu."[8]

[15] Diante do tumulto ainda maior naturalmente provocado pelos juízes ao ouvirem tais palavras, Sócrates voltou a lhes dizer: "O deus disse em seus oráculos, ó homens, algo de maior valor sobre Licurgo, o legislador dos lacedemônios, do que sobre mim[9]. Dizem que, quando ele adentrou o templo, o deus lhe proferiu as seguintes palavras: 'estou ponderando se devo me dirigir a você como a um deus ou a um homem'. A mim, porém, não me comparou a um deus, mas julgou-me muito superior aos demais homens. Como, nem mesmo a respeito disso, vocês irão acreditar no deus fortuitamente, examinem, contudo, cada uma das coisas proferidas por ele em particular! [16] Pois bem, quem vocês conhecem que seja menos escravo dos apetites do corpo que eu? Que seja mais livre, não recebendo de quem quer que seja presentes ou remuneração? Quem, de maneira plausível, vocês considerariam mais justo que um indivíduo adaptado às coisas que possui, que não carece de nenhum bem alheio? Como alguém não poderia, de maneira plausível, reputar-me sábio, eu que, desde que comecei a compreender o que me diziam, jamais deixei de buscar e apreender, na medida de minhas forças, o que é bom? [17] Não parece a vocês que isto seja uma prova de que não foi em vão o meu esforço: que muitos cidadãos e estrangeiros, aspirantes à virtude, preferem minha convivência a tudo mais? E que explicação podemos dar ao fato de, embora todos soubessem que

384 ΑΠΟΛΟΓΙΑ ΣΩΚΡΑΤΟΥΣ

ἂν ἔχοιμι χρήματα ἀντιδιδόναι, ὅμως πολλοὺς ἐπιθυμεῖν ἐμοί
τι δωρεῖσθαι; τὸ δ᾽ ἐμὲ μὲν μηδ᾽ ὑφ᾽ ἑνὸς ἀπαιτεῖσθαι
εὐεργεσίας, ἐμοὶ δὲ πολλοὺς ὁμολογεῖν χάριτας ὀφείλειν;
[18] τὸ δ᾽ ἐν τῇ πολιορκίᾳ τοὺς μὲν ἄλλους οἰκτίρειν ἑαυτούς,
ἐμὲ δὲ μηδὲν ἀπορώτερον διάγειν ἢ ὅτε τὰ μάλιστα ἡ πόλις
ηὐδαιμόνει; τὸ δὲ τοὺς ἄλλους μὲν τὰς εὐπαθείας ἐκ τῆς
ἀγορᾶς πολυτελεῖς πορίζεσθαι, ἐμὲ δὲ ἐκ τῆς ψυχῆς ἄνευ
δαπάνης ἡδίους ἐκείνων μηχανᾶσθαι; εἴ γε μὴν ὅσα εἴρηκα
περὶ ἐμαυτοῦ μηδεὶς δύναιτ᾽ ἂν ἐξελέγξαι με ὡς ψεύδομαι,
πῶς οὐκ ἂν ἤδη δικαίως καὶ ὑπὸ θεῶν καὶ ὑπ᾽ ἀνθρώπων
ἐπαινοίμην; [19] ἀλλ᾽ ὅμως σύ με φῄς, ὦ Μέλητε, τοιαῦτα
ἐπιτηδεύοντα τοὺς νέους διαφθείρειν; καίτοι ἐπιστάμεθα
μὲν δήπου τίνες εἰσὶ νέων διαφθοραί· σὺ δὲ εἰπὲ εἴ τινα
οἶσθα ὑπ᾽ ἐμοῦ γεγενημένον ἢ ἐξ εὐσεβοῦς ἀνόσιον ἢ ἐκ
σώφρονος ὑβριστὴν ἢ ἐξ εὐδιαίτου πολυδάπανον ἢ [ὡς] ἐκ
μετριοπότου οἰνόφλυγα ἢ ἐκ φιλοπόνου μαλακὸν ἢ ἄλλης
πονηρᾶς ἡδονῆς ἡττημένον. [20] Ἀλλὰ ναὶ μὰ Δί᾽, ἔφη ὁ Μέλητος, ἐκείνους οἶδα οὓς σὺ πέπεικας σοὶ πείθεσθαι μᾶλλον
ἢ τοῖς γειναμένοις. Ὁμολογῶ, φάναι τὸν Σωκράτην, περί
γε παιδείας· τοῦτο γὰρ ἴσασιν ἐμοὶ μεμεληκός. περὶ δὲ
ὑγιείας τοῖς ἰατροῖς μᾶλλον οἱ ἄνθρωποι πείθονται ἢ τοῖς
γονεῦσι· καὶ ἐν ταῖς ἐκκλησίαις γε πάντες δήπου οἱ Ἀθηναῖοι
τοῖς φρονιμώτατα λέγουσι πείθονται μᾶλλον ἢ τοῖς προσ-
ήκουσιν. οὐ γὰρ δὴ καὶ στρατηγοὺς αἱρεῖσθε καὶ πρὸ πατέρων
καὶ πρὸ ἀδελφῶν, καὶ ναὶ μὰ Δία γε ὑμεῖς πρὸ ὑμῶν αὐτῶν,
οὓς ἂν ἡγῆσθε περὶ τῶν πολεμικῶν φρονιμωτάτους εἶναι;
Οὕτω γάρ, φάναι τὸν Μέλητον, ὦ Σώκρατες, καὶ συμφέρει
καὶ νομίζεται. [21] Οὐκοῦν, εἰπεῖν τὸν Σωκράτην, θαυμαστὸν καὶ
τοῦτό σοι δοκεῖ εἶναι, τὸ ἐν μὲν ταῖς ἄλλαις πράξεσι μὴ μόνον
ἰσομοιρίας τυγχάνειν τοὺς κρατίστους, ἀλλὰ καὶ προτετι-

---

10. Trata-se do assédio (*poliorkia*) de Esparta a Atenas em 405-404 a.C., no final
da Guerra do Peloponeso (431-404 a.C.), que culminou com a vitória espartana. Para
um relato supérstite sobre esse evento histórico, ver Xenofonte, *Helênicas*, 2.2.10-23.

[17-21]   APOLOGIA DE SÓCRATES, DE XENOFONTE   385

eu praticamente não teria dinheiro para lhes retribuir, muitos desejarem presentear-me mesmo assim? E ao fato de nenhum indivíduo sequer requisitar de mim alguma benesse como forma de retribuição, ao passo que muitos admitem dever a mim algum favor? [18] E ao fato de, durante o assédio à cidade[10], enquanto a maioria lamentava a sua própria situação, minha condição não ser em nada mais carente do que nos momentos em que Atenas gozava de plena prosperidade? E ao fato de, enquanto as demais pessoais buscam na ágora prover-se de iguarias dispendiosas, eu obter da alma coisas mais aprazíveis do que essas, sem qualquer custo? Se, a respeito de tudo quanto eu disse sobre mim, ninguém for capaz de provar que estou equivocado, como então eu não mereceria justos elogios quer dos deuses, quer dos homens?

[19] Você, todavia, ó Meleto, afirma que eu, ocupando-me de tais coisas, corrompo os jovens? Certamente conhecemos, presumo eu, quais os modos de corrupção dos jovens. Diga-me, então, se você conhece alguém que, sob minha influência, passou de reverente a ímpio, ou de temperante a insolente, ou de parcimonioso a perdulário, ou de sóbrio a ébrio, ou de batalhador a indolente, ou que se sujeitou a qualquer outro prazer ignóbil!" [20] "Sim, por Zeus!" disse Meleto, "conheço aqueles que você persuadiu a confiar antes em você do que em seus próprios pais." "Estou de acordo", disse Sócrates, "ao menos a respeito da educação, pois eles sabem que tenho me dedicado a isso; e com relação à saúde, os homens confiam antes nos médicos do que em seus genitores, e, em particular nas assembleias, todos os atenienses, suponho eu, confiam antes naqueles que proferem os discursos mais sábios do que em seus parentes. Com efeito, vocês também não escolhem como generais, de preferência a seus pais ou irmãos – sim, por Zeus, inclusive de preferência a si mesmos –, aqueles que porventura considerarem os mais sábios em questões militares?" "É o que sucede", respondeu Meleto, "conforme a conveniência e o costume." [21] "Então", tornou Sócrates, "você não acha surpreendente que, nas demais atividades, os melhores não apenas obtêm igual quinhão, como contam inclusive com maiores honrarias, ao

386 ΑΠΟΛΟΓΙΑ ΣΩΚΡΑΤΟΥΣ

μῆσθαι, ἐμὲ δέ, <ὅτι> περὶ τοῦ μεγίστου ἀγαθοῦ ἀνθρώποις
περὶ παιδείας, βέλτιστος εἶναι ὑπό τινων προκρίνομαι, τούτου
ἕνεκα θανάτου ὑπὸ σοῦ διώκεσθαι;
[22] Ἐρρήθη μὲν δῆλον ὅτι τούτων πλείω ὑπό τε αὐτοῦ καὶ
τῶν συναγορευόντων φίλων αὐτῷ. ἀλλ' ἐγὼ οὐ τὰ πάντα
εἰπεῖν τὰ ἐκ τῆς δίκης ἐσπούδασα, ἀλλ' ἤρκεσέ μοι δηλῶσαι
ὅτι Σωκράτης τὸ μὲν μήτε περὶ θεοὺς ἀσεβῆσαι μήτε περὶ
ἀνθρώπους ἄδικος φανῆναι περὶ παντὸς ἐποιεῖτο· [23] τὸ δὲ
μὴ ἀποθανεῖν οὐκ ᾤετο λιπαρητέον εἶναι, ἀλλὰ καὶ καιρὸν
ἤδη ἐνόμιζεν ἑαυτῷ τελευτᾶν. ὅτι δὲ οὕτως ἐγίγνωσκε
καταδηλότερον ἐγένετο, ἐπειδὴ καὶ ἡ δίκη κατεψηφίσθη.
πρῶτον μὲν γὰρ κελευόμενος ὑποτιμᾶσθαι οὔτε αὐτὸς ὑπετι-
μήσατο οὔτε τοὺς φίλους εἴασεν, ἀλλὰ καὶ ἔλεγεν ὅτι τὸ
ὑποτιμᾶσθαι ὁμολογοῦντος εἴη ἀδικεῖν. ἔπειτα τῶν ἑταίρων
ἐκκλέψαι βουλομένων αὐτὸν οὐκ ἐφείπετο, ἀλλὰ καὶ ἐπι-
σκῶψαι ἐδόκει ἐρόμενος εἴ που εἰδεῖέν τι χωρίον ἔξω τῆς
Ἀττικῆς ἔνθα οὐ προσβατὸν θανάτῳ.
[24] Ὡς δὲ τέλος εἶχεν ἡ δίκη, εἰπεῖν αὐτόν· Ἀλλ', ὦ
ἄνδρες, τοὺς μὲν διδάσκοντας τοὺς μάρτυρας ὡς χρὴ
ἐπιορκοῦντας καταψευδομαρτυρεῖν ἐμοῦ καὶ τοὺς πειθομένους
τούτοις ἀνάγκη ἐστὶ πολλὴν ἑαυτοῖς συνειδέναι ἀσέβειαν καὶ
ἀδικίαν· ἐμοὶ δὲ τί προσήκει νῦν μεῖον φρονεῖν ἢ πρὶν κατα-
κριθῆναι, μηδὲν ἐλεγχθέντι ὡς πεποίηκά τι ὧν ἐγράψαντό
με; οὐδὲ γὰρ ἔγωγε ἀντὶ Διὸς καὶ Ἥρας καὶ τῶν σὺν τούτοις
θεῶν οὔτε θύων τισὶ καινοῖς δαίμοσιν οὔτε ὀμνὺς οὔτε νομίζων
ἄλλους θεοὺς ἀναπέφηνα. [25] τούς γε μὴν νέους πῶς ἂν δια-
φθείροιμι καρτερίαν καὶ εὐτέλειαν προσεθίζων; ἐφ' οἷς γε
μὴν ἔργοις κεῖται θάνατος ἡ ζημία, ἱεροσυλίᾳ, τοιχωρυχίᾳ,
ἀνδραποδίσει, πόλεως προδοσίᾳ, οὐδ' αὐτοὶ οἱ ἀντίδικοι

11. Xenofonte se refere aqui à figura do *sunēgoros*, literalmente, "coorador", ou seja,
o indivíduo que poderia ser convocado pela defesa e/ou pela acusação para dar suporte à
sua causa. Sobre o tema, ver supra "Procedimentos Legais em Atenas", de Nicholas Denyer, p. 151-153. Não temos notícia, porém, sobre a identidade desses amigos de Sócrates
aludidos aqui por Xenofonte, tampouco sobre o conteúdo desses supostos discursos (N.
Denyer, *Plato: The Apology of Socrates and Xenophon: The Apology of Socrates*, p. 138).
12. Ver também Platão, *Críton*, 44-45c.
13. Ver Xenofonte, *Memoráveis*, 1.2.62-63.

passo que eu, pelo fato de alguns me julgarem superior no que concerne ao bem supremo para os homens – ou seja, a educação –, estou sujeito a um processo de pena de morte por sua conta?"

[22] Muito mais coisas, evidentemente, foram proferidas por Sócrates e pelos seus amigos que cooperaram com sua defesa[11]. Eu, todavia, não me empenhei em reportar todo o julgamento; aprouve-me antes salientar que Sócrates, de um lado, preocupou--se sobretudo em não cometer impiedade para com os deuses e não se mostrar injusto para com os homens, [23] e que, de outro, ele julgava indevido suplicar para evitar a morte; pelo contrário, ele considerava sua morte até mesmo oportuna. Que era esse seu pensamento se tornou patente uma vez proclamado o veredito pela sua condenação. Quando lhe mandaram que propusesse uma pena alternativa, Sócrates não só recusou a fazê-lo, como também impediu que seus amigos a propusessem; e ainda acrescentou que propor uma pena alternativa é próprio de quem admite ter cometido alguma injustiça. Posteriormente, quando seus amigos quiseram resgatá-lo do cárcere[12], ele não só recusou, como também entreviu o ensejo para zombar deles, indagando-lhes se conheciam algum lugar fora da Ática que fosse inacessível à morte.

[24] Quando o julgamento chegou a termo, Sócrates disse: "Aquelas pessoas, ó homens, que instruíram as testemunhas a prestarem falso testemunho contra mim sob perjúrio, bem como aqueles que acreditaram nelas devem inevitavelmente reconhecer que incorreram em grave impiedade e injustiça. A mim, contudo, por que convém estar menos confiante agora do que antes da condenação, se provei que não cometi nenhum dos atos imputados pela acusação? Pois é manifesto que eu não fazia sacrifícios nem juramentos em nome de novas entidades divinas ao invés de Zeus, Hera e os demais deuses de seu círculo, e que eu não considerava outros deuses. [25] E os jovens? Como poderia eu corrompê-los por habituá-los à resiliência e à simplicidade? Dos atos cuja punição é a morte – roubo de templos, violação de residências, escravização de homens livres, traição contra a cidade[13] –, nem mesmo

τούτων πρᾶξαί τι κατ' ἐμοῦ φασιν. ὥστε θαυμαστὸν ἔμοιγε
δοκεῖ εἶναι ὅπως ποτὲ ἐφάνη ὑμῖν τοῦ θανάτου ἔργον ἄξιον
ἐμοὶ εἰργασμένον. [26] ἀλλ' οὐδὲ μέντοι ὅτι ἀδίκως ἀποθνήσκω,
διὰ τοῦτο μεῖον φρονητέον· οὐ γὰρ ἐμοὶ ἀλλὰ τοῖς κατα-
γνοῦσι τοῦτο αἰσχρόν [γάρ] ἐστι. παραμυθεῖται δ' ἔτι με
καὶ Παλαμήδης ὁ παραπλησίως ἐμοὶ τελευτήσας· ἔτι γὰρ καὶ
νῦν πολὺ καλλίους ὕμνους παρέχεται Ὀδυσσέως τοῦ ἀδίκως
ἀποκτείναντος αὐτόν· οἶδ' ὅτι καὶ ἐμοὶ μαρτυρήσεται ὑπό τε
τοῦ ἐπιόντος καὶ ὑπὸ τοῦ παρεληλυθότος χρόνου ὅτι ἠδίκησα
μὲν οὐδένα πώποτε οὐδὲ πονηρότερον ἐποίησα, εὐηργέτουν
δὲ τοὺς ἐμοὶ διαλεγομένους προῖκα διδάσκων ὅ τι ἐδυνάμην
ἀγαθόν. [27] εἰπὼν δὲ ταῦτα μάλα ὁμολογουμένως δὴ τοῖς
εἰρημένοις ἀπήει καὶ ὄμμασι καὶ σχήματι καὶ βαδίσματι
φαιδρός. ὡς δὲ ᾔσθετο ἄρα τοὺς παρεπομένους δακρύοντας,
Τί τοῦτο; εἰπεῖν αὐτόν, ἢ ἄρτι δακρύετε; οὐ γὰρ πάλαι ἴστε
ὅτι ἐξ ὅτουπερ ἐγενόμην κατεψηφισμένος ἦν μου ὑπὸ τῆς
φύσεως ὁ θάνατος; ἀλλὰ μέντοι εἰ μὲν ἀγαθῶν ἐπιρρεόντων
προαπόλλυμαι, δῆλον ὅτι ἐμοὶ καὶ τοῖς ἐμοῖς εὔνοις λυπη-
τέον· εἰ δὲ χαλεπῶν προσδοκωμένων καταλύω τὸν βίον, ἐγὼ
μὲν οἶμαι ὡς εὐπραγοῦντος ἐμοῦ πᾶσιν ὑμῖν εὐθυμητέον εἶναι.
[28] παρὼν δέ τις Ἀπολλόδωρος, ἐπιθυμητὴς μὲν ὢν ἰσχυρῶς
αὐτοῦ, ἄλλως δ' εὐήθης, εἶπεν ἄρα· Ἀλλὰ τοῦτο ἔγωγε, ὦ
Σώκρατες, χαλεπώτατα φέρω ὅτι ὁρῶ σε ἀδίκως ἀποθνήσκοντα. τὸν δὲ λέγεται καταψήσαντα αὐτοῦ τὴν κεφαλὴν
εἰπεῖν· Σὺ δέ, ὦ φίλτατε Ἀπολλόδωρε, μᾶλλον ἐβούλου
με ὁρᾶν δικαίως ἢ ἀδίκως ἀποθνήσκοντα; καὶ ἅμα ἐπιγε-
λάσαι. [29] λέγεται δὲ καὶ Ἄνυτον παριόντα ἰδὼν εἰπεῖν· Ἀλλ'
ὁ μὲν ἀνὴρ ὅδε κυδρός, ὡς μέγα τι καὶ καλὸν διαπεπραγμένος,
εἰ ἀπέκτονέ με, ὅτι αὐτὸν τῶν μεγίστων ὑπὸ τῆς πόλεως
ὁρῶν ἀξιούμενον οὐκ ἔφην χρῆναι τὸν υἱὸν περὶ βύρσας

14. Ver Xenofonte, *Memoráveis*, 4.8.9. Sobre a tese segundo a qual cometer injustiça
é pior que sofrê-la, ver Platão, *Górgias*, 468e-479e.

15. Sobre Palamedes, ver p. 175n310.

16. Sobre Apolodoro, ver p. 186n122.

17. Sócrates se refere aqui ao fato de Anito ter sido eleito como um dos dez generais
de Atenas em 409 e 404 a.C., o posto mais honorífico da cidade naquela época. Por
outro lado, o trabalho do curtumeiro era considerado uma ocupação bastante vulgar, ▶

os próprios acusadores afirmam ter eu cometido algum, de modo que acho surpreendente algum ato realizado por mim ter parecido a vocês digno da pena capital. [26] E nem mesmo o fato de ser injusta a minha morte deve deixar-me menos confiante, pois a condição vergonhosa não é minha, e sim daqueles que me condenaram[14]. Conforta-me ademais o caso de Palamedes, cuja morte foi similar à minha[15]; até hoje ele é motivo de muitos mais belos cantos do que Odisseu, que o levou à morte injustamente. Estou seguro que o passado e o futuro hão de testemunhar que jamais cometi alguma injustiça contra alguém, que jamais tornei alguém mais vil, e sim que eu beneficiava quem se dispusesse a dialogar comigo, ensinando-lhe gratuitamente, na medida de minhas forças, o que é bom."

[27] Depois de proferir tais palavras, em consonância com que havia sido dito ele partiu, reluzente no olhar, na postura, no caminhar. Quando percebeu então que choravam os que o acompanhavam, interpelou-os: "O que é isso? Passaram agora a chorar? Não estão há muito tempo cientes que, desde que nasci, estou condenado à morte pela natureza? De fato, se minha morte advém prematuramente enquanto coisas boas estão a fluir, é evidente que tanto eu quanto meus amigos devemos nos afligir; se, porém, deixo a vida na iminência de coisas severas a advir-me, penso eu que todos vocês devem se alegrar com a minha boa fortuna."

[28] Um certo Apolodoro[16], que estava ali presente, acometido por uma forte afeição por ele, embora fosse particularmente simplório, disse-lhe: "Ao menos para mim, Sócrates, é dificílimo suportar vê-lo assim, morrendo de maneira injusta." Dizem que Sócrates acariciou-lhe a cabeça e falou: "Mas você, caríssimo Apolodoro, preferia ver-me morrer de maneira justa ao invés de injusta?" Nesse ínterim, Sócrates sorriu. [29] E dizem que, ao ver Anito passando ao largo, Sócrates falou: "Este homem é orgulhoso, como se tivesse realizado um enorme e belo feito ao condenar-me à morte – pois, vendo que a cidade lhe concedia os maiores méritos, eu lhe disse que não devia educar seu filho na lida com o couro[17]. Que figura

▷ como sugerem as fontes (Platão, *Banquete*, 221e; Aristófanes, *Os Cavaleiros*, v. 736-740) (N. Denyer, op. cit., p. 143-144).

παιδεύειν. ὡς μοχθηρὸς οὗτος, ἔφη, ὃς οὐκ ἔοικεν εἰδέναι ὅτι ὁπότερος ἡμῶν καὶ συμφορώτερα καὶ καλλίω εἰς τὸν ἀεὶ χρόνον διαπέπρακται, οὗτός ἐστι καὶ ὁ νικῶν. [30] ἀλλὰ μέντοι, φάναι αὐτόν, ἀνέθηκε μὲν καὶ Ὅμηρος ἔστιν οἷς τῶν ἐν καταλύσει τοῦ βίου προγιγνώσκειν τὰ μέλλοντα, βούλομαι δὲ καὶ ἐγὼ χρησμῳδῆσαί τι. συνεγενόμην γάρ ποτε βραχέα τῷ Ἀνύτου υἱῷ, καὶ ἔδοξέ μοι οὐκ ἄρρωστος τὴν ψυχὴν εἶναι· ὥστε φημὶ αὐτὸν ἐπὶ τῇ δουλοπρεπεῖ διατριβῇ ἣν ὁ πατὴρ αὐτῷ παρεσκεύακεν οὐ διαμενεῖν· διὰ δὲ τὸ μηδένα ἔχειν σπουδαῖον ἐπιμελητὴν προσπεσεῖσθαί τινι αἰσχρᾷ ἐπιθυμίᾳ, καὶ προβήσεσθαι μέντοι πόρρω μοχθηρίας. [31] ταῦτα δ᾽ εἰπὼν οὐκ ἐψεύσατο, ἀλλ᾽ ὁ νεανίσκος ἡσθεὶς οἴνῳ οὔτε νυκτὸς οὔτε ἡμέρας ἐπαύετο πίνων, καὶ τέλος οὔτε τῇ ἑαυτοῦ πόλει οὔτε τοῖς φίλοις οὔτε αὐτῷ ἄξιος οὐδενὸς ἐγένετο. Ἄνυτος μὲν δὴ διὰ τὴν τοῦ υἱοῦ πονηρὰν παιδείαν καὶ διὰ τὴν αὐτοῦ ἀγνωμοσύνην ἔτι καὶ τετελευτηκὼς τυγχάνει κακοδοξίας. [32] Σωκράτης δὲ διὰ τὸ μεγαλύνειν ἑαυτὸν ἐν τῷ δικαστηρίῳ φθόνον ἐπαγόμενος μᾶλλον καταψηφίσασθαι ἑαυτοῦ ἐποίησε τοὺς δικαστάς. ἐμοὶ μὲν οὖν δοκεῖ θεοφιλοῦς μοίρας τετυχηκέναι· τοῦ μὲν γὰρ βίου τὸ χαλεπώτατον ἀπέλιπε, τῶν δὲ θανάτων τοῦ ῥάστου ἔτυχεν. [33] ἐπεδείξατο δὲ τῆς ψυχῆς τὴν ῥώμην· ἐπεὶ γὰρ ἔγνω τοῦ ἔτι ζῆν τὸ τεθνάναι αὐτῷ κρεῖττον εἶναι, ὥσπερ οὐδὲ πρὸς τἆλλα τἀγαθὰ προσάντης ἦν, οὐδὲ πρὸς τὸν θάνατον ἐμαλακίσατο, ἀλλ᾽ ἱλαρῶς καὶ προσεδέχετο αὐτὸν καὶ ἐπετελέσατο. [34] ἐγὼ μὲν δὴ κατανοῶν τοῦ ἀνδρὸς τήν τε σοφίαν καὶ τὴν γενναιότητα οὔτε μὴ μεμνῆσθαι δύναμαι αὐτοῦ οὔτε μεμνημένος μὴ οὐκ ἐπαινεῖν. εἰ δέ τις τῶν ἀρετῆς ἐφιεμένων ὠφελιμωτέρῳ τινὶ Σωκράτους συνεγένετο, ἐκεῖνον ἐγὼ τὸν ἄνδρα ἀξιο- μακαριστότατον νομίζω.

[29-34]   APOLOGIA DE SÓCRATES, DE XENOFONTE   391

ignóbil!" continuou, "ele que não parece saber que, entre nós dois, o vitorioso de fato é quem realizou as mais úteis e belas ações para todo o sempre. [30] Todavia", disse ele, "assim como Homero[18] atribuiu a certas personagens, no limiar entre a vida e a morte, a previsão do futuro, eu quero proferir aqui um vaticínio[19]. Certa feita convivi, ainda que por pouco tempo, com o filho de Anito, e minha impressão foi que sua alma não é fraca. Sendo assim, afirmo que ele não permanecerá na ocupação servil para a qual seu pai o tem preparado. Por não ter um conselheiro virtuoso, contudo, acabará sendo presa de algum desejo vergonhoso, e seguirá bem adiante na via do vício."

[31] Ao dizer isso, Sócrates não se equivocou. O jovem, comprazendo-se com o vinho, não parava de beber dia e noite, e no final das contas não teve nenhum valor nem para sua cidade, nem para seus amigos, nem para si mesmo. Anito, por sua vez, em virtude da educação ignóbil do filho e de sua própria insensatez, ainda goza de ignomínia mesmo depois de sua morte[20]. [32] Já Sócrates, por enaltecer a si mesmo no tribunal, incitou-lhes a inveja e fez com que os juízes votassem antes pela sua condenação. Quanto a mim, creio que ele teve um destino caro aos deuses, pois ele se livrou da fase mais severa da vida e obteve o meio mais cômodo para morrer. [33] E exibiu a força de sua alma: quando compreendeu que morrer lhe era melhor que continuar a viver, assim como ele não confrontava os demais bens, não se acovardou perante a morte, mas a acolheu e a consumou com alegria.[21]

[34] Eu, quando penso na sabedoria e na nobreza desse homem, não posso deixar de recordá-lo, assim como, ao recordá-lo, deixar de elogiá-lo. Se alguém, aspirando à virtude, conviveu com algum indivíduo mais benevolente do que Sócrates, eu reputo tal homem digno da mais excelsa felicidade.

---

18. Sobre Homero, ver p. 310n174.
19. Ver também Platão, *Apologia*, 39c-d.
20. Sobre a vida de Anito, ver p. 220n4.
21. Ver Xenofonte, *Memoráveis*, 4.8.2-3.

MAPA DA GRÉCIA ANTIGA

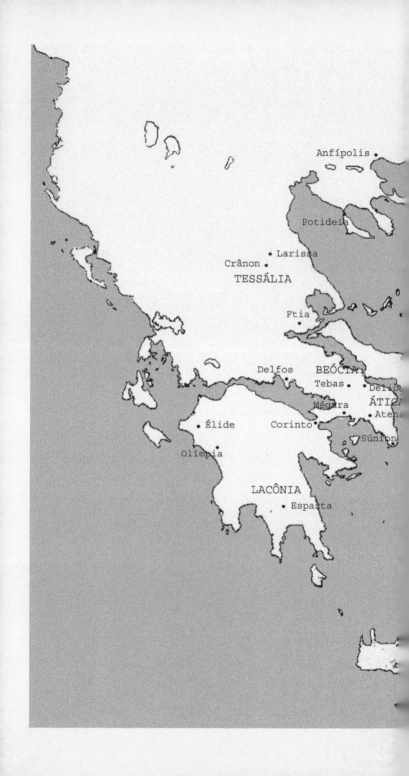

AGRADECIMENTOS

Gostaria de agradecer especialmente a Jacó Guinsburg (*in memoriam*), a Gita Guinsburg e a Sergio Kon por me concederem o privilégio de trazer a público esta edição dos diálogos *Eutífron*, *Apologia de Sócrates* e *Críton* de Platão, dando continuidade à publicação das obras desse autor na coleção Textos. Este volume junta-se então às publicações prévias da *República* (tradução Jacó Guinsburg), do *Górgias* e do *Protágoras* (traduções minhas).

Inúmeras pessoas contribuíram, indireta ou diretamente, para que este livro chegasse a termo. Gostaria de agradecer, em primeiro lugar, à Fundação de Amparo à Pesquisa do Estado de São Paulo (Fapesp), pela concessão de um auxílio a esta publicação e aos membros do grupo de pesquisa associado ao Projeto Temático Fapesp (2015/05317-8 – Teorias da Causalidade e Ação Humana na Filosofia Grega Antiga, 2015-2020), com quem tenho aprendido e amadurecido sobremaneira nos últimos anos, e, em especial, aos professores Marco Zingano, Roberto Bolzani Filho e Evan Keeling (Departamento de Filosofia – usp); à professora Fátima Évora (Departamento de Filosofia – Unicamp); aos professores Paulo Ferreira (Departamento de Filosofia – Unifesp) e Fernando Gazoni (Departamento de Letras – Unifesp).

Agradeço aos colegas das áreas de Língua e Literatura Grega e Língua e Literatura Latina da Universidade de São Paulo pela cooperação em docência e pesquisa; e em especial aos(às) alunos(as) do curso de Língua Grega VIII (2019), quando tivemos a oportunidade de examinar na íntegra o diálogo *Críton* de Platão, cujo resultado se encontra agora nesta edição.

Nada disso seria possível sem a participação e a colaboração ativas de minha companheira de tantos anos, Bianca Fanelli Morganti, que em 2018 nos proporcionou a experiência mais extraordinária da vida: nosso filho Iago.

Este livro foi impresso na cidade de Cotia,
nas oficinas da Meta Brasil,
para a editora Perspectiva.